天津市志

市容环卫志

天津市地方志编修委员会办公室
天津市市容和园林管理委员会
编著

方志出版社
Publishing House of Local Records

图书在版编目（CIP）数据

天津市志. 市容环卫志 / 天津市地方志编修委员会办公室，天津市市容和园林管理委员会编著. —北京：方志出版社，2017.6

ISBN 978-7-5144-2440-9

Ⅰ. ①天… Ⅱ. ①天… ②天… Ⅲ. ①天津－地方志 ②城市环境－环境卫生－卫生管理－概况－天津 Ⅳ. ① K292.1

中国版本图书馆 CIP 数据核字（2017）第 151460 号

天津市志·市容环卫志

编　　者：天津市地方志编修委员会办公室
天津市市容和园林管理委员会

责任编辑：张　昊

封面设计：战盈彤

出 版 人：冀祥德

出 版 者：方志出版社
地址　北京市朝阳区潘家园东里 9 号（国家方志馆 4 层）
邮编　100021
网址　http://www.fzph.org

发　　行：方志出版社图书经销中心
电话（010）67110500

经　　销：各地新华书店

排　　版：北京中文天地文化艺术有限公司

印　　刷：北京中科印刷有限公司

开　　本：889 × 1194　1/16

印　　张：38.75

字　　数：887 千字

版　　次：2017 年 6 月第 1 版　2017 年 6 月第 1 次印刷

印　　数：0001 ~ 1200 册

ISBN 978-7-5144-2440-9　定价：360.00 元

1999 年，第三届天津市环卫工人节期间，全国政协常委王光美（右三）在北京接见天津市市容环卫系统劳动模范代表

中间为全国政协常委王光美、左为天津市劳动模范、河西区环卫女工张荣，右为天津市特模、全国五一劳动奖章获得者、河东区环卫女工黄俊霞

2009年11月2日,《人民日报》头版头条刊发通讯《天津市市容环境综合整治纪实》，下面是随文刊发的照片

①堤岸改造后的海河两岸
②天津站站前绿化
③提升改造后的人民公园
④友谊路绿化新景
⑤绍兴道平改坡工程
⑥改造一新的长江道

①摩天轮宛如一轮明月
②世纪钟与解放桥同辉
③海河岸边不夜城

①

②

③

①南市食品街灯火辉煌

②火树银花映夜空

③街头特色灯光小品，张灯结彩迎春节

①南翠屏公园——建筑垃圾堆山工程

②大韩庄垃圾填埋场

③青光垃圾焚烧发电厂

①徐庄垃圾中转站
②双港垃圾焚烧发电厂
③滨海新区第二垃圾焚烧发电厂

①道路洒水车夏季洒水

②道路洒水车夏季洒水，雪后喷洒融雪剂

③电动垃圾运输车

④政府投资购置大批环卫专用车辆

①首个垃圾压缩转运站——城厢中路鼓楼垃圾转运站

②河西区九龙路垃圾转运站

③建设在长虹公园的艺术造型公厕

④欧式建筑造型的宁波道公厕

⑤天津金街首座微生物生态环保公厕

⑥社区鸟笼状宠物厕所

①雨后扫水

②春节第一天清扫鞭炮皮

③水洗金街

④⑤生活垃圾压缩运输

①洒水车喷洒融雪剂　②铲雪车辆在越秀路推雪

③北辰区宜兴埠镇组织单位清雪　④市容委机关人员扫除门前雪

⑤⑥滨海新区环卫工人清扫道路积雪

①②边防官兵在滨海新区安阳里社区清理垃圾

③蓟县民警在社区清除垃圾

④武警官兵和环卫工人清整便道

⑤志愿者在南翠屏公园捡拾垃圾

⑥杨柳青镇志愿者清整居民社区

①河东区平改坡工程（楼房平顶改坡顶）
②鞍山西道楼体立面整修
③地铁一号线沿线街道整修
④河北区中山路沿街整修

⑤整修后的街道

⑥ 800 公里乡村公路两侧整修

①②河东区铁路专用线整治前后

③④北辰区铁路专用线整治前后

⑤⑥河西区铁路专用线整治前后

①投诉办理中心接受群众对市容环境的投诉
②聘请百名出租车司机为环境监督员
③保障学校周边环境秩序
④小手牵大手，共同捡拾街头垃圾

⑤意式风情街女子执法队
⑥飒爽英姿的执法队员

①南开区文庙地区 ②滨海新区核心区

③天津站世纪钟 ④和平区泰安道

⑤河北区绿领产业园周边环境整治 ⑥静海县城区街道

①河道清洁　　②街边公园
③牌匾统一　　④工地围挡
⑤南京路盛装迎奥运

天津市地方志编修委员会组成人员

主　　任	王东峰				
副主任	段春华	李　毅	杨福刚	高玉葆	于秋军
委　　员	阎　峰	杨绍启	李嘉和	刘树增	王宝强
	刘小芃	史瑞杰	王　平	宋岗新	谷云彪
	刘东水	徐广宇	齐中波	董玉文	王通海
	宋称意	刘基智	李伟桥	于瑞均	霍　兵
	路　红	王红梅	苗加兴	魏　侠	毛科军
	张文波	游庆波	韩晓芬	王志楠	梁益铭
	李国民	刘　鉴	张　强	马庆余	侯晓韧
	王　洪	戴文萃	李建华	蓝兆琪	盖　军
	房靖彪	张　莉	李梦林	陈　宇	王云齐
	舒令嘉	于学蕴	何本华	郝树龙	韩庆祥
	朱　辉	陈　强	郭振影	毛汉发	戴　蕴
	钟海澄	张再生			

秘书长	关树锋

《天津市志·市容环卫志》总编审人员

总　　编　关树锋

助理总编　张月光

分志主编　宋铭月

分志编辑　沙　洵　郭天天

评审人员（以姓氏笔画为序）

王德荣　王美娟　关树锋　许　朝　杨　静　沙　洵
宋铭月　张　范　张月光　罗澍伟　金甦萍　徐福瑞
高建静　谭汝为

《天津市志·市容环卫志》编修委员会

（2008 ~ 2009 年）

主　　任　王敬威

名誉主任　史晓成　李占东　张常山

副 主 任　王宗涌　徐　欣　潘志忠

委　　员（以姓氏笔画为序）

于永浩　王宗涌　王春霞　王敬威　王德荣

史晓成　李大雄　李占东　李向勤　李　齐

宋毓德　张彦明　张常山　邵泽泉　赵久江

徐　欣　徐富瑞　潘志忠　冀秀蔷

执行主编　赵久江

执行副主编　张　艺　王德荣

责任编辑　腾占久　韩　星

《天津市志·市容环卫志》编修委员会

（2009 ~ 2010 年）

《天津市志·市容环卫志》编修委员会办公室

《天津市志·市容环卫志》编修委员会

（2010 ~ 2012 年）

主　　任 李福海

副 主 任 刘鸿尧

成　　员（以姓氏笔画为序）

于永浩　王和祥　王春霞　王洪成　朱文忠
李玉军　李永华　李向勤　李　齐　李冠玉
李　强　杨振慧　杨莉娅　宋毓德　张文生
张秀军　张建军　张彦明　张悦奎　陈俊吉
邵泽泉　林万里　赵久江　柳宪布　徐泽光
海兴禄　崔　敏　梁冀斌　隋家祝　蒋万和
霍永晟　魏　侠　魏定起

顾　　问 王敬威　史晓成　左子敬　李占东　张常山
马连勇　吴春秋

《天津市志·市容环卫志》编修委员会办公室

主　　任 赵久江

副 主 任 张耀堂　邹　峰

编审组组长 张　艺

编修组组长 金甦萍

《天津市志·市容环卫志》编修委员会

（2012～2016年）

主　　任　沈　毅

副 主 任　孙玉萍　李爱国　李汕源　高秀泉　魏　侠
霍永晟　张治义　潘治忠　王春霞　翟千德

委　　员　孟宪国　付　鹏　许　朝　邵泽泉　张俐文
解增熙　张　力　梁冀斌　李永华　张　林
韩全兰　崔　敏　隋家祝　徐泽光　刘晓梅
宋永斌　王和祥　朱文忠　张双来　初建新
李　强　陈俊吉　海兴禄　梁广章

编修组组长　金甦萍

《天津市志·市容环卫志》编修委员会

（2016～2017年）

主　　任　杜　翔

副 主 任　刘　祺　刘　峰　魏　侠　霍永晟　赵　健
王春霞　翟千德

委　　员　赵勇（办公室）　王庆贺　许　朝　赵勇（计划处）
韩全兰　解增熙　李奇杰　张　林　王和祥
尹爱国　徐泽光　付　鹏　梁冀斌　张　力
张俐文　张双来　李永华　李培升　刘　敏
宋永斌　王　滨　朱文忠　孙永军　崔　敏

编修组组长　金甦萍

《天津市志·市容环卫志》序

盛世修志，志书可以“鉴前世之兴衰，考当今之得失”（宋·司马光《资治通鉴》）。国务院总理李克强强调“地方志是传承中华文明、发掘历史智慧的重要载体”，“方志流传绵延千载，贵在史识，重在致用。”国务院副总理刘延东认为地方志有“传承文明、记录历史、弘扬文化、服务社会、借史鉴今、启迪后人”的作用。在天津科学发展、和谐发展、率先发展的关键时期，《天津市志·市容环卫志》应运而生，我们感到由衷地欣慰。《天津市志·市容环卫志》的问世，是天津市市容环卫行业干部职工的一件大事。

市容环卫事业与人民群众生活、工作、生产息息相关，是城市、乡镇的消化系统，可使城、镇新陈代谢良性循环，维护城、镇环境生态平衡，保证城、镇功能正常发挥。市容环卫职工从事垃圾粪便的清运处置，确保城、镇环境干净整洁，化脏臭为清新，治差乱为优美，净化城镇，美化环境，功在当代，泽及子孙。市容环卫人“宁愿一人脏，换来万人洁”的奉献精神，配得上“城市美容师”的光荣称号。

《天津市志·市容环卫志》记述了自清末至2010年，天津市市容环卫事业发展的概貌，是迄今为止记述天津市市容环卫事业发展，史料丰实，内容齐全，历史最长的第一部专业志书。志书薄远厚今，反映了市容环卫行业的产生和发展的奋斗历程，记述了市容环卫职工辛勤劳动、艰苦创业、无私奉献的光辉业绩。《天津市志·市容环卫志》作为载体，可以资政，继往开来；作为史料，可以存史，以史为鉴；作为文献，可以启迪，惠及后人。运用这本志书，可以充分发挥它的存史、育人、资政作用，使市容环卫事业更好地开拓发展。

《天津市志·市容环卫志》的编纂完成，是全体修志人员艰苦努力、辛勤工作的结果，他们坚持实事求是、尊重历史的原则，以科学、严谨的态度，克服时间跨度大，资料短缺等困难，广集资料，伏案编纂，秉笔直书，为保证志书质量，付出了艰辛的劳动。《天津市志·市容环卫志》的编纂成功，得到了上级部门、领导、专家的大力扶植和爱护，他们答疑解惑，使志书编纂顺利进展，他们匡误补正，使志书水平得以提高。同时，也得力于各区县市容、环卫、执法部门的支持、帮助，为志书充实区域资料，是编写志书的坚实基础。对此，向大家致以衷心感谢！

《天津市志·市容环卫志》的出版，可以让后人更好地“读志”“传志”“用志”，借鉴先人的经验，吸取过去的教训，传承发展、继往开来，谱写市容环卫事业的新篇章，为实现中华民族伟大复兴的中国梦作出新的贡献。本志书出版的意义和价值就在于此。

是为序。

《天津市志·市容环卫志》编修委员会

2017 年 2 月

凡　例

一、本志以马列主义、毛泽东思想、邓小平理论、“三个代表”重要思想和科学发展观为指导，贯彻落实习近平总书记系列重要讲话精神和治国理政新理念新思想新战略，坚持实事求是的原则，立足当代，详近略远，详独略同，突出区域特色，体现行业特点，全面真实地反映市容环卫工作的历史和现状，力求思想性、科学性、资料性和可读性的统一，力求全面、准确地记述天津市市容环卫事业发展的历史与现状，寓观点于记事之中。

二、本志上限为清代末年，下限止于2010年。

三、本志采用篇、章、节、目结构，篇、章按事项类别横排，节、目记述一般按时序竖写。节下条目序号为“一、二、三……”，“(一)(二)(三)……”，“1.2.3……”。本志述、记、传、志、图、表、录等体裁，综合运用。

四、本志采用现代规范书面语体文、记述体，表述力求准确、朴实、简洁、流畅、合乎现代汉语语法。使用规范的简化汉字和标点符号，使用数字数据、计量单位等按国家有关规定执行。

五、本志本着生不立传的原则，对局级以上主要负责人，用人物简介的方式进行记述。对市级以上劳动模范和先进集体及高级技术人员，用人物表的方式进行记述。

六、本志辛亥革命前采用朝代年号，加括注相对应的公元纪年，辛亥革命后，采用公元纪年。

七、本志对机构、部门、团体、会议等名称和专用名词的书写，第一次出现时用全称，再次出现时用简称。

八、本志入志人物直书姓名，不加“同志”“先生”等称呼，首次出现时在姓名前冠以职务、职称等身份。

目 录

第四篇 市容环境治理

第五篇 市容环卫执法

第六篇 科研教育培训

第七篇 中心区市容环卫管理

第八篇 环城远郊区县市容环卫管理

第九篇 人 物

附 录

综　述

综　述

自古以来，中国人民辛勤劳作，对生活环境要求很高。“黎明即起，洒扫庭除，要内外整洁”，这一良好的生活传统，源远流长，时日弥久。天津建城六百多年来，老百姓继承和发扬了华夏先民黎明洒扫的生活习俗，早起打扫院子、胡同，为日后的社区清洁卫生工作打下良好基础，成为天津地区约定俗成的自觉自为的环境卫生行为，风行于城乡。

“洒扫以事宗亲，洁室以待宾客”，是天津地区善待宾客的礼仪行为，也是民间尚洁尚勤的风俗习惯，流传后世，发扬光大。

“过年扫房”是天津地区常见的季节性、群体性、习俗性的环境卫生日，各家各户都要认真彻底地进行清扫，做到壁上无蛛网，地脚无积尘，窗明几净，内外整洁，集中反映了天津先民改善生存环境、创造宜居生活的良好愿望和祛病除疾的美好追求。

“净水泼街，黄土垫道”，是官府常用的一种清洁行为，每当皇帝或高官出行之前，或是重大节日到来之际，当地官府都要号令百姓用净水泼街，黄土垫道，把必经道路和主要街道修饰一番，改善路面状况，以示尊敬。这种做法虽是迎接上级官员的礼仪，但也给当地百姓带来一时的道路畅通和环境整洁。可见，古代官府虽不缺乏卫生观念，但职责上并没有做好公共卫生管理工作的要求。

政府管理市容环卫工作，是从有了“城市”之后出现的。随着城市不断扩大，人口不断增加，治安、卫生、交通等一系列问题也随之增多，城市管理工作应运而生。据《周礼》《礼记》二书记载，周朝设有“野卢氏”官员，主管“扫除道路，种树及其它道禁”，也就是不但负责道路清扫，而且负责禁止一些不清洁的行为。汉唐时的“京兆尹”（相等于现代首都的市长），其重要工作之一就是管理城市。北宋的都城东京，朝廷设“街道司”，以保持正常交通秩序和环境卫生。明代的北京，由“五城兵马司”承担管理城市的大部分职能，《明史·职官志三》记载：“巡捕盗贼，疏理街道沟渠及囚犯、火禁之事。”清代的北京，专设“督理街道衙门”，主要负责外城的街道管理、民房修建等，对破坏公用设施、侵占下水道等不良行为进行执法。

直到清末，天津出现外国租界，西方近代卫生观念和先进卫生设施对中国官府产生了一个很好的示范效应，中国官府才逐渐正视清洁卫生在维系民族生存中的重要意义。租界的环境导向促进了晚清以及民国时期环境建设和管理体系的设立与发展。

（一）

清末，八国联军在天津设立“天津地区临时政府”卫生局，是全国首先建立的管理清洁卫生的专门机构。各国租界内有清扫街道、倾倒脏土、收运粪便的事务。卫生局制订的《洁净地方章程》，成为天津最早的城市环境卫生立法。清光绪二十八年（1902），在《洁净地方章程》的基础上，制定了《清洁办法》，开始向市民捐募土车费。

辛亥革命后，天津的清洁卫生由北洋政府直隶警察厅负责，要求商家居民出钱雇用伕役专事清扫街道，人们习惯称呼他们为“清道伕”，这也是天津清洁工人的由来。1927 年，直隶警察厅开始征收“清洁费”，自此，清洁费成为天津街道清洁工作的一项经费来源。民国时期，国民政府天津特别市公安局清洁处将全市清道伕合编为清洁队，自此，天津有了清洁队的名称。1935 年，天津国民政府成立第四科，综理全市清洁卫生事宜，清洁卫生管理机构正式成为市政府所属部门。第四科实施为期 3 个月的《清道计划》，运除旧存秽土，取消或缩小秽土待运场规模，逐渐填平臭水沟。

天津解放后，天津市人民政府卫生局第四科主管环境卫生，清洁总队划归天津市卫生局管理，环境卫生转入了为社会主义生产和人民生活服务的新轨道。1964 年 2 月，天津市人民政府组建天津市环境卫生局，是政府主管清洁卫生专门机构。1979 年 8 月，天津市内六区及塘沽区建立环境卫生局，自此，清洁工人改称环卫工人。2000 年 5 月，天津市市容委、环卫局、爱卫办合并组建天津市市容环境管理委员会。天津市环卫局的名称从此消失。

天津的市容管理工作是从“整顿”开始的。20 世纪 50 年代初期，天津市整顿市容委员会成立，提出“三年改变城市面貌”的口号。1971 年，临时成立整顿交通、整顿卫生、整顿市容的“三整顿”办公室。1976 年 5 月，恢复整顿市容管理机构，成立“天津市市容整顿领导小组”，下设办公室。1981 年 6 月，鉴于拆除地震临建棚，整顿市容任务繁重，原天津市市容整顿领导小组办公室改为“天津市市容管理办公室”。拆除地震临建棚，整顿违章占用道路，恢复道路通行秩序，并对单位环境进行整顿。海河两岸临建棚拆除后，对海河沿岸脏乱情况进行治理。1983 年，从拆除楼房“破烂围裙”（楼房周围的违章建筑）入手，整修沿街建筑，开展市容市貌治理工作。

1984 年 1 月，撤销市容管理办公室，成立天津市市容管理委员会，市容管理机构正式纳入市政府编制序列，成为常设机构。2000 年 5 月，天津市市容管理委员会、天津市环境卫生管理局和天津市爱国卫生运动委员会办公室，合并组建天津市市容环境管理委员会（天津市爱国卫生运动委员会办公室）。2009 年 5 月，将天津市市容环境管理委员会和天津市园林管理局合并，组建天津市市容和园林管理委员会（天津市爱国卫生运动委员会办公室）。

（二）

环境卫生工作主要包括道路清扫、垃圾收运和粪便清除三大作业工种。

按日清扫道路，是维护城市环境整洁的基本方式。天津解放前，清道伕是个人分路清扫；天津解放后，清洁工人分组集体清扫后，再每人分一片道路进行保洁，并逐步探索机械化扫道。街道民办保洁队，按日维护胡同里巷清洁卫生。1958 年，开始人工水洗路面，以达到降温、压尘效果。降雪后，环卫职工率先出动，积极扫运。到 2010 年，基本形成“夜间机扫水洗，白天快速保洁捡脏”的作业模式。

垃圾日产日清是环卫工作重要任务。天津解放前，将垃圾拉到野外随处乱倒。天津解放后，“摇铃倒土”，靠手拉车和马车收运垃圾。1984 年，建设垃圾转运站，用集装箱运输垃圾。1988 年，实行生活垃圾密封收集运输。到 2010 年，全市共有垃圾收集站或垃圾转运站 223 座，大型中转站 5 座。基本形成了生活垃圾“密闭收集，压缩运输，无害化处理”的收运模式。

粪便清除逐步走向无害化处理。天津解放前，私营粪商雇工掏挖粪便，晒干后卖给农民用作农肥。1954 年 6 月成立“粪便清除所”，开始有了天津粪便清除专业队伍。1975 年以后，随着沟式水冲厕的改建，采用机动吸粪车收集粪便。2010 年，有机废弃物无害化处理厂建成，对粪便进行无害化处理。

市容环境治理是一项群众性很强的工作，难度大，反复性强。20 世纪 50 年代末，天津市政府提出三年改变城市面貌的计划。1978 年，有组织、有计划、分期分批拆除地震临建棚 18 万余间。1982 年 3 月，对海河两岸进行改造，陆续建成全长 19.8 公里的海河带状公园。1983 年 11 月，开始拆除楼房前的破烂“围裙”。1985 年，确定 13 处繁华地区，达到“三有四无”的管理标准。

1984 年 1 月，天津市人民政府成立天津市市容管理委员会，市容管理模式也由应急式、临时式“整顿”转为经常性、规模化“治理”。多年来，市容环境治理由行政管理走向法制管理，由专项治理进入综合治理，从改善环境面貌发展到提高城市整体质量，力求为市民群众创造一个良好的生产、生活环境。

市容环境专项治理，从整顿道路环境秩序、治理脏乱环境入手，以维护市容环境干净整洁。1983 年，实行市容卫生“门前三包”责任制，组织沿街单位签定协议书，自扫门前脏、自管门前绿、自治门前乱。1989 年，整治“十乱”迎亚运，拆除棚亭、清除摊贩、撤销市场，恢复道路通行秩序。治理脏乱从净化市民群众生活环境开始，1984 年，清整居民院落，清除乱堆乱挂杂物。2003 年，防控“非典”（传染性非典型性肺炎），开展清脏、治乱、抓长效“三大战役”，完成清除垃圾杂土、清理工程渣土、治理市场环境、治理城郊结合部等“十项任务”，彻底清除脏乱现象。2004 年，治理市郊结合部和外环线周边环境。

市容环境综合治理，重点是市区街道综合整修及郊区县治理“四乱”，整顿镇容村貌。治理环境秩序包括实施畅通工程、建厅退路、整顿市场摊点经营秩序等。1988 年、2004 年、2008 年对铁路沿线进行综合治理。2008 年，迎奥运市容环境综合整治。2009 年，进行第二轮市容环境综合整治。2010 年，进行第三轮市容环境综合整治。

市容环卫执法管理在天津由来已久。清光绪二十七年（1901），“天津地区临时政府”卫生局的巡捕每日巡视、督促清道伕按时扫除垃圾、掏挖粪便，并对随地大小便及乱倒污物的行为进行巡查。之后，清政府直隶警察厅卫生总局也对随地“方便”的行为规定了严格的惩罚条文。

1949 年 6 月，天津市公安局公布《运除垃圾秽物清洁规则》。1950 年 5 月，天津市人民政府公布《私营粪商及私建公厕暂行管理办法》。1952 年 12 月，天津市人民政府批准公布《天津市户外清洁管理规则》。1964 年 1 月，天津市公共卫生局组成环卫检查组，对道路污染行为进行检查管理。1979 年,《天津市城市环境卫生管理试行规定》开始实施，各区建立环境卫生管理队，对违反规定的行为进行检查管理。1983 年 2 月，天津市人民政府颁发《天津市城市街道清洁卫生管理暂行办法》。3 月，组建天津市城市建设管理监察大队。1985 年，由城管、公安、工商、市政等部门组成联合执法队，联合执法，各司其职。1989 年 11 月，天津市人民政府颁发《天津市市区冬季清雪暂行办法》。2005 年 11 月 18 日，天津市人民政府下发《关于推进我市城市管理综合行政执法工作的通知》，调整、组建市、区县两级城市管理综合行政执法机构。

市容环卫法制建设稳步推进。2004 年以后，由天津市人大发布地方性法规 2 部，由天津市人民政府发布政府规章 3 部；天津市人民政府和天津市市容委发布规范性文件 68 件；天津市市容委与其他部门联合发布规范性文件 8 件。

市容环境行政审批事项包括病媒生物防治专业经营服务许可、户外广告设施审批等共 17 项。市容环卫部门实行有偿服务收费。城市管理综合行政执法机关集中执行市容、环境卫生、城市园林绿化、公安交通、市政、城市规划、工商行政 7 个方面的行政处罚权。

天津市是率先在全部区县采取大规模集中式数字化建设的城市，2008 年被住建部授予“国家数字化城市管理工作试点城市”称号。

城市管理考评体系的建立，是落实《天津市城市管理规定》，对城市管理工作实施全时空、全天候、全覆盖的考核，并做到考核工作的公平、公正，及时、科学，以提高考核工作的影响力和公信力。同时，用好用活城市管理“以奖代补”资金，形成有效的激励机制。

市容环卫科技进步是市容环卫工作不断发展的根本出路。1959 年，清洁工人从大搞技术革新开始，改进清扫方式、革新清扫工具，研制道路清扫机械。生活垃圾收运改为集装箱、密闭、压缩式转运。垃圾处理由垃圾粪便混合堆肥，到填埋、焚烧等多种形式进行无害化处理。厕所粪便由人工掏挖逐渐变为水冲、自吸式收集运输或直接由管道处理。1979 年，天津市环卫局设置环境卫生技术研究室。1988 年，天津市环境卫生工程设计院建立。1989 年，组建天津市环境卫生工程设计研究所，遵照科研为环卫服务的宗旨，根据行业要求，提出研究课题，取得一批环卫科研成果。

环卫行业培训教育事业，从无到有、由低到高不断发展。1949 年，清洁队第一期短训班，挑选105位一线工人参加培训。1996年，建立环卫特有工种技术培训工作站，对环卫工人进行培训考核，确定技术等级。1982年，成立“天津市环境卫生管理局直属职工学校”，对初、高中毕业的职工进行补习教育工作。1985年7月，首届环境管理专业成人中专班开学，为环卫工作培养专业人才。

（三）

市容环卫系统的干部职工为天津的城市发展，经济建设作出了应有贡献。数十年来，天津市容环卫面貌发生的重大变化，与市容环卫系统领导干部、技术人员、广大职工的辛勤工作、艰苦努力密切相关。

市容环卫系统历届领导干部以“美化城市，净化环境，造福人民，服务经济”为宗旨，把全身心投入到工作之中，为市容环卫事业的发展，兢兢业业、任劳任怨、率先垂范、竭尽全力。

广大市容环卫职工以“宁愿一人脏，换来万人洁”的行业精神，为美化城市、净化环境辛勤劳作、无私奉献。市容环卫系统获得市级以上荣誉称号的先进人物85名、先进集体8个，他们不但是市容环卫行业的骄傲，也是广大市容环卫职工的楷模。

植根于市容环卫一线的科技人员，在基础工作研究、垃圾粪便无害化处理以及环卫机具研制等方面都取得了可喜成绩。他们以忘我劳动和创造性工作，为天津市市容环卫事业的发展做出了突出贡献。

大事记

清　代

康熙年间

天津引海河潮水涤荡城东南污水坑，将坑中污水和秽物冲刷干净，一定程度上改善了城市环境。

光绪八年（1882）

津海关道周馥倡设工程局，按租界官道式样修筑马路，道路两旁用石块砌成渠道，以便泄水，并设伕役逐段洒扫道路。

光绪十三年（1887）

天津县令孙大令鉴于新修的街道"若任污秽充实，实觉有碍行人"，因而晓谕居民保持道路清洁。

光绪二十六年（1900）

7月　八国联军在天津设立天津地区临时政府卫生局，下设8个清洁卫生工段，制订《洁净地方章程》，主要负责公共厕所、天津城围城4条大马路的清洁卫生和市区沟渠的疏浚排污工作。

卫生局雇用20名印度巡捕和50名中国巡捕，督促工程段的伕役按规定时间清扫道路、桥梁，疏浚沟渠，并对随地便溺和乱倒垃圾污物的行为进行管理。

光绪二十八年（1902）

8月　天津地区临时政府撤销，各国租界内事务由各国自行管理。非租界的管理事务移交直隶总督衙门，清洁卫生工作则由直隶警察厅负责。

清政府直隶警察厅在原天津地区临时政府卫生局的基础上，组成天津卫生总局，屈永秋为首任总办。总局下设扫除科，专职负责清洁卫生事务。

天津卫生总局在天津地区临时政府卫生局《洁净地方章程》的基础上，制定了《清洁办法》，并开始向市民捐募土车捐。

是年　直隶警察厅添置马拉洒水车10辆，对主要道路进行洒水。

光绪三十年（1904）

直隶总督袁世凯下令，"禁止占用道路"，指定50个停车场存放人力车、畜力车，指定地点设置集贸市场。

中华民国

1916年

3月　袁世凯宣布取消帝制，恢复中华民国。直隶警察厅卫生总局继续负责清洁卫生管理事宜。

1927 年

10 月 中华民国直隶警察厅成立卫生清洁督察处，外勤另设督察队，专管清洁卫生指导及监督事项。

卫生清洁督察处改“土车费”为“清洁费”，由募捐改为征收，并制定征收清洁费规则。改土车捐为清洁费，是天津征收清洁费之始。

11 月 直隶警察厅将卫生清洁督察处改为清洁检查股，附属于警察厅卫生科。

1928 年

6 月 中华民国政府将天津设为特别市，警察厅改为公安局，原警察厅卫生科清洁检查股，改属公安局第一科，但所属 10 个工程段却改属了公务局。而后，为统一清扫工作，又将 10 个工程段划回公安局，各区的清道伕役由各区警署管理支配。

1934 年

5 月 天津特别市公安局改为中华民国河北省会公安局，原清洁检查股改为清洁处，将各区的清道伕及原有 10 个工程段合编为清洁总队。这是天津清洁队名称的肇始。

1935 年

3 月 中华民国天津市政府成立第四科，综理全市清洁卫生事宜。

4 月 第四科实施了为期三个月的《清道计划》。到 6 月底结束。共计运除旧存秽土 1.31 万吨，对原来的一些秽土待运场予以取消或缩小规模，许多臭水沟也逐渐填平。

1936 年

1 月 中华民国天津市政府在第四科基础上建立卫生局，清洁工作随之由卫生局管理。

1937 年

7 月 日伪天津市治安维持会下设卫生局管辖清洁卫生事宜。卫生局下设卫生科，直接领导清洁队及卫生稽查队。

12 月 成立日伪天津特别市卫生局，继续管理全市（除美、英、法租界）的清洁事务。

1940 年

4 月 日伪天津特别市卫生局对清洁队进行改编，建立清洁总队，下设 1 至 9 个分队，另设特 1、特 2、特 3 分队、清洁干路队、清洁补充队、运秽洒水汽车队、运秽洒水马车队。

1942 年

11 月 天津市清洁工作，包括清洁总队业务及垃圾、粪便、公厕管理工作，从卫生局移交日伪警察局保安科第 6 股管理。

1943 年

是年 美、英、法租界收回后，卫生清洁工作交由清洁总队负责，统一了全市清洁队的管理。

1945 年

8 月 日本投降后，中华民国天津市卫生局第三科负责全市环境卫生，包括饮水、食品、公共场所卫生的管理工作。

12 月 警察局将 483 座公厕及粪便管理业务移交卫生局管理。

1949 年

1 月 18 日 天津市人民政府公安局派军代表傅孟越、吴东、胡忠信、吴践知接管清洁总队。天津市人民政府卫生局第四科主管环境卫生事宜。

8 月 卫生局成立卫生稽查队，隶属第四科，负责对全市饮水、食品、公共场所卫生进行管理。

中华人民共和国

1949 年底 根据天津市人民政府的决定，将公安局所属清洁总队划归卫生局，共移交清洁工人 1943 人。

1950 年

3 月 天津市人民政府决定，建立天津市卫生工程局，任命王培仁为局长。

5 月 10 日 天津市人民政府批准公布《天津市私营粪商及私建公厕暂行管理办法》。1952 年 12 月 15 日，修改为《天津市粪道及公共厕所管理规则》。1958 年 10 月 25 日，修改公布《天津市粪便厕所卫生管理办法》。

11 月 天津市卫生工程局按照市政府指令，取消清洁总队名称，将各清洁分队下放各区公所管理，并改组直属分队；成立汽车队及工具修配厂。

11 月 18 日 天津市人民政府发出关于入市畜力车牲畜挂带粪兜的布告。

1952 年

7 月 天津市卫生工程局、天津市建设局、天津市园林广场处合并成立天津市工程局，并成立天津市公共卫生局。

12 月 11 日 天津市人民政府批准公布《天津市户外清洁管理规则》。

1953 年

春季，发动全市党政军民一起大搞群众性挖蛹活动，共组织群众义务消毒员 1000 多人，对蚊蝇滋生处所实施药物消毒，市区内做到了基本无蝇，蚊子大大减少。

1954 年

在大力开展的社会主义劳动竞赛活动中，环境卫生科制定了道路清扫保洁指标，激发了清洁工人的劳动热情，每个工人都扩大了工作范围，增加了工作任务，提高了工作效率。

1955 年

6 月 17 日 对全市 320 户私营粪商进行社会主义改造，居民户厕和公共厕所粪便，由粪便清除专业队清除管理。

是年 在区、街、居委会建立了群众清扫保洁制度，商户住家由居委会设定清扫范围，每天清扫责任地段。商户住家有的各自清扫自家范围，有的多家联合清扫责任地段，有的各家轮流值日进行清扫保洁。主干道、次支路的便道和小街、胡同都有人进行清扫保洁，达到了干净整洁的效果。

1957 年

5 月 31 日 天津市人民委员会成立天津市环境卫生管理处，任命耿振宗为处长。

8 月 将 6 个粪便清除队分为 8 个，按行政区划下放到各区管理。

1959 年

3 月 天津市环境卫生管理处积极推行垃圾粪便无害化处理工艺，由各区分头进行垃圾粪便混合堆肥试验。

11 月 天津市整顿市容委员会成立，下设办公室。提出“三年改变城市面貌”的口号，有计划、有步骤地开辟市区道路，搬迁污染严重的工厂，增加城市绿地，美化河岸，分区分片改造市区。

1960 年

4 月 天津市公共卫生局洒运汽车修理厂与天津大学暖通教研室合作，试制成功天津市第一辆 60—1 型吸尘汽车。

10 月 17 日 天津市人民政府保留“天津市整顿市容委员会”，撤销整顿市容办公室及下设的工作组，各组工作纳入各相关委、局等业务部门办理。

是年 天津市环卫管理处提出《清扫道路质量标准》，确定主要干线 33 条，重要地点 26 处，主要道路 79 条，一般道路 538 条，同时制定了道路清扫质量标准。

是年 为解决清洁队人力不足和农民入市乱掏乱挖公厕粪便的现象，市内 5 个区将 376 座公厕（占全市公厕总数的 43%）的粪便，交给农业社队掏挖。

1962 年

2 月 16 日 天津市环境卫生管理处提出《街道清扫保洁定额责任制》，实施“六定”：定人、定片、定量、定质、定工具、定时；“两包”：包完成清扫任务、包做好卫生宣传监督；“两结合”：专业清扫与群众清扫结合、道路清扫与垃圾收运结合。

是年 天津市公共卫生局洒运汽车修理厂改制吸尘车 5 辆，日出动 3 ~ 4 辆，对和平路、中山路等 28 条主要道路进行吸尘作业。

1964 年

1 月 10 日 天津市公共卫生局向各区卫生局发出通知，附发《关于各区设立环境卫生检查人员的意见》，要求各区局抽调清洁队人员，组成环境卫生检查组，对道路污染的行为进行检查管理。

2月21日 天津市人民委员会发出《关于建立天津市环卫局的决定》。4月1日，天津市环境卫生局成立。11月，天津市委任命苏振华为天津市环境卫生局局长，李雨民任副局长。

8月 天津市环卫局由各区抽调14名清洁工人成立扫道机制造组，制成手推扫道机100台，分发各区使用。

1965年

是年 天津市人民委员会向各区人委批转了天津市环卫局提出的《关于加强全市清扫保洁队伍组织管理的报告》，各街办事处设专职或兼职干部，加强对清扫保洁队伍的领导。

是年 天津市委书记、市长胡昭衡，副市长王培仁等市委、市政府领导，多次与清洁工人一起参加掏粪劳动。各单位的干部职工、教师学生纷纷参加掏粪劳动。

在胡昭衡、王培仁等市领导的具体支持下，天津市环卫局狠抓环卫设施建设，新建公共厕所130座、环卫汽车队2处。

1966年

4月14日 天津市人民委员会《批转"天津市环境卫生局关于一九六五年机关干部月末星期日卫生活动总结及一九六六年安排意见的报告"》(〔1966〕委秘字55号)，自此，月末卫生日成为干部参加劳动的一项制度。

1969年

2月 根据天津市革命委员会第61次扩大会议决议，撤销天津市环境卫生局，留下5名干部到天津市卫生局组建环境卫生组。

7月 天津市卫生局环境卫生组与卫生指挥部、红十字会、天津市卫生防疫站派员临时组成天津市爱国卫生运动委员会办公室。

1971年

是年 天津市革命委员会临时成立"三整顿"办公室，主要承担整顿交通、整顿卫生、整顿市容的"三整顿"任务。

1973年

2月19日 天津市卫生局在北宁公园召开"天津市清洁工作会议"，和平、河北、河东、红桥、河西、塘沽六区研制的8种不同类型扫道机进行了现场演示。

1976年

5月 天津市人民政府恢复成立天津市市容整顿领导小组，下设市容整顿办公室。

7月28日 唐山地震，天津建筑、道路遭到破坏，大街小巷遍布临建棚，造成交通阻塞、垃圾遍地。天津市成为全国最脏、最乱、最差的城市，多次受到中央领导的批评和市民群众的指责。

1977 年

6 月 天津市革委会文教组召开天津市清洁工作会议，会议制定了《加强清洁队政治工作的意见》、《建立清洁队岗位责任制度》及《开展社会主义劳动竞赛的方案》。

是年 天津市革委会部署“两通一清”工作，即疏通交通、疏通地下排水管道，清理临建棚，拆除部分临建棚。

1978 年

3 月 12 日 天津市革委会批转市容领导小组《关于拆除临建棚的报告》，分期分批拆除临建棚。

4 月 天津市委发出《关于建立天津市环境卫生局的通知》，与天津市爱委会办公室合署办公。11 月 14 日，天津市委任命张兆铭为天津市环境卫生局局长。

1979 年

5 月 10 日 天津市人民政府颁发《关于城市卫生管理的试行规定》，7 月 1 日起实行。

6 月 1 日 天津市环卫局要求天津市内六区及塘沽区每区招考 50 名环境卫生管理员，组建环境卫生管理队。

是年 东、南、西、北郊区增添环卫工人 145 名，建立清洁专业队伍，对郊区政府所在地的道路进行清扫保洁。

1980 年

大港区增添环卫工人 70 名，对大港区政府所在地道路进行清扫保洁。

1981 年

6 月 9 日 天津市人民政府召开“区、县、局党员领导干部大会”，要求年底前将临建棚全部拆除。

6 月 24 ~ 27 日 天津市人大九届一次常委会通过《关于尽快解决震灾居民住房年内拆除临建棚的决议》，并原则批准由天津市人民政府提出的《天津市安置震灾无房居民住房及拆除临建棚实施办法》《天津市整顿市容暂行规定》等四项规定性文件。

6 月 鉴于拆除震灾临建、整顿市容的任务繁重，天津市委、市政府决定将天津市市容整顿领导小组办公室改为“天津市市容管理办公室”。

11 月 20 日 天津市人民政府第 53 次常务会议决定：天津市环境卫生局、各区环境卫生局改为市、区环境卫生管理局。

年底前 5.1 万余间临建棚全部拆除。临建棚拆除后，开始整顿海河沿岸市容环境。动员沿河 23 个区、局和 82 个单位对海河两岸市容环境进行全面治理，拆除违章建筑，清除垃圾杂物，建成海河带状公园。

1982 年

4 月 3 日 天津市第九届人代会第三次会议通过《关于加强城镇街道清洁卫生工作的决定》。

5月 天津主要媒体连续报道人民中学教师王辅成，坚持数年带领学生义务参加公厕掏粪劳动，培养学生崇尚环卫工作，热爱环卫工人的精神。

7月20日 天津市委调整市环卫局领导班子，新任局长赵宝元到局工作。

本月 天津市委书记陈伟达专门批示，市委组织部调王辅成任天津市环境卫生管理局副局长、党组副书记。

9月14日 天津市人民政府召开常务会议，决定成立“天津市海河整治领导小组”。

9月23日 天津市人民政府印发《批转市容办〈关于海河两岸整治工作的安排意见〉的通知》(津政发〔1982〕187号)和《海河两岸界内建筑设施拆除办法》。

9月25日 天津市人民政府公布《关于整治海河两岸的通告》。

9月27日 开始整顿市容，整顿厂容、店容、校容、施工场容、机关容貌和居民环境。采取由点到面，由里到外，由基层到社会，彻头彻尾、彻里彻外地进行整顿，按照彻底改变城市环境脏、乱、差的方针，达到干净、整齐、合理、美化的要求。

11月中旬 用36天时间，整治海河两岸，共拆除公共建筑480间1.90万平方米，拆除民房95.5间，搬迁居民68户，拆除围墙3000延米，拆除防水墙4990延米，刨混凝土地面6359平方米，清除废料、渣土、垃圾等1万多吨，挖运杂土2.95万立方米，回填土1.27万立方米。全市有2.92万人参加了义务劳动。

1983年

2月2日 天津市人民政府颁发《天津市城市街道清洁卫生管理暂行办法》的命令，4月1日起实行。

2月19日 天津市人民政府第86次常务会议决定：天津市环卫局改为天津市环境卫生管理局。

4月 天津市人民政府在全国率先组建“天津市城市建设管理监察大队”(简称城管大队)。

10月 天津市人民政府下发《关于新建大楼临街按规划退红线和拆除旧有建筑物的通告》和实施方案，限期由建房单位自行拆除楼房“破烂围裙”。

11月 天津市委、市政府决定，开展“党政军民共建文明一条街”活动。“一条街”是从天津火车站至北站，全长8公里，跨越4个区、50条道路，53个街道办事处、75个居委会和1096个企事业单位，涉及商业繁华中心、交通中心和游览中心的顾客、旅客、游客日流量100多万人。

年底 天津市人民政府拨款152万元对卫津河进行疏浚改造，天津市市容办和市政工程局等有关部门组成指挥部，负责组织实施。

1984年

1月6日 天津市人民政府下发《关于建立天津市和各区县市容管理委员会的通知》，撤销市容管理办公室。任命李金声为天津市市容管理委员会主任；赵宝安、胡亚伟为副主任。

3月至4月25日 组织企事业单位职工、大专院校学生和驻津部队官兵10万余人次和2000

名专业施工队伍参加义务劳动，对卫津河进行疏浚，挖掘淤泥12万立方米。

9月 天津市人民政府在红桥区召开现场会，推广环卫工作三级保洁三级管理经验。三级保洁是：区为一级，由区环卫局负责全区干路及部分支路的清扫保洁和垃圾收运；街为一级，由街民办保洁队负责街内支路的清扫保洁及沿街单位、居民垃圾的收运；居民区为一级，各居委会建民办保洁组，负责本居民区胡同里巷的清扫保洁及各户垃圾的收运。三级管理是：区环卫局负责全区环卫管理；各街建市容卫生管理站负责全街环卫管理；居委会建市容卫生小组负责居民区环卫管理。

是年 贯彻落实天津市委、市政府《关于市区体制改革方案》，环卫工作实行了分区包干、切块管理的体制。环卫专业队伍内部，全面推行承包责任制，并制发了各工种的作业数量、质量指标和管理制度。环卫工作实行分区包干、切块管理的体制。

1985年

5月20日 天津市市长李瑞环提出“垃圾装运时洒漏严重，要研究解决密封装运问题。”天津市环卫局立即研究采用帆布苫盖垃圾，密封运输。红桥区研制成功密闭式集装箱垃圾转运站，用集装箱运输垃圾，解决了垃圾运输途中的撒漏问题。

9月 经天津市人民政府批准，天津市市容管理委员会发出《关于巩固整修街道成果保持市容街景整洁的通告》。

1986年

1月28日 天津市市容管理委员会改名为天津市市容卫生管理委员会，任命高宝华为主任；赵宝安、胡亚伟为副主任。

5月27日 市长李瑞环主持召开垃圾堆山现场办公会，确定在水上公园西南侧，征地1000亩，计划堆山占地600～700亩，高80～100米，利用生活垃圾与工程废土分层堆山。

6月30日 经过一个月的昼夜突击，在35公里的中环线两侧，整修楼房417幢，平房2932间，围墙2.87万米，新建雕塑、壁画、小品80处，新辟绿地15.75平方米，并拆除整顿楼房阳台915个，拆除违章建筑728间。

11月 天津市人民政府颁布《天津市住宅阳台使用管理暂行规定》，市内六区普遍开展了拆除违章私封阳台的清整活动，取得显著成效。

12月 建设部城建管理局在津召开16省市参加的现场会，会议认为在中国目前条件下，天津采用的垃圾转运方法是符合国情的，是适用的。

1985年和1986年 共有436座公厕、2359座社会厕所完成旱厕改成水冲厕的任务。

1987年

10月16日 天津市环卫局在市局汽车修理厂召开天津市吸尘机扫车投入使用典礼大会，天津市委常委白化岭、天津市人大常委会副主任白桦、副市长姚俊、建设部城建局副局长林家宁等领导出席大会并讲话，会议确实41部吸尘机扫车交由各区使用，市内六区及塘沽区机扫路面

243.6 万平方米，占总清扫面积的 11.6%。

1988 年

1 月 21 日 天津市人民政府办公厅下发《关于巩固住宅阳台清整成果加强日常管理的通知》（津政办发〔1988〕8 号），要求保障居民人身安全，维护阳台使用年限，巩固阳台清整成果，加强阳台日常的管理。

2 月 春节前夕，市长李瑞环接见环卫工人先进代表，座谈时提出，一是把城市搞干净，二是把效益搞上去，三是带出一支过硬的职工队伍。

5 月 6 日 天津市人民政府召开“整顿村容镇貌环境卫生工作会议”，全市共有 49 个乡、镇，815 个村庄进行清理整治，其中 82 个村镇变化较为明显。

8 月 清整市内交通干道、迎宾线路和繁华窗口地区等 58 条道路，达到无摆摊设点、无里空外卖、无机动车存放、无违章建筑、无边道残损等。市容委、公安交管、市政、规划、工商等部门连续清理整顿，随意占路现象得到治理。

10 月 1 日 天津火车站改造通车后，天津市人民政府决定，一鼓作气由沿线各区政府和天津铁路分局实行分段包干，齐抓共管，对铁路沿线进行综合整治。

10 月 16 日 天津市人民政府在宝坻县召开“整顿村容镇貌经验交流现场会”，听取并现场观看了一些典型单位的好经验、好做法。

1989 年

3 月 天津市人民政府任命王德惠、李占东为天津市市容卫生管理委员会副主任。

4 月 河北区环卫局研制成移动式垃圾筛选机，对垃圾进行机械筛选，使用筛选后的垃圾土进行堆肥，提高了堆肥的质量。

7 月 天津市人民政府下发文件和“通告”，对乱搭棚亭、乱摆摊点、乱盖房屋、乱开门脸、乱立广告、乱贴乱画、乱圈乱占、乱堆物料、乱放车辆、乱倒垃圾渣土“十乱”现象进行整治。全市共纠正违章 6.9 万多件，其中拆除调整棚亭 4725 个、清除摊贩非法集聚点 824 处、取缔“马路台球”458 处、撤销严重影响交通市容的市场 35 个、整顿乱开门脸 318 处、治理脏乱角落 384 处、清运垃圾杂土 5 万多吨。

11 月 24 日 天津市人民政府发布《天津市市区冬季清雪暂行办法》，清雪工作实行“一定二包三保”责任制，即：定清雪范围，包扫、包运，保证小雪当日清、中雪两日清、大雪三日清。

1990 年

11 月 4 日 建设部部长林汉雄到河北区小淀垃圾处理场考察垃圾筛选、堆肥工作，并题词“天津垃圾处理工艺技术符合国情，值得在全国推广。”

11 月 9 日 全国人大常委宋一平到河北区小淀垃圾处理场考察垃圾筛选、堆肥工作。

12 月 27 日 天津市人民政府第 29 号令下发《天津市市容卫生门前三包责任制暂行办法》。

是年，天津市市容委开展了市容卫生先进区、市容卫生管理达标街、创建无违章街、容貌环境达标乡镇和主干公路两侧环境达标竞赛活动。经过检查评比，红桥区被评为市容卫生先进区，全市共评出市容卫生管理达标街21个，无违章街1个、基本无违章街9个，容貌达标乡镇25个和容貌达标主干公路14条。

1991年

10月12日 天津市市容卫生委、物价局、财政局、环卫局联合下发《天津市市容环卫部门实行有偿服务收费的管理办法》，开始实行有偿服务收费。

11月 天津市市容卫生管理委员会主任高宝华病故（9月）。王德惠被任命为天津市市容卫生管理委员会主任。

本月 由天津市环卫局等四省市发起的"全国环卫职工思想政治工作研究会"在上海举行成立大会，天津市30余名代表参加会议。会上宣读了党中央总书记江泽民的题词："清洁城市，造福人民，培育新人，振兴中华。"会后，天津市环卫系统干部职工代表200余人在塘沽区举办专题学习会，迅速在全市环卫系统掀起学习热潮。

1992年

3月19日 《天津市人民政府批转市整顿街道秩序治理城市环境领导小组〈关于调整市内六区临时占用道路经营范围的实施意见〉的通知》（津政发〔1992〕19号），调整市内六区临时占路经营范围。分三个阶段进行。一，准备阶段。一是广泛宣传动员群众；二是制订143条干支道路和其他700条道路摊点分布规划。二，组织实施阶段。一是全面清理50条主干线的违章占路摊点；二是落实143条干支路便民服务摊点的定摊定位、达到照位相符；三是抓好700条路的摊点安置工作。三，检查巩固阶段。对全市调整工作进行检查、评估，总结经验，巩固成果。

4月25日 天津市人民政府办公厅下发《关于对市内六区重要道路擅自封闭的临街阳台予以拆除的通知》（津政办发〔1992〕27号），要求对市区五十条重要迎宾、旅游、参观途经道路的沿街阳台，必须按文件的规定加强管理，除批准统一封闭的阳台外，对违章擅自封闭的临街阳台予以拆除。

1993年

4月20日 天津市人民政府批转发布天津市环卫局拟订的《天津市建筑垃圾工程渣土管理规定》。

6月1日 天津市人民政府第60号令发布《天津市环境卫生管理规定》。

1994年

2月 国家科委主任邓楠带领全国市长论坛一行百余人到河北区小淀垃圾处理场考察。

5月 天津市人民政府任命蒋继盛为天津市市容卫生管理委员会副主任。

是年 天津市以迎办第12届亚乒赛和第43届世乒赛为契机，进一步深化街道整修工作。共整修57条路段和20个景点。整修楼房891幢、平房8871间、围墙3.3万余米，拓宽规划道路和空地3.5万平方米，新辟绿地1.06万平方米、设置小品及壁画1830平方米，拆除违章建筑157间。

1996年

1月15日 天津市物价局、财政局、环卫局联合下发《天津市城市生活垃圾处理收费管理办法》，对城市生活垃圾收取处理费。

10月11日 天津市人民政府撤销天津市市容卫生管理委员会，在天津市城乡建设管理委员会内设市容管理办公室，对外称“天津市人民政府市容管理办公室”。

1997年

9月9日 天津市人大第十二届常委会第35次会议，通过了《天津市人民代表大会常务委员会关于设立天津市环卫工人节的决定》，每年10月26日为天津市环卫工人节。

10月16日 天津市人民政府召开“天津市首届环卫工人节新闻发布会”。

10月26日 天津市委、市政府在天津宾馆中礼堂召开天津市首届环卫工人节庆祝大会。会上，以市政府的名义表彰了100名“环卫岗位明星”，并向每位环卫工人增发防寒工作服。

本月 天津市总工会、建委、公安局、市容办等联合发布《关于严厉打击殴打和侮辱环卫工人的行为，保护环卫工人合法权益的通知》。

本月 天津市人民政府任命史晓成为市容办主任。

12月 天津市人民政府任命蒋继盛、李金亮为副主任。

1998年

2月25日 天津市第十二届人大常委会第40次会议，通过《天津市环境卫生管理条例》。

10月 红桥区自行研制的压缩垃圾转运站通过天津市级科技鉴定。经市领导研究决定，在全市推广使用。

是年 天津市环卫局开展“向垃圾宣战”活动，清除居民区等无主工程渣土和垃圾杂物20万余吨。

是年 开展“让家禽家畜远离城市”活动，处理家禽家畜2.3万余只。

1999年

5月13日 天津市物价局、财政局、环卫局联合下发《关于环境卫生有偿服务收费管理的通知》，对环境卫生有偿服务进行收费。

2000年

5月12日 天津市委决定：建立中共天津市市容环境管理委员会（天津市爱国卫生运动委员会办公室）党组，史晓成任党组成员、书记。

5月22日 天津市市容管理办公室与天津市环境卫生管理局、天津市爱国卫生运动委员会办公室合并组建天津市市容环境管理委员会（天津市爱国卫生运动委员会办公室），天津市园林管理局由天津市市容环境管理委员会管理。

5月24日 天津市十三届人大常委会第十七次会议通过，史晓成任天津市市容环境管理委员会（天津市爱国卫生运动委员会办公室）主任。

6月8日 天津市人民政府任命：李占东、张常山、蒋继盛、李金亮、王宗涌、吴春秋为天津市市容环境管理委员会（天津市爱国卫生运动委员会办公室）副主任；马书敏任纪检组长、机关党委书记；刘鸿尧任总工程师。

10月3日 天津市环卫局职工中专学校学生在西青区子牙河西河闸边，欢度国庆假日。突然，有人落水。中专、大专学生和武警战士60多人加入救人队伍，两名年轻的大学生献出了宝贵的生命。天津各家媒体报道了这一事件。团市委、市文明办发出通知，号召市民群众向他们学习。环卫中专参加救人的7名学生获得“文明市民”的荣誉称号。

本月 天津电视台录制“时传祥精神在津门闪光”专题晚会，在全市播放。副市长王德惠在录制现场接见环卫系统劳动模范，并受市委书记张立昌委托将“津门时传祥”的题词，赠给天津市特级劳动模范顾月海。

12月11日 天津市城乡建设管理委员会下发通知，李占东、张常山、蒋继盛、马书敏任天津市市容环境管理委员会（天津市爱国卫生运动委员会办公室）党组成员。

2001年

2月13日 天津市委、市政府决定治理卫津河。这是天津市委、市政府落实新三件事的重大举措。天津市党政军领导、机关干部、解放军和武警官兵、大学生及居民群众5000余人开展业务劳动，改造卫津河。实施河道渠化，修建河边甬道，建设道路排水工程，整修沿线桥梁，增设照明设施，形成绿化景观。

2月14日 天津市市长李盛霖、副市长孙海麟、市政府秘书长陈洪江及天津市计委有关部门负责同志，到河北区小淀垃圾处理场环艺生态资源开发公司视察，参观了垃圾制肥、制砖工艺项目。

2月28日 天津市市容环境管理委员会成立揭牌仪式在天津宾馆中剧场三楼会议厅举行。天津市人大常委会副主任李振东，副市长王德惠，市政协副主席张德铨，市城市建工委书记、市建委主任王家瑜以及城建系统各单位的主要领导出席揭牌仪式。副市长王德惠作讲话。

3月1日 市长李盛霖在市容环境管理第8期简报上批示：“祝贺正式挂牌。要以此为契机，发挥好政府在城市市容管理上的职能作用，不断推进城市管理上新水平！”

4月20日 天津市市容环境工作会议召开。市人大常委会副主任李振东，副市长王德惠，城建工委领导、市建委主任王家瑜以及各区县政府、部门领导出席会议。天津市市容环境管理委员会（天津市爱国卫生运动委员会办公室）主任史晓成作工作报告，副市长王德惠作讲话。

5月16日 “天津市特级劳模顾月海同志先进事迹报告会”召开。天津市总工会副主席安亭州、市城建工委副书记魏同森、市市容委领导班子成员以及市级特等劳模、市级劳模及全系统500余名干部代表参加报告会。

5月24日 天津市人民政府发布《天津市征收城镇居民生活垃圾处理费实施办法》。

6月15日 天津市市长李盛霖，副市长王德惠，市政府副秘书长陈质枫、张峻屹等市领导，到河北区环卫二所慰问天津市特级劳模顾月海。市长李盛霖主持召开由天津市市容委主要领导、市内六区分管副区长和环卫局长参加的座谈会。

7月17日 副市长王德惠、副秘书长陈质枫、市总工会主席安亭州，在市城建工委领导、市建委主任王家瑜、市市容委主任史晓成、副主任张常山的陪同下，慰问工作在夏伏第一线的城建系统干部、职工，并到河西区环卫局基层作业班点进行慰问。

本月 天津市内六区开通“市容环境110专线”电话，接受群众、社会和舆论的监督。

8月17日 天津市人民政府下发《关于印发天津市占路农贸市场建厅退路若干规定的通知》。

9月10日 市长李盛霖、秘书长陈洪江和市市容委、市有关单位领导参加河西区环卫局环卫机扫公司试运营仪式和机扫改革试点座谈会。

10月25日 天津市环卫工人节前，天津市委书记张立昌、市长李盛霖带领市有关领导，到河西区环卫局职工作业班点，看望环卫工人，并与劳模和职工代表进行座谈。

2002年

2月6日 天津市委书记张立昌在《市市容委就节日气氛布置工作做出安排部署》上批示：“让百姓感到天津的大好形势，高高兴兴过个年。”

2月15日 《人民日报》头版头条以《天津：街头处处有年味》为题，报道天津春节气氛布置情况。

7月29日 天津市人民政府办公厅下发《关于在市中心城区开展拆除违章建筑和违法建设工作的通知》。

10月24日 天津市委书记、市人大常委会主任张立昌，市委常委、市委秘书长王文华，市人大常委会副主任李振东，副市长王德惠，市政协副主席曹秀荣，市政府副秘书长陈质枫和市总工会、团市委、市妇联、市委规划建设工委、市建委的领导，到河北区环卫局看望慰问环卫工人，并与环卫职工代表亲切座谈，共庆环卫工人节。

11月1日至12月15日 天津市市容委与《今晚报》合作开展了“虚心听批评，高价买建议”活动，收到群众来信426封、建议2200条，作为改进、提高市容环卫工作的依据。

12月21日 天津市委《关于李占东、史晓成同志任免的通知》决定：李占东任天津市市容环境管理委员会党组书记；免去史晓成天津市市容环境管理委员会党组书记、成员职务。天津市委《关于王敬威同志任职的通知》决定：王敬威任天津市市容环境管理委员会党组成员、副书记（正局级）。

12月28日 天津市人民政府《关于刘剑刚等任免职务的通知》决定，王敬威任天津市市容环境管理委员会（天津市爱国卫生运动委员会办公室）副主任。免去蒋继盛、吴春秋天津市市容环境管理委员会（天津市爱国卫生运动委员会办公室）副主任职务。

2003年

1月9日 天津市人大常委会《关于印发天津市人民代表大会常务委员会决定任免名单的通

知》，任命李占东为天津市市容环境管理委员会主任，免去史晓成的天津市市容环境管理委员会主任职务。

5月10日 天津市委书记张立昌，副书记、市长戴相龙，市委副书记房凤友、宋平顺、刘胜玉、邢元敏等领导分赴市内六区，参加爱国卫生运动及环境卫生集中清整日活动。

5月21日 天津市人大常委会发布第一号公告，《天津市市容和环境卫生管理条例》于2003年5月21日通过，自公布之日起施行。

5月25日 天津市内六区综合执法队伍在天津体育中心前广场举行宣传贯彻《天津市市容和环境卫生管理条例》誓师大会。会前，副市长陈质枫接见市综合执法大队和各区执法队的领导，并做了讲话。

本月 围绕防控“非典”，天津市市容委提出“十项任务”、开展“三大战役”。“十项任务”是彻底清除残存垃圾杂土、清理各类工程弃土、加强环卫管理、治理各类集贸市场环境秩序、规范小饭馆小商店、治理城郊结合部等。“三大战役”是清脏、治乱、抓长效。

6月5日 天津市委书记张立昌和市委副书记刘胜玉及市领导王文华、肖怀远、王德惠、陈质枫、王家瑜和乔富源，检查城市环境秩序综合整治情况。视察了红桥区平津战役纪念馆和河北区伴云里小区清整点位后，市委书记张立昌等市领导来到天津市市容委，主持召开座谈会，并做重要讲话。

6月23日 潘楼垃圾中转站垃圾运输车发生重大交通事故，造成对面中旅桥车内5人当场死亡。

6月25日 天津市市容委召开环卫系统安全工作会议，部署开展以安全生产防事故为中心的“六查”活动。

7月16日 入伏第一天，天津市市长戴相龙、市人大常委会副主任王德惠、副市长陈质枫、市政府秘书长何荣林等领导到天津站副广场环卫所，看望慰问环卫职工，与职工亲切交谈，并送了防暑降温品。

7月25日 天津市人民政府批转天津市市容委《关于天津市2003年夜景灯光建设工作实施意见》。

10月14日 照明科技论坛2003年（天津）四直辖市学术会议在天津礼堂召开，天津市委书记张立昌为大会发了贺信，副市长陈质枫致辞，世界照明委员会副主席、亚太地区主席沃伦·朱立安及中国照明学会常务副理事兼秘书长王锦燧出席，美国、加拿大等国和来自北京、上海、重庆、台湾等地的照明专家、学者、负责人参加会议，天津市市容委主任李占东致开幕词。

10月26日 天津市第七届环卫工人节“光辉的节目”文艺晚会在天津礼堂中剧场举行。此前，天津市市容委和天津市文明办联合对从事环卫一线工作满30年的女职工和满35年的男职工授予“城市美容师”荣誉称号。

11月17日 《中共中央办公厅通讯》工作座谈会在天津召开期间，来自中共中央办公厅和全国各省、自治区、直辖市党委副秘书长、办公厅副主任和有关处室负责人，中央和国家部分部委办公厅近百人观赏了天津市夜景灯光，对天津市夜景灯光建设成果反映强烈，给予高度评价。

11 月 20 日 由天津市委宣传部、天津市爱卫办牵头，天津日报、今晚报、天津电台、天津电视台、北方网和新华社驻津记者站、人民日报驻津记者站、中央电台驻津记者站新闻采访团等新闻单位，深入蓟县、宝坻、西青和武清区，对农村卫生户厕改造工作进行采访报道。

2004 年

5 月 29 ~ 31 日 由天津市市容环境管理委员会、天津市照明学会共同主办的“中国（天津）首届现代城市光文化论坛”在津举行。天津市人大常委会副主任王德惠等领导参加会议；副市长陈质枫和中国照明学会理事长王锦燧分别致开幕词；天津市市容委主任李占东主持大会开幕式并致闭幕词。出席本届“光文化”论坛的代表 200 余人，来自美国、加拿大、德国、希腊等国家以及全国 13 个省、直辖市和台湾地区，提交论文 41 篇。

5 月 31 日 新华社记者曾志坚在新华社《内部参考》第 40 期刊发照片和文字，对天津外环线周边脏乱现象进行曝光。天津市人民政府要求天津市建委、农委、市容委、市政局、公路局、环保局、水利局和环城四区、高新技术园区等相关部门按照各自职责，承担责任，立即进行治理。经过 10 天努力，被曝光的 6 个脏乱点位得到治理。6 月 17 日上午，天津市建委等相关单位进行全面检查验收，新华社、天津日报社等新闻媒体随同检查。

6 月 6 日 天津市市长戴相龙、副市长陈质枫等领导在天津市市容委主任李占东陪同下，对外环线周边环境进行检查。

7 月 7 日 天津市市长戴相龙和有关市领导在天津市市容委主任李占东陪同下，检查市内各区市容环境脏乱点位。

7 月 20 日 入伏第一天，天津市市长戴相龙和天津市人大常委会副主任王德惠、副市长陈质枫、天津市政协副主席王家瑜等领导，到河北区环卫局，慰问全市环卫工人和城管综合执法队队员，并与大家座谈。

7 月 25 日晚 8 点 天津市市长戴相龙、副市长陈质枫、市政府秘书长何荣林和市有关部门负责人到天津市市容委调研，听取了天津市建委、市容委、市政局、环保局关于市容环境卫生管理、城市污水处理和环保工作的情况汇报和问题建议。市长戴相龙就进一步做好市容环境卫生工作作了重要指示，要求由市容委牵头，环保、市政、建委参与，制定一个关于加强环保、环卫工作的决定。

8 月 24 日 天津市委书记张立昌和其他市领导视察城建重点工程。在铁路沿线治理指挥部听取了城建口工作汇报，市委书记张立昌作了重要讲话。

9 月 14 日 天津市第十四届人大常委会第十四次会议通过《天津市城市绿化条例》。

10 月 15 日 天津市市长戴相龙会见到津参加“大马南方环保工程有限公司潘楼生活垃圾中

转站运营签约仪式”的马来西亚房屋与地方政府部长黄家定一行。

11月7～10日 由全国爱卫办、卫生部、建设部、国家环保总局和天津市有关专家组成的考核鉴定组，分别对塘沽区、大港区创建国家卫生区工作进行国家级考核鉴定。考核鉴定组通过听取两个区的创卫工作汇报，现场随机抽查，查阅档案资料和走访当地群众等方法，认为塘沽、大港区创建国家卫生区的工作均达到了《国家卫生区标准》的基本要求，建议全国爱卫会命名塘沽区、大港区为“国家卫生区”。

12月24日 全国爱卫办正式命名塘沽区、大港区为“国家卫生区”，宝坻区城关镇为“国家卫生镇”。

2005年

1月15日 卫生部纪检委书记、监察局局长王大方，全国爱卫办处长徐惠民到津，分别参加了塘沽区、大港区创建国家卫生区总结命名表彰大会。

2月15日 天津市市长戴相龙、副市长陈质枫、市政府秘书长何荣林、市政府办公厅副主任王维基和天津市建委、规划局、工商局、环保局、房管局、公安交管局的主要领导，冒雪来到天津市市容委调研，检查工作。

3月1日 天津市市长戴相龙主持召开市容环境清整工作座谈会，副市长陈质枫、只升华，秘书长何荣林出席会议。天津市人民政府研究室、天津市建委、市容委、工商局、环保局、房管局主要领导和18个区县的区县长参加会议。副市长陈质枫、只升华对进一步搞好市容环境清整工作提出要求，市长戴相龙做了重要讲话。

3月31日 天津市市长戴相龙带领市有关部门和市内六区政府主要负责人，查看了市容环境清整第一阶段重点治理情况，并召开了有关部门主要领导和18个区县区县长、分管副区县长座谈会，副市长陈质枫、市政府秘书长何荣林参加检查和座谈。会上，18个区县区县长向市长戴相龙递交了《2005年开展市容环境治理工作目标责任书》。

4月27日 天津市委书记张立昌对天津市区铁路沿线综合治理工作题词“美化天津”。

5月9日 天津市委书记张立昌视察了天津市行政许可服务中心运行半年来的情况，并到天津市市容委行政许可窗口进行检查，现场向窗口工作人员和来办事的申请人了解了行政许可工作的情况。市委书记张立昌对天津市市容委的行政许可工作给予充分肯定。

7月15日 入伏第一天，天津市市长戴相龙、市总工会主席散襄军、副市长陈质枫、市政协副主席王家瑜、市政府秘书长何荣林以及天津市规建工委、建委、市容委的领导到河东区环卫局清除队、黄俊霞清掏保洁寻呼中心，看望慰问坚持一线作业的环卫工人。

10月17日 天津市人民政府第57次常务会议原则通过：成立天津市城市管理综合行政执法局。

11月18日 天津市人民政府下发《关于推进我市城市管理综合行政执法工作的通知》，调整组建市、区县两级城市管理综合行政执法机构。

同日 天津市委决定：李金亮任天津华北地质勘查局党委委员、书记。

11 月 21 日 天津市市长戴相龙签发天津市人民政府第 306 号和第 307 号任命书：任命孙玉萍、王金铎为天津市市容环境管理委员会（天津市爱国卫生运动委员会办公室）副主任。

12 月 8 日 天津市人大常委会印发《关于印发天津市人民代表大会常务委员会决定任免名单的通知》，任命王敬威为天津市市容环境管理委员会（天津市爱国卫生运动委员会办公室）主任。免去李占东天津市市容环境管理委员会（天津市爱国卫生运动委员会办公室）主任职务。

2006 年

8 月 19 日 “中国（天津）第二届现代城市光文化论坛”在天津举行。来自荷兰、澳大利亚、法国、英国等国家和北京、上海、天津、重庆、深圳、浙江等地区的城市照明、建筑、社科、艺术、历史等领域的专家、学者 180 人出席。论坛为期 3 天，交流学术论文 93 篇。

年底 堆山造景一期、二期工程全部完成，通过实施山体整形、分层碾压，护坡工程，围墙、道路建设，设置大型组合喷泉，覆盖植被土及大面积绿化工程，初步形成了山、路、水、绿的总体格局，山体景观和水域景观整体效果显现出来。由天津市市容委、天津市地名办与《今晚报》联合主办堆山造景工程有奖征名活动，综合群众和专家的意见，经天津市领导批准，最后确定园名为：南翠屏公园。

2007 年

1 月 23 日 天津市人民政府发布第 111 号令，《天津市城市管理相对集中行政处罚权规定》经天津市人民政府第 84 次常务会议通过，自 3 月 1 日起施行。

2 月 9 日 天津市城市环境专家委员会第一次会议召开。天津市城市环境专家委员会主任委员、天津市市容委总工程师刘鸿尧、天津市建委领导和 40 位城市环境专家参加会议。会议宣读了关于成立城市环境专家委员会的文件；向城市环境专家颁发了聘书，对 2007 年城市环境专家委员会的工作进行了部署。

3 月 27 日 天津市市容委、爱卫办、综合执法局联合主办的 2007 年中国（天津）市容环卫专用设施设备及消杀灭虫清洁用品新技术展览会，在天津大剧院举行。

5 月 9 日 天津市总工会副主席李泮祥及有关部门负责人专程到“津门时传祥服务中心”，为荣获天津市首届“工人先锋号”集体荣誉称号的河北区环卫局津门时传祥服务中心举行挂牌仪式，并与服务中心职工代表进行座谈。

8 月 11 日 天津市委副书记、市长戴相龙到河西区环卫机扫公司，看望慰问冒着高温酷暑奋战在一线的市容环卫系统职工，与大家座谈，听取建议意见，就进一步做好新形势下的市容环卫工作提出要求。

本月 河东区建成天津市第一座具有环保无污染、无异味、装载量大、密闭运输、节能、全天候服务等特点的脱水式垃圾转运站，车辆也采取封闭式挤压车，解决了运输亏载、撒漏问题。

10 月 26 日 天津市市容委举办“环卫之光”专题晚会，庆祝天津市环卫工人节。市人大常委会副主任王德惠、副市长陈质枫、市政协副主席曹秀荣、王家瑜出席晚会。会前，对100名“优秀城市美容师”进行了表彰。

2008年

2月22日 《天津市生活废弃物管理规定》经天津市人民政府第三次常务会议通过，予以公布，自5月1日起施行。

2月26日 天津市迎奥运市容环境整治工程总指挥部成立。

3月11日 天津市委书记张高丽在《迎奥运环境综合整治专报》第一期“迎奥运市容环境综合整治工程全面铺开”上作出重要批示并查看了小白楼地区、浙江路、南京路、卫津路、复康路等迎奥运道路综合整治情况。

4月 河西区环卫局一队疏通班被中国质量协会、中华全国总工会、共青团中央、中华全国妇女联合会、全国用户满意工程推进办公室评为“全国用户满意服务明星班组”，疏通班班长祁德宝代表疏通班到北京人民大会堂参加了授牌仪式并受到顾秀莲等国家领导人的亲切接见。

本月 河西区环卫一队疏通班、环卫五队西南楼分队荣获“全国三八红旗先进集体”称号。

5月16日 天津市市容环卫系统发扬“一方有难，八方支援”的优良传统，抢时间、争速度，精心筹备，为四川地震灾区准备了总价值600多万元的环卫设备，包括3部压缩车、1部洒水车、1部吸粪车和10座移动公厕。其中，和平区准备了5座移动厕所、南开区3座移动厕所、河北区2座移动厕所和1部洒水车，红桥区1部吸粪车，河西区2部压缩车、河东区1部压缩车。所有援助设备于5月17日晚装载，紧急运往地震灾区四川省德阳市。同时，天津市市容委视灾区人民的急需，从全市市容环卫系统挑选出20名素质过硬、业务精良，特别能吃苦、特别能战斗的技术骨干，组成专业小分队，奔赴四川灾区指导、参与当地环境卫生清整和垃圾粪便无害化处理工作。

7月22日 天津市市容委组织全市市容环卫系统在河西区凯特饭店举行大接访活动。活动前夕，天津市市容委通过新闻媒体对“大接访”活动的内容、时间、接待方式等提前向社会进行公布，并设立热线电话24小时专人值守。这次大接访活动，共接待来访群众168批400余人，受理各类问题200余件，其中47件在接待现场办结。

7月28日 天津市市政府领导及市有关部门负责人，深入到河西区环卫局机扫公司，看望慰问冒着高温酷暑奋战在一线的环卫职工，并与大家座谈。

7月31日 迎奥运市容环境综合整治工程全面完成。

8月7日 天津市委书记张高丽在迎奥运环境综合整治工作报告上作出重要批示。张高丽批示:“衷心感谢指挥部和各位领导、奋战在一线的全体同志。取得的成绩十分显著，积累的经验难能可贵，存在的差距要高度重视。希望发挥连续作战精神，巩固成果，扩大战果，使天津发生更大变化，让群众得到更多实惠。”

2009 年

2 月 19 日 天津市委书记张高丽等市委、市人大常委会、市政府、市政协领导，到河西区宾水道与机关干部、群众一起挥锹铲雪。

2 月 26 日 天津市人民政府召开第二轮市容环境综合整治动员部署大会。市委书记张高丽讲话提出具体要求。

5 月 1 日 天津市委书记张高丽，市委常委、市委秘书长段春华，副市长只升华、熊建平、王治平深入水上公园改造项目施工现场考察。

5 月 6 日 天津市市政府第 155 号、156 号、157 号、158 号、159 号、160 号任命书，任命孙玉萍、李爱国、郭喜东、苗加兴等为天津市市容和园林管理委员会（天津市爱国卫生运动委员会办公室）副主任；刘鸿尧为总工程师。

5 月 18 日 天津市委《关于印发〈天津市机构改革实施方案的通知〉》决定，组建市容和园林管理委员会，不再保留市容环境管理委员会、园林管理局。

5 月 27 日 天津市第十五届人大常委会第十次会议，任命李福海为天津市市容和园林管理委员会（天津市爱国卫生运动委员会办公室）主任。

7 月 2 日 天津市委书记张高丽等市委、市人大常委会、市政府、市政协主要领导沿友谊路、广东路、津塘路、中山路、芥园道、鼓楼东街、荣业大街、红旗路、宾水西道等，察看重点道路综合整修和重点地区改造提升情况，并实地考察人民公园、河东公园、文庙和水上公园等地。7 月底，第二轮市容环境综合整治任务基本完成。

11 月 28 日 天津市市容委根据《天津市突发公共事件总体应急预案》，发布《天津市雨雪冰冻灾害应急预案》。

12 月 2 日 天津市市容园林委在天津礼堂举办全系统大型法制讲座。各区县市容委、环卫局、爱卫办、综合执法局、城市绿化行政主管部门分管领导及法制科科长，天津市城市管理综合执法局全体干部，市容园林委所属各单位科级以上干部，委机关全体干部近 500 人参加培训讲座。讲座邀请天津商业大学吴春雷教授介绍城市管理和法制建设最新研究成果，天津市人大法工委副巡视员刘刚系统讲解市容园林专业法规的立法背景、立法宗旨、基本精神和基本原则。

2010 年

1 月 4 日 清晨 天津市委书记张高丽等市委、市人大常委会、市政府、市政协领导，到河西区宾水道与机关干部、群众一起挥锹铲雪。

1 月 27 日 由天津市市容园林委组织，天津市规划院、环卫设计院、环评中心联合编制的《天津市环卫设施布局规划》完成初稿，并在多次不同层面汇报、征求意见、修改完善的基础上，在天津市市容园林委召开专家及主管部门评审会。与会专家有中国城市建设研究总工程师徐海云、天津市规划局原副局长冯容、天津市环境工程评估中心总工程师李寅年、天津市市容环卫研究所所长张范、天津市垃圾处理中心主任柳宪布，专家组组长由徐海云总工程师担任。与会主管部门包括天津市发改委、建交委、市容园林委、规划局、国土房管局、环保局等，环卫研究所及相关参编设计单位的主要负责人参加会议。会议听取天津市规划院规划方案汇报后，相关主管部门及专家分别提出意见和建议。会后规划设计单位按照专家和主管部门提出的意见和建议进一步修改完善规划成果，组织编制单位按照天津市统一要求履行规划报审程序。

2月26日 第三轮市容环境综合整治动员大会召开。天津市委书记张高丽作重要讲话，市人大常委会主任刘胜玉，市委秘书长段春华、副市长熊建平、市政府秘书长李泉山出席。副市长只升华主持会议。

3月 天津市市容园林委及各区县认真抓好《天津市城市管理规定》的宣传教育工作。天津广播电台、电视台宣传报道消息共计150篇、直播23次，报纸刊登相关内容150篇、专版14篇，北方网、人民网、新华网共刊登消息100余篇，市容园林委领导、各处室及各相关委局接受媒体采访共280人次。同时，积极协调有关单位通过公益广告进行社会宣传，其中设立电子屏5块、公交车站牌200块、广告牌80块、路名牌60块，在2300余台公交车上，利用移动电视滚动播出《天津市城市管理规定》等5个方面的内容，并发放单行本18万余册。3月21日，全市开展宣传日活动，收到动员社会、发动群众、家喻户晓的宣传效果。3月28日，天津市政府召开全市动员大会，市政府主要领导对《天津市城市管理规定》的宣传贯彻落实，再次提出明确要求。

5月19日 “2010年第27号令”《天津市公共厕所管理办法》经天津市政府第48次常务会议通过，自7月1日起施行。

8月19日 市容环境综合整治市民满意度测评结果新闻发布会召开。经天津城调总队调查，市容环境综合整治群众满意度为99.5%。

9月8日 “中国（天津）第三届现代城市光文化论坛”在天津滨海国际会展中心闭幕。来自美国、日本、北京、上海、天津、重庆、吉林、哈尔滨、沈阳、浙江、江苏、福建、广东及中国台湾地区等地的城市照明、环境、建筑、艺术、能源等领域的专家、学者和科技人员约260人出席论坛。光文化论坛会务组编辑制作了《中国（天津）第三届光文化照明论坛论文集（会刊）》，收录学术论文105篇。作为该届论坛的姊妹活动，“2010中国（天津）国际照明展览会”同期同馆举办。展览会设城市照明、节能照明、半导体照明三大主题展。展会为参展企业提供与中国照明学会、台湾区照明灯具输出业同业公会、天津市半导体照明工程研发及产业联盟、天津市照明学会、天津市照明协会以及有关照明专业设计研究院所等专业权威机构合作的机会，“左手学术、右手市场”，使企业运作自如。

第一篇

市容环卫组织机构

清末，八国联军在天津设立天津地区临时政府卫生局。辛亥革命后，北洋政府直隶警察厅要求商家居民出钱雇用伕役专事清扫街道，人们习惯称呼他们为“清道伕”。中华民国时期，天津特别市公安局清洁处，将全市清道伕合编为清洁队。1935 年，中华民国天津市政府第四科，综合管理全市清洁卫生事宜。天津解放后，天津市人民政府卫生局第四科主管环境卫生，清洁总队划归天津市卫生局管理。1964 年 2 月，组建天津市环境卫生局。1979 年 8 月，市内六区及塘沽区建立环境卫生局，自此，清洁工人改称环卫工人。1983 年 2 月，天津市环卫局改为天津市环境卫生管理局。

1959 年，天津市设立整顿市容委员会，下设办公室。1971 年，临时成立“三整顿”办公室。1976 年 5 月，成立天津市市容整顿领导小组，下设办公室。1981 年 6 月，原市容整顿领导小组办公室改为“天津市市容管理办公室”。1984 年 1 月，成立天津市市容管理委员会。1986 年 1 月，市容管理委员会更名为天津市市容卫生管理委员会。2000 年 5 月，天津市市容办与天津市环境卫生管理局、天津市爱国卫生运动办公室合并组建天津市市容环境管理委员会（天津市爱国卫生运动委员会办公室）。2009 年 5 月，将天津市市容环境管理委员会和天津市园林管理局的职责，整合组建天津市市容和园林管理委员会（天津市爱国卫生运动委员会办公室）。

第一章　天津解放前清洁卫生管理机构

第一节　天津首建卫生局

一、天津地区临时政府卫生局

天津市清洁卫生专业机构的形成始于清光绪二十六年（1900）。

1900 年 7 月，八国联军侵占天津，成立了暂行管理津郡城厢内外地方事务都统衙门。11 月，更名为天津地区临时政府，下设巡捕队、财务处、发审处、卫生局、粮食局、中国私人财产管理处等管理机构。其中，卫生局是在全国率先建立的清洁卫生管理机构。卫生局下设 8 个清洁卫生单位，名为工程段。每个工程段，设正、副段目（段目为段长下面的高级职员）2 ~ 3 人，伕役 14 ~ 30 人，8 个工程段共有段目、伕役 178 人。主要负责公共厕所、天津城围城四条大马路的清洁卫生和市区沟渠的疏浚排污工作。工程段段目、伕役的工饷以厕所捐为来源，不足时则由捐务处补足。卫生局还雇用 20 名印度巡捕和 50 名中国巡捕，督促工程段的伕役按规定时间清扫道路、桥梁，疏浚沟渠，并对随地便溺和乱倒垃圾污物的行为进行管理。1902 年，卫生局又增设两个工段，共10个工程段。

二、直隶警察厅天津卫生总局

光绪二十八年（1902）5月，清朝直隶总督袁世凯与各国驻天津都统会商，收回八国联军在天津设立的天津地区临时政府，虽然各国政府同意交回，但以清军只能在距天津20里（约10公里）外驻扎为条件，只将天津的行政、警察管理权交还清政府。8月15日，天津地区临时政府撤销，各国租界内事务由各国自行管理。非租界的管理事务移交给直隶总督衙门，清洁卫生工作则由直隶警察厅负责。

直隶警察厅在原天津地区临时政府卫生局的基础上，组建天津卫生总局，首任总办为屈永秋，原天津地区临时政府卫生局局长、法国军医梅尼（G. Mesny）被聘为顾问。任用北洋医学堂毕业生为医生，雇佣中外巡捕80名，伕役200名，并增设了扫除科。据《北洋公牍类纂》载，这个主要借鉴日本模式建立的“现代卫生管理机构”，被赋予了“无所不包的功能”，承担“街道清扫、救济穷人、医疗和检查及预防瘟疫”等工作。总局下设第一、第二、第三卫生分局，负责街道、桥梁等处的日常清扫和沟渠疏浚工作，并由巡警局协助卫生局的卫生巡捕和工程局有关人员，监督城市街道的清扫、沟渠的疏浚、公厕粪厂的设置、随地便溺和倾倒垃圾行为、饮食物的检验等公共环境卫生管理，加强了警察对公共环境卫生的监督权和管理权。

三、北洋政府直隶警察厅卫生总局

1914年2月，北洋政府认为“地方清洁，警政所关”。因此，天津的清洁卫生事宜仍由直隶警察厅卫生总局负责。

1915年，直隶警察厅卫生总局鉴于天津人口增加，街上行人见多，市面日渐繁华，如果没有专人担任里巷清扫和污物清除工作，城市清洁卫生将不能得到很好重视，更不能提高市容观瞻水平。遂要求各区警署召集地方绅商，晓谕商家民户“认捐募伕”，让商家居民出钱雇用伕役承担清扫街道的工作，以弥补官方各工段人力的不足。所需经费，由警察区署会同地方共同劝募，每户2～30枚铜圆，名曰“土车费”。这些雇用的“募伕”主要从事道路清扫工作，人们习惯称呼他们为“清道伕”，这也是天津环卫工人的由来。

第二节　租界工部局管理清洁卫生

租界清洁卫生管理始于管理机构的设立，各国租界设立的管理机构虽然略有区别，但基本功能相似。各国租界工部局是担任租界内市政、税务、警务、工务、交通、卫生、公用事业、教育、宣传等职能的管理部门，设有军队、警员、监狱和法庭，拥有征税、市政设施、教育卫生等各项权力，成为租界事实上的政府。因此，各国租界工部局是管理租界内清洁卫生事项的政府职能部门。

一、英租界

最初，英租界的清洁卫生管理由工部局负责。另外规定，为了维护公共卫生，还要组建团队。后来随着租界的拓展和开发强度的增加，虽然总体上仍然由工部局负责，但分工愈加明细，如工程处负责厕所及秽水沟眼的畅通、清扫街道、冲洗马路、收敛垃圾、扫除积雪等；卫生处主要负责疾病防控、天然冰块的开凿、死亡人口统计、坟墓管理和医院的管理；巡务处负责对不遵守卫生规则者的监督和处罚。据统计，1929 年违反卫生规则者 661 起，1930 年减至 202 起，1931 年为 205 起。

二、法租界

20 世纪 30 年代，法国工部局的行政职能主要集中于道路、卫生和警务方面。董事会议决定事项中有关清洁卫生的内容，主要包括，开辟道路、广场，修筑码头、堤埝、桥梁、水道，规划菜市、屠宰场、公墓等，以及生育保健事项和工务卫生规则等。租界市政管理局内设总务处、工务处、卫生处、教育处和巡警局 5 个部门，卫生处由主任医师、副主任医师各一名和中西职员若干名组成，下设卫生股及清洁警察，并管理巴斯德化验所、妓女检治所及慈善施诊事务。卫生股的中国医师专门负责记录界内华人死亡率。巡警局的督察人员还负责辅助卫生处办理清洁事务。

三、日租界

日租界虽然建立较晚，但其清洁卫生管理机构和制度与英、法租界相比却毫不逊色。在 1907 年居留民团成立以前，日租界的清洁卫生是由 6 名华人董事组成的通洁局通过征税管理的。居留民团成立以后，日租界的清洁卫生管理由该组织全权负责。1908 年，日租界居留民团成立了卫生部，该部的主要任务是进行人口统计、检查租界卫生、检验租界的供水、检查食物摊贩和市场、管理租界的火葬场并干预传染病病例。到 20 世纪 20~30 年代，保净部全面负责日租界的道路扫除及除雪、道路洒水、公共下水道的扫除及污水池的疏浚、私设下水道的扫除及污水汲取、垃圾收集和粪便处理。到 1930 年，其组成人员除了管理人员以外，还包括道路清扫伕 50 名，垃圾收集伕 48 名（冬季另增 8 名），下水道清洁伕 44 名，便所扫除伕 2 名和粪伕 60 名。此外，为了保证清洁卫生质量，还派巡捕监督居留民团卫生部的工作。

四、奥、德租界

奥租界的行政管理机构为工部局，下设警务处、工程处、捐务处，还设一个卫生巡捕长，管理全区的卫生事宜。巡捕长为奥国人，副巡捕长则由中国人担任，巡捕 70~80 人，均雇用中国人充任。

德租界设有专门化的市政管理机构。董事会下设电务、水道、医院卫生委员会等。工部局作为董事会的执行机构，下设相应电务、水道、卫生处等。

第三节　民国时期清洁卫生管理机构

一、直隶警察厅卫生清洁检查股

1916年3月22日，袁世凯宣布取消帝制，恢复中华民国。直隶警察厅卫生总局继续负责清洁卫生管理事宜。

1927年，中华民国直隶警察厅认为“各区前办清洁事项成绩太差”，致使道路清扫不洁，秽土堆积如山，“非有专门机构司其事不可”。遂经直隶省长批准，于10月1日成立卫生清洁督察处，外勤另设督察队，专管清洁卫生指导及监督事项。直隶警察厅改“土车费”为“清洁费”，由募捐改为征收，并制定征收清洁费规则。由警察厅派员协同各区警署征收。但是到了11月，因征收清洁费问题，招致民众反对，不得不缩小组织，将卫生清洁督察处改为清洁检查股，附属于直隶警察厅卫生科。

二、天津特别市公安局卫生清洁队

1928年6月，中华民国政府将天津设为特别市，警察厅改为公安局，原警察厅卫生科清洁检查股，改属公安局第一科，但所属10个工程段却改属了公务局。稍后，为统一清扫工作，又将10个工程段划回公安局，各区的清道伕由各区警署管理支配，市公安局派清洁监察员到各区督察清洁工作。

1934年，天津特别市公安局改为中华民国河北省会公安局。5月，将原清洁检查股改为清洁处，设主任1人、由公安局第二科科长兼任，科员、办事员各1人，雇员若干人，分理文书、业务、统计等事务。将各区的清道伕及原有10个工程段合编为清洁总队，这是天津清洁队名称的肇始。

1934年6月，公安局经请示天津特别市政府批准，先后购置运秽汽车4辆，增添司机5人，由清洁队派警长8人、警士5人，抽调清洁伕34人，专管市内垃圾杂土运除工作。由此，产生了最早的垃圾清运工种。

三、中华民国天津市政府第四科

1935年，中华民国天津市政府成立第四科，综合管理全市清洁卫生事宜。3月1日，将清洁队由公安局划归第四科管理。自此，清洁卫生管理机构脱离公安警察系统，正式成为市政府所属部门。第四科设环境卫生股，管理全市清洁卫生工作。成立市清洁队，设队长、办事员、雇员各1人，管理全队事务。按5个公安区将各区清洁伕编为5个分队，负责辖区内的垃圾清运。原有的10个工程段编为第6分队，担任5个区内重要主干道路的清扫及掏挖井口事宜。全市清洁队总计有队长1人、分队长5人、办事员1人、雇员6人，警长30人、警士5人，正副队目24人、伕役645人。

1935年6月1日，原工务局所属的洒水汽车和洒水马车划归第四科。第四科又购置洒水汽车5辆，成立洒水马车管理室，专管道路洒水工作；又购置运秽汽车6辆，增募装土伕役53人，成立运秽汽车管理室，专管运送垃圾杂物工作。

1936年1月，民国天津市政府在第四科基础上建立卫生局，管理全市清洁工作。天津清洁队原分公安区及特别区两种，公安区即原中国政府管理地区，特别区即德、奥、俄、比租界交还后，建立的1、2、3、4特别行政区，简称“特别区”。公安区的清洁队由公安局管理，特别区的清洁队由各特别区管理。3月，市政府为统一事权，指令各特别区将清洁队一律划归卫生局统一管理。

四、中华民国天津市卫生局第三科

1945年8月日本投降后，中华民国天津市卫生局第三科负责全市环境卫生，包括饮水、食品、公共场所卫生的管理工作。科内设60人的卫生稽查队，每年5 ~ 9月还临时设置30 ~ 40人的消毒队，负责药物消灭蚊、蝇及饮水消毒工作。12月，警察局将483座公厕及粪便管理业务移交卫生局第三科管理。

附：日伪天津特别市卫生局

1937年7月，日本侵略军占领天津后，8月，成立天津市地方治安维持会，下设卫生局管辖清洁卫生事宜。卫生局下设卫生科，直接领导清洁队及卫生稽查队。清洁队下设1 ~ 16分队及特1、特2、特3、特4分队，共有目伕432人。

1937年12月17日，天津特别市公署成立，设立天津特别市卫生局，继续管理全市（除美、英、法租界）的清洁事务。

1940年4月，天津特别市卫生局对清洁队进行改编，建立清洁总队，下设1至9个分队，另设特1、特2、特3分队、清洁干路队、清洁补充队、运秽洒水汽车队、运秽洒水马车队。清洁总队设总队部1处，分队及专业队共16个，有总队长及分队长19人、队目66人、伕役780人、司机车伕20人，共计866人。

1942年11月，天津市的清洁工作，包括清洁总队业务及垃圾、粪便、公厕管理工作，从卫生局移交警察局保安科第6股管理。

1943年，美、英、法租界收回后，卫生清洁工作交由清洁总队负责，统一了全市清洁队的管理。

第二章 天津解放后市容环卫管理机构

第一节 环境卫生管理机构

一、天津市卫生局第四科

1949年1月15日，天津解放。1月18日，天津市人民政府公安局派军代表傅孟越、吴东、胡忠信、吴践知接管了清洁总队。共接管总队部1个，接收总队长、警士9人；直属分队1个，下设修缮班、司机班，接收分队长、警士、清洁工共272人；按区设立的13个清洁分队共67个段，接管全总队共1875人。

1949年4月，天津市人民政府卫生局建立第四科主管环境卫生事宜。由华北革命大学分配学员60人，又招考10人，组织了卫生稽查训练班，8月毕业，成立卫生稽查队，隶属于第四科，负责对全市饮水、食品、公共场所卫生进行管理。

二、天津市卫生局环境卫生处

1949年年底，根据天津市人民政府的决定，将公安局所属清洁总队划归卫生局，共移交清洁工人1943人。

天津市卫生局在第四科的基础上设置环境卫生处，调任塘大区区长王培仁为处长，领导清洁总队及卫生稽查队，统一管理全市环境卫生工作。至此，清洁卫生机构再次脱离公安警察系统，成为市政府所属部门。

1950年1月，天津市人民政府下发通知：公安局领导的塘大区清洁队划归塘大区人民政府领导，业务受天津市卫生局环境卫生处指导。

三、天津市卫生工程局

1950年3月，根据天津市人民政府决定，在卫生局环境卫生处基础上建立天津市卫生工程局，任命王培仁为局长。设置清洁科及粪便管理科，负责全市垃圾、粪便管理及道路清扫等工作。同时，将饮水、食品、公共场所卫生管理等业务及卫生稽查队留归市卫生局，市卫生局在卫生防疫科设环境卫生股，负责上述业务管理并领导40人的卫生稽查队。

1950年11月，天津市卫生工程局按照市政府指令，取消清洁总队名称，将各清洁分队下放各区公所管理，并改组直属分队；成立汽车队及工具修配厂。12月，天津市卫生工程局成立粪便清除所，领导公营粪便清除一、二、三厂。

1951 年 6 月，市卫生局撤销卫生稽查队，建立防疫大队，下设防疫、环境卫生和消毒 3 个队，环境卫生队的 40 人仍负责行业卫生管理工作。

1952 年 3 月，成立天津市防疫委员会，天津市市长黄敬兼主任，委员会下设环境卫生组，由卫生局、卫生工程局抽调人员组成，负责对城市垃圾、粪便、饮水、食品、公共场所卫生进行管理。

四、天津市公共卫生局防疫保健处环境卫生科

1952 年 7 月，天津市卫生工程局、天津市建设局、天津市园林广场处合并成立天津市市政工程局，并成立天津市公共卫生局。10 月，天津市人民政府批复天津市市政工程局，将有关环境卫生业务单位（包括粪便清除所、汽车洒运队、工具修配厂及市局机关清洁、粪便厕所管理两组）移交天津市公共卫生局管理。11 月，两局移交完毕，计移交干部 54 人、工人 474 人，其中市局机关清洁、粪便厕所管理两组干部 12 人，汽车洒运队干部 2 人、工人 47 人，工具修配厂干部 5 人、工人 59 人，粪便清除所干部 35 人、工人 368 人。天津市公共卫生局撤销环境卫生股及防疫大队，设立卫生防疫站，将饮水、食品、公共场所卫生管理业务交由卫生防疫站负责，在局防疫保健处增设环境卫生科负责全市的垃圾收集、清运、处理，道路清扫，粪便、厕所卫生管理及病害虫兽捕灭工作。环境卫生科直接领导汽车洒运队、粪便清除队、捕犬队、淋浴站等单位，并对各区清洁队进行业务指导。

1952 年 12 月，王培仁调市政工程局任党委书记、局长。

1953 年 8 月，天津市公共卫生局按照市政府指示，将环境卫生科领导的工具修配厂移交建筑工程局领导的天津市建筑安装器材公司管理。年底，又将环境卫生科管理的病害虫兽捕灭及消毒工作业务移交给市卫生防疫站，并撤销了淋浴站和捕犬队。

1956 年 3 月 12 日，天津市人民委员会通知，同意天津市郊区供销合作社关于建立肥料经理部的报告，要求公共卫生局将所属粪便清除所全体人员及全部财产无偿移交给肥料经理部。3 月 16 日，天津市公共卫生局将粪便清除所移交天津市郊区供销合作社。3 月 26 日，天津市郊区供销合作社成立肥料经理部，下设办公室、人事保卫科、计划财务科、业务科、杂肥科。下属一至六个粪便清除队和颗粒肥料厂、船运队。天津市公共卫生局将粪便清除业务交出后，仍保留环境卫生科，负责对各区清洁队进行业务指导、群众清扫保洁制度的推动和粪便、公厕卫生管理及建厕工作。

五、天津市公共卫生局环境卫生管理处

1957 年 4 月 10 日，天津市人民委员会通知，将郊区供销合作社所属肥料经理部改由天津市公共卫生局领导，市内各区清洁队和粪便清除队统一归区人委领导，同时接受天津市公共卫生局领导。5 月 31 日，天津市公共卫生局根据通知接管了肥料经理部，并与环境卫生科合

并成立了天津市环境卫生管理处，可以直接对外行文。任命耿振宗为处长，内设清洁、粪场、杂肥、人事保卫、财务5个科室及办公室。6月1日正式启用印信对外办公。8月，天津市环境卫生管理处根据天津市人民委员会通知精神，将6个粪便清除队按行政区划分为8个，下放给各区管理。

1958年1月，红桥区清洁队与清除队合并，成立红桥区卫生清除队。河西区清洁大队和区粪便清除所合并，成立河西区环境卫生队。10月，河东区成立公共卫生局，和平区成立清洁大队。

1958年12月21日，天津市公共卫生局将汽车洒运队所管汽车下放各区管理，留下修理车间改组成立汽车修理厂；将双林粪场移交河西区、南大桥粪场移交河东区、杨柳青粪场移交红桥区管理。

1961年4月，天津市公共卫生局决定，将环境卫生管理处与红十字会合署办公。

1962年2月，根据1961年3月天津市人民委员会《关于充实整顿清洁队的决定》，各区清洁队改组为清洁大队，隶属于区公共卫生局环境卫生科。同时成立天津市清洁总队，定编62人与天津市环境卫生管理处“一套人马挂两块牌子”，设清洁、清除、群众卫生、财务、人事、车辆管理6科及办公室。车辆管理科和洒运汽车队“一套人马两块牌子”，不另设编。10月2日，天津市清洁总队正式成立，各区清洁队改组为清洁大队

六、天津市环境卫生局

1964年2月21日，天津市人民委员会发出《关于建立天津市环卫局的决定》。为了加强城市环境卫生工作的领导和管理，彻底改变天津市的环境卫生面貌，市人民委员会于1964年2月21日决定建立天津市环境卫生局。环境卫生局的任务主要是系统研究全市环境卫生方面的问题，制定有关城市卫生的长期规划，负责全市性环境卫生、市容整顿、粪便管理等工作。定编45人，与市爱国卫生运动委员会办公室合署办公。各区不设环卫局，环卫工作仍由区卫生局环境卫生科负责。天津市环境卫生局于4月1日正式成立，并启用印信对外办公。11月，天津市委任命苏振华为天津市环境卫生局局长，李雨民任副局长。天津市环卫局设财务处、人事处、业务一处、业务二处及办公室。1966年1月，根据第一次市长联合办公会议决定，天津市环卫局设“三废”管理处，定编15人，为事业单位。

1964～1969年间天津市环境卫生局领导班子任免情况表

表1-2-1-1

职　务	姓　名	任　免　时　间
局　长	苏振华	1964年11月至1969年9月
副局长	李雨民	1964年11月至1969年9月
	姬华中	1966年1月至1969年12月

1969 年 2 月，根据天津市革命委员会第 61 次扩大会议决议，撤销天津市环境卫生局，留下 5 名干部到天津市卫生局组建环境卫生组。7 月，天津市卫生局环境卫生组与卫生指挥部、红十字会、卫生防疫站派员临时组成天津市爱国卫生运动委员会办公室。

1978 年 4 月，天津市委《关于建立天津市环境卫生局的通知》决定：天津市环卫局与天津市爱委会办公室合署办公，定编 45 人，设办公室、组织处、业务处、环境卫生处、财务基建处。市内六区及塘沽、汉沽区革命委员会建立环境卫生科。4 月 10 日，市环卫局开始对外办公。11 月 14 日，天津市委任命张兆铭为天津市环境卫生局局长。

1979 年 8 月，天津市革命委员会第 34 次主任办公会议决定，市内六区及塘沽区建立环境卫生局，列为事业编制。市内六区环卫局各设编 35 ～ 40 人，塘沽区环卫局设编 30 人。同时将上述区的环卫科和清洁大队撤销。10 月，天津市委办公厅函复天津市建委、天津市文委，同意天津市环卫局归属天津市建委领导。

1980 年 5 月 17 日，天津市编委批复天津市环卫局，同意局内机构由 5 处 1 室调为 7 处 1 室，并增加行政编制 20 人，连同原有编制共计 65 人（含天津市爱卫会办公室编制）。

1979 ～ 1982 年间天津市环境卫生局领导班子任免情况表

表 1-2-1-2

职　务	姓　名	任　免　时　间	生　卒　年　月
局　长	张兆铭	1979 年 1 月至 1982 年 12 月，离休	1916 年 8 月至 2003 年 8 月
副局长	姬华中	1979 年 1 月至 1982 年 12 月，离休	1914 年 5 月至 1989 年 6 月
	冯　毅	1978 年 10 月至 1982 年 12 月，离休	1922 年 7 月至 2000 年 5 月
	孔庆祥	1979 年 4 月至 1982 年 12 月，离休	—
	陈天民	1979 年 10 月至 1982 年 12 月	—
	张福恒	1980 年 7 月至 1982 年 12 月	—
	王辅成	1982 年 7 月至 1982 年 12 月	—

七、天津市环境卫生管理局

1981 年 11 月 20 日，天津市人民政府第 53 次常务会议决定：市、区环卫局改为环境卫生管理局。1982 年 7 月 20 日，天津市委调整天津市环卫局领导班子，新任局长赵宝元、副局长王辅成。

1983 年 2 月 19 日，天津市人民政府第 86 次常务会议决定：天津市环卫局改为天津市环境卫生管理局，为市政府管理城市环境卫生工作的职能部门。负责统筹规划；拟定环境卫生有关规定和制度；管理、监督、检查全市环境卫生工作；综合平衡经费；训练环境卫生业务人员和组织环卫科研工作。各区环卫局改为区环境卫生管理局，为区政府管理环境卫生的职能部门，负责贯彻执行环境卫生法规，领导管理环卫专业队伍和指导保洁队工作。3 月 9 日，天津市环卫局正式改为天津市环境卫生管理局。

1982 ~ 1992 年间天津市环境卫生管理局领导班子任免情况表

表 1-2-1-3

职　务	姓　名	任　免　时　间	生　卒　年　代
局　长	赵宝元	1982 年 12 月至 1992 年 6 月，离休	1930 年 6 月至 2002 年 4 月
副局长	陈天民	1983 年 1 月至 1990 年 4 月，退休	—
	张福恒	1983 年 1 月至 1990 年 11 月	—
	王辅成	1983 年 1 月至 1992 年 6 月	—
	王志宽	1983 年 3 月至 1992 年 6 月，退休	—
	金万丰	1986 年 11 月至 1992 年 6 月	—
	张常山	1990 年 8 月至 1992 年 6 月	—
副局巡视员	张福恒	1990 年 11 月至 1991 年 12 月，退休	—

1992 年 6 月，天津市委津党组〔1992〕171、172 号文件，任命张常山为天津市环境卫生管理局党组成员、党组书记。6 月 9 日，天津市人大第 11 届 35 次会议，任命张常山为天津市环境卫生管理局局长。

1993 年 10 月 16 日，天津市人民政府第 8 次会议、天津市委津党组〔1993〕223 号文件，任命李宝全为天津市环境卫生管理局副局长。

1994 年 8 月，天津市委津党组〔1994〕228 号文件，任命王宗涌为天津市环境卫生管理局副局长。

1992 ~ 2000 年间天津市环境卫生管理局领导班子任免情况表

表 1-2-1-4

职　务	姓　名	任　免　时　间
局　长	张常山	1992 年 6 月至 2000 年 5 月
副局长	王辅成	1992 年 6 月至 1994 年 8 月，调教育学院
	王志宽	1992 年 6 月至 1992 年 8 月，退休
	金万丰	1992 年 6 月至 1994 年 8 月，离休
	李宝全	1993 年 10 月至 2000 年 5 月，退休
	王宗涌	1994 年 8 月至 2000 年 5 月

2000 年 5 月 22 日，天津市委、市政府关于印发《天津市人民政府机构改革实施方案》的通知（津党发〔2000〕5 号），第三条第 8 款规定：天津市市容管理办公室与天津市环境卫生管理局、天津市爱国卫生运动委员会办公室合并组建天津市市容环境管理委员会，同时挂天津市爱国卫生运动委员会办公室的牌子，负责综合协调、监督检查全市市容、环境卫生和爱国卫生工作，具体

管理职能交由各区政府承担。

1900 ~ 2000 年间环境卫生管理机构一览表

表 1-2-1-5

历史时期	时间起止	机构名称
天津解放前	1900 年 7 月至 1902 年 8 月	八国联军天津临时政府卫生局
	1902 年 8 月至 1911 年 2 月	清朝直隶警察厅卫生总局
	1911 年 2 月至 1916 年 3 月	北洋政府直隶警察厅卫生总局
	1916 年 3 月至 1927 年 10 月	中华民国直隶警察厅卫生总局
	1927 年 10 月至 1927 年 11 月	中华民国直隶警察厅卫生清洁督察处
	1927 年 11 月至 1928 年 6 月	中华民国直隶警察厅卫生科清洁检查股
	1928 年 6 月至 1934 年 5 月	中华民国天津特别市公安局第一科清洁检查股
	1934 年 5 月至 1935 年 3 月	中华民国河北省会公安局清洁处
	1935 年 3 月至 1936 年 1 月	中华民国天津市政府第四科环境卫生股
	1936 年 1 月至 1937 年 7 月	中华民国天津市政府第四科卫生局
	1937 年 7 月至 1937 年 12 月	日伪天津市地方治安维持会卫生局
	1937 年 12 月至 1945 年 8 月	日伪天津特别市政府卫生局
	1945 年 8 月至 1949 年 1 月	中华民国天津市政府卫生局第三科
天津解放后	1949 年 1 月至 1949 年底	天津市人民政府卫生局第四科
	1949 年底至 1950 年 3 月	天津市卫生局环境卫生处
	1950 年 3 月至 1952 年 7 月	天津市卫生工程局
	1952 年 7 月至 1957 年 4 月	天津市公共卫生局
	1957 年 4 月至 1964 年 2 月	天津市公共卫生局环境卫生管理处
	1964 年 2 月至 1969 年 2 月	天津市环境卫生局
	1969 年 2 月至 1978 年 4 月	天津市卫生局环境卫生组
	1978 年 4 月至 1983 年 2 月	天津市环境卫生局
	1983 年 2 月至 2000 年 5 月	天津市环境卫生管理局

第二节　市容环境管理机构

一、天津市整顿市容委员会

1959 年 11 月，天津市整顿市容委员会成立，下设天津市整顿市容委员会办公室。办公室下设迁并组、整顿改造组、房屋调配组、卫生组。

1960 年 10 月 17 日，撤销天津市整顿市容委员会办公室及下设的工作组，将其纳入各有关委、局等业务部门。

1971年，天津市革命委员会临时成立了“三整顿”办公室，主要承担整顿交通、整顿卫生、整顿市容的任务。8月，市内六区根据“三整顿”办公室领导小组第一次会议纪要，决定抽调干部建立区市容整顿办公室。

“文化大革命”期间，天津市市容整顿办公室的工作被迫受到影响。

1976年5月，恢复整顿市容管理机构，成立“天津市市容整顿领导小组”，下设办公室。1977年7月，市内六区相继成立市容整顿领导小组，并相应设立办公室。

1981年6月，鉴于拆除震灾临建棚、整顿市容的任务繁重，市委、市政府决定将原天津市市容整顿领导小组办公室改为“天津市市容管理办公室”，并加强了领导力量、充实了工作人员，提高了管理档次，但仍为市政府非常设机构。

二、天津市市容管理委员会

1984年1月6日，天津市人民政府下发了《关于建立天津市和各区县市容管理委员会的通知》（津政发〔1984〕2号），撤销市容管理办公室，成立天津市市容管理委员会，归口管理市环境保护局和环境卫生局，指导、协调市规划局和市园林局有关管理业务工作。市容管理机构从此正式纳入市政府编制序列，成为市政府委办局级机构，核定行政编制65人（包括工勤人员）。任命李金声为天津市市容管理委员会主任，赵宝安、胡亚伟为副主任。

1984～1986年间天津市市容管理委员会领导班子任免情况表

表1-2-2-6

职　务	姓　名	任职起止年月	备　注
主　任	李金声	1984年2月至1986年2月	调任市委城建工委书记
副主任	赵宝安	1984年2月至1986年1月	—
	胡亚伟	1984年2月至1986年1月	—

1984年1月14日，天津市编制委员会《关于市容管理委员会内部机构设置的函复》（津编字〔1984〕6号），“根据市委津党发〔1983〕56号文件精神，经研究，同意你委内部机构设：办公室、人事室、市容处、管理处、调研处、科技教育处、监察处。”

天津市市容管理委员会主要工作职责和任务：贯彻中央有关市容管理的各项方针政策，草拟和提出修订地方市容管理法规，督促检查城市建设管理的各项法规的实施；负责城市容貌的规划。参与城市总体规划、小区规划以及重大项目的审查；负责街景管理。对沿街、游览区的建筑物和其他设施的布局、造型、色调、层次等进行审批；负责市容管理的日常工作。牵头组织审批临时占地、占路、市场定点和广告设置，以及其他有关市容观瞻的各项设施，并负责统一收取和管理占路等各项费用；负责组织审批城市的临时建筑和清理违章建筑，实行责权统一归口管理；负责环境（包括生态环境）管理。组织与协调环境保护工作。审核环卫局、环保局的规划和年度计划，以及其他重大工作事项。对规划局、园林局的有关管理业务进行指导、协调；负责组织协调有关部门研究制定和实施专项市容综合治理方案，组织、推动和指导单位容貌的治理，开展群众性的环境治理活动；负责市容管理的近代科学研究和技术情报工作。认真调查研究，听取专家意见，不断提高科学管理水平；领导天津市城市建设管理监察大队。负责市容管理队伍的教育培训工作。

1984 年 2 月，天津市内六区撤销区市容办公室，成立区市容管理委员会。

1985 年 4 月，区市容管理委员会、区爱国卫生运动委员会合署办公，对外简称“区市容爱卫委”。

三、天津市市容卫生管理委员会

1986 年 1 月 28 日，《中共天津市委、天津市人民政府批转〈关于调整市委城乡建设工作部、市城乡建设委员会、市市容管理委员会机构体制方案〉的通知》（津党发〔1986〕2 号），调整了市容管理机构，天津市市容管理委员会改名为天津市市容卫生管理委员会，是市人民政府管理市容卫生工作的职能部门，主要任务是组织城市容貌的综合整治和管理工作；推动社会主义精神文明建设和群众性的爱国卫生活动。市五讲四美三热爱委员会办公室和市爱国卫生运动委员会办公室连同编制一起并入市市容卫生管理委员会，对外保留这两个办公室的名义。机关行政编制 84 人。归口管理市环境保护局、环境卫生管理局；对市规划设计管理局和园林局仍进行有关管理业务指导、协调。任命高宝华为市容卫生管理委员会主任；赵宝安、胡亚伟为副主任。1989 年 3 月，任命王德惠、李占东为副主任。1994 年 5 月，任命蒋继盛为副主任。

1991 年 9 月 15 日，高宝华病故。11 月，任命王德惠为市容卫生管理委员会主任。

1986 ~ 1996 年间天津市市容卫生管理委员会领导班子任免情况表

表 1-2-2-7

职　务	姓　名	任　免　时　间	备　　注
主　任	高宝华	1986 年 4 月至 1991 年 9 月	1989 年 2 月任市政府副秘书长兼主任，1991 年 9 月病故
	王德惠	1991 年 11 月至 1993 年 6 月	调任市政府副市长
副主任	王德惠	1989 年 3 月至 1991 年 11 月	—
	赵宝安	1986 年 4 月至 1990 年 4 月	调任市教卫委副主任
	胡亚伟	1986 年 4 至 1990 年 12 月	离休（1926 年 5 月至 2005 年 3 月）
	李占东	1989 年 3 月至 1996 年 5 月	调任市园林局副局长
	蒋继盛	1994 年 5 月至 1996 年 12 月	—

（一）主要任务和职责

1. 主要任务：组织城市容貌的综合整治管理工作，推动社会主义精神文明建设和群众性的爱国卫生活动。

2. 主要职责

根据中央有关城乡环境和市容卫生管理的方针、政策、法规，草拟或提出修订有关城乡环境和市容卫生管理的法规、条例、办法、标准，经批准后，负责组织实施；组织编制全市“五讲四美三热爱”活动和爱国卫生运动的规划、计划和部署，具体组织推动以贯彻《天津市民守则》和创建文明单位为中心的“五讲四美三热爱”活动和以防病灭病为中心的群众卫生活动，并做好日常工作；负责城市环境综合整治，组织动员社会力量，协调区、局关系，实行专群结合，搞好市容卫生、环境保护、整修街道的综合治理和管理；归口管理市容卫生工作，加强调查研究，及时掌握动态，总结交流经验，拟制长远规划、年度和专项治理方案，为市政府制定市容卫生管理决策提供依据和建议；指导、督促环境保护和环境卫生的管理工作，审核市环卫局和环保局的规划、计划和重大工作事项，推动环卫、环保的科技工作；组织市容卫生管理监察工作，负责临时占用、掘动道路及户外广告、霓虹灯设置的审批管理，领导城市建设管理监察队伍，依法管理城市；负责办好《城市管理》杂志，指导市容卫生、环境保护刊物，搞好宣传教育工作的横向信息交流；对市规划局和园林局的有关管理业务进行指导协调；承办市政府交办的有关任务和事项。

需要说明的是，市容卫生委的职责范围，市政府一直没有正式行文明确界定。市容卫生委根据津政发〔1984〕2号和〔1986〕2号文件赋予的任务，提出了上述9条职责，并呈报市政府，主管市城建工作的市政府顾问毛昌五批示：“可就此试行一段，然后进行修改补充，先按此执行。”此后，随着机构的调整，任务和职责有了新的变化，除根据上述两个文件外，并依据国务院101号令和天津市人民政府44号政令和其他规范性文件、行政章程和法规，市容卫生委的工作任务：一是环境容貌的管理，二是环境卫生的管理，三是环境保护的管理，四是环境秩序的管理。

工作职责：负责城市市容环境综合整治和执法管理；主管美化市容市貌的综合整修街道工程和街容管理；归口管理环境卫生和环境保护工作；指导、协调园林部门搞好街景及绿化管理；协调有关部门和区县维护环境秩序；牵头组织联合执法活动；承办市政府和市领导交办的具体事项。

（二）处室设置

1986年8月27日，天津市编制委员会《关于市市容卫生管理委员会调整内部处室的函复》（津编字〔1986〕140号）指出，经研究，同意内部机构设：办公室、人事室、调研处、爱卫会办公室、五四三委办公室、环境管理处、街容管理处、工程技术处、科技教育处、城管监察处（对外仍称城市建设管理监察大队）。

四、天津市人民政府市容管理办公室

1996年10月11日，根据天津市委、市政府审定的《天津市市级党政机构改革实施方案》，撤销天津市市容卫生管理委员会，在天津市城乡建设管理委员会内设市容管理办公室，规格为局级，对外名称为“天津市人民政府市容管理办公室”，编制55人。1997年10月，任命史晓成为主任；1997年12月，任命蒋继盛、李金亮为副主任。

1997～2000年间天津市人民政府市容管理办公室领导班子任免情况表

表1-2-2-8

职　务	姓　名	任　免　时　间
主　任	史晓成	1997年10月至2000年5月
副主任	蒋继盛	1997年12月至2000年5月
	李金亮	1997年12月至2000年5月

（一）主要职责

根据国家和天津市颁布的有关法规、管理标准和全市总体规划，研究制定天津市市容管理规划、工作计划、管理标准和业务政策；管理市容工程建设资金和专项业务经费，负责经费的申请、分拨及使用情况的检查；对建筑景观、市政、公用、交通设施、园林绿化、户外广告、公共场所、窗口地区的有关市容市貌的工作进行监督检查、指导协调；负责拟定街道整修、夜景灯光等项市容建设的规划、计划并组织实施；组织对户外广告设置、整修后街道外檐装饰的审批与管理；负责大型公建夜景灯光装饰的审查，参与城市风貌建筑保护工作；拟定市容管理法规与规章，落实市容部门的执法责任制，负责市容部门的行政复议、应诉工作；指导推动、监督检查区县市容管理工作；负责对环境卫生、环境保护业务工作的管理，审核环卫、环保的规划、计划和重大事项；负责组织市容街貌的专项治理和市区道路环境秩序的综合整治；参与临时占用道路的审批管理；领导市城建管理监察大队、天津市站区管理办公室、市街道整修办公室；完成市政府和建委交办的其他工作。市环保局、市环卫局仍由市市容管理办公室管理。

（二）下设事业单位

天津市城市建设管理监察大队、《城建监察》杂志编辑部、天津市街道整修综合办公室、天津站地区管理办公室。

第三节　市容环境管理委员会

2000年5月22日，天津市委、市政府《关于印发〈天津市人民政府机构改革实施方案〉的通知》(津党发〔2000〕5号)，第三条第8款规定，市容管理办公室与环境卫生管理局、市爱国卫生运动委员会办公室合并组建市容环境管理委员会，同时挂市爱国卫生运动委员会办公室的牌子，负责综合协调、监督检查全市市容、环境卫生和爱国卫生工作，具体管理职能交由各区政府承担。

天津市园林管理局改由市容环境管理委员会管理。

一、领导班子成员

2000年5月12日，天津市委《关于建立天津市市容环境管理委员会党组及史晓成同志任职的通知》（津党任〔2000〕44号）决定：建立天津市市容环境管理委员会党组，史晓成同志任党组成员、书记。2000年12月11日，天津市城乡建设管理工作委员会下发《关于李占东等同志任职的通知》（津党建〔2000〕干字32号），李占东、张常山、蒋继盛、马书敏任天津市市容环境管理委员会（天津市爱国卫生运动委员会办公室）党组成员。

2000年5月24日，天津市第13届人民代表大会常务委员会第17次会议通过，史晓成任天津市市容环境管理委员会主任，负责全面工作（津人发〔2000〕6号）。2000年6月8日，天津市人民政府任命：李占东、张常山、蒋继盛、李金亮、王宗涌、吴春秋为天津市市容环境管理委员会副主任（津政人〔2000〕13号）。纪检组长、机关党委书记马书敏（津党组〔2000〕86号），总工程师刘鸿尧（津政人〔2001〕27号）。

2000～2002年间天津市市容环境管理委员会（天津市爱国卫生运动委员会办公室）领导班子任免情况表

表1-2-3-9

职　务	姓　名	任免时间	备　注
主　任	史晓成	2000年5月至2002年12月	调任天津市政协副秘书长
副主任	李占东	2000年6月至2002年12月	兼天津市园林局局长
	张常山	2000年6月至2002年12月	—
	蒋继盛	2000年6月至2002年12月	—
	李金亮	2000年6月至2002年12月	—
	王宗涌	2000年6月至2002年12月	—
	吴春秋	2000年6月至2002年12月	—
总工程师	刘鸿尧	2001年8月至2012年12月	—
助理巡视员	蔡毓源	2001年4月至2002年12月	—
主任助理	徐　欣	2001年5月至2002年12月	—

2002年12月21日，天津市委《关于李占东、史晓成同志任免职的通知》（津党任〔2002〕202号）决定，李占东任天津市市容环境管理委员会党组书记；免去史晓成天津市市容环境管理委员会党组书记、成员职务。2002年12月21日，天津市委《关于王敬威同志任

职的通知》(津党任〔2002〕205 号)决定，王敬威任天津市市容环境管理委员会党组成员、副书记(正局级)。

2003 年 1 月 9 日，天津市人大常委会《关于印发天津市人民代表大会常务委员会决定任免名单的通知》，任命李占东为天津市市容环境管理委员会主任，免去史晓成天津市市容环境管理委员会主任职务。2002 年 12 月 28 日，天津市人民政府《关于刘剑刚等任免职务的通知》(津政人〔2002〕42 号)决定，王敬威任天津市市容环境管理委员会(天津市爱国卫生运动委员会办公室)副主任。免去蒋继盛、吴春秋天津市市容环境管理委员会(天津市爱国卫生运动委员会办公室)副主任职务。张常山、李金亮、王宗涌、马书敏、刘鸿尧职务不变。

2003 ~ 2005 年间天津市市容环境管理委员会（天津市爱国卫生运动委员会办公室）领导班子任免情况表

表 1-2-3-10

职　务	姓　名	任　免　时　间	备　　注
主　任	李占东	2003 年 1 月至 2005 年 12 月	2005 年 12 月至 2008 年任党组书记；2008 年退休
副主任	王敬威	2002 年 12 月至 2005 年 12 月	正局级
	张常山	2003 年 1 月至 2005 年 12 月	—
	李金亮	2003 年 1 月至 2005 年 12 月	调任华北地质勘查局党委书记
	王宗涌	2003 年 1 月至 2005 年 12 月	—
总工程师	刘鸿尧	2003 年 1 月至 2005 年 12 月	—
巡视员	蒋继盛	2003 年 1 月至 2004 年 4 月	退休(1943 年 10 月至 2010 年 6 月)
助理巡视员	蔡毓源	2003 年 1 月至 2005 年 12 月	—
	吴春秋	2003 年 1 月至 2004 年 4 月	退休
主任助理	徐　欣	2003 年 1 月至 2005 年 12 月	—

2005 年 12 月 8 日，天津市人大常委会《关于印发天津市人民代表大会常务委员会决定任免名单的通知》(津人发〔2005〕36 号)，任命王敬威为天津市市容环境管理委员会(天津市爱国卫生运动委员会办公室)主任。免去李占东天津市市容环境管理委员会(天津市爱国卫生运动委员会办公室)主任职务。

2005 年 11 月 18 日，天津市委决定，李金亮任天津华北地质勘查局党委委员、书记。11 月 21 日，市长戴相龙签发天津市人民政府第 306 号和第 307 号任命书，任命孙玉萍、王金铎为天津市市容环境管理委员会(天津市爱国卫生运动委员会办公室)副主任。

2005～2009年间天津市市容环境管理委员会
（天津市爱国卫生运动委员会办公室）领导班子任免情况表

表1-2-3-11

职　务	姓　名	任　免　时　间	备　　注
主　任	王敬威	2005年12月至2009年5月	—
副主任	张常山	2005年12月至2008年3月	2011年6月退休
	孙玉萍	2005年11月至2009年5月	—
	王金铎	2005年11月至2009年5月	—
	王宗涌	2005年12月至2009年5月	—
	李爱国	2008年8月至2009年5月	—
	郭喜东	2008年8月至2009年5月	—
	苗加兴	2008年8月至2009年5月	—
总工程师	刘鸿尧	2005年12月至2009年5月	—
助理巡视员	蔡毓源	2005年12月至2007年3月	退休
	徐　欣	2005年12月至2009年5月	—
	张治义	2006年3月至2009年5月	—
	潘志忠	2007年3月至2009年5月	—

二、处室设置

2000年10月24日，天津市委津党办发〔2000〕31号文件规定：天津市市容环境管理委员会设12个职能处（室）。分别是办公室、法规处（研究室）、规划基建处、环境秩序协调处、街容处、环境卫生管理处（机动车辆清洗管理处）、废弃物管理处（建筑工程渣土管理处）、爱国卫生处、社会宣传处、科技教育处、财务处（审计处）、人事处。

机关行政编制为76名（含纪检、监察人员编制2名）。其中，委主任1名、副主任4名，纪检组长1名，总工程师1名；正副处长29名（含机关党委专职副书记1名）。2000年11月3日，天津市机构编制委员会（津编秘字〔2000〕6号），核定老干部工作人员行政编制3名，核定工勤事业编制8名。

2005年11月17日，天津市机构编制委员会《关于调整市市容环境管理委员会机关内设机构设置的批复》（津编机字〔2005〕91号），对机关内设机构设置作如下调整：撤销法规处、调研处，其职责纳入政策法规处（宣传处）；撤销宣传教育处，其宣传职责纳入政策法规处（宣传处），教育职责纳入人事教育处；撤销规划科技处，其职责纳入综合计划处。设立政策法规处（宣传处），承担原法规处、调研处和宣传职责；设立综合计划处承担原规划科技处、计划财务处部分计划、科技、综合、统计和原有关处室的对外协调、市场监管职责；设立社会投诉办理处，承担原有关处室有关市容环境社会投诉的办理和信访职责；设立废弃物处置管理处，承担原有关处室的工程渣土、废弃物及生活垃圾管理职责；爱国卫生处更名为爱国卫生管理处；环境秩序管理处更名为环境秩序综合协调管理处；计划财务处（审计处）更名为财务处（审计处）；人事处更名为人事教育处。调整后，委机关内设机构仍为12个，即：办公室、综合计划处、政策法规处（宣传处）、环境卫生管理处（机动车辆清洗管理处）、环境秩序综合协调管理处、爱国卫生管理处、街容管理处、工程施工管理处、废弃物处置管理处、社会投诉办理处、财务处（审计处）、人事教育处。委主要职责、人员编制和领导职数不变。

三、职责权限

根据国家有关法律、法规，拟定天津市市容环境方面的法规和规章，并监督实施；组织城市总体规划中有关市容环境规划的编制工作；制定市容环境事业发展规划和计划，指导区县编制区域市容环境事业发展规划和计划；审查园林方面的规划、计划和重大建设项目的投资；制定天津市市容环境的行业政策和标准；制定对全市市容环境工作的检查评比办法，并组织实施；配合有关部门对市投资的市容环境设施用地实行控制；组织实施市容环境大型基础设施建设项目；负责市市容环境部门国有资产的监管工作；负责全市市容环境综合统计工作；协调全市环境秩序的综合治理工作，并进行指导、督办和检查；负责全市城市管理综合执法队伍的协调、调度和考核工作；负责市容环境专项资金申请、分拨及使用情况的审查；负责与市容环境有关的对外经济技术合作与交流；负责编制全市街道整修、夜景灯光建设规划和外檐再装饰的审批；组织开展全市市容环境方面的宣传教育活动；负责市市容环境部门的普法工作；组织开展创建国家卫生城市活动；组织、指导全市开展爱国卫生运动和经常性的除“四害”活动，并对除害消毒药械实行管理；对全市市容环境作业市场进行行业管理；负责全市城市生活垃圾、建筑垃圾的宏观管理；组织市中心区、环城四区生活垃圾统一处理工作；组织市容环境重大科技项目的研究、攻关和科技成果的推广应用；组织行业职工专业技术培训和继续教育；承办市委、市政府交办的其他事项。

第四节　市容和园林管理委员会

2009年5月18日，天津市委《关于印发〈天津市机构改革实施方案的通知〉》（津党发〔2009〕15号）明确，“组建市容和园林管理委员会，为市政府组成部门。将市容环境管理委员会的职责、园林管理局的职责整合划入市容和园林管理委员会。不再保留市容环境管理委员会、园林管理局。”

一、领导班子成员

2009年5月27日，天津市第15届人民代表大会常务委员会第10次会议通过，任命李福海为天津市市容和园林管理委员会（天津市爱国卫生运动委员会办公室）主任。

2009年5月6日，天津市政府任命孙玉萍、李爱国、郭喜东、苗加兴等为天津市市容和园林管理委员会（天津市爱国卫生运动委员会办公室）副主任；刘鸿尧为总工程师。

2009～2010年间天津市市容和园林管理委员会
（天津市爱国卫生运动委员会办公室）领导班子任免情况表

表1-2-4-12

职务	姓名	任免时间	备注
主任	李福海	2009年5月至2010年12月	—
副主任	孙玉萍	2009年5月至2010年4月	任巡视员
	李爱国	2009年5月至2010年12月	—
	郭喜东	2009年5月至2010年12月	—
	苗加兴	2009年5月至2010年5月	调任滨海新区市容环保局局长
	毕光庆	2009年7月至2010年12月	—
	李汕源	2010年4月至2010年12月	—
总工程师	刘鸿尧	2009年7月至2010年12月	—
巡视员	王金铎	2009年5月至2010年4月	退休
	王宗涌	2009年5月至2010年12月	—
	孙玉萍	2010年4月至2010年12月	—
	耿发起	2009年7月至2010年12月	—
	马连勇	2009年7月至2010年12月	—
	张群芳	2010年4月至2010年12月	—
副巡视员	徐欣	2009年5月至2010年12月	—
	张治义	2009年5月至2010年12月	—
	李宝龙	2009年5月至2010年12月	退休
	潘志忠	2009年5月至2010年12月	—
	李继生	2009年7月至2009年12月	调旅游局任纪检组长

二、处室设置

天津市市容和园林管理委员会内设办公室、法规处（研究室）、规划处、市容建设工程管理处、环境秩序协调管理处、街容管理处、环境卫生管理处（机动车辆清洗管理处）、废弃物管理处、城市管理数字化处、考核监督处、路灯照明管理处、园林建设管理处、园林养护管理处、公园管理处、爱国卫生管理处、行政许可处、科技教育处、社会宣传处、财务处（审计处）、组织人事处、老干部处、机关党委。

三、职责权限

根据国家有关法律、法规，拟订全市市容市貌、环境卫生、城市园林绿化方面的法规和规章草案，并监督实施；组织编制城市总体规划中有关市容市貌、环境卫生、城市园林绿化建设规划；拟订市容市貌、环境卫生、城市园林绿化事业发展规划和计划；指导区县编制区域市容市貌、环境卫生、城市园林绿化事业发展规划；制定全市市容市貌、环境卫生、城市园林绿化的行业政策、工程质量和管理标准；负责城市园林绿化企业的资质审查工作；配合有关部门对市投资的市容市貌、环境卫生、城市园林绿化设施用地实行控制；组织实施市容市貌、环境卫生、城市园林绿化设施建设项目；负责全市城市路灯照明的养护和管理工作；承担市市容园林部门国有资产的监管责任；负责全市市容市貌、环境卫生、城市园林绿化方面的综合统计工作；组织、协调全市环境秩序的综合治理工作，并进行指导、督办和检查；承担户外广告、夜景灯光设施的安全监管责任；负责全市城市管理综合执法队伍的协调、调度和考核工作；负责城市管理数字化平台建设；拟订完善城市管理考核指标体系和管理制度，并对市级有关部门和各区县的城市管理工作进行考核，并承担相关责任；负责城市维护管理专项资金的安排和使用监督，商市财政部门下达项目投资计划；负责与市容市貌、环境卫生、城市园林绿化有关的对外经济技术合作与交流；根据有关规定，负责市容市貌、环境卫生、城市园林绿化、爱国卫生方面的行政审批、行政复议和行政诉讼工作；组织开展全市市容市貌、环境卫生、城市园林绿化、爱国卫生、城市管理综合执法方面的宣传教育和普法工作；组织开展创建国家卫生城市活动；组织、指导全市开展爱国卫生运动；对全市市容环境作业、城市园林绿化、机动车辆清洗等进行行业管理；负责全市生活废弃物工作的宏观管理及收集、运输和处置的统一监督管理工作；承担市绿化委员会办公室城市组的职责，组织城市规划区的全民义务植树工作；对全市重大活动中涉及城市园林绿化工作及城区重大虫情疫情的防治实施统一指挥；指导公园、动物园、风景游览区园林绿化工作和城市规划区的古树名木保护工作；组织推动市容市貌、环境卫生、城市园林绿化重大科技项目的研究、鉴定和评估，以及科技成果的应用推广；承办市委、市政府交办的其他事项。

1959 ~ 2010 年间天津市市容管理机构一览表

表 1-2-4-13

时 间 起 止	机 构 名 称
1959 年 11 月至 1960 年 10 月	天津市整顿市容委员会办公室
1971 年 11 月至 1976 年 5 月	天津市整顿交通整顿卫生整顿市容办公室
1976 年 5 月至 1981 年 6 月	天津市市容整顿领导小组办公室
1981 年 6 月至 1984 年 1 月	天津市市容整顿管理办公室
1984 年 1 月至 1986 年 1 月	天津市市容管理委员会
1986 年 1 月至 1996 年 10 月	天津市市容卫生管理委员会

续表 1-2-4-13

时间起止	机构名称
1996 年 10 月至 2000 年 5 月	天津市人民政府市容管理办公室
2000 年 5 月至 2009 年 5 月	天津市市容环境管理委员会
2009 年 5 月至 2010 年 12 月	天津市市容和园林管理委员会

第五节　直属单位

一、管理机构

（一）天津市城市管理综合执法局

2000 年 9 月 28 日，天津市编委发出《关于组建天津市城市管理综合执法监察大队的复函》（津编二字〔2000〕21 号），撤销天津市城市建设管理监察大队，组建天津市城市管理综合执法监察大队。核定事业编制 40 人，所需人员经费仍在城市维护费中列支，劳动工资计划归市编委管理。

2006 年，根据天津市编委津编机字〔2006〕59 号、津编秘字〔2007〕117 号文件精神，天津市城市管理综合执法局单位性质为行政编；规格为副局级。内设机构：办公室、人事教育处、法制处、执法协调处（信息指挥中心）、计划财务处（审计处）。人员编制数：机关事业编制 25 名，其中，局长兼政委（党委书记）1 名（由市市容委一名副主任兼任），副局长兼副政委 1 名，副局长 1 名（正处级）；正副处长 8 名。根据天津市人民政府津政人〔2007〕37 号文件，市政府决定：孙玉萍（女）任天津市城市管理综合执法局局长、政委（2006 年 10 月至 2010 年 4 月）。

主要职能及任务：贯彻执行国家和天津市有关城市管理方面的法律、法规和规章，研究拟定天津市城市管理综合行政执法方面的法规、规章；研究编制全市城市管理综合行政执法工作规划，制定工作目标、标准，并组织实施和考核；负责全市城市管理综合行政执法监督工作，制定执法程序，规范执法文书和处罚标准；指导有关行政诉讼工作，受理相关行政复议案件；组织、指挥、调度全市城市管理综合行政执法机构开展活动；负责重大和跨区域违法违章案件的查处及执法协调工作；负责全市城市管理综合行政执法人员的培训、考核和执法资格审查工作；对各区县城市管理综合行政执法机构的党政正职的任免调整提出建议；负责对全市城市管理综合行政执法队伍的监察工作；负责全市城市管理综合行政执法的宣传教育工作；指导行政执法机构的精神文明建设和作风建设工作，制定行为规范，并监督实施；指导全市城市管理综合行政执法的信访工作；负责上级交办、群众反映的案件查处和督办工作；承办市政府交办的其他事项。

天津市城市管理综合执法局下设执法督察总队，规格为正处级；事业编制 50 名，其中总队长 1 名、副总队长 2 名。执法督察总队内设 2 个执法督察大队，规格为正科级。

主要职责：负责重大和跨区域、结合部地区及上级交办的违法违章案件的查处工作；承办全市临时性、突击性的执法任务；负责上级交办和群众反映的案件查处和督办工作；负责全市城市环境秩序管理巡查工作；负责城市管理综合行政执法队伍的监察工作，具体承办城市管理综合行政执法综合考核工作。

（二）天津市生活垃圾处理中心（天津市卫生除害管理站）

2002 年 1 月 14 日，根据天津市机构编制委员会《关于建立天津市生活垃圾处理中心的复函》（津编二字〔2002〕1 号），天津市生活垃圾处理中心为市市容委所属正处级事业单位，内设 6 个职能科室：综合办公室、生产业务管理科、技术设备管理科、财务科、人事劳资科、总工办。核定事业编制 36 名。其主要职能是：负责各垃圾处理场站之间的协调工作；负责城市生活垃圾、渣土垃圾的科研工作；推动先进的垃圾处理技术和工艺；负责垃圾处理费的使用和分拨工作。

根据天津市机构编制委员会津编字〔1984〕49 号文件、津编字〔1990〕250 号文件和津党〔1995〕23 号文件，天津市卫生除害管理站为正处级全额拨款事业单位；人员编制 10 人。主要职能及任务：除害防病，为市民安家乐业提供卫生环境保障；除害规划、方案的落实，检查、指导、培训、达标验收；药械、消杀行业管理、消杀灭行业服务。

2005 年，根据天津市市容委《关于天津市生活垃圾处理中心和天津市卫生除害站资源整合工作实施方案的批复》（津容党〔2005〕第 30 号），市生活垃圾处理中心、市卫生除害站整合为天津市生活垃圾处理中心（天津市卫生除害站），一个单位，两块牌子。人员事业编制 41 人。内设 7 个科室：综合办公室、调配处理科、卫生除害科、监督考核科、安全管理科、计划财务科、组织人事科。2006 年，根据天津市编委《关于为市市容环境管理委员会所属单位增拨 2006 年度军队转业干部事业编制的通知》（津编秘字〔2007〕208 号），天津市生活垃圾处理中心增加事业编制 1 名，增至 42 名。

整合后的天津市垃圾处理中心（天津市卫生除害站）的主要职责是：负责城市生活垃圾无害化处理监督管理、考核评价；负责生活垃圾无害化处理场、站日常工作领导、监督管理、业务技术指导、经营评价和达标考核；负责生活垃圾集中收集的统一调配；落实市爱卫办有关除四害工作的计划、安排和要求，负责全市日常除四害工作推动检查；配合市爱卫办进行除四害工作的检查验收；负责除害消杀站日常工作管理、业务指导和行政执法检查等工作。

2002 ~ 2010 年间天津市生活垃圾处理中心主要领导人更迭情况表

表 1-2-5-14

姓 名	性别	出生年月	职　务	任　职　时　间
刘建生	男	1953 年 7 月	副主任、党总支书记 党总支书记	2002 年 1 月至 2005 年 11 月 2005 年 11 月至 2010 年 12 月
柳宪布	男	1954 年 8 月	副主任（主持工作） 主任	2002 年 1 月至 2002 年 6 月 2002 年 6 月至 2010 年 12 月

（三）天津市机动车辆清洗管理处

1993年11月25日，天津市编委批复天津市环卫局《关于建立天津市机动车辆清洗管理处的请示》（津编二字〔1993〕91号），同意成立天津市机动车辆清洗管理处，为市环卫局所属处级事业单位，核定事业编制30名，所属人员经费自收自支，任命徐明权为处长。主要职能是对全市的洗车行业实行行业管理和建站规划，负责直属站的日常经营管理，商同物价、财政部门制定收费标准。

1994年，天津市环卫局向天津市计委递交《关于合作兴建天津市入市机动车辆清洗站及附设加油站项目的请示》（津环卫清字〔1994〕3号）。清洗管理处下属天津市津环清洁公司与香港东诚有限公司合作成立“天津环城洗车总公司”，新建入市机动车辆清洗站。

天津市计委《关于“天津环城洗车总公司”项目建议书的批复》（津计外经〔1994〕124号），同意项目立项，在外环线外侧主要入市公路一侧新建13座清洗站、68条清洗线，总占地面积11万平方米，经营各种机动车辆的清洗保洁等服务。天津环城洗车总公司首先建设了津霸、津围、津榆、津京4座入市车辆清洗站。

1995年4月，天津市人民政府颁发《天津市机动车清洗保洁管理规定》（津政发〔1995〕27号），明确市环卫局为洗车行业行政主管部门，由机动车辆清洗管理处负责《天津市机动车清洗保洁管理规定》的具体实施。机动车辆清洗管理处增加了对机动车辆车容卫生实施监督检查的执法职能。

1995年5月，贯彻交通部、公安部、国务院纠正行业不正之风办公室联合下发的《关于1995年治理公路“三乱”的意见》（国纠办〔1995〕4号），天津市环卫局关闭了津霸、津围、津榆、津京4座入市车辆清洗站。机动车辆清洗管理处开始转入市内，对社会、个人开办的洗车店、点进行管理。入市清洗站和征用的土地无偿转给天津市燃气公司改建加气站。

2000年3月，处长徐明权退休，由副处长孟苓平和党支部副书记王德荣主持工作。

2000年5月，天津市人民政府机构改革，市容办、市环卫局、市爱卫办合并。新的市容委内部处室设定时，环卫处（天津市机动车辆清洗管理处）一个处室两个处的职能。机动车辆清洗管理处的人员编制划归天津市生活垃圾处理中心，人员分配到天津市潘楼生活垃圾中转站。

二、企事业单位

（一）天津市市容环境工程设计研究所（天津市环境卫生工程设计院）

1979年9月24日，天津市环卫局决定建立环境卫生技术研究室，定编40人，主要任务是研究改制吸尘汽车。1987年7月31日，天津市环卫局发出通知，将局技术研究室更名为“天津市环境卫生管理局环境卫生工程设计研究所”。

1989年7月18日，天津市人民政府办公厅《关于同意建立天津市环境卫生工程设计研究所的函》（津政办函〔1989〕16号），通知天津市科学技术委员会，同意建立天津市环境卫生工程设计研究所。8 月 1 日，市科委《关于同意建立“天津市环境卫生工程设计研究所”的函复》(〔1989〕津科发二字第 290 号)，同意建立天津市环境卫生工程设计研究所。12 月 5 日，天津市编制委员会《关于市环境卫生工程设计研究所规格级别的批复》(津编字〔1989〕333 号)，将天津市环境卫生工程设计研究所规格定为县处级，为事业单位性质，定编 140 人。科研方向和任务，以城市垃圾无害化、资源化处理技术研究为主，兼顾相关设备、机具的研制和开发，环卫工程的研究设计和环卫规划、标准及对策等方面的软科学研究。

2001 年 2 月 7 日，天津市机构编制委员会《关于天津市环境卫生工程设计研究所等事业单位更名的批复》(津编二字〔2001〕12 号)，同意天津市环境卫生工程设计研究所更名为天津市市容环境工程设计研究所。

2002 年 7 月 9 日，天津市机构编制委员会《关于天津市市容环境工程设计研究所加挂天津市城市生活垃圾监测中心牌子的复函》(津编二字〔2002〕47 号)，同意在天津市市容环境工程设计研究所加挂天津市城市生活垃圾监测中心的牌子。

2002 年 10 月，天津市市容环境信息中心建立，从天津市市容环境工程设计研究所划转事业编制 10 名，划转后天津市市容环境工程设计研究所事业编制为 130 名。

2007 年，天津市机构编制委员会《关于成立环境卫生工程编辑部的批复》(津编事字〔2007〕21 号)，同意成立环境卫生工程编辑部（科级），为天津市市容环境工程设计研究所管理的事业单位，所需 6 名编制从天津市市容环境工程设计研究所的事业编制中划转，划转后天津市市容环境工程设计研究所事业编制为 124 名。

1979 ~ 2010 年间天津市市容环境工程设计研究所主要领导人更迭情况表

表 1-2-5-15

姓　名	性　别	出生年月	职　务	任　职　时　间
吴　熹	男	1962 年 1 月	—	1987 年 8 月
鲁长发	男	1937 年 11 月	副处级	1994 年 12 月
徐　欣	男	1951 年 6 月	所　长	1994 年 4 月至 1995 年 1 月
张　范	男	1947 年 1 月	所　长	1995 年 8 月至 2010 年 12 月
李忠北	男	1945 年 11 月	书　记	2001 年 10 月至 2006 年 12 月
赵国珠	男	1957 年 2 月	书　记	2006 年 12 月至 2010 年 12 月

（二）天津市环境管理中等职业学校（天津市市容环境宣传教育培训中心）

1982 年 6 月，天津市环卫局成立职工教育领导小组，组织环卫职工进行文化补课。

12 月 28 日，经天津市第二教育局批复同意立案，正式成立“天津市环境卫生管理局直属职工学校”，工作职能是对环卫系统内 1980 年之前初中、高中毕业的职工进行重新补习教育工作。

1983年8月，经天津市环卫局党组决定，成立天津市环卫局培训中心筹备组，职工学校加挂天津市环卫局培训中心牌子。在继续初中、高中文化补习以外，负责环卫系统在职干部岗位业务培训。同时，相继开办高中文理科补习取证班、广播电视大学预科班及广播大学进修班。当时有干部职工9人，外聘教师18人，陈沉任培训中心书记，主持全面工作。

1985年4月18日，根据天津市第二教育局《关于同意建立天津市环境卫生管理局职工中等专业学校的函复》（津二教职中〔1985〕26号），成立“天津市环境卫生管理局职工中等专业学校”，规模240人，设环境卫生管理专业，全脱产学制三年。根据津环卫人字〔1985〕第19号文件，设编45人，其中专职教师30人，行政工勤人员15人。校址设在河西区围堤道环卫汽车修理厂内。内设教研室、职教科（培训）、办公室、总务科。工作职能是负责天津市及三北（东北、西北、华北）地区环卫系统干部职工中等专业进修学习，同时继续开展岗位业务培训及其他学历补习班工作。学校在册职工21人，孙士秀任副校长（主持工作），陈兆芬任书记，天津市环卫局副局长王辅成为名誉校长。

1987年，学校扩大招生范围，面向三北地区同行业招生，当时在全国继武汉、河南平顶山同类学校之后，成为第三家开设环境中等专业学科且有资格跨地区招生的学校。根据天津市编委《关于核定下达副处级事业单位名单的通知》（津编〔1987〕98号），学校规格定为副处级。商宏麒任校长，马强任书记。1990年，学校迁至南京路233号。

1992年，学校规格升为天津市环卫局局属副处级单位。内设办公室、教研一室、教研二室、培训科、总务科，有教职员工34人，王祥麟任校长兼书记。1993年，学校迁至南开区长江道环卫汽车修理厂院内。

1996年，学校加挂“天津市机关事业单位工人技术等级培训考核第十三工作站”牌子，负责环卫系统在职工人岗位技术等级培训。培训工种包括：道路清扫工、垃圾处理工、公厕保洁工三大工种。培训内容：对三大工种分初级、中级、高级，进行应知（理论）、应会（实际操作）培训考核。1998年，增加环卫汽车驾驶员、环卫汽车修理工两大工种岗位技术等级培训。

1999年，学校内设机构调整，内设办公室、教研一室、教研二室、教务科、学生科、培训科兼十三工作站、党校办公室。穆建华任校长，王祥麟任书记。

2001年，根据天津市编委津编二字〔2001〕48号文件，学校更名为“天津市市容环境管理委员会职工中等专业学校”。2002年，根据天津市编委津编二字〔2002〕30号、天津市教委津教委职〔2002〕40号文件，学校更名为“天津市环境管理中等职业学校”。

2006年，根据天津市编委津编事字〔2006〕15号文件，加挂“天津市市容环境宣传教育培训中心”牌子。为副处级全额拨款事业单位；人员编制45人，其中专职教师30人、行政工勤人员15人。内设办公室、培训部、宣传部、广告部、党校办公室。主要职能及任务：根据有关规定为成人提供中专学历教育服务。宣传教育中心职责：承担市容、环境卫生、爱国卫生的社会宣传教育工作；推行市容环境、爱国卫生的科普教育；承担市容环境系统的职工培训工作。

2007 年，张秀军任“天津市环境管理中等职业学校”校长，张耀堂任书记。2010 年，学校有教职员工 26 人，副高级专业职称人员 11 人，中级专业职称人员 10 人，初级专业职称人员 3 人。

1985 ~ 2010 年间天津市环境管理中等职业学校主要领导人更迭情况表

表 1-2-5-16

姓　名	性别	出生年月	职　务	任　职　时　间
孙士秀	男	1936 年 5 月	副校长主持工作	1985 年至 1988 年
陈兆芬	女	1943 年 2 月	书　记	1985 年至 1987 年
商宏麒	男	1937 年 5 月	校　长	1987 年至 1988 年
王淑琴	女	—	兼任校长	1988 年至 1992 年
马　强	男	1945 年 4 月	书　记	1987 年至 1992 年
王祥麟	男	1940 年 6 月	校长兼书记	1992 年至 1999 年
穆建华	女	1952 年 6 月	校　长	1999 年至 2007 年
王祥麟	男	1940 年 6 月	书　记	1999 年至 2000 年
穆建华	女	1952 年 6 月	校长兼书记	2000 年至 2007 年
张秀军	女	1966 年 12 月	校　长	2000 年至 2010 年
张耀堂	男	1954 年 1 月	书　记	2007 年至 2010 年

（三）天津市南翠屏公园管理所

南翠屏公园原为城乡结合部建筑垃圾填埋场。1995 年 1 月，经天津市人民政府批复取得国有土地使用证（南国用〔1995〕字第 40 号），土地用途为市政用地。

1986 年，天津市人民政府确定在此处进行堆山造景工程。

1990 年 1 月 19 日，根据天津市市容委《关于确立垃圾堆山指挥部为环卫局所属独立单位的批复》(市容委〔1990〕5 号)，建立天津市垃圾堆山指挥部，为天津市环卫局所属独立事业单位，规格为正科级，定编 30 人，经费渠道为事业单位全额预算。垃圾堆山工程是在消纳建筑渣土和无害化工业垃圾的同时，对其进行造景绿化，为市民提供一处集游览、休憩、健身于一体的公共绿地。

2006 年年底，堆山造景一期、二期工程完工，初步形成山、路、水的总体格局。2007 年 7 月 11 日，通过社会征集名称，根据天津市编委津编事字〔2007〕99 号文件，天津市垃圾堆山工程指挥部更名为南翠屏公园管理所，隶属于天津市市容委，为副处级全额拨款事业单位，经费渠道为事业单位全额预算；领导职数：主任 1 名，人员编制 30 人。主要职能及任务：承担公园基础建设、绿化、日常维护管理、环境卫生等相关工作。

1986～2010年间天津市南翠屏公园管理所主要领导人更迭情况表

表1-2-5-17

姓　名	性别	出生年月	职　务	任　职　时　间
李　征	女	1939年7月	处长、主任	1983年11月至1993年9月
刘淑兰	女	1947年3月	主任、书记	1993年9月至2007年7月
宛子瑞	男	1949年3月	主任、书记	2007年7月至2009年3月
安建宇	男	1971年6月	书　记	2007年7月至2010年12月

（四）天津市市容环境信息中心（天津市市容环境服务中心）

2002年10月31日，根据天津市编委《关于建立天津市市容环境信息中心的复函》（津编事字〔2002〕29号）和津编事字〔2003〕24号文件，建立天津市市容环境信息中心，为天津市市容委所属副处级事业单位，核定事业编制10名，所需编制从天津市市容环境工程设计研究所划转。主要职能及任务：负责市容环境信息系统管理和信息管理；对市容环境信息网络及办公自动化进行建设、管理和维护；向社会发布有关市容环境信息。

根据天津市编委津编二字〔2001〕3号、津编事字〔2006〕69号文件，建立天津市市容环境服务中心，为正处级自收自支事业单位；人员编制8人。主要职能及任务：负责全市夜景灯光建设计划的组织实施；负责全市大型公建夜景、灯光装饰设计方案的勘查和现场指导；负责市容环境及夜景灯光的管理和技术服务；负责户外广告空间资源的回收服务；承担市容信息咨询服务。

2006年天津市市容委直属单位资源整合时，天津市市容环境信息中心与天津市市容环境服务中心合并。

2002～2010年间天津市市容环境信息中心主要领导人更迭情况表

表1-2-5-18

姓　名	性别	出生年月	职　务	任　职　时　间
赵国珠	男	1957年2月	主　任	2002年4月至2006年12月
陈大庆	男	1960年10月	主　任	2006年12月至2010年12月
郑永良	男	1954年1月	支部书记	2006年12月至2010年12月

（五）天津市街道综合整修办公室（天津市长华城市环境景观建设发展有限公司）

1987年1月16日，根据天津市编委《关于建立市、区两级街道综合整修办公室及增拨人员编制的通知》（津编字〔1987〕26号），建立天津市街道综合整修办公室，为正处级全额拨款事业单位，人员编制8人。主要职能及任务：根据全市市容工程建设的总体规划和目标，负责提出全市街道整修的长远规划、年度计划、专项计划和实施方案；研究拟定街道整修的业务政策；负责提出街道整修工程资金计划、核拨方案；审核各区街道整修办公室编制和工程资金预算、决算，并对使用情况进行监督检查；负责审查、指导各区街道整修工程设计方案，监督管理施工质量和进度，组织工程验收评比；协助有关部门搞好城市风貌建筑保护工作。

根据天津市人民政府津政函〔2003〕110号，建立天津市长华城市环境景观建设发展有限公司，单位性质为企业。主要任务：运用经营城市的理念和市场经济手段，整合建设资金开发城市光环境资源，实现天津市夜景灯光建设的总体规划。

2006年天津市市容委直属单位资源整合时，天津市街道整修办公室与天津市长华城市环境景观建设发展有限公司合并。

1998～2010年间主要领导人更迭情况表

表1-2-5-19

姓　名	性别	出生年月	职　务	任　职　时　间
马彦乐	男	1967年2月	副主任	1998年12月至2003年12月
杨振慧	男	1950年6月	主　任	2003年12月至2006年12月
崔　晨	男	1970年5月	副主任	2006年12月至2010年12月
李全夫	男	1955年3月	支部书记	2007年9月至2010年12月

（六）天津市市容环卫机械设备服务中心

1958年12月21日，天津市公共卫生局将清运垃圾、粪便的汽车下放各区，将汽车队的修理车间留下。1959年2月，成立天津市公共卫生局洒运汽车修理厂。1964年，更名为天津市环境卫生局汽车修理厂。1984年1月，将汽车修理厂分为两个厂，一个是天津市环境卫生汽车修理厂，以修车为主；另一个是天津市环境卫生设备厂，以改装环卫专用车辆为主。1966年年底，经天津市环卫局党组决定，两厂合并，仍叫天津市环境卫生汽车修理厂。2001年，更名为天津市市容环卫设备厂。2006年，根据天津市编委津编事字〔2006〕50号文件，更名为天津市市容环卫机械设备服务中心，为副处级自收自支事业单位；人员编制303人。主要职能及任务：根据有关规定为环卫专用汽车制造、环保机械制造、汽车维修提供相关服务。

1958～2010年间天津市街道综合整修
办公室主要领导人更迭情况表

表1-2-5-20

单位曾用名称	姓　名	职　务	任　职　时　间
天津市洒运汽车修理厂	安锡琰	书　记	1958年至1964年
	李佩伦	厂　长	
天津市环境卫生局汽车修理厂	高惠兰	书　记	1964年至1969年
	李佩伦	厂　长	
天津市卫生局汽车修理厂	范希孔	书记、厂长	1969年至1978年
	李佩伦	厂　长	

续表 1-2-5-20

单位曾用名称	姓　名	职　务	任　职　时　间
天津市环境卫生管理局汽车修理厂	范希孔	书　记	1978 年至 1983 年
	陈　沉	书　记	
	李鹏英	书　记	
	李佩伦	厂　长	
	马　克	厂　长	
	张福恒	厂　长	
天津市环卫汽车修理厂	姜栋才	书　记	1983 年至 1987 年
	王宝全	厂　长	
天津市环卫设备厂	李伟锦	书　记	
	田政德	厂　长	
天津市环境卫生管理局环卫修理厂	姜栋才	书记	1987 年至 1991 年
	王宝全	厂长	
天津市市容环卫设备厂	李全夫	书记	2001 年至 2006 年
	李占卫	厂长	
天津市市容环卫机械设备服务中心	李全夫	书记	2006 年至 2010 年
	李占卫	书记	
	李　齐	书记	
	李占卫	厂长	
	李　齐	厂长	
	王　杰	厂长	

（七）《城建监察》杂志编辑部

1985 年 8 月 7 日，依据天津市编委《关于市市容委〈城市管理〉杂志编辑部及人员编制的函复》（津编字〔1985〕70 号），成立《城市管理》杂志编辑部，为天津市市容委下属事业单位，设事业编制 5 名，所需经费从杂志收入中解决。

1987 年 7 月 27 日，依据天津市编委《关于核定下达副处级事业单位的通知》（津编字〔1987〕196 号），《城市管理》杂志编辑部规格定为副处级。

1992 年 2 月 20 日，依据天津市编委《关于市市容委〈城市管理〉杂志编辑部更名的函复》（津编二字〔1992〕21 号），《城市管理》杂志编辑部更名为《城建监察》杂志编辑部，更名后，单位性质、规格、编制、经费来源不变。宗旨和业务范围是传播城建监察方面的有关信息，促进城建监察队伍加强依法行政。

1991 ~ 2010 年间《城建监察》杂志编辑部主要领导人更迭情况表

表 1-2-5-21

姓　名	性别	出生年月	职　务	任　职　时　间
李　革	男	1942 年 9 月	主编	1991 年至 1997 年
石保存	男	1952 年 7 月	主编	1997 年至 2002 年
元绍瑞	女	1954 年 12 月	主编	2002 年至 2010 年

（八）天津市市容环卫建设发展有限公司

根据天津市人民政府津政函〔2003〕111 号，天津市市容环卫建设发展有限公司为国有独资企业，由天津市市容委作为该公司出资人，代行国有资产投资主体职能。主要任务：促进天津市市容环卫事业的改革和发展，盘活整合市容环卫系统存量资源，加快市容环卫基础设施建设步伐。

2003 ~ 2010 年间天津市市容环卫建设发展有限公司主要领导人更迭情况表

表 1-2-5-22

姓　名	性别	出生年月	职　务	任　职　时　间
徐　欣	男	1951 年 6 月	董事长	2003 年 11 月至 2004 年 11 月
李　齐	男	1954 年 2 月	董事长	2004 年 11 月至 2010 年 12 月
李　齐	男	1954 年 2 月	总经理	2003 年 11 月至 2010 年 12 月

（九）天津市双口生活垃圾卫生填埋场

2002 年 6 月 11 日，根据天津市编委《关于建立天津市双口生活垃圾卫生填埋场、天津市潘楼生活垃圾中转站和天津市贯庄生活垃圾综合处理场的复函》（津编二字〔2002〕43 号），天津市双口生活垃圾卫生填埋场为副处级全额拨款事业单位；人员编制 80 人，其中场长 1 名（副处级）、副场长 3 名（科级）；所需人员经费在征收的垃圾处理费中列支。主要职能及任务：负责城市生活垃圾的卫生填埋和处理工作。

2002 ~ 2010 年间天津市双口生活垃圾卫生填埋场主要领导人更迭情况表

表 1-2-5-23

姓　名	性别	出生年月	职　务	任　职　时　间
张宝祥	男	1954 年 7 月	场　长	2002 年 7 月至 2010 年 12 月
安贵龙	男	1953 年 3 月	党支部书记	2006 年 12 月至 2010 年 12 月

（十）天津市潘楼生活垃圾中转站

2002 年 6 月 11 日，根据天津市编委《关于建立天津市双口生活垃圾卫生填埋场、天津市潘楼生活垃圾中转站和天津市贯庄生活垃圾综合处理场的复函》(津编二字〔2002〕43号),天津市潘楼生活垃圾中转站为副处级全额拨款事业单位;人员编制60人,其中站长1名(副处级)、副站长3名(科级);所需人员经费在征收的垃圾处理费中列支。主要职能及任务:负责城市生活垃圾的压缩和中转运输工作。

2002～2010年间天津市潘楼生活垃圾中转站主要领导人更迭情况表

表1-2-5-24

姓　名	性别	出生年月	职　务	任　职　时　间
孟苓平	男	1957年10月	党支部书记	2002年7月至2010年12月
张　越	男	1962年1月	站　长	2002年7月至2003年7月
刘增路	男	1960年8月	站　长	2003年7月至2010年12月

(十一)天津市贯庄生活垃圾综合处理场

2002年6月11日,根据天津市编委《关于建立天津市双口生活垃圾卫生填埋场、天津市潘楼生活垃圾中转站和天津市贯庄生活垃圾综合处理场的复函》(津编二字〔2002〕43号),天津市贯庄生活垃圾综合处理场为副处级全额拨款事业单位;人员编制60人,其中场长1名(副处级)、副场长3名(科级)。主要职能及任务:负责城市生活垃圾的无害化处理和处理后产品的经营工作。

(十二)天津市市容环境管理委员会昌黎休养所

天津市环卫职工休养所设在河北省昌黎县黄金海岸旅游区。1985年7月30日,河北区环卫局和秦皇岛市昌黎旅游开发公司签订协议,昌黎旅游开发公司提供海滨旅游区林间空地10亩,建设河北区环卫工人休养所。但是,河北区环卫局投资困难,经天津市环卫局协调各区环卫局共同集资,于1986年筹建,1987年7月开工,1988年7月1日完成全部工程。建筑面积4000平方米,其中休养用房3000平方米,床位290张;公用房屋1000平方米,共投资260万元。1988年8月27日,天津市环卫职工休养所正式开业。

天津市环卫职工休养所是环卫职工的集体福利事业,由天津市环卫局直接管理,定为科级单位。主要接待环卫系统一线职工、工程技术人员和离退休人员休养。1988年接待环卫职工802人、1989年接待环卫职工2600人、1990年接待环卫职工3163人。后由单位或个人进行承包经营。

2001年2月7日,根据天津市编委津编二字〔2001〕12号、津编事字〔2006〕50号文件,天津市市容环境管理委员会昌黎休养所为相当科级自收自支事业单位;人员编制56人。主要职能及任务:根据有关规定为环卫职工提供休养等服务。

(十三)粪便清除所

1950年1月19日,天津市卫生局环卫处接管6区贺家口子私人经营的粪污事务所,建立公营粪便清除1厂。9月27日，天津市卫生工程局接管民政局管理的裕民粪场，建立公营粪便清除2厂。11月，建立粪便清除所，统一领导一、二厂业务工作。1956年3月16日，根据天津市人民政府通知，天津市公共卫生局将粪便清除所移交天津市郊区供销合作社，成立肥料经营部。粪便清除所随之取消。

（十四）天津市汽车洒运队

1950年11月6日，天津市卫生工程局在原清洁总队直属队司机班的基础上，建立汽车洒运队。1952年4月29日，汽车洒运队由天津市市政工程局移交天津市公共卫生局领导。1958年12月21日，随着环卫汽车下放各区，天津市汽车洒运队撤销。1961年3月，根据天津市人民委员会决定，由天津市公共卫生局汽车修理厂接管各区管理的洒水车和部分人员，恢复汽车洒运队，与汽车修理厂“一套人马两块牌子”。1962年4月23日，天津市环境卫生管理处将厂、队分离，正式建立天津市汽车洒运队。1965年3～11月，天津市环卫局接管和平、红桥、河北、河西4区环卫汽车，由天津市汽车洒运队集中管理。1975年6月，环卫汽车又下放各区，天津市汽车洒运队只管理洒水车辆。1984年8月15日，根据天津市委、市政府关于市区体制初步改革方案，将洒水车下放各区，1985年1月，天津市汽车洒运队撤销。

第六节　行业协会

2006年5月12日，经天津市市容环境管理委员会同意，并经天津市社会团体管理局批准，成立“天津市环境卫生协会”。经会员大会选举，蔡毓源为会长，张桐华、张范、柳宪布为副会长，张桐华兼任秘书长。协会下属专家咨询委员会、设施设备专业委员会、培训专业委员会、垃圾处理专业委员会，共有会员单位78个。

2006年5月21日，天津市市容环境管理委员会下发文件（津容办〔2006〕110号），2006年6月6日，市社会团体管理局下发行政许可书（津社准更〔2006〕第789号），同意天津市环境卫生协会更名为“天津市市容环境卫生协会”。

2007年4月9日，经天津市市容委《关于对天津市市容环境卫生协会设立城市保洁等四个专业委员会的批复》（津容办〔2007〕58号）和天津市社团局行政许可事项决定书（津社准支〔2007〕第633、634、635、636号），协会增加成立农村环境卫生建设专业委员会、城市保洁专业委员会、病媒生物防制专业委员会、建筑立面整修专业委员会，会员单位113个。

2008年4月1日，经天津市市容委《关于同意天津市市容环境卫生协会设立户外广告设置专业委员会的批复》（津容办〔2008〕107号）和天津市社团局行政许可事项决定书（津社准支〔2008〕第676号），协会增加成立户外广告设置专业委员会，会员单位161个。

第二篇

市容环卫工作

1860 年，天津各国租界开始有清扫街道、倾倒脏土、收运粪便工作。1900 年，天津地区临时政府卫生局制订《洁净地方章程》。1902 年，在《洁净地方章程》的基础上，制定《清洁办法》。1927 年，直隶警察厅开始征收清洁费。1935 年，天津中华民国政府第四科实施为期 3 个月的《清道计划》。天津解放后，制定了道路清扫保洁指标，建立了群众清扫保洁制度。中共十一届三中全会以后，天津市人民政府改造掏坑旱厕，兴建、改建水冲厕所。改造、新建密封式集装箱垃圾转运站，用建筑垃圾堆山造景。进入 20 世纪 90 年代，环境卫生“三级保洁三级管理”责任制进一步落实，环卫法规建设有了突破性进展。

20 世纪 50 年代初期，成立“天津市整顿市容委员会”，提出“三年改变城市面貌”的口号。1976 年唐山大地震后，成立“整顿市容环境领导小组”，拆除全部临建棚，整顿违章占用道路，并对单位环境进行整顿。之后，开始市容市貌治理工作，对海河沿岸脏乱情况进行治理；从拆除“破烂围裙”入手，整修沿街建筑。开展党、政、军、民共建文明一条街活动，全民环境意识普遍提高。

第一章　清洁卫生

第一节　清代清洁卫生行为

清咸丰十年（1860），天津开埠后，城市不断发展扩大，伴随而来的是环境的不断恶化。据英国雷姆森所著《天津租界史（插图本）》记载，天津曾是“中国最肮脏、最令人厌恶也是最繁忙的商业城市之一”。表现为街道拥堵、污水横流、垃圾堆积等。

清咸丰十一年（1861），英国伦敦教会传教士在到达天津时，对天津的评价同样离不开肮脏的字眼，“天津是一个繁忙的、充满活力的大城市，但也是我去过的最污秽的城市。街道未经铺设，雨水将道路浸湿泡软，被乡村的骡车压成奇怪的形状，但也不得不踯躅前行。城市的肮脏使得这个地方在炎热的季节变得非常不卫生。”与此形成鲜明对照的是各国租界内干净清洁的环境。

租界与华界之间清洁与污秽的对比，引起了当时有识之士的注意，并希望加以效仿。

一、清政府清洁卫生行为

清康熙年间，天津即引海河潮水涤荡城东南污水坑，将坑中污水和垃圾冲刷干净，一定程度上改善了城市环境。

清光绪八年（1882），天津海关道周馥效仿租界，倡议设工程局，按租界官道式样修筑马路，道路两旁用石块砌成渠道，以便泄水，并设伕役逐段洒扫道路。

光绪十三年（1887），天津县令孙大令鉴于新修的街道“若任污秽充实，实觉有碍行人”，因而晓谕居民保持道路清洁。这一方面是因为城市规模不断扩大导致了卫生需求的增加，另一方面是清政府在施政理念中，把保持环境清洁作为防疫的重要手段，不能不予以重视。如“照得卫民以防疫为先，防疫以除秽为本”；“为防疫卫生起见，呈请警察厅出示清洁街道、巷里巷外。”此外，“街衢清洁也是国家和政府颜面所系”，所以“壮中外观瞻”，则是清道工作受到清政府重视的一个原因。

二、天津地区临时政府清洁卫生事项

清光绪二十六年（1900），八国联军入侵天津后，设立了天津地区临时政府，下设卫生局负责清洁卫生事项，开始了政府注重环境卫生的先河。卫生局设置8个工程段，专门负责管理厕所及天津城围城4条大马路、沟渠的清理和疏浚工作。卫生局在天津城内外设立了27座公共厕所，老百姓习惯称为“官茅房”。

（一）卫生局的《洁净地方章程》

清光绪二十七年（1901），天津地区临时政府卫生局制订了《洁净地方章程》五条，发布告谕，通告市民，成为天津最早的城市清洁卫生立法。《八国联军占领实录——天津临时政府会议纪要》记载，《洁净地方章程》规定：一是城区禁止随地便溺，要求人们必须到厕所“出恭”，在厕所以外路上随地大小便，要罚洋1～2元；二是卫生局以招标的方式，在天津城内外设立“官厕”，并设伕役按时清扫；三是禁止在居民生活区开设晒粪厂，所有粪厂迁至郊外；四是指定数处场地堆积垃圾杂物，并悬挂木牌加以明确，居民住户每天“应将秽物挑往该处倾倒”，“不得将垃圾秽物倒弃院内及路旁、河边等处”；“每日人们须将门首地段洒扫清洁”；五是卫生局雇佣20名印度巡捕、50名中国巡捕，督促伕役定时扫除道路、桥梁及沟渠，并取缔在马路上大小便及乱倒污物的行为。这些强制性措施促使了城市环境卫生的改变。据储仁逊《闻见录》记载，“违反这些规定者会被外国巡捕抓捕，受到罚款、鞭责等严厉处罚。”同时，卫生局组织专人清理河边、城内堆放的垃圾，雇用伕役打扫街道，使城市卫生状况得到了改观。

（二）建“官厕”，严管随地便溺

自古以来，老百姓随地便溺习以为常，而天津地区临时政府卫生局却对此深恶痛绝，规定“不准沿街大小便溺，违者罚银一二元不等”。据储仁逊《闻见录》记载，在侯家后日本巡捕局管辖范围内，“日本巡捕不时巡查，见有在街出恭者，即捉入局内，罚其在院中立正，令双手举一木棍，限以二时为止，释放。”

天津地区临时政府卫生局把对粪厂的管理作为重要工作之一，在居民区附近不准开设粪厂，对开设粪厂的人做出一些规定。刘炎臣《津门杂谈》记述，粪厂“如欲设立，须在城外相距民房四十丈以外的地方”。这类粪厂南门外最多，大粪经过一段时间曝晒，被加工成粪干，卖到农村，上地施肥。

到清光绪二十八年（1902）初，天津地区临时政府卫生局在市内建“官厕”200余处，储仁逊《闻见录》记述：“每处设伕役一名，按时扫除。向大便者收费五文，小便者收一二文。”“官厕”的清洁扫除也被人承包，由承包人派专人负责，不准外人参与其间。每日早晚扫除厕所沟渠，由卫生局派人铺洒药灰。固体物要及时运到城外粪厂，不得在厕所外随意晾晒。运粪车辆要加盖，以免熏蒸。针对有的伕役向如厕者索要钱财的现象，规定“在厕内拣粪倒灰之官小工，不准向各商户民家讹索钱文，一经查出，亦必重罚。”

（三）改造城市排水系统

当年，天津城区主要是沟渠排水。清光绪二十一年（1895）3月8日，《直报》报道，天津老城墙拆除后，护城壕和城内污水坑相继填平，城市排水成为问题。

天津地区临时政府卫生局没有采用政府投资，而是采用民间集资或投资的方式修建下水道。他们制定强制性措施，要求各街区的士绅出面组织居民修建和清理下水道，费用由士绅们承担。工程设计要经过天津地区临时政府公共工程局审批。有的私人公司也开始参与城市排水系统的投资与建设。光绪二十八年（1902），德国人汉纳根成立的“大广公司”，也称“汉纳根洋行”，以占用政府土地为条件，提出修建城区南部排水系统的请求。按照天津地区临时政府同意的方案，他们在老城西南部挖掘了被称为“蓄水池”的排污池，老城区的污水被排入池中，再经由专门水道排入海河下游。这一排水系统一直沿用至20世纪50年代才被彻底改造。

（四）制定城市防疫制度

清光绪二十八年（1902）6月，天津发生了一次流行性鼠疫。鼠疫最初是从塘沽传入的，并主要在城北区蔓延。6月6日，天津地区临时政府召开第300次会议，制定了一系列防疫措施，在塘沽设置港口检疫隔离站；在市区建立医疗站；还对感染者的隔离、病亡者的埋葬以及环境消毒等制定了强制性法令。据储仁逊《闻见录》记载，病人要及时送医院隔离、冰镇并用石灰涂身；焚毁病家衣物；一周内封闭患者住房，用石灰水涂封门，胡同禁行；邻居不得进入，与病人同居者不得外出；病故者要领取许可证才能掩埋，并由政府专门雇用的苦力抬运和掩埋尸体。为了防止因感染者死亡造成疫情扩散，天津地区临时政府制定了严格的死亡报告制度，如藏匿死尸不报，要处以戴枷游街、罚苦工等严厉处罚。同时还免费提供石灰用于厕所等消毒。

天津地区临时政府还专门发布告谕，制定城市防疫制度，告诫居民“凡饮水、饮茶须用开水”，“身躯并手指切宜洁净，不可肮脏。”要求蔬菜水果必须煮熟食用，保持身体清洁，染病必须及时报告。同时还警告出售开水的水铺和制造汽水（也称荷兰水）的厂家，不得只是“将水漏过”，而要将水“必须烧开二十分钟后，再行装入瓶内”。违反者不仅要将水铺、工厂关闭，铺主、厂主还要被罚500银圆，服苦工6个月。这种处罚在当时是非常严厉的。

三、直隶警察厅卫生总局清洁卫生事务

清光绪二十八年（1902）8月，清政府收回天津管辖权，直隶警察厅负责清洁卫生事务。直隶警察厅保留了天津地区临时政府的清洁卫生机构和管理章程，在天津地区临时政府卫生局的基础上，组建卫生总局。据甘厚慈的《北洋公牍类纂》记述，卫生总局的宗旨是“清洁道路，养育穷黎，施治病症，防检疫疠”。所属各卫生分局负责街道、桥梁及沟渠等处的日常清扫。每逢下雨下雪之时，则出动人员进行除泥、除雪。之后，卫生总局又设立扫除科，专职负责清洁卫生事务。《天津南北段四乡海河工程捐务探访各局现行规则》的第二编“巡警服务规则”规定，巡警局巡警协助卫生总局卫生巡捕和工程局有关人员，监督城市街道清扫、沟渠疏浚和公厕粪厂的设置，巡查随地便溺和倾倒垃圾等行为，对饮食物品进行检验等公共环境卫生管理。

（一）制定“清洁办法”

直隶警察厅卫生总局在天津地区临时政府卫生局《洁净地方章程》的基础上，制定了《天津卫生总局现行章程》，其中的“清洁办法”，进一步规范了清洁卫生事务。主要规定，居民每日须将自家门前并自家院落清扫干净，潮湿之处应洒白灰，厕所马桶要刷白灰水消毒。不能在院内堆积垃圾，只能将垃圾倾倒在官方设立木牌的地方，倾倒时间冬季在早上8点以前、晚上4点以后，夏季在早上7点以前、晚上5点以后。若在墙角巷隅发现秽物粪便，则惟附近居民是问。除了通衢大道以外，各小街僻巷、各处路口、贮水池、河沿等处不许大小便、不许倒便桶及倾倒灰渣秽物，违者拘罚。

卫生总局《扫除科章程》规定，将天津城厢分为8段，每段由育黎堂的贫民负责清扫。育黎堂是清康熙年间为收容孤苦贫民所建，《津门杂记》记载：“育黎堂，即养病堂，在西门外，收养老年男妇及病废残疾等人。”1915年，育黎堂改名为教养院，后改名为游民收容所、救济院。育黎堂每天安排约320名贫民，进行街道清扫、垃圾收运、墙面粉刷、拉土平垫坑洼等工作。各工程段共派大小车辆30辆，大车负责装运通衢大道和住户倾倒到指定地点的秽土，小车负责收集运送小巷中的遗秽。为防止道路尘土飞扬，除了冬季结冰季节，每日洒水两次，由工程局负责。此外，还对道路两侧进行了绿化，主要干道两侧全部种上了树木，并经常对之进行维护。

参照日本模式，卫生总局设置120名卫生巡捕，监督城市环境卫生，这些警察都经过保定警察学堂的卫生培训，直隶警察厅也要求巡警配合卫生巡捕进行“卫生执法”。监督居民定点定时倾倒垃圾，并对于夜晚或在小巷中泼水或遗留粪秽者严行禁止；让挑粪伕把粪桶盖盖紧；巡警对树木有保护的责任，若有人力车、筐担等靠近树木，或有人在树干上拴系骡马，或有小孩攀折树木，或有在树旁倾倒秽水者，巡警必须制止。卫生总局鼓励市民使用公共浴室；在菜市场检查腐坏食品，看是否有病死动物肉出售；在街上发现病人、全身生疮儿童、呕吐的苦力，立即送往卫生总局的隔离医院。这些具体细微的规定，规范了人们的日常行为，对数千年来不知“卫生”为何物的国人无疑具有很大的触动。据当时在津的日本人观察，“禁止在路上大小便，严格取缔污

物，在路旁撒尿等陋习几乎绝迹。”但是，由于中国官民缺少公共卫生意识，“道路卫生方面还没有达到完美的地步”。

（二）官厕粪厂的管理与粪便的处理

鉴于以前天津没有公共厕所，卫生总局承续天津地区临时政府的做法，继续在城厢内外适合的地方修建公厕，使行人有地方便溺，不至随处污秽。“官厕办法”规定，厕所以砖墙围挡，以铅顶作盖，厕所内尿沟、粪坑均以水泥修造。官厕租给粪户，酌量收租，所出之粪归租户售卖，所收租金用于起盖新的官厕及维修。各租户要随时打扫厕所，每日早晚无人之时要用净水将厕所沟渠冲洗干净，由卫生局派人铺洒药灰，固体物要每日及时运到土墙以外的粪厂，不得在厕所外随意晾晒，运粪车辆要加盖，以免熏蒸。粪厂应距民宅 2 里（合 1 公里）之外。公厕对天津城市而言，是一个崭新的事物，经过天津地区临时政府两年的强制推行，已卓见成效，直隶警察厅卫生总局继续实施有效的管理，监督人们的日常出恭行为，对于流动人口日增、商业日益繁荣的城市来说，无疑是城市近代化的重要一步。

（三）防治工商业经营污染

旧时，工商业经营中产生的臭气污染并未引起人们的关注，随着“公共卫生”观念的萌发，尤其是专职的卫生管理部门的出现，工商业经营中的环境污染问题引起了人们的关注，卫生总局开始“规范气体和臭气”。天津商会档案资料记载，1906 年年初，天津永信号、义盛和等颜料行因为“熬煮桐油，气味熏蒸，与卫生无益”，被卫生总局责令移往远离城里人口聚集的围墙以外，选择一处荒僻无人之处，共建一所熬油厂。最初，众颜料行并不接受这一措施，提出了夜间熬煮的方案，被卫生总局否决，卫生总局认为，熬油产生的气味，最易导致肺部疾病，“无论何时，均碍卫生”，并指明“本局责在卫生，则凡有碍卫生者，尤不得不悉力祛除。”几经交涉，颜料行又提出，在熬油处所起盖罩棚，安设数丈高的烟筒，使油烟放至空中，随风飘散。此议又被卫生总局否决，卫生总局认为，安设烟筒以后，油气在空中旋绕，最后还会落到地面。而城厢内外，人烟稠密，炭气最多，空气已觉不足，此种炭气无上升之理，无法随风飘散。而且若由烟筒放至空中，再由空中转而下垂，则流散之处愈广，殊与卫生有碍。并进而论证移往围墙以外的好处：“该处宽敞，空气尚多，虽有炭气，而空气足以抵之，是以人不觉其病。”

在同一时期，设在三义庙前经营熬猪皮膏生意的起泰号因为夜间熬炼猪皮，被卫生总局查获，将铺伙任少春带走，本欲枷号十日，游街示众，后由商会说合，改为杖八十，照章罚金。此类事件在这一时期屡见不鲜。对工商业经营中污染问题的管理，体现了卫生总局管理权限的扩大，将一切有关民众健康的问题都纳入其管理之中。

（四）对居民日常生活清洁卫生的干预

对城市居民日常生活中应注意的清洁卫生，卫生总局也做出规定，食用海鲜、蔬菜要新鲜，瓜果要削皮去蒂，对各处鱼市、菜市、肉市严格加强管理，令其扫除干净，并严禁售卖腐败物品，禁卖死牲畜肉。卫生总局要求市民勿食生水，不要在污染较多的海河取水，而是从不流经市区的运河南端取饮用水。过去，送水的水伕同时也为住户倾倒污水，卫生总局强行制定新的分工，清洁伕专管倾倒污水，送水的水伕专门负责送饮用水，并改用水车送水。建议民众用白矾将水澄清一晚，转天再将水煮24分钟直至白泡翻滚，并强调最好煮饮自来水。卫生总局“规范水和粪便的流动”，城区居民习惯将“秽水均倾倒于河中”，卫生总局常常要在报纸上提醒市民“倾倒秽水不得在河沿挑水口相近之处，并不准在挑水口洗秽水筲”。同时，组织挑粪工上门收取粪便，防止粪便倾倒河沟。并建立了一批收费“官厕”，在厕所里铺上石灰除臭，禁止随地大小便。卫生总局加强对鼠害的防治，死鼠要立即用开水烧烫或用白灰掩埋，以免发生鼠疫，影响居民健康。另外，还特别提到，对于无主的疯狗，应由巡捕设法捕获击毙。

（五）防疫

20世纪初，随着铁路的开通，人员流动频繁，各种疫病极易传播。天津处于水陆交通枢纽，防疫形势异常严峻。为此，卫生总局规定，在春末和冬初季节，无论男女老幼均应引种牛痘，并将之列入清查户口时必须申报的项目，将瘟疫流行控制在未发生前。为及时救治罹患传染病的病人，在距民宅较远的西营门外设立时症医院，收治患霍乱、天花等传染病的病人。人死后，棺木不得长期浮放路旁。此外，还有《大沽查船验疫章程》对海口防疫事宜做出具体规定，成立防疫医院，由医生乘坐小火轮到停泊在港口外的轮船查验，若发现疫病人员立即带到医院，并让轮船停泊七日。防疫知识的普及和防疫手段的及时实施，在一定程度上保证了公众的身体健康。

（六）清道伕清扫街道

1915年，直隶警察厅鉴于天津人口增加，街上行人见多，市面日渐繁华，如果没有专人担任街道里巷清扫和污物清除工作，城市清洁卫生将不能得到很好重视，更不能提高市容观瞻水平。遂要求各区警署召集地方绅商，晓谕商家民户“认捐募伕”，就是让商家居民出钱雇用伕役承担清扫街道的工作，以弥补各工段人力的不足。此时的清洁工作，不仅有官方工程段的伕役承担，而且有商民出资的清道伕进行清扫。在商业繁盛的街道，由数家商号共同雇佣伕役一或两人，白天扫除街道，夜晚担任值更。商业不发达的地区，也有少数商户或富户出资雇人清扫该地区道路。

（七）捐募土车费

1914年，直隶警察厅认为“地方清洁，警政所关”，要求各区警署自行办理地方清洁，并要求绅商、商家、民户自行购置车辆雇用伕役，清扫街道，以补助各工段人力不足。所需经费，由警察区署会同地方共同劝募，每户交铜钱2枚至30枚不等，名为土车费或土车捐。由于土车捐数额不大，商家、民户同意缴纳。

四、租界内清洁卫生管理

天津于清咸丰十年（1860），首先设立英租界，之后法、美、德、意、俄、日、奥匈和比利时等国相继在天津设立租界。各国租界内“街道宽平，洋房齐整，路旁树木葱郁成林”。租界内“每日扫除街道，灰土瓦砾用大车载于旷野倾倒之，夜晚则点路灯以照人行”，以致观者感叹“清理街道，无秽气熏蒸，不致传染疾病。为益甚大，何乐如之”，并作诗称颂：“半车瓦砾半车灰，装罢南头又北来。此例最佳诚可法，平平王道净尘埃。”

各国租界对清洁卫生的管理，主要是清扫街道、倾倒脏土、收运粪便。清道伕每日清扫街道，住户则按规定时间将自家垃圾箱中垃圾倒入公共土车内，由清道伕将公共土车内的垃圾运至臭坑、臭河沿或旷野，进行填埋。租界订有规章制度，每户均有一个木制垃圾箱，将垃圾先倒入自家箱中，然后按时倒入公共土车内，不准随意倾倒。

（一）英租界清洁卫生管理

英租界的市政建设居各国租界之首，清洁卫生管理方面不仅机构设置比较完善，在具体措施方面也很细微。清光绪二十三年（1897），《拓展租界章程》议定，由工部局负责清除污秽、开通沟渠；禁止停棺埋葬，原有坟墓有愿迁移者，自行修理整洁；华人土房和污秽房屋愿租与洋人者，凭公给价，若未租与洋人者，限三年内一律拆除，如不愿拆除者，须按照英国章程修好；所有华人水坑一律填满，如无力自填须与英官方凭公给价，自行填垫。光绪二十八年（1902），《津海关道英领事为推广租界会衔告示》中，进一步明确规定：“各户居民应准英工部局管辖，所有净除污秽及开渠修道各项工程，统归英工部局随时办理，勿得阻扰。”并规定：“凡起造房屋有关不洁及碍于卫生等事，并未奉工部局允准，不得举办，并土屋亦不准造。”至于“界内积水坑沟有碍于卫生者，如工部局传知该主设法填平，务须遵照。倘业主无力措办，则可售去，或由工部局代为填平，则作（价）抵押工部局。”

《驻津英国工部局所辖区域章程》规定，对于容易产生有碍清洁卫生的洋蜡厂、锻炼厂、熔化厂、屠宰厂、铸铁厂、造胰厂或制皮毛血骨处所，以及猪栏、厕所、粪堆、垃圾堆、杂皮堆集处、检洗羊毛处，若被公安稽查员或卫生职员检查证明有碍清洁卫生，英工部局有权通知业主或经营者限期改正或停止，若不遵办，则每日罚款 25 元，直至改善时为止。

《工部局条例》规定，对于不允许堆积牲畜粪便的地方，若有堆积 7 日之久或 2 日内超过 1 吨者，24 小时内必须运走，若不搬运，工部局会责成搬运粪土之人处分变卖，粪土所得要充公，并由房主承担搬运费。存留有臭味之秽物或死水者，限期在 48 小时内清除，若不清除致使污水外溢或浸湿临近房屋住户，或在住宅内养猪有碍公共卫生者，每次处以 10 元以下之罚金。若在限期内没有清除者，每迟 1 日处以 2 元以下之罚金。若由工部局代为清理，费用则由房主承担。在要道上搬运脏物或清理有臭味之物质，要在规定的时间内完成，即使在规定的时间内，搬运者也应把器具加盖，以防泼洒或外溢，若不慎泼洒要及时清理扫除干净，若不遵守，则处以 25 元之罚金。

20 世纪初，英租界街道还多使用明沟排水，粪便由粪伕拉车入户收运。随着新式公共下水道系统的铺设完成，英租界工部局决定采取强制措施，实行新型粪便处理工艺。工部局规定各类建筑要设置统一规格的化粪池，将污水管道与公共下水道连接起来。这样污水和雨水便可由地下流入排水管道，再流入墙子河，最后排入海河，或直接流入海河。由于该地区排水管道较周围地区高一些，所以排水很顺畅。1923 年 12 月 31 日以后，英租界禁止使用粪水车，所有建筑都使用与下水道系统连接的卫生设施。

在英租界 1918 年制订的章程中，规定每座建筑都要有水冲式厕所、排污设备和其他卫生设施。1921 年，英租界实行住宅强制设置化粪池，所有建筑内的排污管道都要与公共下水道连接，使建筑从供水到排污形成完整的系统。下水道干管也逐渐加粗，管径从最远端的 12 英寸（约 30 厘米），逐渐增加到 18 英寸（约 46 厘米）、27 英寸（约 69 厘米）等，到墙子河的排水出口处时直径已经达到五六英尺（约 150 厘米到 180 厘米）。

1921 年年底，英租界停止使用粪车收运粪便，住宅"装置了最新式的、最卫生的厕所设备"，粪车遂在英租界首先绝迹。20 世纪 30 年代建造的高级住宅已出现了一所住宅多处卫生间，还建有专门供佣人使用的厕所。那时，英租界专门收治传染性病人的隔离医院已经有了冷热水、浴室、水冲式厕所以及化粪池排污系统。

英租界的街道清洁每日由清道伕完成，各家的垃圾禁止倒在路上，而要倒入自家的木制垃圾箱中，再在规定时间将自家垃圾箱中的脏物倒入公共土车内，由清道伕将公共土车运走。垃圾箱应放置在户外远离厨房、水池的地方，箱中不准容纳牛马粪。为此，英租界工部局还制作式样垃圾箱，每只售价二元五角。

《天津英工部局 1929 年董事会报告暨 1930 年预算》中记载，到 20 世纪 20 ~ 30 年代，英租界每年清道土方逐年增加，清道土方包括居民垃圾、街道脏土、泥土、炉灰、马粪、沟泥等。1929 年为 12050 方，1931 年达到 16498 方。英租界在清洁卫生方面所花费用，1930 年，收敛垃圾花费 21675 两，保持便所及秽水沟眼清洁花费 3665 两，清扫街道、冲洗马路及水沟花费 10189 两，沥水及散砂花费 7940 两，共 43470 两。1936 年，收敛垃圾费 34382 元法币，公共厕所保持费 9781 元法币，清道冲洗马路及水沟花费 18788 元法币，沥水及散砂花费 9547 元法币，共 72498 元法币。

（二）其他各国租界清洁卫生管理

20 世纪 20 年代，法租界制订的《市政法规则》规定，每一住宅必须建有独立的厕所，分租住宅每三间平房须有一处厕所。凡公共场所，如戏院、澡堂、旅馆、商场等，都必须建有可供 20 人同时使用的公共厕所。厕所内必须安装供冲水使用的自来水箱，厕所排污管道必须与公共下水道相通。

法租界在 1910 年就铺设排水系统，排污管道直接从租界边缘的墙子河一直铺设到河坝，然后流入海河。排水管的直径逐渐加大，到海河出口处已达 6 英尺（约 180 厘米）。房屋的排污管道直接与下水道干管连接，从而省去了中间的化粪池。下水道管网的设计也很巧妙，墙子河水位高时，河水可以从墙子河流入下水道，及时冲刷下水道内的污物。这种独特的公用设施，保证了下水道内的卫生。

德租界在建立数年之后，即清光绪二十五年（1899）制定了《天津德租界警察局条例》。条例规定：如果没有警察局的许可，禁止在公共道路上放置商品，搭建任何形式的帐篷、茅草屋和窝棚，放置商用桌子和长凳。如有特殊情况，必须获得警察局的许可，才能暂时在马路上放置商品或者仅仅是建筑材料，并且物品必须放置在指定位置。为了保持租界的清洁卫生水平，禁止在大街上堆放垃圾，尤其是瓷器或玻璃碎片，禁止任何垃圾的存在。肮脏的或者散发出难闻气味的液体材料，在排放之前，必须置于密封良好的器皿，或者存放在砖砌带盖的污水井里。针对中国人在人死后有存放尸体的习惯，租界当局规定，禁止在楼内将尸体放在担架上，除非其丝毫不会危害租界其他居民的健康。此外，还规定，禁止在租界内自行修建墓地。

此外，德租界还引入了近代的排水设施。在此之前，清朝在官马驿道旁也设有排水沟，但排水方法简单。雨水经过明沟流向洼地，汇集到大坑里，最后排到城外的护城河里。德租界采用的是雨、污分流制。雨水由下水道排入海河，多采取明渠排泄。污水由下水道排入墙子河。污水管道所采用的多为混凝土管，有卵形、长方形和尖底长方形等。主要干管铺设在马场道和浦口道一带。

美国罗芙芸的《卫生的现代性：中国通商口岸卫生与疾病的含义》中记载，日租界在居留民团的管理下，“从卫生的角度看，日本租界或许是整个天津最全面受到监控的地区”。《明治四十年民团事务报告》中记述，租界内各家各户的垃圾由住户自行清扫，各户将垃圾放到指定地点，由清道伕收集运走。厕所、厨房及有水流动的地方由各户自行清扫，租界当局负责撒石灰消毒。排污系统在其发展初期就规划铺设好了，在主要交通干道旭街以东的污水被排入海河，以西的污水则被排入墙子河。住户利用化粪池处理家庭污水，不得直接排入下水道内。通往海河和墙子河的排污管道直径也在 5 英尺（约 150 厘米）到 5.5 英尺（170 厘米）之间。由于下水道的有限使用和抽水马桶的高昂价格，到 1928 年，日租界 4000 户家庭中，只有 800 户安装了抽水马桶。即使这 800 户中，也还有 100 户没有改变使用尿壶的习惯。因此，已经建立了供水和排水系统的日租界，挑粪伕仍然是日租界处理粪便的主力。《昭和八年民团事务报告书——附民团财产明细书》记载，60 名粪伕负责 2300 余户的粪便处理，他们每天将各户便桶里的粪便倒入他们的大便桶里，集中到指定地点，然后将固体和液体分开，液体倒入下水道，固体用桶装好，用汽车运送到指定的地方，再用船运到最终目的地。有时粪伕为了偷懒，减轻负重，将液体倒在居民家门口的地沟里，得到了居留民团的制止和监督。

奥租界的清洁卫生基本处于自流状态，由于没有下水设施，粪车和粪桶仍是租界主要的卫生设备。

各国租界内清洁卫生现状给中国政府提供了很好的借鉴，并加以效仿。因而，城市清洁卫生管理成为清末、北洋、民国政府的一项主要职能。

第二节 天津国民政府清洁卫生事务

一、清洁卫生治理办法

1927年，中华民国直隶警察厅鉴于清道工作散漫无力，秽土堆积如山，认为非有专门机构司其事不可。遂于10月1日成立卫生清洁督察处，拟定治标和治本两种治理清洁卫生的办法。治标之法是募设秽土箱、改良秽水车、增添秽土车、增加土车伕，派出卫生警察随时督察扫除；治本之法是规划款项、疏通沟渠、设置污水井、铺设污水管，方便民众倾倒污水。但是，由于实施治标、治本之法需要经费，而直隶警察厅每月只能收入清洁费8000元左右，只够维持正常开支，治标、治本之策均未实行。

二、征收清洁费

1927年10月，中华民国直隶警察厅认为实施治标、治本两个办法均需大笔经费，再加上当时铜圆价格跌落，土车费已不够使用。于是直隶警察厅先着手整顿收入，改土车费为清洁费，改捐募制为征收制。按商号资本的多少及住户生活程度的高低，分类征收。住户分甲、乙、丙、丁、戊、已、庚7等；商号分为9等；学校、机关、工厂按100人以下为2等，100人以上500人以下为1等，500人以上的每增100人加征清洁费1元。

新的征收制度一出，即招来人们反对。天津商会会董陆筱山、刘养泉、孙采岩、陈竹青等人联名恳请警察厅收回成命，认为战事影响了商家生意，各项捐税又层出不穷，使商家和百姓难以维持正常的生计。而且，房铺、车船、娼寮妓馆等捐税原来就是为工巡卫生设立的，再收清洁费就是重复征收。他们甚至一针见血地指出，该项收费实行后将“官家所得有限，民间贻害无穷，中饱则利益多也。”面对指责和质疑，警察厅解释道，旧日的土车捐虽由商民捐助，但没有一定的章程，卫生设施也很简陋，此外，现在收的清洁费和土车捐相比较，其实增收的并不多。最后警察厅提出：“欲图公众清洁，际此警款支绌之时，不能不量请商民之互助。”警察厅拟于10月4日开始征收清洁费，但商民均抱观望态度。警察厅开始收费后，按章缴纳的虽然居多数，但无力缴纳和抗拒不交者也不乏其人。最后，警察厅不得不做出让步，取消原定等级中的一、二等，按其以下的等级收费，既按最高三等收费。警察厅同意各区警署同绅商协商自行办理各区清洁，由警察厅督察处负责监督指导责任。

在这一事件中，从商会和警察厅来往的信件看，商会反对征收清洁费不仅是因为捐税过多，商民已无力再承担，也是希望由各区自己负责办理地方清洁事宜。因清洁费产生纠葛的背后，其实是政府和地方对清洁卫生事务主导权的争夺。

1927年10月，警察厅开始征收清洁费后，当月所收不及1万元。1928年1月至3月的征收额，分别为8892.45元、9050.53元、9115.40元。根据当时调查，天津的卫生经费总计为197420元，其中清道费为104388元，每一居民平均每年享有的卫生经费为0.14元，平均年享清道费则为0.08元。虽然和有数据可考的其他城市如南京、北京、青岛、广州、汕头、上海市和上海公共租界相比，天津居民平均年享的卫生经费和清道费实为最低，但清道经费在卫生经费中所占比重之大已可见一斑。此后至今，清洁费成为天津市区街道清洁工作的一项经费来源，为清洁卫生工作的开展提供了比较有力的保证。

三、第四科的“清道计划”

1935年，天津国民政府成立第四科，综理全市清洁卫生事宜。

据天津当时的市政调查，居民随地便溺、乱倒污水秽物已成顽疾，许多胡同巷口的垃圾箱形同虚设，到处堆积着垃圾秽物。天津市每日产生秽土200余吨，由6个清洁分队收集而来，再加上自行倾倒于秽土待运场的，总计不下250吨，由300多辆手拉车和4辆运秽汽车，偶尔再加上农村船、车，每天仅能运除秽土百余吨，仍有近百吨秽土遗留在待运场无法运出。截至1935年3月，天津市已有23个秽土堆积处，共积存秽土31645吨。1935年国民政府第四科成立后，首先实施为期3个月的《清道计划》，从道路清洁和秽土处理两个方面着手整顿，“以告成最新之环境”。

（一）《清道计划》的“道路清洁”

鉴于天津道路以石渣路和土路为主，车过扬尘，风刮土起。要使道路干净清洁，国民政府第四科实行对外、对内两项管理办法。

对外管理，一是加强对市区路面的洒水工作，以压土降尘。二是改良清扫工具，把不适合清扫土路的竹苗笤帚改为高粱苗插把笤帚。三是酌量将一车二人的拉土人力改为一车一人，以便有更多的人专任扫道工作。

对内管理，一是拟订清洁队管理办法。总计41条，对工作人员应负的责任、应守的规定、病事假的手续和赏罚办法等都做出详细规定。二是安排伕役集体住宿。以往清洁队伕役有一半在外居住，不仅增加了伕役自身的开支，也不便于管理。国民政府第四科设法为他们添租房屋，绝大多数伕役开始集体住宿。三是承办伕役集体伙食。清道伕役的月收入只有7元，除去在外用饭的饭钱和其他花销后，工资所剩无几，难免使伕役不能安心工作。在不能给伕役增加工资的情况下，国民政府第四科只能尽量减少其开支，由公家出钱购买一些炊具，为他们承办集体伙食。四是加强工作考核。以往伕役的工作时间过长，改为每天9小时。对于他们工作的优劣，则拟订了日报表分发各队，根据按日填写的报表考核。同时派出卫生稽查到各区担任稽查和监督工作。五是提供免费医疗。清洁伕役因为工作环境恶劣，比普通人更容易得病，但微薄的薪水使他们无力求医问药。国民政府为此规定清洁伕役可以免费去各市立医院及诊疗所就医，而且请病假期间不扣工资。这些办法对鼓舞清洁伕役的干劲和招募新人手，都有一定好处。

（二）《清道计划》的“秽土处理”

秽土处理从垃圾收集、运除和整顿垃圾待运场三方面着手。

垃圾收集。从八国联军天津地区临时政府以来，天津历届政府在路旁巷口陆续安设了一些垃圾箱，三令五申要求商家住户把垃圾倾倒在垃圾箱内及指定地点。但由于民众缺乏卫生意识、垃圾箱日久残破等原因，垃圾随处倾倒、丢弃箱外的状况较为普遍。1935 年 4 月 15 日起废除垃圾箱，改由居民自备贮存垃圾的器具，放在户内或近门且易搬取的地方。把原来各户将垃圾倒入垃圾箱，伕役再从箱中取出以手拉车运载的方式，改为“摇铃倒土”的方式，即每日清洁伕役沿路摇铃，待垃圾车到，各户自行将垃圾倾倒于车内。

垃圾运除。一是置办简易焚秽炉，设于各待运场，将能够焚烧的垃圾杂物焚化。由于居民大多以柴草为燃料，秽土中可燃物很多。购买一具小型焚秽炉仅花费 6 元多，每日则可焚烧相当于 2 吨的载土量，节省了运力。二是添购 6 辆运秽汽车，增强运输实力，提高运秽能力。三是改善运除工具，即把铁锨、笤帚等加大，增加装运量。四是改善装土设备，即做一高台，把在平地装土改为由上向下装土，减少装运时间。五是取消车盖，用帆布遮盖，增加装土量，提高运秽汽车的工作效率。实施了这些措施后，垃圾的清运速度加快了很多，每日每车从运土八次增至十六七次，运量从 16 吨上升到 30 多吨。

整顿待运场。由于垃圾产生量超过了运输量，人口稠密的地区又没有废河洼地可以填埋，因此国民政府分别在五大区指定了 14 个秽土待运场倾倒秽土，同时逐渐整顿地址不适宜的旧有待运场。

国民政府还采用多项举措，通过招人运除可利用渣土的形式缓解运输压力，并按土质优劣和地点远近收费，价格是每方 1 ~ 5 角。对于私有地基上堆积的秽土，国民政府在认为其影响环境卫生时，先限期让本主自行清除，逾期还没有清除的，由政府代运，所需费用则由本主自行承担。对于不缴这笔费用的人，政府也规定了处罚办法，即把该人的姓名住址和应缴款数报给工务局和财政局，当该人申请领取建筑执照或过户时，责令其补缴，否则不予办理。

《清道计划》从 4 月实施，到 6 月底结束。经过集中治理，共计运除旧存秽土 1.31 万吨，原来的一些秽土待运场已经取消或缩小规模，许多臭水沟也逐渐填平。天津国民政府第四科成立后对环境卫生的整顿取得了一定效果。

附：

1937 年 8 月，日伪天津市治安维持会卫生局卫生科在全市设置垃圾待运场（既垃圾集中存放、等待外运的场地）18 处，设置秽土场（即倾倒秽土场所）71 处。垃圾待运场有南市庆善大街南头、归贾胡同北口、新开路南头、大口河沿、沿河马路、河坡等处；秽土场有狮子林市立第二医院前、南门外蔡桥子、黄家花园、炮台庄后等地。9 月天气炎热后，每天出动 1 辆洒水汽车，喷洒中山路、大胡同及围城四条马路。

第三节　天津解放后清洁卫生工作

一、清洁卫生

1949 年 1 月 15 日天津解放。18 日，天津市人民政府派员接管了清洁总队，并立即组织全市清洁工人集中力量打扫战场，清理战后垃圾污物。仅半个月的时间，就打扫战场 17 处、掩埋尸体 206 具、拆除堡垒 235 处、洗刷反动标语 752 处、清运垃圾污物 3.58 万吨。配合公用局清理市区及边沿地带的浮尸、乱葬露棺 207081 具。

天津解放初期，天津城区脏乱问题极为严重。臭水坑遍布市区，像南开蓄水池、河东祥发大坑等都是比较大的臭水坑。污水河贯穿市区，像墙子河、赤龙河、金钟河等都是臭水横流。特别是臭水坑边、污水河沿等处都是垃圾成堆、臭气熏天。私营粪商在市区到处设立晒粪场，像海光寺居民稠密区域和海光寺桥附近都是晒粪场，严重影响居民日常生活。为数不多的公共厕所也多为露天、矮墙、泥地、砖坑，是人们既离不开，又远远躲避的污秽场所。特别是城市边缘地区，到处是坟丘、露棺、浮厝、粪场、臭坑，环境恶劣，疾病流行，急待改善。

（一）国民经济恢复时期（1949 ~ 1952 年）

国民经济恢复时期，清洁卫生工作转入了为社会主义生产和人民生活服务的新轨道。解决脏乱问题，成为清洁卫生工作的主要任务。一是集中力量突击清除积存的垃圾、污物。四年共清运垃圾、污物 223 万吨；并增加马车，扩大收运范围，对边缘地区 56 万户居民的垃圾进行收运；同时增设水上垃圾船，开辟五河十岸的垃圾收运工作。二是配合有关部门清理乱埋乱葬，迁移坟丘、处理露棺浮厝 20 万具。三是组织捕犬大队，捕杀野犬 3 万只。四是取缔了戏院、茶庄等公共场所的“手巾把”；将公共澡堂的混水池改为清水池（即不在池内搓肥皂）。五是为粉碎敌人的细菌战，动员全市人民大搞清洁卫生，使全市大街小巷出现了空前未有的整洁。

1950 年 5 月 10 日，天津市人民政府批准公布《天津市私营粪商及私建公厕暂行管理办法》，加强对私营粪商的管理。逐步接管私营粪商经营的粪道、公厕，将市区晒粪场予以取缔或迁到边远地区。

1950 年 11 月，天津市卫生工程局按照市政府指令，取消清洁总队名称，将各清洁分队下放各区公所管理，并改组直属分队；成立汽车队及工具修配厂。

1950 年 11 月 18 日，天津市人民政府发出《关于入市畜力车牲畜挂带粪兜的布告》。

1952 年 7 月，天津市卫生工程局、天津市建设局、天津市园林广场处合并成立天津市工程局，并成立天津市公共卫生局。

1952 年 12 月 11 日，天津市人民政府批准公布《天津市户外清洁管理规则》。

（二）第一个五年计划时期（1953 ~ 1957 年）

1953 年春季，发动全市党政军民一齐大搞群众性挖蛹活动，共组织群众义务消毒员 1000 多人，对蚊蝇滋生处所实施药物消毒，市区内做到了基本无蝇，蚊子也大大减少。

1954 年，在大力开展的社会主义劳动竞赛活动中，天津市公共卫生局环境卫生科制定了道路清扫保洁指标，激发了清洁工人的劳动热情，每个工人都扩大了工作范围，增加了工作任务，提高了工作效率。由此开始，清洁工人开始实行每周公休一天的制度。

1955 年，对全市 320 户私营粪商进行社会主义改造，居民户厕和公共厕所粪便，由粪便清除专业队清除管理。

1955 年，在区、街、居委会建立了群众清扫保洁制度，由居委会设定清扫范围，商户住家每天负责清扫各自的责任地段。清扫方式是商户住家有的各自清扫自家范围，有的多家联合清扫责任地段，有的各家轮流值日进行清扫保洁。主干道、次支路的便道和小街、胡同都有人进行清扫保洁，达到了干净整洁的效果。

1957 年 5 月 31 日，天津市人民委员会成立天津市环境卫生管理处，任命耿振宗为处长。

1957 年 8 月，将 6 个粪便清除队按行政区划分为 8 个，下放到各区管理。

（三）第二个五年计划时期（1958 ~ 1962 年）

1958 年，全市开展大炼钢铁活动，市区街道里巷物品堆占严重，加之垃圾堆存、道路得不到及时清扫，造成环境脏乱。天津市委、市人民委员会决定，发动群众并组织社会车辆清理堆存垃圾、渣土，卫生环境明显改善。

1959 年春，全市试验用垃圾粪便混合高温堆肥，这种方法既能对垃圾粪便进行处理，又能为农业生产提供优质肥料。

1959 年，天津市人民委员会给市内六区清洁队增加清洁工人近 1000 人，并由交通局调拨汽车 50 部，加大了垃圾清运力度，使市区垃圾、污物能够得到及时清运。

1960 年，天津市环卫管理处提出《清扫道路质量标准》，确定主要干线 33 条，重要地点 26 处，主要道路 79 条，一般道路 538 条，同时制定了道路清扫质量标准。

1960 年，由于暂时经济困难的影响，各区清洁队职工病号增多，清洁工作效率和质量均有下降，街道垃圾堆积，环境脏乱。加之成立人民公社后，各农业社队任意入市到公共厕所掏粪积肥，城市环境卫生受到干扰。为解决清洁队人力不足和农民入市乱掏乱挖公厕粪便的现象，市内 5 个区将 376 座公厕（占全市公厕总数的 43%）的粪便，交给农业社队掏挖。

1962 年 2 月 16 日，天津市环境卫生管理处提出《街道清扫保洁定额责任制》，实施“六定、两包、两结合”。“六定”：定人、定片、定量、定质、定工具、定时；“两包”：包完成清扫任务、包做好卫生宣传监督；“两结合”：专业清扫与群众清扫结合、道路清扫与垃圾收运结合。

1962年，天津市公共卫生局洒运汽车修理厂改制吸尘车5辆，每天出动3 ~ 4辆，对和平路、中山路等 28 条主要道路进行吸尘作业。

（四）三年国民经济调整时期（1963 ~ 1965 年）

1964 年 1 月 10 日，天津市公共卫生局向各区卫生局发出通知，附发《关于各区设立环境卫生检查人员的意见》，要求各区局抽调清洁队人员，组成环境卫生检查组，加强对农民入市乱掏乱挖粪便、居民乱堆乱放垃圾和道路污染的行为进行检查管理。

1964 年 2 月 21 日，天津市人民委员会发出《关于建立天津市环境卫生局的决定》。4 月 1 日，天津市环境卫生局成立，11 月，天津市委任命苏振华为天津市环境卫生局局长，李雨民任副局长。天津市环卫局全力投入爱国卫生运动，发动群众大搞环境卫生，消灭蝇蛆滋生场所；搞好垃圾粪便的收运、处理。

1964 年 8 月，天津市环卫局由各区抽调 14 名清洁工人成立扫道机器制造组，研制成手推扫道机 100 台，分发各区使用。

1965 年，天津市委书记、市长胡昭衡到天津上任时，最初的印象就是城市太脏。他没有公开批评，也没有开大会号召，而是通过组织干部劳动来影响和带动市民群众自觉自愿地参加整治城市环境的活动，并在此基础上形成了全市“月末卫生日”制度。胡昭衡第一次带领机关干部参加义务劳动是清理市郊结合部的一处秽土。当时，按规定记者不到现场为领导拍照，更没有电视录像，胡昭衡并不是动动手就提前离开，而是和大家一起干到提前完成清除任务。随后他又带领大家到附近居民区清扫胡同里巷和厕所，居民群众闻讯后也纷纷走出家门参加到义务劳动中来，将整个居民区打扫得干干净净。

天津市委书记、市长胡昭衡、副市长王培仁等领导，还经常与清洁工人一起参加掏粪劳动，在全市引起很大反响，各机关、学校等单位的干部职工、教师学生纷纷参加掏粪劳动，出现了要求参加掏粪劳动的单位需要先登记排队等候的现象。在胡昭衡、王培仁等市领导的具体支持下，天津市环卫局狠抓了环卫设施建设，新建公共厕所 130 座，是新中国成立以来市区新建公厕最多的一年。同时在王串场和红旗路新建清洁卫生汽车队两处。

（五）“文化大革命”时期（1966 ~ 1976 年）

1966 年 4 月 14 日，天津市人民委员会《批转“天津市环境卫生局关于一九六五年机关干部月末星期日卫生活动总结及一九六六年安排意见的报告”》（〔1966〕委秘字 55 号），自此，月末卫生日成为干部参加劳动的一项制度。不仅推动了群众性的清洁卫生工作，改善了城市环境卫生面貌，而且在促进机关干部革命化，密切干部与人民群众的关系，对移风易俗等方面都起着积极作用。

1966 年，全市日收运垃圾 3521 立方米，其中农民代运 570 立方米，占 16%。

1967 年，各级清洁卫生组织基本瘫痪，清洁卫生工作秩序遭到严重破坏。有的职工借口不给“牛鬼蛇神”服务，不管掏粪，不给收运垃圾，致使垃圾粪便到处堆积，脏乱不堪。

1968 年年底，天津市环卫局大部分干部下放，日常业务工作没有人抓，环卫工作范围缩小，主要靠清洁卫生突击活动清理城区环境。

1971年，农民进城代运垃圾809立方米，占26%。

1973年2月19日，天津市卫生局在北宁公园召开“天津市清洁工作会议”，各区卫生局负责同志、清洁大队中队长以上人员共167人参加了会议。会议交流了工作经验，确定了天津市重点地区13处、迎宾线51条；制定了《天津市主要工种定质定量试行意见》。和平、河北、河东、红桥、河西、塘沽六区研制的8种不同类型扫道机进行了现场演示。

1976年唐山大地震，使天津市区遭到严重破坏。由于住房倒塌，街道、里巷堵塞，防震棚遍布，致使环卫工作不能正常开展，垃圾、粪便无法正常收运，全市粪便每日清除量下降42%，垃圾每日收运量下降57.7%。

1977年6月，天津市革命委员会文教组召开天津市清洁工作会议，各区革委会文教组组长、卫生局局长、区爱卫会办公室主任、清洁大队书记、队长、先进工人代表共250人参加了会议。会议制定了《加强清洁队政治工作的意见》《建立清洁队岗位责任制度》及《开展社会主义劳动竞赛的方案》。

二、环境卫生

1978年4月，天津市委发出《关于建立天津市环境卫生局的通知》，与天津市爱委会办公室合署办公。11月14日，天津市委任命张兆铭为天津市环境卫生局局长。

1979年，天津市人民政府恢复建立了市、区环卫局，增加环卫工人5000名，增购环卫汽车800部，并投资兴建大批环卫设施。

1979年5月10日，天津市人民政府颁发《关于城市卫生管理的试行规定》，于7月1日起实行。

1979年6月1日，天津市环卫局要求天津市内六区及塘沽区每区招考50名环境卫生管理员，组建环境卫生管理队。

1980年，全年清运垃圾83吨，每日清扫路面922万平方米。

1982年4月3日，天津市第九届人民代表大会第三次会议通过《关于加强城镇街道清洁卫生工作的决定》。

1982年5月，天津主要媒体连续报道人民中学教师王辅成，坚持数年带领学生义务参加公厕掏粪劳动，培养学生崇尚环卫工作，热爱环卫工人的精神。

1983年2月2日，天津市人民政府颁发《天津市城市街道清洁卫生管理暂行办法》的命令，4月1日起实行。

1983年，天津市人民政府在改善城市人民生活十项工作的决定中，要求大力兴建公厕。经过奋战，新建公厕344座，比计划超建44座，是近14年来全市新建公厕总和的1.5倍。新建公厕数量之多，质量之好在历史上是空前的，而且造型美观，布局合理，群众满意，初步缓解了群众如厕难的情况。1984年，新建公厕达到407座，基本缓解了如厕难的状况。

1984年，贯彻落实天津市委、市政府《关于市区体制改革方案》，环卫工作实行了分区包干、切块管理的体制，发挥了区街积极性。环卫专业队伍内部，全面推行承包责任制，调动了环卫职工的工作积极性，提高了工作效率和作业质量。为配合改革、支持改革，各区环卫局制订了各工种的作业数量、质量指标和管理制度，逐步走向科学化管理轨道。

1985年5月20日，天津市市长李瑞环提出“垃圾装运时洒漏严重，要研究解决密封装运问题。”天津市环卫局立即研究采用帆布苫盖垃圾，密封运输。早些时候，红桥区环卫局就已研制成功密闭式集装箱垃圾转运站，用集装箱运输垃圾，解决了垃圾运输途中的撒漏问题。

1985年和1986年，天津市人民政府在改善城市人民生活十项工作的决定中，计划每年完成1000座掏坑旱厕改造成水冲厕所的任务。实际上，两年共完成公厕436座、社会旱厕2359座改厕任务，从而使市区环卫系统管理公厕的30%、社会各单位厕所的63%，实现了厕内粪便水冲放流。

1986年，为根本解决市区垃圾乱倒及消除垃圾运输途中的撒漏现象，改造、新建密封式集装箱垃圾转运站87座。年底，建设部城建管理局在天津召开了16省市参加的现场会，会议认为在中国目前条件下，天津采用的垃圾转运方式是符合国情的，是适用的。

1986年5月27日，市长李瑞环主持召开垃圾堆山现场办公会，确定在水上公园西南侧，征地1000亩，计划堆山占地600 ~ 700亩，高80 ~ 100米，利用生活垃圾与工程废土分层堆山。并确定了以高温堆肥为主、卫生填埋为辅、特殊垃圾焚烧的垃圾处理方向。

1987年，各区政府把环境卫生工作列入了重要议程，用于环卫设施建设的投资达900多万元。各区环卫局首先抓了基层管理体制改革，理顺领导层次，优化劳动组合。不少区局改变了原来的单一工种编队的状况，按业务工作关联程度重新进行了编组，实现了干管统一，作业一条龙。全市环卫系统有42个基层队实行了干部聘任制，占基层队的63%，有5个区局机关也实行了干部聘任。

1988年5月6日，天津市人民政府召开“整顿村容镇貌环境卫生工作会议”，提出村庄以治理“四乱”为重点，着重清理整顿村内的乱倒垃圾、乱泼污水、乱堆柴草、粪肥现象，尽快改变脏、乱、差状况；集镇以治脏治乱，搞好环境卫生为重点，着重清理整顿集镇内的乱倒垃圾，乱堆杂物，乱搭乱盖，乱摆乱占现象；城关和重镇以环境综合治理为重点，着重搞好几条主要街道的街容街貌，清除垃圾死角，提高城镇内的清扫保洁质量。全市共有49个乡镇、815个村庄进行了初步的清理整治，环境卫生得到了改善，其中82个村镇变化较为明显。如宝坻县的城关镇、武清县的石各庄乡、北郊区的张湾村、西郊区的上辛口村等，成为清理整顿工作中的典型。10月16日，天津市人民政府在宝坻县召开“整顿村容镇貌经验交流现场会”，听取并现场观看了一些典型单位的好经验、好做法。

1989年，各区环卫局对各项业务工作实行目标管理，项项工作有标准、有要求，责任落实到人。道路清扫推行了“风天保洁法”、“雨天保洁法”、“巡回捡脏法”、“机扫、水洗、人工保洁一条龙作业法”等；公厕保洁推行了夜间除碱、白天清扫的办法；垃圾清运推行了转运站、垃圾堆存场、运输队三方签字的制度，控制了垃圾乱倒乱卸，掌握了准确的垃圾运除数据。

1991 年，环境卫生“三级保洁三级管理”责任制进一步落实，垃圾清运率 100%、处置率 98%、无害化处理率 25.8%(比 1990 年提高 9.1 个百分点)；1129 条道路实行经常性夜清扫白保洁，120 万平方米道路实行夜清扫；公厕卫生条件进一步改善，粪便处理率达 93%。

1992 年，市区两级政府共投资 400 万元，重点改造了主干道路两侧、繁华地区公厕 134 座，超额 34 座完成了天津市人民政府下达的改造计划。各区环卫部门还对所属垃圾处理场进行了较大规模的清理，固定 18 处垃圾分流卸地场所，并逐级签订了管理责任，垃圾无害化处理率达 40%。

1993 年，环卫法规建设有了突破性进展,《天津市环境卫生管理规定》《天津市建筑垃圾工程渣土管理规定》经天津市人民政府批准发布施行。

1994 年，共改造二类公厕 111 座，维修改造危陋公厕 78 座，结合改厕扩大化粪井容积 481 立方米。完善了潘楼垃圾处理场的建设，统一了主干线道路两侧 400 座公厕的厕标。对 192 座垃圾转运站进行了检测维修，更新环卫车辆 191 部，更新垃圾集装箱 60 个。

1995 年上半年，为成功举办第 43 届世乒赛提供了优质的市容环境。下半年，获全国第三次城市卫生检查评比第二名。

1998 年，开展了“向垃圾宣战”活动，设立专线电话 27 部，受理投诉 2095 件、办结率 97%。组织“快速反应小分队”30 余支，发动社会力量 10 余万人，清除居民区等无主工程渣土和垃圾杂物 20 余万吨。开展了“让家禽家畜远离城市”活动，处理家禽家畜 2.3 万余只。

1999 年，各区环卫局基本落实了 12 小时扫保作业制度。重点道路实行水洗路面，部分地区推行了垃圾袋装化。市区清运滞留工程渣土和垃圾 20 多万吨。

2000 年，对 15 片城郊结合部地区的 36 个脏乱点源进行治理，拆除违法建筑、违章棚亭约 9337 间 14.5 万平方米，清除渣土、垃圾约 77.5 万吨。

第二章　市容市貌

第一节　市容整顿

天津解放后，天津市人民政府非常重视市容环境整顿工作。早在 50 年代初期，为配合抗美援朝，抵御细菌战，发动群众，开展了整顿市容和环境卫生工作。

1959年11月，天津市人民政府成立“天津市整顿市容委员会”，提出“三年改变城市面貌”的口号，有计划、有步骤地开辟市区道路，搬迁污染严重的工厂，增加城市绿地，美化河岸，分区分片改造市区。

一、拆除临建棚

1976年7月28日，河北省唐山、丰南地区发生7.8级地震，波及天津，全市遭到不同程度破坏的各种建筑7052万平方米，占原有建筑面积的68%。由于震损住宅中有近60%的倒塌和严重破坏，70余万居民失去住房，无家可归。地震发生后，市区和塘沽、汉沽区居民在马路、里巷、公园、绿地、操场等处先后搭盖了临建棚23万间180万平方米，有上百万群众住在临建棚里，致使垃圾清运设施和排污设施不能正常运转，垃圾成堆，污水外溢，影响市容卫生和交通秩序。

8月，根据天津市革命委员会部署，首先清理几条主干道路，恢复交通秩序。经过动员，居民同意拆棚让路，部分居民移住到海河沿岸、学校操场或公园绿地等处，恢复了解放北路、赤峰道、和平路、东马路、南京路、成都道、贵州路等机动车道的交通秩序。

1977年，天津市革命委员会部署“两通一清”工作，即疏通交通、疏通地下排水管道，清理临建棚。经过努力，拆除部分临建棚。

1978年3月12日，天津市革委会批转市容领导小组《关于拆除临建棚的报告》，决定有组织、有计划、分期分批拆除临建棚。到1981年5月，拆除临建棚18万间，清整干支道路105条。但截至1980年，市区仍有10多万人住在5万余间临建棚内。由于这些临建棚分布在人行便道、大专院校、体育场馆、公园绿地等处，造成周围环境严重脏乱。

1981年5月，国务院副总理万里视察天津工作时，批评天津是他看到的城市中“最脏、最破的一个”。

1981年6月9日，天津市委、市政府召开区、县、局党员领导干部大会，副市长李瑞环代表天津市委、市政府作动员报告，落实万里副总理关于尽快解决震后住房，全部拆除临建棚的指示。6月24日至27日，天津市人大九届一次常委会通过《关于尽快解决震灾居民住房年内拆除临建棚的决议》，并原则批准由天津市人民政府提出的《天津市安置震灾无房居民住房及拆除临建棚实施办法》《天津市整顿市容暂行规定》等四个文件。

此后，拆除临建棚工作先后共组织四个战役。

第一个战役，从1981年6月9日至7月20日，普查临建棚和房源。各系统、各单位层层向上一级立“军令状”，约法三章，严禁营私舞弊。在普查临建棚和房源时，按照四种表格普查登记，区、局两个系统用“三本四章”（户口本、房本、粮本和街道办事处盖章、派出所盖章、房管站盖章、单位盖章）的方法，核实汇总上报。全市共抽调近3万人，调查临建棚的坐落位置、性质和用途。同时以公用、工程、空闲和违章临建棚为重点，首先拆除5460间，超出原拆棚计划的1倍。

第二战役，从7月21日至9月30日，落实房源，核实临建棚户数和用途。在第一战役的基础上，对临建棚进行调查、登记、核对、补漏、汇总，市、区、局三头对案后，全部查清。全市共落实房源70万平方米，其中各单位暂借36.7万平方米。对161个单位冻结的房屋分三批进行解冻包干，其间拆除临建棚5979间。

第三战役，从10月1日至12月20日，分房到户，掀起搬迁、拆棚高潮。分房方案张榜公布，经群众反复讨论，三榜定案。拆除临建棚，涉及责任单位150个，其中拆迁任务重的大户有2个区、10个局，共2.1万间。10月11日，天津市委召开区局领导干部会议，部署拆除临建棚、安置震灾户工作，要求年内完成安置震灾户住房拆除临建棚任务。拆迁工作重点推动大户，先难后易。共搬迁拆除临建棚3.13万间，占普查时的三分之二。对极少数“钉子户”，以其所在单位为主，临建棚所在区政府和市容、公安部门紧密配合，边对户主进行说服动员，边帮助搬家，边拆棚。到12月20日，如期完成搬迁任务，10万多居民住上新房。

天津日报

本市隆重集会纪念辛亥革命七十周年

年内完成安置震灾户住房拆除临建任务

市九届人大二次会议17日举行

年内完成安置震灾户住房拆除临建任务

图2-2-1-1 1981年10月11日,《天津日报》登载了天津市委召开区局领导干部会议部署“年内完成安置震灾户住房拆除临建任务”的消息

第四战役，从12月21日至12月底，开展大清理、大整顿、大搞环境卫生的突击活动。据11月25日统计，临建棚拆除后，废弃渣土到处乱堆，大积土点近百处。各单位分片包干清整环境，工交、基建等系统出动各种机动车6万辆次，共清除各类废物和渣土60余万吨，并清整一部分堆物堆料和其他占路问题。

到1981年底，全市共有274万平方米住宅工程土建竣工，其中完成配套达到居住条件的有256万平方米；完成分房拆棚任务，共拆除4.9万多间临建，2.3万多户住临建的居民和1万多户住周转房的居民搬入新居。至此，只用5个多月的时间就彻底消除了地震灾害遗留下来的临建痕迹。

经过3年奋战，到1983年，全市共修复加固住宅676.5万平方米，先后重建了贵阳路、大营门、东南角、大胡同、黄纬路、大直沽后台（即“老六片”）和崇仁里、小稻地、求是里、南头窑、小西关（即“新五片”）等居民住宅区，安置震灾户和临建户11.2万户，安置各类住房困难户4.13万户。地震痕迹全部消除。

1981年7月21日至12月31日天津市拆除登记在册临建棚情况表

表2-2-1-25

类别 \ 坐落地点			马路	学校场地	公园场地	里巷	院落	总计
总计		户数	11656	5126	1314	4063	964	23123
		间数	16682.5	8136.5	2158.5	5209	1441	33627.5
三类户	小计	户数	5360	3065	699	1147	964	11235
		间数	8385	5386.5	1225.5	1716	1441	18154
	倒塌削层	户数	2065	1682	308	503	489	5047
		间数	3238	3122.5	529	745.5	768.5	8403.5
	规划拆迁	户数	2521	1213	306	486	311	4837
		间数	4137	1996	542.5	739	462.5	7877
	落实政策	户数	744	170	85	158	164	1351
		间数	1010	268	154	231.5	210	1876.5
困难户	小计	户数	6158	2053	607	2830	—	11648
		间数	7812	2688	849	3268.5	—	14617.5
	婚后无房	户数	2796	1202	256	1133	—	5387
		间数	3308.5	1445	310	1247	—	6310.5
	住房困难	户数	3362	851	351	1697	—	6261
		间数	4503.5	1243	539	2021.5	—	8307
其他	倒流无户口	户数	7	—	2	1	—	10
		间数	8	1	3	1	—	13
	公用临建	户数	98	6	6	47	—	157
		间数	367	58	81	159.5	—	665.5
违章	公用	户数	25	2	—	15	—	42
		间数	102.5	3	—	39	—	144.5
	居民	户数	8	—	—	23	—	31
		间数	8	—	—	25	—	33

1981 年 6 月 20 日至 12 月 31 日天津市拆除未登记在册临建棚情况表

表 2-2-1-26

类别		坐落地点	马　路	学校场地	公园场地	里　巷	院　落	总　计
累计拆除数	小计	户数	4841	1229	492	3109	893	10564
		间数	95511.5	1885	992	4246.5	1354.5	17994.5
	居民	户数	3135	1034	342	2040	691	7242
		间数	4321.5	1512	594.5	2544	853	9825
	公用	户数	1193	121	110	208	129	1761
		间数	4417	286	339.5	709	413.5	6165
	违章	户数	513	74	40	861	73	1561
		间数	773	87	58	9935	88	2004.5

二、整顿单位容貌

“文化大革命”及唐山地震后，天津市的工厂企业、商业门脸、医疗单位和机关部门都是一派破败景象，看外表，门面破旧，院墙残缺，门前乱堆乱放；看内部，乱拆乱建、棚屋充斥，厕所没人打扫，蚊蝇乱飞；甚至许多办公场所、车间工区都杂乱不堪、肮脏不洁。这些脏、乱、差现象严重影响群众的生活和工作，也影响城市整体环境容貌和城市对外开放的形象。为此，1981 年整顿市容拆除临建棚后，天津市代市长李瑞环及时指出:“城市环境，是由工厂、商店、学校、医院、工地、机关、楼群、院落等许许多多小环境组成。只有搞好这些小环境，城市大环境才能真正搞好。”

按照中央关于精神文明建设和开展“五讲四美、三热爱”活动的指示精神，天津市委工作会议决定，从 1982 年 9 月 27 日开始，整顿市容，整顿厂容、店容、校容、施工场容、机关容貌和居住环境。

1982 年 11 月 2 日，天津市人民政府召开整顿厂容、店容、校容动员大会。整顿活动贯彻“一个方针四项要求”的原则,“一个方针”：采取由点到面，由里到外，由基层到社会，彻头彻尾、彻里彻外地进行整顿，彻底改变城市环境脏、乱、差面貌;“四项要求”：达到干净、整齐、合理、美化的要求。

第一阶段（1982 年 11 月至 1983 年 3 月），各单位制定治理规划，按标准清除各种垃圾废土、废弃旧物，拆除违章建筑，平整场地。

第二阶段（1983 年 4 月至 1984 年 3 月），各单位把改善工作环境和职工福利设施结合起来，进行绿化、美化，建立各项管理制度。

第三阶段（从 1984 年 4 月起），以精神文明建设为主题，深入开展创建容貌整洁先进单位活动。

经过整顿，清除了脏乱死角，拆除了违章建筑，平整了道路，调整了厂院布局；车间、商店、食堂、教室、医疗室、俱乐部等全部进行了清扫、粉刷，对各种机械设备进行了清洗擦拭，对乱摆乱放的各种物料进行了重新码放，单位内外秩序井然、干净整洁。比如，天津市冶金试验厂，原来钢锭到处乱放，废耐火砖到处乱扔，钢材到处乱堆，违章到处乱搭，厂区没有一片干净的地方，没一条畅通的道路。经过整顿，清除垃圾、废料 1 万多吨、拆除违章建筑近百间，并整修了厂房和道路，调整了生产线，划分了原材料区、成品区、设备存放区，使厂区容貌环境整洁一新。天津碱厂，曾被化工部批评为“战后状态的破烂厂”，经过整顿，拆除临建 766 间，维修管道 2500 米，清除了垃圾堆、废料堆，并填坑修路，使老厂旧貌换新颜。

各单位在清理整顿的基础上，根据整顿规划，从 1983 年春天开始种植树木花草，美化环境。许多单位修建花坛、花亭、绿地、假山、喷泉。如天津医学院，原来垃圾遍地，临建成片。经过整顿，清除垃圾，拆除临建，将一个大坑塘改造成人工湖，建成小花园。天津运动衣厂整顿后修建了两个共 1000 平方米的大花坛，栽种了塔松、黄杨、侧柏，种植了月季、花草，修建了庭院小品和宣传窗，在厂院建成了小花园。天津医院在清除院内破旧物料堆和杂草后，建成喷泉假山、亭台花廊，种植了花草树木，通过透景围栏和街景融为一体。

1982 年整顿单位容貌活动以后，结合精神文明建设，每年都开展“创建容貌整洁先进单位”评比活动。1983 年，全市连续发动了 7 次突击整顿活动，清理废土垃圾 300 多万吨。为保持长效管理，将整顿单位容貌列入了企事业单位经营管理内容，把改善生产环境和职工生活福利结合起来。1986 年，将“创建容貌整洁先进单位”改为“创建容貌卫生先进单位”活动。1988 年，全市评选出 2286 个容貌整洁先进单位和 1948 个市级文明单位。1989 年，改为各区自主开展“创建市容卫生先进单位”竞赛活动，对符合条件者进行表彰，授予荣誉称号，颁发奖状。

1982 年 11 月 11 日到 12 月 20 日天津市整顿厂容店容校容主要成果表

表 2-2-1-27

项 目	数 量	项 目	数 量
清除垃圾	203598 吨	拆除违章	23855 间
清除死角	56092 处	整顿阳台平台	17471 个
清除废土	212301 吨	整顿售货摊亭	1885 个
清理废旧物资	355548 吨	整顿施工场地	943562 平方米
粉刷装修外檐	448701 平方米	整顿农贸市场	60 个
整饰大门	15811 处		

注：本表主要包括经委、建委、文委、财委、农委、进出口委、警备区等几大系统和市内六区的统计数字，其他系统未作统计

三、拆除破烂“围裙”

长期以来，市内沿街一些新的建筑竣工后，楼下原有的破旧房屋、围墙和临时工棚，往往不

能及时拆除，有的仍在继续使用，挡在这些新建筑前面，仿佛给新建筑围上一条破围裙。因此，群众称之为“破烂围裙”，严重影响环境整洁和市容观瞻。

1983年10月，天津市市容办和天津市规划局调查发现，按规划要求应拆除而未拆除的建筑达3万平方米。天津市市长李瑞环指出：“这是一个非解决不可的问题，否则房子建的再多，个体设计的再好，也不会有好的街景。”为此，天津市人民政府下发了《关于新建大楼临街按规划退红线和拆除旧有建筑物的通告》，11月7日，天津市建委和市容办提出了《关于清理新建大楼临街应拆建筑物的实施方案》，分三期进行，第一期主要拆除围墙和公用建筑，退出规划红线；第二期主要拆除居民住房；第三期整治拆除建筑退线后的环境容貌，搞好街景绿化；计划1984年6月完成。

到1984年3月，全市共拆除破烂“围裙”129处，其中围墙5902米、构筑物24座、公用建筑547间1378平方米、民用建筑91户124间1572平方米，并拆除违章建筑672间，共退出道路规划红线5.3万平方米。拆除后的空地，根据规划要求及时进行了清理、整修。如和平区第一个月就拆除69处破烂“围裙”，占全市应完成数的51.9%。市消防总队拆除占压道路围墙150米、房子6间。其中的两处商业网点（瑰宝商店和消防器材门市部）仅开业一年多就进行了搬迁拆除。多伦道有户民用建筑占压道路红线，从1971年就动员拆除，法院也曾几次出面调解，但一直未能解决。经反复动员，先后提出八次搬迁方案，户主很感动，最后同意搬迁，占压道路红线的建筑得以拆除。

四、整顿违章占用道路

清光绪十年（1884），据《津门杂记》记载，天津曾颁行《官道条例》，其中有“在官道以内不准摆摊”的规定。

清光绪三十年（1904），直隶总督袁世凯下令，“禁止占用道路”，指定50个停车场存放人力车、畜力车，指定地点设置集贸市场。

天津解放后，各种车辆日益增加，任意占用道路影响交通秩序的现象越来越凸显出来。在道路上或道路两侧随意堆存原材料、生产品，随意占路生产加工作业，随意摆摊叫卖、乱放车辆，随意堆放垃圾炉灰、废土，特别是各家各户搭建炉档小屋侵占人行道，严重影响市容环境和交通畅通。

据1959年调查，市内654条道路，有128条被530个工厂、企业占用。

1976年，大批临建棚占用道路，到1981年才全部拆除。

据1981年11月25日不完全统计，工厂企业堆物堆料占道385处9.28万平方米，基建施工占道766处28.77万平方米，存车处占道407处6.08万平方米，人防仓库占道310处6.08万平方米，共占用道路2336处74万平方米。其中占压排水管道5.5万多米，占压检查井700多个、占压雨水井900多个。

1983年，各种临时占路面积达420万平方米。天津市人民政府组织市容、公安、市政等部门进行整顿，1984年降到190万平方米，1985年减到80万平方米。

1988年8月，清整市内交通干道、迎宾线路和繁华窗口地区等58条道路，达到无摆摊设点、无里空外卖、无机动车存放、无违章建筑、无边道残损等。市容委、公安交管、市政、规划、工商等部门连续清理整顿，随意占路现象得到治理。

1992年3月19日，《天津市人民政府批转市整顿街道秩序治理城市环境领导小组〈关于调整市内六区临时占用道路经营范围的实施意见〉的通知》（津政发〔1992〕19号），同意调整市内六区临时占路经营范围，要求本着干道管住，支线放开，放权给区，繁荣有序和主干线与支线、马路与便道、白天与晚上要有所区别的原则统筹考虑。既要有利于发展第三产业，方便群众生活，又要有利于加强城市管理，维护城市秩序。具体要求为：

（一）市内六区范围内的50条主干道路、桥梁、地道（含人行通道）和医院、学校、机关单位门前，任何管理部门无权批准临时占用道路，不准任何单位及个人占用道路摆摊设点。在与上述主干道交叉的其他道路两侧摆设摊点，必须由路口退后15米以外。

（二）市内六区143条干支道路，经各区公安交通、市政、市容、工商管理部门审查批准，分别发给占路许可证、临时摊位证、营业执照，允许在人行道的适当地点安置早餐、冷食、香烟、水果、修配等便民服务摊点。要定时定位，亮证照经营。

（三）除上述道路外，其他道路按照各区人民政府的统一规划，经区公安交通、市政、市容、工商管理部门批准，允许临时占用人行道摆摊设点从事商业经营活动，但必须定时定位，亮证照经营，不准搭盖棚亭和建筑物、构筑物，未经批准的棚亭和建筑物、构筑物必须逐步清除。

（四）市内六区现有的市场，除必须保留的以外，一律按照天津市城乡集贸市场建设十年规划和“八五”计划的规定，逐步退出道路。

（五）市内六区辟建早市场和夜市场，必须按道路管理权限分别向市、区两级公安交通管理部门提出申请，经市、区市容委、公安局、规划局、市政局、工商局审核批准，方准开设。经营市场的单位或部门要落实专人管理，专人保洁，限时经营，配备完善的环境卫生设施。

（六）不准在公共交通运营线路上辟建占路市场。对现有影响市容交通的集贸市场，必须限期整顿清理。遇有修路及掘动道路工程施工时，所有的占路市场及占路摊位必须无条件迁移。农民进城经商，必须进入集贸市场经营。

调整工作分三个阶段进行。第一阶段为准备阶段。主要抓了两件事：一是广泛宣传动员群众；二是制订143条干支道路和其他700条道路摊点分布规划。第二阶段为组织实施阶段。这一阶段分三步进行：第一步全面清理50条主干线的违章占路摊点，实行执法人员定人定岗、全方位管理；第二步落实143条干支路便民服务摊点的定摊定位、达到照位相符。同时清理不属便民服务摊点的违章摊贩；第三步抓好其他700条路的摊点安置工作。上述三步实施时穿插进行。第三阶段为检查巩固阶段。对全市调整工作进行检查、评估，总结经验，巩固成果。

调整工作具体分工：（一）市公安局负责50条主干道路的无照经营摊点清理调整和日常管理工作。（二）143条道路的便民服务摊点由市内六区人民政府组织有关部门拟订设置规划，经市整顿街道秩序治理城市环境领导小组审定后执行。清整和日常管理工作，由各区人民政府组织区市容、公安、工商、市政等部门联合执法，严格管理。（三）其他七百条道路临时占路经营摊点和早、夜市场规划及日常管理工作，由市内六区人民政府统一组织实施。（四）凡批准的各类摊点，其规格、形式、色调由各区市容管理部门统一规定、统一组织。（五）调整市内六区临时占路经营范围涉及北辰区、东丽区、津南区和西青区的路段，由所在区人民政府组织区有关部门管理。

第二节 市容治理

一、整治海河两岸

海河是天津市区的水源河道，也是天津的风景轴线。由于历史上海河两岸多为各国租界霸占，沿岸布满仓库、码头、工厂、堆栈。

天津解放后，天津市人民政府从20世纪50年代开始，对海河沿岸进行规划管理，取缔、搬迁了沿岸一些摊贩市场，开辟海河公园。但是“文化大革命”期间，两岸私搭乱建、乱堆乱占现象十分严重，海河公园也遭到破坏。

1982年3月，天津市人民政府决定把整治海河两岸作为第一个文明礼貌月活动的突破活动。天津市市容办会同市规划局、园林局、文化局共同提出《海河两岸改造及活跃城市生活的实施方案》，第一阶段调查摸底，解决脏乱问题。第二阶段清除违章建筑和堆物堆料，打通道路。第三阶段进行绿化美化，建设海河公园。

1982年3月11日开始，由市容办、市政工程局、环卫局、园林局、规划局等部门组成调查组对海河两岸进行调查摸底。调查范围：海河、北运河、南运河、子牙河和北郊区境内的普济河，共67公里。两岸以防水墙为界，无防水墙的以临河道路侧石为界，无道路的以河堤背水坡下坡角以外20米为界，无河堤的以河岸线外20米为界。经过调查，两岸涉及37个区、局，168个基层单位的占用问题：私搭乱建2713间，其中居民住房2545间；堆物堆料102处40.8万平方米，乱倒垃圾128处1万平方米；任意填垫河道1.1万平方米。

1982年9月14日，天津市人民政府召开常务会议，决定成立“天津市海河整治领导小组”，首先重点整治海河市区段。拆除与河岸无关的一切建筑和设施，腾出的场地以绿化为主，边拆、边清、边绿化美化。

9月23日，天津市人民政府《批转市容办〈关于海河两岸整治工作的安排意见〉的通知》（津政发〔1982〕187号）和《海河两岸界内建筑设施拆除办法》。明确整治工作要按照市统一部署，采取条（系统）块（区）结合，以条条为主的方式进行。公共建筑和设施的清除，由各主管局和所在区负责。民用建筑拆迁，以户主单位所属局和所在区负责，街道办事处协助。市政府从新建住宅区拨出115间房屋，作为拆除民房后的安置用房。

9月25日，天津市人民政府公布了《关于整治海河两岸的通告》，作出如下要求。

一是按照整治要求，海河两岸以防水墙为界，无防水墙的以临河马路边道侧石为界，无道路的以河堤背水坡下坡角以外20米为界，无河堤的以河岸线以外20米为界，均属河岸整治范围。整治重点是：海河右岸从金钢桥至四新桥8.2公里；左岸从金钢桥至月牙河口11.6公里。

二是在整治范围内的一切与河道无关的建筑和设施，均须拆除。与河道密切相关的生产、经营和管理设施，如吸水泵房、桥梁班房、渡口以及公厕等，经批准可以保留，但要整饰美化。

三是凡须拆除的一切建筑设施和堆物堆料，均由有关单位负责，于10月20日前拆除和清理干净。逾期不拆除的，由所在街办事处和房管站组织拆除，以料抵工。属于不予补偿的私人违章建筑，拆除后的砖、瓦、石块、竹笆、竹竿、油毡、钢筋、铁管等物料，一律就地自行处理，不准带入新居存放。有关街道办事处和房管站要给予协助、监督处理。

四是绿化河岸，建设带状公园。堆物堆料搬迁和建筑物拆除后的场地，应以绿化为主，开辟道路为辅，要采取先围后绿的办法，做到边拆、边清、边绿化美化。

五是搞好河岸的环境卫生，人人有责。海河两岸不准乱掘乱挖、乱堆乱放、乱泼乱倒、乱扔果皮纸屑，违者按有关规定给予处罚。

六是加强河岸管理和规划管理。在城市建设总体规划确定之前，河岸两侧各20米以内不准堆物堆料，不准搞建筑。30米以内不许任何单位搞永久性建筑。100米以内搞建筑，需经市规划局审核后，报市人民政府批准。对此范围内的建筑，要有特殊要求，使之与周围河容、市容、街景相适应。

11月中旬，整治工作用了36天时间，经过沿岸23个区、局以及82个基层单位共同努力，拆除公共建筑480间1.9万平方米，拆除民房95.5间，搬迁居民68户，拆除围墙3000延米，拆除防水墙4990延米，刨混凝土地面6359平方米，清除废料、渣土、垃圾等1万多吨，挖运杂土2.95万立方米，填回好土1.27万立方米。全市有2.92万人参加了义务劳动。11月12日，共青团市委组织全市团员、青年7000余人，河西、河东、和平区组织机关干部3000余人共1万余人参加义务劳动，拆除防水墙，清整场地，挖坑换土。

在海河两岸整治过程中，天津钢厂第一炼钢厂先行一步，用五天时间清除占压河岸长284米宽20米的废钢、备件、钢材、堆物、积土等686吨，木材15立方米，拆除建筑物28间。河西区从9月29日开始昼夜奋战，节假日不休息，半个月内，将属于三个区、局和街道办事处的15个单位、9个街办工厂共105间违章建筑和设施全部清除干净。港务局四作业区清理出2000延米的占压河岸，共清运货物、杂物3800多吨，拆除临建852平方米和围墙730延米。市政工程局将临建和堆物占地3400平方米全部清除干净。交通局在河岸有四处码头和一些建筑，仅用7天时间清除物资4000多吨，拆除建筑物33间。

海河两岸经整治后，陆续建成了全长19.8公里的海河带状公园。园内栽植常绿树、乔灌木2万余株，建花坛9000余平方米，铺草皮5.6万平方米，建亭廊花架、花墙等园林小品20余处，成为具有天津独特风貌的海河风景游览区。日本四日市副市长板仓先生参观后说："你们的工作很有气魄，我在四日市想搞个河边公园，工作几年才搞出2公里。你们这个公园，对活跃天津城市生活很重要。"

二、疏浚卫津河

卫津河全长19.9公里，位于天津大学和南开大学门前，由于种种历史原因，20多年来变成了一条污染比较严重的臭水河。1979年曾经组织待业青年进行疏浚，清除污泥、秽物。但因沿河两岸乱泼、乱倒、乱抛废物现象严重，河道再次变黑变臭。

1983年年底，天津市人民政府拨款152万元对卫津河进行疏浚改造，天津市市容办和市政工程局等有关部门组成指挥部，负责组织实施对卫津河的疏浚改造工程。

1984年，天津市人民政府为改善高等学府的周围环境和城市容貌，决定把疏浚和改造卫津河作为改善城市人民生活的一件实事。为了使这段卫津河除雨季排沥时间外能够保持清水，需要同时疏浚废墙子河等4.8公里河道，解决清水进入和污水调头问题。

从1984年3月至4月25日，指挥部组织企事业单位职工、大专院校学生和驻津部队官兵10万余人次和2000名专业施工队伍参加义务劳动，共挖掘淤泥12万立方米，并由市政部门在邻近南开大学、天津大学2.2公里的河段，砌片石护坡和砌石防水墙1.8公里。修建直径200～300毫米的污水管道4350米、泵站2座，解决了污水掉头问题。同时由南开、和平两区的园林部门对卫津河两岸进行绿化美化，环卫部门加强日常环境卫生管理。

2001年2月13日，天津市委、市政府决定治理改造卫津河。这是天津市委、市政府落实新三件事的重大举措。按照设计方案，改造工程分三个部分：一是按照津河建设标准，对海光寺至纪庄子截污闸6.3公里河段进行综合治理，这是卫津河改造重点河段。工程内容包括清淤、河坡护砌、入河污水截流、配套管线和跨河管线入地、维修改造桥梁、增设河道景观照明、绿化和两侧建筑整修。二是对纪庄子闸至外环线5.1公里河段进行清淤、扩挖河道，形成过水断面。三是打通外环河至海河8.5公里河道卡口，为卫津河解决出路问题。整个工程清淤约29万立方米，挖填土方44.2万立方米，砌筑片石6.2万立方米，改建雨污水口门33处，切改跨河管线约40条，拆除各类房屋约3.8万平方米，拆除桥梁7座，整修桥梁26座，沿河绿化8.58万平方米。从2001年2月24日开始，天津市党政军领导、机关干部、解放军和武警官兵、大学生及居民群众5000余人开展业务劳动，改造卫津河。实施河道渠化，修建河边甬道，建设道路排水工程，整修沿线桥梁，增设照明设施，形成绿化景观。

三、治理工程渣土

1976年唐山地震后，震损建筑拆除后，房杂土无法立即运除，只能暂时积存以方便集中清运，因此，在市区形成100多处房土点，由街道保洁队管理。冬季取暖后，周边一些单位的炉灰渣就近倒到房土点内，这些积土点有房杂土也有炉灰渣。后来，有些街道保洁队发现一些建筑单位和郊区农户将房土、炉灰用于回填建筑基础工程，则不再无偿运除，而是留待用户购买。由于长时间堆存，影响市容交通和环境卫生。经过反复动员和采取必要措施，1982年撤销渣土点22个，1985年又撤销10多个。1986年实行晚倒夜运，由购买单位自运或环卫部门有偿代运办法，使白天不见积存。

图 2-2-2-2　卫津河治理改造工程

清理超标高土。超标高土是施工竣工后留下的“尾巴”——渣土。施工单位或建设单位为图省事，把工程剩余渣土找低洼处填平。有的单位为节省运费，不管地面是否低洼，就地平铺了事，结果有的超出路面，有的超出楼房地面水平，每逢降雨，泥土随雨水到处污染。1988年，各区、街根据市政府部署，发动社会力量清除超标高土33万余吨。清整后，由街道办事处组织进行硬铺装，或由园林部门进行绿化美化。

四、治理污水外溢

由于排污设施年久失修，或因市政、房管、环卫和产权等部门对排污分工不明确及居民使用不当，经常出现污水跑冒污染街道环境的现象。为此，在1987年全市开展“六清六治”（清理垃圾渣土、门前堆物、住宅阳台、乱贴乱画、摊群市场、单位环境卫生；治理破损道路、跑冒滴漏、花坛绿地、运输洒漏、施工污染、综合整治街道）活动，治理污水跑冒是其中重要内容。市区有关部门和市建委专门进行研究，本着条块结合，专群结合，治管结合以及“谁污染谁治理”的原则，提出治理办法，明确分工，加强排污管道疏通管理，并规定发现跑冒要在24小时内进行处理。1987年治理污水外溢998处，1988年治理870处。

1990年10月25日，天津市人民政府第26号令发布实施《天津市市区污水外溢治理暂行规定》，提出对违反规定造成污水外溢的，区城建局（或区市政局）应责令负有养护管理责任的单位或个人限期治理。逾期不治理的，除由区城建局（或区市政局）组织治理并收取治理费用外，还视情节轻重，对负有养护管理责任的单位或个人给予批评教育或处10元至200元罚款。

五、治理烟尘污染

随着工业发展，烟尘污染愈加严重。到1986年年末，全市需要改造而未采取消烟措施的锅炉696台、窑炉1700座、茶炉1.6万台、大灶1.5万个。经监测，每月每平方公里降尘量29.6吨，严重影响城市大气环境和市容环境卫生。

1987年，天津市人民政府将治理烟尘污染列入为人民办实事办好事项目之一，组织和发动各系统开展治理烟尘活动。治理活动根据“条条”（委、办、局）组织和“块块”（市、区、街）推动的原则，发动社会力量监督单位治理。按照分系统实施与环保专业部门检查指导相结合的方式，使组织领导、单位治理、社会监督、专业监测和行政、经济、法制等诸多方面，形成多部门、多层次，齐抓共管的监管模式。经过一年治理，使降尘量每平方公里29.6吨减少到24.37吨。据监测，大气每立方米总悬浮微粒由1982年的0.71毫克下降到0.54毫克。天空10公里以上能见度率由45%增加到67%。

1994年5月18日，天津市人民政府第20号令发布《天津市防治烟尘污染管理办法》，2004年7月1日废止。

第三节　精神文明建设

一、五讲四美三热爱活动

1981年2月，全国总工会、团中央、全国妇联、中国文联、全国爱卫会、全国伦理学会、中华全国美学学会等9个单位联合发出《关于开展文明礼貌活动的倡议》，号召全国人民特别是青少年开展以“讲文明、讲礼貌、讲卫生、讲秩序、讲道德”和“语言美、心灵美、行为美、环境美”为主要内容的“五讲四美”文明礼貌活动。“五讲四美”的口号一提出，很快就为广大人民群众所接受，成为社会生活中一个公认的指导原则。此后，这项活动又和“热爱祖国、热爱社会主义、热爱党”的“三热爱”活动相结合，在全国开展起来。

1982年2月，中共中央决定在全国深入开展“五讲四美”活动，规定每年的3月为“全民文明礼貌月”。天津市被列为重点城市之一。随后，天津市委、市政府发出《关于开展“全民文明礼貌月”活动的通知》，要求扎扎实实地开展这一活动，安排好，组织好，收到实效，并且做出把每年的3月2日作为全市的“卫生日”、3月12日作为全市的“植树日”两项决定。3月2日，全市第一个“卫生日”，有120万人走上街头，大搞卫生突击，维护交通秩序，宣传文明礼貌，拉开了声势浩大的“文明礼貌月”活动的序幕。3月12日，全市第一个“植树日”，天津市委、市政府召开动员大会，把义务植树当作“文明礼貌月”的一项重要活动，要求把天津建设成为一个文明、整洁、美丽的城市。

1982年，全市开展了8次突击整治环境卫生的群众活动。8次活动的主题是：一月“干干净净迎接新春佳节”，二月“迎接全国工交会议在津召开”，三月“五讲四美文明礼貌月活动”，四月“迎接五一国际劳动节”，五月“夏季爱国卫生运动”，八月“迎接京、沪、津三市卫生检查团”，九月“迎国庆”，十二月“迎新年”，均动员社会单位、市民群众开展环境卫生整治活动。

在开展“五讲四美”活动的同时，天津市还进行了“三热爱”教育活动，要求在加强经济形势宣传教育的基础上，向全市党员、干部、群众，特别是青少年广泛深入地开展热爱祖国、热爱社会主义、热爱中国共产党的教育。以“五讲四美三热爱”活动为重要内容的天津市精神文明建设活动取得了明显成效。

1982年1月，天津市优秀青年佘安立、张长柱、董吉秋、聂玉祥奋不顾身勇救落水儿童的事迹，在全市引起强烈反响，全市干部群众和广大青少年迅速掀起学习、宣传四青年先进思想、先进事迹的热潮。同时，一批学雷锋先进个人、先进集体受到各级党、团组织的表彰；职工“三热爱”读书活动取得实际效果，极大地激发了广大职工投身改革开放和现代化建设的热情，“新长征突击队”“新长征突击手”等模范集体与个人不断涌现；全市开展的争创“五好家庭”活动，为树立社会新风尚作出了贡献。

1982年年底，全市共评出“五好家庭”2.61万余户、“五好个人”4.4万多人。在1983年9月全国第五次妇女代表大会上，天津市有279人和31个单位，分别荣获“全国三八红旗手”和“全国三八红旗集体”光荣称号，309户家庭获“全国五好家庭”光荣称号。

1983年3月，中共中央成立“五讲四美三热爱”委员会。

二、共建文明一条街

1983年11月，天津市委、市政府决定，开展党政军民共建文明一条街活动。一条街是从天津火车站至北站，全长8公里，跨越4个区、50条道路，53个街道办事处、75个居委会和1096个企事业单位，涉及商业繁华中心、交通中心和游览中心的顾客、旅客、游客日流量100多万人。1984年，一条街又加以延伸，南至尖山路，东到津塘公路，北达金华桥，西抵西南角。

建设文明一条街的活动形式，主要是军民共建。由驻津52857部队选派209名指战员，到和平区的和平路、滨江道一线；天津警备区抽调14名团职干部，在南开区东马路沿线组织民兵参加共建活动；武警天津总部指派20名指战员，承担两个火车站及其周围居委会的共建任务。在市、区、街三级指导组推动下，厂街、店街共建文明，并组织领导机关与基层单位挂钩，军民合作，共建文明一条街。

（一）文明建设

商业服务行业以搞好优质服务为重点，提高服务质量，解决“冷、硬、顶”等官商作风。饮食、副食、粮食、医院、煤店等单位恢复20世纪50年代传统，走出店堂，积极配合街道与鳏、寡、病、残、老人和困难户订立服务合同。在文明礼貌月活动中，很多青年职工放弃假日走上街头，为群众无偿服务，沿街到处可见义务修车点、义务理发点、义务看病点、义务咨询点等。交通岗亭配备了修理自行车的工具，方便过路群众使用。

（二）环境建设

市民群众自觉参与治理脏、乱、差活动，清理卫生死角，清除垃圾积土；清理乱贴乱画；清除乱占乱放；擦洗、油饰交通护栏，粉刷沿街门脸；因地制宜见缝插绿，新辟7000多平方米花坛、绿地，修建建筑小品，给街道增添新景观。如天津警备区与南开区发动几千名民兵配合专业部门，昼夜奋战，突击清除了东南角自1976年震灾重建后一直未能清除的积土、垃圾9000多吨。

第三篇

环境卫生管理

天津解放前，清道伕是个人分路清扫。解放后，清洁工人分组集体清扫后，再每人分一片道路进行保洁，并逐步探索机械化扫道。1958年，开始人工水洗路面，以达到降温、压尘效果。各街道民办保洁队，按日维护胡同里巷清洁卫生。到2010年，形成“夜间机扫水洗，白天快速保洁捡脏”的作业模式。降雪后，环卫职工率先出动，积极扫运。

天津解放前，将垃圾拉到野外随处乱倒。解放初期，“摇铃倒土”，靠手拉车和马车收运垃圾。1984年，建设垃圾转运站，用集装箱运输垃圾。1988年，实行密封收集运输。1993年，各区环卫局相继设立了“渣土管理所”，对建筑渣土进行处置审批。

天津解放前，私粪商雇工掏挖粪便，晒干后卖给农民。1954年6月，“粪便清除所”成立，有了粪便清除专业队伍。1975年以后，随着沟式水冲厕的改建，采用机动吸粪车收集粪便。2010年，“粪便处理厂”建成使用，对粪便进行无害化处理。

1997年9月9日，天津市人大第12届常委会第35次会议决定：每年的10月26日为天津市环卫工人节。

第一章　道路清扫保洁作业

第一节　道路清扫保洁

天津解放初期，市区道路建设水平很低，高级路面很少。据1957年统计，全市环卫专业队清扫的道路不足500万平方米，其中铺设柏油、水泥的高级路面仅有一半。随着城市建设的发展，道路面积逐步扩大，高级路面不断增多，清扫任务也相应加大，清扫标准也不断提高。市、区环卫部门为适应城市发展的需要，一方面不断增加清扫人员，改进清扫方式，革新清扫工具，探索机械清扫方法；另一方面加强扫道工作的科学管理，测定清扫作业指标，制定清扫质量标准，确定清扫重点，实行分级管理。

一、清扫保洁方式

按日清扫保洁道路，是维护城市经常清洁的基本作业方式。

（一）人力清扫

天津解放前，清道伕是个人承担一条或一段道路的清扫任务。解放后，城市道路增加，清扫任务加大，作业工人也随之增加，进而实行分组集体清扫后，个人分片保洁的作业方式。20世纪50年代末，为了不影响上下班高峰时间的道路交通，减少清扫作业扬尘对行人、车辆、临街单位的影响，主要道路实行夜间清扫，夜扫一般分为整夜班和半夜班两种作业班次。夜扫时间：整夜班是23点至次日7点；半夜班是凌晨3点至早7点；次支道路仍然是白天清扫。1960年，市内六区实行夜扫的道路138条239万平方米，占市区道路总面积的40%，1988年，全市环卫专业队夜扫道路为1600万平方米，占道路总面积的76%。

20世纪80～90年代，道路清扫主要采取夜扫、晨扫和日保洁的作业方式。随着机械化程度的提高，采用人机结合的作业方式，由机扫车清扫路面和道牙，人工清扫便道，早晨7点完成普扫后，人工进行整日的巡回捡脏保洁。

（二）机械化清扫

1960年4月27日，60–1型吸尘汽车试制成功，每小时可吸净路面1.2万～2.4万平方米，可代替9～32个劳动力。1962年，天津市公共卫生局洒运汽车修理厂改制60–1型吸尘车5辆，日出动3～4辆，对和平路、中山路、四马路等28条32.5万平方米的道路进行吸尘作业。

1975年，开始使用清洁工人自行研制的用卡车作动力拖带的滚桶式扫道车，将大扫把固定在圆盘上，车辆行进时，大扫把做逆时针转动，把路面上的积土、杂物扫到路边。这种扫道车主要用于和平、河北区道路夜扫。

1979年，天津市环卫局确定发展中型扫道车。至年底，市内六区及塘沽区共改制大中型扫道车13辆。1980年年底，发展到61辆，共清扫道路226条206.1万平方米，占总清扫面积的22.3%。

1980～1982年，制成XC80–1型吸尘汽车42辆，分配各区投入使用。

1987年10月16日，天津市环卫局在市局汽车修理厂召开天津市吸尘机扫车投入使用典礼，天津市委常委白化岭、天津市人大常委会副主任白桦、副市长姚俊、建设部城建局副局长林家宁等领导出席大会并讲话，41部吸尘机扫车交由各区使用，市内六区及塘沽区机扫路面243.6万平方米，占总清扫面积的11.6%。到1988年，全市环卫专业队夜扫道路面积1600万平方米，占总清扫面积的76%。

机械清扫的“扫道土”，20世纪50年代主要是填坑垫洼。1961年，天津市公共卫生局环境卫生管理处指定33处转运站接纳扫道土，日产扫道土253.5吨。1963年6月，和平区清洁大队在合江路试建铁棚扫道土转运站，效果较好，遂在大连道等处又建13处，全区14处扫道土转运站共容纳大垃圾箱765个，盛放扫道土45～50吨。20世纪70年代，垃圾楼（垃圾转运站）建成后，扫道土倒入垃圾楼转运。1981年，市内六区及塘沽区年产扫道土9.2万吨。

到2010年，市中心城区主干道路清扫保洁逐步形成“夜间机扫水洗，白天快速保洁捡脏”的作业模式。有清扫保洁人员4100余人，扫保时间20小时。做到“垃圾收集不留底，道路清扫不扬尘，水洗道路不积水，环卫作业不扰民”；达到“道牙无尘、路无杂物，设施整洁，路见本色”的环卫标准。道路清扫机械主要以高压洗路车、湿式机扫车和部分干式机扫车、纯吸式机扫车为主，并配有部分小型机扫车和小型机动保洁车，城市道路机扫率约为55%。

到2010年，共有大型机扫车137部、中型机扫车269部、小型扫路机78部。

图 3-1-1-3　各种类型的机扫车

二、清扫保洁任务

1949 年，天津市内六区共清扫道路 45 条 74 万平方米，天津市公安局清洁总队确定主要干线 24 条，确保主要道路清洁干净。以后清扫道路逐年增加，至 1959 年，增加到 756 条 608.3 万平方米。

1954 ~ 1959 年间天津市内六区清扫道路情况表

表 3-1-1-28

年份	环卫专业清扫道路条数	清扫面积（平方米）	比上一年增加	
			面积（平方米）	百分比（%）
1954	464	335.2 万	—	—
1955	593	383.9 万	48.8 万	14.6
1956	643	416.5 万	32.6 万	8.6
1957	713	496.6 万	80 万	19.2
1958	691	543.1 万	46.4 万	9.3
1959	756	608.3 万	64.9 万	12

20 世纪 50 年代，天津市区道路建设水平较低，柏油、水泥等高级路面只占 50% 左右，其余为渣石、炉灰、土路等低级路面。

1957～1959 年间天津市区道路路面建筑结构表

表 3-1-1-29

年份	专业队清扫面积（平方米）	柏油水泥高级路面		渣石炉灰土路低级路面（%）	
		面积（平方米）	百分比（%）	面积（平方米）	百分比（%）
1957	496.6 万	267 万	54	229.6 万	46
1958	543.1 万	287 万	53	256.1 万	47
1959	608.3 万	306 万	50	320.2 万	50

当时，道路清扫保洁没有具体指标，高级路面道路一般每天上、下午各清扫保洁一遍，低级路面道路只能一天扫一遍，边缘或次要道路，多为隔日清扫或临时突击清扫。

1960 年，由于暂时经济困难，清扫道路的面积略有减少，市内六区专业队共清扫道路 650 条 591 万平方米。1962 年，天津市环卫管理处为加强主要干线的清扫保洁工作，将次要道路 104 条 43.8 万平方米承包给和平、河东、河西、南开区共 10 个街道办事处清扫，按每 1000 平方米月付 6.0～12.8 元包出，平均 7.7 元（包括工资、福利、工具等费用），月共需要费用 3396.56 元，可节省清扫工人 48 人。

1963 年 8 月 29 日，天津市环卫管理处发出通知，要求各区施行道路清扫、保洁指标，这一指标是市环卫管理处与各区清洁大队抽调人员共同查定的。

1963 年天津市道路清扫指标一览表

表 3-1-1-30

道路等级		每人每小时清扫面积	每人每日清扫面积	备　　注
一等	一、二级	1200 平方米	7800 平方米	一等系柏油、水泥路面
	三、四级	950 平方米	6175 平方米	
	平均	1075 平方米	6987 平方米	
二等	一、二级	1180 平方米	7670 平方米	二等系土路炉灰路面
三等		1180 平方米	7670 平方米	三等指渣石路面
总平均		1140 平方米	7442 平方米	

注：每日工作 8 小时，除出班、中休、运送扫道垃圾及回到班点时间，每人每日实际扫路工作 6.5 小时

1963 年天津市道路保洁指标一览表

表 3-1-1-31

道路等级	每人每小时保洁面积		每人每日保洁面积
一等	大保洁	1200 平方米	7800 平方米
	中保洁	2200 平方米	14300 平方米
	捡脏	5500 平方米	35750 平方米

续表 3-1-1-31

道路等级	每人每小时保洁面积		每人每日保洁面积
二等	中保洁	2200 平方米	14300 平方米
	捡脏	5500 平方米	35750 平方米
三等		1200 平方米	7800 平方米
平均	中保洁	2200 平方米	14300 平方米
	捡脏	5500 平方米	35750 平方米

1979 年，东、南、西、北郊区增添环卫工人 145 人，建立清洁专业队伍，对郊区政府所在地的道路进行清扫保洁。1980 年，大港区增添环卫工人 70 人，对大港区政府所在地道路进行清扫保洁。

1982 年，天津市环卫局对市内六区及塘沽区专业队清扫的道路进行调整，7 个区共清扫道路 604 条，计主要干路 141 条，一般道路 463 条。1984 年又承接 10 片新建住宅区 104 条道路 206 万平方米的清扫保洁任务。

1985 年 6 月，中环线道路主体工程部分竣工，天津市环卫局通知南开、红桥、河东、河北、河西区环卫局，对全长 25360 米、面积 65.4 万平方米的中环线路面进行清扫保洁，并规定了质量标准。

1988 年，道路清扫实行了专业队和街道保洁队分工负责的方式，按不同质量要求分片划段落实责任，基本做到无漏扫地段。专业扫道队对 1600 万平方米主干道路坚持夜间普扫、白天保洁，并创建达标路 100 条，达到整日干净、路见本色、车过无扬尘的标准。街道保洁队坚持环境卫生区域治理，对 1.7 万条胡同里巷落实清扫保洁责任，初步形成了清扫保洁、垃圾倒运、环卫管理专业化。

1980 ~ 1989 年 10 年间，天津市内六区及塘沽区环卫专业队清扫道路面积平均每年增加 11.3%。截至 1990 年年底统计，清扫道路面积 2674 万平方米，比 1979 年增加 1.94 倍，与 1949 年相比则增加 35 倍。

1949 ~ 1985 年间专业队清扫道路面积一览表

表 3-1-1-32

年份	面积（平方米）	年份	面积（平方米）	年份	面积（平方米）
1949	74 万	1955	383.9 万	1961	632.7 万
1950	—	1956	416.5 万	1962	800 万
1951	—	1957	496.6 万	1963	801.7 万
1952	—	1958	543.1 万	1964	776 万
1953	—	1959	608.3 万	1965	750.7 万
1954	335.2 万	1960	591.3 万	1966	745 万

续表 3-1-1-32

年份	面积（平方米）	年份	面积（平方米）	年份	面积（平方米）
1967	778 万	1974	1054 万	1980	922.3 万
1968	812 万	1975	1101 万	1981	931 万
1969	849 万	1976	998 万	1982	1098 万
1970	886 万	1977	996 万	1983	1207 万
1971	926 万	1978	993 万	1984	1669 万
1972	967 万	1979	900 万	1985	1677.6 万
1973	1009 万				

1986 ~ 2005 年间天津市内六区和塘沽区环卫专业队清扫道路面积一览表

表 3-1-1-33

年份	清扫道路			其中	
	条数	清扫面积（万平方米）	比上年增长（%）	机扫道路（万平方米）	水洗道路（万平方米）
1986	901	1965	4.9	—	—
1987	909	1969.4	10	—	—
1988	1013	2100	6.6	—	—
1989	—	2200	5.5	—	—
1990	1157	2674	1.67	304	316
1991	1186	2596	-2.9	365	120
1992	—	2628	—	346	228
1993	—	2663	—	—	—
1994	—	2728	—	—	—
1995	—	2772	—	—	—
1996	—	2796.63	—	299.46	—
1997	—	2798.6	—	157	—
1998	—	2723	—	318	—
2005	—	2900	—	580	—

2010 年天津市道路清扫作业情况表

表 3-1-1-34

道路情况	条数	道路长度（千米）	清扫面积（万平方米）	其中：机械化清扫	
				条数	面积（万平方米）
总　计	3105	3827	9841.47	1130	5250.60
一级道路	609	1679	5326.87	—	—
二级道路	645	906	2186.08	—	—
三级道路	701	658	1358.81	—	—
四级道路	1150	584	969.70	—	—

三、清扫保洁标准

1960年，天津市环卫管理处提出《清扫道路质量标准》，确定主要干线33条、重要地点26处、主要道路79条、一般道路538条。同时制定了道路清扫质量标准，重要点、线做到“六洁五”无：路面洁、便道洁、道牙洁、树坑洁、墙角洁、雨水井口洁；扫后无梯形土绺、无漏扫路片、无丢堆留底、无马粪、无杂物。主要道路做到“四洁三无”：路面洁、便道洁、道牙洁、树坑洁；无马粪、无杂物、无垃圾堆。1961年，天津市环卫管理处确定：天津火车站等确保点21处、和平路等确保线32条。

1961年11月10日至1962年1月10日，天津市环境卫生管理处选定市内六区有代表性道路74条，对路面不同建筑及不同污染情况进行测定，根据测定结果，将市内六区清洁队清扫的750条道路划分为3等7级。

1961年天津市内六区清洁队清扫道路分级情况表

表3-1-1-35

路面等级	道路条数	其中		备考
		路面级别	条数	
一	280	1	79	一等路面为柏油水泥路面
		2	78	
		3	101	
		4	22	
二	430	1	288	二等为土路、砖路、炉灰路
		2	142	
三	40			三等为渣石路，不分级

1962年2月16日，天津市环境卫生管理处提出《街道清扫保洁定额责任制》，实施“六定”：定人、定片、定量、定时、定质、定工具；“两包”：包完成清扫任务、包做好卫生宣传监督；“两结”合：专业清扫与群众清扫结合、道路清扫与垃圾收运结合。1962年4月20日，天津市环卫管理处对市内道路进行重新调整，市内六区清洁大队需确保的干线道路74条，主要道路71条。

1977年6月，天津市革命委员会文教组召开天津市清洁工作会议，会议制定《加强清洁队政治工作的意见》《建立清洁队岗位责任制度》和《开展社会主义劳动竞赛的方案》，对清洁工作的发展起到一定作用。

1986年6月12日，天津市环卫局发出《关于审定道路级别的通知》，对道路清扫实行分级管理。市内六区及塘、汉、大滨海三区专业队共清扫道路701条1438.7万平方米，划分为四级。其中一级路62条333.8万平方米；二级路171条505.1万平方米；三级路357条415万平方米；四级路111条184.8万平方米。

1988 年 5 月 7 日，天津市环卫局印发《道路清洁管理暂行办法（试行）》，道路清扫实行专业队和街道保洁队分工负责原则，按不同质量要求分片划段落实责任，基本做到无漏扫地段。专业扫道队推行巡回捡脏保洁法、风天保洁法、雨天保洁法、机扫水洗人工保洁一条龙作业法等保洁方法，对 1600 万平方米主干道路实行夜间普扫、白天保洁，全市创出 100 条达标路，保持整日干净、路见本色、车过无扬尘。

2005 年 5 月 19 日，天津市市容委发布《天津市道路及水域环境卫生质量标准》（津容环〔2005〕第 143 号）。道路划分为四个等级，并根据道路污染程度，将同级道路划分为二个类别。一级道路：商业网点集中，繁华闹市地段占道路长度不小于 70%；主要旅游点和进出机场、车站、港口的主干路及其所在地路段；大型文化娱乐、展览等主要公共场所所在路段；平均人流量为 100 人次 / 分钟以上和公共交通线路较多的路段；主要领导机关、外事机构所在地；天津市确定的重点道路、景观道路、快速路。二级道路：城市主、次干路及其附近路段；城市网点较集中、占道路长度 60% ~ 70% 的路段；公共文化娱乐活动场所所在路段；平均人流量为 50 ~ 100 人次 / 分钟的路段；有固定公共交通线路的路段。三级道路：商业网点较少的路段；居民区和单位相间的路段；城郊结合部的主要交通路段；人流量、车流量一般的路段。四级道路：城郊结合部的支路；居住区街巷道路；人流量、车流量较少的路段。

道路污染类别，一类污染：人车流量大，沿街企事业单位、居民住户多，商业网点集中，有大型商业、文化、体育、娱乐或公共场所等污染较重、管理难度大的道路。二类污染：人车流量适中，沿街有分散的商业网点、居民住户、工厂单位等，污染一般、管理较困难的道路。

道路路面、便道环境卫生质量标准：一级道路，对人流量大的繁华地段巡回保洁，路面见本色。二、三级道路，主要路段应巡回保洁，路面基本见本色。四级道路应定时保洁。道路保洁作业不得使用大扫帚，以减少扬尘。车行隧道、人行地道的路面干净，无积水废弃物，保洁质量标准与所连接的道路环境卫生质量标准相同。

道路机扫作业质量标准：无土绺、无漏扫、无明显杂物；达到路面净、道牙净、雨水口净。

2008 年 12 月 1 日，天津市市容委发布《天津市环境卫生作业劳动定额（试行）》（津容环〔2008〕379 号），各区环卫部门结合实际情况，细化道路扫保定额和作业标准，并不断完善班、队、局三级检查三级考核制度。

2010 年 3 月 14 日，天津市市容委发出《关于进一步做好机械化清扫作业的通知》。机械化清扫水洗作业范围：市内六区、环城四区景观道路、主干道路、快速路、立交桥、繁华地区、国家空气环境质量自动监测站 1.5 公里范围内的道路及外环线以内的入市道路。其他区县景观道路、主干道路、快速路、立交桥、繁华地区和入市道路。2010 年已列入移交各区的主干道、快速路、立交桥及入市道路。

机械化清扫作业时间：日常晨扫凌晨开始，早 7 点结束，保洁时间 20 小时。重大活动、重大节日期间全天候保洁。

作业质量标准：按照天津市市容委《关于印发天津市道路、水域、公厕环境卫生和生活废弃物收集运输质量标准的通知》（津容环〔2004〕275 号）执行。一级道路的总体质量达到“六净三无”：路面净、雨水口净、道牙净、树坑净、便道净、墙根净；无土绺、无漏扫、无明显杂物。

四、春节期间清扫清运鞭炮纸屑

天津人有春节除夕夜、正月初五（俗称“破五”）、正月初八商业开门和正月十五闹元宵燃放鞭炮的风俗习惯。为了保证道路清洁干净，每年除夕夜和其他燃放鞭炮高峰期，环卫工人不仅要放弃休息，放弃与家人团聚的幸福时光，更要承担着超过平时许多倍的工作量。这边扫、那边放，刚刚扫完的路段，又被燃放的鞭炮皮覆盖。每年这个时期，环卫工人都要被扫也扫不完的鞭炮皮所困扰。

正月初一凌晨一、二点钟，环卫部门的干部职工就全力以赴投入到清扫炮皮的劳动当中。空气里浓重的刺激性气味使他们呼吸困难，而满地的炮皮不仅不好清扫，还经常随风飘荡，让工作范围不断扩大。大型烟花爆竹的外壳，垃圾车装不下，挤压车对它“没辙”，给垃圾清运工作造成了很大的麻烦。

图 3-1-1-4　环卫工人正在清扫、收运鞭炮纸屑

2002 年除夕夜，市内六区扫出的鞭炮纸屑达 600 多吨。

2005 年初一凌晨，市内六区共出动环卫工人及街道保洁员 2000 余人，清扫清运鞭炮纸屑 600 多吨。

2006 年初一凌晨，市内六区出动 2000 多名环卫工人及街道保洁员，共清扫清运鞭炮纸屑 400 多吨；正月初五，清扫清运 300 多吨，正月初八开门炮达到 450 余吨；正月十五达到 500 余吨。

2007 年，继大年三十燃放礼花、鞭炮后，正月初五清扫清运鞭炮纸屑 200 多吨。

2008 年初一凌晨，出动环卫工人及街道保洁员近万人，清扫清运鞭炮纸屑愈千吨。

2009年初一凌晨，清扫清运鞭炮纸屑600余吨。

2010年，天津市市容园林委要求节日期间严格执行环卫作业标准，繁华地区、主干道路落实20小时保洁，次支道路落实16小时保洁，居民区12小时保洁。

除夕夜、正月初五、正月初八商业开门和正月十五灯节，市容环卫系统一万余名次干部职工清扫炮皮，市内六区共清除炮皮垃圾1500余吨。为了及时清除炮皮纸屑，各区环卫部门使用了垃圾挤压车、机扫车、推雪板等环卫机扫设备清扫清运鞭炮纸屑，提高了清扫效率。

第二节　路面水洗作业

天津的道路洒水作业，最早始于"净水泼街，黄土垫道"这一官府常用的清洁行为。当时，道路都是土路，刮风时尘土飞扬。每当官员出行之前，或是重大节日到来之际，当地官府都要号令清道伕用净水泼街，黄土垫道，把必经道路和主要街道修饰一番，改善路面状况，以示尊敬。泼水也要讲究技巧，既要泼得远，更要泼的匀；既要压尘，还不能和泥，人和车走在上面，鞋不能沾泥，车不能带泥，达到道路湿润、压尘的目的。这种做法虽是迎接上级官员的礼仪，但也给当地百姓带来一时的道路畅通和环境整洁。

图3-1-2-5　清末，清道伕正在用净水泼街

清光绪二十八年（1902），直隶警察厅添置马拉洒水车10辆，对主要道路进行洒水。1935年，天津国民政府第四科管理清洁事务后，接收了工务局的洒水汽车和洒水马车，并添购洒水汽车5辆。1949年，天津市人民政府公安局接管洒水汽车4辆、洒水马车14辆。1951年，又改装洒水汽车4辆，修竣洒水井16眼，在夏季5～9月，每日对101条道路进行洒水作业。

1953年，天津市卫生局研究用天津碱厂所产含氯化钙的废水喷洒道路，可使路面维持潮湿3～7天。起初由洒水车去塘沽拉运，1955年开始改用船运，一趟能运80吨，可喷洒道路40万平方米。8 月份以后，由于空气湿度增加，加入三分之二自来水进行稀释，喷洒后能使 59 万平方米路面保持潮湿。

1953 ~ 1958 年间天津市区洒水及喷洒氯化钙情况表

表 3-1-2-36

年份	道路条数	面　积	用水量	用氯化钙量
1953	47	118 万平方米	1.77 万立方米	126 吨
1954	101	126 万平方米	3.73 万立方米	1092 吨
1955	108	148 万平方米	3.89 万立方米	3362 吨
1956	149	167 万平方米	5.68 万立方米	4480 吨
1957	160	182 万平方米	7.80 万立方米	10162 吨
1958	190	200 万平方米	5.48 万立方米	6667 吨

1958 年，开始使用水刷马路的作业方式，即借用消防栓接水管冲洗路面，人工用扫帚边推水边刷洗路面。1959 年 8 月 27 日，天津市环境卫生管理处在消防队、交通队、自来水公司的支持下，进行了 5 天水洗马路试验，每天冲洗道路 48 条 100 万平方米，用水 1.92 万立方米，平均每平方米路面用水 18.2 公斤。

图 3-1-2-6　1959 年 6 月，洒水车在天津中心广场洒水作业

1963 年 10 月，因道路喷洒氯化钙后，机动车刹车制动打滑，容易造成交通事故；园林部门也提出含氯化钙的水喷洒到花坛，造成花木碱死，经天津市人民政府指示，停止喷洒氯化钙。1966 年，因天津市水源紧张，停止道路洒水和水洗作业。

1983 年，天津“引滦入津”成功，水源问题基本解决，重新对道路进行水洗作业，每日水洗主干道路100万平方米。1984年8月15日，根据天津市委、市政府《关于市区体制初步改革方案》，将统一管理的洒水车下放到各区环卫部门，洒水作业也由各区安排实施。

图3-1-2-7 20世纪90年代对道路进行水洗作业

1987年，市内六区及塘沽区水洗道路339.62万平方米，占总清扫面积的16.2%。1988年，水洗道路426.2万平方米，占总清扫面积的20.3%。1989年，水洗道路422万平方米，占总清扫面积的19.3%。1990年，由于水源紧张，水洗道路316万平方米，比上年减少106万平方米，下降25.1%。1991年，水洗道路120万平方米，比上年减少62%；1992年，水洗路面228万平方米。

2007年8月20日，天津市市容委决定，针对炎热天气，水洗道路作业时间不只在夜间进行，白天也进行水洗降温。天津市内六区环卫部门每天出动40余部高压洗路车，对100余条400万平方米主干道路进行水洗作业，使路面温度下降5℃～6℃。市市容委对每天出动的水洗车辆、人员、路线、车次、作业面积、时间等，建立日报和台账记录，并纳入环卫业务考核范围。

2008年，根据市民建议，环卫系统调整了马路水洗、机扫作业时间。之前的水洗作业时间大都安排在白天，洒水车过后往往形成泥水路面，给车辆和行人带来诸多不便。调整后，水洗作业时间，每日夜间22:00后开始，次日早7:00前结束。机扫作业时间，春夏季22:00后开始，次日早7:00前结束；秋冬季22:00后开始，次日早7:30前结束。白天适当安排少量机扫车进行吸尘作业，夏季适当增加洒水、喷雾次数以达到降温、压尘效果。

2008年5月4日，按照天津市市容委要求，各区环卫部门开始以时时干净、处处干净为标准，对机动车道、非机动车道进行水洗作业，并重点加强对主干道路、奥运火炬传递路线、快速路、繁华地区的道路进行水洗。河西区环卫局在以往对机动车道和非机动车道水洗的基础上，组织多支环卫保洁队伍，采用类似公安消防系统在救火中使用的高压水龙带，分路段进行水洗。还采取人机结合的方式，先用水冲，后由人工使用铲子等工具，对人行道上的小广告、痰迹等污迹进行清除，然后再实施冲洗作业。

2010年，根据天津市市容环境综合整治总指挥部环境卫生专项整治工作实施意见，把机扫、

图 3-1-2-8 2008 年，环卫工人对马路便道进行冲刷作业

水洗作业作为提高市容环境整体质量的重点工作。确定机械化清扫水洗作业范围：城市景观道路、主干道路、快速路、立交桥、繁华地区、国家空气环境质量自动监测站 1.5 公里范围内的道路及外环线以内的入市道路。其他区县景观道路、主干道路、快速路、立交桥、繁华地区和入市道路。水洗作业时间从 5 月下旬开始至 10 月 15 日结束。共计安排水洗道路 343 条 1878 万平方米，包括河西区友谊路、围堤道、大沽路、解放路，河东区卫国道、昆仑路，河北区金钟河大街、中山路，南开区红旗路、鞍山西道，和平区南京路、西康路，红桥区光荣道等主干道路。

按照天津市市容委《关于印发天津市道路、水域、公厕环境卫生和生活废弃物收集运输质量标准的通知》（津容环〔2004〕275 号），确定作业质量考核标准。一级道路达到“六净三无”：路面净、雨水口净、道牙净、树坑净、便道净、墙根净；无土绺、无漏扫、无明显杂物。道路机械化作业尤其是水洗作业的保洁质量和数量，纳入月考核范围。

到 2010 年，全市共有洒水车 216 部、高压冲洗车 81 部、洗地车 71 部。水洗道路 576 条 3132.71 万平方米。

图 3-1-2-9 2010 年，环卫部门在长江道进行精细化水洗作业

第三节 清雪铲冰

一、清雪指挥部

《天津市市区冬季清雪暂行办法》(天津市人民政府令第17号)第三条规定,“市、区人民政府成立清雪指挥部。清雪指挥部办公室分别设在市、区环境卫生管理局。清雪指挥部负责组织、协调及督促检查清雪工作,并对违反本办法的行为进行处理。各单位应指定人员负责清雪工作。”

(一)清雪指挥部组织机构

天津市清雪指挥部总指挥由分管副市长担任,副总指挥由天津市市容委主任、分管副主任担任。市市容委、市建委、市交管局、市市政局、市园林局、市公路局、市气象局、市水利局、市城市节水办、市长芦盐务局、市广播电视局、天津警备区、武警总队等单位为市清雪指挥部成员单位。

天津市清雪指挥部下设办公室,负责组织协调推动工作,办公室主任、副主任由天津市市容委分管副主任担任。办公室下设社会清雪推动组、专业融雪推动组、宣传资料组、后勤保障组。办公室设在天津市市容委。

区县、街镇清雪指挥部由各区县、街镇设立。市清雪指挥部成员单位和有关单位也相应成立清雪指挥部。

(二)清雪指挥部职责

天津市清雪指挥部负责指挥、组织、协调、督促、检查全市清融雪工作。

各区县清雪指挥部负责指挥、组织、协调、督促、检查辖区清融雪工作;负责组织、发动辖区内机关、学校、企事业单位、部队、街道、乡镇按照行政区划完成清雪任务。做到清融雪工作组织、任务、设施、物资四落实。区县清雪指挥部办公室设在区县政府或区县市容管理部门。

街镇清雪指挥部负责划分驻街镇单位清雪责任范围,签订“清雪责任书”,并建档立卷;督促、检查驻街镇单位的清雪工作;组织发动居民群众进行胡同里巷、楼群甬道的清雪工作。

市清雪指挥部成员单位和有关单位的清雪指挥部,负责完成市清雪指挥部下达的各项清融雪任务,并督促本系统的各单位服从所在地政府的统一指挥,完成应承担的清融雪任务。

(三)天津市清雪指挥部成员单位责任分工

天津市市容委负责指挥、协调各区县市容环卫管理部门的清融雪工作。天津市城市执法局负责对各区县的社会清雪工作进行督查。

天津市建委负责指挥、协调建设单位对尚未竣工或已竣工但尚未向各区县市容环卫部门办理交接手续的道路进行清融雪工作。

天津市园林局负责对花坛、绿地、树穴的管理，防止污雪和垃圾倒入绿地、花坛。各区县园林部门负责指导居民区内绿地的净雪堆放。

天津市交管局负责对融雪、运雪车辆的指挥疏导，维护清融雪道路交通秩序，避免交通事故的发生。

天津市市政局负责指定倾倒净雪的下水井口，并派专人指导净雪下井工作。负责对禁止倾倒污雪的景观河道进行巡视检查。

天津市公路局负责对穿越城区的公路和国道的清融雪工作。

天津市水利局负责对海河等禁止倾倒污雪的行洪河道进行巡视检查。

天津市城市节水办负责协调有关部门，保障市容环卫部门因溶盐超指标使用自来水，并按公共事业用水价格供给。

天津市长芦盐务局负责协调有关部门，及时为各区县市容环卫部门提供优质的融雪用盐，并做好运输服务工作。

天津市广播电视局负责及时播发市领导对清融雪工作的指示和市清雪指挥部对清融雪工作的要求，及时宣传报道清融雪工作。

天津市气象局负责向市清雪指挥部及时、准确提供天气降水形势预测和近期降雪气象预报。

二、清雪规定

1983 年 11 月 19 日，天津市环卫局发出《冬季融雪工作安排的通知》，确定主要干路 30 条和 1 座立交桥为降雪喷洒盐水路线，总长度 4.1 万米、面积 85.5 万平方米。

1985 年 11 月 9 日，天津市环卫管理局发出《关于今冬明春主要街道喷洒盐水的通知》，确定雪后喷洒盐水的道路 105 条 294.8 万平方米。

1988 年 11 月 23 日，天津市环卫管理局发出《关于 1988 年冬季融雪路线的通知》，确定全市共确定清融雪路线 140 条 637 万平方米。

1989 年 11 月 24 日，天津市人民政府发布《天津市市区冬季清雪暂行办法》（天津市人民政府令第 17 号）。提出清雪工作实行“一定二包三保”责任制，即：定清雪范围，包扫、包运，保证小雪当日清、中雪两日清、大雪三日清。

各区、街根据所辖道路面积及驻在单位情况，因地制宜划分清雪责任地段：道路、广场的积雪，组织临近单位清理；市区主干线和部分支线的积雪，由环卫部门负责喷洒融雪剂，并根据清雪指挥部的部署负责重点路段积雪的清理、清运；摊群市场、农贸市场、存车场（处）的积雪，由承包（管理）单位负责组织清理；胡同里巷、楼群甬道的积雪，由居民委员会负责组织保洁组和居民清理。各单位的清雪责任地段应做到无漏扫、无堆雪、无结冰、无乱倒。

积雪应按下列方式处理：不带有垃圾、废弃物、融雪剂的积雪，可堆放在居民区内园林绿地；不带有垃圾、废弃物，但带有融雪剂的积雪，可在市政管理部门指定的下水道检查井内倾消，使用后应立即将井盖恢复原位；带有垃圾、废弃物的积雪，应在区、街指定的转运点堆积，由清雪指挥部调动社会各单位车辆运出市区。

2009年11月28日，天津市市容委根据《天津市突发公共事件总体应急预案》（津政发〔2006〕36号），发布《天津市雨雪冰冻灾害应急预案》。

预警级别：按雨雪冰冻灾害天气的危害程度、紧急程度和发展态势，预警级别划分为四个等级：Ⅰ级（特大雨雪冰冻灾害）、Ⅱ级（重大雨雪冰冻灾害）、Ⅲ级（较大雨雪冰冻灾害）、Ⅳ级（一般雨雪冰冻灾害）。

应急响应：雨雪冰冻灾害应急响应遵循“属地为主、分级负责、条块结合、各司其职”的原则，根据雨雪冰冻灾害的性质、级别和影响程度，启动相应的应急响应程序。

应急保障：各区、县人民政府和市指挥部有关成员单位成立各专业应急抢险和救援队伍，作为雨雪冰冻灾害应急处置的突击力量，确保重要应急抢险和救援行动的有效实施。市和区、县人民政府和市指挥部有关成员单位，要按照“分级储备和管理、统一调配、合理负担”的原则，加强并督促有关企业做好雨雪冰冻灾害应急救援和抢险救灾的专用物料、器材、装备、工具等的储备，开展物资装备的调查摸底，增加必要的物资装备，建立物资装备数据库和更新管理制度。通信部门要保证抗击雨雪冰冻灾害抢险救灾的通信畅通。必要时，要调度应急通信设施为抗击雨雪冰冻灾害组织指挥提供通信保障。

2010年1月3日，天津市委、市政府办公厅向各区县、各有关单位和社会团体发出《关于立即动员社会力量开展清雪工作，尽快恢复道路交通和市容环境的通知》。1月3日天津市普降大雪，为尽快恢复道路交通秩序，为全市人民创造整洁通畅的市容环境，天津市委、市政府要求立即动员起来，迅速开展清雪工作。各区县党政机关要立即组织驻津部队和单位、机关、学校、企事业单位、商家门脸按照门前环境卫生责任制的要求，清扫责任区内和繁华地区、停车场（处）、重点地段的积雪。各区县要动员组织社区居民，清除居民区内楼群甬道、胡同里巷的积雪。物业小区由物业单位负责清雪，保证居民出行安全和社区环境卫生干净整洁。各区县要组织可以动员的机械、车辆参加清雪工作。各责任部门要按照市清雪指挥部的清雪预案要求，全力投入清除积雪工作。城市综合执法部门要督促辖区内单位认真履行清雪职责，对不履职尽责的要批评教育，对造成严重后果的要严肃处理。

三、专业队伍清雪

“下雪就是命令”，这是环卫系统的行业传统，也是环卫工人职业道德的体现。只要天空飘起雪花，环卫部门干部职工无论身在何处，就是轮休人员也要放弃休假，立即赶到工作岗位，全力以赴投入到清融雪工作中来。

1962年1月，降雪较大，降水量为32.6毫米，因大雪封门各种车辆都出不了车。天津市人

图 3-1-3-10 早期天津市清洁队的马力扫雪车

民政府发出紧急通知，发动全市人民扫雪清雪，市政府秘书长李士曾召开会议，动员各单位出车运雪。全市共出动 160 万人次、卡车 2800 余辆次，运除积雪 14 万吨。

1973 年 1 月，降雪量为 25.5 厘米。环卫部门采用撒盐融雪和扫除积雪相结合的方法，加快了清雪进度，降低了清雪成本和社会清雪压力。

1980 年 12 月 8 日，市区降雪，各区环卫职工出动 4405 人次，清扫和平路、东马路等主要干线 72 条，北安桥、狮子林桥等主要桥坡、路口、涵洞 37 处，运除积雪 3362 车。12 月中旬第 2 次普降中雪，天津市环卫局汽车队出动洒水车在 170 条主干道路喷洒盐水。但由于连续两次降雪，而且雪量较大，垃圾运输困难，造成雪后垃圾积存。

1985 年 12 月 6 日夜间，市区普降中雪，由 6 日至 9 日，环卫部门共出动 2.5 万人次、洒水车 800 车次，用盐 650 吨，对 150 条 620 万平方米道路进行喷洒盐水融雪。

1986 年 12 月 25 日，市区普降中雪，各区共出动环卫职工 6050 人，洒水车 31 辆，对 74 条道路喷洒盐水 389 车次，进行融雪。

图 3-1-3-11 20 世纪 80 年代，环卫工人人工铲冰、清雪

1988年1月30日，普降大雪，全市6000名环卫职工立即上街扫雪，两天出动洒水车38辆、喷洒盐水483次、用盐960吨，清理道路400余条。

1990年1月27日到28日，连续两天一夜普降大雪，降水量达9.8毫米，为近十几年来罕见。根据市政府部署，清雪指挥部组织发动7000个机关、团体、部队、企事业等单位，131万余人次参加清扫积雪劳动。出动各种机动车辆1708台次、手推车16051辆次，对180条主干路、57座桥梁涵洞喷洒盐水。到2月10日市区千余条干支路和绝大多数胡同里巷、楼群甬道的积雪基本清除。

2006年2月6日，一场大雪给道路交通和市民出行带来不便，各区县市容环卫部门充分发挥主力军作用，出动各种清融雪设施和车辆，对主干道路、桥梁、涵洞、快速路进行清融雪作业。到6日夜间，气温降到零下10摄氏度，环卫部门发扬连续作战的作风，冒着低温，连夜进行再融雪作业，以防止路面结冰。到7日下午，市内六区和环城四区对1000条道路和100多座桥梁、涵洞进行清融雪作业，用盐5000余吨。

2006年12月30日凌晨，普降大雪，全市出动洒水车喷洒盐水，按照先桥梁涵洞、后主干、次支道路的顺序开展融雪作业。

图3-1-3-12　洒水车喷洒融雪剂

2008年12月20日晚，突降大雪，21日凌晨，全市共出动环卫作业人员6000余人次，洒水车380余部，洒盐水800车次，用盐2000余吨、融雪剂350余吨。由于气温较低，降雪量较大，在边降雪边融雪的过程中，造成路面积雪。12月21日上午，市清雪指挥部召开紧急会议，全面部署清融雪工作。至22日16时，全市共出动清融雪作业车辆1800多台，喷洒融雪剂1440多吨、融盐4800多吨、盐水3万多吨，租用社会大型作业机械120台，1万余名驻津部队和武警官兵、23万余名群众参加清雪，1.5万余家沿街单位及商户清扫了责任路段的积雪。

2010年1月2日白天至3日17时，天津市普降大雪，局部达到暴雪等级。最大降雪量出现在塘沽，为14.3毫米。与此同时，市区、汉沽、北辰、东丽四个区域的降雪量也分别达到了暴雪等级。是天津自1951年以来，历史同期最大一次降雪过程。市容环卫系统干部职工近2万人上街清雪，出动洒水车、洒布机、铲车等各种清融雪车辆500多部，用盐近万吨，用融雪剂600余吨。因降雪时间长，降雪量大，气温低，给清雪工作带来很大难度，市容、环卫部门连夜奋战，按照“先立交、后涵洞”，“先主干、后支路”，“先打开一条路，再向两边扩展”和“先清车行道，合理安排人行道”的顺序进行，对主干道路、快速路反复进行融雪作业，到4日早晨8时，主干道路基本畅通。

图 3-1-3-13　使用手扶抛雪机清雪

图 3-1-3-14　物理清雪不伤绿不损路

2010年1月6日，市区各大公园迅速开展清雪工作，共出动职工和保洁人员5000余名，连续在公园内清雪十几个小时不间断，坚持不使用盐水，用手工清雪，共清理公园道路、广场等500余万平方米，同时将清理出来的净雪堆放在树穴绿地以增加植物水分。公园管理人员为了防止积雪压折和冻伤植物，还将剑麻等植物枝叶上的积雪清理下来。同时，各公园坚持正常开放，发挥公园的景观功能，安排专人疏导、提示、帮扶游园市民在雪中赏景拍照。

2010年12月23日降雪后，天津市清雪指挥部启动数字化管理平台，应用科技手段对全市清融雪工作实施全程监控。同时制定了指挥作战图，对外环线以内区域及三环十四射入市道路进行了明示。市清雪指挥部成立18个考核组，到各区县进行监督检查。对清融雪工作突出的单位用“以奖代补”资金进行奖励，对清融雪工作不利的单位追究责任进行通报。各区县综合执法局全员上路，对清雪不利的单位和个人加大处罚力度。全市环卫系统2000余人从凌晨3点上岗，用推雪板将非机动车道和人行道上的净雪集中后抛入花坛绿地，把积雪转化为水资源。全市15个溶盐站的溶盐池灌满盐水，环卫部门共出动洒水车100余部，对70多座桥梁涵洞、148条主干道路喷洒盐水融雪。

国家统计局天津调查总队在天津市内六区开展了居民对清融雪工作满意度的快速调查。调查显示，对于全市动员、全民参与清雪工作，市民满意度为92.8%；对于市内主要道路疏导交通、确保居民出行安全，市民满意度为89.9%；对于及时全面启动雨雪冰冻灾害应急预案，市民满意度为89.4%；对于中心城区快速路、150余条主干道及桥梁（涵洞）清雪情况，市民满意度为84.9%。调查总队撰写的《市民对全市动员、全民参与清雪工作满意度为92.8%》一文，被天津广播经济台、每日新报、城市快报等新闻媒体和网络转发，调查结果受到社会普遍关注。

到2010年，全市共有抛雪机46部、撒布机44部、推雪板454块、除雪滚刷32个、压实机5部、推土机21部、装载机143部，基本实现了机械化清融雪。

四、发动社会清雪

2006年2月6日，天津普降大雪，天津市委、市政府高度重视清融雪工作，市委书记张立昌亲自打电话了解部署清融雪工作，亲切慰问坚持一线的清雪指挥部人员和环卫职工，并强调，各级党政部门要全力以赴做好融雪和清雪工作，确保道路交通和群众出行安全。市长戴相龙在市政府常务会议上对全市的清融雪工作提出具体要求。副市长陈质枫带领清雪指挥部人员上路检查清融雪进程，并做出具体清雪安排。市清雪指挥部要求各区县，在环卫部门融雪作业之后，发动社会力量对残雪进行进一步清除、清运。7日，全市共有30多万群众、2万驻津部队和武警总队官兵参加清雪活动，市内六区近万个沿街单位清扫责任区积雪，3000多居民社区组织群众清扫楼群甬道积雪。

2009年2月17日晚间，天津市连续降雪，路面积雪给交通带来极大影响。19日上午，天津市委书记张高丽，市人大常委会主任刘胜玉，市委副书记、市政协主席邢元敏和市委、市人大常委会、市政府、市政协的其他领导到河西区宾水道，冒雪与机关干部和广大群众一起挥锹铲雪。张高丽向奋战在清雪一线和坚守工作岗位的广大干部职工表示慰问和感谢，要求各区县和各单位广泛动员起来，及时做好清除积雪等各项工作，有效应对暴雪影响，保证道路畅通，保证市场供应，保证人民群众正常的生产生活。

2010年1月4日清晨，天津市委书记张高丽，市人大常委会主任刘胜玉，市政协主席邢元敏，市委副书记何立峰和市委、市人大常委会、市政府、市政协的其他领导，到河西区宾水道，与机关干部和广大群众一起挥锹铲雪。张高丽要求各区县和各单位广泛动员起来，及时做好清除积雪等各项工作。

每逢降雪，天津市人民政府和天津市清雪指挥部都要发布通知，并在电台、电视台连续、滚动发布信息，号召各单位组织本单位人员和广大市民按照责任地段，各扫门前雪，确保积雪能够在最快时间内清除干净。

2008年12月20日，突降大雪后，警备区召开紧急会议，成立两个应急领导小组，负责组织协调清雪工作。组织直属队官兵分别来到驻地附近街道和海河沿岸清扫积雪。同时，河东、河西、红桥、东丽、西青、津南等区的民兵应急分队2500余人，分布在车流比较集中的外环线清扫积雪。驻津军事交通学院、海军航保部、空军某师及武警天津市总队和武警某师共出动兵力2万余人，车辆1000余台次，清扫机场、车站、码头、桥梁及道路等300余处（个）。

图 3-1-3-15 2008 年 12 月 20 日，武警某部在天津站前广场清雪

天津市综合执法局派出 4 个清雪工作组，对主干道路近 1.5 万家单位商户自扫门前雪情况进行督促检查。天津市交管局为各区县环卫部门的融雪作业车辆派出引导车，天津市公路局也出动人员和各类清雪机械进行融雪作业。

2009 年 2 月 17、18 日晚，普降小到中雪，特别是 18 日晚降雪时间达 12 小时，给群众出行和清融雪工作带来困难。19 日上午，全市 30 余万名干部群众参加清雪工作。全市综合执法队伍出动执法人员 5800 余人次，车辆 680 余次，对 4000 多家机关、学校、企事业单位及道路两侧商户进行深入宣传动员。驻津部队、武警官兵出动 3000 余人上路清雪。街道办事处干部分片包干，动员居民群众清扫胡同里巷、楼群甬道积雪。环卫职工连续奋战，对主、次道路进行融雪及推水作业。滨海新区各单位积极组织人员清除道路积雪，重点对津滨、京津塘高速公路和新区内的桥梁及主干道路进行融雪作业。华北高速养护分公司军粮城管理所出动车辆 120 余辆次，在京津塘高速公路新区段上抛撒融雪剂 230 余吨。

2010 年 1 月 3 日，普降大雪，天津市委、市政府办公厅发出《关于立即动员社会力量开展清雪工作，尽快恢复道路交通和市容环境的通知》。要求各区县党政机关立即组织驻津部队和单位、机关、学校、企事业单位、商家门脸按照门前环境卫生责任制的要求，清扫责任区内和繁华地区、停车场处、重点地段的积雪。要求城市

图 3-1-3-16 2010 年 1 月 3 日，市民群众走上街头参加义务清雪劳动

综合执法部门督促辖区内单位认真履行清雪职责，对不履职尽责的要批评教育，对造成严重后果的要严肃处理。

2010 年 1 月 6 日，天津警备区接到市清雪指挥部通知，紧急支援重要保障路线卫国道的清雪任务。警备区司令员董泽平、政委谢建华立即组织驻地部队第一时间赶赴现场。军事交通学院领导带领 700 名官兵、武警 8630 部队 220 名官兵接到通知后，立即启动应急机制，12 分钟后到达清雪现场。武警指挥学院、武警医学院也各派出 100 余名官兵投入清雪工作。经过连续 5 个多小时的奋战完成了任务。连续两天，天津警备区组织协调驻津部队、武警部队和民兵预备役人员 2 万多人次，动用车辆 110 多台次，参加清雪工作。

2010 年 12 月 23 日，凌晨降雪，天津大学后勤集团第一时间召开会议，根据《天津大学后勤集团关于清雪的预案》及时应对，出动一辆撒盐车、三辆铲雪车，对主干道和部分非主干道撒盐、铲雪。后勤集团准备了充足的铁锹等扫雪工具，学校师生在校领导的带领下，积极投入清扫积雪，仅后勤集团保洁部和绿化部就有 50 余人清扫积雪。

五、溶盐设施

天津市内六区环卫局普遍建有溶盐池，2005 年前共有 6 个溶盐池，2006 年共有 8 个溶盐池（和平、河北、河西、红桥区各 1 个，河东、南开区各 2 个）。

图 3-1-3-17　储备溶盐

图 3-1-3-18　往洒水车里灌注盐水

2008 年 1 月 8 日，投资 250 万元，天津市最大的溶盐池项目——河北区宜美道综合环卫设施工程竣工。投入使用后，这座容积为 1200 立方米的溶盐池，可以使溶盐与盐水导入洒水车同时进行。

在储盐仓库旁有一片绿地，溶盐池就坐落在绿地下面。整个结构是由两个巨大的方形池组成，其中一个是蓄水池，一个是溶盐池，通过两个管道相连。溶盐时，蓄水池中首先加压放水，然后盐与水一起注入溶盐池进行溶化，同时开启池底的搅拌机，通过不停搅拌加速溶化速度并防止盐水沉淀和凝固。之后，盐水经水泵进入溶盐池旁边的导流管，再导入洒水车。导流管出水

图 3-1-3-19 河北区宜美道综合环卫设施

图 3-1-3-20 溶盐池

速度为 150 立方米 / 小时，一辆容量为 8 吨的高压洒水车，只需 10 分钟就可注满盐水上路使用。一旦雪情紧急，可同时开启进水与出水两个阀门，使溶盐与盐水导入洒水车同时进行，保证洒水车以最快速度上路进行融雪作业。

储盐仓库里可以储存大量日晒盐，这种日晒盐与平时常用的各种食用盐不同，外表呈灰色，颗粒较大，看上去如同灰色的小石子，需要经专门溶化后才能使用。溶盐时水温要保持在 11℃左右，这种盐水比例的融雪功效最大。不下雪时，溶盐池上会加盖黑色苫布以防止盐水蒸发。

第四节 民办保洁队伍

1952 年，天津市人民政府发动群众大搞环境卫生，开始了以反对细菌战争为中心的爱国卫生运动。

1954 年年初，天津市人民政府号召群众清扫自家门前环境，并普遍推行群众清扫保洁制度，既临街或胡同里巷的居民院落、企事业单位，均以房基为界，分片负责，打扫各自门前卫生并注意随时保持清洁。

1955 年，开始逐步实行区、街、居委会三级管理体制，群众“自扫门前卫生”和“各家翻牌轮流清扫”以及居委会组织集体清扫等方式成为群众清扫保洁的主要做法。1958 年，全市有 164 个街道办事处、1782 个居民小组，98% 的地区建立了这一制度，其中能坚持经常化的占 39%；一般的占 49%；不能坚持的占 10%。

一、民办保洁制度的建立

1958 年后，由于城市闲散劳力特别是家庭妇女参加社会生产，80% 的地区建立了街属民办保洁队，群众义务清扫保洁转向专职人员清扫保洁。这支由群众集资、群众受益的群众性清扫保洁队伍，不仅按日维护胡同里巷、次要道路的清洁，而且承担了居民生活垃圾的收集运输任务，是环卫专业队的辅助力量。

1961年，天津市人民委员会两次发出整顿清洁队伍的文件，提出“加强对群众清扫保洁力量的组织管理”。至1962年年底，全市民办保洁队已发展到3368人，按日清扫胡同里巷7625条、次要道路257条，清扫大院、空场、楼群820处，管理公共污水井4812个，管理厕所455座，管理垃圾站1145处，并帮助35832户居民倾倒垃圾。

图3-1-4-21 20世纪80年代在胡同里收运垃圾的保洁队员

1965年，天津市人民委员会向各区人委批转了天津市环卫局提出的《关于加强全市清扫保洁队伍组织管理的报告》，各街办事处设专职或兼职干部，加强对清扫保洁队伍的领导。150户至200户居民设置保洁员1名，根据任务适当增减。保洁员负责胡同里巷（包括公共污水池）、偏僻道路的清扫保洁，管理公共垃圾箱，协助孤老户、双职工倒垃圾，宣传检查街道卫生。本着“受益者集资”的原则，向居民收保洁费每月每户1角到1角5分，最多不超过2角。

二、民办保洁队伍

1974年3月，天津市内六区及塘沽区民办保洁队员3852人，其中清扫胡同里巷的3228人占84%，收运垃圾的624人占16%。1976年3月，天津市内六区及塘沽区民办保洁员4075人，其中清扫胡同里巷的3143人占77%；收运垃圾的932人占23%。

1981年10月，天津市环卫局对市内六区及塘沽区民办保洁队进行调查，共有保洁员5414人，其中男性1705人，女性3709人。扫胡同里巷的3086人占57%；收运垃圾的2328人占43%。共清扫次、支道路836条，胡同里巷10002条，日收运垃圾2600吨。

1984年，全市民办保洁队发展到6077人，其中收运垃圾的2917人占48%，日收垃圾3445吨；清扫道路胡同的3160人占52%，清扫道路胡同12512条1890万平方米。

图 3-1-4-22　民办保洁队在收集胡同里巷垃圾、清扫居民区路面

1984 年 9 月及 1985 年 11 月，天津市人民政府两次在红桥区召开现场会，推广环卫工作三级保洁三级管理经验。三级保洁是：区为一级，由区环卫局负责全区干路及部分支路的清扫保洁和垃圾收运；街为一级，由街民办保洁队负责街内支路的清扫保洁及沿街单位、居民垃圾的收运；居民区为一级，各居委会建民办保洁组，负责本居民区胡同里巷的清扫保洁及各户垃圾的收运。三级管理是：区环卫局负责全区环卫管理；各街建市容卫生管理站负责全街环卫管理；居委会建市容卫生小组负责居民区环卫管理。至 1986 年年底，市内六区及塘沽区 119 个街道办事处，实行三级保洁三级管理的 99 个，占 83%。

随着民办保洁队任务的增加，城市退休人员及闲散劳动力已不够使用，保洁队员中农民工比例逐渐增加。1986 年，天津市内六区及塘沽区共有民办保洁队员 6974 人，其中农民工 2294 人占 32%。

1986 ~ 1990 年间天津市民办保洁队人数及任务情况表

表 3-1-4-37

年份	人数（人）	每日承担任务		
		清扫道路（条）	清扫胡同（条）	清运垃圾（吨）
1986	6974	1206	13287	6858
1987	7261	1607	13160	4767
1988	7714	2077	15405	5339
1989	7569	1786	16702	5124
1990	7610	1785	16502	5393

三、管理形式

1959 年建立民办保洁队以后，主要有两种管理形式：一是以街建队，由街道办事处直接管理；一是由居委会分散管理。

1962年，全市50个街办事处，以街建队由街直接管理的民办保洁队占62%，由居委会分散管理的占38%。各区为协助各街道办事处加强对民办保洁队的业务指导和管理，由区清洁大队选派有一定工作能力人员，下驻到各街道办事处帮助管理民办保洁队，一般每街派驻1人，叫下街人员。1963年4月16日，天津市公共卫生局为加强对下街人员的管理，下发了《各区环境卫生下街人员工作的几点规定》。

1963年1月21日，天津市公共卫生局召开民办保洁队慰问奖励大会，各区从4000多名保洁员中评选优秀保洁员1035人，优秀保洁队34个。

据1987年6月调查，各区民办保洁队的管理形式，基本分为三大类型。第一类，以红桥区为代表，街道办事处设有保洁队，居委会设有保洁组，保洁队由街道办事处直接管理，保洁组由居委会管理。第二类，以和平区为代表，保洁队员在街保洁队统一领导下按居民区分片分配，保洁员的生活、工资等均由街保洁队管理。第三类，街办事处、居委会混合管理。如河东区大王庄街的28个居委会，有14个居委会的保洁员由居委会各自管理，有12个居委会的保洁员由街保洁队直接管理，有2个居委会的保洁队自己收费管理。河西区挂甲寺街的48名保洁员，都由各居委会自行管理，有3条次要道路由街办事处雇农民工清扫。各区环卫局派驻各街办事处的下街人员236人，其中协助各街加强环境卫生监察管理的119人，协助各街加强对民办保洁队管理的117人。

1995年，天津市环卫局提出“加大环卫局管理职责，对区属各街民办保洁队归属环卫局统一管理”的意见。各区因各种原因，接收保洁队工作进度迟缓，方式不同。如南开区环卫局，2002年7月1日由街道科在王顶堤、嘉陵道、鼓楼、学府4个街，进行理顺街道管理体制的试点工作。2004年12月26日，正式接收全区11个街民办保洁队。按照“专业化、规范化、标准化、市场化”的环卫改革原则，加强保洁队的规范管理，建章立制，用专业队的作业标准规范保洁队的作业方式，提高街道里巷居民区的清扫保洁质量。

四、工资待遇

街道保洁队，是解决居民群众日常生活必不可少的服务事业，是居民自治工作的重要组成部分，是纯粹的民办组织。1959年开始建立时，由于是代替居民清扫胡同里巷，因此经费靠群众集资解决，当时每户收1角至1角5分。1960年后，有些倒垃圾有困难的居民请求保洁员代替倾倒垃圾，则由该户居民另给保洁员个人报酬。保洁员的工资因地而异，除和平区等中心区域的少数保洁员工资略高外，全市大部分地区的保洁员，月工资一般在20元左右。1977年，红桥区对全区14个街道保洁队627名保洁队员的工资进行了调查，平均月工资23.22元，最高的34.8元。1981年10月，和平、河北、河东、南开、红桥、塘沽6个区的4684名保洁队员，月平均工资31.8元。1982年1月，市内六区和塘沽区的5645名保洁队员，月平均工资33.8元。

1981年以后，随着人民生活水平提高和物价调整，各区保洁费的收缴标准有所提高，一般每户每月收0.45至0.5元。1981年，市内六区和塘沽区共收保洁费303万元，其中收居民的132万元，收单位的92万元，其他收入79万元。年共支出289万元，其中工资229万元，防护用品13万元，工具消耗费47万元。市内六区和塘沽区共有街道办事处94个，其中保洁队经费有盈余的街56个，占60%；亏损的街38个，占40%。

1983年2月19日，天津市人民政府第86次常务会议决定，各街保洁队经费不足问题，由集体企业征收的5%城市集体服务费中给予补助。1986年5月，据市内六区和塘沽区调查，1985年度，各街保洁队共收入276万元经费，其中收居民的87万元，占32%；收单位的134万元，占48%；政府补助56万元，占20%。

由于街道保洁队的经费靠居民集资，所以保洁队员的劳保待遇没有统一规定，收入多的街道办事处，有条件发给保洁队员防护用品，甚至还有一些福利，居委会管理的保洁队员则基本上没有防护用品，更没有福利待遇。

五、努力提高生活水平

街道保洁队员基本上都是外地到津打工的流动人口，由于街道用房紧张，大多数街道保洁队员居住在临建房或者危陋房里，居住条件和生活环境很差，同时也影响周围居民的生活环境。

2004年，河西区陈塘庄街、东海街、天塔街、柳林街共投资135万元，建成79间保洁队公寓，104名保洁队员和部分家属搬进了新居。公寓内生活设施和家具一应俱全，有专人打扫卫生，保洁队员干完活回来能洗上热水澡，随时都能在公寓食堂吃上热饭。陈塘庄街投资3万多块钱，配备了暖气，集中供热。考虑保洁队员都是外地的，跟家里联系不太方便，电信部门大力支持，无偿在公寓内装了24部电话。解决了保洁队员的后顾之忧。

图3-1-4-23 陈塘庄街保洁队公寓内安装了微波炉

2006年12月，南开区环卫局嘉陵道街保洁队搬入新建办公用房。环卫局投入资金改善保洁队员工作和生活环境，增设职工宿舍、食堂、浴室，并统一购置床铺、更衣箱、煤气灶具、橱柜、淋浴器、洗衣机等生活设施，让保洁队员生活在干净整洁的环境里。

图3-1-4-24 嘉陵道街保洁队员在食堂做饭

2008年，河北区实行环卫体制改革，原归属区环卫局的保洁队转归新开河街管理。街道办事处千方百计筹措资金，兴建了几十间保洁员宿舍和300多平方米的“保洁队之家”。保洁队员搬到了干净、明亮、整洁的新宿舍，开始了全新的生活。“保洁队之家”设有会议室、电化教育室、图书室、综合室、台球室、乒乓球室、谈心室、保健室、洗衣房、健身房、理发室等，极大地改善了保洁队员物质生活条件，同时也丰富了他们的业余文化生活。为提升队伍的整体形象，街里为保洁队员统一制作了工装，并由专人负责清洗。保洁队员每一天都以整洁的形象出现在社区居民面前。以前保洁区每天清扫一次，现在则是全天保洁，有时甚至清扫两至三遍。临时产生的大宗垃圾过去堆放一周都没人管，现在每天至少清除一遍。保洁队员还积极参与街道的各种社会活动，与居民群众建立了良好的关系，经常帮助居民换煤气、扛大米；在社区居民为灾区捐款时，保洁队员毫不犹豫地把钱捐到居委会。他们深深地融入了社区，把街道当成了自己的家。

第二章　生活废弃物管理

第一节　生活废弃物的收运处理

一、生活废弃物的收集

（一）垃圾收集

1915年，天津设置“土车伕”，用手拉车收运商户垃圾，并将垃圾拉到野外随处乱倒。

1935年，天津市区日产垃圾约250吨，由于收运能力低，日运除垃圾只有约150吨，每天都会有100吨左右垃圾无力运除，造成堆积。市内23处垃圾点堆存垃圾31645余吨。

1937年，天津市区约19.2万户，日产垃圾511吨左右，由于收运不及时，只得在南市庆善大街南头、归贾胡同北口等处设置垃圾待运场18处；又在黄家花园、南门外菜桥子等处设置垃圾堆存点71处，用于倾倒、堆存无法运除的垃圾。日伪时期，垃圾运除能力更差，造成南市一带积存的垃圾堆积得和墙一样高。

1949年天津解放后，除垃圾场堆积大量垃圾外，街道、里巷也是遍地垃圾，据当时估计积存垃圾22333吨。清洁工人和解放军用数日时间将堆积的垃圾全部清运出市区，包括每天新产生的垃圾，全年共清运垃圾49.1万吨。

随后，清洁队在市区街道、里巷路口设置砖砌的垃圾池，供居民随时倾倒垃圾。由于运输不及时，垃圾池内垃圾积存，形成到处是垃圾堆的现象。1949年6月，公安局发布公告，取消垃

图 3-2-1-25　20 世纪 50 年代清洁工人用人力小拉车在胡同里巷摇铃倒土

图 3-2-1-26　将小拉车上大土筐内的垃圾倒入汽车运走

圾池，要求居民自备垃圾容器盛放垃圾，然后将垃圾倒到大垃圾箱内，清洁工人再将箱内垃圾用手拉车运走。当年，市区共设置大垃圾箱 10.37 万个，1950 年又增添 6.55 万个。由于垃圾箱破损、又不能及时增添，而改为居民将垃圾直接倒入清洁队垃圾车内的收集方式，人力手拉车进胡同里巷，马拉大车拉运大街上的垃圾。清洁工人每日沿街拉车摇铃，居民听到铃声出来把垃圾倒入手拉车或马车内，俗称“摇铃倒土”。

1956 年 4 月，为便于垃圾处理，天津市公共卫生局选定和平区劝业场街和慎益街进行垃圾分类收集试点。开始时能够达到 76% 的垃圾分类倾倒，但以后又逐渐形成了混合收集。1963 年 3 月，在河西区、河东区试行垃圾分类收集，但都流于形式。主要原因：一是农民愿意要混合垃圾积肥，但分出来的有机物不足 10%，且又都是一些菜叶、树叶等，农民不愿意要；二是垃圾分类倾倒，居民嫌麻烦，清洁工人怕费事。所以，垃圾分类收集未能坚持下来。

1984 年，开始对新规划建设的 10 处楼房住宅区的垃圾进行清运。主要清运方式是居民将垃圾投入各楼层垃圾通道，垃圾落到底层垃圾窑洞内，清洁工人再从垃圾窑门将垃圾收运走。由于经常出现居民将大件垃圾扔到垃圾通道内，造成垃圾通道堵塞的现象，所以到 20 世纪 90 年代，新建小区都不再设计垃圾通道，旧楼区也开始封闭垃圾通道，居民将垃圾装袋后，自行送到楼下的垃圾箱桶内，由清洁人员收集运走。

1984 年，天津市形成四种垃圾收集方式，一是由垃圾密封桶收集，装入密封罐后，汽车运走；二是由方形垃圾箱收集，用叉车提升倒入卡车车厢运走；三是由机动三轮车深入胡同里巷收集，倒入垃圾楼由汽车运走；四是在僻静处设垃圾落地点倾倒垃圾，由人工装上汽车运走。

1986 年 9 月 10 日，天津市人民政府批准天津市环卫局提出的天津市垃圾处理规划。“七五”期间，垃圾处理采取卫生填埋、堆山为主，解决巨量垃圾和废土的消纳问题。同时引进先进技

图 3-2-1-27　为了多拉垃圾，工人们都在小拉车上加上高高的挡板

术，采用现代化处理方式，建设机械化堆肥处理示范工厂，即小型堆肥焚烧厂，采用高温厌氧发酵，机械筛分进行简易堆肥，生产优质有机肥料。建设小型焚烧厂处理医院、涉外宾馆等单位产生的特殊垃圾。

1988 年，天津市区改制 25 万个小密封垃圾箱桶和 4000 辆密封式小拉车，70% 的居民垃圾实行密闭收集运输，解决垃圾倒运时撒漏污染。全市垃圾转运站共 174 座，城区覆盖率达 90%，垃圾转运率达 97%，日转运垃圾 5000 余吨。转运站加强自动化和除尘功能，向“三优”（优质生产、优质服务、优美环境），“四化”（美化、绿化、净化、经常化），“四无”（无蝇、无蛆、无尘、无臭）方向发展。

图 3-2-1-28　垃圾密闭收集运输

1994 年 5 月，天津市市容委发布《关于实行生活垃圾袋装管理试点的实施意见》，要求“双气”（有煤气、暖气）居民区和繁华路段的商场及企事业单位、机关学校，实行生活垃圾袋装管理。2000 年 9 月 13 日，天津市人民政府第 31 号令发布《天津市城镇生活垃圾袋装管理办法》。

2004年6月29日，天津市人民政府公布的《关于修改〈天津市城镇生活垃圾袋装管理办法〉的决定》（津政令第39号）（以下简称《管理办法》），于2004年6月21日经市人民政府第30次常务会议通过，2004年7月1日起施行。

《管理办法》规定，新建居民住宅小区、文化娱乐场所、体育场馆、宾馆饭店、车站码头、办公楼、商场和各类市场，应当按照市市容环境行政主管部门规定的标准，由建设单位负责配置生活垃圾袋装收运设施，并应同时设计、同时施工、同时投入使用，所需资金列入建设项目投资。已建成的居民住宅小区、文化娱乐场所、体育场馆、宾馆饭店、车站码头、办公楼、商场和各类市场，未配置生活垃圾袋装收运设施或原有环境卫生设施不适应生活垃圾袋装收运的，应当在区、县环境卫生行政主管部门规定的期限内予以配置或改造，并应达到市市容环境行政主管部门规定的标准。

《管理办法》还规定，投放和收运袋装生活垃圾，应遵守下列规定：居民区内的居民对其产生的袋装生活垃圾，应扎紧袋口，按照物业管理单位或居民委员会指定的时间和地点投放，并由物业管理单位、居民委员会自行收运或统一委托环境卫生服务单位按规定的时间收运。主次干道两侧沿街居民、单位和个体工商户，应在当日18时至24时，将其产生的袋装生活垃圾，投放到指定地点。对所投放的袋装生活垃圾，由环境卫生服务单位直接收运，并于投放次日8时前清运完毕。非主次干道两侧沿街居民、单位和个体工商户，投放其产生的袋装生活垃圾的时间、地点和方式，由区、县环境卫生行政主管部门与产生袋装生活垃圾的居民、单位、个体工商户和环境卫生服务单位共同协商确定。

1995年8月22日，天津市人民政府印发《关于发布〈天津市医疗废弃物处置管理办法〉的通知》（津政发〔1995〕50号）。管理办法规定：医疗单位对医疗废弃物要实行专人管理，袋装收集，封闭容器存放，定期消毒。存放废弃物的容器上应标有“医疗废弃物”字样。任何单位和个人不得将医疗废弃物裸露；不得从医疗废弃物中捡拾废品；不得将医疗废弃物混入居民生活垃圾、建筑垃圾等其他废弃物中；不得将医疗废弃物埋入地下或排入城市排水管道中；不得任意处置医疗废弃物。各区、县环境卫生管理部门要根据各自行政区域内废弃物的数量情况，建立医疗废弃物焚烧场，配备专业人员，实行统一管理，专车收运，集中焚烧处理。医疗单位经环卫、环保主管部门批准，也可自行焚烧处理医疗废弃物，但必须使用经环保部门技术鉴定合格的专用焚烧设施，不准利用采暖、生产、生活等炉灶，以简易方式焚烧。处理后所产生的残渣，必须达到无害化标准和环保标准。无条件自行处理医疗废弃物的医疗单位，须将医疗废弃物自行运到环境卫生管理部门设置的医疗废弃物处置场，由医疗废弃物处置场代为处理。

《管理办法》还要求，凡委托代运、代处理医疗废弃物的，应就医疗废弃物的数量、成分、清运时间、收费标准等事项与所在区、县环境卫生管理部门签订有偿服务协议，并严格执行市场物价局确定的收费标准。医疗废弃物的收集、存放、排放和处理，由区、县环境卫生管理部门负责监督。无害化处理检测由市环境卫生管理局授权的机构负责。医疗废弃物的焚烧设施和大气污染由环境保护部门负责监督。

2009 年 8 月 21 日，位于天津市津南区八二路上的天津市危险废物处理处置中心开始运行，专门处置医疗垃圾。

图 3-2-1-29　天津市危险废物处理处置中心开始运行，专门处置医疗垃圾

2008 年 2 月 22 日，天津市人民政府第 3 次常务会议通过《天津市生活废弃物管理规定》，自 5 月 1 日起施行。生活废弃物包括居民、单位生活垃圾，道路清扫垃圾、公共场所、商业摊点、集贸市场垃圾，餐饮垃圾，建筑垃圾等。产生生活废弃物的单位和个人应当按照市容环境行政管理部门规定的时间、地点和方式投放，不得随意倾倒、抛撒和堆放生活废弃物。任何单位和个人不得将工业、医疗、危险废弃物混入生活废弃物中或投放到生活废弃物容器、转运站、处理厂（场）内。生活废弃物收集应当采用全密闭运输工具，收集工具应当具有分类收集功能。

图 3-2-1-30　环卫部门在街头开展垃圾分类收集宣传活动

到2010年，垃圾收集由各区街道保洁队或环卫局，利用小型垃圾收集车密闭收集到压缩式垃圾收集站或集装箱垃圾楼内。市中心城区垃圾专业清运队伍，共有垃圾收集车2300余辆，其中机械电瓶收集车800余辆，垃圾收集保洁工约2700人。一般居民小区的清扫保洁、垃圾清运由街道保洁队负责，物业小区由物业公司负责清扫保洁和垃圾清运，小区内一般配置240升垃圾桶或垃圾池等垃圾收集容器。

（二）垃圾产量

1949年天津解放后，首先集中突击清运积存的垃圾，包括日常产生的垃圾，全年共清运垃圾49.1万吨。

1950年，扩大边沿地区垃圾清运工作40处，配备马车35辆，工人82人，解决了22558户居民倾倒垃圾问题。全年共清运垃圾55.48万吨，其中清运日常垃圾54.13万吨、突击清除旧存垃圾6762吨及清理河岸垃圾6689吨。

1951年，又开辟六里台、东于庄、复兴庄、小刘庄、刘家园、八里台等地区的垃圾收运工作，共解决33152户15.05万人的垃圾清运问题。同时增添水上垃圾船5只，每船4人，负责清除新开河，南、北运河，子牙河，海河等沿河两岸的垃圾。全年清运垃圾55.24万吨。

1957年，全市清运垃圾户数45.75万户、清运垃圾69万吨。

1958年，全市清运垃圾户数46.89万户、清运垃圾73万吨。

1959年，全市清运垃圾户数50.96万户、清运垃圾82万吨。

1960年，全市清运垃圾户数55.95万户、清运垃圾94万吨。

1961年，清运垃圾96.25万吨。

1960年暂时经济困难时期，由于清洁队人力、运力不能适应形势发展的需要，加上垃圾不能日产日清，各区逐渐将部分地区的垃圾交由近郊农业社、队代运，据1966年12月统计，农民代运垃圾占全市垃圾清运任务的17%。

1967年，受“文化大革命”影响，造成天津市区垃圾堆积，河北、河西、南开、和平5区和塘沽区共堆存垃圾8000多吨，其中塘沽区堆存3200吨，河北区堆存2800吨，经各区发动社会车辆突击清运，得以解决。

1976年7月，受唐山地震影响，市区住房损坏，道路阻塞，垃圾清运受阻，天津市内六区平均日运垃圾1053吨，与1966年同期相比下降了57.7%。

1984年，10处新建住宅区日掏挖4763个垃圾楼门，清运垃圾233.5吨。

1986年6月26日，天津市区突降暴雨，全市出动15480名环卫工人、970台次车辆，清运雨后污染物，共清运垃圾污泥1.4万吨，清理道路700多条，清理被雨水淹泡的厕所300余座。

1990年，全市环卫系统共清运垃圾196.84万吨，与10年前的1980年相比，增加了113.84万吨，增长了137%。

1949～1990年间天津市垃圾清运数量统计表

表3-2-1-38

年份	垃圾产量（万吨）	年份	垃圾产量（万吨）	年份	垃圾产量（万吨）
1949	49	1963	99	1977	77
1950	55	1964	101	1978	73
1951	55	1965	101	1979	77
1952	64	1966	101	1980	83
1953	63	1967	99	1981	93
1954	56	1968	97	1982	104
1955	56	1969	92	1983	122
1956	60	1970	87	1984	139
1957	69	1971	87	1985	173.6
1958	73	1972	88	1986	181
1959	82	1973	88	1987	190
1960	94	1974	88	1988	199
1961	95	1975	89	1989	207
1962	94	1976	83	1990	197

（三）垃圾成分

20世纪80、90年代以前，垃圾主要分为五大类，即生活垃圾、商业垃圾、工业垃圾、工程垃圾和供热炉灰。其余一些废弃物品，如包装物、纸张、废金属等，虽也属垃圾范畴，但基本由废品收购人员回收再利用。据1983年2月环卫部门调查统计，全市居民日产生活垃圾3939吨；1910家小型工业日产工业垃圾956吨；2206家饮食、副食、食品门市部日产商业垃圾502吨；114家炉灰产出单位日产炉灰1270吨；工程垃圾产出不规律，平均日产2351吨。以上各种垃圾，以居民生活垃圾成分比较复杂，而且常因地区、季节、燃料等不同，差异较大。

1957年3月至1958年2月，天津市环卫管理处历经一年时间，在河北区选定居民、商业、小工业集中地区，组织人员定期收集所产垃圾，然后分拣、归类，进行分析，测定结果如下

每人每季产出垃圾量统计表

表3-2-1-39　单位：公斤

地区	垃圾数量				每人全年产出垃圾量
	春季	夏季	秋季	冬季	
居民区	59.8	42.2	47.1	70	219.1
商业区	45.5	49.1	47.6	67	209.2
小工业区	70.2	64.1	73.5	81	288.4
平均	58.5	73.5	56	72.6	238.9

各季节每立方米垃圾的重量统计表

表 3-2-1-40　　　　单位：公斤

季　节	春　季	夏　季	秋　季	冬　季	年　平　均
重　量	677	696	696	712	696

垃圾成分分析表

表 3-2-1-41

项　目	炉灰	大筛出物	小筛出物	砖瓦	果皮菜叶	动物尸体	树叶	残渣	纸	玻璃	布纤维	金属	橡胶杂品
年平均（%）	15.35	32.24	40.77	4.7	3.4	0.6	1.1	0.06	0.78	0.13	0.5	0.25	0.03
分类（%）	无机物占 93.06				有碍环境物占 5.25				可利用物占 1.69				

1964 年，天津市环卫局对市区垃圾成分进行分析，结果是：无机垃圾占 86.17%，有碍环境的垃圾占 10.97%，可利用垃圾占 2.86%。

1979 年，天津市环卫局对市区垃圾成分进行分析，结果如下：

市区垃圾成分分析表

表 3-2-1-42

项目／年份	炉灰（%）	砖瓦（%）	纸（%）	布纤维（%）	塑料（%）	金属（%）	玻璃（%）	动植物（%）
1980	88.36	4.7	0.78	0.53	0.5	0.25	0.13	4.6
1981	78.5	2	4	1	0.4	0.2	1	12.6
1984	64.6	2.5	2.4	0.8	0.3	2.1	0.8	26.5
1985	80	1	1	2	—	1	1.5	14

1986 年 1 月 8 日至 14 日，河西区环卫局对使用单气（厨房使用天然气）的尖山街金星里 83 号的 24 户居民，使用双气（天然气和暖气）的体院北 1 区 19 号的 17 户居民所产生的垃圾成分，进行调查分析，结果如下：

单气与双气居民垃圾成分分析表

表 3-2-1-43

项　　目	灰土	砖石	纸	布纤维	塑料	金属	厨余垃圾
单气居民垃圾成分（%）	75.8	1.6	3.18	5.3	0.2	0.84	13.1
双气居民垃圾成分（%）	12.1	—	9.8	—	0.17	—	76.95

80年代末期，专业部门对天津垃圾进行了成分分析，得出的统计数据如下。

垃圾成分与比例分析表

表 3-2-1-44 单位：万吨

年份	年垃圾总量	垃圾成分及占垃圾总量的百分比									
		生活垃圾		商业垃圾		工程垃圾		工业垃圾		其他垃圾	
		产量	（%）	产量	（%）	产量	（%）	产量	（%）	产量	（%）
1988	213	158	74	20	9.5	20	9.5	12	5.6	3	1.4
1989	203	160	79	15	7.4	18	8.8	9	4.4	1	0.4
1990	195	148	76	18	9.2	16	8.2	10	5.1	3	1.5

二、生活废弃物的运输

图 3-2-1-31 早期天津市清洁队的运秽拖车

1927年，中华民国直隶警察厅卫生清洁督察处，设立秽土箱，增添秽土车和土车伕，拉运积存秽土垃圾，所需费用向商家住户征收土车费。

1934年6月，中华民国河北省会公安局先后购置运秽汽车4辆，增添司机5人，由清洁队派警长8人、警士5人，各分队抽调清洁伕34人，专事市内秽土运除工作。划归天津市国民政府第4科后又增购运秽汽车6辆，增募装土伕役53人，遂设运秽汽车管理室，专管机械运秽工作。

1957年下半年，天津市环卫管理处鉴于白天收运垃圾扬尘污染空气，开始试行夜运垃圾。先在河西、河北两区试行，居民在路灯开启后将垃圾倒到指定地点，由清洁工人在路灯关闭前将垃圾运走。年底统计，天津市区垃圾清运户数48.25万户，其中夜运户数10.17万户，占21%。1958、1959年开始在市区全面推行垃圾夜运，但只有部分地区实行，至1960年天津市内六区垃圾清运户数55.95万户，其中夜运户数14.85万户，占26.5%。和平区夜运范围较大，夜运户数占49%；河东区范围较小，夜运户数占5%。垃圾夜运不能全面施行的主要原因：一是居民不能等拉土车到后，再将垃圾倒入车内，而是将垃圾直接倒在垃圾点的地上，有的清洁队干脆实行垃圾落地清运，形成垃圾二次污染。二是拉土车不再深入胡同里巷收集垃圾，距离垃圾点较远的居民就将垃圾随处乱倒，造成垃圾乱倒乱堆。三是家中无人倾倒垃圾的居民，造成垃圾积存。各区清洁队主动采取便民措施，缓解垃圾堆积现象。河东区大王庄中队重新实行小拉车深入胡同里巷收集垃圾，有的地区又延续“摇铃倒土”方式，为居民解决困难。

1978 年，各区清洁大队按照天津市环卫局部署，将农民代运垃圾收回自运，共计收回 19 个街道办事处、28 处地区，日运垃圾 186.9 吨。1981 年和 1982 年，各区清洁大队又收回 16 个街道办事处的全部地区和 13 个街道办事处的部分地区，日运垃圾 953 吨。

1979 年，全市环卫系统淘汰了运输粪便、垃圾的全部马车。

1982 年开始，天津市环卫局主动提出承运冬季销售大白菜所产的菜帮。从 11 月 1 日至 12 月 5 日，各区清洁大队出动干部职工 22606 人次、车辆 3217 车次，在日常垃圾清运后加班工作，协助 725 个副食门市部和 455 处白菜集中点清运白菜帮 51932 吨。基本做到了菜帮不堆存、不乱倒、不流汤，保持了环境清洁。

1982 ~ 1990 年间天津市清运大白菜帮的统计表

表 3-2-1-45

日　期	出动人数	出动车次	清运数量（吨）	集中点（处）	市拨补助费（万元）
1982 年 11 月 1 日至 12 月 5 日	22606	3217	51932	455	9
1983 年 11 月 1 日至 12 月 10 日	12346	3052	56389	467	9
1984 年 11 月 5 日至 12 月 10 日	10938	2399	44903	467	9
1985 年 11 月 5 日至 12 月 10 日	29226	1710	23425	482	9
1986 年 11 月 5 日至 12 月 10 日	5327	2174	38696	447	10
1987 年 11 月 8 日至 12 月 8 日	10500	2100	46804	500	12
1988 年 11 月 1 日至 12 月 5 日	9751	2435	51866	457	12
1989 年 11 月 5 日至 12 月 30 日	11358	3271	—	—	12
1987 年 11 月 5 日至 12 月 10 日	12486	4375	70000	—	12

1965 年 8 月，和平区清洁大队先后在民园等处建立垃圾楼 3 座。1972 年，南开区在五马路建了第一座“漏斗式”垃圾楼，设备虽然比较简陋，但是解决了工人手持大铁锨人力装运垃圾的问题。1973 年，第二代机械牵引、电力操作的“吊斗式”垃圾楼建成，又进一步解决了人拉小拉车上下高台的繁重劳动。

1972 年年底，天津市内六区共建各类操作方式的垃圾楼 10 座，有的垃圾楼使用钢丝绳牵引手推车上高台，但还需工人把握手推车的车把。在此基础上，和平区清洁大队在赤峰道与滨江道交口兴建了翻斗式垃圾楼，占地 70 平方米；河西区清洁大队在闽侯路兴建了升降式垃圾楼，垃圾装载设备有了新的进步。

到 1979 年，天津市内六区共建垃圾楼 22 座，全年经垃圾楼转运的垃圾占 52%，经垃圾转运点转运的垃圾占 24%，采用摇铃倒土转运的垃圾占 24%。在垃圾楼和垃圾点转运的垃圾中，由清洁队用小拉车入巷收集的占 29%，由民办保洁队收集的占 71%。

1980 年，试行密封桶、密封车运输垃圾的方式，当年添置密封桶 2286 个，改装密封车 29

辆。1982年密封桶增加到7138个，改装密封车71辆。河西、和平和河东区又采用大型垃圾箱（容积1.1立方米），用叉车装运的方式运除垃圾。到1984年，天津市内六区和塘沽区共设置密封桶7281个、改装密封车90辆，设置大型垃圾箱2742个、叉车41辆。1984年，天津市区垃圾收运方式的比例是：垃圾楼转运占52.8%，密封桶、密封车收运占12.8%，大型垃圾箱、叉车收运占6.7%，落地收运占14.6%，其他收运占13.1%。

1987年，城建部《城市容貌标准》颁发后，从下半年到年底，全市共清除垃圾杂土92394吨，清除杂物19.19万吨，清理单位、居民门前堆物13685处。

1985年5月20日，天津市市长李瑞环提出"垃圾装运时洒漏严重，要研究解决密封装运问题。"天津市环卫局立即研究采用帆布苫盖垃圾，密闭运输。至1986年5月设计改装垃圾运输卡车241辆，投入使用后效果较好。

2008年2月22日，《天津市生活废弃物管理规定》经天津市人民政府第3次常务会议通过，5月1日起施行。运输生活废弃物应使用全密闭运输专用车辆，防止撒漏、渗漏。废弃物运输车辆应做到车容整洁、标志清晰、车体完整，并具备与所运输废弃物性质相适应的条件和设施。

2010年，垃圾运输由各区市容环卫部门负责。利用5 ~ 12吨垃圾运输车将压缩式垃圾收集站或集装箱垃圾楼内的垃圾，运至大型中转站或填埋场、焚烧场进行无害化处理。全市共有垃圾运输专用车辆981部，垃圾收集站或集装箱垃圾楼223座，大型中转站5座。基本形成"密闭收集，压缩运输，无害化处理"的收运模式，转运垃圾量约为总运量的70%。

三、生活废弃物的处理

天津市区垃圾消纳，20世纪50年代以填垫坑洼为主，部分供给近郊农村用做农肥。1949 ~ 1955年，用垃圾填坑666处216万平方米。1956 ~ 1959年，用161万吨垃圾填坑366处34万平方米。天津市区内臭水大坑都是垃圾填平的。如南开区蓄水池臭坑又叫四方坑，占地130多亩，城区的雨水、污水大部分都流到这里，臭气熏天，居民管这个臭水坑叫"害人坑"。1952年，南开五马路铺设大型下水道，污水有了出处，就开始用垃圾填垫臭水坑，填平后建成了南开公园。南开区赤龙河也是有名的臭水河，1950年在河道内铺设了下水管，用垃圾填平后，建成南门外大街。河东区祥发臭水坑填平后建成了工厂和商店。河北区金钟河铺设了下水管后，用垃圾填垫成金钟河大街。

20世纪60年代后，垃圾消纳开始以供肥为主。因天津近郊农民早有用垃圾做园田底肥的习惯，农民把垃圾土叫"岗子"，使用岗子既能松软土地，又可增加肥效，所以农民都喜欢用它施肥。据1966年年底统计，天津市内六区清洁队在四个郊区设垃圾供肥点26处，日送垃圾1263吨，占垃圾清运总量的83%，其余17%约255吨按日运到各区垃圾粪便处置场堆肥。到1979年，天津市内六区清洁队在四个郊区设垃圾供肥点19处，日送垃圾1476吨，占垃圾清运总量的74%，其余26%约518吨按日运到各区垃圾粪便处置场堆肥。

河北区环卫局在小淀垃圾处理场进行种植业、养殖业试验，饲养猪、鸡，用猪粪、鸡粪提高堆肥的肥效，种植各种蔬菜。

由于生活垃圾中，煤球灰的比重占80%以上，长期施于农田、菜田，使土地形成渣化。20世纪70年代中期，郊区农民开始拒绝使用垃圾肥料，垃圾肥料没有了出路，利用农田消纳垃圾的办法宣告结束。

1986年，为探索解决城市垃圾的消纳问题，市长李瑞环提出了用垃圾堆山造景的设想。5月27日，市长李瑞环主持召开了垃圾堆山现场办公会，确定在水上公园西南侧，征地1000亩，计划堆山占地600 ~ 700亩，高80 ~ 100米，利用生活垃圾与工程废土分层堆山。会后，短时间内完成了山体设计、组织领导、工程机械筹集等工作。年底进土90万吨，1987年进土80万吨，1988年进土15.7万吨，1989年进土1.7万吨，1990年进土5.4万吨，填垫了山体基础。2000年前，累计收容建筑工程渣土、混凝土大块、无害化工业垃圾320万立方米，接纳墙子河、卫津河河道淤泥80万立方米，完成了山体迁移工程30多万立方米。

2001年制定了垃圾堆山造景工程项目详规，总规划面积39.86万平方米，工程用地33.5万平方米，其中：山体占地12.16万平方米，山体主峰高52.11米，水域面积8.5万平方米，绿化面积31.92万平方米。

图 3-2-1-32 堆山公园沙盘模型

图 3-2-1-33 建成后的南翠屏公园

1990年，对全市7个垃圾处理场进行了全面清整，初步建立了垃圾处理基础技术资料，在原有基础上进一步配置充实了筛选设备。

1998年，利用世界银行贷款，设计日处理2700吨垃圾的双口垃圾填埋场项目开工兴建；引进外资合作兴建的双港垃圾焚烧场项目开始前期准备工作。

2000年，关闭了外环线两侧221处垃圾卸地，清运垃圾480多万吨。完成了潘楼垃圾中转站和贯庄垃圾处理场一期收尾工程，汉沽、大港、蓟县垃圾处理场按设计规划开始兴建。

2001年，与美国捷特公司合作建设贯庄垃圾处理场项目，完成了合作合同、公司章程的谈判、起草、修改和签约工作，并完成项目可行性研究、报批和合作公司注册报批等前期工作。开始与美国希望公司合作进行有关垃圾处理技术工艺可行性研究；配合泰达公司开展双港焚烧处理项目的前期准备工作；与香港力科公司共同完成有关处理项目的预可行性研究。

2003年8月5日，天津市人民政府批转发布《关于加强城市生活垃圾处理管理工作的实施意见》（津政发〔2003〕第89号），要求落实城市生活垃圾处理管理责任制，制定和完善生活垃圾处理规划；加快城市生活垃圾处理设施建设，提高垃圾无害化处理能力；抓紧建立城市生活垃圾处理设施建设和运营的保障机制；加强城市生活垃圾临时消纳卸地的管理和监督；积极实施城市生活垃圾袋装密闭收集管理工作；大力推行城市生活垃圾的减量化；建立城市生活垃圾处理管理考核机制，加强日常管理的监督考核；加大城市生活垃圾处理管理执法力度，严格控制生活垃圾污染环境。

2008年2月22日，《天津市生活废弃物管理规定》经天津市人民政府第3次常务会议通过，5月1日施行。规定对生活废弃物的治理，实行无害化、资源化、减量化和“谁产生谁负责”的原则，逐步实行分类收集，推行生活废弃物的综合处置，促进生活废弃物的循环再利用。

1990～1998年天津市垃圾产量和无害化处理率统计表

表3-2-1-46

年份	垃圾清运总量（万吨）	无害化处理率（%）	年度	垃圾清运总量（万吨）	无害化处理率（%）
1990	219	40	1995	180	55
1991	233	25.8	1996	186.27	57.5
1992	230	40	1997	187	55
1993	214	44.1	1998	181.47	55
1994	209	55			

四、征收城镇居民生活垃圾处理费

2001年5月24日，天津市人民政府发布《天津市征收城镇居民生活垃圾处理费实施办法》（津政发〔2001〕36号），对城镇居民征收生活垃圾处理费。凡天津市城镇居民和按规定应当办理暂住证的外埠到津人员，均应交纳城镇居民生活垃圾处理费。

收费标准：未实行物业管理的居民每户每月征收5元，不再另外征收每户每月2元的居民保洁费；物业管理小区内的居民每月每户征收 3 元；暂住人口每人每月征收 2 元。享受国家定期优恤的优抚户和生活特困户，经所在街道办事处或镇人民政府核准后可免交。

凡按每户每月征收 5 元生活垃圾处理费的，区、县财政应当将其中 2 元返还街道办事处或镇人民政府，专项用于居民区清扫保洁和垃圾收集费用的支出。

第二节 餐饮废弃物无害化处理工程

天津市餐饮废弃物无害化处理工程是天津市人民政府《2008—2010 年天津市生态市建设行动计划》149 项重点工程之一，同时也是落实人大代表建议市人大、市政府的重点督办件。

餐饮废弃物主要是餐饮垃圾和厨余垃圾，是指食品生产加工、饮食餐饮、单位供餐过程中产生的食物残渣、残液和废弃食用油脂等废弃物。到 2010 年，天津市从事餐饮业的业主近 2 万家，日产餐饮垃圾数百吨。长期以来，餐饮废弃物一直处于管理无序、任意处置的状况。大量的餐饮废弃物流向养猪场和地沟油炼制窝点，带来严重的食品安全隐患。特别是，餐饮垃圾收集运输工具简陋，在餐饮垃圾收集运输过程中“抛洒漏滴、异味熏人”现象严重，一直是市容环境中的难题。

图 3-2-2-34 简陋的收运工具，造成抛洒漏滴

一、建章立制

2008 年 3 月 12 日，天津市人民政府发布 1 号令,《天津市生活废弃物管理规定》于 2008 年 2 月 22 日经天津市人民政府第 3 次常务会议通过，自 2008 年 5 月 1 日起施行。对居民生活垃圾、单位生活垃圾、道路清扫垃圾、公共场所垃圾、商业摊点垃圾、集贸市场垃圾、餐饮垃圾、建筑垃圾等废弃物的产生、清扫、收集、运输、处置进行管理和治理，实行无害化、资源化、减量化和“谁产生谁负责”的原则，逐步实行分类收集，推行生活废弃物的综合处置，促进生活废弃物

的循环再利用。

2008年11月27日，天津市市容委为全面、准确贯彻实施天津市政府颁布的《天津市生活废弃物管理规定》，制订了《天津市餐饮废弃物管理实施细则（试行）》，对餐饮废弃物从产生源头、收运过程到后续处置，实行全过程监管、全方位考评。

2009年5月27日，天津市市容委下发《天津市关于开展餐饮废弃物管理专项整治工作实施意见》，按照《天津市生活废弃物管理规定》和《天津市餐饮废弃物管理实施细则（试行）》中明确的责任，依据城市生活废弃物分类收集、分类处理的原则，结合餐饮废弃物无害化处理工作的实际需要和餐饮废弃物无害化处理设施的建设情况，在全市开展餐饮废弃物管理专项整治工作。

2009年5月28日，天津市市容委制定了《餐饮废弃物处置企业运行监管内容和程序（试行）》和《餐饮废弃物管理监督检查办法（试行）》，依据《天津市生活废弃物管理规定》和《天津市餐饮废弃物管理实施细则》，加强对全市餐饮废弃物无害化处理的管理，提高餐饮废弃物无害化处理水平。天津市生活垃圾处理中心负责全市餐饮废弃物的行业管理和统一协调工作，对餐饮废弃物处置企业生产运行实行日常监管和季度、年度考核相结合的管理办法。

二、管理工作

2009年，按照《天津市餐饮废弃物管理专项整治工作实施意见》的要求，各区县对辖区内餐饮企业、餐饮废弃物产生单位和违规处置餐饮废弃物处置场所进行摸底调查，建立台账档案。

2009年5月，天津市餐饮废弃物管理专项整治工作部署会议召开。18个区县的市容、环卫、综合执法部门和天津市发改委、公安局、工商局、环保局、卫生局、技术监督局、交管局、畜牧中心等部门有关人员参加会议。会议要求严格落实属地管理原则，坚持政府统一领导，部门各负其责，形成齐抓共管良好局面。严格落实管理职责、监管职责，加强检查指导，完善考评机制，把握好责任、考评和奖惩三个环节。将餐饮废弃物管理工作纳入市容环境考评体系中，对措施不落实、责任不到位、监管有漏洞的单位，实行领导问责制。

从2009年9月开始，天津市市容委在滨海新区、市内六区和环城四区，相继组织开展了餐饮废弃物治理和无害化处理试运行工作。市、区分别成立了餐饮废弃物专项整治工作推动组，深入各区进行指导、督促、检查、推动餐饮废弃物治理工作。

2010年下半年开始，按照城市管理工作考评标准，将餐饮废弃物管理纳入各区城市管理目标考核体系，对各区餐饮废弃物无害化处理进行考评。各区结合本区特点及餐饮服务单位的实际情况，采取适合本区域的管理模式，逐步在餐饮单位比较集中的路段和片区督促餐饮废弃物产生单位签订收运协议，将餐饮废弃物交予取得特许经营权的企业进行收运和无害化处理。建立台账5543家，签订收运协议1326家，实际收运828家。

按照国家发改委、住建部、环保部、农业部《关于组织开展城市餐饮废弃物资源化利用和无害化处理试点工作的通知》（发改办环资〔2010〕1020号）要求，天津市市容委与天津市发改委、津南区政府等共同组织编报了《天津市津南区餐厨废弃物资源化利用和无害化处理实施方案》，并获批准。

2010 年 1 月，天津市市容委下发了《关于取缔非法处置餐饮废弃物场所的通知》，环城四区综合执法部门按照通知要求，开展了专项整治行动，取缔了 40 余处违规处置餐饮废弃物场所。3 月，成立了市区两级餐饮废弃物无害化处理专项推动组，对非法处置餐饮废弃物场所及非法排放、收运、处置餐饮废弃物的单位和个人进行整治。

天津市市容委和天津市综合执法局、天津市生活垃圾处理中心根据天津市市容委《关于对餐饮废弃物无害化处理工作进行考评的通知》（津容废〔2010〕315 号），对各区落实餐饮废弃物无害化处理情况进行了检查考评。

2010 年 3 月 26 日，天津市发出《关于开展餐饮废弃物无害化处理试运行工作的通知》，成立市区两级餐饮废弃物无害化处理专项推动组。天津市餐饮废弃物无害化处理推动组由天津市综合执法局、天津市市容园林委相关处室和天津市生活垃圾处理中心组成。主要负责对各区工作进行督查指导，负责与各区沟通联系，负责协调解决工作中遇到的问题。对各区登记建档、收运、投诉举报受理办复及违规案件查处情况进行检查考核。

组织开展餐饮废弃物无害化处理的宣传工作，开展餐饮废弃物处理有关法律、法规和政策知识的社会宣传和餐饮废弃物无害化处理试运行工作报道；对餐饮废弃物处理企业进行监管。区餐饮废弃物无害化处理推动组主要负责制定本区餐饮废弃物无害化处理工作安排和具体措施。区环卫主管部门负责组织辖区内餐饮服务单位的登记建档工作；组织辖区内餐饮废弃物产生单位与具备餐饮废弃物无害化处理特许经营权的企业签订收运协议，对拒不签订收运协议并违规排放餐饮废弃物的，转移区综合执法部门依法处罚。开展餐饮废弃物专项治理活动。

从 2009 年 9 月开始，天津市市容园林委组织在天津市内六区、环城四区和滨海新区、相继开展餐饮废弃物无害化处理试运行工作。河西区、和平区、河东区、北辰区、西青区、津南区、开发区、保税区等区结合本区地域特点及餐饮服务单位的实际情况，采取适合本区域的管理模式，组织本辖区餐饮服务单位召开动员会，并在餐饮单位比较集中的路段积极督促餐饮废弃物产生单位签订收运协议，将餐饮废弃物交予取得特许经营权的企业进行无害化处理。

2010 年 1 月，天津市市容园林委下发了《关于取缔非法处置餐饮废弃物场所的通知》，环城四区综合执法部门按照通知要求，开展了专项整治行动，取缔非法处置场所 22 处。

图 3-2-2-35 南开区环卫局福润公司研发的餐饮垃圾处理成套设备

三、经营企业

2006 年 11 月，南开区环卫局福润公司采用垃圾制肥工艺技术，研制开发了餐厨垃圾制肥设备。全年制造有机肥料110余吨，对餐饮垃圾进行无害化、资源化和减量化处理。

2009年2月，天津碧海环保技术咨询服务有限公司经过公开招投标中标，获得了天津市餐饮废弃物收集处置特许经营权，该公司在津南区小站镇黄台工业园建设的餐饮废弃物处理厂，占地面积约为40亩，工程投资总额8755.32万元人民币，处理规模设计能力为300吨/日，日处理餐饮废弃物能力可达50～100吨。餐饮废弃物将采用全密闭处置技术，配备了5000只具有良好密闭性的餐饮废弃物收集桶，保障餐饮废弃物不会出现异味四散。具有自卸功能的80辆专门用于运输餐饮垃圾的密封垃圾车，在倾卸过程中可以避免二次污染，而且在采集运输过程中不会因颠簸发生渗漏。餐饮废弃物到达工厂后，要先进行脱水处理，然后将里面的餐巾纸、塑料袋、一次性餐筷等不可利用的垃圾分拣出来，之后，餐饮废弃物将被放置到发酵罐中，添加菌种进行生物发酵。经过约10个小时的处理后，各种有害细菌将被消灭。经过“无害化”处理后的餐饮废弃物可制成有机肥和工业油脂再次利用，且不会产生二次污染。

图3-2-2-36 碧海公司的员工在进行餐饮垃圾收运

2009年9月15日，天津市首台餐饮垃圾粉碎制肥机在南开区亮相，餐饮垃圾送进机器加工后可在30分钟内变成颗粒肥料，减少二次污染。制造出生物有机颗粒肥，肥料含30%的树叶发酵肥和70%的餐饮垃圾发酵物，餐饮垃圾生物有机肥的含盐量达到1%以下，符合国家规定标准。餐饮垃圾粉碎制肥成套机械设备每天可处理15吨半流质餐饮垃圾，餐饮垃圾生物有机肥适合蔬菜、水果树木及各类南方花卉种植，达到了变废为宝的目的。

2010年3月15日，北辰区举行餐饮废弃物集中收运启动仪式。之前，北辰区重点对区内产生餐厨垃圾的单位进行宣传引导，着力推进餐饮废弃物无害化处理工作，并在全市环城四区率先启动集中收运，有效解决餐饮废弃物违法排放、收运、处置等问题。区内政府机关、企事业单位、学校、医院、大型酒店等221家已签定协议的单位成为首批集中收运单位，餐饮废弃物无害化处理达到100%。餐饮废弃物集中收运工作，完全实施市场化运作模式，全权委托天津市大型餐饮废弃物处置特许经营企业——天津碧海环保技术咨询服务有限公司运营，全区每日集中收运餐饮废弃物约30吨，不产生二次污染。与此同时，北辰区加大对非法收运单位和

图 3-2-2-37 自动化收集餐饮废弃物专用车在启动仪式上亮相

个人的打击力度，并彻底摧毁地沟油提炼“窝点”，减少城区污染。

第三节 粪便收运处理

一、粪业演变

天津粪业已有百年历史。1949 年以前，天津市区约有 180 万人口，所产粪便的 20% 由下水道排出，其余由私营粪商雇工掏挖、晒干，卖给农民种地施肥。天津解放初期，天津市区有私营粪商 340 家、雇工 3015 人。私营粪商主要是三种类型，一是粪霸，把持部分粪道、公厕，雇工作业，垄断粪价，掌握粪业公会；二是一般粪商，占有部分粪道、公厕，雇工作业；三是个体劳动者，占有少量粪道、公厕，本人进行掏粪、晒粪作业。

粪商占有粪道基本有 5 种手段。包括：经过投标承包（实际也需花钱运动）；买：置为私产，可租可卖，辈辈下传；建：遇有新建房主，给修建厕所或设置灰桶，有的选定适合地点建成公厕；占：凭借官方和黑恶势力，霸占粪道，据为己有；租：从占有粪道、公厕者手中租来经营。

凡属私营粪商个人占有的粪道、公厕，均立有字号，如宝记号、玉永丰粪厂等名称，在工商局领有营业执照，据为私产，可任意租卖，传给子孙，有的私营粪商嫁女，将粪道作为嫁妆陪送。私营粪商所雇佣工人，多来自山东等地农村，逃荒到津谋生，私营粪商一般管吃住，没有工钱。私营粪商所掏粪便，就在市边，甚至市区公厕旁边晒干，因此，严重影响城市环境卫生。

1950 年 1 月，天津市卫生局环卫处接管了六区贺家口子私人经营的粪污事务所，建立公营粪便清除一厂，负责一、六、十区部分粪便的清除。

1950 年，《天津市政》第 14 期刊登了“天津市粪业集体合同续订工作报告”。报告记载：“粪业首期集体合同于今年二月三日签字，从二月一日起生效，至四月底满期，劳资双方于期满后曾数度交换意见，到五月十八日才通知劳动局参加劳资双方关于续订合同的座谈会，天津市粪业集体合同续订工作完成。”

1950年4月3日，天津市人民政府召开粪道处理会议，决定：一、六、十区的粪道原出租和承包部分收回自办；加强对私营粪商管理，进行注册登记；对独立劳动的小生产者与之合作经营；另拟具体管理办法并张贴布告，予以公示。

1950年5月10日，天津市人民政府批准实施《天津市私营粪商及私建公厕暂行管理办法》，宣布粪道属于公有，废除私人占有粪道做法。开始对私营粪商进行登记，市区共登记574户，审查批准继续经营的208户，不合格的294户。1950年6月，接收了一区土场路贺家粪厂，成立公营粪便清除一厂的分厂。9月，接管了民政局经营的裕民粪厂，成立公营粪便清除二厂，负责二、四、五区的部分粪便清除工作。12月，又在三区成立公营粪便清除三厂。总计3个粪便清除厂每日共清除粪便700余筐，可解决全市七分之一人口的粪便。当年根据管理办法，将308处晒粪场迁出市内。

1951年7月，结合粪业公会、水粪业会及各区公所，重新对私营粪商进行登记，共登记533户，经审查批准408户。8月17日，经天津市人民政府批准，天津市卫生工程局制发粪工袖章917个，发给粪便清除工人佩戴，以加强对私营粪商的监督管理。当年，结合镇反运动，接管反革命分子占据的、不遵守法令的及无力经营的粪道4980门和私建公厕44座。动员迁移四区大直沽、六区王家房子及九区十间房等地区计60户私营粪商使用的晒粪场3处。取缔西官场、菜桥子西、清和大街等私营粪商的粪便转运站21处。9月7日，将公营粪便清除一厂的分厂扩充为公营粪便清除四厂，负责一、七、八、十一区部分地区的粪便清除工作。将九区竹林村一带及子牙河南岸共30多户私营粪商的晒粪场迁到柳滩村。

1952年，结合开展爱国卫生运动，将围绕市区四周的零散粪厂合并集中管理，即柳滩、盐坨、许家坟地、南大桥、建华窑地、尖山、西营门外、大同门外共8处。

1952年及1955年，经天津市人民委员会核准，采用收回粪道、公厕的办法，接管了河北区的私营粪商32户以及河西区的全部私营粪道、公厕。至1955年年底，全市尚有私营粪商378户，分布在和平、河东、河北、南开、红桥5个区。1953年7月15日，成立公营粪便清除五厂，负责红桥区粪便清除工作。1954年6月1日，“天津市卫生工程局粪便清除所”正式成立，下设4个分厂，共有工人237人，初步建立起了粪便清除专业队伍。

1955年，对私营粪商进行社会主义改造，按1955年6月17日天津市人民委员会批准收回粪道、公厕方案，原则采取接管形式，将个体劳动者全部吸收为清除工人；对雇主自愿参加劳动的，按改造为自食其力的劳动者的原则，予以吸收安置，对其粪车、马匹等工具核价租用（相当于合营定息）。对人员的安置分别情况处理，工人中丧失劳动力的，原则包下来，其中有家可归的发给5个月工资，作为退休生活补助费；雇主老弱的，家庭生活无问题不再照顾，以粪业为生的给予150元以下生活补助费。根据天津市人民委员会指示，天津市卫生局建立粪业改造办公室，各区在区人委领导下建粪业改造工作组，开始对粪业进行社会主义改造。至1956年1月27日结束，共改造粪业320户（雇主100户，个体劳动者220户），共计546人（其中工人202人），共接受粪道25195门、公厕368座，核价租用掏、运粪工具，其中粪车362辆、牲畜280头、工具2486件、用房8间，评价总值29534元。1956年2月17日，建立公营粪便清除六厂，负责二、八区粪便清除工作。至此私营粪商改造完毕，市区粪便全部由粪便清除专业队伍管理起来。

1950～1957年间天津市公营粪业增长及私营粪业消失逐步变化情况表

表3-2-3-47　单位：%

年　份	1950	1951	1952	1953	1954	1955	1956	1957
公营粪业百分比	3	16	28	37	47	70	99	100
私营粪业百分比	97	84	72	63	53	30	1	0

1960年，由于清洁队人力不足，将部分偏僻公厕交由近郊农业社、队清掏，仍照价付给清洁队粪款。据1961年9月统计，天津市内六区管理的866座公厕，交由农民代掏的376座，占43.4%。

1981年，随着各区清洁队人力增加以及农村改革，代掏公厕逐步收回。

私营粪商改造以后，市区边沿地区还有一些分散的个体拾粪者，亦拾亦偷，到处晾晒，妨碍环境卫生。1958年1月28日，天津市人民委员会批准实施《天津市粪便厕所卫生管理办法》，按照规定对市边个体拾粪者进行调查处理。市内8个区共有拾粪者495人，经动员还乡的91人，放弃拾粪的211人，还有农业户自用的6人，老弱者60人、青壮年27人。对确实以此为生的，规定分片拾粪，所拾粪便由所在区清除队按日收购，统一处理。1963年，市边缘地区共有拾粪者550人，经批准发证的215人，分区编为22个组，指定存粪地点16处。1966年，市内5个边缘区有拾粪者193人，所拾粪便改由附近生产队收购，1979年以后，随着农业形势的变化，拾粪者逐步消失。

二、粪便收集

（一）粪便收集方式

早期，天津市区粪便收集方式主要是两种，一是公厕稀粪掏挖；二是入户磕灰。1963年以前，是用人力小粪车深入胡同里巷逐户逐厕掏挖。每辆小粪车上放4个稀粪箱或4个灰粪筐，稀粪小车装满后共重432公斤，灰粪小车满载重396公斤。

据1964年统计，市内六区每日共负责收集灰桶户46372个门、出动278名工人、用206辆小车、日收集灰粪288.5立方米，平均每人每日收集5.75小车，约计1.04立方米灰粪。同时出

图 3-2-3-38 人力小粪车深入胡同里巷逐户逐厕收集粪便

动稀粪清除工人 239 人，用小稀粪车 201 辆，按日清除 518 座公厕（不包括农民代掏的公厕及塘沽区的公厕）、4835 座户厕的粪便，日清除 218 立方米稀粪，平均每人清除 4.33 小时，计 1.08 立方米稀粪。

1965 年开始改用三轮铁罐小稀粪车及人力铁罐车收集粪便，三轮铁罐车满载后，车、粪共重 421 公斤。将小铁罐车收集的粪便倒入储粪池，再用吸粪汽车抽走，运到垃圾处置场晾晒或制成垃圾混合肥出售。

磕灰，是清洁工深入居民住户清除粪便。那时都是小平房，公共厕所很少，女厕所更少。人们不得不在拥挤的小院最隐蔽的角落里，放置一个木桶，供女人们方便用。方便后用煤球炉子烧过的乏炉灰，一层一层垫盖木桶里的粪便，由于要把粪便盖严实，所以用的炉灰较多，因此，也称为灰桶子。每天，清洁工拉着小车，摇着铜铃铛，各家就把灰桶子拿出来倾倒。因为灰桶子需要在粪车边缘上磕一下，才能将桶内灰粪倒干净，所以天津人叫“磕灰”。为提高为人民服务的工作质量，清洁工还身背粪筐，深入居民院内，挨院收集粪便，背出来后，再倒入小粪车了。20 世纪 60 年代，南开区清洁大队自编自演的表演唱《小粪车，我的好朋友》，参加了全市职工文艺会演。“小粪车，我的好朋友，天天我拉着你到处走。我在前，你在后，天天我拉着你到处走。我想起刚来时候，师傅叫我怎样拉你走，（拐弯向前看，注意保安全！）。工作加仔细多把那意见收，要把方便给群众留。嘿嘿、嘿嘿拉起粪车跑得快，我的心里乐悠悠。祖国需要我拉粪车，我一辈子干不够。”中间一句“拐弯儿往前看，注意保安全”的数板，至今脍炙人口。

“文化大革命”前，天津市市长胡昭衡曾经参与磕灰劳动。胡昭衡号召全市人民大搞爱国卫生运动，规定每月最后的周日，为全市集体搞环境卫生的时间，并且各企事业单位、机关部队学校一律半天义务劳动搞卫生。胡昭衡带头全程参加，去过南市清和街管界的平民小院“磕灰”。他身穿蓝色帆布工作服，头上戴草帽、脸上戴口罩，肩挎大粪筐，一趟一趟从一个一个小院儿的茅房里，把粪便挎出大杂院，倒到车内。

1984 年，为了取消老城厢平房居民区的灰桶子，南开区政府出资在老城厢新建 14 座公厕，解决老百姓如厕难的问题，撤掉了 90% 的灰桶子。特别是危改后，成片的老旧平房夷为平地，居民楼拔地而起，灰桶子彻底消失，磕灰工也“失业”了。2003 年，老城厢平房拆迁，磕灰工种彻底告别了历史。曾住在老鼓楼北门里口的南开区环卫局工人曹福兴，是津城最后一个磕灰工。危改不仅使他告别了磕灰工作，当上了环卫管理员，还使他告别了鼓楼旧居，搬进了新楼。

1975 年以后，随着机械化程度的提高及沟式水冲厕的改建，陆续采用小机动吸粪车及小机动粪罐车收集粪便，1981 年统计，天津市内六区及塘沽区的清除工种，共有小型吸粪车 20 辆，小机动粪罐车 52 辆。随着旱厕改水冲式厕所的数量不断增加，真空吸粪车取代了小型吸粪车和小机动粪罐车收集粪便。

（二）粪便清除数量

1952 年年底，公营粪便清除一、二、三、四厂共负责粪道 18895 门、公厕 267 座，日清除粪便 138 吨。至 1960 年，市内六区粪便清除队共清除公厕 905 座、户厕 3906 座、灰桶子 68527 个和 336 个化粪井、62 户牛马粪。全年共清除粪便 25.21 万吨，平均月产 2.1 万吨、日产 690 吨。

“文化大革命”时期，天津市 14 部吸粪汽车每天只能出勤 5 ~ 6 部，粪便清除量骤降，有的地区储粪池粪便外溢，河东、红桥、南开等区只得把部分公厕暂交农业社队无偿代掏。

1976 年唐山地震，波及天津，大量建筑损毁，稀粪产量只有原产量的 60%、灰粪只占 23%。

1981 年年底，天津市内六区和塘沽区清除专业队负责公厕 1355 座、新村厕所 55 座、户厕 801 座、灰桶子 6208 户，全年共清除粪便 18.7 万吨。

1984 年，开始兴建里巷厕所，消除了 3642 个灰桶子，清除专业队主要任务是管理好公共厕所。

1949 ~ 1997 年间天津市粪便清除数量表

表 3-2-3-48

年份	清除数量（万吨）	年份	清除数量（万吨）	年份	清除数量（万吨）	年份	清除数量（万吨）
1949	0.8	1961	28	1973	11	1985	23.1
1950	0.8	1962	23	1974	10	1986	23
1951	1.3	1963	22	1975	10	1987	24.5
1952	2.6	1964	24	1976	12.2	1988	23.6
1953	3.9	1965	20	1977	14.8	1989	24
1954	3.8	1966	18.7	1978	15.3	1990	24.9
1955	6.6	1967	18	1979	15.5	1991	24
1956	15	1968	16	1980	18.5	1992	25
1957	13.9	1969	15	1981	18.7	1993	22
1958	14.3	1970	13	1982	20	1995	17
1959	24.8	1971	12	1983	24.5	1997	16
1960	25.5	1972	12	1984	27.35		

20世纪90年代初期，随着公厕三格化粪井的改进，居民楼内的粪便通过化粪池从污水管道排放，粪便清除数量明显减少。

三、粪便运输

（一）陆路运输

天津解放初期，粪便运输主要靠马车。1952年，增购5辆汽车运输粪便。1957年，天津市环卫管理处将各粪便清除队下放各区时，计有稀粪汽车6辆、灰粪汽车15辆、稀粪马车93辆，灰粪马车92辆。1961年，天津市内六区日清除粪便886立方米，其中汽车运输占68.9%、马车运输占31.1%。和平、河西、南开三区的粪便，已全部使用汽车运输。

图3-2-3-39　20世纪90年代的真空吸粪作业车

1963年7月，在和平区开始试用真空吸粪车吸粪，效果明显。到1966年真空吸粪车已发展到19辆。随着公厕三格化粪井的改进，粪便化解后多数顺下水道排放掉，粪便清运数量逐年下降，但机械吸粪的比重加大。1975年底真空吸粪车增加到33辆，随即淘汰了马车，全部使用汽车吸掏粪便。1985年，天津市环卫系统有真空吸粪车100辆，2010年增加到126辆，成为粪便运输的主要运载机具。

2010年，开始使用由吸粪车将小型化粪池的粪泥抽取后，运往粪便处理厂进行无害化处理的作业方式，随之粪便清运实现了全过程的机械化操作。

（二）船运粪便

1953年11月20日，天津市公共卫生局提出对市区粪便实行船运的方案。1954年3月6日，天津市人民政府批准船运实施方案，基建部分核准投资96.6亿元（旧币），选定南郊区大赵北庄以东海河岸做制肥场，面积为606.68亩，卸粪码头确定4处：南运河三元村河岸，北运河白庙河岸，河西区复兴门城防河上河圈村，东郊区海河支流引河岸娄庄子附近。1954年7月5日，由河北省内河航运管理局移交木船工人124人，8月又由该局调拨木船40艘，机拖船4艘（35～40吨），建立了粪便船运队。为运粪方便，添购矿斗车30辆，轻便铁轨800米。赵大北庄制肥场建筑面积1095平方米，总计用款74亿多元（旧币）。船运粪便在实践中首先遇到的问题是：制肥场四周低洼无通畅道路，雨季无法取、送粪便；河汛时期，由于水涨船高，白庙及三元村的粪船，不能通过市内的8道桥梁；娄庄子码头因河岔经常淤塞无水无法使用；冬季河水冻冰时期不能行船，全年只有5个月时间可以运输粪便。

1956年3月12日，天津市公共卫生局根据天津市人民委员会的通知，将粪便清除所人员及财产全部无偿移交给天津市郊区供销合作社。

1957年1月28日，天津市郊区供销社向天津市人民委员会提出取消船运粪便的报告，经天津市人委同意，天津市郊区供销合作社将机船2只、木船28只，连同木船工115人、机船工人12人、干部5人共132人，移交给河北省内河航运管理局。将白庙、三元村、上河圈3座码头移交给交通局。1957年8月27日，天津市公共卫生局将南郊赵北庄制肥场的房屋93间（计1095平方米），移交给天津市第一轻工业局作为疗养院使用，该局在市内调给环卫职工宿舍7～8间。船运粪便工作全部结束。

（三）污水收运

1949年天津解放后，天津市人民政府召开各界代表会议决定："从1950年起在市政工程上将集中力量致力于全市下水道的铺设及污水粪便的处理，以期逐步改善城市环境卫生。"

1950年9月，天津市卫生工程局添置污水马车70辆，增加清洁工人150人，分别由各区清洁队管理，设站收集清运部分无下水道地区居民的生活污水。同时沿河建设污水簸箕（既像簸箕状的斜坡）35处，以便居民倾倒污水。1951年，年运除污水15054万升。1952年污水马车增加到78辆，年运除污水16255万升。随着下水道的铺设，1956年，污水马车减少到30辆，年运除污水8528万升。到1961年，仅河北、河东、南开、红桥4个区共有污水马车12辆，承担9009户居民的污水运除任务，年运除污水689万加仑。到1963年市区只个别地区尚有马车清运污水，塘沽区到1972年留有污水车3辆，以后逐步消除。

四、粪便处理

天津市区粪便处理，在1955年以前都是晾晒粪干出售。1955年改用稀粪、灰粪混合封闭处理。1958年，采用高温堆肥方式处理。1966年以后，直接运往农村的稀粪逐渐增加。到20世纪90年代，由下水道直接排放的数量越来越多。

（一）晾晒粪干出售

由于天津是大城市，生活水平略高于其他地区，所以，天津市区的大粪，在华北地区农村中是比较有名的，因此粪价也相对较高。1955年以前都是晾晒粪干出售。以筐计量，每筐约合30公斤，粪价按当时的稻米平均价格计算。如果付现款，每筐粪干按1～1.5公斤稻米计价。如果是赊购，1～6月份的粪干，每筐按1.25～1.5公斤稻米计价；7～9月，每筐按1.125～1.25公斤稻米计价。7～9月份的粪干价格低，是因为夏季人们多食清淡食物，粪便的质量较差。而春节期间的粪价最高，是因为人们食用鱼肉较多，粪便的质量较高。检验粪干质量，是用白瓷碗将粪干用热水化开，水面上浮着油花多的最好。

1952年，改用人民币付款，粪干的售价分为3类。特字粪：既用掏坑厕所的粪便晒干，每立方米约晒粪干9筐，每筐售价1～1.2元。甲字粪：将65%的纯稀粪和35%的灰粪（少量的兽杂粪）混合晒成粪干，每筐售价0.55元。乙字粪：将45%的纯稀粪和55%的灰粪（少量的兽杂粪）混合晒成粪干，每筐售价0.48元。

1953年，乙字粪粪价提高到0.5元。同年，公营粪便清除各厂所产粪便改由天津市郊区供销合作社统一包销，甲级粪干（纯人粪70%、灰土及兽杂粪30%）每吨18万元；乙种粪干（纯人粪60%、灰土及兽杂粪40%）每吨16万元。

第一个公营粪便处置场在尖山建立，占地100市亩，主要处理方式就是把粪便晾干，出售给农民种地施肥。

（二）混合封闭处理

1955年，公营粪便清除各厂所产粪便，不再晾晒粪干，改用稀粪、灰粪混合封闭处理，计价也改为按立方米计算，20筐折为1立方米，每立方米售价9元。

天津市区居民粪便主要分为3种，一是灰粪，居民在木桶里垫上煤球炉灰，在灰上解大便，是家用简陋便桶，所出粪便，灰、粪各半，有时灰比粪多，所以叫灰粪。二是掏挖厕所里的粪便，含水较少，也叫标准粪。三是沟式或水冲厕所化粪池内的粪便，含水比例大。第二、三种粪便都叫稀粪，清除工人俗称“大活”。

各区清除粪便的质量，因灰桶户数、沟式或水冲厕所的数量不同而有所差异。20世纪50年代，据农林局化验：纯人粪（湿）含氮量为1%，既每50公斤粪便含氮0.5公斤，可折合豆饼8公斤。粪干含氮量为0.9% ~ 2.2%，每50公斤粪便可折合豆饼7.5 ~ 18公斤。稀粪的含水量也因厕而不同。

1967年粪便含水比例检测结果一览表

表3-2-3-49

区别	标准粪含水（%）	化粪池含水（%）	区别	标准粪含水（%）	化粪池含水（%）
和平	75.0	86.5	河北	75.0	83.9
河东	74.6	85.8	河西	75.0	84.2
南开	74.7	89.3	平均	74.5	85.9

随着改造、新建的公厕数量越来越多，使用灰桶的户数越来越少，1964年清除的粪便中，灰粪占57%，而1981年灰粪只占0.03%，1984年后基本没有了灰粪。同时随着沟式和水冲厕所的新建、改造，掏坑厕所也随之减少，标准粪便也越来越少，因而粪便质量明显下降。

（三）高温堆肥处理

1958年，各区开始采用垃圾粪便混合高温堆肥办法处理粪便，取消甲字粪、乙字粪之分，一律按立方米出售，每立方米仍售价9元。1964年4月28日，天津市人民委员会发出《关于加强城肥管理的指示》，规定降低粪价，稀粪每立方米由9元降为7元，灰粪由9元降为2.5元。1979年8月22日，天津市革命委员会办公厅发出《关于降低城市粪肥供应价格的通知》，规定稀粪每立方米由7元降为2.5元，混合肥按每立方米实际掺入的稀粪数量收费，每立方米另收加工费 0.5 元。

1959 年，天津市环卫管理处在全市推行河北区插竿堆肥法、河西区冬季堆肥法。由于河西区垃圾粪便处置场多年来一直坚持高温堆肥，而且场内整洁美观，基本无蝇，受到建设部、中央爱委会及兄弟省市的赞许。

1966 年以后，灰粪产量逐渐减少，稀粪处理需要掺入更多一些垃圾，才能堆得起来。堆肥掺料比例由原来的 1（稀粪）比 1（灰粪）比 2（垃圾）改为 1（稀粪）比 3（垃圾），甚至 1（稀粪）比 4（垃圾）。因此运往农村的稀粪逐渐增多。1978 年，市内六区及塘沽区共清除粪便 15.3 万吨，其中用堆肥处理的占 40%；直运农村的占 60%。1981 年，市内六区及塘沽区共清除粪便 18.7 万吨，用堆肥处理的占 43%。其余仍直送农村由农民自行堆肥。随着水冲厕所的改造，厕所粪便直接放流的比例逐渐增加，1989 年，市内六区及塘沽区，年清除粪便 23.3 万吨，其中由下水道排放的占 54.8%；直送农村的占 44.6%，堆肥处理的占 0.6%。

（四）无害化处理

2010 年，坐落于西青区的“潘楼有机废弃物无害化处理厂”建成使用，天津市人民政府要求全市粪便集中运到粪便处理厂进行无害化处理，全年吸排粪便 2.83 万吨。粪便无害化处理厂面积约 2474 平方米，其中包括地下一层、地上二层。地下部分主要处理液体成分，与市政地下排水管网连通；地上部分则主要处理粪便固体成分，地下池及出入口建筑面积约 819 平方米，粪便处理车间建筑面积约 890 平方米。达到国家验收规范合格标准，采用新技术、新工艺、新材料、机械化和自动化设备，以不透气、不透水的建筑材料建造的厌氧消化池，消毒处理设施、脱臭设施等，一应俱全。处理厂日处理能力为 400 吨。这里的粪便经处理后，其中粪便水经稀释，利用净化设备处置，采用加氯法进行消毒，达到城市污水设计水质的要求后，排入市政下水管网。浓缩后无水的粪便，经处理后，剩下减量化的残渣，将被运进垃圾填埋场进行最终的卫生填埋处理。

第四节　建筑渣土管理

建筑渣土，也称工程垃圾，主要是各类工程施工产生的房杂土、炉灰渣、工程遗留废弃物和建筑施工的挖槽土等。1976 年唐山地震前，工程垃圾较少，没有出现乱堆乱倒现象。地震后，倒塌的建筑物和搭建临建棚产生的杂土大量增加，各区相继选择空地和偏僻处堆放杂土，临时用于居民就近倾倒房杂土和炉灰渣。地震后，建筑市场开始活跃，工程渣土、特别是炉灰渣需求量很大，各街道办事处就将渣土点管理起来，大量吸纳房杂土和炉灰渣，长期堆积，集中销售，形成了一定规模的渣土点。

由于大量建筑渣土长时间堆放，不但影响市容环境卫生，而且影响道路交通。1986 年开始，逐步撤销干、支道路上占道堆放的渣土点，对设在居民区附近的渣土点实行晚倒夜运，专人管理，控制堆放时间和范围。后因夜运噪声扰民，且污染环境，渣土点逐步撤销，转由环卫部门统一收运。

2004年，天津市人民政府发出通知，要求工程渣土用于堆山，并多次组织环卫监察队伍实施监控，效果明显。

一、管理规定

1963年4月4日，天津市公共卫生局与房地产管理局联合发出《关于加强修房废土管理的联合通知》，对建筑渣土予以管理。

1993年5月10日，天津市人民政府印发《批转天津市环卫局拟订的〈天津市建筑垃圾工程渣土管理规定〉》(津政发〔1993〕27号)，并自6月1日起施行。对城市渣土的处置实行两级管理。各建设单位和个人在办理渣土排放处置手续时，每吨交纳排放处置费2元，用于城市环卫基础设施的建设和发展。

二、排放标准

2008年7月10日，根据《天津市生活废弃物管理规定》，天津市市容委、建管委、交管委、公安局、环保局、市政公路局、技监局七部门联合下发《关于对建设工程运输撒漏和扬尘污染进行综合治理的通告》。通告规定产生建设工程废弃物的单位应当及时清运建设工程废弃物，在工程竣工验收前，应将所产生的建设工程废弃物全部清除。单位或个人修缮、装修房屋产生的零星建设工程废弃物，应当实行袋装密闭收集，及时运送到市容环境行政管理部门指定的地点。运输建设工程废弃物应当使用密闭车辆。任何单位和个人不得将建设工程废弃物混入其他生活废弃物中，不得将危险废弃物混入建设工程废弃物，不得擅自设置接纳建设工程废弃物的场地。

三、监　管

根据《天津市建筑垃圾工程渣土管理规定》，各区环卫局相继设立了“渣土管理所”，对建筑渣土进行处置审批。

法规依据。依据国务院2004年6月29日发布的《国务院对确需保留的行政审批项目设定行政许可的决定》(国务院令第412号)第101项和《天津市市容和环境卫生管理条例》第四十三条第二款“产生建筑垃圾的单位，应当按照国家有关规定，持申请书、施工证明文件到市容和环境卫生行政管理部门办理处置核准手续。”

申请条件。产生建筑垃圾的单位办理处置核准手续应该“有建筑渣土回填、处置场所。回填、处置场所采取并落实防止污染环境的措施。具备市建设工程行政主管部门规定的建筑渣土运输能力和符合建筑渣土密闭化运输的专用运输车辆。”

依法管理。市容环卫管理部门及时掌握施工工地的工程进度及渣土存放量情况、运输渣土时间、运输路线及运土量。严格落实建设施工单位运输渣土办理准运许可制度。采取巡查与定位检查结合的方式进行监控管理，落实防止污染的各项措施。

综合执法部门成立运输撒漏督查组，配合交管、建交委、公安等相关职能部门对道路上工程渣土运输车辆未苫盖密闭运输和撒漏进行专项治理，对造成污染的渣土运输车辆依法进行处罚。

第三章　环境卫生设施

第一节　环卫设施

一、环卫专用车辆

天津解放前，收运垃圾、粪便主要靠马拉车和人力车。1949 年 1 月，天津市人民政府公安局接收清洁总队时，只有破旧汽车 12 辆。1958 年 2 月，天津市人民政府由交通局调拨给公共卫生局旧汽车 30 辆。1959 年 7 月，天津市人民委员会通知公用局，调给公共卫生局旧汽车 50 辆。1962 年 7 月，天津市人民委员会通知交通运输局，调给公共卫生局旧汽车 58 辆。以后逐年有所增加，一般都是由市计委分配购入。1963 年由卫生部分配汽车 14 辆，连同天津市计委分配，共增加汽车 39 辆。1975 年以后天津市计委分配给环卫汽车数量逐渐增加，1979 年成批增添。1958 年至 1990 年，总计调拨、购入大型汽车 858 辆。

1958 ~ 1990 年部分年份天津市环卫专用车辆增加情况表

表 3-3-1-50

年份	车辆数量	增　加　形　式
1958	30	由交通局调拨旧车
1959	50	由公用交通局调拨旧车
1960	8	市计委分配购入嘎斯汽车
1962	62	由市卫生局购入嘎斯 2 辆、布拉格 2 辆、由交通局调拨旧车 58 辆
1963	39	卫生部调拨解放跃进各 5 辆、三轮汽车 4 辆，市计委分配购入吉尔 25 辆
1966	14	市计委分配解放 4 辆、天津四轮 10 辆
1968	3	市计委分配天津四轮 2 辆、却贝尔 1 辆
1969	1	市计委分配洒水车 1 辆
1970	3	市计委分配天津四轮 1 辆、布切奇 2 辆

续表 3-3-1-50

年份	车辆数量	增 加 形 式
1972	2	市计委分配解放 2 辆
1973	8	市计委分配
1974	17	市计委分配新解放 1、解放半挂 1、武汉嘎斯 7、南京嘎斯 1、上海 130 车 5、天津 140 车 2
1975	33	市计委分配，主要用于顶替马车
1976	30	市计委分配解放 5、天津 140 车 10、天津 130 车 7、南京嘎斯 7、武汉嘎斯 1
1977	27	市计委分配
1979	50	市计委分配
1980	95	购入
1982	109	购入
1983	105	购入
1985	36	购入
1986	73	购入
1988	35	购入
1989	24	购入
1990	4	购入

环卫专用车辆由于从外单位调拨，造成车种多、牌号杂、车质差、坏车率高、配件采购困难，影响运输效率。据 1977 年统计，310 辆大型机动车辆，厂牌高达 27 种。1980 年以后，大批增加厂牌相对集中的汽车，然后集中采购配件进行维修，使车辆质量有所提高。1990 年年底，天津市内六区和塘沽区共有汽车 719 辆，车辆厂牌已减少到东风、解放、嘎斯和天津 130 四种。其中东风、解放汽车 647 辆，占总数的 90%。

20 世纪 60 年代以前，环卫专用车辆使用分类比较简单。1961 年，共有汽车 155 辆，按使用分为 4 类，即吸粪车 18 辆、洒水车 20 辆、吸尘车 5 辆、卡车 112 辆。随着环卫工作的发展，环卫专用车辆使用分类也相应增多。1990 年，共有环卫专用车辆 1063 辆，使用分类已增加到 12 类。其中垃圾密封车 21 辆、扫道车 3 辆、吸尘车 43 辆、洒水车 51 辆、吸粪车 77 辆、卡车 578 辆、铲车 52 辆、叉车 9 辆、推土车 13 辆、油车 9 辆、多功能车 8 辆、其他车辆 199 辆。

1949 ~ 1990 年部分年份天津市环卫专用车辆分类情况表

表 3-3-1-51 单位：辆

年份	垃圾汽车	洒水车	吸尘车	吸粪车	扫道车	密封车
1949	12	4	—	—	—	—
1951	14	8	—	—	—	—
1952	15	8	—	—	—	—
1953	18	8	—	—	—	—

续表 3-3-1-51

年份	垃圾汽车	洒水车	吸尘车	吸粪车	扫道车	密封车
1954	20	8	—	—	—	—
1955	20	10	—	—	—	—
1956	21	10	—	—	—	—
1957	31	16	—	—	—	—
1958	71	20	—	—	—	—
1959	118	20	5	—	—	—
1960	130	20	5	—	—	—
1961	135	20	5	—	—	—
1962	137	20	5	—	—	—
1963	140	20	5	19	—	—
1964	152	20	5	19	—	—
1965	163	20	5	19	—	—
1966	172	18	5	19	—	—
1967	172	18	5	19	—	—
1968	170	18	5	19	—	—
1969	170	18	5	20	—	—
1970	169	18	5	20	—	—
1971	169	18	5	22	—	—
1972	169	18	5	23	—	—
1973	188	18	5	25	—	—
1974	210	16	5	25	—	—
1975	231	16	5	33	6	—
1976	238	19	5	36	6	—
1977	244	21	4	37	3	—
1978	298	20	4	47	12	—
1979	306	18	4	55	13	—
1980	364	21	4	64	61	29
1981	352	16	16	76	58	58
1982	353	18	42	82	60	71
1983	497	18	42	84	59	81
1984	490	24	45	91	59	90
1985	467	32	43	100	50	95
1986	520	39	42	99	47	79
1987	503	51	42	87	3	46
1988	562	56	42	83	—	32
1989	600	51	42	82	6	25
1990	578	51	43	77	3	21

1979年9月，天津市环卫局发出《关于加强环卫系统车辆管理的通知》，附发《关于市区环卫汽车队、厂安全管理制度》《关于建立健全环卫车辆维修保养和技术（机务）管理制度》。1984年3月，天津市环卫局根据实际情况，修订了《天津市环卫系统机械车辆技术管理规定》。

1988年，环卫系统有机械车辆1003部，其中垃圾运输车562部、密封车32部、吸扫车42部、吸粪车83部、洒水车56部、油车10部、铲车45部、推土车12部、叉车16部、多功能车15部、其他车辆130部。各区局成立了安全技术科，对机械车辆进行管理，经季度和年终普查，1003部机械车辆的修保率、合格率、安全和节油4项目标12项定额（市局规定标准）全部达标，其中机械车辆合格率达到95%以上，单车百公里平均油耗降到了25.5公斤，比上年下降1.3公斤。

图3-3-1-40 南开区环卫局在“天津环卫工人节”期间举行环卫作业专用车辆巡游活动

1989年2月，天津市环卫局修订了《天津市环卫系统机动车辆技术管理制度》，自1990年1月1日起实行。

2002年，参照建设部垃圾运输车辆作业任务量定额标准，天津市环卫局对市内六区进行了生活垃圾运输距离、单车运量的测算核实。对200部环卫专用运输车进行了油改汽试点，对天津市内六区、滨海三区、环城四区的环卫专用车辆实行了计算机管理。

2007年9月27日，天津市委、市政府增加亿元资金用于购置251部环卫专用车辆，环卫专用车辆启动仪式在市体育中心举行。

图3-3-1-41 2007年9月27日，环卫专用车辆启动仪式

2010年，环卫专用车辆的数量迅速增加，使用分类也相应增多，不断满足环卫作业需要。

2010年天津市市容环卫专用车辆统计表（一）

表3-3-1-52 单位：辆

总计	垃圾车							机扫车				吸粪车	洒水车	高压冲洗车	洗地车
	合计	收集车	集装箱	压缩车	压缩运输车	自卸车	其他	合计	大型机扫车	中型机扫车	小型扫地车				
2859	1034	90	116	488	71	185	84	484	137	269	78	126	216	81	71

2010年天津市容环卫专用车辆统计表（二）

表3-3-1-53 单位：辆

多功能除雪车						压实机	推土机	装载机	废油脂密闭收集车	泔水密闭收集车	卡车	执法巡查车	其他专用车辆
合计	卡车	撒布机	推雪板	除雪滚刷	抛雪机								
61	61	44	454	32	46	5	21	143	40	47	102	204	178

二、垃圾转运站

1965年8月，和平区清洁大队兴建天津第一座“漏斗式”垃圾转运站（俗称垃圾楼），解决了人工用大铁锹往汽车车斗内装垃圾的笨重劳动。至1972年年底，天津市内六区共建转运站10座。

图3-3-1-42 20世纪80年代末期，改建后的西横堤垃圾转运站

20世纪80年代初期，垃圾转运站采用卧斗吊装式。这种收运方式的缺点是容易造成卧斗脱钩和运输时道路污染。到1983年，天津市内六区及塘沽区共兴建转运站楼57座，其中和平区5座、河北区13座、河东区7座、河西区5座、南开区11座、红桥区11座、塘沽区5座。

1984年，红桥区环卫局研制成集装箱垃圾转运站，基本解决了操作噪声、扬尘和运输途中的撒漏现象。1986年，天津市人民政府将兴建、改造集装箱垃圾转运站，列入改善城市人民生活十项工作中，一年新建、改造集装箱垃圾转运站87座，而且建在一般道路两侧，便于运送和转运垃圾的车辆行驶。1987年，全年新建37座、改建35座垃圾转运站。南开区新建改建集装箱式垃圾转运站15座，率先完成建站任务。天津市环卫局在南开区召开了“建站工作现场会”。到1990年，全市集装箱垃圾转运站达到194座，成为垃圾收运的主要方式。

图 3-3-1-43 集装箱式垃圾转运站内部构造

1998 年 10 月，红桥区自行研制的压缩垃圾转运站达到减少污染、提高运载能力的目的，通过天津市级科技鉴定，推广使用。压缩式垃圾转运站建成使用，降低了垃圾运输成本，人、车、油三项费用与使用原转运站、车，节约经费支出三分之二。在此基础上，建设专供机扫车使用的垃圾转运站，方便机扫车倒土。

1998 年，以集装箱垃圾转运站为中心环节的垃圾收运系统进一步完善，居民、单位的生活垃圾从收集、倒运到转运，全部实行密封运输。投入使用的 151 座垃圾转运站，城区覆盖率达 90%，垃圾转运率达 97%，日转运垃圾 5000 余吨，垃圾清运率和密封率为 100%。垃圾转运站实行规范化管理，继续完善自动化和除尘功能，基本达到“三优、四化、四无”标准。“三优”是优质作业、优质服务、优美环境；“四化”是美化、绿化、净化、经常化；“四无”是无蝇、无蛆、无尘、无臭。

1990 年年底，天津市建成集装箱垃圾转运站 194 座，城市垃圾清运实现了密封化。

1990 年天津市建成集装箱垃圾转运站数量表

表 3-3-1-54

区别	转运站座数	区别	转运站座数	区别	转运站座数
和平	11	河北	27	河东	28
河西	31	南开	26	红桥	28
塘沽	29	大港	2	汉沽	4
东丽	2	西青	2	津南	1
北辰	3	合计	194		

2002 年，天津市对 102 座垃圾转运站、213 个垃圾集装箱坑位、550 个垃圾集装箱箱体进行改造，箱体高度由 1.25 米增至 1.7 米，比原箱体多装 0.7 吨垃圾，提高运输效率 34%，一定程度上解决了生活垃圾运输亏载问题。

2007 年 8 月，河东区环卫局建成懿德园垃圾中转站，是中心城区第一座生态除臭环保型垃圾压缩式转运站，具有环保无污染、无异味、装载量大、密闭运输、节能、全天候服务等特点，一个压缩箱每天周转 2 次，即可取代 200 余个垃圾桶，能有效降低运输成本，垃圾处理可按需调节，利用电动压缩设备驱动进行装填，实现全程封闭式操作，实现无臭、无污染、无废气排放。车辆也采取封闭式挤压车，解决了运输亏载、撒漏的问题。

2009 年，天津市首座大型水平压缩式垃圾转运站在河西区资水道建成并正式启用。该站占

图 3-3-1-44　中心城区第一座生态除臭环保型垃圾压缩式转运站

地 1500 平方米，使用 2 套 9 吨水平式垃圾压缩箱替代原有的挤压车或集装箱收运，日接纳量增加到 60 吨以上。该站还配备了强大的渗漏液环保处理体系，保证转运站污水零排放。

图 3-3-1-45　大型水平压缩式垃圾转运站内部构造

至 2010 年，天津市共有垃圾收集站或垃圾转运站 223 座，大型中转站 5 座。基本形成了“密闭收集，压缩运输，无害化处理”的垃圾收运模式，转运垃圾量约为总运量的 70%。

三、公共厕所

天津解放前，天津市区公共厕所基本分为两类。一类是租界厕所，多有下水道设施，粪污清除由私商承包；另一类是租界以外地区的厕所，多系掏坑厕所，除少数公建外，大部分由私营粪商所建，粪便亦由其掏挖。1949 年，天津市区有公共厕所 546 座，其中由天津市卫生局直接管理的公建公厕有 26 座，另外 459 座系私营粪商搭建、管理，这些私建公厕大都非常简陋，其中无屋顶的占 80%，全屋顶或半屋顶的占 20%；地面用砖砌的占 62%，土地面的占 38%；砖砌尿池、挖土坑的占 68%，只有 32% 的蹲坑用缸瓦、尿池用水泥抹砌。

天津解放后，随着对私营粪商的管理改造，私建厕所被逐步接管，天津市人民政府对兴建、改善公厕极为重视，每年均拨专款对公共厕所进行新建或改建。1956 ~ 1958 年，平均每年新建公厕 113 座。

图 3-3-1-46　1945 年 9 月 30 日美军航拍的“圆茅房”

1965 年，在市长胡昭衡、副市长王培仁直接帮助下，一年新建公厕 130 座，其中水冲公厕 29 座，取代灰桶子 4500 个，是天津解放后新建公厕最多的一年。和平区鞍山道天津第一附属医院门前，就医人员多，人群密集，道路流量大，亟须公厕。由于建厕地址很难选定，建厕工作无法推进。市长胡昭衡深入医院说服动员，在医院门诊部院内兴建一座公厕，院里院外都留门，内外通用，既解决行人如厕困难，又缓解了医院内厕所紧张。

和平区西安道、河北路及成都道交叉路口有一座圆形公厕，天津人俗称“圆茅房”，是原英租界建筑，1945 年 9 月 30 日，美军航拍到这一建筑认为是一座“碉堡”。“圆茅房”由于地处道路中心影响交通和观瞻，但黄家花园地处繁华地区，又不能没有公厕，多年不能解决。副市长王培仁在市长胡昭衡的授意下亲自主持现场会，将“圆茅房”拆除，又在西安道与成都道拐角处建了一座新厕所。

天津解放后，随着对私营粪商的管理、改造，对私建公厕逐步接管，逐年对简陋公厕进行改建或拆除。至 1966 年年底，天津市区对 1025 座公管公厕的厕容和厕内构造进行提升改造，实现了厕厕有全屋顶，地面、尿沟均铺设水泥等不透水材料，粪坑也全部改为粪缸，解决了粪水渗透，污染地下水的问题。同时新建储粪池 22 处，改制真空吸粪车 7 部，新制密封铁罐小粪车 111 辆。

由于天津市区街道狭窄，居民居住密集，建厕选址极难，不仅原有公厕很少，新建公厕更是发展缓慢。特别是繁华地区和主要道路两侧，缺少厕所的情况更为严重。和平区有道路 152 条，其中有 115 条（占 76%）道路两侧没有公厕，群众反映强烈。虽然 1979 ~ 1982 年平均每年新建公厕 52 座，但远不能满足需要。为此，天津市委、市政府把兴建公厕列为 1983 年和 1984 年改善城市人民生活十项工作之中。1983 年，新建公厕 344 座。建在繁华地区及主干线两厕的 181 座占 53%；建在居民密集地区的 142 座占 41%；建在新住宅区的 21 座占 6%。而且公厕内部设备比较齐全，造型比较美观，缓和了群众“如厕难”的情况。1984 年，在居住密集地区，拨给拆迁民房 3000 平方米，新建邻里公厕 63 座，消灭了历史遗留的 3642 户不卫生的灰桶子。

1949 ~ 1984 年部分年份天津市新建公厕数量表

表 3-3-1-55

年份	新建公厕（座）	年份	新建公厕（座）	年份	新建公厕（座）	年份	新建公厕（座）
1949	9	1956	93	1963	16	1979	76
1950	35	1957	112	1964	11	1980	48
1951	14	1958	135	1965	130	1981	16
1952	39	1959	19	1973	79	1982	35
1953	31	1960	5	1974	68	1983	344
1954	47	1961	2	1978	36	1984	36
1955	32	1962	3				

图 3-3-1-47 “如厕难”是长期困扰天津市民的老大难问题

1985 年 3 月，天津市人民政府在《关于改善城市人民生活十项工作的决定》中要求将市内现有掏坑旱厕改造成水冲厕所，年底改造完成 1000 座，实现厕内粪便水冲放流。4 月，天津市人民政府又召开了旱厕改造工作会议，会议下达了各区“旱改厕”任务，明确以居民低洼地区、三食行业附近地区、繁华地区、居民密集地区及主要干道两侧的公厕为改造重点。天津市人民政府办公厅印发了《天津市 1985 年旱厕改造工作会议纪要》，成立了改造旱厕领导小组，要求 10 月底以前完成 1000 座的任务。截至 8 月底，全市改造旱厕 1286 座，其中环卫系统管理的公厕原计划改造 400 座，实际完成 436 座；社会各单位的旱厕，原计划改造 600 座，实际完成 850 座。

1986 年，天津市人民政府在改善城市人民生活十项工作的决定中，再次提出改造旱厕 1000 座的任务。到年底，完成改造旱厕 1171 座，超额 17.1%，其中单位院内的旱厕 911 座、院外的 260 座。从而使城区 30% 的公共厕所和 60% 的单位厕所实现了水冲放流。经过厕所改造，1986 年底市内六区及塘沽区环卫系统共管理公厕 1910 座，水冲式 568 座，占 30%；沟式 1059 座，占 55%；掏坑旱厕尚有 283 座，占 15%，社会各单位旱厕 3746 座（其中户外的 751 座、院内的 2746 座），1985 至 1986 年共改造成水冲厕所 2359 座占 63%。

1987 年，改造社会旱厕 378 座，其中院内的旱厕 266 座、院外的 112 座。

1988 年，根据天津市人民政府转发天津市环卫局《关于落实改善城市人民生活十项工作接管改建农建厕所的安排意见》，截至 9 月底，天津市内六区接管农建公厕 55 座，均改建成水冲公厕。

1988年，对1600座环卫公厕进行了粉刷油饰，安装了衣钩、扶手，做到了服务便民。对危漏公厕进行维修改造，将55座农建旱厕改成水冲放流厕，重建34座公厕，进一步缓解了群众如厕难。机械吸粪清运率达到了85%，提高了公厕整洁水平和机械作业程度。公厕管理落实了责任制，推行夜间清扫冲洗消毒、白天定时保洁法，每日坚持两刷两保，比上年提前一个月消毒灭蝇，维护了厕内经常整洁。市区创出了40座最洁环卫公厕，有35%的环卫公厕达到了优级标准，达到了无蝇无臭。天津市环卫局颁发了《对市区单位厕所实行统一管理的规定》，各区成立了单位厕所管理站，对市区22807座单位厕所和化粪池实行统一管理，落实了保洁掏挖制度，基本控制了厕所满冒和乱掏乱挖造成的污染。

1989年，随着城市居民小区建设和放射线道路拓宽改造，对天津市内六区及塘沽区的104座危陋公厕进行改造维修，落地重建51座、大修53座，其中44座改造成水冲公厕；增建居民小区公厕132座。

1990年，在迎接卫生城百日竞赛活动期间，全市维修公厕1577座、粉刷公厕2057座，在部分公厕安装挡板1599块、完善便民设施3569件。

1949～1990年间天津市环卫公厕基本情况表

表3-3-1-56

年份	环卫公厕		年份	环卫公厕		年份	环卫公厕	
	座数	其中新建		座数	其中新建		座数	其中新建
1949	45	9	1963	1011	16	1977	1220	—
1950	145	35	1964	1015	11	1978	1223	36
1951	167	14	1965	1017	130	1979	1632	76
1952	209	39	1966	1025	—	1980	1500	48
1953	256	31	1967	1049	—	1981	1355	16
1954	317	47	1968	1073	—	1982	1506	35
1955	395	32	1969	1098	—	1983	1803	344
1956	829	93	1970	1123	—	1984	1997	36
1957	755	112	1971	1149	—	1985	1994	—
1958	804	135	1972	1176	—	1986	2046	—
1959	843	19	1973	1189	79	1987	2073	—
1960	905	5	1974	1201	68	1988	2019	—
1961	1001	2	1975	1214	—	1989	2323	—
1962	1003	3	1976	1217	—	1990	2389	—

截至1990年年底，天津市（不包括五县）环卫系统共管理公厕2389座，其中水冲式1195座，占50%；沟式827座，占35%；掏坑旱厕367座，占15%。社会旱厕改造成水冲式的已达到73%，凡有条件的均已改造完毕。从而使全市厕所粪便的水冲放流程度，环卫公厕达到了50%，

社会厕所达到了 73%。

1985 年，天津市环卫局提出了公厕分级标准，全部实行挂牌服务。经过对各区公厕逐个评定，自 1986 年 7 月 1 日起，全市 1800 座环卫公厕，全部实行挂牌服务。至 1990 年全市 2389 座环卫公厕，其中定为 1 级的 76 座，占 3%；2 级的 682 座，占 29%；3 级的 1265 座，占 53%；4 级的 366 座，占 15%。

20 世纪 90 年代初期，环卫管理公厕主要是掏挖和水冲沟道式两大类。一类是粪缸式，厕所主体多为砖木结构顶部天窗通风，水泥墙裙及地面、墙面勾缝。尿沟、小便池设管道并入周边污水井。另一类为水冲沟道式，具备上下水和化粪井基本条件，其主体多为砖混结构，水泥花格窗通风，靠近干、支线道路厕所外墙贴瓷砖或水泥断块刷外墙涂料。内墙贴 150×150 瓷砖墙裙，墙裙以上刷涂料，设水泥或水磨石挡板，地面及蹲台多为红色陶土砖，无底便器，用缸瓦管片做沟道底，沟道上端设给水保洁时冲水，小便池台贴瓷砖，依据条件一般设 3 格化粪井及检查井并入市政下水管网。胡同里巷公厕多为沟道式水冲厕，装修形式以水泥抹面居多，不设挡板。

图 3-3-1-48　20 世纪 90 年代初期，居民区蹲坑、掏挖式公厕

1991 年，在天津站等地建成 4 座收费公厕。维修公厕 336 座，油饰粉刷公厕 1242 座。1992 年，天津市、区两级政府共投资 400 万元，重点改造了主干道两侧、繁华地区公厕 134 座，超额 34 座完成了天津市人民政府下达的改造任务。1994 年，共改造公厕 111 座，全部达到了部颁二类以上标准。投入近百万元资金维修改造危陋公厕 78 座，结合改厕扩大化粪井容积 481 立方米。改造、维修、粉刷社会单位产权厕所 273 座。

2002 年，改建和新建公厕 10 座，在 150 条主干道上设置公厕导识标牌 770 个。2004 年，完成了公厕无障碍设施改造 534 座、补建新建高等级公厕 14 座。

1990 ~ 2005 年间，由于城市危漏房屋改造、拆迁，一些平房地区的公厕也随之被拆除。1994 年，中心城区有 1649 座公厕，2005 年年初仅剩 859 座，10 年拆除 822 座，新建只有 32 座。截至 2005 年，全市仅存不到 1000 座环卫公厕，被拆除 1400 余座。

2005 年，天津市人民政府发布《批转市市容委市建委市规划局和国土资源局〈关于加强中心城区公共厕所规划和建设意见〉的通知》（津政发〔2005〕066 号），对公厕建设依据、标准、资金计划、管理、拆除、融资、经营维护、交接、开放等都作了明确规定。

从 2005 年到 2008 年年底，新建 112 座，但同时拆除 150 座，拆建相抵，4 年净减少公厕 38

座。按照建设部标准，天津市中心城区（市内六区）公厕总数应不少于1100座，但仅有800余座。而且，目前中心城区40%的公厕集中在老居民区。

2008年，为迎接北京奥运会，市区新建、改造一批公厕，总数达1200座。新建公厕选址在公交场站、地铁站、停车场、公园绿地、菜市场商业地块，新公厕外观设计风格迥异，与周围建筑物相得益彰。

图3-3-1-49　海河北安桥公厕

2009年，天津市共有环卫公厕1300余座，其中分布在各区的收费公厕有72座，均是具备节能、环保、数控、自动功能的新型公厕，需要设专人跟踪保洁和日常维护，其收费目的是为了防止设施被盗和补充经费不足。随着天津经济社会的不断发展，各区县政府加大了对环卫公厕建设和改造的投入，在深入调研和广泛听取各方意见的基础上，天津市市容委决定自2009年1月1日起，天津市范围内各区县环卫局所属的公共厕所取消收费。对于社会单位管理的收费公厕，暂不纳入取消收费范围。为确保取消收费后公共厕所管理到位，运转正常，市民如厕方便，天津市市容委要求各区县市容环境行政管理部门要强化服务意识，严格按照《天津市公共厕所环境卫生保洁质量标准》，加强取消收费后对公共厕所管理的监督检查，防止公共厕所环境卫生质量下滑。各区县政府均加大对公共厕所管理的投入并纳入财政公共支出，落实经费、落实人员、落实责任，确保公共厕所设施设备的完好运行和卫生保洁工作落到实处，切实为市民如厕创造良好的环境条件。

2009年，河东区环卫局依托“启程劳动服务公司”尝试对中心城区80座公厕进行市场化运作。按照“作业市场化、运营企业化、服务社会化、管理制度化”的运作模式。工人工资与公厕人流量、污染程度、保洁质量挂钩，实行企业化管理。

2004～2010年，不间断地对公共厕所进行升级整修改造。改造后的厕所安装带纱塑钢窗，喷塑铁质厕门、灯箱等，增设了无障碍坡道和不锈钢护栏及无障碍厕位和老年人厕位。内部根据条件设管理室、工具间。厕位内设水冲有底便器，脚踏式阀门，挂式小便器，厕位及管道设有除臭味装置，给、排风装置及管道保温装置，同时设有洗手盆、挂衣钩、皂液器、墩布池等。内部装修墙面瓷砖到顶、塑钢板吊顶、吸顶灯，地面蹲台均为高强度环保型防滑瓷砖。新建厕所还装有红外线感应冲水装置，一部分厕所采用了发泡除臭技术，既环保又节省水源，同时还装有音响、空调设备、电感门设备等，并为残障人设置了专用无性别间。新建改造公厕均达到部颁标准。

2010 年 1 月 26 日，天津市市容园林委在南开区环卫局召开"公厕管理现场会"，推广南开区环卫局给公厕铺设防滑地垫的措施，避免如厕人滑倒。此后，在道路两侧、公园内等处建设的便民公厕，都加装防滑、保温、通风和除臭等设施。

2010 年，按照《城市公共厕所设计标准》《天津市环卫设施布局规划》要求，中心城区应配置公厕 900 座，实际共有公厕 776 座，另有部分社会厕。公厕全部免费 24 小时开放，一、二类专人进行"跟踪保洁"作业，三类以下公厕每日"巡回清扫保洁"作业。公厕建设、改造一般由市、区按 1∶1 共同出资建设，运行费全部由各区环卫局业务经费支出，年运行费 3 万元 ~ 7 万元不等。

2010 年天津市城市社会厕基本情况表

表 3-3-1-57

厕所标准	合计			一类			二类			三类		
	座数（座）	厕位（个）	建筑面积（平方米）	座数（座）	厕位（个）	建筑面积（平方米）	座数（座）	厕位（个）	建筑面积（平方米）	座数（座）	厕位（个）	建筑面积（平方米）
标准式	100	918	5886	4	103	586	22	166	1666	74	649	3634
非标准式	152	1468	5276	—	—	—	—	—	—	—	—	—
活动厕	1	2	15	—	—	—	—	—	—	—	—	—
总计	253	2388	11174	其中：收费厕 1 座，无障碍设施 10 座								

说明：厕所标准按建筑标准分类

2010 年 5 月 19 日，《天津市公共厕所管理办法》经天津市人民政府第 48 次常务会议通过，7 月 1 日起施行。管理办法对公共厕所的规划、建设、使用、维护和管理做出了明确规定，实现公共厕所规范管理。

四、储粪池

20 世纪 60 年代初期，随着垃圾粪便处置场的远迁，遂采用储粪池转运粪便，即用人力车、三轮车收集市区粪便就近倒入储粪池，再用吸粪车将储粪池内粪便运至郊区处置场。1964 年，在和平区上海道试建储粪池一处，容量 20 立方米，效果较好。1965 ~ 1966 年，由各区自行选定适宜地点分区兴建，市内六区共建储粪池43处，共有容积734.58立方米。其中和平区4处、河北区7处、河东区10处、河西区8处、南开区8处、红桥区6处。以后随着吸粪汽车的增加以及水冲厕所的发展，储粪池作用逐渐缩小。1990年，市内六区只有储粪池27处，其中和平区2处、河北区2处、河西区4处、南开区9处、红桥区10处。

五、汽车队（场）

环卫汽车队（场）是环卫汽车基地，随着环卫机动车辆的增加逐步建立。天津解放初期，清洁总队直属队的汽车班只有汽车12辆，地址设于和平区河南路清洁总队院内。

1950年年底，天津市卫生工程局成立汽车洒运队，队址设在河北区月纬路。

1954年，天津市公共卫生局汽车洒运队迁址到河西区围堤道12号，占地10亩，建设了车库、维修车间及办公用房。

1965年，天津市环卫局在河北区王串场及南开红旗路筹建两个环卫汽车队。1966年6月，两个汽车队基本建成，王串场汽车队建筑面积3000.53平方米，红旗路汽车队建筑面积10368.85平方米（其中包括场内跑道3569.19平方米）。王串场环卫汽车队负责河北、河东区；红旗路环卫汽车队负责南开、红桥区。原有的围堤道环卫汽车队负责和平、河西区。

1975年，环卫专用车辆由市局下放各区管理后，除河北、南开区已有汽车队外，和平与河西区的环卫汽车临时都放在围堤道原市局汽车队院内。河东区的环卫汽车队设在河东区清洁大队后院，红桥区汽车队设在三园村红桥区清洁大队垃圾清运中队。

1979年，天津市环卫局对没有设置环卫汽车队（场）的区积极支持筹建，各区亦积极选定地点。5月25日，天津市计委下达基建计划，其中共给土建面积1.34万平方米，投资108万元，包括建河东区汽车队1500平方米、河西区汽车队1000平方米、红桥区汽车队2000平方米。以后，每年逐渐增建，至1984年，天津市内六区和塘沽区都建成环卫汽车队，共占地198.872亩，建筑面积31655.15平方米。

图3-3-1-50 南开区环卫局直运中心停车场

图3-3-1-51 南开区环卫局机扫中心停车场

天津市各区环卫汽车队（场）基本情况表

表 3-3-1-58

区　别	建筑年份	占地面积（市亩）	建筑面积（平方米）
和　平	1961	28	4000
河　北	1965	38	4000.53
南　开	1965	19	6772.62
红　桥	1979	33	4355
河　东	1980	25	4326
塘　沽	1981	25.872	3200
河　西	1984	30	5000
合　计		198.872	31655.15

六、废物箱

1959 年，各区发动社会各单位在重点道路上设置一些果皮箱，个别区清洁队也设置了少量果皮箱，但均未能持久。1963 年，河北区在天津站、中山路、建国道设置果皮箱 30 个。

1973 年，由天津市卫生局统一铸制圆形生铁果皮箱 150 个，分配给市内六区放置重点道路。1979 年 5 月，由天津市卫生局统一制成铁板方形果皮箱 203 个，分给各区摆设在 23 条主干道上。

20 世纪 80 年代，各区环卫局都自行添置各种形式的果皮箱。

1976 年，汉沽区在新开路、太平街、文化街、牌坊街主要街道安置了陶瓷果皮箱 80 个。

1984 年，河北区在主干道路、繁华地区设置果皮箱 679 个。

1985 年，红桥区在主干线、繁华地区摆放果皮箱 680 个。汉沽区在新开路两侧放置铸铁式废物箱 120 个。

图 3-3-1-52　20 世纪 80 年代使用过的各类果皮箱

图 3-3-1-53　1999 年，天津商学院的大学生和工人一起擦拭果皮箱

图 3-3-1-54　2008 年，奥运期间环卫志愿者在奥运会场馆周围摆放垃圾桶

1986 年，大港区在主要道路两侧配置金属废物箱 30 个。

1987 年，天津市内六区、塘沽、汉沽、大港三区和四个郊区共设置果皮箱 3282 个，其中南开区设置果皮箱 215 个。

1991 年，南开区增设果皮箱 40 个，油饰旧果皮箱 73 个。大港区新增果皮桶 108 个、油饰果皮桶 118 个。1996 年，河北区在主干道路和繁华地区设置果皮箱 635 个，其中环卫局管理 335 个、社会各单位管理 300 个。1996 ~ 1997 年，大港区在主干道路新增果皮桶 170 个、油饰果皮桶 58 个，更换果皮桶 44 个。1998 年，武清区投资 2.5 万元，在主干道路两侧设置封闭式垃圾容器 200 余个。在雍阳道、建国路配置果皮箱 50 个。

至 20 世纪 90 年代末，由于道路拓宽改造，一些果皮箱丢失、损坏，各区县将改造道路上的剩余果皮箱收回，道路上果皮箱明显减少。

2008 年，天津市市容委下发《关于制定〈天津市道路废物箱设置标准〉的通知》（津容环〔2008〕71 号）。按照建设部《城镇环境卫生设施设置标准（CJJ27-2005）》，确保废物箱设置规范，布局合理，便于投放，管理有序。按照《天津市城市家具配置导则》（津容施〔2008〕145 号）的统一规范要求，废物箱应美观、卫生、耐用，并具有防雨、防腐、阻燃、抗冲击和耐老化功能；投放方便、不暴露、不外溢；便于清掏、收集、保洁。

2008 ~ 2010 年，红桥区在主干道摆放果皮箱 1124 个，新增、更换垃圾容器 2670 个。河北区更新道路果皮箱 1197 个。北辰区设置果皮箱、垃圾桶 1033 个，其中新增果皮箱 504 个。武清区在城区 18 条主干道路设置果皮箱 700 个。大港区更新果皮桶 662 个、维修油饰 651 个、调整迁移 312 个，购置垃圾箱 1000 个。汉沽区淘汰旧式果皮箱，安装可分类回收的新型多功能果皮箱 600 余个。

第二节 垃圾处理设施

一、垃圾粪便处置场

1950年1月，天津市卫生局环卫处建立粪便清除一厂。同时，在尖山附近设立第一个公营粪便处置场，占地约100市亩，晾晒粪干出售。9月，随着粪便清除二厂的建立，又在王串场设置一处粪便处置场。

1953年，天津市公共卫生局接管河东区五家私营粪商经营的东联厂，同时在东郊南大桥设置一处占地约100市亩的粪便处置场，以解决河东、河北区的粪便处置问题。

1955年，天津市公共卫生局粪便清除所借用双林农场土地，建立占地120市亩的双林粪便处置场，收集清除和平、河西区的粪便。

1956年年底，天津市公共卫生局用杨柳青农场土地，在西横堤铁道北设置占地60市亩的杨柳青粪便处置场，收集清除红桥区的粪便。

1958年12月21日，各粪便清除队下放到各区，由天津市环卫管理处直接管理的粪便场，亦随之移交各区。双林粪便处置场交给河西区；杨柳青粪便处置场交给红桥区。河北、南开、和平区尚无粪便处置场，可自行设置，在未解决前，仍使用以上3个粪便处置场。

1959年，垃圾粪便混合高温堆肥试验成功，从此各区均将粪便处置场改名为垃圾粪便处置场。

1961年，南开区在西郊区曹庄附近建立杨柳青垃圾粪便处置场，占地103市亩，并于同年1月21日由区财政拨款15450元（每市亩150元）作价，由南开区清洁大队使用。

1963年12月23日，红桥区清洁大队经天津市清洁总队批准，将原租用丁字沽生产队的垃圾粪便处置场（占地95市亩）迁至津霸公路刘家房子莲蓬地段内，占地141.32市亩，道路占地11.43市亩，共为152.75市亩。1966年5月27日，经天津市建委批准将该地段拨给红桥区（每市亩作价80元）。

1958年秋，河北区在赵沽里建立垃圾粪便处置场，占地180市亩。1959年11月，因赵沽里修建大型泵站，在小淀征地340市亩，建立垃圾粪便处置场。1961年，将大部土地退还小淀村，只留69.7市亩，先由河北区清洁大队租用。1961 ~ 1963年，付租金6200元。1964年，经天津市建委同意将69.7市亩土地拨给河北区。1989年又征用82市亩，1990年又借用76市亩，河北区小淀垃圾粪便处置场共占地228市亩。

1972年，和平区在双林农场建立垃圾粪便处置场，占地32.512市亩。1987年1月25日，经天津市规划局批准拨地。该处置场停用后，和平区又在西郊区梨元头建立垃圾粪便处置场一处，占地 45 市亩，当年经天津市规划局同意拨地 43 市亩。

1975 年，河东区南大桥垃圾粪便处置场撤销后，与东郊区农林局协议，将小东庄一块占地 73.27 市亩的次质地，划归河东区清洁大队重建垃圾粪便处置场。

1980 年，塘沽区在四道桥建立垃圾粪便处置场，占地 101 市亩。

1980 年各区垃圾粪便处置场情况表

表 3-3-2-60

区　别	处置场地点	占地面积（市亩）	投资（万元）	距市区里程（公里）
和　平	西郊梨元头	45	2	13
河　西	南郊双林农场	120	150	12.5
南　开	西郊杨柳青	103	30	16.5
红　桥	北郊刘家房子	141.32	8.6	11.5
河　东	东郊小东庄	73.27	35	20
河　北	北郊小淀	220	11.6	13
塘　沽	四道桥	101	—	—
合　计		803.59	237.2	

1981 年，双港、大韩庄、徐庄子等垃圾处理设施正式投入运营。天津市建成区生活垃圾年产量约 140.44 万吨，日均处理 3100 吨，日产日清。生活垃圾无害化处理率超过了 81%。

1986 年，针对垃圾消纳处理面临的困境，河西区垃圾处理厂进行简易堆肥生产线的试验，取得良好效果。1990 年，在全市推行河北区垃圾粪便高温堆肥机械筛分处理方法。

1990 年，天津市环卫局对全市 7 个垃圾处理场进行全面清整，初步建立了垃圾处理基础技术资料，在原有的基础上进一步配置充实了筛选设备。经有关专家鉴定，垃圾处理达到无害化。全国卫生城检查团肯定天津市的垃圾处理方式投资少，见效快，符合国情。国家科委、建设部在天津市召开了“城市垃圾处理技术交流会”，决定将天津市的垃圾处理方法向全国城市推广。

1991 年，全国卫生城市复查，天津市生活垃圾处理率保持在 96%，无害化处理率达到 25.8%。公厕清掏保洁率达 100%，粪便处理率达 93%。以上各项指标均达到或超过建设部规定的标准。

二、废弃物处理设施

2002 年，完成了汉沽区垃圾处理场一期工程、大港区垃圾处理场、蓟县垃圾处理场的建设任务。贯庄垃圾综合处理场二期工程进展顺利；双港垃圾焚烧发电厂完成 17 万立方米的垃圾清运和国外引进关键成套设备招标前期工作。

2004 年，双港、大韩庄、徐庄子等垃圾处理设施建成竣工，合理配置垃圾处理资源，垃圾无害化处理能力达到80%。

2010年，天津市生活垃圾处理方式主要是卫生填埋和焚烧发电，投入运营的11座垃圾处理厂中，承担天津市内六区和环城四区的市级生活垃圾无害化处理厂4座，承担滨海新区的生活垃圾无害化处理厂3座，另外还有蓟县、宝坻、武清垃圾填埋场和静海垃圾综合处理厂。在建的垃圾处理厂有贯庄垃圾焚烧厂、汉沽垃圾焚烧厂、大港垃圾焚烧厂。

（一）承担市内六区和环城四区的生活垃圾无害化处理设施

1. 双口生活垃圾卫生填埋场

双口生活垃圾卫生填埋场坐落于北辰区双口镇西，占地面积60公顷，由卫生填埋区、污水处理厂和生活管理区三部分组成。利用世行贷款，总投资1.2亿元。设计处理能力2700吨/日，预计最低使用年限为10年以上。2001年4月正式投入运行。

填埋库区占地42公顷，设计填埋库容量900万立方米，填埋作业采用分期、分区、分层、分单元立体填埋工艺。填埋场底部防渗系统铺设高密度聚乙烯（HDPE）防渗膜和排水排气系统，渗沥液处理采用“预处理+二级生化（A/O）处理+膜处理（MBR）”相结合的废水处理工艺。填埋气体（LFG）经净化提纯后，作为清洁能源用来发电。

图3-3-2-55 双口生活垃圾卫生填埋场

2. 大韩庄生活垃圾卫生填埋场

大韩庄生活垃圾卫生填埋场坐落于津南区八里台镇，占地面积约67公顷，总投资为1.56亿元，由卫生填埋区、污水处理站和生活管理区三部分组成。设计处理能力为1800吨/日，预计最低使用年限为12年。2005年1月1日投入试运行。

卫生填埋区划分为1号、2号两个区域，填埋作业采用分期、分区、分层、分单元立体填埋工艺，垃圾填埋地下6米，地上堆高25米，总有效库容853万立方米。卫生填埋区铺设高密度聚乙烯（HDPE）防渗膜和排水排气系统，垃圾渗滤液采用“厌氧+好氧+物化”相结合的废水

图 3-3-2-56 大韩庄生活垃圾卫生填埋场

处理工艺，处理后的废水达标回喷。填埋气体（LFG）经净化提纯后，作为清洁能源用来发电。

3. 双港生活垃圾焚烧发电厂

双港生活垃圾焚烧发电厂坐落于津南区双港镇河西区环卫局垃圾堆肥场内。由北京国电华北电力工程有限公司设计，天津泰达环保有限公司投资建设、管理运行。焚烧厂用地面积 472 公顷，建筑面积 148 公顷，总投资 55833 万元。设计处理能力 1200 吨 / 日，2005 年 5 月正式投入运行。

焚烧炉是 3 台日本田雄公司生产的机械往复式炉排炉，2 套 12 兆瓦汽轮发电机组。渗沥液处理工艺为“生化 + 膜处理”，执行 GB18918—2002 一级 A 标准。飞灰稳定化工艺为“微波解毒和药剂稳定化处理”。实现烟气在线监测，恶臭污染物排放标准执行 GB14554 二级。厂界噪声排放标准控制昼间 <60dB（A），夜间 <50dB（A）。

图 3-3-2-57 双港生活垃圾焚烧发电厂

4. 青光生活垃圾焚烧发电厂

青光生活垃圾焚烧发电厂位于北辰区青光镇京福公路西安光路，占地面积15公顷，设计处理能力600吨/日，配置300吨/日的焚烧炉2台，6兆瓦的发电机2台，发电量为57039.78千千瓦时，是由天津琛兴力克环保科技发展有限公司投资、建设和运营，总投资26407万元。2008年4月1日投入试运行，特许经营期为30年。

图 3-3-2-58 青光生活垃圾焚烧发电厂

焚烧处理工艺由垃圾接收、焚烧和余热锅炉、烟气净化、沥滤液回喷处理、点火助燃、炉内喷氨脱氮、排灰渣、汽轮发电、汽水热力、锅炉化水处理、循环等系统组成。

（二）承担滨海新区的生活垃圾无害化处理设施

1. 汉沽生活垃圾卫生填埋场

汉沽生活垃圾卫生填埋场坐落于汉沽区塘汉路与塘沽区交界处，由卫生填埋区、污水处理厂和生活管理区三部分组成。占地面积96公顷，填埋库区占地20公顷，设计填埋库容量284万立方米，总投资4921万元。设计处理能力700吨/日，设计使用年限10年。2002年4月正式投入运行。

图 3-3-2-59 汉沽生活垃圾卫生填埋场

填埋作业采用分期、分区、分层、分单元立体填埋工艺。卫生填埋区底部防渗系统为高密度聚乙烯（HDPE）防渗膜和排水排气系统。处理后的废水出水达标后实现了消毒、喷洒等回用。

2. 大港生活垃圾卫生填埋场

大港生活垃圾卫生填埋场坐落于大港区上古林东，由卫生填埋区、污水处理厂和生活管理区三部分组成。占地面积28.3公顷，填埋库区占地17.8公顷，设计填埋库容量243万立方米，总投资5300万元。设计处理能力400吨/日，设计使用年限15年。2003年1月正式使用。

填埋作业采用分期、分区、分层、分单元立体填埋工艺。卫生填埋区底部防渗系统为高密度

图 3-3-2-60 大港生活垃圾卫生填埋场

图 3-3-2-61 滨海新区生活垃圾焚烧发电厂

图 3-3-2-62 蓟县生活垃圾填埋场

聚乙烯（HDPE）防渗膜和排水排气系统。处理后的废水出水达标后实现了消毒、喷洒等回用。

3. 滨海新区生活垃圾焚烧发电厂

滨海新区生活垃圾焚烧发电厂坐落于滨海新区汉沽塘汉路 88 号。由五洲工程设计研究院设计，天津滨海环保产业发展有限公司管理运行。焚烧发电厂占地面积 13.1649 公顷，设计处理能力 1500 吨 / 日，现处理能力 968.51 吨 / 日。2010 年 9 月正式投入运行。

垃圾燃烧后的热量由余热锅炉吸收，产生蒸汽送至汽轮发电机组发电。发出的电能升压后经过 35 千伏输电线路，通过创业 220 千伏变电站与市电网并网。

（三）其他垃圾处理设施

1. 蓟县生活垃圾卫生填埋场

蓟县生活垃圾卫生填埋场坐落于蓟县城西 6 公里帮喜公路南侧，洇溜镇西部郑各庄村东北 1.5 公里处，占地面积 13.3 公顷，填埋库区占地 5 公顷，设计填埋库容量 66 万立方米，总投资 2000 万元。设计处理能力 200 吨 / 日，设计使用年限 9 年，2005 年 9 月正式使用。

2. 武清区雍泰生活垃圾卫生填埋场

雍泰生活垃圾卫生填埋场坐落于武清区曹子里乡西掘河村西 600 米，占地面积 12.2 公顷，填埋库区占地 7.79 公顷，设计填埋库容量 120 万立方米，总投资为 3285 万元。设计处理能力 200 吨 / 日，预计使用年限 20 年，

图 3-3-2-63 雍泰生活垃圾填埋场

2007 年 11 月正式使用。

3. 宝坻区泉泰生活垃圾处理场

泉泰生活垃圾处理场坐落于宝坻区口东镇潮阳东道南侧，占地面积 22.7 公顷，填埋库区占地 15.8 公顷，设计填埋库容量 270 万立方米。设计处理能力 400 吨 / 日，预计最低使用年限 10 年以上，2010 年 1 月正式使用。

图 3-3-2-64 泉泰生活垃圾处理场

4. 静海县紫兆生活废弃物处理厂

紫兆生活废弃物处理厂坐落于静海县静海镇大河滩村西，占地面积 6.26 公顷，设计处理能力 300 吨 / 日，总投资 9099 万元。设计使用年限 30 年，计划 2011 年 10 月投入使用。垃圾处理工艺采用SWR(Sanitary Waste Recycling，垃圾清洁化、资源化处理) 技术，该技术利用“工业胃”

图 3-3-2-65　静海县生活垃圾综合处理线

装置，使垃圾中的有机质迅速分解消化，转化为有机肥料。

（四）粪便处理设施

潘楼有机废弃物无害化处理厂坐落于西青区精武镇潘楼村北，总投资1788万元，占地面积0.74公顷，设计处理能力400吨/日。2010年完成工程建设，2011年投入试运行。

处理厂工艺布局为全封闭的纵向流水线，全封闭无臭味运行，被分离出的固体粪便残渣进行卫生填埋，粪液进行生化处理达到国家三级排放标准后排至市政管网。

图 3-3-2-66　潘楼有机废弃物无害化处理厂

（五）大型垃圾中转站

1. 潘楼生活垃圾中转站

潘楼生活垃圾中转站位于西青区西南部，距外环线约2公里，距双口生活垃圾卫生填埋场25公里，占地面积2.38公顷，总投资3500万元，设计中转垃圾1000吨/日。2000年12月正式投入运行。

主要设备包括：一个料槽及两套推料装置、三台压装机、16部转运车辆、五个液压泵站和一套电控系统。转运车将压缩后的垃圾转运至垃圾处理场。

图 3-3-2-67　潘楼生活垃圾中转站

2. 徐庄生活垃圾中转站

徐庄生活垃圾中转站位于东丽区大毕庄镇徐庄村振东路 2 号，转运站占地面积 3.27 公顷。总投资 4600 万元，设计中转垃圾 700 吨 / 日。2005 年 2 月正式投入运行。

渗沥液处理工艺采用封闭车辆外运至城市污水处理厂进行处理。恶臭治理工艺采用植物液喷雾及喷洒。

图 3-3-2-68　徐庄生活垃圾中转站

3. 塘沽生活垃圾中转站（滨海废弃物转运中心）

塘沽生活垃圾中转站（滨海废弃物转运中心）位于塘沽高新区黎源路334号，占地面积3公顷，总投资额3200万元，设计中转垃圾1000吨/日。2007年9月正式投入运行。

图3-3-2-69 塘沽生活垃圾中转站

第四章 环卫职工队伍

第一节 职工队伍建设

一、职工队伍发展

天津解放时，天津市公安局接管清洁总队清洁工人1875人，其中总队及分队长22人、警长153人、清洁工人1700人。1949年年底，天津市公安局向天津市卫生局移交清洁总队时，共有清洁工人1943人。

1950年7月27日，天津市卫生工程局将各清洁分队清洁工人1988人移交11个区公所管理。1950年冬季，天津市卫生工程局招募1500名失业工人，加强扫雪工作，这些清洁工人1951年9

月转正，各区清洁工人达到2650人。同时，粪便清除所的一、二、三、四粪便清除厂共有清洁工人237名。

1952年10月，随着天津市人民政府调整行政区划，11个区清洁队调整为8个区清洁队，共有清洁工人2344人。

1958年，天津市8个区调整为6个市区，各区清洁队随之调整。2月14日，天津市人民委员会批准天津市公共卫生局制定的《关于各区清洁队、清除队财务管理的几项规定》，文件规定各区清洁队和清除队的财务自1958年起合并，由区统一管理，两个队合并后仍叫清洁队，市内六区清洁队共有清洁工人4371人。市内六区清洁队抽出青壮男工876人，支援大炼钢铁，各区选招女工1284人，天津开始有清洁女工。

1959年5月11日，天津市人委发出《关于整顿清洁队的决定》，确定市内六区清洁队定编5000人，和平区1230人、河北区874人、河东区725人、河西区603人、南开区691人、红桥区877人。名额不够招收新工人，明确为清洁队合同工。

1961年3月24日，天津市人民委员会发出《关于充实整顿清洁队的决定》，确定清洁队合同工转正。各区清洁队共有合同工1732人，经审查考核，1560人转为正式工人，仍留为合同工的106人，解除合同的66人。8月，天津市人民委员会批准各区清洁队增加新工人1000人，实际招用954人，其中和平区173人、河北区190人、河东区102人、河西区150人、南开区119人、红桥区120人、塘沽区50人，市环卫局修理厂50人。截至1961年12月31日，全市共有清洁工人5860人。

1965年10月，天津市环卫局根据天津市人民委员会发出的《关于国营企业使用临时工的实施办法》，环卫系统招用临时工1459人。

1972年，天津市革命委员会批准增加清洁工人300名，分配和平区4人、河北区36人、河东区36人、河西区48人、南开区34人、红桥区35人、塘沽区25人、汉沽区10人、市环卫局修理厂10人、市环卫局汽车队25人。

1978年12月31日统计，全市环卫系统共有清洁工人5854人，和1961年年底的5860人比较，虽未减少，但经过近20年，市区范围扩大，环卫工作任务增加。因此，环卫系统人力非常不足。1978年10月9日，天津市革命委员会文教组发出《关于增加清洁工人的批复》，同意增加清洁工人1000名，明确招收集体人员，享受集体所有制待遇。指标分配：和平区160人、河北区210人、河东区160人、河西区110人、南开区210人、红桥区110人、塘沽区40人。

1979年6月19日，天津市计委通知天津市环卫局增加全民所有制清洁工人122人，全部分配给市环卫局修理厂和汽车队。天津市计委给塘沽区增加清洁工人120人，接管新港宿舍地区环境卫生工作。天津市革命委员会文教组批复天津市环卫局，同意增加清洁工人1460人，实际招收1500人，其中大集体所有制工人1300人、全民所有制工人200人。

1979 年天津市革命委员会批复增加清洁工人分配表

表 3-4-1-61

单 位	分配人数		单 位	分配人数	
	人数	其中		人数	其中
和 平	203	全民 11 人	河 西	190	全民 11 人
河 东	200	全民 11 人	河 北	188	全民 11 人
南 开	225	全民 12 人	红 桥	216	全民 11 人
塘 沽	11	全民 11 人	市汽车队	40	均为全民
市修理厂	82	均为全民	东 郊	35	均为大集体
西 郊	35	均为大集体	南 郊	35	均为大集体
北 郊	40	均为大集体	合 计	1500	

1979 年 11 月 28 日，天津市劳动局发出关于调整部分全民所有制单位招工计划的通知，其中增加环卫工人 78 人，和平、河北、河东、河西、红桥、塘沽区均为 11 人，南开区 12 人。

1980 年 6 月 9 日，天津市劳动局发出关于职工计划基数的通知，给环卫系统增加环卫工人 476 人。9 月 13 日，天津市劳动局下达 1980 年新增职工计划的通知，给环卫系统新增全民所有制环卫工人共 579 人。其中天津市环卫局安排新招 94 人，和平区 77 人、河东区 112 人、河西区 92 人、河北区 60 人、红桥区 84 人、塘沽区 60 人。10 月 23 日，天津市劳动局发出关于下达新增职工计划的通知，给各区增加环卫工人 557 人。其中和平区 70 人、河东区 51 人、河西区 48 人、河北区 80 人、南开区 100 人、红桥区 116 人、塘沽区 92 人。

1982 年 11 月 10 日，天津市计委、天津市劳动局联合通知给环卫系统增加新工人 518 名。天津市环卫局招考高中毕业生 518 人，商请天津市公用局技校代培司机 118 人，修理工 400 人，两年毕业。1984 年 7 月 25 日结业后分配各区、各单位。

1984 年天津市公用局技校代培技术工人分配表

表 3-4-1-62

单位	和平	河北	河东	河西	南开	红桥	塘沽	市局修理厂	市局汽车队	合计
人数	60	64	54	47	66	69	50	64	35	509

1988 年，经天津市劳动局批准，环卫系统 3117 名集体所有制职工，转为全民所有制。

二、工资待遇

（一）工 资

天津解放前，清洁工人社会地位低人一等，被人们叫作“伕子”“粪小”“扫地的”“磕灰的”等，每天起早贪黑干活，没有休息时间，有病自己拿钱治还得找人替工。

日伪时期，清洁工人的工资是每人每月一袋混合面，还不能按月发给，工人无法生活，只能“出班带个罐，要点折罗菜，随手捡破烂，吃点混合面。”清洁工人自编顺口溜说：“进了清洁队，长年受洋罪，肚子吃不饱，钱少干活累，没钱娶老婆，陪着床板睡，年轻当牛马，老了饭碗碎。”又说：“病了没钱治，老了没人管，残伤推出去，死了拿席卷。”

天津解放后，天津市人民政府提高了清洁工人的工资待遇，每人每月按150斤小米计算，根据发薪日期报纸公布的粮价发给现金。而后增加工资35%，每人每月约200斤小米。

1952年和1956年，天津市人民政府对清洁工人的工资进行两次全面调整，两次共提高69.19%。

1961年，清洁工人人均月工资49.82元。

1962年统一制定的清洁工人工资标准表

表3-4-1-63

工　种	工资级别（元）									
粪便清除工	—	—	—	63	57	52	47	43	39	—
垃圾清运工	—	—	—	—	56	51	46	41.5	37.5	33.5
扫道工	—	—	—	—	—	51	46	41.5	37.5	33.5
司　机	89.5	80.5	70.5	63.5	—	—	—	—	—	—
实习司机	—	—	—	—	55.5	—	—	—	—	—
司机助手	—	—	—	—	—	48.5	45.5	—	—	—

1980年9月13日，天津市环卫局提出，经天津市劳动局同意，制发了清洁队基建维修工的工资标准。

1980年经天津市劳动局同意制发基建维修工工资标准表

表3-4-1-64

级别	一级	二级	三级	四级	五级	六级	七级
金额（元）	33.6	40.04	50.8	62.48	71.91	83.23	95.23

1980年12月17日，天津市劳动局函复天津市环卫局，同意适当提高环卫工人的工资，环卫工人熟练工期满后，正式定级，粪便清除工定为48元，扫道、拉运工定为42.5元。

1982年天津市劳动局修订环卫工人工资等级标准表

表3-4-1-65

级别	一级	二级	三级	四级	五级	六级	七级	八级
金额（元）	35	40	46	53	61	69	77	85

1984年以后，环卫专业队实行改革，各工种实施承包责任制，把环卫津贴、奖金、工资捆在一起实行“多劳多得”的办法。

1986年10月17日，天津市工资制度改革领导小组发出《关于环境卫生系统事业单位工人工资标准和实行浮动工资的通知》，提出环卫系统事业单位工人的工资标准，按中发〔1985〕9号文件附表三的技术工人工资标准执行。同时制发《天津市环卫系统浮动工资管理暂行办法》，明确由12月1日起，在套改工资的基础上实行浮动工资：粪便清除工、垃圾清运工、扫道工浮动两级；各种环卫车辆司机浮动1级。

1986年天津市环卫系统事业单位工人工资标准表

表3-4-1-66 单位：元

基础工资	岗位工资标准									
	一级	二级	三级	四级	五级	六级	七级	八级	九级	十级
40	73	65	57	49	42	36	30	24	18	12

据1982年6月统计，环卫系统人均月标准工资为44.58元。经过1982年事业单位调资和1983年企业调资、事业单位补漏后，人均月标准工资为51.23元。1985年10月工资改革后，人均月标准工资为74.66元。经1987年和1988年部分调资，1989年6月，人均月标准工资为82.32元；1989年10月工资普调后，人均月标准工资达到94.98元。

1989年，天津市环卫系统深化事业单位内部改革，继续完善经济承包责任制，绝大多数基层队，采用扩大“活工资”缩小“死工资”的办法，提高劳动分成比例。单人“活工资”进入承包分配成分包括：基础工资20元，奖金30元，浮动级12元，野外作业岗位补贴15～25元。“活工资”分配依据，主要按个人出勤，工作质量、纪律、安全等平时计分，以得分多少决定分配。

（二）津贴奖金

1956年12月30日，天津市公共卫生局发出通知，根据9月27日市长14次联合办公会议决定，商得天津市劳动局、天津市财政局同意，于11月起，在各区清洁队试行“天津市清洁队综合生产奖励办法”。

20世纪70年代，经天津市人民政府批准，清洁工人奖金由每年60元增加到100元，“文化大革命”中停止。

1980年4月4日，天津市革命委员会办公厅函复天津市环卫局，同意恢复清洁工人奖励制度，奖金水平控制在标准工资总额的10%以内。7月1日，经天津市人民政府批准，按环卫职工接触污秽程度，每人每日发给2、3、4角的环卫津贴。

1980年6月，天津市人民政府第66次常务会议决定：同意环卫职工奖金水平由原来每人每年 71 元增加到 100 元。

1986 年 10 月 18 日，天津市人事局、天津市财政局发出《关于适当调整环卫津贴标准的通知》，规定掏粪工日补环卫津贴 1.2 元；公厕保洁工、垃圾收运工、扫道工日补环卫津贴 1 元；环卫司机日补环卫津贴 0.8 元；辅助工、后勤人员日补环卫津贴 0.6 元；基层管理干部日补环卫津贴 0.4 元。11 月 12 日，为贯彻执行上述通知，天津市环卫局制发《天津市环卫系统环境卫生津贴暂行管理办法》，明确由 1986 年 7 月 1 日起实行。

1991 年，天津市环卫局将环境卫生津贴标准分 5 个档次进行适当调整，并从 1991 年 12 月 1 日起，先在劳动条件最艰苦的一线工人中实行。

（三）劳保福利

20 世纪 50 年代，清洁队逐步实行劳保制度，职工本人看病的全部医药费由单位负担，家属看病由单位负担 50%。人民政府每年给每名清洁工人发给单衣、棉衣各一套。实行按布票供给棉布后，改发现金。1953 年开始，清洁工人每周轮流休息一天。

20 世纪 60 年代，开始有了劳保福利。每人每月发给线手套 2 副、肥皂 2 块、口罩 2 个，女职工另外发给卫生纸 1 包。

1990 年，天津市环卫局每年为环卫工人发放防暑降温费 15 元。1997 年增至 30 元，由市局统一购买茶叶、白糖、背心等物品，发放到环卫工人手中。

图 3-4-1-70　20 世纪 70 ～ 80 年代清洁工人工作服

1994 年，天津市环卫局组织当年劳动模范外出疗养 7 ～ 10 天，以后每年组织，延续到 2003 年。

环卫职工的福利设施明显改善，1984 年统计，天津市市内六区及塘沽、汉沽区环卫局基层队（段），办公地点共 96 处，其中设有淋浴室的占 94%、设有食堂的占 95%、设有厕所的占 97%、设有托儿所的占 98%、设有更衣室休息室的占 100%。有的还添设了空调、电视、洗衣机、缝纫机等设备。南开区环卫局设立了环卫职工养老院，河北区环卫局设置了容纳百人的环卫职工幼儿园。

至 1989 年，全市环卫基层队点建筑面积已达 9.2 万平方米，建家属幼儿园 41 个、浴池 153 个、职工之家 37 个。并在黄金海岸兴建了"环卫职工休养所"，每年组织环卫职工轮流度假休养。由 1983 年开始至 1990 年，为环卫职工增建住宅 8 万平方米，使环卫职工及家属人均住房面积由过去的 2.5 平方米增加到 3.9 平方米。

第二节　提高环卫工人政治地位

一、领导关怀

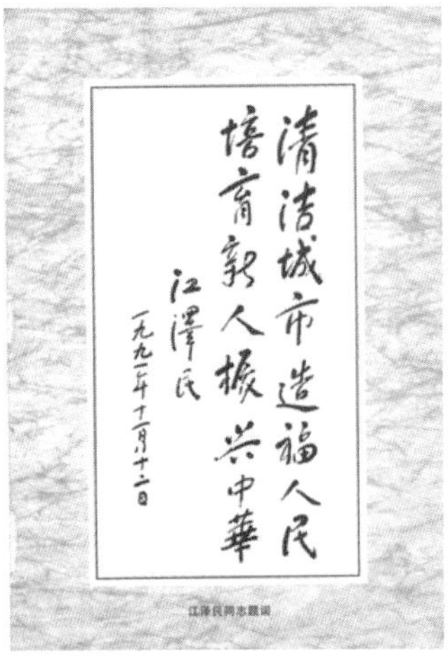

图 3-4-2-71　1991 年，江泽民总书记为环卫工作题词

1986 年 4 月 28 日，国家主席李先念在天津市干部俱乐部接见劳动模范和先进人物，其间和河北区环卫局清除队公厕保洁女工、优秀清洁工高春玲亲切握手。之前，1985 年 10 月 14 日，高春玲参加了中国环境卫生代表团，赴日本进行了 10 天的友好访问。

1986 年 5 月 1 日，中共中央书记处书记郝建秀到全国城建系统劳动模范、天津市特等劳动模范、河北区环卫局四队队长刘笃刚家中进行慰问，表示节日祝贺。

1991 年 11 月，由天津市等四省市环卫局发起的“全国环卫职工思想政治工作研究会”在上海举行成立大会，天津市 30 余名代表参加会议。会上宣读了党中央总书记江泽民为环卫工作的题词：“清洁城市，造福人民，培育新人，振兴中华。”会后，天津市环卫系统干部职工代表 200 余人在塘沽区举办专题学习会，学习江泽民的题词，并迅速在全市环卫系统掀起学习热潮。

图 3-4-2-72　画家卢沉、周思聪绘制的《清洁工人的怀念》

2008 年春节，胡锦涛总书记在广西南宁看望慰问节日期间坚守工作岗位的金浦垃圾中转站的环卫工人，胡锦涛说：“大家辛苦了！你们是城市的‘美容师’。没有你们的辛勤劳动，就没有城市的清洁环境。环卫工人的劳动，应该得到全社会的尊重。广大市民要共同维护城市的良好环境，使我们的城市更加美丽、更加文明。”

1976 年 1 月 8 日，周恩来总理不幸逝世，中国当代著名国画家卢沉、周思聪以无限敬仰和怀念的心情，在一年之后绘制了《清洁工人的怀念》这幅感人肺腑的作品，现收藏于中国美术馆。这幅作品主要描绘周总理工作了一夜之后，在清晨时分走出人民大会堂，在街头向一位老年清洁工人握手致意：“同志，你辛苦了，人民感谢你！”

一句话说得老人心暖泪流的感人情景。

党和政府的极大关怀和社会的尊重，使环卫工人的政治地位空前提高，许多优秀工人被选为市、区人大代表、政协委员，被评为劳动模范、特等劳动模范。

1965年，中共天津市委书记、市长胡昭衡、副市长王培仁等市领导和市级劳动模范周绪增、李玉亭等30多名先进职工座谈，赞扬清洁工人辛勤劳动、无私忘我的精神。

1986年2月3日和1988年1月30日，市长李瑞环等领导两次与优秀清洁工、先进职工代表进行座谈。座谈会的情况经电视台播出后，在全市引起极大反响。

1987年4月23日，建设部组织天津市10名环卫职工，赴北戴河参观疗养。

1989年10月12日，全国先进工作者、全国三八红旗手、河西区环卫局扫道女工孙丽华，出席全国劳动模范表彰大会，并在会上作了典型发言，还代表天津市的劳动模范出席了国庆宴会和国庆庆祝活动。

二、回报社会

2008年5月16日，天津市市容环卫系统发扬“一方有难，八方支援”的优良传统，抢时间、争速度，精心筹备，为四川地震灾区准备了总价值600多万元的环卫设备，包括3部压缩车、1部洒水车、1部吸粪车和10座移动公厕。其中，和平区5座移动厕所、南开区3座移动厕所、河北区2座移动厕所和1部洒水车，红桥区1部吸粪车，河西区2部压缩车、河东区1部压缩车。所有援助设备于5月17日晚装载，紧急运往地震灾区四川省德阳市。同时，天津市市容委视灾区人民的急需，从全市市容环卫系统挑选出20名素质过硬、业务精良，特别能吃苦、特别能战斗的技术骨干，组成专业小分队，奔赴四川灾区指导、参与当地环境卫生清整和垃圾粪便无害化处理工作。

第三节 财务管理

环卫系统的财务管理体系，是根据国家财政对事业单位财务管理体系实行的“统一领导、分级管理”的原则和国家行政管理体系建立起来的。随着天津市环卫事业的发展和管理体制的变化，财务管理体制经历了条条管理、块块管理、条块结合管理等几个管理形式。

1949 ~ 1950年，清洁总队和各区分队的财务工作是条条管理，市公安局和市卫生工程局为一级主管会计单位，各清洁分队为基层会计单位。粪便清除的财务由市卫生工程局直接管理，至1958年各清除队下放各区与各区清洁队合并后，财务工作又与清洁队一样改为块块管理，区卫生局为一级主管会计单位，区清洁队（包括清除队）为基层会计单位，队下的段为报销单位。

1962 年，在市公共卫生局领导下建立市清洁总队，同时将各区清洁大队的财务集中由清洁总队统一管理，又成为条块结合以条为主的管理体制。市清洁总队为一级主管会计单位，各区清洁大队为基层会计单位，各中队（段）不设独立会计核算，只是报销单位。

1964 年，成立天津市环卫局后，财务管理体制没有变化。

1969 年，撤销天津市环卫局后，各区清洁大队的财务仍下放各区实行块块管理。

1979 年，恢复成立天津市环卫局，又将各区清洁大队的财务工作拿上来，市环卫局为一级主管会计单位，实行条条管理。

1984 年，根据市委、市政府改革方案的精神，将环卫事业经费改为块块管理。各区环卫经费年度财务计划由区环卫局编制，报市环卫局汇总后报市建委进行综合平衡。市环卫局再根据市建委平衡后下达的经费分配计划参照各区计划，提出分配意见，报市建委进行审核批准，再经市财政局拨给各区。改革后各区环卫局为一级主管会计单位，区局所属各队为基层会计单位。市环卫局只负责专项经费的统筹安排和市拨专项投资项目，与区局保持核算关系和财产调拨关系。

天津市环卫系统的财务管理形式也经历了全额预算、差额预算和全额预算管理的几个阶段。

1958 年以前，各区清洁队采取全额预算管理形式，所有事业发展和日常经费，统一由市城市维护费三项费用下支付。粪便清除则采取企业管理、自给自足的形式。

1958 年，各区把清洁、清除两队合并成立清洁队，财政部门根据各区清洁队有日常粪肥的收入，确定实行差额预算管理形式。即财政部门对清洁系统采取“全额管理、差额补助”的方式，年终结余留归本单位安排使用。

1964 年以前，每年粪肥收入在 250 万元 ~ 300 万元，由市财政差额补助 270 万元 ~ 570 万元。1964 年粪价下调，每年粪肥收入减少到 100 万元 ~ 150 万元，财政补助 600 万元 ~ 750 万元。1979 年粪价再次下调，每年粪肥收入 60 万元 ~ 70 万元，财政补助 2000 万元 ~ 2500 万元。在历年财政补助经费中，包括添置环卫专用汽车、增建公共厕所和环卫设施的投资。

1982 年，经天津市人民政府批准，环卫系统财务管理由差额预算管理改为全额预算管理，每年由市财政划拨经费 2500 万元 ~ 5400 万元。

1984 年，市、区体制改革，各区环卫局都努力扩大有偿服务内容，积极开展增收节支活动，增加了代单位清运垃圾、粪便，代单位清扫污染的道路，代保洁厕所等服务项目，使预算外毛收入达到了 1300 万元。根据 1983 年 2 月财政部颁发的《预算外资金管理试行办法》，1983 ~ 1985 年期间，预算外收入的分配使用按 6∶4 比例分成，即以其收入的 60% 用于事业发展，40% 用于集体福利和奖励。

1986 年，依照财政部《关于事业单位工资制度改革以后若干问题的规定》，基本按照 5∶1∶4 的比例分配使用，即以其收入的 50% 用于事业发展基金，10% 用于集体福利基金，40% 用于奖励基金（包括业务费）。环卫系统预算外资金，由各区环卫局掌握使用，市局不搞平调。各区环卫局按照财政部门规定的用途和支出范围自行支配，因地制宜解决本区问题。

1955 ~ 1990 年部分年份天津市环卫经费收入及补助情况表

表 3-4-3-67　单位：万元

年份	事业收入	市财政补助	区财政投资	年份	事业收入	市财政补助	区财政投资
1955	—	202.9	—	1976	100.9	851.0	—
1956	—	197.8	—	1978	128.6		—
1957	—	245.0	—	1980	74.9	2520.0	—
1958	208.7	277.4	—	1982	68.9	2242.5	—
1959	194.0	289.1	—	1984	272.0	2220.0	—
1960	254.0	302.0	—	1986	379.8	3098.0	247.0
1961	237.8	341.9	—	1988	1002.9	4506.2	129.0
1962	260.4	374.0	—	1990	1137.9	5633.2	123.0
1963	261.2	576.0	—	1977	105.5	801.0	—
1964	139.2	693.5	—	1979	128.3	1438.0	—
1965	108.2	751.8	—	1981	60.3	2127.5	—
1966	112.2	630.5	—	1983	66.1	2257.0	—
1967	88.7	630.0	—	1985	288.5	2605.0	—
1968	88.1	550.0	—	1987	603.3	4382.0	185.0
1973	96.0	665.0	—	1989	1221.6	5330.0	157.0
1975	124.0	983.0	—				

第四节　环卫体制改革

从 20 世纪 80 年代初期开始，市内六区环卫局为适应城市建设和发展的需要，保证环卫工作顺利开展，以深化改革，大胆创新的精神，在环卫体制、经济分配、作业方式等各个层面进行改革，旨在切实调动各方面积极性，使城市环境达到干净整洁新水平。

一、制定环卫改革方案

1984 年 6 月 18 日，天津市环卫管理局面对有碍环卫工作顺利发展的瓶颈问题，提出了环卫管理改革的初步方案《关于报送环卫管理改革初步方案的报告》（环卫办字〔1984〕第 12 号），并报送到上级主管部门天津市市容管理委员会。6月28日，天津市市容管理委员会《关于环卫管理改革方案的报告》(市容委〔1984〕第48号)，原则同意这个方案，并向天津市人民政府进行了报告。

天津市环卫管理局《关于环卫管理改革的初步方案》指出，当前天津市环卫工作面临的主要问题是：第一，管理体制不适应。在实施环卫管理体制改革、人财物下放中，经费仍由市局统拨，没有实行区财政，放得不够彻底，不利于贯彻切块管理的精神。第二，在环卫队伍管理上，还存在着吃“大锅饭”的弊端，潜力挖不出，效率提不高，质量上不去。第三，环卫工作任务不断扩大，缺口大，经费不足，是最突出的矛盾。全市新建区域扩大，尚有103条142万平方米主干道路的清扫保洁和新建区日产垃圾500吨的任务，专业队无力承担。按建设部关于城市人口与环卫工人设置比例的规定，全市尚差2800人。市拨环卫经费自1980年至1983年，四年平均每年2300万元左右。据测算要把缺口任务全部承担起来，加上公厕、垃圾楼、垃圾桶维修更新、小型土建、零星购置以及环卫管理经费、退休工人工资医疗费等开支，全市实际需要经费2649万元。

天津市环卫管理局《关于环卫管理改革的初步方案》提出环卫管理改革的四项措施。

第一，环卫管理体制改革。环卫经费，由局切块改为财政切块，实行区财政，经费由区包干管理，物资随经费下放。

第二，改革环卫队伍管理，实行承包责任制。1.承包形式和办法。改革环卫职工的分配制度，实行多种形式的承包责任制。对基层单位的承包，主要采取两种形式：一是分片包干责任制，即完成责任地区工作量并达到质量要求的，支付承包经费，完不成的扣减。二是事业单位实行经济核算办法，自负盈亏。对职工个人分配计酬，按不同工种采用两种办法：①对垃圾、粪便清运及土建维修等工种，实行全部浮动工资的办法，即把全部工资与奖金、津贴捆在一起浮动使用，在保证质量的情况下，按完成的工作量或工程量计酬。②对于街道清扫、公厕保洁工种以及管理干部、后勤等人员，实行部分浮动工资的办法，即把实行这一办法人员的平均基本工资的20%～50%，拿出来与奖金、津贴捆在一起浮动使用，留下的固定工资部分，按出勤日支付，浮动工资部分，按承包作业面积及完成质量核定付酬，达不到质量的扣减。2.适应改革需要，调整环卫管理组织。全面实行队长负责制，把岗位责任或承包责任的完成情况与付酬挂起钩来。

第三，改革环卫业务，搞好服务。通过挖潜，把环卫专业队调整下来的老弱人员及运力组织起来，成立环境卫生劳动服务队，开展代运、代掏、代扫以及社会环卫工作劳动服务的业务。劳动服务的收入，除去上缴能源税（减去成本后上缴15%）按6∶4比例分配，即60%用于补贴环卫经费和改善环卫职工集体福利，40%用于全员承包费之补助。鉴于环卫劳动服务收入不多也难固定的情况，按劳付给个人部分，市区财政和银行部门要给松绑，准予支付。如因季节特点，有时劳动量大，奖金超过两个半月标准时，请准予免税，以资鼓励。

第四，加强群众保洁队伍的管理。经济上可采用民办公助的办法，公助部分由集体企业留成的 5% 的钱中解决，解决比例，参照北京市做法按地区居民人口每人每年 4 角的水平，由区政府拨给各街办事处掌握使用。

二、深入开展环卫改革

根据天津市环卫管理局《关于环卫管理改革的初步方案》，市内六区环卫局由浅入深、由表及里地推行环卫改革。

（一）分配制度改革

1. 实行岗位责任制，进行内部经济独立核算。把奖励、津贴和夜餐费按出勤发放的办法，改为按完成任务情况发放的岗位责任制。制定职工守则，健全各工种工作标准，做到有章可循、按章办事。对道路清扫、垃圾清运、粪便清除三大工种进行查人员、查任务、查设备、查工效的“四查”和定人员、定任务、定指标、定考核标准的“四定”工作，落实职工岗位责任制。

2. 实行岗位经济责任制，解决分配上的平均主义“大锅饭”。改变作业组织和作业方式，实行分片包干、按劳计酬，由干多干少、干好干坏一个样的平均主义，改为按劳分配、多劳多得的岗位经济责任制。单位内部辅助工种、后勤人员，同样实行岗位经济管理，由“吃人头费”改为去“挣”内部各服务单位的钱，不吃“大锅饭”。做到人少多干活、钱少多办事。

例如，改革前，红桥区环卫局承担全区 12 个街 15.79 万吨生活垃圾清运、3.35 万吨粪便清除、114 万平方米道路清扫保洁任务。完成上述任务，需增加 599 人、20 辆汽车、144 万元经费。实行岗位经济责任制后，在原有人员、车辆、经费的情况下，全年清运垃圾 21.27 万吨，清除粪便 4.03 万吨，清扫道路 142.09 万平方米。通过改革，既不增人，也不增车，发给工人的钱比 1982 年只多 3.3 万元，体现了“国家得大头，集体得中头，个人得小头”的原则。市长李瑞环在 1983 年天津市环卫系统优秀清洁工命名表彰大会上对红桥区环卫改革成效表示肯定：“红桥区这个事实充分说明，环卫职工的潜力、活力、主动性和创造性是很大的。希望各个单位都要学习红桥区的经验，下功夫了解本单位的实际情况，认真研究本单位的改革问题。”

3. 实行岗位承包制，事业单位按企业化管理。按照岗位不同、工作难易、贡献大小，实行岗位承包制。在承包费中，减少按人头分配的“死钱”，增加按承包任务分配的“活钱”，坚持向一线苦、脏、累和技术工种倾斜，把责任大小、工作难易与职工分配挂钩，做到公开竞争、按岗付酬、按责奖励，使分配机制、奖励机制趋向合理。例如，垃圾转运站普遍实行了劳动人员自由组合，操作工由每站平均 7 人以上，减至 5 人左右，节省了单位劳动力，增加了个人经济收入。市内六区收费厕所陆续面向社会发包，由个人承包，打破了行业垄断。市内六区环卫局向基层单位划拨经费，也由按人头的“人吃马喂”均拨经费，改为按承包任务多少划拨经费。

（二）干部制度改革

1985 年，在基层单位进行改革的同时，市内六区环卫局对干部制度进行改革。建立干部任期目标责任制、干部招聘制、经济承包责任制等管理制度。

实行局、队两级干部聘任合同制，基层单位实行队长负责制，出台基层单位“四定”（定经费、定人员、定任务、定职数）改革方案，基层领导岗位实行竞聘上岗。区局机关也开始精简机构，实行公开竞争上岗，优化组合，调动干部和机关人员积极性。在干部招聘工作中引入竞争机制，聘任科、队正副职，采取将点兵，兵选将和竞争演讲答辩的形式，变过去领导任命“要我干”，改为竞争招聘后“我要干”。

区局机关以优化组合、提高办事效率为目标，采取公开竞聘、双向选择、择优上岗的方式精简机构、合并科室。机关干部平均年龄下降，文化程度普遍提高。

第五节 环卫工人节

1997年9月9日，在天津市人大第十二届常委会第35次会议上，城建环保委员会主任高仲林就《关于设立天津市环卫工人节的决定（草案）》做说明：“1997年2月，市十二届人大五次会议期间，大会收到代表联名提出的第34号、65号、80号，106号议案共4件，均建议设立天津市环卫工人节。大会主席团决定，将这4件议案并案，交由市人大常委会办理。在此之前，1995年市十二届人大3次会议和1996年市十二届人大4次会议，都曾有市人大代表联名提出议案，建议设立天津市环卫工人节。连续三年代表们就这一问题提出议案，市人大常委会主任会议十分重视，就此专门进行研究，并同市人民政府领导同志交换了意见，一致认为设立天津市环卫工人节是必要的。”

会议通过了《天津市人民代表大会常务委员会关于设立天津市环卫工人节的决定》，决定指出：“天津市第十二届人民代表大会常务委员会第三十五次会议，审议了主任会议《关于提请审议设立天津市环卫工人节的议案》，决定：每年的10月26日为天津市环卫工人节。”

市人大常委会主任聂璧初就设立天津市环卫工人节讲话：“在今天会议上，我们通过了市人大常委会关于设立天津市环卫工人节的决定，把这个节日定在刘少奇同志接见北京掏粪工人时传祥的日子——10月26日。这是天津市环卫工人的大喜讯，也预示着天津的环卫工作将要以崭新的面貌庆祝党的十五大和胜利地跨入21世纪。”

一、第一届环卫工人节

1997年国庆节刚过，天津市委书记、市长张立昌同意“庆祝第一届环卫工人节活动方案”的批件就送到了环卫系统。

天津市人民政府成立了以副市长王德惠为组长的首届环卫工人节庆祝活动领导小组，12个委、办、局及各区主要领导参加了领导小组。

10月10日，天津市人民政府办公厅下发《关于认真搞好我市首届环卫工人节庆祝活动的通知》(津政办发〔1997〕45号)，就全市如何组织庆祝环卫工人节作出部署。

10月16日，天津市人民政府召开“天津市首届环卫工人节新闻发布会”。天津市人大常委会副主任刘文藩、副市长王德惠和市政府副秘书长乔富源、刘玉麟出席会议，刘玉麟主持会议，刘文藩、王德惠发表讲话，介绍设立环卫工人节的意义及近年来天津市环卫事业的发展。

天津市人民政府拨款120万元为环卫工人制作防寒工作服，各区县政府共抽出近百万元资金，购置清扫机械，以减轻环卫工人的劳动强度。

天津市公安部门为62名环卫工人家属解决了农转非户口。全市各级工、青、妇等群众组织和社会企事业单位以各种形式向环卫工人献爱心，贺卡、贺礼数不胜数，大的有彩电、洗衣机、煤气罐等，小的有毛巾、香皂等，总价值达50多万元。

天津市总工会、公安局、建委、市容办联合签发了《严肃处理侮辱、殴打环卫工人事件，保护环卫工人合法权益的通知》指出，自1995年8月以来，全市发生的48起和近期发生的5起环卫工人挨打受辱事件全部得到处理。

共青团天津市委书记段春华特批环卫系统15个“新长征突击手”名额，顾月海等15人获此殊荣。

天津市各新闻媒体天天都有环卫工人节的消息，报道社会各界为环卫事业做贡献的举动。各区中小学开展了“当一天环卫工人”“当环卫小卫士”“让环卫工人休息一天”等活动，向环卫工人表示慰问、道声辛苦。

从9月25日开始，全市环卫系统开始了为期一个月的题为“优质奉献、回报社会”的劳动竞赛，开展了3次周末清整环境卫生活动。10月25日，一万名环卫工人、干部走上街头，在闹市路口设立宣传点，组织突击小分队开展“为民奉献日”活动，天津市人大、政府、政协的领导也来到环卫班队点和宣传点，参加环卫工人的奉献活动，把为期一个月的竞赛推向了高潮。

（一）市领导题词

天津市委、市政府、市人大、市政协各级领导为首届环卫工人节题词。市委书记、市长张立昌的题词是：“平凡岗位、无私奉献”；市委副书记刘峰岩的题词是：“情系环卫”；建设部常务副部长叶如棠的题词是：“提高全民环卫意识、共创现代文明城市”；市人大常委会主任聂璧初的题词是：“净化环境、服务社会”；市政协主任刘晋峰的题词是：“清洁环境美化津城、搞好环卫促进文明”；建设部副部长李振东的题词是：“城市的美容师、人民的服务员”；市人大常委会副主任、市总工会主席潘义清的题词是：“辛苦我一个、幸福千万家”；市人大常委会副主任鲁学政的题词是：“搞好环境卫生、促进精神文明”；副市长王德惠的题词是：“提高全民环卫意识、创造良好社会环境”；市政协副主席陈培烈的题词是：“创造整洁优美环境、讲文明树社会新风”。

（二）首届环卫工人节庆祝大会

1997年10月26日，环卫工人节当天，天津市委、市政府在天津宾馆中礼堂为首届环卫工人节召开庆祝大会。

天津市领导张立昌、聂璧初、刘晋峰、刘峰岩、潘义清、刘文藩、王德惠、陈培烈、张惯文，老同志毛昌五、白化岭、胡晓槐等出席庆祝大会；建设部常务副部长叶如棠专程到津出席大会。庆祝大会由天津市政府秘书长张惯文主持。

会上，少先队员向全市环卫工人致贺词，学习环卫工人为人民服务的精神和博大胸怀，争做维护环境卫生的宣传员和义务员。还宣读了天津市人民政府关于表彰“环卫岗位明星”的决定，徐道本等100名环卫工人受到表彰。决定号召，全市各行各业干部职工要以实际行动理解、支持和尊重环卫工人，学习环卫工人的优秀品质，共同维护和搞好城市环境卫生。

天津市委书记、市长张立昌代表市委、市政府和全市人民向环卫工人赠送了防寒工作服，对全市环卫工人及家属表示亲切慰问，祝环卫工人节日愉快。

天津市环卫局局长张常山代表全市环卫工人，向关心、关怀环卫工作和环卫工人的各行各业及各界人士致感谢词。环卫岗位明星代表、全国环卫行业标兵、天津市特等劳动模范、扫道工人孙丽华向全市环卫工人发出倡议书，倡议全市环卫工人不辜负党和政府及全市人民的关怀，用辛勤的劳动，更高的标准为人民创造优美舒适的生活工作环境，为天津市的改革开放服务，为经济建设服务。

建设部常务副部长叶如棠代表建设部向辛勤工作在环卫战线上的天津市两万余名干部职工，致以亲切的慰问和节日的祝贺。他指出，设立环卫工人节，不仅使环卫工人有了自己的节日，更重要的是把环卫工作作为社会主义精神文明建设的一个重要内容，通过这个节日向社会广为宣传，使环境卫生和环卫工人的工作得到全社会的理解、关心、尊重和支持。

天津市人大常委会副主任刘文藩代表天津市人大常委会向全市环卫战线的广大职工表示节日的祝贺。副市长王德惠就今后如何以实际行动庆祝环卫工人节及进一步加强环卫工作等问题，向全市环卫工人提出新的要求。

庆祝大会结束后，领导与环卫工人一起观看了由环卫工人和天津市文艺界著名演员同台演出的文艺节目。

二、第十届环卫工人节

2006年10月26日，是天津市第十届环卫工人节。

10月25日，天津市人大常委会副主任王德惠、市政府副市长陈质枫、市政协副主席王家瑜等市领导，在天津礼堂接见天津市人民政府表彰的百名环卫标兵。天津市人民政府副秘书长王维基宣读了市政府《关于表彰天津市百名环卫标兵的决定》，出席会议的领导向百名环卫标兵代表颁发了荣誉证书。副市长陈质枫传达了市委书记张立昌的重要批示：“市容环卫系统职工为天津的市容市貌的变化付出了艰苦的劳动，在此向同志们表示衷心的感谢。”天津市文明办与天津市市容委决定，授予89名从事环卫一线工作30年以上的女职工、35年以上的男职工“城市美容师”的荣誉称号并颁发荣誉证书。

10月23日，天津市市容委、市总工会、团市委、市妇联在中华戏院联合举办《光荣的十年》文艺晚会，庆祝天津市第十届环卫工人节。天津市委常委、市总工会主席散襄军、市人大常委会副主任王德惠、市政府副市长陈质枫、市政协副主席王家瑜、市妇联副主席吕福玲、团市委副书记刘惠等市区领导出席了晚会。天津市容环境系统唯一的老红军、84岁高龄的离休干部张功法应邀到会。天津市总工会副主任安亭洲代表市工、青、妇等部门向环卫工人致贺词，天津市市容委主任王敬威向荣获环卫工人节优秀组织奖的河西、南开、河北区环卫局和市市容委机关工会颁发了奖杯。晚会在南开区、河东区环卫局职工合唱的“环卫工人之歌”中拉开了帷幕，在歌舞“光荣的节日”中结束。

9月25日，举行了由天津市市容委庆祝环卫工人节领导小组主办，河北区环卫局承办的“创卫与我的岗位”主题演讲比赛，来自10个单位的14名选手参加了比赛。河东区环卫局杨静获第一名，河北区环卫局张伟、红桥区环卫局马薇并列第二名，河西区环卫局朱锦艳、董承宝、宝坻区市容委谭桂超并列第三名。河北区环卫局获得比赛组织奖。

迎庆第十届环卫工人节前夕，天津市市容委筹集资金，为全市1.6万余名一线环卫工人和街道保洁队员，统一增制一套春秋工作服。布料具有厚实、耐用、易洗、透气性好的特点，颜色美观并具有马路作业的安全性。9月12日，第一批工作服下线之际，天津市市容委在河北区环卫局礼堂举行赠送仪式，天津市市容委主任王敬威向环卫工人代表赠送了工作服。10月15日，1.6万余套工作服全部送到环卫作业一线岗位。

9月29日，在河西区乒乓球训练基地举行了由天津市市容委主办、河西区环卫局承办、北京天路通科技有限公司协办的“天路通”杯乒乓球联赛。全市市容环境系统的10支代表队参加了比赛。经过比赛，宝坻区市容委代表队、天津市市容委机关代表队分获团体比赛第一、第二名，河东区环卫局和天津市综合执法监察大队代表队并列团体比赛第三名。大港区市容委刘永清、天津市市容委机关陈善斌分获男子单打比赛冠、亚军，河东区环卫局平建秀、宝坻区市容委高卫华分获女子单打比赛冠、亚军。

三、其他年份庆祝活动

2000年10月，为庆祝第四届天津市环卫工人节，天津电视台录制“时传祥精神在津门闪光”专题晚会在全市播放。副市长王德惠在录制现场接见环卫系统劳动模范，并受市委书记张立昌委托将“津门时传祥”的题词，赠给天津市特级劳动模范顾月海。

2001年10月25日，天津环卫工人节前，天津市委书记张立昌、市长李盛霖带领市有关领导，到河西区环卫局职工作业班点，看望环卫工人，并与劳动模范和职工代表进行座谈。

2002年10月24日，天津市委书记、市人大常委会主任张立昌，市委常委、市委秘书长王文华，市人大常委会副主任李振东，副市长王德惠，市政协副主席曹秀荣，市政府副秘书长陈质枫和市总工会、团市委、市妇联、市委规划建设工委、市建委的领导，到河北区环卫局看望慰问环卫工人，并与环卫职工代表亲切座谈，共庆环卫工人节。

2003年10月26日，天津市第七届环卫工人节“光辉的节目”文艺晚会在天津礼堂中剧场举行。中共中央政治局委员、市委书记张立昌发来贺信，代表市委、市人大常委会、市政府、市政协向全市环卫工人表示节日祝贺。市领导王德惠、陈质枫、王家瑜与环卫工人代表观看演出，共庆节日。在此之前，天津市市容委和天津市文明办联合对从事环卫一线工作满30年的女职工和满35年的男职工授予“城市美容师”荣誉称号。张立昌在贺信中说，环境卫生代表着城市的形象，体现着都市的文明，关系着老百姓的切身利益。多年来，全市广大环卫工人发扬“宁愿一人脏、换来万人洁”的精神，在平凡的岗位上不辞辛劳，无私奉献，默默无闻地做了大量的工作，为促进天津的经济和社会发展，付出了心血和汗水，取得了显著的成绩。以“三、五、八、十”四大奋斗目标的全面实现为标志，天津的现代化建设进入了一个新阶段。新的形势、新的任务，对改善生活环境、提高文明程度提出了新的更高的要求。要深入学习贯彻“三个代表”重要思想，大力加强社会主义精神文明建设，积极倡导健康文明的生活方式和生活习惯，打一场整治环境卫生、改变生活陋习的攻坚战，把城市建设和管理提高到一个新水平。希望全市环卫战线的同志们再接再厉，在实施“三步走”战略的进程中做出新的贡献。

晚会节目主要内容围绕着环卫工作创作，体现了环卫职工在深化改革和事业发展中的精神风貌，时代气息十分浓厚。李派快板书传人、著名快板表演艺术家李少杰，根据环卫工人在抗击非典中事迹创作的快板书《我自豪，我是光荣的环卫工》，饱含激情，引起台下环卫职工的强烈共鸣。整台节目充满了社会各界对环卫工人的理解和关怀，反映了党和政府对环卫事业的关心与重视。演出在雄浑有力的《环卫职工之歌》中落下帷幕。

2005年10月25日，天津市人民政府在天津礼堂举办“激情环卫”主题大型文艺晚会，庆祝第九届天津市环卫工人节。市领导王德惠、陈质枫、曹秀荣、王家瑜、李宝金与环卫工人代表观看演出，共庆节日。24日，市文明办与市市容委联合决定，向连续从事环卫一线工作满30年以上的女职工和满35年以上的男职工，授予“城市美容师”荣誉称号并颁发荣誉证书。

图3-4-5-73　天津第十四届环卫工人节表彰优秀清洁工颁奖晚会

2007年10月26日，天津市市容委举办“环卫之光”专题晚会，庆祝天津市环卫工人节。市人大常委会副主任王德惠、副市长陈质枫、市政协副主席曹秀荣、王家瑜出席晚会。会前，对100名“优秀城市美容师”进行了表彰。

2010年10月26日，天津第十四届环卫工人节表彰优秀清洁工颁奖晚会在滨湖剧院举行，王士珍、王娟、马宁等115位环卫工人受到表彰，授予优秀清洁工称号。和平区环卫局机扫水洗中心闫震代表获奖优秀清洁工上台发言，表示将继续发扬“宁愿一人脏，换来万人洁”的无私奉献精神，把天津城市打扮得更加干净、更加美丽。表彰大会后，环卫工人自编自演的文艺晚会拉开大幕,《环卫之春》《我们是城市里的阳光》《红桥市容展新颜》等一系列精彩节目，反映了环卫工人的工作与心声。

附：

在天津市第十二届人民代表大会常务委员会第三十五次会议上
聂璧初主任关于设立天津市环卫工人节的讲话

同志们：

在今天会议上，我们通过了市人大常委会关于设立天津市环卫工人节的决定，把这个节日定在刘少奇同志接见北京掏粪工人时传祥的日子——10月26日。这是天津市环卫工人的大喜讯，也预示着天津的环卫工作将要以崭新的面貌庆祝党的十五大和胜利地跨入21世纪。

环卫工作是一个特殊行业。环卫工人负责全市垃圾的收运、城市道路的清扫和公共厕所的保洁等，所从事的是苦、脏、累的工作，但是他们的奉献精神非常好，以“宁可一人脏、换来万人洁”的精神，默默无闻、夜以继日地劳动，换来天津人民清洁优美的生活环境，为天津的经济建设、对外开放创造良好的生产环境和投资环境，受到全社会的尊重。我们为有一支这样好的环卫工人队伍感到骄傲、感到幸福。

从1995年以来，连续三年有不少人大代表在人代会上提出议案，呼吁设立环卫工人节。广大环卫工人也有此强烈要求。今天，我们正是根据代表的意见和环卫工人的要求，审议通过了设立天津市环卫工人节的决定。这也体现了市委、市人大常委会、市政府对环卫工人和环卫工作的关怀和重视。

我祝贺环卫工人有了自己的节日，我想它更重要的意义是呼吁全社会更加重视环境卫生工作，把环境卫生工作作为社会主义精神文明建设的一个重要内容，作为“讲文明、树新风”的重要活动，使全市人民和各行各业都牢固地树立起环境卫生意识，人人都自觉地维护环境卫生，都更尊重和支持环卫工人的劳动，使我们的环境更美好。

借此机会，我也希望环卫工人继续发扬“自尊、自重、自勉、自强”和“团结奉献”的精神，为天津的环卫工作做出新的贡献。

第四篇

市容环境治理

1984年1月，成立天津市市容管理委员会，市容管理模式也由应急式、临时式“整顿”转为经常性、规模化“治理”。多年来，市容环境治理由行政管理走向法制管理，由专项治理进入综合治理，从改善环境面貌发展为提高城市整体质量。

市容环境专项治理，从整顿道路环境秩序、治理脏乱环境入手，力求市容环境干净整洁。1983年，实行市容卫生“门前三包”责任制，沿街单位自扫门前脏、自管门前绿、自治门前乱。1989年，整治“十乱”迎亚运，拆除棚亭、清除摊贩、撤销市场，恢复道路通行秩序。1984年，清整居民院落，清除乱堆乱挂杂物。2003年，防控“非典”，开展“三大战役”，完成“十项任务”，彻底清除脏乱现象。2004年，治理市郊结合部和外环线周边环。

市容环境综合治理，重点是市区街道综合整修、郊区县整顿镇容村貌和拆除违章建筑等。治理环境秩序包括实施畅通工程、建厅退路、治理脏乱环境等。1988年、2004年、2008年对铁路沿线进行综合治理。2008 ~ 2010年连续三年市容环境综合整治。

第一章　市容环境专项治理工程

第一节　整顿道路环境秩序

一、实行市容卫生“门前三包”责任制

1983年年初，为贯彻实施“人民城市人民建，人民城市人民管”的方针，学习推广北京“门前三包”（包卫生、包绿化、包秩序）经验，首先在主干道路和迎宾线上进行“门前三包”试点。由街道办事处组织沿街单位与所在街道办事处签定“门前三包”协议书，包管各自责任范围内的责任内容。红桥区大胡同、东北角、东南角等地区建立“七户一岗制”，每天一户轮流完成门前三包任务。和平区劝业场地区由区、街建立“路长制”，巡回检查各单位门前三包情况。河北区小树林地区以沿路居民院为单位进行门前三包，把责任落实到各家各户。

9月7日，根据各区试点经验，天津市人民政府召开动员大会，推广北京“门前三包”经验，号召全市向试点单位学习，会议决定首先在45条道路上实施“门前三包”。会后，市内六区有75条道路5112个沿街单位签定了“门前三包”协议书，履行“门前三包”责任，使单位内外环境卫生干净整洁，乱摆乱卖、乱堆乱放、乱吐乱扔、乱泼乱倒、乱贴乱画及里空外卖等脏乱现象明显减少。

1986年，天津市市容委草拟了《天津市门前市容卫生承包责任制管理办法》，向有关部门征求意见时出现分歧，该管理办法未能颁发。

1990年12月27日，天津市人民政府第29号令下发了《天津市市容卫生门前三包责任制暂行办法》，要求道路两侧工商户与所在街道办事处签定《市容卫生门前三包责任书》。包卫生，负责每日清扫、保洁和维护管理，清除废弃物、积水、污物、痰迹等，禁止乱泼乱倒、乱扔乱弃及随地吐痰的行为。包绿化，负责管理树木花草，保持绿地干净整洁，制止损坏绿化设施和占用、污染绿地的行为。包市容秩序，制止和纠正乱搭乱建、乱堆杂物、乱摆摊点、乱贴乱画、乱立广告牌、乱停车辆等影响市容环境秩序的行为。

图4-1-1-74 门前三包监督员上岗执勤

1992年，天津市421条道路实行了“门前三包”卫生责任制，共有“门前三包”监督员5361人。

1998年1月7日，天津市人民政府第131号令，将《天津市市容卫生门前三包责任制暂行办法》重新修订后，发布《天津市市容卫生门前三包责任制管理办法》。

2005年5月17日，天津市市容委修订发布《天津市环境卫生保洁责任实施办法》(津容环〔2005〕第134号)。明确环境卫生保洁责任区范围，是指单位及个体经营者门前区域，以门为基点，前至人行道侧石，两侧至相邻单位的自然分界线。环境卫生保洁责任人，是指经区、县市容环境卫生行政主管部门，或街道办事处、镇(乡)人民政府确定的应当承担维护市容环境卫生义务的公民、法人或其他组织。环境卫生保洁责任区划分应当填写《环境卫生保洁责任区保洁责任告知书》，并送达责任人。

履行环境卫生保洁责任应当达到下列标准：保持市容环境整洁，无里空外卖、无乱搭乱建、无乱吊乱挂、无乱堆乱放、无乱贴乱画等行为；保持环境卫生每日整洁，无垃圾、无渣土、无污水，禁止将单位内及商家门脸的垃圾向道路上乱扫乱倒；设置和隐蔽摆放专用的废弃物袋装容器，并将自产的生活废弃物装入袋内，扎紧袋口，按环卫部门指定时间、地点码放整齐；保持建筑物、构筑物及公用设施整洁、完好；完成冬季清雪铲冰任务。

环境卫生保洁责任人的权利和义务：对本责任区内发生的损害、破坏市容环境卫生的行为，有权予以劝阻、制止并向城市管理综合执法机构举报；接受本区县市容环境卫生行政主管部门及街道办事处或镇(乡)人民政府的监督检查；责任人应按规定履行保洁责任，保持责任区内干净清洁。无能力自行清扫保洁的，可委托环境卫生作业单位或服务企业代为清扫保洁，代为清扫保洁费用由双方协商确定。

二、治理“十乱”迎亚运

长期以来，沿街乱搭棚亭、乱摆摊点、乱盖房屋、乱开门脸、乱立广告、乱贴乱画、乱圈乱占、乱堆物料、乱放车辆、乱倒垃圾渣土的“十乱”行为，严重影响市容环境卫生。

1989年7月，天津市人民政府批转天津市市容委《关于开展国庆整顿街道秩序治理城市环境活动的实施方案》，发动全市整治“十乱”，迎亚运、迎国庆。成立了“天津市整顿街道秩序治理城市环境领导小组”，组长由天津市人民政府顾问毛昌五兼任，副组长由市容卫生委员会副主任李振东、胡晓槐兼任，有关委、局主管领导为成员，下设办公室，由公安、工商、市政、规划、商委、公路、市容等部门抽调干部组成。各区县、街也成立相应组织，建立三级指挥系统。区县、街两级政府还组织联合执法队与公安、交通、城管、工商、规划、市政、环卫、防疫等部门联合行动，各执其法，综合治理。

整治过程中，区包区、局包局，区按路承担全面责任，局按项落实分项责任，各级领导分片承包，有关部门积极合作。各区交通区队、中队和公安分局、派出所积极配合整治；环卫系统全力以赴，同步治脏。工商、规划、市政等部门配合区、街清理乱摆乱卖、无照摊贩及违章建筑。公用、园林及电力、电讯部门结合各自业务进行整治，形成条块专群齐抓共管的局面。

整治“十乱”，一手抓治理，一手抓宣传，注重提高全民环境意识、文明素质和公共道德水平。印发各种宣传材料70多万份，入户宣传100余万户次，利用新闻媒体，形成舆论声势，做到家喻户晓，“十乱”自清自整率达95.6%。实行治导并举，开设149处零售市场和5处批发市场，在居民区和一些支线道路两侧增设零散的便民服务性摊点，妥善安置有照个体户，使繁荣与市容有机统一起来。

整治“十乱”，实行以区为主，街自为线、条口协助、逐项承包的目标治理责任制，形成条块专群齐抓共管的局面。全市共纠正违章6.9万余件，其中拆除调整棚亭4725个，清除摊贩非法集聚点824处，取缔“马路台球”458处，撤销影响交通市容的市场35个，整顿乱开门脸318处，治理脏乱角落384处，清运垃圾杂土5万多吨。天津市人民政府对102个先进单位和102名先进个人进行了表彰。

三、整顿市场摊点经营秩序

在搞活经济大形势下，各类商贩、集贸摊群市场迅速增加。1983年，有执照的个体摊贩2.1万余人，1990年，增加到5.26万人。集贸市场自发形成，小商小贩乱摆乱卖，虽经多次整顿，划定市场“赶鸟入笼”、取缔无照摊贩，但管一次好一阵，经常反复。

1988～2005年，天津市人民政府始终把整顿市场摊点经营秩序作为重点。对区、街设置和自发形成的市场，由天津市市容委、规划局、市政局、公安局、工商局统一勘查审批。1990年3月，批准149个集贸市场和5个批发市场，将35个市场迁移到新地点或合并到其他市场。对饮食、食品、自行车修理等零散摊点，根据需要进行统一规划设置，饮食摊可在次干道及支线道路红线外设置，定时定位定范围销售，上午8时前撤离，下午5时出摊。冷饮、冷食、纸烟、茶水等摊点，在干支道路两侧的里巷甬道适当地点设置。自行车修理摊可在干支道路两侧便道以及空地和里巷甬路设置，一般一公里左右设一个摊位。修鞋、配锁摊点可在支线道路与里巷甬路交边适当位置安置。蔬菜、瓜果商店，如店堂确实窄小，可在门前规定范围经营。干道两侧商店不得出摊占路经营干鲜果品。

四、街道容貌管理

1985年9月，经天津市人民政府批准，天津市市容管理委员会发出《关于巩固整修街道成果保持市容街景整洁的通告》，凡经过整修的街道，需要再次进行修缮时，对建筑物的外檐装饰、色调和景观的设计，须经市容管理部门批准。对违反规定，除令其负责整修或赔偿损失外，分别给予批评教育或处罚。1987～2005年，申请改装门脸或再次装饰建筑外檐的共72170件，工程量54.133万平方米，共批准71712件，工程量达44.5万平方米。

1986年11月，天津市人民政府颁布《天津市住宅阳台使用管理暂行规定》，市内六区普遍开展了拆除违章私封阳台的清整活动，取得显著成效。拆除私封阳台59931个，占应拆除总数的94.7%，因违章使用住宅阳台而危及居民安全的隐患大为减少，市容街景也进一步得到改观，同时，增强了广大群众的法制观念和安全感。

1987年，共拆除私封阳台6.9万多个。整治后日常管理交房屋管理部门负责，道路两侧阳台由市容管理部门负责监督。整治后的阳台，成为立体绿化的组成部分，许多住户阳台摆满各种盆花，既改善了居住环境又美化了街景。

1988年1月21日，天津市人民政府办公厅下发《关于巩固住宅阳台清整成果加强日常管理的通知》(津政办发〔1988〕8号)。通知指出，为了保障居民人身安全，维护阳台使用年限，巩固阳台清整成果，加强阳台日常的管理，今后对住宅阳台的管理，要按产权归属管理部门的管理范围，分别管理。要防止清整后，重新出现擅自封闭和违章使用阳台的现象。住宅阳台的日常管理，由各街道办事处负责组织、产权归属管理部门分别具体实施。公产和私产房屋，由房管部门负责；企业、单位的自有房产和地产，由产权单位负责。各房屋产权归属管理部门，要按照《天津市住宅阳台使用管理暂行规定》严格管理。街道办事处和房管站，对本管区的住宅阳台的使用和管理，负有监督检查的责任。对擅自私封和违章使用阳台的，要给予批评教育，限期拆除或清整。对逾期不拆、不清者，依照《天津市住宅阳台使用管理暂行规定》及有关房屋管理办法进行处理。对此次住宅阳台清整活动中暂缓拆除的私封阳台，要分期分批继续拆除。缓拆期间，应由个人提出申请，经所在街道和房管部门审核同意后，报市容管理部门审批。

1992年4月25日，天津市人民政府办公厅下发《关于对市内六区重要道路擅自封闭的临街阳台予以拆除的通知》(津政办发〔1992〕27号)，指出，最近一个时期，市内六区中擅封阳台的日渐增多。特别应当引起关注的是重要道路的住宅楼，由于个别住户擅封临街阳台，不仅有损建筑结构，危及相邻住户安全，而且影响了住宅楼整体建筑景观，对城市形象和市容观瞻的影响很大。对市区五十条重要迎宾、旅游、参观途经道路的沿街阳台，必须按文件的规定加强管理，除批准统一封闭的阳台外，对违章擅自封闭的临街阳台予以拆除。这项工作由所在区人民政府负责，组织街道办事处和房管等部门实施，在一个月内完成。经批准统一封闭的阳台，住户不得再擅自改动外观。经过一定周期，阳台封闭设施需油饰保持观瞻时，由住户承担费用。各区、街要组织有关部门加强对重要道路两侧住宅阳台的管理，防止再出现擅自封闭阳台的现象。通过经常巡视、群众监督等各种方法，发现苗头，及时制止，把工作做在封闭之前。

第二节　治理脏乱环境

一、清整居民院落

居民院落乱圈乱占、乱堆乱放、乱建棚屋等现象在20世纪80年代初期普遍存在。1983年11月，天津市人民政府组织有关部门进行重点调查，发现50户左右聚居在易燃建筑密集片的居民与20户左右的易燃伙居楼、大院共有636处，建筑面积达165.09万平方米。其中严重存在火灾危险而急需解决的有41处8800多户。有些居民住宅区建筑简陋，居住人口稠密，加上居民乱圈乱占、乱堆乱建，有些消防栓被占压，有些胡同变成羊肠小道，有些院内甬道、楼内走廊变成弯弯曲曲只能一人通行的小夹道。这些现象既严重影响市容环境，又潜伏着火灾的严重隐患。

1984年2月16日，受市长李瑞环委托，副市长吴振和市政府顾问毛昌五召开会议，决定以消除火灾隐患为主要目标，改善居住环境为内容，发动群众开展清理整顿居民院落活动。各区、街根据市政府批转天津市市容管理委员会和公安局《关于在全市开展清理整顿易燃杂物和违章建筑、清除火灾隐患活动的实施方案》，紧密结合市容整顿和精神文明建设展开清整活动。由市容、公安部门牵头，房管、城建、电力、环卫及物资回收部门紧密配合，区、街、居委会三级共组成11.47万余人的清整队伍，走街串巷，进院入户宣传动员，并帮助居民清理乱堆乱放的杂物，拆除违章建筑，清运废土，使居民环境得到明显改善。

图4-1-2-75　东海街全面清整小二楼院落环境

1984～1990年，全市清整活动共拆除违章建筑13.31万间，清除易燃杂物32.99万余吨，打通防火通道31659条（处），更换老化破损电线11.26万米，利用空地进行绿化32.27万平方米，平房居民按市统一标准修建炉档小屋1.4万个。同时将走廊护栏、窗户、房顶、屋檐等处的乱堆乱挂予以清除。余下的8.04万间违章建筑，由公安和规划部门负责继续处理。

从1987年起，全市开展创建无违章街活动。到1988年，市内六区实现无违章和基本无违章的街道办事处27个。实现无违章街的有红桥区大伙巷街、河西区小海地街、河北区江都路街。实现基本无违章街的有南开区澄江路街、嘉陵道街、六合街、兴业里街、万德庄街、南门西街、东南角街、东北角街、兴安路街、清和街；红桥区西于庄街、丁字沽街、新村街、春德街；河西区下瓦房街、大营门街；河北区鸿顺里街、金家窑街。到1990年，在市内100个街道办事处内实现无违章街或基本无违章街的有86个，占86%。

二、治理外环线周边环境

2000年4月24日，天津市人民政府下发《关于认真搞好外环线两侧环境整治工作的通知》，确定从该年开始，集中力量搞好外环线两侧的修复完善、环境整治、绿化建设，并要进一步加强日常管理工作。一是修复完善内侧边沟；二是对外环河进行维修养护和环境清整；三是按两侧绿化带规划实施拆违造林、退耕造林、清脏造林和迁村并点腾地造林，使外环线真正成为天津环城的一道亮丽风景线。

2000年的重点任务是：按规划高标准恢复内侧边沟；拆除内侧绿化带内的所有违章建筑；对拆违腾出的绿地组织力量搞好秋季绿化；对外环河进行维修养护，对沿河环境进行彻底清理。

2001年的重点任务是：外环线内侧按规划和有关规定全部拆除到位、绿化带基本完成、环境清整全部完成并形成完整的全线优美景观。外环河维修养护工程全部完成；沿河环境清整全部完成并基本形成全线优美景观。市有关部门要按分工抓紧工作：市市政局负责年内搞好内侧边沟；市农办负责督办搞好拆迁；市绿化部门负责督办搞好绿化；外环河的维修养护工程由所在区负责，市政局负责督办落实；外环河的环境清整工作由所在区负责，市市容办负责督办落实；市规划局负责尽快搞好外环线外侧500米绿化带内现存村落和企事业单位迁村并点腾清绿地的规划及推动实施。

2004年5月31日，新华社记者曾志坚在新华社《内部参考》第40期刊发照片和文字，曝光了外环线周边6个脏乱点位。

天津市人民政府要求天津市建委、农委、市容委、市政局、公路局、环保局、水利局、环城四区、高新技术园区等相关部门立即按照各自职责，承担责任，进行治理。经过10天的治理，张道口村的脏乱问题得到解决，外环线北段的“牧场”已经拆除，曹庄子附近的垃圾堆彻底清除，新开河收费站拆除。梨园头桥东侧因外环河河坡整修截流，造成的该段水面漂浮物增多，西青区水利局已进行过打捞继续清理，并派专人加强日常管理。张贵庄污水河（臭气熏天的“黑河”）属张贵庄泵站，是连接东郊污水处理厂和北塘排污河排放污水的明渠，须与城市排污系统统筹规划，才能彻底治理。

6月17日上午，天津市建委、农委、市容委、市政局、公路局、环保局、水利局、环城四区、高新技术园区组成检查组，对集中治理外环线周边环境工作进行全面检查验收。重点对新华社曝光的6个重点脏乱点位、市综治办公布的63个脏乱点位逐个进行检查。新华社、天津日报社等新闻媒体随同进行了检查。据统计，此次整治活动，各单位、各乡镇共出动1万余人，动用车辆120余台，清除78个脏乱点位（含北辰区自查9个），清除垃圾渣土500多吨，打捞水面漂浮物145吨，清理乱摆乱卖摊点140余个，拆除违章棚亭25间。天津市公路局承担了外环线路肩修葺、排沥沟渠清整和拆除两座收费站的工作，共清理沟渠60多公里，清除垃圾杂物100余吨。

图 4-1-2-76 治理后的外环线沿线一角

2004年6月23日，天津市综治办决定，继外环线周边环境集中治理取得明显成效后，把治理外环线周边环境纳入城郊结合部治理的重要内容，建立外环线检查机制，采取定期与不定期、明查与暗查相结合的方式，每月对外环线进行两次例行检查并及时向有关区和有关部门反馈。

2005年3月12日，天津市市容委发出《关于对外环线周边环境进行专项治理的通知》（津容秩〔2005〕62号），要求对外环线内外、绿化带以内，以及市区通往外环线的主要道路两侧进行治理。经过为期10天的专项治理活动，32处脏乱点位基本清理完毕。各区和沿线各乡镇共出动2000余人，动用车辆120余台，清除用以维修、补胎、打气的废机动车30余台，拆除违章棚亭25间，清理垃圾渣土500多吨，打捞水面漂浮物45吨，清理零星占路经营摊点20余个。清理了外环线两侧绿化带内白色污染，清除了乱倒的垃圾和工程渣土，打捞了河道和沟渠内的水上漂浮物；沿线非法维修机动车的摊点全部取缔。特别是解决了一些多年来没有解决和难以解决的问题。如西青区中北斜镇出资40余万元，镇长带领8个村的1000余名村民，出动挖掘机100余台次，运输车140余部，清理外环线外南运河5公里河堤垃圾4万余吨，避免了长期以来因风天造成的外环线白色污染问题。

2007年初，天津市委、市政府决定对外环线沿线进行综合整治，全面建设外环线内侧58米绿化带。绿化带规划方案突出“大气、亮丽、自然、生态、节约、具有天津特色”的理念，在统一中求变化，根据不同的现状条件，因地制宜，分别展现“都市田园”“缓坡曲水”“生态公园”“北方森林”四个主题生态景观风格。建成后的外环线内侧绿化带植被量比原来增加

图 4-1-2-77 改造后的天津外环线绿化带

了四倍以上，形成了围绕中心城区的绿色生态走廊和巨型天然氧吧，降低噪音，滞留扬尘，吸收二氧化硫、氮氧化物等有害气体，使市区空气质量得到明显提升。

2009年12月26日，在全国建设工作会议上，天津市外环线绿化带建设项目获住房和城乡建设部2008年“中国人居环境范例奖”。

三、“非典”时期的环境治理

2003年，突如其来的“非典”传播，干扰了天津市正常的经济活动和生活秩序。2003年5月26日，《天津市预防与控制传染性非典型肺炎管理暂行办法》正式公布实施。办法规定，整治脏乱的卫生环境，制止随地吐痰、乱扔污物的违法行为，改变不良的卫生习惯，保证水源、食品清洁卫生。

根据办法规定，围绕防控“非典”，提出了“十项任务”、开展了“三大战役”。十项任务是：彻底清除残存垃圾渣土、清理各类工程弃土、加强环卫管理、治理各类集贸市场环境秩序、规范小饭馆小商店、治理城郊结合部等。三大战役是：一是清脏、治乱、抓长效。对市内600余条道路、30余片重点地区和23片城郊结合部实施综合整治，治理占路修车、乱堆乱放、乱摆乱卖、马路餐桌、马路烧烤、马路作坊。二是规范整治158个建厅市场、31处占路市场和131个机动车、非机动车停车场（处）。三是启动散体物料运输车辆加盖改装；对污染环境的封建迷信活动进行专项治理。

2003年，各新闻媒体加大了对脏乱差现象的曝光力度。天津市综治办、新闻媒体和市容环境热线共接到群众投诉的有关环境卫生问题1万余件，市综治办分14批向各区下达了整改通知书，通报了1110个脏差点位，组织人员包区督办落实，限期整改。同时加大了道路清扫、公厕清掏保洁力度，垃圾运除日产日清，处理与“非典”疫情有关的生活垃圾和医疗废弃物500多吨。在150条主干道路两侧的单位和414个物业、455个非物业管理小区推行垃圾袋装，达标率分别为90%、91%和50%。改造旱厕109座，完成年度改造任务。结合防控“非典”和其他传染病，对职工食堂、休息室、宿舍、库房、厕所、垃圾道和垃圾箱桶等10万余处点位进行消毒；对环卫达标街镇和门前卫生责任制进行了推动检查。

4月23日，天津市爱国卫生运动委员会发出紧急通知，要求紧急动员，打好防治非典型肺炎攻坚战。决定利用一个月的时间，在全市范围内开展迎“五一”春季爱国卫生大清整活动。（一）切实搞好环卫三大作业。垃圾清运做到密闭收运，日产日清，严防沿途撒漏。要对垃圾转运站、垃圾中转站、垃圾处理场及垃圾运输车辆及时进行消毒灭菌；要进一步加大清扫保洁力度，重点做好干支道路、居民区和施工现场周边地区的扫保工作，不得出现漏扫、甩扫、不扫和垃圾活堆及渣土堆垃圾戴帽现象，保证道路、居民区和施工现场周边地区环境卫生质量。加强对沿路垃圾箱、果皮箱和环卫公厕的清掏保洁，不得满冒外溢，保持环卫公厕内外环境干净整洁。及时对环卫公厕、垃圾箱和果皮箱进行消毒，防止蚊蝇滋生。加强对集贸市场的环境卫生管理，监督市场主办单位落实好清扫保洁和垃圾清运工作，杜绝市场外溢污染道路现象。(二)组织单位内部卫生大清整活动。组织干部职工对室内环境进行全面清理，尤其对办公室、库房、生产车间、宿舍、食堂、浴室、更衣室等进行彻底的卫生大扫除。同时，认真清理单位院内环境，清除各种堆物、垃圾废弃物，消除不卫生死角，消除滋生病毒、细菌的温床和土壤，降低疫情传播的概率。(三)搞好居民区卫生清整和除害消杀工作。发动群众自己动手清整室内卫生，做到窗明几净，空气流通；清理楼道内的堆物，清除花坛绿地、楼群甬路的垃圾杂物，要对垃圾窑门进行彻底清理；各街除害消毒站要迅速落实人员和药械，对各居民区的垃圾通道、楼道、院落等公共环境部位做好除害消杀工作。

2003年5月10日上午，天津市20余万干部群众参加环境卫生集中清整日活动。市领导张立昌、戴相龙、房凤友、宋平顺、刘胜玉、邢元敏等分别到市内六区，清脏治乱。市委书记张立昌，市领导滑兵来、王文华、邢军、陈质枫、卢金发等到和平区南营门街世昌里居民区，与干部群众一起参加环境卫生清整劳动。劳动间隙，张立昌还向居民群众详细询问防治“非典”情况。当听说每个楼栋都有专人负责，社区每天都消毒，医护人员的家属得到了很好的照顾，张立昌表示满意。市委副书记、市长戴相龙和刘书才、夏宝龙、皮黔生、王德惠、孙海麟、叶厚荣、何荣林等市领导来到南开区华苑安华里小区广场，与干部群众一起清扫广场，并对广场中的桌椅石凳及绿地围栏进行仔细的擦拭和消毒。随后，戴相龙等又到华苑华锦路铁道边，对正在清整卫生的干部群众表示慰问，并与他们一起清理铁道边堆积的垃圾杂土。劳动间隙，戴相龙向一起劳动的环卫职工了解清运垃圾治理环境的有关情况，并代表天津市委、市政府向环卫职工表示慰问。据统计，在环境卫生清整活动中，市内六区和新四区共出动各种车辆3169部，清理乱堆乱放和卫生死角4814处，清运垃圾杂土6500余吨，清理楼道杂物2500余栋，并对2万余处地点进行了防非典除四害消毒。

图 4-1-2-78　2003年5月10日，干部群众参加环境卫生集中清整日活动

5月21日，天津市人大常委会通过了《天津市市容和环境卫生管理条例》，该法规通过之及时，公布之快，体现了非常时期、非常效率、非常措施，对在抗击“非典”斗争中开展环境秩序综合治理是一个有力推动。

6月5日，天津市人民政府下发《关于进一步加强和完善社会预防非典型肺炎工作的通知》(津政发〔2003〕54号)，其中第四条要求，大力清脏治乱，深入开展以抗击“非典”为主题的爱国卫生运动。要认真贯彻落实《天津市市容和环境卫生管理条例》和《天津市爱国卫生工作管理办法》，结合环境综合整治三个战役，进一步动员全社会和广大群众积极行动起来，迅速掀起夏季爱国卫生运动高潮。通过深入宣传，广泛发动，加强领导，落实责任，彻底进行全市性的卫生大扫除，清理室内外环境，消除“四害”，消灭脏乱死角，使城市环境卫生状况得到明显改善。大力开展全民健康防病知识教育，坚决扫除随地吐痰、随地便溺，乱泼乱倒，乱吐口香糖、乱扔果皮杂物等不文明陋习。农村以改厕工作为突破口，带动清除垃圾杂物，清理饮用水周边环境，管理好家禽家畜和人畜粪便等各项农村环境卫生清整，引导农民养成良好卫生习惯，提高农村环境卫生水平。

图4-1-2-79 2003年6月8日，天津市召开“百万市民环境大清整”活动动员会

图4-1-2-80 下瓦房街“万名市民环境大清整”誓师签名仪式

6月8日下午，天津市召开“百万市民环境大清整”活动动员会，部署在全市广泛深入开展“百万市民环境大清整”活动。市委副书记刘胜玉出席会议并讲话。市委常委、市委宣传部部长肖怀远主持会议，副市长陈质枫出席会议并介绍了市容环境综合整治的有关情况。会上，市文明办下发了《关于在全市广泛深入开展“百万市民环境大清整”活动的通知》，对这项活动作了具体的安排部署。通知要求，广泛发动群众，人人参与、人人出力，打一场整治市容环境的人民战争。广泛开展“改陋习、树新风”活动，创造良好的生活环境。大力宣传公民道德规范，增强市民公共意识。充分发挥舆论导向作用，营造讲文明讲卫生讲科学树新风的浓厚氛围。深入开展形式多样的创建活动，把城市环境清整工作贯穿始终。

四、市郊结合部地区治理

1986年3月，天津市人民政府发出了《关于1986年改善城市人民生活十项工作的决定》，其中要求“为提高环境质量，综合治理市郊结合部的脏乱死角，改变面貌”。

天津市环卫局组织各区环卫局对市郊结合部的脏乱死角进行调查，共查出脏乱点位147处。本着“谁污染谁治理、落实任务、限期验收”的方法，动员社会力量进行综合治理。全市共出动汽车800余辆，铲车100余辆，以及马车、三轮车、手推车等运输工具，动员职工、学生、解放军官兵参加劳动，共清理工程废土100万吨、垃圾杂物10万吨，使147处脏乱点位得到基本解决。其中南开区啤酒厂周围环境脏乱，是多年没有解决的问题。南开区政府组织15个单位，出动汽车90辆、铲车22辆、吊车1辆，共清除杂土垃圾3100吨、堆物1500吨，拆除猪圈288个、处理猪 860 头、清理猪粪 6000 吨。

2000 年，城郊结合部治理取得阶段性成果。拆除违法建筑、违章棚亭约 9337 间 14.5 万平方米，清除渣土、垃圾约 77.5 万吨；15 片城郊结合部地区的 36 个脏乱点源得到治理。

2001 年 8 月 28 日，天津市人民政府下发《关于重点治理城郊结合部地区环境秩序的通知》（津政发〔2001〕64 号），提出总的原则是着眼于解决突出问题，确定重点治理地区和点位，明确管理职责，集中时间和力量，在 9 月 25 日之前，完成清除垃圾、拆除违章建筑、加强外来人口管理三项任务。在此之后，城郊结合部的环境秩序转入长效管理，切实巩固综合治理成果。提出 14 片需要重点治理的城郊结合部地区：沙柳路程林庄地区，南大桥月牙河地区，柳林地区，解放南路油毡厂地区，纪庄子四化河地区，红旗南路凌庄子地区，王顶堤地区，雅安道地区，芥园西道地区，西青道西横堤地区，西于庄地区，佳园里地区，宜白路地区，金钟河大街何兴庄地区。存在的突出问题是，地区内堆有大量的生活垃圾和工程渣土，存在大量违章建筑，聚集了相当数量的外来人口，部分地区还建了许多废品收购点，存在着违法占路市场，个别地区还有“垃圾猪”。

此次结合部地区集中清脏治乱工作，在 9 月 25 日以前，清除生活垃圾和工程渣土，拆除违章建筑，取缔非法占路市场和废品收购点，外来人口管理做到规范有序，脏乱问题得到有效解决，市容环境出现明显变化。“十一”前，市综治办和市政府办公厅对各片治理情况进行检查验收。各有关区政府按此次明确的责任制，对分管的市容环境区域实行长效管理，巩固治理成果，防止回潮和反复。

2002 年，先后对月牙河、佳园里、西于庄、桥园里、平津战役纪念馆、财经学院等 40 片、67 个脏乱点位进行了集中治理，清理垃圾杂土 100 多万吨，拆除违法建筑、违章棚亭 11070 多间，撤销占路市场和废品收购点 112 处，取缔了一些非法聚集点和违法食品制售窝点。针对垃圾围城的突出问题，关闭外环线以内 221 处垃圾卸地，清运垃圾 480 多万吨。

2004 年，对全市 31 个“城中村”和 7 片“村中城”的基本情况进行了全面调查，确定 15 片城郊结合部地区的四至范围，对 31 个“城中村”、41 片居住区逐个制定了治理标准和任务，拆除违章棚亭 885 间 7787 平方米，清理乱圈乱占、乱堆乱放、占路摆卖 2600 多处，清运垃圾渣土 2.4 万多吨。

2007 年，天津市委、市政府决定用三年时间对市区平房片进行拆迁改造，彻底改变“城中村”脏乱差现象。至 2008 年年底，41 个城中村片拆除 20 片。2009 年，结合新一轮市容环境综合整治，对剩余的 21 个城中村平房片，进一步加大了市容环境建设和管理的资金投入，用于城中村改造约 1500 万元。拆除违法建筑；清理积存垃圾及堆物堆料；整治规范露天市场；建立封闭式垃圾消纳系统；实施裸露地面硬化绿化。

第二章　市容环境综合治理工程

第一节　街道综合整修

一、街道综合整修工程

1984年，红桥区率先在咸阳北路小区实施街道综合整修试点，由此拉开天津市街道综合整修序幕。

咸阳北路小区有130幢楼房，布局单调，造型雷同。通过“分、割、档、通”整修方法，建起各式各样景门和装饰花墙，分割成65座庭院式住宅小区。花墙和景门妙趣横生，圆形、菱形、方形等造型各异的花格围墙，玲珑剔透，秀美纤巧，端庄古朴。月牙形、椭圆形、扇形、棋子形、梅花形等各种造型门景，同花饰围墙相连，构成一副新颖画面。门墙有双鸭型（鸭头是门，鸭尾是墙）、双龙型（龙头相对，龙尾相摇），为小区增添欢乐喜庆气氛。小区内遍植花草树木、假山、喷泉、花架、亭台、曲桥，雕塑等争奇斗艳。整修后的咸阳北路小区，街巷有门，楼房成院，院内有景，景景相连，成为景观优美住宅小区。

1984年，国务院副总理万里到咸阳北路街视察并指出：“环境美化了，居民的精神面貌也有了变化，文化程度也有了提高，在这样的环境里，大家都感到心情舒畅。”

1985年，国务院副总理谷牧到咸阳北路街视察。

1986年8月20日，中顾委主任邓小平到咸阳北路街视察时发表重要讲话：“建设居民小区，人民群众有了好的环境，看到了变化，就有信心，就高兴，事情也就好办了。”

1987年5月，朝鲜民主主义共和国主席金日成参观小区建设。到咸阳北路小区视察的还有赵紫阳、邓颖超等党和国家领导人以及张再旺、毛昌五等市领导人。

1983～1988年，咸阳北路街共接待了24个国家和港澳地区来宾1100人次。接待各省市领导及参观团体达2.5万人次。

1986年，街道整修坚持“整、改、拆、建、管”相结合的方针，对中环线、海河两岸、估衣街、解放南路实行全方位、全街景的综合整治。

中环线。配合中环线建成通车，从6月1日至6月30日，相关各区组织50多个施工队，昼夜突击，在35公里的中环线上整修楼房417幢、平房2932间、围墙28692米，新建雕塑、壁画、小品80处，新辟绿地15.75万平方米，并拆除整顿楼房阳台915个，拆除违章建筑728间，形成点、片、线多层次景观。

图 4-2-1-81 海河两岸一角

海河两岸。从金钢桥至四新桥16.6公里的两岸街道，共整修楼房287幢、平房1756间、围墙9314米，拆除违章建筑500余间，并新建垂帘式瀑布1处。整修后，海河两岸建筑物色调明快，街景清新，街道、绿地、雕塑、喷泉有机结合，河景、园景、街景融为一体，形成一条优美的风景轴线。

估衣街。本着古建筑恢复古面貌，新建筑仿古修建，现代建筑改装的原则，在长800米宽7米的估衣街，整修仿古建筑106处，比整修前增加9倍。商业网点达到131处，比调整前增加1倍。恢复了几百年历史的商业街风貌，与古文化街相呼应，形成历史文化的景观带。

解放南路。从建筑物现状出发，本着远近兼顾，注重当前，确定基调，建筑使用功能与观瞻功能结合起来的原则，对每幢建筑物进行了再规划、再设计、再创造，一些建筑物顶端加上了各种各样透空、半透空、不透空的女儿墙，檐下和窗套加上了多层次的线条和花饰。在1050米的路段上，共整修楼房33幢、平房47间、围墙800米。经过整修，打破了单元住宅呆板、单调、沉闷的外观，丰富了艺术造型，形成了简洁、明快、新颖、秀丽的街景。

1987年，全面贯彻“双增双节”方针，坚持“花钱省、扰民少、速度快、效果好”和“整、改、拆、建、管”相结合。共整修59条路段和4个景观片，总长69公里，其中主干线42条，占71.19%。整修楼房1875幢、平房12691间、围墙43984米，拆除违章建筑526间，拓出规划道路和空地23870平方米，新辟绿地26053平方米。

街道整修从街景的总体性出发，本着远近结合，立足近期的精神，按照街道功能和现状，因地制宜，确定整条街综合整修的基调，使街容景观有特色、有高潮、有起伏、有韵律，注意了整修街道新旧之间的衔接过渡，相连贯通，完善提高，形成循环往复的迎宾参观线路，并向武清、

图 4-2-1-82 估衣街恢复商业街风貌

图 4-2-1-83 解放南路整修后街景

宝坻、蓟县等旅游点辐射延伸，从宏观上呈现天津景观格局的新貌。

街道整修从街景的综合性出发，把建筑庭院、围墙、绿地、边道、河景、桥容、广告、公共设施、个别卡口拓路退线、拆除违章、清整周围环境等项内容，融为一体，全面规划整条街的整体功能。解放南路刘庄口到湘江道路段，是一处交通卡口，经常出现堵塞。整修中，搬迁、拆除了330户居民住房，使狭窄的路段变成40米宽的三块板结构道路，并成为连接内、中、外三环的重要放射线。复康路八里台立交桥附近，拆迁居民住宅148间，新辟绿地2.4万平方米，进一步充实、完善、提高了中环线的景观效果。

街道整修从街景的统一性出发，把不同时期、不同条件、不同功能的建筑有机地协调起来，做到错落有序，立面活泼，色彩协调，风格鲜明，统一中有变化，变化中求统一。全长1860米的南门外大街，是进入食品街、旅馆街、服装街的一条重要道路，沿街建筑门面多年失修残损破旧，极不协调。通过整修，在沿街商业门脸、墙壁、胡同里巷口，因地制宜，建成15种仿古小吊楼、朝天栏杆、什锦窗和壁画等200多处，古香古色，与周围环境浑然一体。

1989年，天津市共整修街道44条101公里，其中整修楼房1266幢，平房15010间，修砌围墙51487延米，拆除违章建筑1410间，新辟绿地1000多平方米。整修后放射线和内环、中环、外环三条环线初步构成了街道景观骨架，成为主要景观点和“窗口”地区，形成了比较完整的景观网络。

1990年，天津市共整修街道33条，景观点8个，总长37.4公里。沿街的796幢楼房、1.3万间平房、3.2万米围墙装饰修葺一新。拆除违章建筑541间，拓宽规划道路和空地8468平方米，新辟绿地1.1万平方米，评选出10条优秀街景和3处最佳景观点。

一是和平路、滨江道灯光美化一条街。整治范围为和平路上的渤海大楼至百货大楼一线，滨江道上的交通饭店至华联商厦一线，两条路段共长1380米。重点装饰了劝业场、交通饭店、惠中饭店，百货大楼和华联商厦等6处大型灯光景点；安置“北京牌”彩电、“天津啤酒”、“红玫瑰味精”等7处大型霓虹灯动态广告；改造制作了71处店堂的灯光、牌匾和灯箱，美化了沿街122家风格各异的橱窗。

二是整治老城旧街，改善群众居住环境。在红桥区赵家场大街、针市街、运河南路、放生院小马路的整修工程中，为沿街居民群众搭建整齐划一的炉档380个，安装统一的遮阳罩450个，接自来水4处，铺设下水管道34处，建挡土墙30处，拆除违章建筑42间，清理乱堆乱放杂物116处。在河北区真理道、河东区卫国道的整修工程中，由天津市人民政府拨出400平方米建筑，用来抵补665平方米被拆除的破旧平房。

三是综合整治天津机场周围环境。按照规划要求，粉饰了机场周围的楼房5幢，整修和新砌围墙1400米。

1994年，以迎办第12届亚乒赛和第43届世乒赛为契机，以综合整治世乒赛主赛场建筑群及周围环境为重点，以迎宾主干道为走向，以和平路、滨江道商业区等购物中心、专业功能街、涉外宾馆饭店及观光旅游景点为结点，形成了融赛事、旅游、观光、购物为一体的市容街景网络新格局。共整修 57 条路段和 20 个景点，全长 85.97 公里。整修楼房 891 幢；平房 8871 间；围墙 3.3 万多米；拓宽规划道路和空地 3.5 万平方米；新辟绿地 1.06 万平方米；设置小品及壁画 1830 平方米；拆除违章 157 间。

1995 年 4 月 26 日，天津市人民政府下发《天津市城镇街道综合整修管理规定》（天津市人民政府令第 40 号）。规定主干线、迎宾线的综合整修，每五年为一周期。次干线及区管道路的综合整修由区、县市容管理部门根据实际需要按年度编制计划，报经市市容卫生管理委员会批准后实施。全市年度综合整修方案一经发布，各有关部门、单位应按统一要求安排好本部门、本单位相应的年度计划。按计划需整修的公共设施，由产权单位按照统一标准自行整修。街道综合整修中涉及拆除违章建筑物、构筑物的，必须在规划行政主管部门确定的期限内拆除。沿街建筑凡需退线的，必须按照规划要求和规定的期限拆除、退线。街道综合整修的施工单位临时占路、占地，必须遵守有关规定，不得损坏道路及场地设施。工程垃圾应随产随清，工程竣工后应做到地洁场净。

1995 年 4 月 26 日，天津市人民政府发布《天津市城镇街道综合整修管理规定》，1997 年 12 月 7 日，天津市人民政府予以修订发布。2004 年 6 月 29 日，根据天津市人民政府《关于修改〈天津市城镇街道综合整修管理规定〉的决定》重新修订公布。

1995 年，整修道路 43 条 67.94 公里，美化楼房 574 幢，平房 5610 间，围墙 3.63 万延米，开发了天津体育馆周围 3.2 平方公里的市容环境示范小区。

1996 年，整修总长 50 公里的 32 条路段，修葺楼房 587 幢、平房 6895 间，围墙 20549 延米。

1997 年，市区整修街道 22 条 35.87 公里。修葺楼房 359 栋、平房 2771 间，围墙 11716 延米。

1998 年，整修楼房、平房 2037 栋（间），围墙 1.51 万延米；重点实施解放北路市容街景规范化试点工程，全长 1.84 公里道路的各种电缆全部入地，取消电线杆，添置了与街景协调、古朴典雅的新型灯具；人行道铺设彩砖，建筑整饰一新，成为全市第一条规范达标路。

1999 年，整修街道 47 条 138 万平方米。拆除了遮阳罩、广告牌和灯箱，按统一标准规范广告设施；城市雕塑冲洗一新。完成睦南道风貌街整修保护工程，恢复了原有建筑风格特色。

2002 年，围绕复兴河、月牙河改造、鼓楼观光线建设、打通道路卡口和道路拓宽等市重点工程，组织对赤峰道、西青道、红旗南路等 11 条主干道路两侧建筑进行整修，共整修楼房 703 幢 105 万平方米，平房 5684 间 11.5 万平方米，围墙 8 万延米。鼓楼观光线综合整修工程涉及 5 条路段，拆除了道路两侧的违章建设和违法建筑，封堵了住宅楼首层违章门脸、拆除

图 4-2-1-84 铺设便道面砖

了铁护栏、遮阳罩、吊挂物，调整了不规范空调，统一封了阳台等，整修了两侧建筑，安装和完善了灯光设施，实施了绿化、硬化、亮化。

2003 年，重点对 52 条主干道、迎宾线进行街容整修和立面清整，拆除违法建设 46687 平方米，整修楼房 1002 幢 184 万平方米，新建围墙 14104 延米。对 150 条主干道路和 15 个重点地区的 8778 块各类广告和门脸牌匾进行了重新登记和规范整顿，规范改造户外广告 889 块，拆除广告、牌匾 3890 块，拆除标志牌、遮阳罩 3055 个。

2004 年，整修海河、铁路、快速路及二级河道 157 公里沿线两侧建筑物立面，整修楼房 1114 幢 206 万平方米，平房 323 间 2.4 万平方米；新建围墙 1.82 万延米、整修围墙 1.76 万延米。

2005 年，清整泰安道等 41 条道路的街景立面，拆除违法建设 1336 间 17688 平方米，封堵私开门脸 605 处，拆除窗护栏 11773 个，拆除遮阳罩、鸽子窝 3373 个，规范广告牌匾 3030 块。整修楼房 551 幢 96.28 万平方米，平房 1567 间 46834 平方米，围墙 55915 平方米，新建围墙 3989 延米。

二、街道整修效果

1986 年 9 月，对市区七条商业街调查，营业额普遍比整修前上升 30% 以上。许多外国朋友说："天津建筑修整得好，街道绿化得好。"意大利参议长科西嘉教授参观解放北路后说："天津是个快乐的、充满生命力的城市。既保持发扬了民族建筑艺术风格，又尊重外国的建筑艺术，这种重视文化的精神了不起。"1990 年，全国技术美学学会副会长吴火称赞天津综合整治街道这条路走对了。他说："面对着这样复杂而又艰巨的任务，在需要与可能的条件下，按照美的规律，能动地综合整治街道，提供了改造城市景观的丰富经验，不仅在实践上，而且在理论上都具有重要意义。"他在《城市环境美塑造的生动实践》一文中说："……我们从夏天在楼房绿荫下乘凉的老人笑声里，从在小庭院绿地上嬉戏的儿童欢声笑语中，从黄昏时在静谧整洁的边道上流连忘返的青年恋人的幸福身影上，从外地来津参观的工程技术人员的小本子上，看到了人民群众对天津综合整修街道所给予的高度评价。"

（一）城市基本色调

长期以来，天津市的建筑都不重视外部色彩。20 世纪 40 年代以前，除"五大道"等少数地区外，天津市区到处是一片灰暗。50 年代，大都惯用清水红砖墙，又出现"一片红"。60 年代，稍有些改变，但多数建筑墙面抹灰，又出现"一片灰"。80 年代开始重视建筑色彩，饰以彩色水泥、水刷石、贴面砖等。但是，由于没有确定城市的色彩基调，所以，有些建筑色彩同周围环境不协调，有的建筑外檐色彩深浅不一，有的失去建筑本身的原生色，有的建筑什么色都有，给人以杂乱无章的感觉。

1984 年，李瑞环等市领导积极倡导搞好市容景观，重视城市色彩运用，确定城市的色彩基调。结合天津的自然环境、地理特点、气候条件及人文风貌、建筑材质等因素，确定天津城市建筑的基本色调是：清水建筑。清水红砖墙以其朴实凝重的色彩和自然本色，具有独特的表现力，加之在勒脚、腰檐、窗套和抱角柱等处装饰沉稳的水泥本色，表现了浓郁的传统色彩。混水建筑，这种淡雅明快的色彩，可增加城市的明亮度，令人清新爽目，已经成为天津人民所乐于接受和喜爱的色彩。

图 4-2-1-85　北疆博物馆建筑物的清水红砖墙

（二）整修旧建筑

1. 整修近代风貌建筑

19 世纪末，天津开埠通商后，各国在租界内兴建了一批欧洲文艺复兴时期的建筑。长期以来，由于风雨剥蚀、环境污染以及缺乏应有的维修养护，这些建筑损坏严重。有的屋檐脱落破旧，柱头、山花、饰物受到人为破坏；有的改变了建筑造型，在唐山地震后或被削层减高，或被捆绑加固梁柱，或被铺设黑油毡成了“黑锅底”；还有的在屋顶上乱搭乱建，改变阳台、柱廊的使用功能，致使大批具有异域特色的近代建筑蒙尘染垢、濒临危境。

从 1983 年 10 月开始，对这批具有艺术价值的近代风貌建筑进行调查摸底、建档立案工作，并邀请建筑专家就其建筑形式、建筑特色及文化价值进行鉴定，提出相应的修复和保护计划，采取不同措施进行整修。天津大学建筑系主任顾绥玉教授带领 80 名学生，利用假期，将天津 1008 幢有保留价值的近代建筑进行了实地勘测，并用两年时间加以整理，绘制出平面、立体、剖面图，为整修这批近代建筑提供了科学依据。

2. 整修古典式建筑

在对古典式建筑整修中，摸索出了近代建筑整修的技法和招数，既“刷洗、修补、恢复、配制”八字对策。刷洗是根据建筑物外檐墙面的污染风化情况，采用水刷、洗涤剂或化学清洗剂刷洗等清洗法处理，使建筑物外檐美观清新，效果不但持久，而且能重现建筑物本色。修补是对建筑物残缺损坏的檐子、灰线、窗套、墙面、勒脚等处按原来的质量要求，修补完好。恢复是清除掉建筑物上的覆盖物，恢复原有建筑风貌。配制是对建筑物原有装饰雕刻、花饰配件的损坏部位，按其形状、大小、颜色、材质等要求进行配制，力求接近原貌。古典式建筑整修的关键是“整旧如故，重展新姿”，意义在于保留城市建筑文化，承袭建筑文脉，延长建筑物寿命，继续发挥它的实用价值和观赏价值。

解放北路天津市排管处大楼系三层仿罗马式建筑，红砖清水墙面，勾白灰凸缝。由于“文化大革命”期间被乱涂乱抹油漆，漆面很厚，色彩混乱，整修难度较大。整修中，为了除掉墙面和砖柱上的油漆和污垢，采用喷灯烤，挠子挠，反复刷洗等方法，才将污物去除，并补齐了圆凸白灰砖缝，使外观墙面恢复了原有的建筑风貌。

解放北路 107 号是一座砖木结构的仿罗马式建筑，里面采用罗马券柱式构图，一色青砖清水墙面，采用中国砖雕技术雕刻的希腊、罗马古典花饰，十分精美，是一幢西洋建筑形式与中国建筑技艺相结合的艺术品。整修前，青砖墙面碱蚀残破，原有的砖雕花饰残损不全。经设计人员和老工人反复研制、精心雕刻，将780块损坏的砖雕全部配制好，新做的花饰与原来的风格接近，从而使这幢大楼重现昔日朴素典雅的风姿。

解放北路80号的中国人民银行大厦，为三层混合结构，是法国文艺复兴时期风格的建筑物，具有较高的建筑文化价值。“文化大革命”期间，檐子处的兽头被水泥砂浆堵死，墙面及立柱污染严重，山墙首层的仿料石空鼓开裂，门窗均被涂为黑色。整修时，首先剔除堵盖在兽头、卷涡、檐口、花饰上的水泥砂浆，使其露出原来的风采，并将山墙处空鼓开裂的仿料石铲掉重作，保持与原建筑饰面色泽一致不露痕迹。同时采用洗涤剂溶液反复刷洗花岗石的墙面、明柱、檐子等处污垢，恢复了建筑物本色。墙体上的铜门、铜饰物以及铜灯柱等抛光见亮，并配制安装了建筑物前面的球形灯罩。这幢建筑经过全面整修，恢复了原有的严谨、庄重的风貌特征。

图4-2-1-86　中国人民银行大厦（解放北路80号）

3. 整修庭院式住宅

天津近代住宅建筑样式，有乡村别墅式、古典城堡式、官邸式，连体别墅式，也有中国传统大屋顶的宫殿式。在民族和地方特色上更富有变化，从表现木框架的英国式、注重雕饰的西班牙式以及法式、德式、日式、荷兰式、希腊式、意大利式、阿拉伯式等建筑形式。这些建筑大多集中在和平区的马场道、成都道、郑州道、新华路、昆明路、赤峰道、承德道、花园路，以及河北区民族路第一工人文化宫周围地区。

1984年3月，开始整修“五大道”地区，共22条街道17公里。这一地区的建筑，是以欧洲庭院式住宅为主体的“小洋楼”建筑群。但是，多年来插建了许多新房，私搭了大量违章建筑，建筑风貌和街容景观遭到严重破坏，致使“五大道”地区脏乱不堪，面目全非。为了恢复这些地区的原有风貌，整修中采用的主要对策是：

（1）清整环境，恢复庭院住宅特色。首先拆除违章，修整围墙，绿化庭院，再现庭院住宅特色。马场道2号原是一座园林官邸，西式建筑，环境优雅。唐山地震后院内搭满了违章建筑，整修时首先拆除违章建筑，大搞院内绿化，并改造临街破烂围墙为半透式花墙，使秀丽的“小洋楼”与围墙、庭院绿化融为一体，相映生辉。

（2）发挥色彩的特有表现力，使“小洋楼”复原见新。“五大道”地区的“小洋楼”墙体多为溜缸砖砌筑。整修时，通过刷洗，涂饰稀释涂料，充分发挥清水建筑色彩的特有表现力。特别是河北路的“疙瘩楼”，经过刷洗和整修，恢复了原有风貌。

（3）运用传统建筑符号，协调建筑风格。在“五大道”的建筑中，有些楼房做了接层，有些楼房在唐山地震后被削层，改变了立面造型，破坏了原有风格。整修时，借用原有的窗套、柱头、檐口及浮雕花饰等建筑符号，使之形成统一整体，以保持原有风格。凡立面损坏部位，修复时尽量使用原有的材质，如屋面瓦、溜缸砖等，以达到“修复如故”的效果。

图 4-2-1-87　河北路的“疙瘩楼”恢复了原貌

第一工人文化宫周围地区“小洋楼”，是以意大利风格为主的集仿式住宅建筑。路口周围的几幢建筑，顶部耸立着 7 个角亭，造型优美，挺拔隽秀，别具一格。然而在唐山地震中，这些角亭全部被毁，楼房被削层，形成光秃秃的单调空间。为修复这些角亭，经多次走访老住户，积极查找原始资料和当年照片，反复核对和实地测量，基本上搞清楚了角亭的原有造型、平面布局、立面高度及装饰特征。据此对 7 个角亭进行结构设计和建筑设计，既各具特色，又协调统一。在色彩运用上，统一浅色基调，使浅驼、天蓝、米黄、葡萄紫等色彩纷呈，鲜艳明丽，并在檐口、柱头、腰线、花饰等处配以紫棕或橘红的点缀色。这 7 个角亭的恢复，使削层断臂的近代建筑，复原了历史风貌，成为独有的街景风貌。

图 4-2-1-88　第一工人文化宫周围地区“小洋楼”

坐落于金汤桥畔的海河东路 39 号，是一幢近代建筑，始建于 1908 年，系德国建筑师设计，建筑外观奇特，人称“小怪楼”，据说是为袁世凯兴建的花园寓所，即袁氏宅邸。修复前，楼房脏乱陈旧，花饰破损残缺。修复后，正面山墙上尖尖的山花同高耸的亭楼产生了俏丽的对比，陡峭的红色屋顶在海河中顾盼留影，充分表现了原建筑的尼德兰格调和哥特建筑的特点，成为海河岸边的一处优美的景点。

图 4-2-1-89　海河东路 39 号袁氏宅邸

4. 整修单元住宅

天津市区单元住宅楼数量多，占地大，较密集，形成城市区域性的空间环境，也是构成城市景观的重要因素。但是由于受到苏联建筑样式的影响，兵营式建筑色彩单调，风格贫乏，式样呆板，“千楼一面”。为改变单元楼的“平光秃”，运用顶部、中间墙体和基层处理“三段式”整修手法，丰富其外檐，改变其色调，增强其质感，提高其观瞻功能，创造出体现时代美、形式美、艺术美的全新形象。“三段式”整修手法，被市长李瑞环风趣地称为“穿鞋、戴帽、系领带”。

顶部处理。顶部是建筑物外轮廓最明显的部分，是视觉效果极强的部位。为打破单元住宅楼外形的单调感，从改变它的轮廓线开始。一是加做假坡顶，加强单元住宅楼顶部的艺术表现力。如复康路荣迁东里，新做的假坡顶上又添加了几处三角形山花，采用英式裸露结构符号，构图生动饱满，巧妙自然，小山花突出于假坡顶之上，在空间上形成参差有致、起伏多变的屋顶轮廓，格调新颖。二是砌筑女儿墙，起到分割空间、增加空间层次、活跃建筑轮廓线的作用。采取虚实结合、以虚为主的手法，造型分为全透式、半透式和不透式三种。由于选用材料和花饰组合不同，女儿墙的式样千姿百态，有砖砌花饰、铁质花饰、预制混凝土花饰、宝瓶型花饰等，有的变直线为曲线，有的变平面为凸面，这些花边似的纹样，玲珑剔透，为建筑带来通透感，显得轻快。三是装饰檐口，扮靓建筑物的“额头”。檐口作为女儿墙与中间墙体的衔接过渡部位，有的无檐屋顶加做挑檐；有的镶嵌轻质花饰，或添抹装饰灰线，或做凹凸变化的几何图案，造成生动的光影变化；有的垂帘、挂穗、雨淋板穿插其间，使之刚柔相济、曲直相映；有的在檐下镶嵌假椽头，抹砌浮雕花饰，使檐口部位丰富饱满。

中间墙体。中间墙体是建筑物的主题部分，通过对窗户、窗间墙、阳台、山墙等部位的“梳妆打扮”，丰富其立面效果，突出造型新颖、个性鲜明的艺术形象。

基层处理。在新建单元住宅楼中，底部砌筑变化较小，往往给人一种头重脚轻之感。整修时，加大基底勒脚，首层局部或全部做成墙裙。采用光面抹灰、鱼鳞板抹灰、罗汉墙抹灰、做仿剁斧石和蘑菇石等处理手法，并与基层山墙、抱角柱相呼应、相延续，不仅延长了建筑物的使用寿命，也丰富了建筑物立面，使底部显得更加沉稳，从而完成了“三段式”整修的最后一笔。

5. 整修平房建筑

天津市区存在着大量的平房，建筑类别多，形式各异，又因建造时期不同而差别很大。就建筑形式可以归纳为四大类：旧城区民族古建筑形式的四合院，旧租界地区西式平房，平民集居区硬山架檩简易平房以及20世纪50年代初期兴建的工人新村。这些形式各样的平房，分布广，占地多，在城市景观中起着举足轻重作用。

整修平房建筑仍采取“三段式”的处理方法。一是顶部处理。整修平顶房顶，多在顶部砌筑女儿墙，式样因房因街制宜，有砖花组砌的半实半透女儿墙，有小青瓦砌成瓦花的空透女儿墙，有抹出各种花饰的实体女儿墙等。二是中间墙体。原来墙体较完整、砖质较好的，可通过刷饰涂料使之见新，保持原有清水墙面的质感效果。原来墙体严重碱蚀损坏的，先进行剔碱修复，后用水泥砂浆抹面，轧成假砖缝，刷饰涂料，其效果可与磨砖对缝墙面相媲美。有些平房墙面还可采用仿条石、仿面砖、阴阳砖等式样，进行整饰美化。三是基层处理。由于大部分平房的勒脚破损，整修时多采用水泥抹面，做罗汉墙、虎皮石、剁斧石等，以保护平房基底并体现建筑物的稳重。

1988年，对1万多间居民平房进行了掏碱抹灰、更换门窗、粉刷涂料等外部维修；修缮了数千间居民的屋顶；在一些地区还为临街的住户修建了整齐划一的小院，铺设了上、下水道，增添了污水口等。

图 4-2-1-90 河北区新大路庆记东里平房

6. 整修公共建筑

公共建筑在城市街道景观构成中占重要位置，常见的有办公建筑、商业建筑、医疗建筑、文教建筑、体育建筑、纪念建筑等。

作为城市橱窗的商业建筑，其景观特点是“招揽性”，不但要吸引顾客、刺激购买，而且要以丰富多彩的形象，为城市营造热烈的繁荣气氛。因此对商业建筑的整修，分别采取“刷洗、修补、涂饰、拆建”等技术手段，不但要恢复原有建筑风貌，又要赋予其新的时代风采。如对天津劝业场的整修，不但修复了地震中破损的塔楼、山花、檐口等装饰物，而且调整了劝业场以及周围建筑的霓虹灯排列，使外檐装饰、色彩运用、牌匾、橱窗交相辉映。对一些老字号商店，主要是恢复原有的建筑风格，以灯箱、匾额、楹联、幌子装饰店铺门脸，汇集为一种古典美和青春美。

对幼儿园、托儿所建筑整修，选择生动、鲜明、有趣并为幼儿所熟悉的建筑符号，如圆柱、拱券、山花等，运用有益于儿童身心健康和喜爱的立面造型、材料和色彩，创造舒适安宁的生活环境。

7. 围墙整修

围墙是街景的组成部分，也是组景的重要手段。对需要保留的围墙进行改造和技术处理，采取与建筑物相结合、与围墙的使用功能相结合、与绿化和拓宽道路相结合、与美化街景相结合等方法，对旧有的围墙实施整修改造。有的改实墙为透空，有的镶嵌花饰，有的加檐添帽，有的仿造苏州造园风格，有的取宫墙营造技法，形成各种式样的围墙四大类型400余种：一是全透式围墙。围墙栏杆一般用型钢或铸铁制成，固定在砖墙或混凝土立柱上，饰以传统工艺美术图案花饰。特点是玲珑通透、轻盈别致、明朗舒畅，即映衬建筑物主体的风姿，又使内外空间相互渗透、相互延伸，把沿街绿带和庭院绿化串连起来。二是半透式围墙。其结构和艺术效果同全透式围墙基本相同，但台基较高，增添了稳固感。围墙上面透空部分，有的由饰以传统花饰图案的铁栏杆构成，有的砖花组砌装饰抹面，有的镶嵌花饰繁多的混凝土预制块。特点是虚实相间，浓淡相生，兼有透空围墙和实体围墙的功能。三是实体花饰围墙。墙体一般镶嵌有砖拼、贴花和浮雕等花饰，或通过线条变化和装饰技法做成假透式围墙，或在墙体上进行垂直绿化，成为绿

图 4-2-1-91 新华路住宅围墙

荫覆盖的屏障。特点是具有稳固、坚实、凝重之感。四是装饰围墙。墙体为混凝土预制花饰块砌筑，造型优美，新颖别致，富有诗情画意。

1986 年，中国科普出版社出版了《围墙集锦》一书，书名为李瑞环题写，专门从学术著作的角度，介绍了天津独具特色的围墙和整修手法，在当年风靡全国，为其他城市所仿效。

第二节　整修街镇乡村容貌

一、街镇整修方式

在天津市区整修街道、美化市容的同时，从 1987 年开始，各郊区、县也普遍发动乡、镇、村开展以治理“四乱”（乱倒垃圾、乱泼污水、乱放柴草、乱堆粪肥）为中心的整顿镇容村貌活动。长期以来，许多村镇柴草乱放、粪肥乱堆、污水乱泼、畜禽乱跑、私搭乱盖现象普遍存在。公共卫生设施不全，公厕简陋，没人管理。乡镇道路坑洼不平，农贸市场脏乱突出，环境卫生面貌问题日趋严重。

1988 年年初，市长李瑞环在农村工作会议上提出：“农业要现代化，农村要工业化，村镇要城市化。”天津市城市管理工作会议提出：“要围绕迅速改变村镇面貌，着眼于村镇整体环境质量的提高，以郊县政府所在地和各乡镇为重点，普遍开展文明村镇建设，破除陈旧习俗，综合整治村镇环境，搞好柴草、粪便、垃圾和家畜的管理，进一步改变脏乱状况，绿化美化街道庭院，加强环境保护。”5 月 6 日，天津市人民政府召开了整顿村容镇貌环境卫生工作会议，提出村庄以治理“四乱”为重点，着重清理整顿村内的垃圾、污水、柴草、粪肥，尽快改变脏、乱、差的状况；集镇以治脏治乱，搞好环境卫生为重点，着重清理整顿集镇内的乱倒垃圾、乱堆杂物、乱搭乱盖、乱摆乱占现象；城关和重镇以环境综合治理为重点，着重搞好几条主要街道的街容街貌，清除垃圾死角，提高城镇内的清扫保洁质量。首先，各郊区、县抓层层发动，逐级动员，制订综合整治规划，明确任务，采取措施，抓好落实。其次，抓重点区域和部位的整顿，四郊、五县的城关镇普遍开展治理脏乱环境的突击活动，对主要公路干线两侧的环境卫生及穿越村庄的道路进行清理整顿。再次，抓分类指导，分层次治理。根据任务、目标的不同，按照城关、乡镇、村庄的三个不同层次分别开展工作，进行清理整顿。四是，抓一批典型，如宝坻县的城关镇、武清县的石各庄乡、北郊区的张湾村、西郊区的上辛口村等，以点带面，普遍提高。全市共有 49 个乡镇，815 个村庄进行了清理整治，环境卫生得到了初步改善，其中 82 个村、镇变化较为明显；各郊区、县政府所在地及重镇，结合街道整修和道路拓宽改造，综合治理了 15 条主干街道；清理整顿了京津、津榆等 8 条重点公路及公路两侧村庄 100 多个。

二、街镇乡村整修成果

宝坻县首先抓“一城三点三线”的整修。“一城”即县城；“三点”即大口屯、北王庄、苑庄；“三线”即大口屯至九王庄公路、津围公路（宝坻段）、县城至三岔口公路。农村重点整治“四乱”，乡镇整治与综合整修街道结合，使村、镇面貌得到迅速改观。

宝坻县城关镇是一座历史文化古城，历史上是京东贸易活动中心。由于多次遭受战争破坏和长期失建失管，街道面貌十分破旧。街道整修后，东城、西城、南城、北城路和百间街的沿街建筑再现古城风貌。津围路、广州街和南城路西段旧房屋，经拆改后建起新楼房 6 栋，并将保留的原建筑按现代风格整修，使街景呈现新时代气息。城关镇共整修街道 8700 米、装修 3.48 万平方米，拓宽街道和新修柏油路 7 条 6785 米。拆除破旧平房 347 间、围墙 1600 米，整修沿街围墙 4584 米，建月亮门 122 个、建古牌楼和门楼 7 座、垂花门 45 个、大影壁 1 座，填平北城河，在三条道路栽种行道树 5600 多棵，将封闭式围墙改为透景式围栏（墙）。另行安排公共场地，供城关镇周围 6 个农村 1000 多户农民晒粮打粮，解决了农民利用道路晒粮打粮，影响镇容交通的问题。

1988 年 9 月，天津市人民政府在宝坻县召开整顿村容镇貌经验交流会，参观了宝坻县城关镇、北王庄乡、刘黄庄乡和武清县石各庄乡等整治现场，推动了各区县 49 个乡镇、815 个村庄进行了初步治理。其中有 82 个村镇变化较为明显。

1989 年，各乡镇都结合各自特点拟定了建设规划和整治方案，共有 300 多个创建点进行清理整治。先后共清理垃圾 3 万多吨、乱堆柴草 200 多处、乱堆粪肥 900 立方米，清理脏乱死角 520 多处。有些乡镇还筹集资金，改建学校、卫生院、商店，修建小公园、儿童乐园等福利设施。全市 305 个村庄符合整治标准，其中样板村 27 个、先进达标村 278 个、花园式乡村 10 余个。

图 4-2-2-92 乡镇卫生保洁员在清扫街道收垃圾

1990 年，开展了村容镇貌达标竞赛活动，经检查评比，达标乡镇 25 个，达标公路 14 条 457 公里。从市区通往蓟县盘山风景区、滨海新区及其他各郊区、县游览参观点的沿途镇容、村容、路容均改变了脏乱面貌。武清县石各庄乡辖12个村，2万多人，位于天津市西北部，地处偏僻，“土坯房、垃圾场，喝坑水、吃粗粮，风天土蒙眼，雨天趟泥浆”。该乡在改善农村经济面貌的同时，狠抓了环境建设和治理。各村发动群众将村内臭水坑全部填平，畜禽一律圈养，柴草在村边堆放有序。建起卫生管理制度，公共厕所有专人管理，各户院落和门前道路每天由各户自觉清扫，成为文明卫生村。1984年，该乡动员群众修建了乡村公路21公里，结束了祖辈走泥浆土路的历史。1987年以来，又投资25万元，将乡村公路全部拓宽为6米，主要路段两侧统一修建起防护墙，并种植树木，装上路灯。村里还新建学校4所，乡政府所在地还建起敬老院、微型公园、水上餐厅和商业楼，有700多户农民按照新村建设规划建造房屋。

1990年天津市容貌达标乡镇一览表

表4-2-2-68

区县	达标乡镇	区县	达标乡镇
东郊区	军粮城、赤土乡	宝坻县	大唐乡、大口屯、霍张庄
南郊区	北闸门、辛庄乡	武清县	城关镇、市各庄、河西务、王庆坨
西郊区	小南河、上辛口	静海县	独流镇、唐官屯镇、王口镇
北郊区	天穆镇、青光乡、南王平	宁河县	丰台镇、板桥乡、大北乡
蓟县	马伸桥、溵溜、官庄乡		

1990年天津市容貌达标公路一览表

表4-2-2-69 单位：公里

路名	路段	长度	路名	路段	长度
津围公路	红星路至黄崖关	136.22	津钟公路	外环线至红星路	5
津京公路	引河桥至河西务	60	津永公路	引河桥至津永路	3
津杨公路	外环线至杨柳青	9	津霸公路	千里堤至武清界	18
津福公路	子牙河至西琉城	17	津静公路	铁道口至静海	36
津涞公路	李七庄至西琉城	14	津沽公路	灰堆至西大桥	32
津塘公路	造纸五厂至塘沽	32	津哈公路		10
津岐公路	灰堆至上古林大坝	10	外环线		75

第三节　环境秩序综合治理

1999年1月31日，天津市人民政府下发《关于进一步综合治理城市环境秩序的通知》。确定重点任务是：

（一）大力整治道路环境秩序。以治乱为重点，制定标准，进行综合治理。严禁新建各类棚亭，依法清理各类违章占道，禁止商店外溢和摊贩乱摆乱卖，有步骤地取缔马路餐桌、马路作坊、马路仓库。整顿机动车、非机动车的行车和停放秩序。150条主干道路和21片窗口繁华地区，要拆除所有占道经营性棚亭，规范、调整各类公益和管理性棚亭，高标准创建50条精神文明示范路。

（二）彻底清理居民区环境。坚决拆除违法建筑、违章棚亭。彻底清除楼间甬道的乱堆乱放、乱贴乱画，消灭脏乱死角。按规划完善小区配套设施，使居民区的环境达到路平、灯亮、草绿、地净。

（三）全面整顿农贸市场。要坚决实施“建厅退路”，制定优惠政策，鼓励利用闲置的空地、厂房和拆除危陋平房建设封闭式农贸市场。今后新建居民区必须按照规定标准，建设非占路的农贸市场设施。要加强农贸市场的规范管理，清除市场内的洗头房、小餐馆等不符合“菜篮子、米袋子”范围的经营项目，推行法人责任制。

（四）对城乡结合部进行专项治理。拆除外环线进市路口两侧的违法建筑、违章棚亭，清除垃圾杂土。加强流动人口管理，清理非法聚集点，取缔各类非法加工点，迁移废品收购和储存点，清整入市口周边环境卫生。

（五）高标准搞好环境卫生。彻底清除堆放在市区内的工程杂土和生活垃圾，真正落实垃圾日产日清，保持道路经常干净整洁，恢复重点道路水洗作用。在机关、企事业单位和“双气”居民区实行生活垃圾袋装化。

（六）切实加强环境保护。实施主要污染物排放总量控制，限期治理超标污染源。加强对煤烟、汽车尾气排放和施工扬尘污染的治理。采取有力措施治理“白色污染”源。严格控制噪声污染。

（七）清整规范市容街景。拆除违法、过期、破旧及长期闲置的户外广告设施。中环线内禁止新设立挑式大型广告，停止审批路牌式广告。认真规范商业门脸、单位牌匾、各种路标和指示牌。必须严格禁止沿街底层住宅开门脸，文明示范路已开门脸的，要逐步恢复并使街景达到和谐美观。分批整新市区主干道路沿街建筑。建设高品位夜景灯光景点。

（八）严格保护风貌建筑。风貌建筑保护区域内禁止破墙开门脸，已破坏原貌的要尽快恢复，开办市场的要逐步迁移。分期分批清整五大道、一宫等地区的风貌建筑，首先重点搞好睦南道两侧风貌建筑的清整试点。

一、实施畅通工程

2000年7月25日，天津市人民政府办公厅下发了《关于动员全社会积极配合综合治理道路环境秩序全面实施畅通工程的通知》(津政办发〔2000〕第45号)。并下发了《天津市人民政府关于禁止违法占路的通告》(津政发〔2000〕47号）和《关于强化占道管理和严格禁止对各种违规占路行为进行收费的通知》(津政发〔2000〕48号)。实施畅通工程活动中，天津市公安、市容、城管、交管、工商、环卫等执法部门和街道干部、志愿者约6万余人，对全市主干道路、入市口、重点地区以及城郊结合部、居民区内的占路摆卖、市场外溢、马路餐桌、马路工厂、商店里空外卖、乱堆乱放以及乱设商品信息牌、广告牌等各类违法违章占路行为，进行清理整顿。同时，坚持疏管并举的措施，利用一些闲置厂房、场地，合理规划建设47个非占路市场，吸纳被清理的占路摊贩进场经营，并对100余处非法经营的占路市场进行了清理取缔，对几十处市场外溢进行了整顿、规范。从有关部门抽调人员组建综合执法队，强化日常管理，巩固和扩大集中清整成果；坚持反复清，清反复，防止违法占路回潮。

据统计，全市共清理道路1334条，清理马路餐桌和乱摆乱卖摊点6.7万处，清理违法占路洗车点640处，清理市场外溢650处，占路堆物1.65万处，占路信息牌1万多块。增设和更新交通信号灯361处、交通标志牌956面，施划交通标线354公里。大规模清理人力三轮车，全面开展了机动车和非机动车停车秩序的治理整顿。据有关部门调查统计，由于畅通工程的实施，市区新开早点及正餐饭店扩大经营达到了1000多家，共安排下岗职工和社会闲散人员近万人就业。

2002年，继续实施“畅通工程”，治理违章占路经营，全市累计出动执法管理人员近10万人次，清理马路餐桌、马路烧烤3万余（处）次，清理道路违章摆卖摊点10万余个（次)；治理了一批违章占路作业、占路堆放点位，整治规范了各类停车场；新建农贸厅场17个，退出占路市场48个，除经批准暂时保留的以外，市区基本实现了无占路市场。开展了街景立面综合治理，累计拆除违章广告和不规范牌匾4316块，新设578块；全市先后出动20万余人次，清除乱贴乱画24万多张（处)，并对全市范围内的近万余条违法办文凭、侦探广告进行了涂刷。组织开展了居民区清脏治乱活动，对全市59个居民区进行了拆违、绿化、硬化治理，中心城区拆除违法违章建筑2.2万间、近40万平方米。

2006年2月16日，为期两个月的严厉打击非法洗车专项治理行动，在全市拉开序幕。截至下午5时，市内六区综合执法人员兵分六路，共检查洗车场（点）百余户，查处非法洗车户56户。

二、重点工程拆迁和拆除违章建筑

（一）重点工程拆迁

天津旧城区建筑密集低矮，道路狭窄，市政设施陈旧。1976年唐山地震后，天津市人民政府决定结合震后恢复，按照城市总体规划要求逐步进行城区、道路改造。改造工程需要拆迁一些旧建筑或设施，拆迁涉及拆迁补偿、拆迁户安置、房屋分配等问题。因此，拆迁工作问题复杂，政策性强。1981 年 6 月 27 日，天津市第九届人民代表大会常务委员会第十一次会议原则批准，1981 年 6 月 30 日天津市人民政府公布施行了《天津市城市建设拆迁安置办法》和《天津市城市建设拆除城镇私有房屋补偿办法》等行政规章。1986 年 11 月 6 日，天津市人大常委会三十次会议通过《天津市城市建设拆迁安置办法》(津人发〔1986〕21 号)，1981 年 6 月 30 日公布施行的《天津市城市建设拆迁安置办法》和《天津市城市建设拆除城镇私有房屋补偿办法》，同时废止。

1985 年，修建全长 34.49 公里的中环线，需拆除各种建筑 21 万余平方米，涉及单位 386 个、居民 3983 户。其中西半环从勤俭桥至四新桥，沿线需拆除公共建筑 214 座 4.36 万平方米，居民住房 4179 间 6.22 万平方米。为保证道路建设按时开工，从 1985 年 1 月 27 日开始动迁，到 2 月 23 日仅用 18 天时间，就完成了拆迁安置和渣土清除等任务。河西区 1 月 26 日在挂甲寺街召开动员大会，27 日就有 121 户须搬迁家庭搬走。到 1 月 31 日，393 户搬迁。2 月 4 日，1264 户搬迁。8 日，搬迁任务全部完成，共搬迁居民 1828 户 6701 人，搬迁单位 83 个。搬迁后，拆除房屋 3960 间 4.44 万平方米，并及时清除了垃圾渣土。东半环从四新桥至津京公路勤俭桥，需拆除公共建筑 175 座、民房 1400 余户 2800 余间，约 8.5 万平方米。11 月中旬开始动迁，用 12 天全部拆迁结束，仅河东区真理道至四新桥，拆迁民建 398 户，房屋 724 间 1.17 万平方米；拆迁公建 71 户 2.05 万平方米；拆除树木 1.1 万株、电杆 123 根、岗楼 7 个。

图 4-2-3-93 1986 年 7 月 1 日，天津市市政工程局纪念中环线通车制作的铜墨盒，盒盖刻有天津市市长李瑞环的题词

1982 年，内环道路改造拆迁，河东区拆迁民房 972 间 1.48 万平方米。1984 年，光明桥建设拆迁房屋 1325 平方米。1987 年，外环线道路工程征地 1.1 万亩，拆除各类建筑约 10 万平方米。1988 年，拓宽十一经路、新开路拆迁民房 2333 间 3.23 万平方米、公共建筑 3.8 万平方米，迁移树木 1320 株、电杆 134 根，清除渣土 4.67 万吨。

1988 年，为配合天津站枢纽改造工程，河东、河北两区组织动员搬迁民房 5309 间 7092 万平方米，公共建筑 8.04 万平方米，拆迁后，随即进行街道整修和绿化、美化。

2002 年，确保重点工程，房屋拆迁量加大。上半年，南开区铜锣湾商业广场、红桥区麦德龙大型超市、河西区金海湾花园超市、大港七临里超市、塘沽解放路超市等项目相继进入拆迁阶段，共拆迁房屋 2629 户 11.05 万平方米。铜锣湾商业广场由于坐落老城区，需拆迁房屋 2180 户 5.2 万平方米。被市政府列为当年 20 件实事内容的道路、卡口拓宽改造工程，完成了和平区贵州路、南开区鞍山道、河北区金钟河大街、红桥区金钟桥等 9 项拆迁任务，拆迁房屋 11.41 万平方米、动迁居民 875 户。月牙河、南围堤河改造工程拆迁房屋 19.96 万平方米、动迁 3091 户。伴随城镇建设，郊县拆迁力度加大，共拆迁房屋 21.53 万平方米 3257 户。西青区南运河(古运河)、凌庄子（建体育中心）、光明路拓宽等建设项目共拆迁房屋9.06万平方米1656户。津南区国际会展中心、津南一中等项目按程序实施拆迁。

图4-2-3-94　天津西站房屋拆迁工程

2009年2月4日，京沪高铁天津西站站区、铁路南北两个地块开始计时动迁，6月底前全部结束。铁路以北地块拆迁8.7万平方米，其中住宅3.65万平方米，公建5.05万平方米，涉及1450户，其中居民住宅1434户，公建16户；铁路以南地块拆迁9.31万平方米，其中住宅3.95万平方米，非住宅5.35万平方米，涉及891户，其中住宅850户，公建41户。

2010年10月，西站三期拆迁工程共涉及7个拆迁片，总拆迁面积35万平方米。其中，旱桥小学、北马路小学拆迁片共涉及2054户拆迁户，建筑面积5.05万平方米。西青道红桥环卫局地块拆迁范围，涉及914户拆迁户，建筑面积2.55万平方米。

（二）拆除违章建筑

2002年7月29日，天津市人民政府办公厅下发了《关于在市中心城区开展拆除违章建筑和违法建设工作的通知》（津政办发〔2002〕50号），要求用三个月时间，在市中心城区集中力量开展大规模的拆除违章建筑和违法建设的整治工作。

一是对违章建筑、违法建设进行调查摸底。由相关区政府组织区市容、公安、规划、房管、工商、市政等管理部门，对辖区内所有违章建筑和违法建设进行全面调查、确认，并登记造册。由市综合治理城市环境领导小组办公室（简称市综治办）负责检查，并做好备案工作。

二是集中力量组织实施拆违施工。由相关区政府组织有关行政执法部门，对利用违章建筑和违法建设进行出租的，依法予以取缔；对利用违章建筑和违法建设用于居住或从事生产、加工等经营活动的，责令其限期停止居住和生产、加工等经营活动；动员违章建筑和违法建设责任单位或个人限期自行拆除违章建筑和违法建设；对在规定的时限内，不能自行拆除违章建筑和违法建设的，由相关区政府依照法律程序予以强行拆除。天津市综治办要做好协调工作，随时帮助相关区协调解决拆违工作中的问题。

三是检查验收。由天津市综治办牵头，组织市市容委、市规划和国土资源局、市建委、市公安局、市工商局、市房管局等有关部门组成联合检查验收组，对相关区政府组织的拆违工作进行全面检查验收，并将检查验收结果向天津市委、市政府写出专题报告。

2009年5月25日，天津市综合执法局在市区开展以拆除违章建筑为重点的综合整治活动，对私搭乱建、违规占道侵占居民公共空间的建筑进行拆除。和平区对荣业大街、荣安大街、河北路、鞍山道、云南路、山西路、烟台道、建设路等道路的49间434平方米的违章建筑进行清拆，拆除违章建筑 29 间。河北区将宇纬路、四马路地区的 3720 平方米违法建筑全部拆除。

2010 年 1 月 21 日，河北区政府成立了北宁公园拆违前线指挥部，进驻北宁公园实施整治工程。区市容委、综合执法局、公安河北分局、北宁公园管理处等相关单位先后出动 600 人次，完成北宁公园内所有违章建筑的核定，建立台账，登记造册。经核查，北宁公园现有各类违法建设房屋、棚亭 795 间 3.04 万平方米，其中私人建设违章建筑 685 间 2.46 万平方米，北宁公园管理处建设违章建筑 110 间 5785 平方米。北宁公园拆违前线指挥部在公园内，张贴 500 份区政府拆除北宁公园及周边地区违章建筑的通告，悬挂宣传标语 20 条，向各承租户下发了立即停止一切经营活动的通知，并要求 2 月 1 日前自行搬离北宁公园。2 月 5 日，河北区出动执法人员 800 余人、执法车辆 50 多部，对北宁公园违章建筑进行强制拆除。3 月 8 日，北宁公园内最后一处 600 平方米的违章建筑被拆除，至此，北宁公园拆违工作全部完成。共拆除违章建筑 795 间 3.04 万平方米；清运堆物堆料 1491 吨；拆除公园内外各种违章牌匾 145 块。

2010 年 7 月 14 日，为配合珠江道改造提升工程，河西区综合执法局对珠江道沿线的各类违章建筑物、构筑物、围墙进行了拆除。涉及拆迁民宅 62 户 2166 平方米，公建单位 19 家 2.27 万平方米，违章建筑 67 处 14 个单位 9266 平方米。

图 4-2-3-95　珠江道违章建筑拆除工程

三、建厅退路

2000 年 10 月 16 日，天津市人民政府下发《关于综合治理占路集贸市场的通告》，通知要求，1999 年 6 月 29 日《天津日报》第二版刊登的 112 条主干道路、15 个重点地区、12 个重点治理的整建制街内的占路市场应逐步撤销，建厅退路。所有市场开办单位均应成立市场经营服务机构，实行法人责任制，并向工商行政管理部门申领企业法人营业执照，承担相应的管理责任。工商行政管理部门负责监督管理。

2001 年 8 月 17 日，天津市人民政府下发《关于印发天津市占路农贸市场建厅退路若干规定的通知》（津政发〔2001〕62 号）。要求加快实施市区占路农贸市场的建厅退路工作，巩固城市环境秩序综合治理成果。新建的农贸市场主要用于退路，不能搞其他商业设施。市场建成后一个月之内，相应的占路市场必须拆除。拆除工作由市场主办单位负责，市容等部门负责监管。

到 2001 年年底，按照建厅退路目标任务建成的 72 处厅场（每区 12 处），总占地面积 22.77 万平方米，建筑面积 19.57 万平方米，可容纳摊位 17778 个，厅场建设投资额 1.5 亿；建厅退路总投入近 8 亿元。70% 以上的新建厅场面积都在 1000 ～ 3000 平方米。一些已建成的厅场摊位出租率超过了80%，最高的摊位出租率超过了95%，吸纳下岗职工再就业6800余人。建成72处厅场后，相应退出占路市场72处，退出实际占路面积约45万平方米，拆除各种营业棚亭、摊位约3.2万个。

2002年，自1999年市委、市政府提出用3年左右时间，下大力量综合治理城市环境秩序，基本根治市区脏乱问题的工作目标以来，市内六区安排实施建设非占路集贸市场132个，退出占路市场200多个，使167条道路恢复交通功能，150条主干道路和繁华地区实现无占路市场。而且盘活了企业闲置多年的近36万平方米的厂房、场地，吸纳下岗职工5000多人。

2004年3月24日，天津市人民政府决定，对目前还存在的28个马路市场全部清理。天津市内六区累计新建厅内农贸市场180个，占地面积68万平方米，覆盖市区大部分社区。

2006年12月，市内六区233个退路进厅菜市场全部建成，各市场装饰统一，购物环境更加方便。

四、脏乱环境综合治理

1987年，从下半年开始到年底，为贯彻执行城建部颁发的《城市容貌标准》，在全市范围内开展了以“六清六治”为主要内容的市容卫生综合治理活动。“六清”是清理垃圾渣土、门前堆物、住宅阳台、乱贴乱画、摊群市场和单位环境卫生；“六治”是治理破损道路、跑冒漏、花坛绿地、运输撒漏、施工污染、综合整治街道。本着条块结合、专群结合、治管结合以及“谁污染谁治理”的原则，对全市的干支道路、胡同里巷、楼群院落、边边沿沿，进行了清理整顿。

“六清”方面，天津市内六区共清除垃圾杂土9.24万吨；清理超标高土33万余吨；清理单位、居民门前堆物1.37万处，清除杂物19.19万吨；拆除违章建筑4.37万间；修建绿地26.27万平方米；清理乱贴乱画5708处；清整农贸、摊群市场76个，清除乱摆乱卖摊点3600处，并健全制度，充实管理人员，加强市场秩序、市场卫生和清扫保洁的监督管理。

“六治”方面，修复破损路面28.03万平方米；治理污水“跑冒漏”998处，其中303处长期跑冒或反复跑冒的，从根本上得到治理；清理花坛绿地73.99万平方米，清除杂物，剪枝造型，补株换苗，整修小品和设施，将花坛绿地普遍治理了一遍。城管监察员、环卫管理员、交通民警三支队伍联合执法，查处车辆运输撒漏和车轮带泥，道路污染现象明显减少；对施工工地普遍进行了整顿，反复进行巡回检查，绝大部分施工工地按规定设置了隔离护栏，建筑垃圾随产随清。

1988年，拓宽道路与整修街道有机结合，综合整治放射线，着重整修主要路段、路口和景点，充实提高市区环线的景观质量；消灭人流大而环境差的一些“阴暗”路段，连接贯通干线，使“三环十射”为骨架的市区交通干线网络，出现了整体景观的大效果。街道综合整修从天津市内六区向四郊、滨海三区和五县延伸扩展，在市容街景布局上形成了整体化、网络化的大气候。在楼、院、墙、绿、路及其周围环境之间相互关系的处理上，突出街景整体的协调，达到建筑美、绿化美、环境美、点缀美的统一，采取整修、绿化、清整三管齐下、综合运用，提高了整条街的全功能效果。

1989年，继续开展市容卫生综合治理达标竞赛活动，再创达标街29个。天津市内六区和塘、汉、大九个市区，原有达标街40个，现在是69个，占全市街道办事处总数的55%。各区以路段两侧和市郊居民混居地区为重点，清垃圾、运渣土，建立防护设施，共治理脏乱地段9处。铺装裸露地面14万余平方米，比1988年的3.5万余平方米，增加了约4倍。对11条河道进行了综合治理，清除脏乱点位350多处，基本改变了二、三级河道环境脏乱现象。

1990年，经全国城市卫生检查评比，天津市进入“十佳”行列，基本实现了用5年时间“把天津建成全国最漂亮城市之一”的奋斗目标。通过对干支道路、纵深路段、老城旧街的整修，进一步完善了街景网络布局；通过对景点、夜景的灯饰美化，增添了街道美的内容；通过推广“麻面砖砌作业”等新工艺，进一步提高了美化质量。继续开展整治“十乱”活动，处理各种违章事项4.7万件，350个路片经检查验收达到整治标准。开展了市容卫生先进区、市容卫生管理达标街、创建无违章街、容貌环境达标乡镇和主干公路两侧环境达标竞赛活动。红桥区被评为市容卫生先进区；评出市容卫生管理达标街21个；无违章街1个、基本无违章街9个；容貌达标乡镇25个和容貌达标主干公路14条。

1991年，综合整修30条道路和30处景点。天塔地区周边整修，重点突出天塔景观气势。清理乱摆乱卖5万多处，拆除违章建筑370多处。新创建市容卫生达标街14个、达标乡镇23个、达标公路5条。

1992年，全国城市卫生检查评比，天津市“十佳卫生城市”的名次，由第六名上升为第四名。综合整修街道、路段31条（段），建设景点3个，综合整修居民小区7片，建文明小区服务亭15个，新建街头小品5个。在市属143条二类路上安置便民摊点1520个，清理一类路上摊点1015个，审批早、夜市场16个，临时摊区10片。421条道路实行了“门前三包”卫生责任制，共有监督员5361人。全年在“两报两台”播发宣传环境建设的各类稿件689篇，与教育部门配合组织以环境卫生为主题的有奖征文活动。

1993年，完成34条路段、3个景观点的整修任务，比计划多完成4条路段、1个景观点。完成王顶堤和铁路北站两座立交桥的周边整修。拟制了《整顿市区道路环境秩序的实施意见》，突出专项整治。取消10项收费项目，简化了环境保护项目和广告设置、门脸装修的审批手续，建立了限期办理制度，提高了办件效率。

1994年，采取“条包块管”办法清理违章占路。天津市内六区共拆除违法建筑和违章棚亭3960处11万平方米，清除违章摊点3.9万多处，整顿农贸摊群市场和乱停乱放3600余处，清除乱贴乱画、乱摆信息牌15万处（次），清理占压供气、供水管线755处。全市124个街道办事处有118个街基本实现了创建达标升级，相继建成了一批文明居住小区。

1995年上半年，为第43届世乒赛提供优美市容环境。下半年，全国第三次城市卫生检查评比，天津市由第四名提前两位，获得第二名的好成绩。共清除干支道路两侧各类违章占路4.87

万处，清除一批占压消防、煤气、电缆和上、下水管道现象。开展了“自家门前净起来”活动，发动家家户户清楼院、扔破烂，环境质量进一步提高。

1996年，天津市内六区投入1634.5万元资金，改造市场棚亭和道路设施，年初确定的100处达标市场基本达到规范标准；100条主干道路达到环境秩序治理标准，并评出18条样板示范路。全市共拆除违法建筑和违章棚亭186片12万平方米。

1997年，创建100条“六无”达标道路、100个达标市场、100个达标施工工地、100个达标停车场。对11个占路市场进行了规范改造。创建54个达标街道办事处、937个达标居委会、6片较高质量的生活居住小区。

1998年，对102条主干道路和15片窗口繁华地区进行综合整治，共拆除违章棚亭1855间，拆除电话亭、治安岗亭及违章风挡513个，清理各类违章占道5710处（次），规范街景立面7032处（次），治理各类占路市场350多个。拆除居民区各类违法、违章建筑近30万平方米，三分之一的街道办事处和一大批居民区基本实现无违章，42片市郊结合部地区环境得到治理。

1999年，重点治理的12条主干道路（含与之相交路口30米范围内）上的违法建筑、违章棚亭全部拆除。对与112条主干道路相交的104个占路市场进行了规范治理。12个整建制街道的“双拆”工作取得进展，共拆除违法建筑和违章棚亭1万多间近10万平方米，公用地的“双违”基本拆除。对拆违后的部分小区实施了绿化、硬化和建筑立面局部整修。治理月牙河、佳园里、宜白路3大片城乡结合部居民区环境。

2000年，继续对150条主干道路和15个重点地区及次支道路上的各类违章占路现象进行清理；对户外广告、门脸牌匾、布标贴画等进行规范治理，清理各种户外广告、门脸牌匾、布标贴画6.2万余处，规范4400多处。对市内6大片示范居民区的环境进行治理，完成了20%整建制街的拆违工作；全市出动28.3万人次，清除垃圾杂土26万余吨。全市建厅场72处，退出道路78条45万平方米，整修了沿街建筑，恢复了道路原有功能。

2004年7月7日，天津市人民政府召开夏季清整市容环境卫生工作座谈会。各区县认真查找居民区、道路、工地、市场存在的环境脏乱问题，同时找出各自脏乱“老大难”重点地区，集中力量进行彻底治理。重点脏乱区域：南开区芥园道、王顶堤和密云路地区，河西区天塔和小海地地区，河东区郑庄子和万新村地区，河北区建昌道和乌江路地区，红桥区三号路延长线和千里堤地区，和平区新疆路地区。重点脏乱城乡接合部地区：宜白路北辰、河北两区交界处，程林庄路东丽、河东两区交界处，勤俭桥周边红桥、河北、北辰三区交界处，小梢口南开、西青两区交界处，何庄子河西、津南两区交界处。各区县在7月底前，集中力量，集中时间，按照“版图是谁的，市容环境卫生就由谁负责”和“谁污染环境谁出资治理”“谁主办谁负责”的原则，组织发动辖区内各行各业和各个单位，开展“拉网式”的专项清脏活动，把堆存在道路两侧、居民社区、单位内部、施工工地、花坛绿地、建成区边边沿沿的垃圾、渣土和废弃物清理干净，消灭不卫生死角。与此同时，各区县还组织本区县相关部门和综合执法队伍，发动社会力量，治理违法占路的“顽症”，对市内六区150条主干道路、15个重点地区、18条放射线、786条次支道路进行全方位综合整治。拆除道路两侧违法建筑、违章棚亭，清除违法占路作业，治理乱堆乱占、乱吊乱挂、乱贴乱画、乱摆乱卖、店外摆卖、市场外溢、露天烧烤、马路作坊、马路仓库、马路餐桌，坚持露头就清，回潮就治，不让违章成“气候”。

2005年，在综合治理150条主干道路的基础上扩大到230条。拆除违章建筑和违章棚亭5510余间7万多平方米；清理非法摊贩聚集点66个，占路摊点和店外摆卖1.1万余处；清除占路加工点960余处，废品点19个。加强存车场规范化建设和管理，拆除违规管理亭40个，安装制式管理亭100个，设置了153个存车场的10037个停车泊位，清理无人认领废旧自行车775辆。对城郊结合部占路摆卖、占路加工、乱堆乱放、乱圈乱占和垃圾渣土进行清理，拆除了违章建筑和违章棚亭，增设了保洁管理人员，完善了环卫设施。重点对150个点位及周边地区进行清整、巡查、督办，逐路、逐点、逐项抓好落实。

第四节　铁路沿线综合治理

一、1988年对铁路沿线进行综合治理

1988年4月14日，天津市人民政府下发《关于综合整治铁路沿线容貌的暂行规定》。该规定要求，在铁路沿线清整范围内，凡居民院内外及房顶杂物，必须彻底清理；单位外围乱堆乱放的物料必须清除；垃圾、渣土要清运干净，保持铁路沿线两侧的道路畅通，形成整齐清洁的环境。铁路沿线的工厂企业，要与整顿厂容厂貌，创建文明单位活动相结合，按照干净、整齐、美化的要求，把厂院内部环境整治好，并在院内空地植树绿化。铁路沿线的绿化，铁路部门实际控制使用范围以内的，由铁路分局负责规划并实施；其他范围（包括单位院内）由区负责规划并实施。违章占地，原则上一律清理。根据占用时间、位置和使用功能的不同，可区别对待。无论单位或居民的违章建筑，原则上都应予以拆除，但由于建筑年代和使用情况不同，可区别情况，分别对待。由区、街负责组织沿线单位，实行分段划片承包责任制，并同保证铁路治安相结合，切实加强管理。铁路沿线的广告，任何单位不得随意设置，由市容卫生管理委员会统一规划。

（一）治理铁路客运段沿线

天津市区铁路客运段从西横堤至钢渣山，横贯红桥、河北、河东3个区，全长35公里。由于长期管理不严，历史上形成了乱圈乱占、私搭乱盖、垃圾遍地的脏差局面。

1988年10月1日，天津新火车站改建竣工通车，但铁路沿线的面貌与之极不协调。为此，天津市人民政府决定将综合治理铁路沿线（客运段）作为改善城市人民生活的十件实事之一。经综合治理，共整修楼房394幢、平房1.04万间、围墙2.8万米，新建壁画和小品21处，拆除违

章建筑1423间，拓出规划空地1.55万平方米。沿线各区和铁路天津分局，实行分段划片，各负其责，拆除占地6799平方米违章建筑，清理堆物堆料1367处、垃圾杂土4.71万吨。采取因地制宜，就地翻建的办法，综合改造肖家胡同、孙家胡同及墙子胡同等3片共608间平房，建起4层单元住宅8幢。植树7955棵，新建花坛15个，还栽种了组团式的乔灌木和草皮2400平方米。顾乡村在清理出的空地上建起一处1600平方米的苗圃，成为常年绿化的苗木基地。

（二）治理京山、津浦铁路沿线

1988年天津站改造通车之后，天津市政府决定一鼓作气对铁路沿线进行综合整修治理，由京山、津浦沿线各区和天津铁路分局实行分段包干，共整修楼房394幢，平房1.04万间，围墙2.8万延米，新建壁画、小品21处，拆除违章建筑1423间，拓出规划用地1.55万平方米，植树7555棵，新建花坛15个，栽种组团式乔灌木、草皮2400平方米。

2001年8月6日，从3月9日开始的铁路沿线综合治理工程，提前一个月告捷。京山、津浦客运铁路线，从西青区外环线至东丽区外环线全长42公里，拆除违章建筑、棚亭2665间，清运垃圾杂土11万吨，清理乱堆乱放废旧枕木1500多吨。同时，对沿线476幢楼房、9059间平房、90万平方米围墙进行了装饰粉刷。部分地段加盖围墙、架设金属网4.4万延米。整修沿途车站和8个铁路道口，治理后的沿线种草植树4.8万平方米。

（三）治理天津站周边地区

1988年，为配合天津新车站在国庆节落成通车，整修了与车站毗邻的河北区三经路、河东区郭庄子大街和新市大街。共整修楼房29幢、平房45间、围墙703米，拆除违章建筑111间，新建花坛175个、大型壁画4幅，恢复了一批风貌建筑，改饰了沿街建筑物的立面造型和色彩；同时，新辟商业网点205处，增加商业面积7713平方米，方便了旅客，促进了经济。

二、2004年对铁路沿线进行综合治理

2003年，天津市组建了由天津市综合治理办公室、各区政府和街道办事处组成的三级调查、核查班子，共成立56个调查小组计600余人，完成了外环线内铁路沿线两侧32米以内环境状况以及违章建筑、违法建设、有契证房屋、远年住人房屋、公建房屋和民建房屋的调查、核查任务。在天津市建委、市容委、规划、市政、房管、铁路等各有关部门通力合作下，确定了拆迁线，制定了相关政策，进行了资金分析，拟制了实施意见，公布了实施方案，为2004年全面治理铁路沿线奠定了坚实的基础。

2004年1月17日，天津市人民政府批转市市容委《关于整顿治理外环线内铁路沿线环境的实施意见》（津政发〔2004〕5号），主要任务是整顿治理外环线内铁路沿线两侧32米线控制区域：清除整治范围内多年堆存的生活垃圾、工程杂土、弃物弃料、坟茔和废品回收点。拆除危陋房屋、违章建筑、违章棚亭、临时建筑、无证房屋和废弃的建筑物、构筑物。完善基础设施。各种架空管线入地，在铁路两侧加设护栏、路灯，修建便于居民出行的路径，补建公厕、上下水和

电力、通讯等服务设施。实施绿化，新增绿地 200 公顷。铁路客运线两侧建成园林组团式带状公园，货运线两侧建成以自然生态为主的混交式林荫绿地。整修街景。清理建筑立面，规范户外广告，对铁路沿线两侧一定范围内的楼、院、墙、绿、路进行清、整、改、建、调，形成全新的动态景观长廊。建立长效管理机制。铁路沿线两侧整治工作结束后，按行政区划，由所在区负责，实行属地管理，巩固整治成果。市容、环卫、绿化设施的养护管理，按辖区管界，由所在区负责；其他设施的养护管理，按权属职责范围，由各主管部门分别负责。

整顿治理外环线内铁路沿线工作，从 2004 年 1 月开始，集中 8 个月时间，分三个阶段进行。第一阶段：2004 年 1 月到 3 月底，清除垃圾杂土等废弃物，拆除违法建筑、危陋房屋，动迁和安置居民，清理摊群市场、废品点和坟茔。第二阶段：2004 年 3 月 1 日至 6 月底。3 月 1 日至 3 月 31 日，清理平整土地；4 月 1 日至 6 月 30 日，完善和补建各种基础设施，实施绿化和甬路施工。其中，5 月 1 日开始整修建筑和实施夜景灯光建设工程。第三阶段：2004 年 7 月 1 日至 8 月底前，实施工程验收，按行政区划建立长效管理机制。

2004 年 7 月，完成对京山线、津浦线、北环线、京山三线、陈塘支线、李港铁路等沿线 74 公里两侧各 32 米内的环境秩序综合整治，拆除危旧房屋和违章建筑 60 余万平方米，清除垃圾杂土 30 余万吨，完成绿化面积 205 万平方米；整修楼房 883 栋、平房 7680 间共 192 万平方米，新建围墙 2.74 万米，平迁坟茔 889 座，清理自发摊群市场 13 处约 3000 个摊位，清理废品收购点 15 处 1.2 万平方米，清理猪圈 28 处，处理垃圾猪近千头。规范了户外广告，共粉刷整修楼房 883 栋平房 7680 间共 192 万平方米。新建道路将排水、供水、燃气、供热、通讯等管线切改入地，增建了 14 处公共厕所。

2005 年 7 月 27 日，天津市人民政府作出《关于表彰 2004 年度整顿治理铁路沿线环境工作先进单位和先进个人的决定》（津政发〔2005〕058 号）。决定指出，整顿治理铁路沿线环境工作，经过一年多的努力，取得了显著成果。市人民政府决定，对在 2004 年度做出突出成绩的先进单位和先进个人予以表彰。7 个单位获最佳组织奖，8 个单位获优秀组织奖，23 个单位获先进组织奖，15 个单位获整顿治理铁路沿线环境单项奖，521 名人员获整顿治理铁路沿线环境工作先进个人。

2005 年 7 月 28 日下午，天津市人民政府召开铁路专用线环境整治工作会议，对 2004 年外环线以内 74 公里铁路沿线环境整顿治理工作进行总结表彰，并对铁路沿线二期治理工程进行部署。

铁路沿线环境二期治理工程范围包括中心城区（外环线内）现状铁路专用线 50 条，总长度约 50.29 公里，占地面积 147.32 公顷。治理区域原则上以铁路路基中心线向两侧扩展 32 米为控制范围，多股铁路以最外侧计算，有条件的地段 32 米线外的平房区也一并纳入治理范围。新建城市永久绿地 102.4 公顷，新建临时绿地 44.92 公顷；新拆危陋房屋 11.34 万平方米，新建环卫班队点、垃圾转运站、公厕三体合一的环境卫生设施 15 处。

2005 年 9 月 28 日，天津市人民政府《批转市综治办拟定的〈天津市铁路沿线两侧环境管理暂行办法〉的通知》(津政发〔2005〕088号),该办法明确管理内容包括铁路沿线两侧32米线范围内的护坡、防护栏、铁路运输设施,供排水设施、桥梁、涵洞、道路、户外广告设施、园林绿化、环境卫生、照明设施、道路交通以及建筑容貌的管理。

管理责任分工:市建委负责铁路沿线两侧构筑物、道路、桥梁、涵洞及排水设施的建设管理和道路、桥梁、涵洞及排水设施养护、维修监督检查和协调工作。市市容委负责铁路沿线两侧整治范围内的市容景观、各类广告、园林绿化、环境卫生管理的监督检查和协调工作。各区人民政府和市专业主管部门按照属地管理与专业管理相结合的原则,实施综合管理。铁路沿线两侧建筑容貌、园林绿化、环境卫生、道路等综合管理工作,按行政区划分别由各区人民政府及所属市容、园林、环卫、市政等管理部门负责。铁路沿线两侧用地规划管理,由市规划局负责。铁路沿线两侧的护坡、防护栏,铁路设施、建筑物的管理,由铁路部门负责。铁路沿线两侧路灯照明设施的管理,由市电力公司负责。铁路沿线两侧道路交通管理,由市公安交管局负责。

图4-2-4-96 治理后的李公楼附近的石墙子大街

2005年11月25日上午,从年初开始实施的9路1桥铁路沿线道路工程基本竣工。9路1桥工程均是新建工程,总长度20公里,面积29万平方米。主要分布在河北、河东两区。河北区有5条道路,分别是:位于铁路北环线支线张兴庄地道附近两侧的宜美道,北环线外侧小区路;位于铁路津浦线一侧的津浦北路,该路起止点为海河东路至天泰路;位于铁路津浦线一侧的规划支路,起止点为天泰路至南口路;位于铁路京山线的林边路,起止点为东二径路至新开路。河东区有4路1桥,均位于铁路京山线一侧,分别是:位于李公楼桥附近的石墙子大街;从东兴立交桥至月牙河南路的广瑞路;从十四经路至东兴立交桥的广瑞西路;从兰峰桥至快速路东南半环的兰峰道;横跨月牙河的兰峰桥。

2004年启动的整顿治理铁路沿线环境工程分两期实施,一期是2004年进行的中心城区74.46公里铁路客运线,二期是2005年进行的铁路专用线50.29公里沿线两侧内实施拆迁绿化。在整治工程中,拆迁总量83万平方米,涉及河北、河东、河西、南开、红桥、北辰、东丽、西青8个区,其中铁路客运线拆迁65万平方米,铁路专用线拆迁18万平方米。绿化总量320万平方米,其中铁路客运线绿化面积230万平方米,铁路专用线绿化面积90万平方米,形成了铁路两侧绿化带。完成整修建筑169万平方米,整修围墙7230.79延米,新建围墙3317米,使陈旧的建筑与周边环境达到和谐。

三、整治中心城区铁路专用线沿线环境

2006年3月16日,天津市人民政府办公厅《转发天津市整顿治理铁路沿线环境指挥部〈关

于整顿治理中心城区铁路专用线沿线环境的实施意见〉的通知》（津政办发〔2006〕13 号），提出在 2004 年外环线内 74 公里铁路正线整顿治理工程取得显著成果的基础上，继续对外环线内铁路支线、专用线进行环境综合整治。

（一）治理范围

中心城区（外环线内）铁路专用线 50 条，总长度约 50.29 公里。治理区域原则上以铁路路基中心线向两侧扩展 32 米为控制范围，多股铁路以最外侧计算，天拖走行线和西沽支线 32 米线外的平房区也一并纳入治理范围。

（二）六项内容

1. 拆迁和拆除各种房屋、建筑物，违章建筑 20 万平方米。2. 将各企业停用的 16 条、总长度为 4.38 公里的铁路专用线拆除。3. 清理整治范围内堆存的生活垃圾、工程杂土、弃物弃料和废品回收点等，平迁坟茔。4. 整治范围内全部实施绿化，共新增绿地 147.3 万平方米，以种植乔木为主，乔木灌木结合，在居民较集中地段铺设甬路或自行车道。5. 对铁路专用线两侧建筑进行立面整修，并新建一些围墙。6. 铁路专用线两侧 32 米线外补建部分公厕和垃圾转运站。

（三）分区任务

1. 北辰区。拆除停用铁路 6 条，包括发电设备厂线 1、2 道，天重线 1 至 4 道，总长 0.89 公里；整治铁路支线、专用线 12 条，包括南曹线、元件公司储运仓库线、天重线、中储线 1 至 3 道、天津宝钢线 1 至 3 道、市水泥厂线 1 至 2 道、市建材线，总长 12.48 公里；整理沿线土地面积 29.28 公顷。其中：城市绿地面积 13.47 公顷，临时绿地面积 15.81 公顷；新建公厕和垃圾转运站各 1 处。

2. 河北区。整治铁路支线、专用线 11 条，包括京山津浦下联线、古机入库线、丰机出库线、津浦上行引入线、115 粮库线、北环上行线、第五迁出线、京山上行引入线、京山津浦上联线、机车车辆厂线、西沽支线，总长 20.41 公里；整理沿线土地面积 51.77 公顷。其中：城市绿地面积 41.62 公顷，临时绿地面积 10.15 公顷；新建公厕 2 处、垃圾转运站 1 处。

图 4-2-4-97　河北区 115 粮库线整修前后对比照片

3. 河东区。拆除停用铁路 5 条，包括砂石厂线、新建材线、安全线、冶供线（2 条），总长 1.42 公里；整治铁路支线、专用线 6 条，包括南站支线、冷库线、公用线、仓储线、105 库走行线、煤五线，总长 5.12 公里；整理沿线土地面积 20.11 公顷。其中：城市绿地面积 15.28 公顷，临时绿地面积 4.83 公顷；新建公厕 1 处。

4. 东丽区。整治铁路支线、专用线 3 条，包括联建走行线、危走线、构件三厂线，总长 3.61 公里；整理沿线土地面积 16.48 公顷。其中：城市绿地面积 11.68 公顷，规划城市道路临时绿地 4.8 公顷。

图 4-2-4-98 东丽区铁路专用线整修前后对比照片

5. 河西区。拆除停用铁路 3 条，包括农机线、油毡厂线、果品线，总长 0.29 公里；整治铁路专用线 1 条：建材走行线，总长 1.79 公里；整理沿线土地面积 13.25 公顷。其中：城市绿地面积 9.46 公顷，临时绿地面积 3.79 公顷；城市景观绿化广场 1 处，位于洪泽路与郁江道交口，占地面积 2000 平方米。

6. 红桥区。拆除停用铁路 1 条：西土产线，总长 0.33 公里；整理沿线土地面积 0.81 公顷。其中：城市绿地面积 0.59 公顷，规划道路临时绿地 0.22 公顷。

7. 南开区。拆除停用铁路 1 条：南开建材线，总长 1.45 公里；整治铁路专用线 1 条：天拖走行线，总长 2.5 公里；整理沿线土地面积 15.61 公顷。其中：城市绿地面积 10.29 公顷，规划城市道路临时绿地 5.32 公顷。

图 4-2-4-99 南开区铁路专用线整修前后对比照片

（四）实施步骤

第一阶段：2006年2月至3月底，平迁坟茔，拆除停用专用线4条，完成靠近主要道路的12条专用线两侧的拆迁任务，完成绿化土方工程和部分苗木栽种任务。

第二阶段：2006年4月初至6月初，完成全部停用专用线拆除、32米线内房屋拆迁、绿化、建筑立面整修等各项工程任务，天拖走行线和西沽支线32米线外的平房区拆迁、环卫设施建设年底完成。

第三阶段：2006年6月底前基本完成工程验收、档案整理工作。

四、天津城际铁路环境整治

京津城际铁路两侧环境整治，是2008年迎奥运市容环境整治重点工程。总长度为70.8公里，其中天津站区至外环线17公里，从外环线至北京界53.8公里，贯穿河东区、河北区、北辰区、武清区。整治工程对天津站区网内实施绿化，候车大厅及站台摆放花木；外环线至天津站段可视范围内建筑物实施立面整修、屋顶改造，并对拆迁地块、建设工地进行有效遮挡；外环线外区域的整治工程是对铁路中心线向两侧50米范围内清脏治乱，并实施绿化，500米范围内完善林网，新建绿地250万平方米。

在2008年城际铁路环境整治一期工程基础上，2009年3月2日，开始继续对城际铁路两侧环境进行综合整治。沿线清拆违章、建筑物立面整修、屋顶改造、新建绿化等部分；城际铁路沿线外环线至天津站段可视范围内建筑物84栋实施立面整修、改型，78栋建筑物实施平改坡，清拆吊挂物及规范阳台窗护栏6700个，规范空调安装并加装空调罩。绿化整治环内区段以铁路中心线向两侧扩展50米实施绿化，绿化面积71万平方米；环外区段以一期绿化为界向外扩展25米实施绿化，绿化面积155万平方米。8月16日，城际铁路两侧环境综合整治工程基本完成，其中，226万平方米的绿化工程在京津间架起一条长达71公里的“绿色走廊”。绿化工程种植了搭配协调的金叶女贞、香花槐、西府海棠等四十余种花灌木，并配以起伏的地势地形，形成色彩分明、错落有致的整体效果。

2010年，继续对城际铁路两侧环境进行综合整治，河北区、北辰区、武清区加装声屏障，河北区立面整修。

第五节　市容环境综合整治

一、2008年迎奥运市容环境综合整治

2007年10月15日，天津市人民政府《印发〈关于对迎奥运道路和重点地区市容环境进行综合整治实施意见的通知〉的通知》（津政发〔2007〕76号）。

整治任务：全面启动奥运保障专项行动，重点对连接中心城区的奥运火炬接力路线，比赛场馆、酒店、医院、购物中心等服务场所连接线，迎宾观光游览线等60条道路和奥体中心、滨海国际机场等20片重点地区的市容环境进行综合整治。每条道路要按照道路性质、功能定位、建筑色彩、立面风格、绿化标准等构景要素，重新规划设计。迎宾路网、主干道路相交路口的整治范围向两侧延伸50米。每片重点地区都要遵循保持历史风貌、体现文化品位、突出地区特色的原则，整体规划、统筹构思，提升景观水平。

整治标准：搞好规划设计，清除违法建设，拆除沿线平房，整理建筑工地，整修道路桥梁，清理广告牌匾，规范城市道路设施，实施建筑整修，完善景观照明，提升绿化水平，整顿环境秩序，治理环境污染及环境卫生。

实施计划：第一阶段，10月底前，完成20片重点地区的规划设计和清拆工作，启动银河广场、水上公园、月牙河临时客站、国际商场、平津战役纪念馆、大悲院等6片重点地区环境治理工程，完成南门外大街、金钟河大街、十一经路、围堤道、大沽北路等5条道路的市容环境综合整治工程。第二阶段，到年底，完成银河广场、水上公园、月牙河临时客站、国际商场、平津战役纪念馆、大悲院等6片重点地区和卫国道、南京路、狮子林大街、曲阜道等20条道路的市容环境综合整治工程。第三阶段，到2008年6月底，完成其他迎奥运道路和重点地区的市容环境综合整治工程。

2008年2月26日，天津市迎奥运市容环境整治工程总指挥部成立。副市长只升华任总指挥，七位副总指挥的分工是：李福海负责工程拆迁，王维基协助总指挥负责资金筹措和管理，城建工委领导负责指挥部干部调配，李全喜负责工程实施，王敬威负责指挥部综合协调和面上的综合整治并配合李全喜工作，规划局领导负责工程规划设计以及设计与施工的衔接，马连勇负责工程绿化工作。

3月11日，天津市委书记张高丽在《迎奥运环境综合整治专报》第一期《迎奥运市容环境综合整治工程全面铺开》上作出重要批示："这次市容环境综合整治影响重大，其成败与否关系市委、市政府的威信和今后工作。开展解放思想大讨论最重要的是要结合实际，抓好重点工作的落实。向全体参与整治工作的各级领导、设计、施工人员表示感谢和问候！要高度重视设计施工的水平，扎实做好群众的工作，确保安全、质量、速度，高效指挥密切配合，定期检查整改存在问题。"

3月24日，天津市委书记张高丽查看了小白楼地区、浙江路、南京路、卫津路、复康路等迎奥运道路综合整治情况，在迎奥运市容环境工程综合整治指挥部听取了工作汇报。

3月26日，受总指挥只升华委托，副总指挥王敬威主持召开安全工作会议。会议通报了当前安全工作存在的问题和隐患，传达了总指挥只升华的重要指示：一是进一步加强施工安全管理；二是依法强化消防安全监督；三是落实消防装备；四是各分指挥部立即召开安全专题会。

3月26日，受总指挥只升华委托，副总指挥王敬威主持召开关于做好群众满意的民心工程工作会议。会议要求，一要加强领导、落实责任；二要搞好调研、预防为主；三要建章立制、规范工作，做好群众有关投诉的办理工作。

“三区一带五线”是迎奥运市容环境综合整治的重点工程，是“精品之中的精品”。“三区”指奥体中心、小白楼、天津站三个重点地区；“一带”指海河沿线周边的建设工地；“五线”指复康路、卫津路、南京路、解放路、十一经路5条城市主干线。“三区一带五线”构成了天津东西、南北两大轴线，是奥运火炬传递路线的重要组成部分。

图 4-2-5-100 “三区一带五线”工程

“三区”：奥体中心，是2008年北京奥运会足球比赛的分会场，是奥运火炬在天津市区传递的起点。整治后的奥体中心，碧波环绕，气势恢宏，洋溢着浓郁的现代气息。天津站是津城对外交往的窗口，是奥运火炬传递的终点。整修改造后的天津站焕然一新，成为四通八达的综合交通枢纽。小白楼是最具津城特色的地区之一，体现了历史变迁和时尚现代的结合，具历史、文化、商业氛围。起士林等百年老建筑和天津音乐厅，就坐落在小白楼地区。

图 4-2-5-101 奥体中心一角

“一带”：海河是天津的母亲河，也是天津的象征。经过5年的综合开发改造，上游42平方公里的基础设施建设已接近尾声，水清、岸绿、景美的海河新貌突显出了津城风采。而海河上风格各异的桥梁、幽静清新的堤岸、雅致的亲水平台……是火炬传递路线上的美景。

“五线”：复康路和十一经路是外地车辆从京津塘、津沪高速公路进入市中心的必经之路。

图 4-2-5-102 海河新貌

图 4-2-5-103　整修一新的复康路街头花园

复康路是南开大学和天津图书馆的所在地，具有丰厚的历史人文资源。十一经路是河东区政治、经济、文化和贸易中心地区，也是奥运火炬由和平区经大光明桥进入河东区的重要传递道路。卫津路是天津北部地区通往奥体中心的主要道路，同时也是南开大学和天津大学两所著名高校所在地。南京路位于天津市区的中心部位，是集商业、商贸、休闲、娱乐于一体的现代化街道。解放路是体现天津近现代历史，具有浓郁欧陆风格的金融街区，素有“东方华尔街”之称，整条路位于全市中心商务区的核心，两侧集中了金融机构、政府办公、高档酒店等大型公共建筑。

7 月 31 日，迎奥运市容环境综合整治工程全面完成，整治范围包括全长 260 公里的 68 条迎奥运道路（其中 37 条奥运火炬传递道路和 31 条奥运场馆、服务场所连接线道路），卫国道等 10 条 121 公里的入市道路，津塘、津静、京津等 9 条 108 公里的出市公路，天津站、奥体中心、小白楼、五大道、意式风情区等 20 片重点地区，104 公里的二级河道、13 座跨河桥梁，139.5 公里的铁路客运沿线；109 公里的京津塘高速公路两侧、72 公里外环线内侧 58 米和外侧 8 米的绿化带、宽 6 米的中央隔离带；友源耳闸、友谊、桥园、长虹、天津湾 5 个公园的改造以及新建的 100 处街心绿地和 30 处大型绿地。累计完成拆迁 218.3 万平方米，清理立面吊挂 7.6 万个，整修楼房 3479 栋 1214 万平方米，整修风貌建筑 393 栋，平改坡 525 栋，空调移机 4.2 万个，空调加罩 6.8 万个；管线入地 10.6 万延米；道路罩面及人行道改造 279.1 万平方米；更新信号灯 589 处，护栏 14.7 万延米，施划交通标线 87 万延米，设置交通标识 3575 面；清洗路灯杆 3100 基、油饰 5057 基、更换 1532 基；安装废物箱 4866 个、休闲座椅 363 把，更新报刊亭 101 座。全市新增提升改造绿化 7562 万平方米。整治后，形成整洁优美、色调和谐、特色鲜明的街景组团；设施完善，功能齐全，通畅美观的道路网络；乔灌花草结合，公园绿地相间，环境良好的都市绿化体系。

8 月 7 日，天津市委书记张高丽在迎奥运环境综合整治工作报告上作出重要批示：“衷心感谢指挥部和各位领导、奋战在一线的全体同志。取得的成绩十分显著，积累的经验难能可贵，存在的差距要高度重视。希望发挥连续作战精神，巩固成果，扩大战果，使天津发生更大变化，让群众得到更多实惠。”

二、2009 年第二轮市容环境综合整治

2008 年 9 月 19 日，天津市人民政府决定，2009 年进行第二轮市容环境综合整治。天津市人民政府办公厅下发《关于成立天津市市容环境综合整治指挥部的通知》（津政办发〔2008〕117

号）。副市长只升华任总指挥，市政府副秘书长李福海、市市容委主任王敬威、市公安局负责人、市市政公路局局长孟庆旺、市园林局局长马连勇、城投集团负责人、市电力公司总经理李晶生、市建委副主任张连选、市市容委副主任王金铎、市规划局副局长李春梅、市国土房管局副局长段宝森任副总指挥。指挥部内设12个职能组，下设13个分指挥部和民心工程指挥部。

2008年10月16日上午，天津市委、市政府在市容环境综合整治指挥部召开现场办公调研会，听取第二轮市容环境综合整治方案汇报。市委书记张高丽主持会议并讲话。他强调指出，综合整治市容环境，是深入贯彻落实科学发展观的重要体现，是顺应人民群众过上更好生活新期待的重要举措，是落实天津城市定位要求的重要组成部分。要在已有工作的基础上，开展第二轮市容环境综合整治，全面提升城市的净化绿化美化水平，为人民群众创造干净、美丽、舒适的生活环境，为增强城市竞争力创造优良、有序、文明的发展环境，充分展现天津深厚的文化底蕴、独特的自然景观和现代化大都市的气息。

2009年2月26日，第二轮市容环境综合整治动员部署大会召开。市委书记张高丽讲话提出具体要求。各部门、各区县有关单位2千多人参加大会。

3月1日，第二轮市容环境综合整治工程全线开工，195支施工队伍奋战在工程一线，总指挥部各职能组实行24小时昼夜值班。第二轮市容环境综合整治是在迎奥运环境综合整治工程的基础上，改造6个公园、5片地区、14条道路和治理3项社区环境，通过重点整治、串点成线、结线成网，形成覆盖中心城区、方便市民出行的主要观光网络，充分体现便民、惠民、利民，突出城市品质，彰显城市特色。在3项社区环境整治中，将对43条土路硬化铺装，改造市区里巷道路102片、69万平方米，彻底治理城郊接合部地区126个脏乱点位。

3月25日，市委、市政府主要领导对第二轮综合整治情况进行实地察看，并在指挥部召开座谈会，强调第二轮市容环境综合整治，标准要高，力度要大，管理要严，工作要细，效果要好。

4月3日，天津市委书记张高丽，市委秘书长段春华，副市长只升华、王治平、熊建平、任学峰等深入各施工现场检查指导工作，并在市总指挥部召开市内六区书记、5个项目指挥部和相关部门领导参加的专题会，对下一步工作提出具体要求。

4月20日，天津市人民政府督查室利用3天时间，对第二轮市容环境综合整治工作进行全面督查。市总指挥部分成6个小组配合政府督查室一同对公园、重点地区、道路和社区工程进行督查。

5月1日，天津市委书记张高丽，市委常委、市委秘书长段春华，副市长只升华、熊建平、王治平深入水上公园改造项目施工现场，察看水上公园改造提升工程效果图，听取水上公园改造项目指挥长马连勇对工程进展情况的汇报；代表天津市委、市政府向节日期间奋战在一线的干部职工表示亲切慰问。

7月2日，天津市委书记张高丽，市委副书记、市人大常委会主任刘胜玉，市政协主席邢元敏，市委副书记、滨海新区管委会主任何立峰沿友谊路、广东路、津塘路、中山路、芥园道、鼓

图 4-2-5-104 河北大街和鼓楼商业区交口处

楼东街、荣业大街、红旗路、宾水西道等，察看重点道路综合整修和重点地区改造提升情况，并实地考察人民公园、河东公园、文庙和水上公园等地。在市总指挥部，张高丽书记主持召开座谈会，听取整治工作汇报，对整治成果给予充分肯定。

2009 年 7 月，第二轮市容环境综合整治任务基本完成。一是整治范围基本实现全面覆盖。综合整治 158 条 314 公里道路，推动各区自筹资金整治 43 条 54 公里道路，加上重点地区和迎奥运道路的提升，累计完成 762 公里道路整修，占干支道路的 74%。基本完成 71 公里城际铁路沿线环境综合整治。全面改造 8 个公园、49 个街心公园和 25 个重点地区，完成总量的 92%。开展里巷道路和土路改造等 8 项专项治理。

二是整治效果充分体现更高水平。实施拆迁 123 万平方米，整修楼房 4127 幢，实施平改坡 557 幢，调整空调机位 7.8 万台，安装室外机罩 13 万个，清理吊挂物 8.2 万个。实施管线入地 150 公里，道路罩面 188 万平方米，更新交通设施 2022 处，油饰更新路灯 2359 基，配置马路家具 4597 处，更新设置牌匾 15 万平方米。新建和改造提升绿地 1100 万平方米，充分体现天津独特的城市园林风貌。在全国率先采用戴帽子、穿裙子、配靴子、整窗子、装框子“五子登科”式整修高层建筑，屋顶层次错落有致，色彩搭配协调，既时尚现代，又彰显天津深厚的文化底蕴。

图 4-2-5-105 整修后的临街楼房

三是整治项目更加贴近群众生活。彻底改造 126 片里巷道路和 43 条土路。累计完成 3400 万平方米旧楼区综合整修，实施部分板式住宅楼节能改造，更换 35 万平方米塑钢窗及护栏。治理 139 处脏乱点位，拔除 2478 棵废弃线杆，拆除 4770 延米竣工项目围挡，改造 1.9 万延米在建工地围挡。公园向市民免费开放，街心绿地设置休憩区。

图 4-2-5-106　中心城区旧楼区居住功能综合提升

四是整治工程有效促进商贸旅游。综合整修食品街、旅馆街、中心公园、天塔和文庙等地区。将 10 个服务业聚集区、10 条特色文化商业街连为一体，做到串点成线、结线成网，初步形成功能齐全的商贸旅游板块。

2009 年 7 月 21 日，国家统计局天津调查总队开展的一项问卷调查结果表明，天津市第二轮市容环境综合整治工作得到了全市群众的高度评价，满意率达到 99.5%。调查采取社区、街头偶遇方式。市内设立六个调查点位，根据年龄、性别等指标配额，对天津市常住居民、外地常住天津市居民、外地临时到津人员、游客等不同身份类型的 4000 位群众进行了随机调查。

人民日报
RENMIN RIBAO
2009年11月 2 星期一

铁路客货运输10月创四项新高
前10月全国铁路基本建设同比增长87.5%

为了群众生活得更美好
——天津市市容环境综合整治纪实

治国必先治党　治党务必从严
——再论学习贯彻党的十七届四中全会精神之三

石嘴山培育新的经济增长点
从资源枯竭型城市向循环经济城市转型

抵达基督城开始对新西兰进行正式访问
李克强出席坎特伯雷大学孔子学院成立仪式

提前供暖体现"责任回归"

群星灿烂红十字
——第二军医大学培养高素质人才记事

先生之风　山高水长
"我们要为国家争口气"
把注意力放在解决长期问题上
神木医改半年　百姓实惠多少
今日导读

图 4-2-5-107　2009 年 11 月 2 日《人民日报》刊发通讯

调查结果显示：第二轮市容环境综合整治工作，百姓关心、支持的比例很高，认知率达 97.6%。环境综合整治工作满足了老百姓改善生活环境、提高生活质量的需求，得到百姓的充分肯定，有 99.6% 的被访居民认为市容市貌发生了“很大变化”；有 97.6% 的被访居民认为在第二轮市容环境综合整治工作中受益很大；总体满意率达 99.5%。其中城市环境绿化建设创新、丰富园林造景艺术、美化绿化城市工作的居民满意度为 99.2%；改造提升公园，免费向社会开放，满足群众休闲需求工作的居民满意度为 99.1%；天塔、食品街、旅馆街、中心公园、文庙 5 个重点地区的综合整修，创造良好的休闲、旅游环境工作的居民满意度为98.2%；中心城区156条主次干道的综合整治，美化道路环境工作的居民满意度为98.2%；京津城际铁路沿线绿化提升，打造高品质景观走廊，提升天津城市品位工作的居民满意度为97.7%；旧楼区综合整修，美化居住环境、改善居住条件的满意度为97.6%；里巷道路改造和土路铺装综合整治工作的居民满意度为97.4%；在整治工程实施过程中，坚持科学施工、文明施工的居民满意度为96.3%；改善城乡接合部126个脏乱点位环境卫生和秩序状况工作的居民满意度为93.2%。

2009年11月2日，《人民日报》头版头条刊发记者朱虹、傲腾采写的通讯《为了群众生活得更美好——天津市市容环境综合整治纪实》，全面介绍天津市实施市容环境综合整治后，城乡面貌发生显著变化的喜人成果。

三、2010年第三轮市容环境综合整治

2009年11月14日，第43次天津市人民政府常务会议召开，讨论并原则通过了2010年第三轮市容环境综合整治及加强城市管理专项治理方案。12月13日，市委书记张高丽等市主要领导在市规划局审查第三轮市容环境综合整治规划设计方案。

2010年1月25日晚，第三轮市容环境综合整治前期准备工作会议在天津市政府会议厅召开。会议成立第三轮市容环境综合整治指挥系统，并于两天内集中办公。1月28日，各区县16个分指挥部和各部门9个专项指挥部全部落实办公地点、人员组成，实行集中办公，完成了指挥系统机构组建。

2月26日上午，第三轮市容环境综合整治动员大会在天津礼堂召开。市委书记张高丽作重要讲话，副市长只升华主持会议。市人大常委会主任刘胜玉，市委秘书长段春华、副市长熊建平、市政府秘书长李泉山出席。各区县、有关委办局以及综合整治指挥系统约2000人出席会议。

张高丽强调指出，开展第三轮市容环境综合整治，要牢固树立以人为本的理念，按照城市的定位要求，以构筑生态宜居城市为目标，坚持更高标准，实现全面覆盖，形成长效机制，使净化绿化美化达到新水平，城市规划建设管理达到新水平，人民群众生活环境达到新水平，努力把天津建设成为大气洋气、清新靓丽、中西合璧、古今交融、品位特色、国内外公认的生态宜居城市，充分展现天津深厚的历史文化底蕴、独特的自然风貌和大都市现代化气息。要延伸拓展综合整治范围，由市中心向各区县延伸，由重点道路向次支道路拓展，由重点地区向里巷社区推进，由整治平立面向提升天际线转变，大力提高道路桥梁整治、建筑立面整修、景观绿化、公共设施和生态保护水平。要加快居民社区全面整修、交通路网建设、特色街区提升，为群众提供良好的居住、出行、休闲、文化、旅游环境。要全面实施《天津市城市管理规定》，加强宣传教育，强化执法工作，提高市民素质，完善管理体制，集中力量开展专项治理活动，实现城市管理的常态化、科学化和现代化。

4月9日，天津市人民政府办公厅转发《市市容园林委〈关于奋战300天开展市容环境综合

整治提升城市管理水平的工作方案〉的通知》（津政办发〔2010〕37 号），主要任务：将综合整治工作由市中心向各区县延伸，由主要道路向次支道路拓展，由重点地区向社区里巷推进，由平面立面向城市天际线提升。综合整治 234 条道路、407 万平方米里巷道路，改善 350 个社区环境，整修建筑 8969 栋，建设改造提升 15 个公园，新建改造提升绿化 3150 万平方米，打造海河两岸 8 个新的特色节点，改造和平路、滨江道、南京路 3500 米商业街，提升中心花园、民园特色历史风情街区，综合提升梅江会展中心等 5 个重点区域的天际线，综合整治津港公路等 10 条连接中心城区与周边区县人民政府所在地公路两侧环境，集中开展非法占道经营、运输撒漏等 6 个专项治理。

综合整治工程进行中，市总指挥部制定了会议、统计、信息报送、保密、值班 5 项工作制度（津容指〔2010〕2 号），明确职责、规范程序。制定了《市市容环境综合整治指挥系统廉政建设十不准规定和争做优秀干部十条标准》（津容指〔2010〕3 号），出台了《关于街景立面专项治理工作的实施意见》（津容指〔2010〕4 号）、《关于开展环境卫生专项整治工作的实施意见》（津容指〔2010〕5 号）。印发了《市容环境综合整治新闻宣传工作制度》（津容指办〔2010〕13 号）、《关于加强市容环境综合整治安全稳定工作的通知》（津容指办〔2010〕112 号）、《中高考期间加强市容环境整治工程文明施工管理工作》（津容指安〔2010〕114 号）等文件，并组织检查落实情况。

7 月 31 日，是第五个“同在一方热土，共建美好家园”环境卫生清整日（前四次全市环境卫生清整日是 3 月 27 日、4 月 24 日、5 月 29 日、6 月 26 日）。各区县党政机关、团体、部队、学校、企事业单位和街道社区各界群众和市容环卫系统，5 万余人冒着高温酷暑参加了清整活动。共出动车辆 600 余辆，清除堆物堆料 2900 余吨，208 个脏乱点位得到治理。这次清整的重点是整治施工工地周边、拆迁工地周边、废品收购站周边“三边”的环境卫生。清理“三边”垃圾死角、工程弃土、堆物堆料。监督检查施工工地、拆迁工地、废品收购站落地围挡，做到可视范围内无垃圾死角、无堆物堆料、无白色污染、无运输撒漏车轮带泥现象，真正使“三边”环境卫生面貌发生根本性变化。

2010 年 7 月底，第三轮市容环境综合整治任务基本完成。一是市容市貌更加现代洋气。共整治道路 332 条 2600 公里，管线切改入地 340 公里，道路罩面 70 万平方米，整修建筑 1 万多栋，配置马路家具 5700 处，更换油饰护栏 3.4 万延米，施划标线 450 万延米。改造提升中心城区重要道路 52 条 115 公里，改造 13 个地区天际线、提升商业街 3.5 公里，初步展现出现代洋气的城市特色。

二是园林绿化更加生态艺术。新建提升改造绿化 3900 万平方米，绿化形式有了新的突破，形成了艺术生态的绿化效果；新建改造公园 570 万平方米，营造了自然艺术的园林特色。

图 4-2-5-108　新开路营门口周边环境

10 条 624 公里连接区县道路和 72 公里城际铁路两侧，成为生态自然的交通网络。

三是生活环境得到显著改善。改造里巷道路 420 万平方米，修复破损道路 260 万平方米；整治居民社区 350 个，完善健身服务设施 2760 处；建设改造街头社区公园 51 个；完成老住宅楼节能改造 30 万平方米，实施平改坡 26 万平方米，450 多万居民直接受益。

四是夜景照明彰显城市魅力。构建了点线面结合、覆盖中心城区 14 个节点和 27 条道路的 35 公里城市夜景照明体系，打造重要道路和商贸旅游地区夜景灯光高潮。夜景灯光网络初步形成，实现统一控制和“一把闸”管理。

图 4-2-5-109 夜景灯光网络初步形成

五是专项治理成效初步显现。对 120 个建筑工地全部配置清洗设施，完成车辆密闭改装 860 部，运输撒漏得到一定遏制；取缔非法占路经营 1100 处，治理非法占路停车道路 135 条；规范广告牌匾 7.3 万块，新建和修复路灯 5000 多基，治理脏乱点位 1850 处。

8 月 19 日，市总指挥部召开第三轮市容环境综合整治市民满意度测评结果新闻发布会。经天津城调总队调查，第三轮市容环境综合整治群众满意度为 99.5%。

附：

《人民日报》头版头条报道纪实

2009 年 11 月 2 日，《人民日报》头版头条刊发记者朱虹、傲腾采写的通讯“为了群众生活得更美好——天津市市容环境综合整治纪实”，全面介绍天津市实施市容环境综合整治后，城乡面貌发生显著变化的喜人成果。通讯全文如下：

天津变了！

“楼房变俊了，马路变宽了，进公园不用花钱了，城市整修一新了！”天津市民感叹。

天津美了！

乘坐“海河一号”游船顺流而下，但见两岸绿树成荫，楼房成群，道路整洁……天津的美让中外宾客赞叹。

2009年，天津城市建成区绿化覆盖率达38.5%，人均公共绿地面积达8平方米。从天津市区的任何一个角落出发，500米内见绿地。

从决策到实施：高起点高标准高水平

巨大的变化始于两年前。

2007年5月29日，天津市第九次党代会从建设国际港口城市、北方经济中心和生态城市的定位出发，明确提出要增强城市载体功能，坚持高起点规划、高水平建设、高效能管理，充分体现现代化大都市的风貌。7月2日，天津市委、市政府召开现场办公会，动员全市各方面力量，加强城市规划建设管理，进行环境综合整治美化，以崭新面貌迎接奥运会。

2008年初，天津市委、市政府作出重大决策：从3月1日起，大干150天，集中力量开展市容环境综合整治。随即召开了全市城市管理工作会议，深入推进环境综合整治，全面提升城市管理水平。不到半年，全市城乡面貌发生了显著变化。

顺应民心，因势利导。天津市委、市政府决定，自今年3月1日起，继续奋战150天，进行新一轮市容环境综合整治，以更加大气洋气、清新亮丽的城市环境迎接新中国成立60周年。

为了使市容综合整治工作取得实实在在的成效，按照建立健全决策目标、执行责任、考核监督三个体系的要求，市委、市政府还把市容环境综合整治成果纳入18个区县互看互比互学的重要内容。

呕心沥血绘美景

中共中央政治局委员、天津市委书记张高丽等市级四套班子主要领导先后15次到市规划局、13次到综合整治指挥部调研办公，审查规划设计方案，并多次深入整治施工现场，实地查看工程进展情况，听取汇报，研究解决问题。

综合整治过程始终坚持高起点高标准高水平。天津市先后邀请了46个设计单位参与设计，多次组织专家深入论证规划方案，努力做到标准化、规范化；每一个部位都精雕细刻，报刊亭、垃圾箱、城市座椅等14类城市家具设置每一样都精心挑选，折射品位。建设施工单位严格管理，科学施工，精益求精，力求把一幢幢建筑、一处处设施、一条条道路都建成精品工程。

奥体中心、天津站地区、津湾广场……无不凝聚着决策者、设计者、建设者的心血智慧和汗水。

连续两年，两个150天，这是天津城市发展史上从未有过的大规模市容环境综合整治。两次市容环境综合整治，累计完成拆迁441万平方米，整修楼房7506栋，新建提升绿化面积1.1亿平方米，改造提升二级河道104公里。中心城区主次干道、公园、重点窗口地区整治覆盖面分别达74%、92%、93%。2008年，全市城镇生活污水集中处理率达80.21%，空气环境质量二级以上良好天数达到322天。

这是一场攻坚克难的硬仗。天津市市容、规划、建设、国土房管、公安、电力、文化、旅游等十几个部门的负责同志集中办公；10个区的区委书记、区长亲临一线指挥，20万参战人员昼夜奋战……“全体参战人员发扬了没黑没白、没怨没悔、没完没了、没止没境的‘八没’精神。”天津市副市长只升华说。

市容环境综合整治，走出了一条运用市场经济的办法建设管理城市的路子。两次综合整治所需资金，由天津市财政安排的仅占全部资金规模的9%，各区县筹集的占3%，其余88%通过市场运作、社会筹集和基础设施带动解决。

“天津是我家，建设靠大家。”2007年7月以来，天津市开展“同在一方热土，共建美好家园”活动。全市党政干部带头以“奉献日”形式参加义务劳动，许多社区居民主动按照环境整治要求，拆除自家旧阳台罩、鸽子窝、小煤屋等，并组织起来，义务清整环境卫生。

市容环境综合整治，使全市人民热爱天津、建设天津、发展天津的热情高涨，广大市民对家乡的认同感、自豪感进一步增强。从市领导到普通群众，从70多岁的老人到学前儿童，从驻津部队官兵到外国友人，全市共有200多万人以各种方式参与了环境综合整治活动。

不是形象工程，而是民心工程

市容环境综合整治关乎民计民生。“始终坚持以人为本，保障改善民生，是我们搞好市容环境整治的出发点和落脚点。”天津市市容园林委主任李福海说，天津的环境整治不是形象工程，而是民心工程。

天津把环境整治延伸到居民家门口，净化、绿化、美化、亮化同步实施，完成3400万平方米的旧楼区综合整修，改造里巷道路548片、支路256条，改造小积水点440处，治理脏乱点139处，对保温较差的板式居民住宅楼加挂外保温材料，更换居民住宅的破旧窗户36万平方米，居民社区环境、出行条件都得到根本改善。

“一条海河景观带，半部中国近代史。”海河是天津的母亲河。历时100天的海河市区段改造提升工程已全面完工，古老的海河新装亮相。海河两岸新增绿地面积近20万平方米，栽植乔、灌木近8万株，新植花卉近40万株。经环保部门测算，目前海河沿岸的绿化带每天可吸收近100吨二氧化碳，释放出约70吨氧气，海河沿岸成了中心城区的天然氧吧。漫步海河沿岸，乘坐海河游船，流光溢彩的夜景灯光，姹紫嫣红的滨河公园，开合的解放桥、中西合璧的北安桥、现代的赤峰桥，充满异域风情的钟楼和意大利风情区，满眼美景，如诗如画。据旅游部门统计，仅周末就有近100万市民和外地游客前来海河休闲游玩。

人民公园提升改造工程是天津市市容综合整治重点工程之一。始建于1863年的人民公园，改造后带有明显的清代徽派山水和江南苏州园林风格，为市民提供了一个高品位的文化生活和休闲娱乐空间。

昔日“垃圾山”南翠屏公园提升改造后，形成以园林景观为主体、以特色文化为主题的山水休闲公园，“碧荷拾香”、“静湖映翠”等6个景区，成为津城西南部的一道翠绿屏障。

不仅是中心城区，天津各区县也积极打造市容名片。今年7月，津南区海河故道公园落成。海河故道由民国期间海河改道后的废弃部分形成，由于年久失修、河道淤积，加上附近居民倾倒垃圾，成了一条臭气熏天的垃圾沟。为彻底改善生态环境，津南区投资1.5亿元，按照国际水生态环境标准进行了治理。新建的海河故道公园长3.5公里，公园空间布局划分为滨水游憩区、船舫美食区、水鸟湿地区等五大功能区。如今，这里已成为城乡群众旅游休闲的新去处。

塘沽区克服重盐重碱、植物生长难的自然困境，在进行土壤改良的同时建设森林公园。森林公园采用了挖湖堆山、明渠排碱等方法，形成多样性植物共生存的生态园区。

搞好市容环境整治就是发展生产力

人们评价一个城市，最直观的就是城市面貌。"事实证明，搞好市容环境综合整治，就是发展生产力，就是提高综合竞争力。"李福海说。

干净亮丽的市容环境提升了城市的载体功能，为天津聚焦了生产要素，吸引了人流、物流、资金流和信息流，带来了一大批高水平的大项目好项目。今年1至9月，天津市GDP增长达16.3%，增幅继续位居全国前列。环境整治以来，天津市市区两级共接待来自全国各地的专项考察团近千个。

不仅如此，天津市容环境整治突破单一的功能取向，与商业业态调整和文化旅游发展紧密结合，将10个服务业聚集区、10条特色文化商业街有机连为一体，挖掘历史，彰显底蕴，串点成线，结线成网，既成为亮丽风景线，又成为经济文化带。

傍晚，海河北岸的意式风情街游人如织。这里曾是天津近代史上意大利租界的中心区，虽经百年风雨，原有街区及建筑基本保持原貌。今年以来，意式风情区经过新一轮环境提升，日接待游客5000人以上。游人不仅可以游览梁启超书斋"饮冰室"、李叔同故居、曹禺故居，还可以徜徉于异国风情的酒吧、冰淇淋店、西餐吧、咖啡厅等。

避免"千城一面"，天津坚持并凸显着自己的个性。五大道、古文化街的文化历史感与滨江道、南京路的现代气息交错，形成独特的城市魅力。

天津市旅游局把城市建设的新成果和市容市貌的新变化及时转化为旅游产品，推出了海河风光游、滨海新区游、名人故居游、民俗文化游等八大旅游系列产品，实现了城市建设与旅游业互相促进、同步发展。

据统计，今年上半年，天津市共接待海外游客70.5万人次，同比增长13.9%；旅游外汇收入5.93亿美元，同比增长15.4%。接待国内游客4000万人次，同比增长14.2%；国内旅游收入475亿元，同比增长17.2%。今年"十一"黄金周，天津市共接待海内外游客482.93万人次，同比增长18.1%；全市旅游观光购物综合总收入34.27亿元，同比增长19.5%。

空间变美变新，人心变亲变近。国家统计局天津调查总队调查显示，天津市民对"新一轮市容环境综合整治工作"的满意度高达99.5%。

天津素有"沽水流霞"的美誉。如今，这座美丽的滨海都市正以独特的文化底蕴、兼容开放的胸怀、大气洋气的环境面貌，自信地走向世界。

（刊于《人民日报》2009年11月2日头版头条）

第三章 街景立面规范管理

第一节 户外广告设置与清理

一、历史沿革

天津的户外广告管理始于清光绪二十八年（1902），由直隶警察厅、工巡总局掌握，确定市内有150个广告地点。

1949年天津解放后，天津市人民政府决定将广告管理划归公用局。1964年2月，公用局成立“天津市广告管理所”。“文化大革命”期间，停止设置商品宣传等广告。1978年，户外广告得以恢复。

1981年6月30日，天津市人民政府颁布《天津市整顿市容暂行规定》，第八条规定：“禁止在墙壁、电杆等处任意张贴、涂写。标语、广告必须张贴或设置在指定地点。”

1982年8月25日，天津市人民政府颁发《天津市广告管理暂行办法》，规定户外广告内容、设计和经营等，由工商行政管理部门审批；户外广告设置涉及占路审批，由市容、公安交管、市政管理部门负责；车身广告由公安交管部门审批；如在建筑物或其他空地设置广告（包括招贴），由市容管理部门审批。

2007年3月19日，《天津市户外广告设置管理规定》经天津市人民政府第89次常务会议通过，市长戴相龙4月9日签字公布，自6月1日起施行。

二、广告模式

历史上，天津就有以招贴形式传播信息的广告方式。到20世纪30年代，出现了霓虹灯广告，40年代又以广告牌的方式传播信息。80年代末又推出电动翻转集成式广告、立体模式型广告等。2000年以后，以灯光广告（霓虹灯）和广告牌为主要形式。

招贴式广告。社会团体或个人将需要通告公众的事，用海报、传单、启示、声明、信札等形式直接张贴街道各处。

壁画式广告。日伪时期，将商品广告直接绘于街道墙壁上，诸如“仁丹”“胃活”“味の素”“清凉油”等。到20世纪80年代初期，除沿铁路、公路两侧仍有此式广告外，市区已不准使用。

路牌广告。将宣传内容绘于木板或铁板上，竖于路旁或悬挂在建筑物上。1946年，上海荣昌祥广告公司到津开设公司，以经营路牌广告为主。起初在电影院、剧场门脸悬挂，后逐步发展在路旁设置。到20世纪80年代后期，逐渐演变为广告宣传的主要形式之一。1987年至2005年，根据市容管理规定和建设部颁布的《城市容貌标准》，主要设置在沿街建筑施工工地和破旧建筑外围。

霓虹灯广告。也称灯光广告。1931年，在滨江道经营干鲜果品（原为“文利东号”现为“稻香村”）的柴经理，经德（国）商孚洋行买办引进霓虹灯，在天津设置第一家霓虹灯广告。后来为劝业场、中原公司等商场效仿采用。

灯箱广告。由于具有形体小，适于小型商店门前悬挂等特点，设置较多。已增加了落地灯箱、软体喷绘灯箱等形式。

电动翻转集成广告。体型为三棱形状，三面内容各异，十秒钟转动一次。1990年开始采用。

屏幕广告。包括视屏、视屏集成、电子发光管和电磁翻转广告等。

信息牌。1986年，经天津市容委、市商委批准推广使用“信息牌”。其形式统一，小巧灵活，设于门前可随时更换内容，适于没有橱窗或不能设置大型广告牌的商店。

立体模型式广告。仿商品实物，配以人物或动物造型制成，设于路旁，别有情趣。

车身广告。1985年开始在93路无轨电车车身外设置，后在公共汽车车身上设置。到2005年，几乎所有公交车和商家自用车均设置车身广告。其特点流动性大，宣传范围广。

三、设置规范

2007年4月9日，天津市人民政府公布了《天津市户外广告设置管理规定》(津政令第114号)，禁止在下列区域或位置设置户外广告(不含牌匾)：国家机关办公场所、军事机关驻地；文物保护单位、风貌建筑保护地区；风景名胜点的建筑控制地带；交通安全设施、交通标志；公共绿地、河道水面、湖泊；涵洞、立交桥(不含人行天桥、地下人行通道)；透视围墙、护栏、道路隔离带、临时棚亭；异型楼顶、坡屋顶和居民住宅楼；市政府确定的标志性建筑；市政府禁止设置户外广告的其他区域或位置。外环线以内的中心城区不得设置大型占地户外广告。外环线、高速公路和国道两侧设置户外广告的，应当按照户外广告设置规划严格控制。

《天津市户外广告设置管理规定》规定，在道路及其两侧设置户外广告，不得妨碍安全视距或影响通行，不得遮挡绿化和市容景观，不得遮挡路灯、交通标志、交通信号，不得妨碍无障碍设施使用。依附建筑物、构筑物及其他设施设置的户外广告，不得影响城市风貌景观和市容环境，不得超过有关规划、规范限定的高度、尺度；不得在危险建筑物、构筑物及其他危险设施上设置户外广告。新建建筑物、构筑物及其他设施，未预留户外广告位置的，不准设置户外广告。

四、行政许可

2010年12月7日，天津市市容和园林管理委员会下发《关于印发〈天津市设置户外广告设施行政许可实施办法〉的通知》（津容街〔2010〕325号），明确由市市容和园林管理委员会负责受理的行政许可：轻轨、地铁车站及沿线设置户外广告设施的；天津滨海国际机场地区及机场路两侧200米范围内设置户外广告设施的；高速公路天津段及国道两侧200米及延长线和出入口500米范围内设置户外广告设施的；海河两岸200米范围内设置户外广告设施的；在外环线（含外环线外侧50米）以内设置户外广告设施的；天津大道两侧200米范围内设置户外广告设施的。前款规定范围以外设置的，由所在区、县市容园林行政主管部门负责受理。

市容园林行政主管部门不予行政许可的：在市、区政府机关所在地、军事机关、文物保护单位、风貌建筑保护区和保护性建筑、标志性建筑、各类博物馆、纪念馆、美术馆、音乐厅、展览馆、图书馆及名胜风景点的建筑控制地带设置户外广告设施的；泰安道（台儿庄道至新华路）、成都道（南京路至昆明路）、解放北路（曲阜道至解放桥）、五大道风貌建筑保护区（成都道以南，马场道以北，西康路以东，马场道、南京路以西范围内）、天津大礼堂周边；利用交通安全设施、交通标志设置户外广告设施，或妨碍安全视距和车辆行人通行的户外广告设施；影响公共公用设施、交通安全设施、交通标志正常使用的户外广告设施；侵占有损公共绿地，或影响市容景观的户外广告设施；危及建筑物、构筑物及其他设施安全的户外广告设施；各类涵洞、行架、桥梁（不含人行过街天桥）设置户外广告设施的；异型楼顶、坡屋顶、居民住宅楼顶或影响道路两侧建筑物天际线的户外广告设施；妨碍生产或人民生活，不符合城市容貌标准的户外广告设施；透视围墙、铁艺护栏围挡设置的户外广告设施；交通安全设施、交通标志；中心城区主干道路隔离带内；经批准设置的临时棚亭；市人民政府明令禁止设置或《天津市户外广告设施设置规划》禁止设置的。

五、清理与拆除

2004年8月26日，天津市市容环境管理委员会发布《关于对2002年前设置的户外广告设施依法予以规范或拆除的通知》，通知提出，天津市户外广告设施大部分是1995年至2002年期间设置的，一部分过去设置的户外广告设施，有的标准低、不规范、不安全、文化品位不高、布局不合理，不符合新发布的规范和标准，不适应城市发展新的要求；有的还影响了市容环境景观，妨碍了人民的生产生活。为此，2002年前设置的户外广告设施，原则上全部依法进行整顿、规范或拆除。新设置的户外广告设施，均应采用新技术、新材料、新光源，与周围建筑、街景环境相协调。(一)楼体、楼顶户外广告设施原则上全部拆除。在海河两岸、南京路、快速路两侧楼体、楼顶设置的户外广告设施以及列入当年市街道综合整修计划范围内的楼体、楼顶户外广告设施，应与街道综合整修工程一并予以规范或拆除。(二)占地户外广告设施按新规范要求，外环线沿线不宜继续设置的户外广告设施，拆除后不再批准设置。能继续设置户外广告设施的点位，拆除后应按新的规范和要求设计成灯具式或小品式并重新申请设置；外环线以内(不含外环线)设置的户外广告设施全部拆除，今后不再批准设置大型单立柱户外广告设施。(三)围挡户外广告设施按照新的规范要求隐蔽灯具，广告设施长度不超过 20 米，总高度不超过 6 米，下部做实墙基础，高度为 1 至 2 米，在主要干道、迎宾线及过窄道路两侧设置的围挡户外广告设施，长度和高度要从严控制。广告牌之间相邻部位用罗马式立柱或其他方式进行装饰。广告设施应与周边环境相协调，提倡广告设置个性化、风格化、城市化。(四) 公用设施设置的户外广告，在五大道地区、银河公园周边、意式风情区、澳式风情区等禁止设置户外广告设施的区域内，所有公用设施上设置的户外广告全部拆除。其他区域公用设施上设置户外广告的要进行规范，使之符合行业标准。不得多设，不得影响交通，不得侵占或遮挡绿地，广告设施须距路口 50 米以上。随着道路的综合整治，公用设施将设置成集成式，今后利用公用设施设置户外广告的将通过招标、拍卖获得户外广告经营发布权。(五) 高速公路两侧设置的户外广告设施按新的规范和要求应等距离、同标准，有序设置。单侧间距不小于 1000 米，规格为 18 米 ×6 米，入市口地区设置艺术造型式户外广告设施，间距不小于 500 米。(六) 牌匾设施按新规范的要求，牌匾设施要统一规划，统一规格，统一材质，主要道路和地区要采用霓虹灯、亚克力内光源灯箱或高科技材质，一般道路和地区要采用内光源灯箱。

2004 年 11 月 12 日，开始对全市户外广告设施进行整顿、规范或拆除。整顿、规范或拆除的范围包括，2002 年前设置的户外广告设施原则上全部要依法进行整顿、规范或拆除。对原设置点位，凡属于《天津市设置户外广告设施行政许可实施办法（试行）》所禁止设置和不宜再继续设置的，拆除后不再批准设置。凡属于《天津市设置户外广告设施行政许可实施办法（试行）》允许设置的，先予拆除，再按照有关规定重新提出设置申请，并应当符合户外广告设置规划及户外广告设置规范。新设置的户外广告设施，均应采用新技术、新材料、新光源，与周围建筑、街景环境相协调。对楼体、楼顶户外广告设施原则上全部拆除。其中凡是 2001 年前设置的户外广告设施，应予以拆除；凡 2001 年设置的户外广告设施，应于年底前予以拆除；凡 2002 年设置的户外广告设施，应于 2005 年 5 月 30 日前予以拆除。在海河两岸、南京路、快速路两侧楼体、楼顶设置的户外广告设施以及列入市街道综合整修计划范围内的楼体、楼顶户外广告设施，应与街道综合整修工程一并予以规范或拆除。对禁止设置地带及妨碍群众生活的楼体、楼顶户外广告设施，拆除后不再批准设置。

2007 年 3 月 10 日，天津市市容委、天津市综合执法局组织市内六区综合执法队伍，对萨柏广告公司违法候车亭进行集中拆除。共出动执法人员 1100 余人、民工 300 余人，出动执法车辆 120 部、吊车等运输车辆 50 余部，对违法设置的 277 个候车亭全部拆除。此前，市、区市容部门和综合执法队伍做了认真细致的准备工作。一是天津市市容委在《天津日报》发布公告，要求萨柏广告公司限期拆除已被注销行政许可的候车亭广告。二是协调电力部门，切断了违法设置候车亭的电源。三是天津市客管办负责对拆除候车亭后需要保留的公交站点重新设置公交站牌，确保公交站点的正常运营，保障群众正常候车。四是各区政府领导深入一线，现场指挥。

2007 年 5 月 31 日，天津市人民政府发布《关于对户外广告设施进行专项治理的通告》（津政发〔2007〕37 号），明确专项治理范围包括中心城区 154 条主干道路、快速路、17 条放射线、外环线、高速公路、国道（天津段）及其两侧设置的户外广告设施和天津市 16 片重点繁华地区、天津滨海国际机场周边地区、海河综合开发改造规划区域、风貌建筑保护区设置的户外广告设施。凡未经市容环境管理部门行政许可准予，擅自设置户外广告设施的，或设置期满未重新办理行政许可手续的，应在规定期限内自行拆除；逾期未拆除的，依法予以强制拆除。虽经行政许可准予，但未按行政许可内容设置户外广告设施的，应在规定期限内自行改正；逾期不改正的，依法予以强制拆除。利用固定线路运营的公交车辆设置的车体广告，按照天津市户外广告设置总体规划和技术规范的要求予以规范。其他车辆禁止设置车体广告，凡已设置的，应在规定期限内自行改正；逾期不改正的，依法予以强制清除。通告发布前设置的户外广告设施，凡不符合天津市市户外广告设置总体规划、详细规划和技术规范的，或因历史原因未明确设置期限但已设置满两年以上的，均应按照要求予以规范或拆除；逾期未规范或未拆除的，依法予以强制拆除。

图 4-3-1-110　拆除违法设置的户外广告

图 4-3-1-111　拆除天津站周边地区大型户外广告、牌匾

图 4-3-1-112　3 辆吊车用了 6 小时清理 20 吨重的广告牌

2007 年 8 月 20 日，天津市城市管理综合执法局组织和平、河西、南开、河北区综合执法人员和清拆队伍，对逾期未自行拆除的违法占地户外广告设施依法予以强制拆除。市综合执法局在全面调查认证、严格履行法定程序的基础上，先后向违法设置占地户外广告设施的广告公司下达了《责令限期改正通知书》和《代为改正通知书》。从 8 月 15 日开始，市综合执法局和有关区综合执法队伍在公安、电力等部门的大力支持配合下，出动执法人员 200 余名次、执法车辆 60 部，工程起重、运输车辆 16 部次，民工 80 余人次，对 20 条重点路段 467 处逾期未自行拆除的违法占地户外广告设施依法予以代为拆除。

2008 年 2 月 27 日，综合执法站前大队会同有关部门，对天津站周边地区首批 21 块大型户外广告、牌匾进行了拆除。

2008年，对外环线以内特别是市内六区主干道路的经营性户外广告和高层楼顶的牌匾设置进行了清理。到10月底，共拆除违章设置的经营性广告152块、已超过行政许可期限未重新办理手续的34块、违法设置的占地标识28块、高层楼顶违法设置的标识25块。

第二节 街景立面专项治理

按照城市容貌标准，不断提升街景立面的质量标准，重点治理街景立面“脏、乱、破、损”等问题。

一、存在问题

由于街景立面的规划设计由各区县负责审核，缺乏统一的设计导则标准，有些道路的街景立面存在一些问题。一是街景立面与道路功能定位不匹配，忽视历史传承和商业文化；二是商铺的外檐装饰、牌匾的设计风格与道路功能、建筑风格、经营业态不协调；三是商业街区的牌匾、标识的设计尺寸与楼宇门面的高度比例、规格尺寸与字体字号的大小比例、牌匾、字体颜色与建筑立面基色不协调；四是牌匾形式单一、风格单调，缺乏特色和品位。

二、整治内容

2009年3月9日，天津市市容园林委发布《关于开展街景立面专项治理活动的安排》（津容街〔2009〕76号），决定从3月10日至6月30日在全市范围内开展街景立面专项治理活动。以《天津市市容和环境卫生管理条例》、《天津市城市容貌标准》和市容环境规范性文件为依据，按照市容环境综合整治的要求，重点治理街景立面“脏、乱、破、损”等问题。

专项治理范围：中心城区确定计划整治的主干道路、重点地区、公园周边及2008年迎奥运整治过的68条主干道路和20片重点地区。

专项治理内容：（一）广告设施。拆除违法设置的广告设施，对重点地区的违法广告要先行拆除，由各区组织统一规划、统一设计，经行政许可后再设置；对经行政许可设置的大型电子显示屏扰民、影响驾驶员行车等问题进行整改；对曾经行政许可批准单位按规范要求设置的广告设施，如：外露钢架结构、破损、锈蚀、空白画面等问题进行治理；对外露灯具的外光源广告设施进行治理；对密排霓虹灯广告缺笔少画，夜间灯光不按时启闭进行治理；对未经行政许可在公交车体设置广告和其他车辆设置企业名称和标识等问题进行治理。（二）门脸牌匾。对私开门脸、擅自装修外檐、改变原建筑结构、搭建筑风挡和违章设置的牌匾进行治理，对不符合规范要求的牌匾（刀牌）、版面破损、灯光不按时启闭、霓虹灯缺笔少画等问题进行治理。（三）建筑立面。对建筑物、构筑物破旧遮阳罩、门窗玻璃贴即时贴、墙体乱贴乱画，阳台乱堆乱挂乱吊物及建筑外檐玻璃幕墙、铝塑板明显污迹等问题进行治理。（四）临时类宣传品。对违章设置和经行政许可但未按要求设置、期满后未及时拆除的布质标语、张贴画、充气类造型物等问题进行清理。（五）公共设施及各类指示牌、标识牌。对在道路两侧违章设置的公共设施，各类占地指示牌、标识牌进行拆除，对电话亭、路灯杆的破损、生锈、照明设施不按时启闭的现象，要及时修复和维护。（六）各种临时棚亭。对违章设置的棚亭，一律拆除。经批准设置的报刊亭、售货亭等要保持棚亭整洁美观，无外溢摆卖，不得影响交通和行人通行。（七）违章小广告。对街道两侧建筑物、构筑物、立交桥和各类设施上违章设置的小广告进行清理和覆盖，并和原颜色基本一致。

2009 年 7 月，天津市市容园林委《关于连锁经营牌匾设置管理的意见》（津容街〔2009〕264 号），该意见要求，全球、全国、大型著名品牌连锁经营企业的牌匾保留原设计式样、字体和标识颜色，背板尺寸服从统一规划。街景立面和牌匾改造提升与道路功能定位相匹配，外檐装饰和牌匾设计风格与道路功能定位、楼宇建筑风格、商铺建议业态相协调。商业街区牌匾、标识的设计尺寸与楼宇门面的高度成比例，牌匾标识的规格尺寸与字体字号成比例，牌匾底色和字体颜色与建筑立面的基色和谐协调。

2010 年 1 月 11 日，天津市市容园林委发布《关于对街景立面进行专项治理和考评的通知》（津容街〔2010〕9 号）。

中心城区重点治理内容：1. 治理街景立面。拆除违法违章设置的户外广告、超过行政许可期限的广告、标识；拆除在沿线桥梁、涵洞上违法设置的广告。治理小型占地灯箱广告；规范、提升、改造附着于公共设施上的广告（路名牌、路灯杆、候车亭等）。规范改造行政许可期内材质低劣、设置档次低的户外广告，积极引导户外广告企业使用新材料、新光源、新技术，着力提升户外广告设置水平。规范沿街商业门脸和牌匾的式样、规格、色调。清除各类粘贴、喷涂小广告及乱贴乱画。清理违法违章设置的标语、幔帐、玻璃窗贴、张贴画、充气类造型物等。拆除违法设置和已过行政许可期限的楼顶单体字。拆除违法设置的 LED 显示屏（牌）。2. 规范道路平面。清理迁移占压人行通道、盲道的各类城市家具。规范改造道路沿线与环境景观不协调的照明设施。拔除道路沿线已废弃的电力、交通、通讯、广播及其他单位设置的立杆；各种管线入地埋设，新建架空管线隐蔽设置。规范报刊亭、候车亭、电话亭、存车管理亭、垃圾桶、邮政信箱、座椅、自动售货机、阅报栏等城市家具的设置，有碍街景容貌的予以清除或更换，脏污破损的要清洗干净、油饰一新。改造有碍街景容貌的交通标识牌、路名牌、公交站牌等设施；粉刷油饰陈旧的路灯杆、交通标识杆、交通护栏、交通信号柜、电力箱柜等。保持城市雕塑、时钟等完好整洁、功能正常。3. 规划、设计、建设（提升）景观照明。规划、设计景观照明建设方案。修复（提升）原有景观照明设施。新建、改建、扩建项目，按照“三同时”规定，实施景观照明建设。桥梁、河道、绿地等公共设施要按照规划设计，落实景观照明建设。新实施的景观照明项目应采用新技术、新材料、新光源，达到节能降耗指标要求。对沿线景观照明设施纳入监控系统，实行统一开闭。

滨海新区建成区、新四区及二区三县重点治理内容：1. 未经行政许可，擅自设置的户外广告、牌匾、装修建筑外檐。2. 未经行政许可，擅自设置的布标、幔帐、充气拱门、LED 显示屏（牌）。3. 虽经行政许可，但未按照许可的要求设置，明显不符合技术规范要求的。4. 涂鸦张贴违法小广告。5. 超越审批权限的行政许可。

治理和考评安排：中心城区按照原确定的考评时间，每月考评一次。其他区、县从 2010 年 3 月开始，每季度考评一次。

扣分的标准：中心城区按照市考评办每月下达的《关于开展街景立面综合考评的通知》执行。其他区县扣分标准：1. 超越权限审批，一件扣 5 分。2. 未经行政许可，擅自设置户外广告、LED 显示屏（牌）、牌匾、装修建筑外檐，一处扣 2 分。3. 未经行政许可，擅自设置布标、幔帐、充气拱门，一处扣 1 分。4. 涂鸦张贴违法小广告，一处扣 1 分。5. 虽经行政许可，但不按照许可要求设置，明显不符合技术规范要求，一处扣 1 分。

对考评中已被扣分的现象，下月检查时仍没有整改的，在上月扣分的基础上加倍扣分，依此类推。

三、专项治理

2000 年，对 150 条主干道路、15 片重点繁华地区的户外广告、门脸牌匾、布标贴画等进行规范治理，清理各种户外广告、门脸牌匾、布标贴画 6.2 万余处，规范 4400 多处。

2001 年，在市区 150 条主干道路和 15 片繁华地区拆除各类破旧、空白户外广告 6959 处，规范 245 处，拆除各类牌匾 1.05 万个，规范牌匾 4162 个、指示牌 1366 块，拆除简易灯光设施 150 处，清理涂盖非法广告 2755 处、布标贴画 4.47 万处。

2002 年，累计拆除违章广告和不规范牌匾 4316 块，新设 578 块；清除乱贴乱画 24 万余张（处），涂刷覆盖 1 万余条办文凭、侦探等小广告。

2005 年，对违章户外广告、单立柱户外广告、亚欧财长参观沿线户外广告及 27 条道路综合整修户外广告设施开展了专项治理。共拆除违章户外广告、牌匾2330处，改造户外广告、牌匾616处。

2009 年 3 月，天津市市容委印发《关于开展街景立面专项治理活动的安排》（津容街〔2009〕76 号）。到 6 月底，共拆除外环线以内违法设置的户外广告、牌匾、刀牌、占地指示牌、幔帐、布标等共 1704 处。其中楼顶违法设置的单体字和标识 747 处。更新违法设置的天津日报旧报亭 293 个、拆除违法设置附带户外的出租车候车亭 238 个。

2010 年 6 月 8 日，天津市滨海新区大港步行街进入立面整修阶段，整个工程将分临建拆除和立面刷涂两部分进行。首先，对步行街上所有的占道外扩玻璃门、楼顶私搭建筑和破坏整体简约欧式风格的装饰物进行拆除。同时开始对墙体进行立面刷涂，抹平补齐墙体裂纹和脱落，最后再分别采用淡灰、暖黄和玉石白对墙体和廊柱进行刷涂，恢复步行街浅色系的色彩风格。8 月，

图 4-3-2-113 大港步行街进行立面整修

对地面破损瓷砖进行更换，并将地下雨排、污排管线与市政管网相连接。另外，为了方便行人休息，步行街中央规划设立了约 3 米宽的休憩带，统一放置桌椅、花坛、雕塑、路灯等城市小品。

2010 年，全市共拆除违法户外广告设施 1.07 万块，其中，拆除楼顶广告 942 块、墙体广告 2907 块、占地标识 576 块、楼顶单体字 282 处、围挡广告 201 块、单色 LED 电子显示牌 797 处、刀牌 412 块，规范牌匾 13 万块。

第四章 夜景灯光建设与管理

夜景灯光建设以创新为动力，围绕美化城市整体环境、提高城市文化品位、促进经济发展的目标，贴近城市建设的重点任务，采用不同功能的夜景灯光装饰，将点、线、团、片灯光景观贯通联网，形成具有现代化国际港口大都市特色的夜景灯光体系。

第一节 夜景灯光建设计划

一、1996 年实施方案

1996 年 5 月 18 日，天津市人民政府办公厅发布《〈关于 1996 年夜景灯光建设实施方案〉的通知》(津政办发〔1996〕36 号)，主要任务如下。

(一)全面推进，普遍见亮

市区每个街道办事处都要再选择一条路况好、商业繁华的路段，建设夜景灯光一条街。机关、学校、工厂等企事业单位要改进大门照明设施，运用牌匾灯、装饰灯、广告灯、照明灯等多种灯饰组合，使自家门前亮起来。凡经批准晚间营业的亭屋都要用灯光美化外檐；经批准设置的农贸、摊群市场要在出入口安装过街灯光牌楼；商店橱窗要进行灯光装点，提高艺术品位；高层建筑顶部设置的塔式构筑物要亮起来，增加夜景灯光的立体效果；有条件的园林绿地景点、公交站点和市政公用设施要安装灯饰，以加大夜景灯光的整体亮度。开发区、保税区、天津港区和塘沽、大港、汉沽、东丽、西青、北辰、津南等区以及各县人民政府所在城镇，都要结合各自情况，制订夜景灯光实施方案，积极推动灯光建设，分别实现各自的夜景灯光布局。

（二）抓好重点，提高档次

1. 中环线以西南半环的夜景灯光建设为重点，以主要路口的灯光组团为中心，向两翼延伸扩展，带动东北半环，逐步形成环形灯带。年内重点建设解放南路立交桥至王顶堤立交桥段，以天津日报大厦钢管大厦、房产交易大厦、河西文化馆、军官俱乐部、科技情报所大楼、档案馆、图书馆、市环保局大楼、第一中心医院等 15 座大型公建的外体泛光照明为支撑点，连接沿街商业门脸的灯光装饰，分别在南楼、天海购物中心、八里台立交桥和王顶堤立交桥形成 4 个灯光组团。此外，要在中环线与黄河道、芥园西道、西青道、京津公路、中山北路、卫国道、程林庄道、津塘路的交叉路口形成灯光组团。

2. 内环线重点强化十一经路、曲阜道、南京路、南开三马路的灯光建设，改造陈旧灯光设施，增加新的灯饰设备，采用先进的照明技术，多角度、多色调、多变幻地展示每个路口的景观，力争形成 5 至 7 个各具特色的灯光组团。具体按市市容委规划要求实施。

3. 海河灯光带以天津站为中心，向两翼展开。龙门大厦顶部增设大型广告，站前花坛绿地添设造型灯和装饰灯。对解放桥、大光明桥和刘庄桥，要选用桥灯、投光灯、广告灯、轮廓灯等多种灯饰进行组合，展现桥梁的夜景造型。岸边高大建筑物要增设外体照明、灯光广告和霓虹灯。海河带状公园以低亮度、柔和的庭院灯为主，体现闹中取静的效果。岸边设置珍珠项链式的白炽串灯，岸边景点和水上构筑物的外体照明要加大亮度。要精心搞好桥景、水景、绿景和建筑物的灯光设计，相互增辉，融为一体，使海河形成动静结合的灯光彩虹景观。

（三）扩展网络，营造高峰

年内，要把赤峰道、新华路、气象台路（南段）、宾水道、六纬路的夜景灯光水平提高一步，使“三团三线”贯通起来；把成都道、贵州路、马场道、黄河道、鞍山西道、程林庄路、中山北路亮起来，使内环线和中环线的灯光连接起来；把解放北路金融一条街、友谊路涉外街、食品

图 4-4-1-114 夜景灯光建设效果图

街、旅馆街、服装街、古文化街的灯光精心装点好，使专业街的功能特点更加突出。把渤海大楼六岔路口、抗震纪念碑周边和曲阜道路段建成高水平的点线片连通的示范灯光组团，形成天津市夜景灯光新的兴奋点。

二、2003年实施意见

2003年7月25日，天津市人民政府批转天津市市容委《关于我市2003年夜景灯光建设工作实施意见》(津政发〔2003〕82号)，主要实施八项重点建设工程、构筑六大夜景灯光体系。

（一）八项重点建设工程

1.路桥灯光建设。道路路灯建设方面，按照三年路灯改造计划，完成中心城区所有道路路灯的改造、补建任务。2003年改造、补建包括外环线及以内的110条道路的路灯。桥梁灯光建设方面，完成东站便桥等60座道路桥梁的功能性灯光建设，中环线以内所有道路桥梁都实现配备灯光照明设施；对金狮、金纬、十一经路等3座立交桥实施景观照明。景观道路灯光建设方面，对卫国道、金钟河大街、新宜白大道和张贵庄路等4个高速入市口和47条景观道路沿线181.1公里和43个重要景观路口的大型建筑、商业门脸、户外广告、绿地。加油站和公交始末站进行灯光装饰。

2.水系灯光建设。围绕海河综合开发改造实施夜景灯光建设，随着堤岸改造工程同步建设慈海桥至北安桥段夜景灯光；改造、提升天津站地区夜景灯光整体水平；完成中山路夜景灯光示范街建设。2003年改造的四化河、月牙河、北塘排污河、张贵庄河等4条景观河道，都要安装堤岸功能照明灯光，同时对沿线桥梁、绿化、小品等进行灯光装饰。重点对津河八里台立交桥至王顶堤立交桥段、卫津河八里台立交桥至榕树广场段全长12.24公里河道堤岸进行灯光装饰。

3.“里光外透”灯光建设。实施大型公建、商住楼“里光外透”工程，重点对小白楼地区和南京路、友谊路、十一经路、曲阜道范围内70余栋大中型公共建筑实施“里光外透”；对分布在市中心城区内的天津日报大厦等百余栋标志性建筑和重要地区党政机关办公楼实施“里光外透”。

4.风貌建筑灯光建设。重点对五大道、花园路、解放北路等200栋风貌建筑和大悲院、玉皇阁、袁氏住宅等10栋重点保护性建筑进行灯光装饰。

5.高层建筑灯光建设。对中心城区200座15层以上高层建筑进行以顶部为重点的整体灯光装饰。

6.天塔观景平台灯光建设。以天塔为圆心，以中环线、友谊路、宾水道、水上公园西路为近视点，以海河沿线、解放路、黑牛城道、红旗南路为远视点，建设都市、风貌、学府、生态、居住、休闲6大夜景景观区，为大尺度的城市灯光演示奠定基础。

7.居住区灯光环境建设。结合18片居住小区环境综合整治，补建、提升甬路照明灯光，建设一批绿地、小品等装饰灯光。

8.灯光控制中心完善工程建设。在完成一期工程的基础上、再建设一批控制终端、图像终端，实现对中心城区主干道路上重点大型灯光景点统一启闭和对主要区域灯光运行状况的有效监控。

（二）构筑六大景观体系

1. 构筑以海河为主体，形成水绕城转、城在水中的夜景灯光景观体系。

2. 构筑以功能照明为目的，以景观化装饰为手段，以三环、十四射路灯为支撑的都市廊道夜景灯光景观体系。

3. 构筑以天塔为平台，以 6 大景观区为主视点的立体夜景灯光景观体系。

4. 构筑以金街为轴心，以“十大光团”“十条特色街”和 47 条景观路为放射节点的商业旅游夜景灯光景观体系。

5. 构筑以百余栋公建“里光外透”和 200 栋 15 层以上建筑构成的都市夜景灯光景观体系。

6. 构筑以风貌特色建筑为载体，以展示天津历史文脉为主题的风貌特色建筑夜景灯光景观体系。

（三）形成六大主题景观

1. 由中心城区 1000 余条纵横交错的路灯廊道构成的霞光千道夜景景观。

2. 由海河、津河、卫津河、月牙河、四化河、北塘河两岸的装饰灯光构成的碧水异彩夜景景观。

3. 由公共建筑“里光外透”和高层建筑灯光构成的都市辉煌夜景景观。

4. 由中心城区迎宾路、主干道路路口灯光构成的珠耀玉环夜景景观。

5. 由 18 片居住小区的甬路灯光、楼道灯光、楼门灯光、楼名灯光、标志灯光和绿化小品等装饰性灯光构成的万家灯火夜景景观。

6. 由天塔观景平台灯光构成的盛世霓裳夜景景观，以展示天津繁荣昌盛、国泰民安、欣欣向荣的景象。

第二节　夜景灯光建设

1992 年，整修街道与装饰灯光景点、美化夜间景观相结合。全市共装饰灯光景点 1427 个，超额完成市政府规划的 32%。其中，装饰大型公建 115 幢、一般公建 142 幢、商业门脸 1170 个，初步形成了 1 个光点（天塔）、3 个光团（天海购物中心、西南角、劝业场地区）、6 条彩带（海河两岸、和平路、南京路、解放路、友谊路、十一经路）的夜间景观。

1993 年，根据天津市人民政府关于进一步完善灯光夜景、繁荣灯光夜市的决定，各区采取了户外灯光广告、建筑外体照明和门脸灯饰装修同时并举、综合推进的方式，天津市内六区灯光广告增至 511 处，建筑外体照明增至 130 处，霓虹灯牌匾和门脸装饰灯光增至 3755 处，全市完善灯光夜景、繁荣灯光夜市的实效已初步显示。

1994 年，全市灯光夜景“三团三线”（即天塔光团、劝业场光团、天津站光团；天津站到天津西站一条线，解放北路到天津北站一条线，体育中心到南楼一条线）的框架建设初具轮廓。新安装灯光 3764 处；提高了海河两岸灯光档次；狠抓了灯光开启率和完好率，确保重要外事和各种大型活动用灯，特别是为配合举办第 12 届亚乒赛，在成都道和贵州路 370 棵行道树上，安装了“满天星”灯饰，形成了树挂灯光一条街，在天津市体育馆院内高大乔木上安装的 71 盏射灯，组成夜景灯光群落。

1995 年，安装灯点 6067 处，其中投光灯 6755 盏、霓虹灯 20.59 万米、满天星串灯 6.11 万串，加上原有存量，全市已有夜景灯光 1.3 万处，平均完好率 90%，开启率 85%。初步实现了“晚上亮起来”的目标。

1996 年，全年新装各类夜景灯光 2560 处，加上已有存量共 1.53 万处。新建了河西区中环线“中流砥柱”景点、和平区抗震纪念碑景点、南开区三马路花坛灯饰等 7 处档次较高的灯光组团、景点和新华路、马场道、气象台路、贵州路、黄河道、中山北路、程林庄路、赤峰道、成都道、鞍山西道 10 条光带，灯光夜景布局更加均匀，丰富多彩。完成了天津站地区夜景灯光组团的统一启闭试点工程。健全专职管理队伍，夜景灯光管理日趋经常化、规范化。成功举办了首届夜景灯光摄影比赛暨优秀作品展，共征集作品 2596 幅，展览 340 幅。参观人数达 10 万人。

1997 年，充实、提高、完善 6 处大型夜景灯光组团和 6 条灯光通道，新建灯光景点 3486 处，建成了成都道、友谊路、平津战役纪念馆等一批夜景灯光观赏点。

1998 年，夜景灯光建设实施“4260”工程，即重点建设 4 个大型灯光组团、2 片重点繁华地区、60 座大型公建的夜景灯光。全市新安装夜景灯光的经典灯饰 1252 处。

1999 年，实施了“411”工程，即 4 个地区（花园路、解放广场、旅馆街、国际商场地区）、1 条河（海河沿线）、1 条路（卫津南路）的夜景灯光建设。部分繁华地区形成与建筑景观相和谐的灯光夜景。海河沿线装饰 22 座大中型公建的灯光，充实、提高、完善了海河风景轴线的夜晚

图 4-4-2-115　火树银花不夜天

景观。改造了卫津南路老干部活动中心的灯光设施，使天塔地区建筑的夜景灯光形成规模，更为靓丽多彩。全市安装各种灯饰约 2.6 万处，形成 26 条灯光通道和十几处大型灯光组团，城市夜景更明亮、更美好。

2000 年，围绕夜景灯光一号线，重点实施了十路三区一桥灯光建设，先后安装各类灯饰 9078 处。

2001 年，夜景灯光建设围绕“清、拆、规、建”开展工作，重点对“一号线”内的友谊路、浙江路、十一经路、小马场道、小贵州路、食品街、香格里拉绿地等 15 条道路、3 个地区共 27 个重点项目进行了建设，初步形成了以海河为轴线，和平路、滨江道、天塔等主要地区以及各商业区为组团的夜景灯光网络，基本实现了夜景灯光建设的跨越发展。共装饰大型公建 34 座，新安装霓虹灯牌匾 334 块、商业门脸装灯 3043 处、灯光广告 1291 块、各类灯箱 4376 块。在国内率先制定了《中心城区夜景照明、户外广告、门脸牌匾发展控制要点》和与之配套的《设置管理规定》，明确了远期、中期、近期建设目标，将近期目标分解为“观光网络”一号线和二号线，并完成了卫津路等 22 条道路和地区的规划设计，为未来夜景灯光的发展提供了依据。

2002 年，重点实施了市中心城区高层建筑顶部和重要景观路口建筑夜景灯光建设“双百工程”，中心城区的 100 幢高层建筑顶部、26 条重要景观路口周边的 146 处建筑物、构筑物，安装了夜景灯光照明设施，构成了全市夜景风景线，营造了现代都市气息。完成了全市夜景灯光实时监控系统一期工程建设。改造更新了红旗路、东兴路、顺驰和蝶桥等立交桥的夜景灯光。

2003 年，按照“天津特色、国内领先、单项冠军、国际一流”的目标，制定了夜景灯光建设三年规划和天塔景观平台等一批建设项目的规划。实施了路桥、水系、商住楼、大型公建、风貌建筑、景观平台、居住小区、灯控中心等八项夜景灯光建设任务。完成 1400 个单体项目、1000 余幢建筑物的灯光装饰。灯光完好率和开启率均达 95% 以上。

2004 年，建成了天塔湖、海河沿线精品灯光组团和特色灯光带；滨江道及市内六区商业街夜景灯光档次有了新的提升；建成灯光智能监控系统。

图 4-4-2-116 天津文化中心夜景灯光与建筑完美结合

2005年，在金钟河大街、狮子林大街、承德道等处新装灯光设施200余处，使景观观光线路延伸至京津塘高速公路。完成了银河公园激光表演系统，新安装162幢建筑、10块绿地的灯光设施和乐园、古文化街两组14盏游射灯；完成了金街夜景灯光修复、原有各类景观灯光设施维修和沿线及可视范围工地围挡装灯工作，保证夜景灯光全部按要求开启。实施了景观灯光实时监控三期1010个点位的建设工程，为实现统一启闭，加强管理创造了条件。

图4-4-2-117 银河广场夜景

智能化管理夜景灯光集中控制自2002年建设以来，经过三期工程的建设，至2006年，共投资1950万元，在全中心城区范围内建成灯光控制中心1处，通讯基站5处，智能数据监控终端1411处，视频监控终端20处，在中心城区建设了2条全程控制的景观灯光观光网络。

2009年，实施第二轮市容环境综合整治及新增项夜景灯光设施建设，6个公园、5个重点地区周边，5条入市道路、8条联络线及24条主干道路两侧，526栋建筑物、构筑物的灯光设施得到改造提升。建成169处建筑物、绿地、堤岸灯光设施，提升海河沿线景观水平。新建夜景灯光监控终端317台，保证灯光设施“完好率”“开启率”达到95%以上。

2010年，实施海河沿线夜景照明提升工程、夜景照明网络建设工程，共对海河沿线和中心城区28条道路、15个节点范围内的近1036处建筑和园林绿化设施实施了景观照明建设，网络线路全长32公里。其中包括：友谊南路、友谊路、友谊北路、马场道、南京路、卫津路、吴家窑大街等重点路段，以及会展中心、天宾文化中心、小白楼、海光寺、八里台立交桥、鼓楼等重要节点。同时，随着工程建设同步安装智能控制终端，完善全市景观照明设施远程监控和统一启闭管理系统，逐步实现景观照明启闭控制“一把闸”。

第三节　夜景灯光设施管理

1993年10月8日，天津市人民政府发布《天津市户外装饰灯光管理办法》（天津市人民政府令第12号）。

1995 年 5 月 3 日，天津市人民政府批准发布施行《天津市夜景灯光设置管理办法》（天津市人民政府令第 41 号），同时废止《天津市户外装饰灯光管理办法》。

1997 年 9 月 24 日，天津市人民政府发布《关于修改〈天津市夜景灯光设置管理办法〉的决定》（天津市人民政府令第 90 号），对《天津市夜景灯光设置管理办法》作如下修改。一是将第四条修改为："市人民政府市容管理办公室是全市夜景灯光设置与管理的主管部门。区、县市容主管部门负责本辖区内的夜景灯光设置与管理工作。市人民政府市容管理办公室及各区、县市容管理部门根据实际需要，可委托城市建设管理监察机构负责对全市夜景灯光设置与管理的监督、检查。"二是将第二十一条第（一）（二）项修改为："（一）对拒不安装夜景灯光照明设施的，属于非经营活动违反本规定的可处以 1000 元以下罚款；属于经营性活动违反本规定的，无违法所得的可处以 1 万元以下罚款，有违法所得的可处以 3 万元以下罚款；（二）对不按规定时间启闭灯光的，可处 1000 元以下罚款，并对责任单位负责人处以 200 元以下罚款。"三是将第二十二条修改为："对不按规定的位置、形式、期限安装夜景灯光照明设施的，由各级市容主管部门责令恢复原状或强行拆除，对非经营活动中违反本规定的可处以 1000 元以下罚款；对经营性活动中违反本规定无违法所得的可处以 1 万元以下罚款，有违法所得的可处以 3 万元以下罚款，对责任单位负责人处以 500 元以下罚款。"四是将第二十三条修改为："对擅自改变、移动、拆除夜景灯光照明设施的，应责令恢复原状，对非经营活动中违反本规定的可处以 1000 元以下罚款；对经营性活动中违反本规定，无违法所得的可处以 1 万元以下罚款，有违法所得的可处以 3 万元以下罚款，对责任单位负责人处以 200 元以下罚款。"五是将第二十四条、第二十九条删除。相关条款序号作相应调整。

2002 年 9 月 11 日，天津市市容委发出《关于夜景灯光启闭管理的通告》，要求夜景灯光设施必须按时启闭，提前关灯将对相关单位进行处罚。通告规定，经营性、非经营性户外广告灯光，沿街经营性单位的牌匾、字号、单位名称灯光及橱窗装饰性灯光，道路、桥梁、广场、绿地等公用设施的装饰灯光，公益灯光广告，必须与路灯同步开启至 22 点 30 分关闭。通告规定，150 条主干道路、15 片重点繁华地区大中型公共建筑物、构筑物外体照明装饰灯光，实行里光外透的建筑灯光，每周五、六、日必须与路灯同步开启至 22 点 30 分关闭。

2002 年 10 月 24 日，天津市人民政府办公厅发布《关于建设市区夜景灯光实时监控管理系统的通知》（津政办发〔2002〕70 号）。通知指出，搞好夜景灯光实时监控管理系统建设，对于提高全市夜景灯光科学化、智能化的管理水平，实现夜景灯光启闭、环境现状监控高效管理，不断提升城市的形象，促进经济的繁荣和发展，都具有重要的意义。夜景灯光实时监控管理系统建设是一项公益性事业，也是一项涉及面广、社会性很强的系统工程，需要全社会各个方面的支持和配合。各有关部门和单位都要从全市发展的大局出发，充分认识建设夜景灯光实时监控管理系统的重要性和必要性，认真按照市政府的工作要求，积极支持和配合工程建设，确保完成各自承担的工作任务。

2004年6月21日，天津市人民政府第30次常务会议审议通过《天津市景观灯光设施管理规定》（天津市人民政府令第59号）。设计、安装景观灯光设施，应当采用新技术、新工艺、新材料、新光源，实行节能、绿色照明等环境保护措施，防止光污染，提高景观灯光设施的科技含量和文化品位。下列范围应当设置景观灯光设施：快速路及主干道路两侧的建筑物、构筑物、绿化带；非主干道路两侧的高层建筑物及构筑物；机场、港口、码头、车站、高速公路入市口、商业街（区）、会展中心、桥梁、电视塔、体育场（馆）、广场、绿地、公园、旅游景点及其他大型公共场所；重点文物保护单位及风貌建筑；主要景观河道、湖泊及沿岸地带；户外广告设施及商业性牌匾、字号、标识；全市景观灯光设施建设总体规划确定的范围。建设单位必须把景观灯光设施列入设计方案，并与主体工程同时设计、施工和投入使用，所需经费纳入建设项目总投资。景观灯光设施的设计和安装，应当符合规划要求和技术规范，达到规定标准。设置景观灯光设施，不得造成光污染，不得影响公共安全，不得擅自改变建筑物、构筑物的结构，不得损坏文物或公共设施，不得有碍市容观瞻和城市整体形象。经营性灯光设施，户外广告灯光设施，游乐场所灯光设施，机场、车站、客运码头、公交车起讫站灯光设施，商业街（区）范围内的景观灯光，应当每日开启。其他景观灯光设施，应当在每周六、日及法定节假日开启。遇有重大活动或特殊情况需要临时开启景观灯光设施的，按照市人民政府指定日期执行。

2007年9月14日，天津市人民政府《批转市市容委、商委〈关于进一步完善灯光夜景繁荣灯光夜市的实施意见〉的通知》，主要任务:（一）巩固和完善“一点、三团、六带”的灯光夜景。凡坐落在上述规划区域内的大中型公建、商业门店，要增设灯光广告和射灯设施，没有安装外体照明设施的，必须按规划要求进行安装；外体照明光衰的，要更换照明设备，达到标准；对现有的霓虹灯残缺不齐或缺笔少划的，要限期修复，填平补齐。要重点建设和突出海河夜景光带，以天津站建筑群为构景中心，向北安桥和大光明桥两翼扩展，东岸以北起检阅台南至海关楼等十余幢高大建筑的外体泛光照明和顶部灯光广告为构景要素，西岸以沿岸的灯光广告、变光照明和低层建筑的外体灯光为近景，以利华大楼、公安职校大楼、百货大楼、电话局大楼的高层建筑的灯光照明为远景，以北安、解放、赤峰、大光明四座桥梁的装饰灯光和两岸护栏灯光带为点缀，形成海河沿岸的整体灯光景观。（二）充实和提高十片商业繁华小区（和平路与滨江道片、小白楼片、中山路片、十一经路片、南开二马路片、大胡同片、佟楼片、南楼片、食品街和服装街片、天津站龙门大厦片）的灯光夜市。凡坐落在十片繁华小区范围的商业门店，均须安装霓虹灯牌匾，装点配置静态动态相结合的橱窗广告，大型商场要安装建筑外体泛光照明和多彩光源的装饰灯光，充分展示商业繁荣的气氛。同时，商业部门要适时调整经营结构，拓宽适合夜市的服务项目，尽快建成集餐饮、娱乐、购物为一体的综合性商贸繁华小区。

第四节　夜景灯光文化论坛

一、照明科技论坛

2003 年 10 月 14 ~ 16 日，由天津市市容委和市照明学会联合举办的“2003 照明科技论坛（天津）暨四直辖市照明学会联席会议”在天津宾馆召开。与会代表180名，其中近60名是深圳、大连、青岛与其他省市的外地代表，美国、加拿大、澳大利亚和中国台湾地区均有代表参加。国际照明委员会主席澳大利亚悉尼大学 W. Julian 教授到会作报告。会议论文集收集到 88 篇论文，涉及灯光夜景、光源、灯具及器材等多方面。有 19 位作者在大会上做了报告。

会议期间，与会代表还听取了天津市 2002 ~ 2004 年夜景灯光总体规划情况介绍，并进行了广泛充分的讨论。与会代表一致认为，天津市夜景灯光建设起步早，标准高，有天津特色，反映了天津国际化港口大都市的风采。

2007 年 3 月 26 日，由天津市市容委、市照明学会主办，天津市华彩电子科技工程有限公司、广州仰光文化传播有限公司承办的“2007 城市建筑与环境照明科技论坛”在天津金皇酒店召开。天津市政府有关部门领导、重点项目办、照明行业专家、学者、各大设计院及国内外知名品牌灯具厂商代表等 260 余位嘉宾出席会议。天津大学建筑学院马剑教授主持大会。

图 4-4-4-118　中国照明学会理事长王锦遂致辞

该次论坛邀请了国际国内著名的照明设计及景观设计大师与天津市照明专家共同交流、分享照明行业近期来取得的成果，还邀请了国内外知名灯具产品供应商做了最新产品技术介绍。HBI 公司中国市场总监 Lyle Hayden 女士、清华城市规划设计研究院光环境所所长荣浩磊、碧谱照明设计有限公司中国区执行董事林志明都做了精彩发言。

图 4-4-4-119　大会现场

该届论坛对促进国内照明行业与国际照明行业接轨，为相关行业更广泛的合作打下良好基础，为国内外照明专家的交流沟通提供重要平台，同时为推进天津照明行业的发展提供良好契机。论坛结束后，大会安排了30分钟的时间给参会人员观看了简单的灯具演示。

二、现代城市光文化论坛

（一）首届现代城市光文化论坛

2004年5月29～31日，由天津市市容环境管理委员会和市照明学会主办的“中国（天津）首届现代城市光文化论坛”在天津水晶宫饭店举行。来自美国、加拿大、德国、希腊、意大利等国家以及北京、上海、天津、重庆、南京、河南、江苏、山东等13个省市和中国台湾地区的城市照明、社科、建筑、艺术、历史、外交等领域的专家学者和工程技术人员200余人参加。

出席该次论坛的还有北美照明委员会顾问、原主席詹姆斯·捷维尔先生，欧洲照明设计师协会、原主席弗朗西斯科·郎诺纳先生，国际激光表演联合会主席吉姆·哈达维先生，国际高级照明协会首席执行官尼尔斯·博格先生，中国绿色照明工程项目促进办公室国际专家拜恩先生，希腊驻中国大使馆商务参赞伊曼纽·斯坦宙斯先生，LFI技术制作人迈克尔·克林曼先生和加拿大TIR有限公司硕士葛毅先生。

图4-4-4-120 中国（天津）首届现代化城市光文化论坛会场

市人大常委会副主任王德惠出席论坛，副市长陈质枫讲话。市容委主任李占东、中国照明学会理事长王锦燧、北美CIE原主席James Jewell、市科协常务副主席宣栋生先后致辞。

陈质枫在讲话中指出，召开中国（天津）首届现代化城市光文化论坛，是天津市城市建设和市容环境建设的一件大事，提供了一次向其他城市及海内外知名专家学习的难得机会。这必将促进天津市夜景灯光建设的繁荣和发展，提升城市的文化品位。其间，与会专家、学者就“光文化”理念的内涵、外延进行深刻的诠释与剖析，对“光文化”理念所涉及的方方面面问题进行广泛、深入的交流和探讨。大家认为，城市夜景灯光建设融入“光文化”理念，是城市景观照明内涵的飞跃，外延的拓展，底蕴的挖掘，层次的提高，形式的转化，意义的创新，品位的升华。

论坛期间，詹姆斯·捷维尔先生、温刚先生、来新夏教授、詹庆旋教授、刘虹女士、尼尔斯·伯格先生、黄耀辉博士、张以谟教授、罗澍伟教授、徐恒醇教授、吉姆·哈达维先生、姚建铨教授、袁宗楠教授、章海骢教授、弗朗西斯科·朗诺那先生等20多位国内外专家、学者和高级官员做了学术报告。国际照明委员会（CIE）主席乌特·范·鲍美尔先生、日本照明学会原理事长、世界著名照明设计大师石井·甘子女士、美国纽约BPI照明设计公司总裁周炼先生，因为时间冲突未能到会，也为大会撰写了学术论文。与会代表认为，城市夜景灯光建设融入光文化理念，是对城市景观照明理论的创新、内涵的飞跃、外延的拓展、底蕴的挖掘、形式的转换，赋予城市灯光建设与时俱进的理论品质、鲜活的灵魂和无限的生机。

论坛期间，与会者还参观了天津市的夜景灯光建设情况，并给予了高度的评价。

（二）第二届现代城市光文化论坛

2006 年 8 月 19 日，由天津市人民政府主办，天津市市容环境管理委员会、天津市照明学会承办的“中国(天津)第二届现代城市光文化论坛”在天津宾馆举行，论坛为期三天。天津市副市长陈质枫、世界照明委员会 CIE 主席乌特·范·鲍美尔 (Wout van Bommel)、中国照明学会理事长王锦燧致开幕词。

来自荷兰、澳大利亚、法国、英国等国和北京、上海、天津、重庆、深圳、浙江等省市及香港、台湾地区的城市照明、建筑、社科、艺术、历史等领域的专家、学者 180 人出席论坛，会上交流学术论文 93 篇。

会议期间，国内外专家将对“光文化”的内涵、外延、语言地位、历史渊源、社会发展推动作用及因素等理念进行广泛的学术交流，探讨“光文化”与建设海洋经济国际港口大城市持续发展的关系；探讨构建节约型社会与建设城市景观照明光环境的关系；探讨景观照明灯光建设与节约能源、保护环境的和谐并存关系；探讨城市景观照明环境与艺术的关系。介绍景观照明灯光建设工程设计成果与经验；展示优秀案例和绿色照明产品与技术；更进一步加强四个直辖市与国内外照明领域的交往与合作。

中国是世界上最早对“光”进行理论研究，并把“光”提升到文化层次的国家。天津“光文化”发展也有着厚重的节令、民俗的内涵，具有深邃的历史性、明显的地域性和明显的民族性。“光文化”广泛的外延也具有“科学性、人文性、技术性、经济性”。“光文化力”能派生“光经济力”、“光精神力”和“光感染力”。认识和实践“光文化”理念，是贯彻落实“代表先进文化发展方向”重要思想，坚持以人为本，实施“绿色照明”，树立全面、协调、持续发展的具体行动，是夜景照明从技术发展融入人文、哲学、历史、艺术、社会等科学领域先进理念的巨大进步。因此“光文化”是历史发展的必然产物，也是推动社会、经济向前发展的综合效力。

第二届“光文化”论坛得到了中国照明学会、建设部、天津市科学技术协会、天津市社会科学院等单位及北京、上海、重庆、深圳等兄弟省、市照明学会和香港特别行政区机电公署的大力支持。

世界照明委员会 CIE 主席乌特·范·鲍美尔先生 (Wout van Bommel)，世界照明委员会 CIE 副主席沃伦·朱立安先生 (Warren Julian)；欧洲照明设计师协会原主席路易斯·克莱尔先生 (Louis CLAIR)；清华大学建筑学院光环境博士、台湾中原大学袁宗楠教授；香港特别行政区机电工程署陈德嘉先生、建设部总规划师陈晓丽应邀出席该次论坛，并做了精彩报告和发言。

论坛期间，国内外专家对“光文化”的内涵、外延、语言地位、历史渊源、社会发展推动作用及因素等理念进行广泛学术交流。参加论坛的中外专家学者游览了津城夜景，参观了滨海新区夜景及海河外滩夜景，对天津的夜景灯光建设和发展规划给予高度评价并进行点评，同时提出了十分中肯的建设性意见。

（三）第三届现代城市光文化论坛

2010年9月8日，由天津市照明学会、中国照明学会室外照明专业委员会、室内照明专业委员会共同主办的“中国(天津)第三届现代城市光文化照明论坛”在天津滨海国际会展中心闭幕。论坛得到了天津市人民政府、天津市科学技术协会、天津市市容和园林管理委员会等领导部门的支持。中国照明学会理事长王锦燧出席开幕式为大会致辞。中国照明学会副理事长、室外照明专业委员会主任赵建平，中国照明学会室内照明专业委员会主任徐长生，中国照明学会顾问张绍纲教授、肖辉乾教授、戴德慈研究员等出席论坛。

出席论坛的会议代表约260人，有来自美国、日本、北京、上海、天津、重庆、吉林、哈尔滨、沈阳、浙江、江苏、福建、广东及台湾地区等国内外城市照明、环境、建筑、艺术、能源等领域的专家、学者和科技人员，有市政管理、道路照明管理负责人。

受大会的邀请，清华大学建筑学院的詹庆旋教授，上海照明学会理事长章海骢教授，中国建筑科学研究院建筑光学研究室李铁楠教授，中国照明学会室内专委会副主任、中国国际设计顾问有限公司李炳华电气总工，中国照明学会室外照明专业委员会副主任、上海市同济城市规划设计研究所汪幼江教授，天津舞台技术研究所所长张金玉教授，清华大学城市规划设计院光环境所主任刘佳，台湾中原大学袁宗南教授及飞利浦、欧司朗、松下电工、惠州TCL照明、乐雷光电、北京良业照明、澳大利亚邦奇、浙江铭洋照明等19个知名专家学者、知名企业做了学术报告。

与会期间，代表们紧紧围绕“文化、绿色、应用”的主题，对城市景观照明建设与节约能源、保护环境的和谐并存关系；“光文化力”与“光经济力”、“光精神力”和“光感染力”的关系；城市景观照明环境与艺术的关系；实施“绿色照明”的新产品、新技术、新工艺；国内外光文化优秀案例和新型节能照明器材；光与建筑、艺术、园林、道路、室内等要素的关系；在2008年奥运会、2009年全运会、2010年上海世博会照明工程中的光文化体现等进行了广泛交流，还就城市景观照明的组织与实现、规划设计体系、环境行为学分析、夜景光生态研究、光色效果的评估等方方面面的问题进行了广泛的交流；介绍了“光文化”景观照明工程设计的优秀案例、经验与绿色照明产品与技术。

图4-4-4-121 中国（天津）第三届光文化照明论坛会场

光文化论坛会务组精心编辑制作了《中国（天津）第三届光文化照明论坛论文集（会刊）》，收录了105篇学术论文。论文集具有较高的学术价值，对建设优美、自然、和谐的城市夜景具有很高的指导意义；对照明节约能源、减少光污染、创建舒适的绿色人居环境与空间具有巨大的推动作用；对全国城市灯光建设具有重要的指导意义。

与会代表认为，人类的历史创造了文化，光伴随历史的发展而不断创新，光给人类带来光明，带来进步。“光文化力”又能派生出“光经济力”“光精神力”和“光感染力”。城市景观照明建设融入“光文化”的理念，是城市景观照明内涵的飞跃，外延的拓展，底蕴的挖掘，层次的提高，是新世纪城市现代化建设发展的方向，是现代化城市环境景观照明建设从“亮”到“美”发展阶段提升到精神文明建设高级阶段的标志。认识和实践“光文化”理念，是贯彻落实坚持“以人为本”，实施“绿色照明”，树立全面、协调、持续发展的具体行动，是景观环境照明从技术发展融入人文、哲学、历史、艺术、社会等科学领域先进理念的巨大进步，是从“亮”到“靓”，从“画”到“化”的演变与提升过程。

代表们认为，本届光文化论坛是一次具有规模性、承接性、持续性的盛会，在前两届光文化论坛的基础上，进行了深化和升华。本届论坛体现和构建了照明行业的文化实力，反映光文化作为软实力的重要成果。文化是名词，也是动词，代表们交流的大量案例，都是以“文”来“化”，用光影艺术的概念来“化”，用人文要素，以光的美妙，以影的深邃来“化”的“动”的过程，是对“以文化景”概念的再理解和再利用。代表们还一致认为，创建光文化、应用光文化的同时，不能牺牲功能，耗费能量，一味地追求文化，一定要努力提高人的文化素质和艺术素养，提高创作功底，争当艺术家。 中国照明学会名誉理事长、顾问肖辉乾教授指出，在光文化建设中，必须杜绝重光轻影，浪费资源；重艺术轻文化，滥用彩色光；重功能轻艺术；重建设轻管理等现象。

作为该届论坛的姊妹活动，“2010 中国（天津）国际照明展览会”同期同馆举办。天津照明展由中国照明学会、天津市发展和改革委员会、天津市市容和园林管理委员会、天津市科学技术协会支持，天津市照明学会、天津市照明协会、天津市半导体照明工程研发及产业联盟主办，天津鑫申仕会展服务有限公司承办。展览会设城市照明、节能照明、半导体照明三大主题展。展会为参展企业提供与中国照明学会、台湾区照明灯具输出业同业公会、天津市半导体照明工程研发及产业联盟、天津市照明学会、天津市照明协会以及有关照明专业设计研究院所等专业权威机构合作的机会，“左手学术、右手市场”，使企业运作自如。

图 4-4-4-122 2010 中国（天津）国际照明展览会现场

第五篇

市容环卫执法

清光绪二十七年（1901），“天津地区临时政府”卫生局巡捕对随地大小便及乱倒污物的行为进行巡查。之后，清政府直隶警察厅卫生总局也对随地“方便”的行为规定了严格的惩罚条文。

1949 年 6 月，天津市公安局公布《运除垃圾秽物清洁规则》。1950 年 5 月，天津市人民政府公布《私营粪商及私建公厕暂行管理办法》，后修改为《天津市粪道及公共厕所管理规则》。1952 年 12 月，天津市人民政府批准公布《天津市户外清洁管理规则》。1959 年 8 月，天津市人民委员会印发《关于加强对市内各区机关居民等饲养猪、鸡卫生管理的规定》。

1964 年 1 月，天津市公共卫生局组成环卫检查组，对道路污染行为进行检查管理。1979 年，各区建立环卫管理队，对违反环境卫生管理规定的行为进行检查管理。1983 年 4 月，组建天津市城市建设管理监察大队。1985 年 1 月，市、区市容委组织城管、公安、工商、市政等部门组成联合执法队，联合执法，各司其法。1989 年 11 月，天津市人民政府颁发《天津市市区冬季清雪暂行办法》。2005 年 11 月 18 日，天津市人民政府下发《关于推进我市城市管理综合行政执法工作的通知》，调整组建市、区县两级城市管理综合行政执法机构。

第一章　市容环卫管理

第一节　市容环卫管理队伍

一、历史沿革

市容环卫管理队伍，由最初的环卫检查、城建监察、联合执法，到现在的综合执法，走过了从单一的行业检查到全面的城市管理的深化过程。其实，“城管”并不是现代社会的产物，从夏商周有了城市，就有了管理城市的官员和队伍，称为“市吏”“监市”“司市”等。

古代早期，常由士兵充当城市管理人员。如在北宋的都城东京（开封），朝廷便设有“街道司”，并相应成立了由 500 名兵士组成的执法队伍，以保持开封的正常交通秩序和环境卫生。

古代的城市管理，主要任务也是对占道经营、里空外卖、乱摆乱买等行为进行管理。唐中宗景龙年间（707 ~ 710 年），朝廷颁发敕令：两京市场上各行业，凡自有正铺者，不得在铺前再建造偏铺。宋代称占道经营为“侵街”，“街道司”在沿街道旁立“表木”，标记出商家经营范围，这与现代街道画线经营一样，一旦超出就要被制止。古代也有“拆违章”。如在北宋，宋真宗赵恒曾下诏开封府，要求拆毁京城的违章建筑。其继任者宋仁宗赵祯，也曾诏示开封府，限一月之内，将侵街的官邸民舍全部拆毁。

到明清时期，随着城市和商业的发展，占道经营、违章建筑问题更为突出。清末，天津警察厅便发布了《整顿路政办法四条》，其中两条是："马路街衢旁各商铺有安设风挡、占用边道者，应即一律拆退；铁铺、石铺、木器铺及洋广杂货等铺，在门前堆积什物材料，占用官路者，应即一律让出。"

古代的城市管理，也是依法管理。《唐律》中就有城市管理的律条，"距府十丈无市，商于舍外半丈，监市职治之"，即摆摊设点至少要远离政府办公地30米，也不能离民房太近，要在1米5以外，由"监市"负责督管。对违者进行惩罚："诸侵巷街阡陌者，杖七十；若种植垦食者，笞五十。各令复故。"接受惩罚后，还要恢复原状。《宋刑统》也有类似规定，"诸侵街巷阡陌者，杖七十"；"其有穿穴垣墙以出秽污之物于街巷，杖六十。主司不禁与同罪。"《明会典》规定，在京城，"凡侵占道路，而起盖房屋，及为园圃者，杖六十，各令复旧"；"其穿墙而出污秽之物于街巷者，笞四十。"

到了晚清，西方的城管制度被引入中国，警察机构除了负责当地社会治安外，管理城市也是主要工作。

清光绪二十七年（1901）9月，八国联军"天津地区临时政府"卫生局雇佣20名印度巡捕和50名中国巡捕，每日巡视、督促清道伕按时扫除道路桥梁垃圾、掏挖公厕粪便、疏浚沟渠，并对在马路上大小便及乱倒污物的行为进行巡查，以减少道路污染。此时的卫生警察还是由"天津地区临时政府"的巡捕兼任。身着巡捕制服的卫生警察走上街头，刚刚经历过战乱的天津人发现这些不管抓差办案，只管家门口脏净的特殊巡捕。这也是清洁卫生执法管理之始。"天津地区临时政府"卫生局规定，除雇佣伕役清扫街道外，居民住户必须每天洒扫自家门前街巷，违者常遭责罚。储仁逊《闻见录》载，南门外大街一杂货铺门前堆放秽土，被巡警发现，便将该铺掌柜扭至警局，以顶砖方式惩罚，后取保候审。针对居民在河边倾倒垃圾秽物的行为，"天津地区临时政府"卫生局清除河边垃圾后，派巡警防守，对城区沿河地区实行监察管理，禁止人们在河边任意倾倒垃圾，对违者采取严厉的惩治手段。

清光绪二十八年（1902）8月，清政府直隶警察厅强化了警察对清洁卫生的监督权和管理权。巡警局的巡警协助卫生总局的卫生巡捕和工程局的有关人员"对街道的清扫、沟渠的疏浚、公厕粪厂的设立，随地便溺和倾倒垃圾行为进行管理"。直隶警察厅卫生总局所做的第一件事就是禁止随地大小便。在"天津地区临时政府"管理天津时，就有禁止随地大小便的规定。清政府按照新政的思想，也对随地"方便"的行为规定了严格的惩罚条文，禁止在街道上大小便，禁止乱倒污物，并由巡警负责监督，发现有违反卫生局规则者，即行交给卫生局进行裁处。据记载，一位内急男士在道边僻静角落"方便"，有人用棒子捅他，扭头一看，一个巡捕站在他的身后，"不准随地大小便，不知道吗？跟我走！"看到巡捕这副模样，那位男士说："我没犯法呀？""少废话，抓的就是你随地大小便。"男士跟在巡捕身后，一边走一边嘟囔："随地大小便也被抓，这叫嘛事？真倒霉……"

1917年夏天，天津发大水，5万余人受灾，为不发生灾后瘟疫，直隶警察厅卫生总局派人分赴灾民所在地，要求在住所内放置尿桶，不准在外大小便，不准乱倒秽物。这些要求，都是通过非常简洁明了的白话文表述，刊登在报纸上，老百姓一看就明白。

二、清洁卫生检查队伍

1950年，天津市人民政府发出布告，要求入市马车挂带马粪兜，防止马粪污染道路。天津市卫生工程局设有马粪兜检查组，各区清洁队也设置马粪兜检查人员，对入市马车挂带马粪兜，通行市区马粪污染道路的行为进行检查管理。

1964年1月10日，天津市公共卫生局向各区卫生局发出通知，附发《关于各区设立环境卫生检查人员的意见》，要求各区局抽调政治素质较好、有一定工作能力的清洁队人员，组成清洁卫生检查组，由区局环境卫生科直接领导，负责对道路污染的行为进行检查管理。

三、环卫监察管理队伍

1979年，天津市环境卫生局恢复建立后，为贯彻执行《天津市城市环境卫生管理试行规定》于4月21日向各区发出《关于颁发环境卫生管理人员标志、证件的有关通知》，明确区、街环境卫生管理人员每人发给袖章1个，区和街环境卫生管理人员、区爱卫会、区环卫科干部、清洁大队中队长以上人员，每人发给检查证1个，以利环卫管理工作的开展。

1979年6月1日，天津市环卫局向各区发出通知，要求在增加新工人时，每区招考50名环境卫生管理员，建立环境卫生管理队。天津市内六区及塘沽区共招考环境卫生管理员158人。同年7月11日，天津市环卫局发出《关于制发环境卫生管理员守则和职责的通知》，要求各区认真执行。1980年年底，天津市内六区及塘沽、北郊区，共设置环卫管理员361人。

1981年12月9日，天津市环卫局发出《关于环境卫生管理员冬季服装发放统一式样标准的通知》。至1981年年底，天津市内六区及塘沽、大港、北郊区390名环卫管理员着统一式样标准制服。

1982年1月4日至10日，天津市环卫局举办环境卫生管理、宣传人员培训班。由3月1日至11日，举办环卫管理通讯员指导培训班。1983年3月，天津市环卫系统整顿并培训环卫管理员320人，招聘义务环卫监督员1000人。

1984年2月18日，天津市环卫局向各区发出《关于环卫管理员定岗转干的几项规定》，根据天津市委组织部及人事局文件规定，环卫管理员岗位定为干部岗。19日，天津市环卫局向各区环卫局发出《关于环卫管理员着装标准范围的通知》，现职环卫管理员及天津市环卫局环卫处、区局环卫科在职人员，自1983年4月1日起发夏、冬服装各1套，每2年各发1套。

1986年6月2日，天津市环卫局发出通知，重申环卫管理员必须认真执行“环卫管理员十不准”，并公布群众监督电话。3日，天津市环卫局发出《环卫管理员守则》及《环卫管理员职责》，要求环卫管理员认真执行。

1987年6月18日，天津市环卫局函复天津市港务局，同意在天津港内设置环境卫生执法人员，服装及证件由塘沽区环境卫生管理局办理。

1986～1990年，天津市内六区、滨海三区、环城四区都建立了环境卫生监察管理队伍。1986年，全市有环卫监察管理人员591人，1987年575人，1988年597人，1989年596人，1990年674人。

1990年，天津市环卫局为加强环境卫生监察队伍的组织建设和思想建设，于3月31日发出《关于认真执行“规则”、“守则”、“纪律”的通知》，附发《天津市环境卫生管理执行环境卫生法规、规章处罚规则》《环境卫生监察员守则》《环境卫生监察员纪律》。为健全和完善环卫监察管理队伍的工作制度，严格执法程序，天津市环卫局于7月5日发出《关于认真执行〈天津市环境卫生管理处罚程序的规定（暂行）〉的通知》。为加强全市环卫监察管理队伍建设，提高环卫监察管理员的素质和水平，天津市环卫局于8月24日发出《关于重新修订环卫监察管理员条件的通知》，附发《环卫监察管理员的条件》，要求各区局要严格按照规定的条件录用、聘任环卫监察管理员，并对现职人员重新审核，不合条件的一律调做其他工作，新录用的人员必须经过环卫法规、行政诉讼法等专业知识培训后，才能上岗。9月，天津市环卫局将有关环卫监察管理队伍建设的文件共7项规定，汇编成《环境卫生监察员手册》，印发人手一册，以便环卫监察管理员学习执行。

四、城建管理监察队伍

1983年3月，天津市人民政府批转天津市市容办《关于组建天津市城市建设管理队伍的请示》（津政发〔1983〕57号）。天津市人民政府第83次常务会议决定，市设城市建设管理监察大队，由市市容管理办公室领导；区设中队，在区政府统一领导下进行工作。

1983年8月，天津市城市建设管理监察大队（简称城管大队）建立后，设事业编制400名，其中，和平区75名、河西区55名、河东区50名、河北区55名、南开区50名、红桥区50名、塘沽区20名、汉沽区10名、大港区5名、市大队30名。按劳动人事部〔1982〕147号文件规定，招考录用的人员，从批准之日起，试用期为一年（不包括培训时间）。试用期满，经考核合格的，转为国家正式干部；需要进一步考核的，可延长半年试用期，仍不合格的，予以辞退。

天津市城市管理监察大队主要负责检查、监督有关城市建设管理各项法规的实施，其职责是：检查、督促各有关部门和单位贯彻执行天津市人民代表大会及其常务委员会、天津市人民政府关于城市建设管理各项法规的情况；监督并执行城市市容、环境卫生、园林绿化、市政公用设施、建筑管理等各项具体规定；协助公安交管部门搞好交通秩序的管理；加强对城市建设管理各项规定的宣传教育，对单位和个人违犯法规行为，按照规定进行批评或处罚。城市建设管理监察员与有关部门，特别是与公安、交通、环卫、市政、园林、工商等部门的管理和执法人员互相配合，开展工作。

1984年2月，根据天津市市容管理委员会〔1984〕17号文件，霍宝恒任市城市建设管理监察大队大队长。1990年6月20日，经天津市市容委主任办公会研究，王宗涌任天津市城市管理监察大队大队长。1995年5月6日，经天津市委规建工委研究决定，石保存任天津市城市建设管理监察大队大队长。

图5-1-1-123　城建监察队员标志

1985年，经天津市市容委批准，四郊五县分别组建城建管理监察队伍。1990年，天津市人民政府批转天津市市容委《关于在市区街道办事处组建城市建设管理监察分队的意见》(津政发〔1990〕63号)，市区街道办事处组建街道城市建设管理监察分队，事业编制516人，平均每个街道办事处城市建设管理监察分队设置4人。街道办事处城管分队组建后，连同已有城管监察队伍，人员编制达928人。街道城管分队与市大队和区中队联网，完善了市、区、街三级城管监察体制。

城建管理监察工作实行“专群结合”和“联合执法”的监察管理方式。市、区城管队伍，加强日常巡回监察，查处违章，维护城市容貌，对沿街私搭乱盖，乱贴乱画等行为，即行处理。同时根据市容管理中心任务，进行监察、清理违章现状。各区、街动员社会参与管理，组成自治自管组织。商业繁华地区组织建立市容卫生监督员，配合专业执法人员进行监督管理。部分街道居委会组织中老年妇女和退休人员，在街道里巷巡回监督检查，发现违章者进行劝告、教育或举报。

1985年1月至1988年5月，根据天津市人民政府《关于临时占路、掘动道路管理权划归市容管理部门的决定》，由市、区市容委组织城管、公安、市政等部门联合办公，对临时占路、掘动道路的行为进行审批管理。1988年6月，临时占路管理划归公安部门管理。

1989年7月，根据天津市政府批转天津市市容委《关于开展迎国庆整顿街道秩序治理城市环境活动的实施方案》，从市容、公安交通、工商、市政、规划等有关部门抽调人员，实行集中联合办公；并由城管、公安、工商、市政等专业执法人员组成联合执法队，联合执法，各司其法。

五、城市管理综合执法队伍

1998年，根据国务院法制办《关于在天津市河西区、和平区、大港区、塘沽区开展城市管理综合执法试点工作的复函》，天津市在全国率先开始城市管理综合执法试点工作。1999年11

月 8 日，国务院发布《关于全面推进依法行政的决定》（国发〔1999〕23 号），天津市积极推进相对集中行政处罚权的试点工作，并在总结试点经验的基础上，扩大试点范围。通过相对集中行使行政处罚权，将城市管理部分领域中的多支执法队伍合并为一支执法队伍，解决多头执法、重复执法等问题，提高行政执法的效率和力度。

2000 年 8 月 8 日下午，天津市城市管理综合执法队伍正式成立暨授旗誓师大会在天津礼堂举行。市长李盛霖出席大会并向天津市综合执法大队授旗。天津市委常委、副市长夏宝龙，天津市人大常委会副主任潘义清，天津市政府秘书长陈洪江等出席，副市长王德惠在会上讲话。经天津市政府决定，在市内六区和滨海三区组建城市管理综合执法大队。

图 5-1-1-124　综合执法队员标志

2000 年 9 月 28 日，根据天津市机构编制委员会《关于组建天津市城市管理综合执法监察大队的复函》（津编二字〔2000〕21 号），同意撤销天津市城市建设管理监察大队，组建天津市城市管理综合执法监察大队，为处级行政执法机构，其主要任务是负责全市城市管理综合执法队伍的执法监察工作。执法监察大队内设 4 个科室，即：综合科（中国城建监察委员会秘书组）、执法监察一科、执法监察二科和信息指挥中心，核定事业编制 40 名，所需人员经费在城市管理费用中列支。劳动工资计划归天津市编委管理。2001 年 3 月，天津市城市管理综合执法监察大队成立，大队长石保存。2004 年 3 月，天津市城市管理综合执法监察大队进行人事调整，大队长孟宪国。

根据天津市人民政府《关于扩大城市管理综合执法试点工作的通知》（津政发〔2000〕19 号），综合执法大队主要职责：行使市容环境卫生、城市园林绿化管理法规、规章规定的由市容环卫主管部门和园林行政主管部门行使的全部行政处罚权；行使城市规划管理法律、法规、规章规定的由城市规划部门行使的对道路、广场、街巷、绿地和居民小区等公共场所范围内的未取得建设计划文件，也未取得规划许可证件的违法建设行为，或者擅自占用城市道路的违法建设行为的行政处罚权；行使有关法规、规章规定的由工商行政管理机关行使的对集贸市场范围以外的无照经营行为的行政处罚权；行使法规、规章规定的由公安交通管理部门及市政主管部门行使的对违法占用城市道路行为的行政处罚权。

2001 年 3 月 28 日，天津市市容委发布《关于加强城市管理综合执法队伍管理的意见（试行）》（市容委法〔2001〕第 55 号），城市管理综合执法大队的管理工作，实行队长负责制、执法责任制、执法队员聘任制和重要岗位轮换制。建立、健全科学的考核机制和管理机制。认真履行党纪、政纪和《廉洁自律》规定，杜绝违法、违纪案件的发生。认真执行行政处罚责任制，实行立案调查、审查、审批责任分离，并承担相应的责任。健全行政处罚监督机制，认真实行行政执法错案和过错责任追究制度。要根据合法、公开、便民、高效的原则，不断改进工作作风，提高办事效率。从政治思想工作、执法培训、执法管理、环境秩序管理、队务管理和通讯管理六个方面进行监督、考核。

2005 年 11 月 18 日，天津市人民政府根据《国务院关于进一步推进相对集中行政处罚权工作的决定》（国发〔2002〕17 号）和《国务院办公厅转发中央编办关于清理整顿行政执法队伍实行综合行政执法试点工作意见的通知》（国办发〔2002〕56 号），下发《关于推进我市城市管理综合行政执法工作的通知》（津政发〔2005〕103 号），天津市政府决定，调整、组建市、区县两级城市管理综合行政执法机构。

六、城市管理综合执法局

2006 年 11 月，根据天津市政府《关于推进我市城市管理综合行政执法工作的通知》，天津市综合执法大队完成撤队建局工作，天津市综合执法局成立。根据天津市人民政府文件（津政人〔2006〕37 号），孙玉萍（女）任天津市城市管理综合执法局局长、政委，副局长潘志忠、孟宪国、李秋增。2010 年 4 月，根据天津市委文件（津党任〔2010〕27 号），李汕源接任孙玉萍工作，任天津市城市管理综合执法局局长、政委。

天津市综合执法局主要职责：贯彻执行国家和天津市有关城市管理方面的法律、法规、规章，研究拟定全市城市管理综合行政执法方面的法规、规章；研究编制全市城市管理综合行政执法工作规划，制定工作目标、标准，并组织实施和考核；负责全市城市管理综合行政执法监督工作，制定执法程序，规范执法文书和处罚标准；指导有关行政诉讼工作，受理相关行政复议案件；组织、指挥、调度全市城市管理综合行政执法机构开展执法活动；负责重大和跨区域违法违章案件的查处及执法协调工作；负责全市城市管理综合行政执法人员的培训、考核和执法资格审查工作；对各区县城市管理综合行政执法机构的党政正职的任免调整提出建议；负责对全市城市管理综合行政执法队伍的监察工作；负责全市城市管理综合行政执法的宣传教育工作；指导全市城市管理综合行政执法机构的精神文明建设和作风建设工作，制定行为规范，并监督实施；指导全市城市管理综合行政执法的信访工作；负责上级交办、群众反映的案件查处和督办工作。

2007 年 1 月 8 日，经天津市人民政府第 84 次常务会议通过，《天津市城市管理相对集中行政处罚权规定》（市政府 111 号政令）颁布实施。市、区县综合执法局相对集中行使七个方面的行政处罚权：市容环卫管理方面法律、法规、规章规定的全部行政处罚权，依法强制拆除不符合城市容貌标准、环境卫生标准的建筑物或设施；城市园林绿化管理方面法律、法规、规章规定的全部行政处罚权；公安交通管理方面法律、法规、规章规定的对机动车、非机动车以外的违法占道行为的行政处罚权；市政管理方面法律、法规、规章规定的违法占道行为的行政处罚权；城市规划管理方面法律、法规、规章规定的对未经规划部门许可的违法建设行为的行政处罚权；工商行政管理方面法律、法规、规章规定的对占用道路无照经营行为或未在指定地点经营并影响市容的违法行为的行政处罚权；法律、法规、规章规定或市政府决定调整的城市管理方面的其他行政处罚权。根据津市政府《关于调整房屋安全使用管理行政处罚权的决定》(津政发〔2007〕101号),将由国土房管局行使的非法在房屋上安装设备、装饰装修、拆改房屋结构或者加大房屋荷载的行政处罚权调整为城市管理综合执法机关行使。

天津市综合执法局下设执法督察总队,负责重大和跨区域、结合部地区及上级交办的违法违章案件的查处工作;承办全市临时性、突击性执法任务;负责上级交办和群众反映案件的查处和督办工作;负责全市城市环境秩序管理巡查工作;负责城市管理综合行政执法队伍的监察和综合考核工作。2006年10月至2008年3月,执法督察总队总队长由孟宪国担任,2008年3月,由崔勇接任。

截至2007年年底,各区县综合执法局相继成立。区县城市管理综合行政执法机构,实行市和区县双重管理、以区县政府管理为主的管理体制。市局对区县局的工作进行指导、协调、监督和考核,对区县局党政正职的任免有建议权。

七、百名出租车司机监督员

2004年12月8日,“天津市聘请百名出租汽车驾驶员担任市容环卫义务监督员授牌启动仪式”在天津大礼堂召开,标志着天津市特殊的“市容环境流动卫士”队伍正式上岗“值勤”。这百名出租车司机监督员是由中共天津市委规划建设工委、天津市建设管理委员会、天津市市容环境管理委员会在全市3.6万名出租车司机中聘请的。他们热心社会公益事业,关注市容环境卫生工作,有较强的社会责任感和工作责任心,具有较强的法律法规意识,由客运出租汽车行业工委、市客管办最终审查决定,统一登记造册,由市市容委颁发监督员证后持证上岗履行监督职责。百名监督员对全市道路上的私搭乱盖、乱堆乱放、乱涂乱画、乱泼乱倒、污水外溢、违章占路经营、破坏环卫设施、单位门前脏乱、园林绿地内垃圾杂物、建筑工地车辆带泥、运输车辆撒漏等行为进行监督。这项工作作为城市管理监督机制,在全市范围内对市容环境实施有效的监督或举报。

图5-1-1-125 百名出租车司机监督员授牌启动仪式

第二节　市容环卫管理重点工作

一、道路污染管理

在环境卫生管理工作中，减少道路污染，不但能够提高道路清洁质量，而且能够减轻环卫工人作业强度。

（一）对马粪污染道路的管理

1950年，天津市人民政府发布关于入市畜力车挂带马粪兜的布告，要求进入市区的畜力车必须挂带马粪兜，防止马粪污染道路。天津市卫生工程局组建检查组，对入市马车挂带马粪兜进行检查管理。

1957年12月，天津市公共卫生局根据《中华人民共和国治安管理处罚条例》的规定，对《天津市畜力车挂带马粪兜管理办法》予以修改，主要修改处罚部分，对违反本管理办法者处以6元以下的罚金，天津市人民委员会批准执行。

1958年8月15日，根据天津市委会议决定，天津市公安局、天津市公用交通局、天津市公共卫生局联合发出《关于加强马粪兜管理通告》，规定自8月19日起，凡畜力车牲畜不挂粪兜或粪兜破漏的一律不准入市。

1959年4月，天津市人民委员会发出《关于加强挂粪兜管理的通知》，要求各区人委组织本区公安、卫生和交通运输部门组成管理推动组。各区公安部门将此项工作列为交通民警值勤任务之一，负责对通行市内的畜力车挂带粪兜进行检查监督，对个别屡教不改的予以处罚。10月23日，天津市交通安全委员会通知，自11月1日起，将北门外大街、新华路等26条道路定为畜力车禁行路线。

1964年1月，天津市人民委员会发出《关于重申马粪兜管理工作的通知》，要求市区内畜力车牲畜必须挂好粪兜，自3月1日起，不挂好粪兜的不准通行。3月底，市区内畜力车马粪兜挂带率98.5%，其中合格的87.14%。

1973年10月，为加强对入市畜力车挂带粪兜的检查管理，在市内六区及塘沽区的主要入市口，设立马粪兜检查站22处，设置管理人员68人，其中交通民警12人，各区清洁队及有车单位抽调56人参加检查管理。

1977年5月，由天津市公安局、天津市卫生局、天津市交通局、天津市工程局抽调人员组成检查组，在入市口设置检查站，对入市马车挂带粪兜及拖拉机入市进行管理。

1983年2月，天津市人民政府颁发《天津市城市街道清洁卫生管理暂行办法》（津政发〔1983〕24号），第九条规定：牲畜进入市区，必须挂带合格粪兜，不准遗撒畜粪。

1993年6月1日，天津市人民政府发布《天津市环境卫生管理规定》（津政令第60号），第二十九条各类运输车辆应遵守下列规定中，第五款规定“牲畜不挂带合格的粪兜，不准在城镇通行。不准在城镇内遗洒畜粪。在城镇喂牲畜时，要保持环境整洁。”

1998年2月25日，天津市第十二届人民代表大会常务委员会第四十次会议通过《天津市环境卫生管理条例》，第二十四条车辆的司乘人员、驭手和乘客，应当遵守下列规定中，第五款规定“禁止驾驭未带合格粪兜的牲畜入市，不准遗撒畜粪影响环境清洁。”

（二）对运输车辆撒漏的管理

运输车辆运输灰、砂、石、煤等散体物料及灰膏时，常因装载不严，出现撒漏、飞扬现象，造成对道路的污染。

1980年6月16日，天津市环卫局、天津市建筑材料工业局联合发出《防止运输洒漏的通告》。9月20日，天津市环卫局、天津市交通局联合发出《关于防止运输洒漏污染环境的暂行规定》，要求各营业所、各运输公司、运输车队及各区认真执行。

1983年2月，天津市人民政府颁发《天津市城市街道清洁卫生管理暂行办法》，第九条规定：“载运散体、流体物料的车辆，必须严密捆扎封闭，不准沿街飞扬洒漏。”

1983年6月21日，天津市环卫局、天津市建材局联合下发《关于建材供应单位对入场（厂）货运车辆管理的规定》。

1986年8月7日，天津市环卫局、天津市交通局下发《关于认真贯彻“天津市城市街道清洁卫生管理暂行办法”和加强交通运输质量管理的联合通知》。8月12日，天津市市容委发出《关于严格管理车辆污染道路的通知》。

图5-1-1-126 执法队员要求运输杂土的车辆苫盖严密

1987年1月1日，天津市人民政府发出《关于严禁车辆洒漏污染道路的通告》（津政告〔1987〕1号）。全市设立管理站60处，巡回检查小分队17个，出动环卫管理员207人、公安民警148人，机动检查车20辆，印发宣传品1万多份，到8月份，天津市内六区共处理违章2.13万起，其中教育1.25万起，罚款8796起5.2万元。

1980～1990年间天津市运输撒漏管理情况表

表5-1-2-70

年份	管理起数	其中		处罚金额（元）
		宣传教育起数	处罚起数	
1980	8015	6403	1612	17628.5
1981	29632	26189	3443	32028.0

续表 5-1-2-70

年　份	管理起数	其　中		处罚金额（元）
		宣传教育起数	处罚起数	
1982	34685	29904	4781	28395.9
1983	51816	47157	4659	39268.8
1984	103495	83660	19535	128102.0
1985	162988	109170	53818	251268.2
1986	81882	54836	27046	121862.5
1987	142854	90976	51878	218975.0
1988	181648	120177	61471	207465.0
1989	246761	224430	22331	108303.0
1990	100916	87560	23356	89145.0

1993年6月1日，天津市人民政府发布《天津市环境卫生管理规定》(津政令第60号)，其中第二十九条明确各类运输车辆应遵守下列规定：车辆驾驶人员负责车辆在行驶中不影响沿线的环境卫生。各种运输车辆所装载货物不得沿路洒漏、飞扬。载运散体物料的车辆，帮槽必须严密，锁销齐全有效，装载适当；载运易扬、易洒物料和垃圾的车辆，必须严密苫盖，牢固捆扎；载运流体物料（包括散装水泥）的车辆，要有密封车厢；各种车辆装载后，必须清扫外车厢，卸货后，立即扫净车厢。凡入市车辆车轮、车身不洁，影响道路环境卫生的，须到环境卫生管理部门在入市路口设置的冲洗站冲洗干净，然后方准入市。不准向道路上乱扫、乱扔、乱倒车内的废弃物，不准在道路上冲洗车辆。

1998年2月25日，天津市第十二届人民代表大会常务委员会第四十次会议通过《天津市环境卫生管理条例》，要求车辆的司乘人员、驭手和乘客，应当遵守下列规定：不得向道路上乱扫、乱扔车内的废弃物；严禁车轮带泥污染道路；装载散体、流体物或者垃圾、渣土的运输车辆必须采取苫盖、捆扎、密封等防污染措施；严禁运输车辆所载物沿途泄漏、散落、飞扬。

2003年5月21日，天津市第十四届人民代表大会常务委员会第三次会议通过《天津市市容和环境卫生管理条例》。根据2005年10月20日天津市第十四届人民代表大会常务委员会第二十三次会议通过的《天津市人民代表大会常务委员会关于修改〈天津市市容和环境卫生管理条例〉的决定》，修正《天津市市容和环境卫生管理条例》(以下简称《条例》)。第三十二条要求运输车辆应当符合下列规定：严禁车轮带泥污染道路；运载垃圾、渣土、泥浆、沙石、煤炭和其他散体物料的，应当使用密闭运输工具；严禁运输车辆所载物沿途泄漏和散落。违反前款第一、三项规定的，责令限期清除，并可按每平方米处五十元以下罚款；违反第二项规定的，责令限期改正，并可按每车处一百元以下罚款。

2007年5月10日，针对施工运输车辆在市内道路撒漏泥土，影响市容环境的问题，天津市城市管理综合执法局协调各区，共同开展对运输撒漏进行专项整治活动。进入春季以来，市、区执法队伍联动，强化督察，加强了道路巡查，有关部门协同作战，已控制、治理施工运输经过的市区道路23条50公里，对14处工地进行督促整改。

各区制定有效措施，明确职责、明确人员、明确任务，形成整治合力；有关职能管理部门把住审批准入关，监督施工单位和车辆及时清除道路泥土，组织环卫力量加大代为清除力度；各区综合执法大队严格执法，依据法律处罚违反市容环境卫生管理《条例》规定的乱倒、乱抛洒、乱堆渣土、污泥等影响环境卫生的行为。

2008年6月9日，天津市市容委决定开展决战60天控制施工工地扬尘污染和运输撒漏专项治理活动，对全市范围内的施工工地及建筑渣土、沙石料等运输车辆造成扬尘污染、运输撒漏的行为进行专项治理。

根据要求，各施工工地一律使用有密闭装置的运输车辆。对奥运火炬传递路线和“三区”（小白楼、天津站、奥体中心）、“一带”（海河）、“五线”（南京路、解放路、卫津路、复康路、十一经路至卫国道）范围内所有施工工地进行环境清整，使工地周边环境干净整洁。同时，各区县市容环卫主管部门逐个深入施工工地签订“控制扬尘污染、运输撒漏责任状”，检查施工工地是否有围挡，是否有防车轮带泥污染道路措施；检查施工工地运输车辆是否办理渣土排放行政许可手续，是否做到一车一证；检查施工工地运输车辆是否密闭运输，有无撒漏扬尘污染现象；检查施工工地周边道路环境卫生是否干净整洁。对查出的问题限期整改，整改不力的进行处罚。

各区县成立了由多部门组成的联合检查组，在主要交通路口设立岗勤点位，全天候执法管理，加大对施工工地和道路上的渣土运输车辆管理，对不按要求改装渣土密闭运输车辆和密闭运输车辆破损造成运输撒漏的行为严管重罚。各区县市容环卫部门安排专人24小时值班受理投诉，对举报的问题在3小时之内处理完毕。同时严格落实渣土排放行政许可手续，坚持一车一证，管理人员每天早晚巡查道路，发现违章问题及时处理，对易出现污染的工地设专人，堵住工地口不准出土。对突发违章事件特别是乱倒渣土和运输撒漏污染道路行为，及时发现、及时取证、及时追查污染源、及时组织清理。

2009年4月4日至6月20日，天津市集中治理运输撒漏领导小组组织市建委、市容委、市公安交管局、市综合执法局督察总队等四部门，在全市范围内集中治理运输撒漏活动。

随着春季到来，各施工工地开始进入施工高峰期，扬尘污染、施工扰民、运输撒漏污染等现象有所出现。天津市结合第二轮市容环境综合整治工作部署，进一步规范施工工地管理和工程渣土密闭运输。4日21时至5日2时，天津四委局组成3个联合执法检查组，深入市内六区，对主要道路和部分在建施工工地进行了随机检查，专项检查运输撒漏情况。共检查道路72条，在建施工工地21个。

联合执法检查组检查后认为，从直观上看，虽然大部分道路和工地在整体上比较好，但仍存在一些不容忽视的问题，一是工地出入口冲洗设施不完善，出入口周边道路污染问题突出。二是渣土运输车辆普遍存在证照不全现象，未按规定随车携带“渣土排放处置许可证”“工程运输通行证”。三是运输车辆未按照《关于进一步加强建筑施工现场文明施工管理的通知》要求采取密闭措施，车轮带泥、超载，造成运输途经道路被污染。为此，联合执法检查组要求各区、各有关部门及施工单位针对检查中发现的问题，进一步加大工作力度，采取切实有效的措施，对运输撒漏污染环境的行为严格依法予以治理。检查组将不定期进行复查。

此次治理活动，四委局还专门制定出台了《关于开展集中治理运输撒漏活动的实施意见》。要求施工工地必须设置实体围挡；工地出入口道路必须实行硬铺装并设置冲洗车辆污泥的设施，严禁车轮带泥和超载运输；运输车辆必须采取密闭措施；工地内产生的渣土必须及时日产日清，不能及时清理的，要临时苫盖处理。集中治理期间，市执法检查组采取日常督察的方式，对各区治理工作落实情况和实际效果进行检查，对发现的问题给予通报，对整改不到位的施工工地通过新闻媒体进行曝光。公安交管部门依据《中华人民共和国道路交通安全法》，对机动车载物造成遗撒、飘散载运物和无工程运输通行证的，责令改正并依法处罚

2010 年 2 月 11 日，天津市人民政府第 44 次常务会议通过《天津市城市管理规定》(津政令第 26 号)，第五十七条规定：严禁建设工程施工单位向施工工地外排放污水或者污泥、在工地围挡外堆放建筑物料或者垃圾以及其他不文明施工行为。违反前款规定的，由城市管理综合行政执法机关责令限期改正；逾期不改正的，处 1 万元罚款。施工单位装运建筑垃圾应当按照天津有关规定使用密闭运输车辆，安全密封，不得在施工工地外沿途泄漏和散落。施工单位不使用密闭运输车辆的，由建设交通管理部门责令限期改正，并处 2 万元罚款；对负有直接责任的工程项目负责人根据前述标准予以罚款，并按照市建设交通管理部门制定的安全违规记分办法进行处理，直至停止施工单位参加施工投标活动。施工单位运输车辆在施工工地外沿途泄漏和散落的，由城市管理综合行政执法机关责令清除，并按每平方米处 50 元罚款。

二、家禽家畜治理

20 世纪 60 年代以前，天津市区内养猪、养犬问题比较突出，治理的重点是捕犬和对养猪户的管理。60 年代以后，则着重对饲养鸡鸭的管理。对家禽家畜的治理，经历了由管理到禁养的过程。

(一) 捕犬

1950 年，由天津市卫生局和天津市卫生工程局联合组成捕犬队，对群众反映的犬只进行捕捉、杀毙。1953 年，捕犬队撤销时，共捕犬 3.04 万只。

1964 年 8 月 11 日，天津市人民委员会批准天津市公安局《关于禁止在市区饲养家犬的意见》，要求各区严格执行、管理。

1980 年 11 月 27 日，天津市公安局、卫生局、环卫局联合发出关于认真贯彻《市区禁止养狗的规定》的通知，要求公安、卫生、环卫部门组成捕犬队，于 1981 年 1 月 20 日前，将市区犬只捕完。

1985年1月12日，天津市人民政府办公厅转发天津市卫生局、畜牧局、公安局、环卫局联合提出的《关于加强狂犬病预防控制工作的意见》，要求灭犬工作由各区政府统一组织领导，街道办事处负责牵头，公安派出所、清洁队等单位参加。

1986年8月15日，天津市人民政府《批转市容委等七部门制定的〈天津市犬类管理暂行办法〉》（津政发〔1986〕109号）。

1989年12月16日，天津市人民政府公布《天津市犬类管理办法》（津政令第18号）。第三条规定，犬类管理工作由区、县人民政府负责统一组织领导，各有关部门按下列分工负责日常工作：公安部门负责准养犬的审批、登记，发放“犬类准养证”，处理违章养犬及因灭犬引起的治安案件。卫生部门负责对被狂犬咬伤者的疫苗注射，抢救、治疗，组织人用狂犬病疫苗供应和使用，掌握狂犬病疫情，报告疫情信息，开展预防狂犬病的宣传。兽医部门负责对准养犬检疫，预防注射登记，发放“犬类免疫证”，组织犬用狂犬病疫苗供应，并会同工商行政管理部门监督、检查、处理违章出售犬肉、犬皮及其他犬类产品。市区由环卫部门负责调配灭犬人力、工具和犬尸处理，郊区、县由乡（镇）人民政府确定有关部门指供灭犬人力、工具和负责犬尸处理。

天津市人民政府1986年8月15日《批转市容委等七部门制定的〈天津市犬类管理暂行办法〉》（津政发〔1986〕109号）同时废止。

1995年10月10日，天津市第十二届人民代表大会常务委员会第十九次会议通过《天津市养犬管理条例》，1995年10月10日公布，1996年3月1日起施行。

2005年12月8日，天津市人民代表大会常务委员会公告（第六十六号），《天津市养犬管理条例》已由天津市第十四届人民代表大会常务委员会第二十四次会议于2005年12月8日通过，自公布之日起施行。第四条规定，天津市各级人民政府负责本条例的组织实施。公安机关是养犬管理的主管部门，负责养犬登记、查处违规养犬行为：畜牧、卫生、工商、市容环卫等部门按照职责分工，共同做好养犬管理工作。负责养犬管理工作的有关部门应当健全管理制度，推行执法责任制，实现严格执法、文明执法。

天津市第十二届人民代表大会常务委员会第十九次会议1995年10月10日通过的《天津市养犬管理条例》，同时废止。

（二）对猪、鸡、鸭、鸽的管理

1955年年初，天津市人民委员会联合办公会议决定，市区饲养鸡、鸭要加强卫生管理，不准外放；市区内禁止养猪，在边缘区养猪要加强卫生管理。

1959年，天津市人民委员会制发市内饲养猪、鸡的卫生管理规定，明确：除中心区一律不准养猪外，其他各区机关、居民养猪要经常做到四净，即猪圈净、猪槽净、猪只净、猪粪及时清净；养鸡要做到不外放、鸡窝净。

1963年3月20日，天津市环卫管理处对市区边缘饲养家禽家畜情况进行调查，南开区万德庄街有养猪户102户养猪227头，比1962年增加2.5倍，外放的144头。原德里居委会有饲养户 92 户，共养猪、羊、鸡、鸭 229 只（头），平均每院 3 ～ 4 只。

1964 年 4 月，天津市人民委员会发出《加强城市家禽家畜管理的通知》。通知要求市区范围内，一律禁止养猪、养羊。原来已经饲养的，不管是属于单位或个人，均须在 6 月底以前将既养的猪、羊，迁往郊区。不愿或没有条件迁往郊区的，可以卖给有关的商业部门或郊区农村人民公社。市区内原则上禁止养鸡、鸭、兔等家畜、家禽。当时没有饲养的，要动员不要饲养，已饲养的要争取在年底以前设法处理完毕。但在处理之前，均应采取院内圈养的办法，并须设置笼罩和经常保持院内清洁。临街住户，不准在门前、边道、阳台、窗口等处圈养。

通知下达后，各区、街积极推动，至 10 月底统计：市区原有养猪户 2829 户、养猪 8687 头，已有 2331 户（占 82.4%）对 7005 头猪只（占 80.6%）做了处理。

1978 年 6 月，天津市革命委员会发出《认真处理家禽的通知》，要求市区党、政、军各级领导干部带头于 7 月 15 日前，将自养鸡鸭处理完毕。集体单位养猪养鸡的，要向所在街登记，要求饲养者于国庆节前全部处理完毕。市郊结合部饲养家禽家畜的界限，由相关市区、郊区协商确定。

1982 年 2 月，天津市人民政府颁发《天津市城市街道清洁卫生管理暂行办法》，第十条规定："在本市建成区内，禁止饲养鸡、鸭、鹅、鸽、猪、羊、狗、兔等家禽家畜，不准出售幼禽幼畜。因工作需要饲养禽畜的，要按规定经主管部门批准，并必须圈养，保持卫生。"

4 月 1 日，暂行办法正式实施第一天，经宣传、动员，处理家禽家畜 2153 只。4 月 9 日，全市集中清理日，处理鸡鸭 5 万余只。

图 5-1-1-127　执法队员对违章饲养家禽家畜进行管理

1983 年 12 月 22 日，天津市环卫局、天津市体委、中华全国体育总会天津分会、天津市公安局、天津市园林局联合下发《关于保护和加强信鸽管理的通知》。

1983 年 2 月，天津市人民政府颁发《天津市城市街道清洁卫生管理暂行办法》（津政发〔1983〕24 号），第十条规定："在本市建成区内，禁止饲养鸡、鸭、鹅、鸽、猪、羊、狗、兔等家禽家畜，不准出售幼禽幼畜。因工作需要饲养禽畜的，要按规定经主管部门批准，并必须圈养，保持卫生。"

1989 年 5 月 10 日，天津市环卫局、天津市工商局和天津市爱卫办发出《关于市区禁止出售雏鸡鸭的联合通知》。

1989 年 12 月 16 日，天津市人民政府公布《天津市犬类管理办法》（津政令第 18 号），对饲养猪、鸡、鸭、鸽进行管理。

1993 年 6 月 1 日，天津市人民政府发布《天津市环境卫生管理规定》（津政令第 60 号），第三十二条规定："市区内禁止饲养鸡、鸭、鹅、猪、羊、兔、驴、骡、马、牛等禽畜；与市区接壤地区的农业户饲养时，必须圈养。因教学、科研和其他特殊需要饲养禽畜的，应当经所在区、县环境卫生行政主管部门批准；法规另有规定的，从其规定。”

1998年2月25日，天津市第十二届人民代表大会常务委员会第四十次会议通过《天津市环境卫生管理条例》，第三十二条规定：“市区内禁止饲养鸡、鸭、鹅、猪、羊、兔、驴、骡、马、牛等禽畜；与市区接壤地区的农业户饲养时，必须圈养。因教学、科研和其他特殊需要饲养禽畜的，应当经所在区、县环境卫生行政主管部门批准；法规另有规定的，从其规定。”

2001年4月1日，由于天气转暖，许多贩卖雏鸡、雏鸭、小兔等禽畜的小贩出现在大街小巷，禽畜粪便污染环境、传播疾病，半夜鸡叫影响居民休息、邻里团结。为此，天津市综治办决定开展清理家畜家禽活动，按照《天津市环境卫生管理条例》第32条“市区内禁止饲养鸡、鸭、鹅、猪、羊、兔等禽畜”的规定，严格执法。凡是违反规定者，要求其限期予以处理，否则综合执法大队将予以没收。凡发现违规者，市民可拨打各区综合办热线电话举报。

2003年5月21日，天津市第十四届人民代表大会常务委员会第三次会议通过《天津市市容和环境卫生管理条例》。根据2005年10月20日天津市第十四届人民代表大会常务委员会第二十三次会议通过的《天津市人民代表大会常务委员会关于修改〈天津市市容和环境卫生管理条例〉的决定》，修正《天津市市容和环境卫生管理条例》。第四十条规定：“禁止在城区内饲养鸡、鸭、鹅、猪、羊、兔、驴、马、牛、骡、食用鸽以及其他影响市容和环境卫生的禽畜。与城区接壤地区的农业户饲养禽畜的，必须在规定的区域内圈养。违反规定的，责令限期改正；逾期不改正的，予以没收。因科研、教学等特殊需要饲养禽畜的，应当按有关规定加强管理，不得影响市容和环境卫生。养犬应当遵守本市养犬管理条例的有关规定。饲养信鸽应当符合有关规定，具备相应条件，并采取措施，防止影响市容和环境卫生。饲养信鸽影响市容和环境卫生的，责令限期拆除鸽舍。”

2004年2月11日，天津市综治办发出《关于防治高致病性禽流感，开展环境专项治理的通知》，从12日开始至3月10日，进行为期1个月的环境专项治理战役，城区内违法饲养的鸡、鸭等禽畜，都要被捕杀，以建立防止各种传染病传播的环境屏障，防止高致病性禽流感疫情蔓延。市内六区以及西青区杨柳青镇、津南区咸水沽镇、东丽区张贵庄街、北辰区北仓镇、武清区杨村镇、宁河县芦台镇、静海县静海镇、宝坻区城关镇、蓟县城关镇等各郊区县的政府所在地、建成区禁止饲养鸡、鸭、鹅、猪、羊、兔、驴、马、牛、骡、食用鸽，以及其他影响市容环境卫生的禽畜。凡是违反《天津市市容和环境卫生管理条例》的规定，违法饲养上述禽畜的居民住户，要自行捕杀，不主动进行捕杀的，各综合执法队伍负责予以捕杀，发现一处、治理一处，并对拒绝管理的违法饲养家禽家畜户，按照条例规定进行相应处罚。

2005年1月22日，为严格防控高致病性禽流感疫情的发生，从1月22日起至12月31日，在城区范围内开展一次市容环境专项执法行动。凡是在城区内饲养鸡、鸭、鹅、食用鸽以及其他影响市容和环境卫生的禽畜的，一经发现，要坚决查处，就地捕杀，并在卫生防疫部门的指导下进行销毁。对无证饲养鸽子的，按照非法饲养家禽处理。

2005年11月1日，天津《城市快报》刊登了《小区不是农场怎能饲养鸡鸭》的文章，在读者中引起共鸣，很多读者给报社致电，反映自己居住的小区内存在饲养家禽的现象。记者再次前往居民小区，对居民饲养鸡、鸭等禽类现象进行了调查。调查中发现，这些居民饲养鸡、鸭有三种，首先是有些老年人由于儿女不在身边或白天上班，这些单独在家的老年人把饲养鸡、鸭当成是一种乐趣，打发寂寞，这种情况占饲养禽类人数的比例为78%。其次是买来小鸡、小鸭哄孩子玩儿，这种情况占饲养人数的12%。另外还有一种情况就是饲养鸡、鸭给家中的病人熬汤，滋补身体，占饲养人数的10%。而对于饲养家禽的问题，社区中85%的居民持反对态度，认为在小区内饲养鸡、鸭影响环境卫生；7%的居民认为无所谓；支持饲养的居民占8%，这些人认为，老年人退休后养些鸡、鸭可以充实生活。

2005年11月12日，天津市市容委发出通知，要求在全市范围内开展防治高致病性禽流感环境专项治理行动。各个综合执法队伍、环卫管理部门，依据《天津市市容和环境卫生管理条例》的有关规定，彻底清理违章饲养家禽家畜的违法现象，并对违法饲养家禽家畜户按照有关规定进行处罚。通知明确指出，禁止在和平、河西、河东、南开、河北、红桥等城区范围内饲养鸡、鸭、鹅、食用鸽，以及其他影响市容和环境卫生的禽畜。与城区接壤地区的农业户饲养禽畜的，必须在规定的区域内圈养。各综合执法队伍和市容环卫管理部门的执法人员接到群众反映，及时采取行动，对违反规定饲养家禽家畜者，责令限期改正，凡是逾期不改的，将把他们饲养的家禽家畜全部予以没收。此外，通知还规定饲养信鸽应当符合有关规定，具备相应条件，并采取措施，防止影响市容和环境卫生，在疫情解除前不准放飞。

三、城市污物积肥管理

1956年，城市垃圾粪便以供农肥为主，因此，将粪便清除组织交给商业部门管理，结果出现很多问题。1957年，又将粪便清除工作移交卫生部门管理。

1958年1月27日，天津市人民委员会发出《关于改进粪便垃圾管理，进一步改善城市环境卫生的意见》，提出城市粪便实行统一管理，在符合城市环境卫生的条件下供应农肥。各郊区人委对农业社加强教育，不得入市乱拉乱挖垃圾粪便，不得在市边乱堆乱放垃圾粪便。2月11日，天津市公共卫生局向天津市内六区、塘沽及郊区发出通知，入市掏粪要办理登记手续。

1964年4月10日，天津市环卫局调查，市区边沿有堆粪点238处，占地5.4万平方米。天津市人民委员会要求由环卫局牵头，组织公安局、城肥办公室及各区有关部门，先南开区后其他各区进行管理。

1968年7月25日至8月3日，天津市农林局、天津市环卫局联合举办环卫、农业干部学习班，通过学习，取得互相谅解，密切城乡关系，解决垃圾、粪便供肥及积肥中的问题。

1970年2月，天津市农业生产指挥部、天津市文教组、天津市供给服务组联合发出《关于加强对市区的粪便、垃圾、污泥管理工作的通知》。天津市卫生局、天津市爱卫办对市区边沿农业社队的积肥进行调查、管理。天津市区周边共有116个农业社队，设置积肥点74处，其中应实行堆肥的51处，已有39处进行堆肥，占76%；应迁出市区的23处，已迁出的11处，占48%。

1978年8月28日，天津市委农村工作委员会发出《关于加强市郊生产队设在市内的垃圾点、积肥点的卫生管理通知》。据调查统计，郊、县生产队在市郊结合部及市区内的垃圾点、积肥点共有123处。

1980年7月10日，天津市爱卫办、天津市环卫局联合发出《关于制定城乡结合部积肥场的卫生管理试行办法》的通知，要求各郊区爱卫会及农业部门落实。

1982年5月5日至7日，天津市农委办、天津市爱卫办、天津市环卫局组织市区、郊区有关部门，对市郊结合部积肥点进行检查，检查19个农业生产大队的积肥点24处。

20世纪90年代以后，随着农业发展和城郊结合部治理，积肥点逐步取消。到2000年，基本消除。

四、重点行业治理

1963年，天津市环卫管理处设置“群众卫生科”，逐步开始对房建、市政、饮食、副食、食品等重点行业进行管理。1979年，天津市人民政府颁发《城市街道清洁卫生管理暂行办法》，开始依法对重点行业进行管理。

（一）对电、汽车始末站的管理

1962年5月31日，天津市环境卫生管理处向天津市电、汽车公司发出通知，要求加强电、汽车始末站的清洁卫生。1983年5月6日，天津市环卫管理局与天津市公用局联合制发《天津市公共交通站点车厢卫生管理实施细则》，提出6条规定，自公布日起执行。

（二）对“三食”行业的管理

1962年5月31日，天津市公共卫生局和天津市副食品局联合发出《关于加强饮、副食行业门前环境卫生工作的通知》，附发6条规定，要求各区贯彻执行。1980年5月9日，天津市第二商业局、天津市环卫局联合发出《关于“三食”行业环境卫生管理的暂行规定》，提出5项要求，由饮食公司、副食公司和食品公司认真落实。

（三）对植树剪枝作业的管理

1980年3月17日，天津市园林管理局、天津市环卫局联合发出《关于在开展植树造林活动中保持环境卫生的通知》，提出6项具体要求，由各区环卫、园林部门贯彻落实。1982年3月2日，天津市园林管理局、天津市环卫局为继续执行1980年3月17日的联合通知，又联合发出《关于在植树剪枝作业中维护街道清洁卫生的通知》。

（四）对零售报刊亭的管理

1983年4月15日，天津市邮电管理局、天津市公安局、工商局、市政工程局、铁路分局、天津日报社、天津市环卫局等单位联合下发《关于零售报刊亭的管理通知》。

（五）对医疗单位的管理

1983年9月28日，天津市环卫局、天津市卫生局联合下发《天津市医务卫生单位清洁卫生管理的规定》，对医务卫生单位加强环境卫生管理。

第三节 重点地区管理

一、繁华地区治理

繁华地区商业集中、人流大、污染多，市容环境极易脏乱，因此加强繁华地区管理，是市容环卫工作重点。

1985年，天津市环卫局确定天津火车站、火车北站、劝业场、古文化街等13处为繁华地区，规定了这些地区的四至范围，要求做到“三有四无”，即有果皮箱、有人清扫管理、有经常化制度，无痰迹、无烟头、无果壳、无纸屑杂物。各繁华地区的所属街道办事处是责任单位，负责对所属繁华地区的管理。

1985年6月10日，天津市人民政府发出《关于禁止随地吐痰、乱扔乱倒的通知》。天津市环卫局以繁华地区为突破口，落实天津市政府“双禁”通知。

1986年，天津市环卫局将繁华地区增加到14处，1987年增加到21处，并制定《天津市21处重点地区环境卫生标准》。4月21日，市长李瑞环提出解决乱吐、乱扔、乱洒、乱放的“四乱”问题。5月15日，天津市环卫局召开夏季环卫工作动员大会，贯彻落实李瑞环市长治理“四乱”的指示，与有关部门在繁华地区设置联合检查站60处，对“四乱”行为进行管理。

1988～1990年天津市繁华地区明细表

表5-1-3-71

区别	数量	繁华地区名称
和平区	5	劝业场、国际商场、食品街、旅馆街、百货大楼
南开区	4	东北角、古文化街、服装街、八里台长途汽车站门前
河北区	3	天津站、北站、十月一条街
河西区	3	佟楼、南楼、河西商场
红桥区	3	河北大街、估衣街、西站
河东区	2	十一径路、蝶形立交桥
塘沽区	2	新华路、车站
汉沽区	2	新开路、车站
大港区	1	新华路
合　计	25	

1988年2月29日，天津市人民政府下发《关于对随地吐痰增加罚金的批复》，规定随地吐痰的罚金由3角增加到1元。

1983～1990年间天津市管理乱吐乱扔行为情况表

表5-1-3-72

年份	管理起数	其中		罚款金额（元）
		教育（起）	处罚（起）	
1983	49752	22234	27518	6894.3
1984	213907	82177	131703	37769.5
1985	1327346	924649	402697	126862.5
1986	935040	387424	547617	178622.1
1987	1105147	479290	625857	196420.7
1988	1065398	547947	517451	350961.8
1989	1095625	472301	623324	487259.5
1990	294375	22700	272035	229701.0

1989年，百分之八十以上的繁华区得到有效控制，环境卫生能够保持经常整洁。尤其是繁华区比较集中的和平区，82条繁华路段，全部实行了市容卫生门前承包制，组织了400多人，分段定岗，对市容环境进行有效管理。

2007年8月5日，由于天津市机场、车站、历史风貌区、观光游览区等商业区域还不同程度地存在着规划水平不高、功能布局不合理、部分道路便道损坏等状况。天津市重点治理20片繁华地区的市容环境。20片繁华地区是指天津站地区、西站地区、滨江道地区、天塔地区、银河公园地区、古文化街地区、食品街旅馆街地区、水上公园地区、国际商场地区、小白楼地区、意式风情区、鼓楼地区、奥体中心地区、临时客站、滨海国际机场地区、平津战役纪念馆周边、中心花园、五大道地区、大悲院地区、思源广场地区。在治理中将四至范围、功能定位、建筑立面风格、建筑色彩、绿化风格等方面放在重点，如滨江道地区，四至范围为南至南京路、北至大沽北路、东至赤峰道、西至长春道，功能定位为体现中心区商业特色的步行街区域，建筑立面风格是近代欧洲风格，建筑色彩以浅色为主的明亮色彩；绿化风格为林荫休闲图案装饰风格。

2007年11月28日，和平区综合执法局、卫生局、环卫局等单位和部门相互联合，组织针对繁华地区周边道路环境秩序的集中清理活动，对次支路实行规范管理，严格控制次支道路占路摆卖。同时，加大巡查频率和管理力度，对夜间马路餐桌、占路烧烤、流动商贩进行严格管控，对重、难点点位的治理做到对违章情节摄像取证、收集影像资料到位，下达相关文书、执法程序履行到位，加强夜间巡查力度，加大对施工工地和工程渣土运输车辆的管理力度。

2008年6月30日，按照迎奥运市容环境综合治理部署，天津市和平区繁华地区综合管理办公室以迎奥运为契机，全面提升改造市容环境道路秩序。通过大规模立面综合整修、治理，努力增强繁华地区的竞争力和影响力，向中外游客展示对外窗口良好的环境和城市面貌。围绕立面清拆、规范改造、结构性整修、夜景灯光建设等工程，坚持高起点、高标准、高水平，抓好细节，不留死角。清拆各类户外广告、霓虹灯刀牌、牌匾字号等 557 块，规范改造 256 块；整修、粉刷楼体 66 栋；规范改造沿街商家首层外檐 63 处；拆除违法建设 12 间；维修、新建夜景灯光、楼体泛光照明设施 54 栋，600 余组；更新更换马路家具，休闲椅 56 个、垃圾桶 96 个；安装沿街空调室外机防护罩 230 个；道路整修管线切改入地 5800 余平方米，迁移大型停车场 3 处，新建紫阳里停车场 1 处。

2009 年 1 月 4 日，天津市人民政府下发通知，加大对繁华地区清整力度，各部门按照路段区域分工，开展密集清理整治和集中力量清理相结合，对重点路段乱摆乱卖等违章行为进行重点清理。

二、天津火车站地区管理

1988 年 8 月 31 日，天津市人民政府会议决定，为加强天津火车站区环境秩序管理，要在最短时间内达到“管理——集中统一，责任——按口到位”的要求。同时确定站区的管理范围是“站前部分，东起李公楼立交桥西侧建筑红线，西至三经路西侧建筑红线，南起海河河岸护栏，北至铁路。站后部分，北至新官汛大街南侧建筑红线，东起商业配楼建筑红线，西至共和里西侧建筑，南至铁路。”

1988 年年末，天津火车站区改造工程竣工，准备开启使用前后，各专业管理部门派出 200 余名执法人员，连续清理整顿两个月。1989 年春运期间，又抽调 80 余名专业执法人员组成“春运联合执法队”昼夜执勤，同时配合铁路部门查“三品”（易燃品、易爆品、危险品），保证了运营安全和站区、站容整洁、美观、有序。天津火车站建成后一年来，共清理各类违章 1.4 万起，其中，清理自行车乱停乱放 1.8 万辆次，清理商贩乱摆乱卖 1.2 万次，清理摄影点 1000 多人次，清理违章广告 270 多处。

图 5-1-3-128 执法队员热情为外地旅客服务

1989 年 6 月，各专业管理部门坚守岗位，加班加点，巡回检查，严格管理。仅 6 月 1 日至 10 日的十天内，组织执法管理人员 366 人次，劝阻、清理各类违章 4028 人次，查扣、纠正乱放自行车 3323 辆次，处罚各类违章 449 人次，罚款 2039 元，清除、覆盖大小字报及标语 213 处。

（一）天津火车站地区管理模式

天津火车站地区管理大致分为市、区两级管理和区域管理两个阶段。

1. 市、区两级管理阶段基本情况

（1）市区两级管理的机构设置

站区环境秩序管理涉及铁路、公安、规划、市政、公用、市容、园林、环卫、房管、交通、电力、财贸、工商、物价、卫生防疫部门。1990年10月23日，天津市人民政府印发《关于加强天津站地区管理工作的通知》（津政发〔1990〕104号），决定成立“天津站地区管理领导小组”，组长由天津市副市长李振东兼任，副组长由天津市市容卫生管理委员会副主任王德惠、天津市公安局副局长李宝金兼任，小组成员单位有：天津市建委、河北区政府、河东区政府、天津铁路分局、市政工程局、公用局、环卫局、园林局、工商局、邮政局等。领导小组下设办公室（简称市站区办），隶属关系挂靠天津市市容委。同时成立河北区天津站地区管理办公室（前广场）和河东区天津站地区管理办公室（后广场），日常工作受区政府和市站区办双重领导。1990年11月1日，天津市人民政府颁布了《天津站地区管理暂行规定》，1997年12月31日，天津市人民政府下发《关于修改〈天津站地区管理暂行规定〉的通知》（津政发〔1997〕118号），将“天津站地区管理暂行规定”修改为“天津站地区管理规定”。

（2）相关部门的管理职责

天津市站区办统筹负责天津站地区的管理，成员单位包括天津市建委、天津铁路分局、市政工程局、公用局、环卫局、园林局、工商局、邮政局及河北、河东区两区政府。主要职责是：组织、协调、监督、检查两区以及铁路、公安等部门的站区管理工作；站区内停车场设置、广告设置、宣传设施及临时建筑、服务经营摊点的行政审批；站区内各种设施维护、变更等工程的审核。

河北、河东区站区办负责具体实施《天津站地区管理规定》，主要职责是：组织、协调、监督、检查本站区的财贸、交通、工商、税务、物价、环卫、卫生防疫等管理工作；组建统一协勤队伍对乱停乱放、乱摆乱卖等“十乱”行为进行处罚；在站区内设置广告、标语、牌匾、橱窗、各种标志牌和服务经营摊点的初审；建筑外檐装修、设置或变更各类设施施工的初审；负责已批准的服务经营摊点的管理和收费工作。市、区两级管理阶段，从1990年到2000年运行10年。

2. 区域管理阶段基本情况

2001年，天津市人民政府决定，天津火车站站区管理由市、区两级管理改为区域管理。

（1）区域管理的机构设置

根据天津市编委印发的《关于天津站地区管理办公室调整移交给河北区、河东区政府的通知》（津编二字〔2001〕61号），撤销天津市站区办，人员、编制、经费和各项管理权，按行政区划全部移交给河北、河东区政府。组建天津站前广场地区管理办公室，交由河北区政府管理；组建天津站后广场地区管理办公室，交由河东区政府管理。

（2）区域管理的职责

根据天津市人民政府《关于天津站地区管理有关问题的批复》（津政函〔2001〕67号），河北、河东区站区办接手原天津市站区办各项管理权，负责所辖站区管理的综合协调。随着行政许可法等法律的出台，天津站地区的审批、处罚职权由各职能部门依法履行。在2007年天津站改造前，区站区办的主要职责为组织、协调、监督、检查各部门实施法律、法规和规章情况，没有实体性职权。

（二）天津火车站地区管理概况

2008年6月30日，天津市人民政府下发《天津站地区综合管理规定》（津政令第7号），1997年12月31日修订发布的《天津站地区管理暂行规定》（津政发〔1997〕118号）同时废止。规定要求，天津站地区的公共服务设施设置应当科学合理，方便群众；各种指示标志应当清晰明确，整洁美观；损坏的设施、设备应当及时更换、维修，保障正常使用；天津站地区对外经营的场所应当设置卫生间，并免费对公众开放。另外，天津站地区禁止下列影响市容环境、园林绿化和市政设施管理的行为：占用广场和道路摆摊设点、从事各种经营性活动或采用流动方式兜售物品；设置经营性户外广告、标语；法律、法规、规章禁止的其他违反市容环境、园林绿化和市政设施管理的行为。

2008年8月1日，随着天津新客站的正式启用和《天津站地区综合管理规定》的实施，天津站地区综合管理办公室遵照市政府的指示进入天津站地区实施综合管理。首批22名综合执法人员进驻天津站前、后广场地区，与公安、交管、环卫、铁路等部门一道全力打造天津城市窗口新形象，使天津站地区成为全国瞩目的城市亮点。天津站地区综合管理办公室的综合执法人员为80人，分三班，实行24小时全天候的市容环境综合执法管理。对乱摆乱卖、乱吊乱挂、乱贴乱画、随地吐痰、乱扔果皮纸屑等违章行为依法予以纠正和处罚，努力使天津站地区的市容环境管理达到无违章棚亭、无乱摆乱卖、无店外摆卖、无马路餐桌露天烧烤、无马路加工作业、无乱堆乱放乱吊乱挂、无乱贴乱画立面小张贴橱窗贴画、无外摆灯箱广告牌、无乱设布标幔帐气拱门，沿街商店的牌匾字号无残旧、缺笔少画等“十无”现象。

2008年9月10日，天津站地区综合管理办公室总结一个多月来站区道路和综合服务情况。天津站地区综合管理办公室成立后，立即组织执法人员对天津站地区整体运营状况，客流、车流情况以及硬件设施使用状况进行了现场勘查，明确了各部门管理责任和管理重点，并通过开展工作人员专业培训、安排重点点位岗勤管理、加强每日巡查监控、强化重点区域交通维护等方式，强化了日常管理。站区每天有公安派出所民警50人、交警天津站大队20人、市容环境综合执法26人、保安31人对站区实施24小时全天候巡查管理。管理办公室采取一系列有效措施，提升管理水平。一是规范站区落客、载客的区域，增加了交通隔离设施，在公交站及出租车进出站口安装调整各类（高、低）交通护栏908片1800多延米，制作安装各类交通指示标志156面，安装防撞桶16个，规范了各种车辆的出入，保证了广场秩序。二是集中对影响站区道路环境秩序的出租车、三轮车乱停乱放、随意停车载客等违章行为进行了规范和治理，先后处罚机动三轮车32辆、打卡处罚违章车辆174笔、贴违章处罚通知单116笔、摄录187笔、扣留驾驶证、行使

图 5-1-3-129　天津站站前广场行政执法服务车加大巡查力度

证 87 个、滞留证照不全车辆 9 部，行政罚款近 2 万元。三是严格规范治理站区市容环境秩序，执法人员通过向站区经营户宣传综合管理规定、对影响站区市容环境违章设施的清整和日常巡查管理，共清理违章报亭 4 个，清理店外摆卖、门前堆物堆料 24 处，清理违规悬挂的布标、橱窗贴画 17 处，暂扣乱停乱放三轮车 32 辆，自行车 700 多辆，进一步净化了站区市容环境秩序，方便了人员和车辆的通行。四是保证站区治安稳定，站区公安派出所每天安排人员以步行和电瓶车流动巡查等方式维护站区治安秩序，及时提示旅客看好行李 2300 多次，调解纠纷 12 起，并妥善处理疑似爆炸物特殊事件 2 起。

2008 年 11 月 26 日，天津市人大常委会副主任邢明军带领部分市人大代表深入天津站地区检查周边环境秩序情况，检查推动代表建议办理工作。检查推动活动采取代表分组进行实地检查、集中听取汇报和座谈会交换意见相结合的方式进行。市人大代表一行先后来到天津站候车厅、高铁站台、出租车候车区、下沉广场、海河广场、亲水平台实地检查了天津站地区的周边环境秩序情况。在随后召开的座谈会上，听取了河东区关于天津站地区综合管理工作情况的汇报。座谈会上，市人大代表们就天津站出租车管理、旅客如厕、完善服务等方面提出了建设性意见和建议。

2009 年 8 月 4 日，天津站地区综合管理办公室召开成立一周年总结表彰大会，总结一年来各项工作，对 32 名在站区综合管理工作中做出突出贡献的先进个人进行表彰，颁发了荣誉证书。会议指出，一年来，站区办认真贯彻落实相关法律法规和《天津站地区综合管理规定》，以建设“五星级站区”为目标，紧紧围绕“安全、有序、整洁、便捷”工作重点，深入开展调查研究，不断摸索管理规律，团结一致攻坚破难，基本实现了站区安全防控到位，车辆管理规范有序，景观广场秩序井然，环境卫生干净整洁，服务水平显著提升。站区整体面貌发生了重大变化，赢得了市、区有关部门和广大人民群众的普遍好评。

三、天津西站地区管理

清光绪三十四年（1908），清政府向德国借款修建津浦铁路。6 月 30 日，津浦铁路在天津举行开工典礼，开始建设天津西站。宣统二年（1910）12 月 14 日，天津西站落成启用。占地 121 万平方米，建筑面积 3.54 万平方米，主建筑为德式砖木结构站房。天津西站建成初期，虽然是始发站，但也只是一个小站。新中国成立后，经 50 多年不断扩建，成为大站，担负着津浦、津山两大干线，津浦、石德方向旅客的发送和中转任务。同时还担负着红桥区、南开区、西青区部分工厂企业生产原料、燃料及建筑材料、民用必需品到达和外运任务。

（一）成立天津西站地区综合治理办公室

1991年4月22日，经红桥区编委批准，建立天津西站地区综合治理办公室，归属红桥区市容委领导，由红桥区城管监察中队负责站区秩序、周边环境、车辆通行等方面的日常管理。

（二）周边环境治理

1989年，天津西站地区综合治理办公室组织西站治安派出所、武警部队40人，对环境容貌实施集中整顿。仅一周时间，清除违章摊点12个、罚款210元。制止乱泼乱放28处，拆除违章棚亭1处，清理乱贴乱画138处，清除杂物1吨，清除聚集在售票厅和出站口的小摊小贩。

2001年9月21日下午，市长李盛霖到天津站、天津西站检查环境治理工作。天津站和西站地区环境秩序综合治理，是当年城市环境秩序综合治理的重要内容之一，经过各有关区和市有关部门共同努力，天津站前后广场乱摆乱卖的摊贩已全部清除，环境卫生实施了全天保洁，车辆秩序明显改善。天津西站广场违章建筑、广告牌匾已全部拆除，并新建了铁艺围墙，完成新拓广场路面补修、广场功能分区调整和隔离设施安装工程。

2008年，天津西站站区办对西站地区环境脏乱、交通秩序混乱等问题进行综合治理。仅用十几天时间，完成交通组织规范、新建现代化环卫设施、绿化充实提高和路面铺装等工作。拆除违章平房70平方米，拆除、规范广告牌匾58块，拆除各类吊挂物84处，整修民建1.03万平方米，整修公建4752平方米。提升绿地1万平方米，人行道硬铺装8900平方米，建立专用出租汽车场站，加强夜景灯光建设，配置城市家具，站区面貌发生显著变化。

（三）配合铁路部门加强春运管理

2009年春运期间，天津西站站区办制定春运应急预案，形成反应快速、应对准确、处理果断应急机制，降低突发事件造成危害和影响。治“混乱”，对各种乱停乱靠车辆进行治理，创造良好站前秩序；治“脏乱”，对各种违章行为进行治理，保证环境秩序井然有序；治“恶乱”，对带有黑恶势力行为进行打击，维护旅客合法权益，确保旅客安全乘车。

四、重点地区整治

2008年10月，对市内5处重点地区进行整治。整治的原则是，强化地标功能，塑造标志景观，彰显地区特色，提升文化品位；发挥潜在优势，带动周边区域；调整提升业态，增强聚集功能。

中心花园地区。东起营口道、西至赤峰道、南起新华路、北至和平路。现存李吉甫、吉鸿昌故居等历史风貌建筑10幢，文化底蕴深厚。整治后呈现法式风情区，绿化整治主要是在恢复原公园风貌的基础上，强调法国规则式园林风格，突出规则模纹与流线模纹的结合，形成空间与线条的对比，点缀具有历史文化特色的雕塑。建筑整治运用修旧如故的手法，恢复原法式建筑风貌。

文庙地区。文庙建于明代，处于鼓楼、古文化街观光带的中心节点，东起城厢东路、西至东马路、北起北城街、男装鼓楼东街，是天津市现存比较完整的古建筑群，府、县两级孔庙并存。整治后呈现出传统与现代的纽带，连接鼓楼、古文化街的历史文化轴线。建筑风格为中式，建筑色彩以浅灰色、白色为主，绿化注重传统文化气息、开放的休闲风格。对孔庙修复的同时，对周边地区进行市容环境综合整治，清理规范广告、空调，加装空调罩，整理业态，管线入地，提升总体环境水平。

天塔地区。天塔1991年建成，地处河西区，是天津西南重要的景观节点，是天塔、水上公园、南翠屏公园景观轴的制高点。整治工程是在完善天塔自身景观环境的基础上，对周边地区进行改造，提升这一地区的聚集效应和放射效应。整治后成为城市滨水特色的旅游观光景观区，建筑风格为简约欧式与现代建筑相结合。色彩以浅色为主的明亮色彩，绿化体现林荫滨水自然风格。清洗天塔塔身，拆除沿湖假山、整治沿湖堤岸、建设沿湖栈道，贯通环湖景观走廊，实现天塔湖景观完整性。

食品街、旅馆街地区。食品街、旅馆街地区始建于1984年，是中心城区重要景观节点、文化节点、经济节点，是外地客人到津必游之地。综合整治对其建筑、业态做整体提升，并对周边地区进行相应的改造，使其节点作用与所在中心市区的重要位置更相称。整治后是民俗和饮食文化的商业区，建筑风格为中国传统和都市现代风格。绿化凸显商业休闲装饰风格，同时将原台阶改为露台，加中式仿古栏杆，规范牌匾，恢复建筑肌理。恢复庆善大街原功能，增加绿化和游人休憩设施，地面重新铺装。将清和街一幅式断面调整为两幅式断面，恢复建筑风貌，规范牌匾，加设中式传统符号。

第四节 《城建监察》杂志

1991年10月15日,《城建监察》杂志创刊,《城建监察》第一期出版初始期号为1991年第1期。从第3期起，由重庆转至天津编辑出版，杂志编辑部设在天津市和平区新华路仁安里4号。《城建监察》杂志作为中国城科会城建管理监察研究会会刊，创刊伊始，建设部城建司司长汪光焘为《城建监察》杂志题写了“坚持办刊宗旨，发挥导向作用”的题词。1992年,《城建监察》杂志组建编委会，汪光焘任主任，赵士琪、朱中一、顾文选、李占东任副主任，委员20人。

《城建监察》杂志创办以来始终在建设部城建监察办公室直接指导下办刊，是我国城市管理城建监察工作领域唯一的全国性刊物。《城建监察》是中华人民共和国新闻出版总署批准，公开发行的优秀学术期刊。自创刊之日起，一直坚持锐意进取、兼容并收、实事求是的办刊理念，由于其态度严谨、积极创新、观点新颖等创刊特点，获得业内人士的一致认可，在国内刊物领域具有较大影响力。杂志收录文章内容丰富、可读性强、特色鲜明，已被中国期刊网数据库全文收录。

1992 年 10 月，在天津市召开庆祝《城建监察》杂志在天津市出刊一周年座谈会。

1993 年至 1994 年，在天津市组织三届特约通讯员组稿联谊会。

1995 年,《城建监察》杂志举办“银海杯”城建法律知识竞赛和“空四杯”摄影比赛。

1997 年,《城建监察》杂志举办第二届“空四杯”城建监察摄影比赛。

1998 年,《城建监察》杂志举办“空四杯”城建监察艺术摄影比赛和“海迪兰杯”城建监察艺术作品比赛。

图 5-1-3-130　城建监察杂志

1999 年 6 月，在南京市召开了首届《城建监察》杂志特约通讯员工作会议。

1999 年《城建监察》杂志举办“空四杯”城建监察《祖国颂》摄影比赛和“海迪兰杯”城建监察《祖国颂》书法篆刻比赛。

2000 年第 1 期（总第 60 期）《城建监察》杂志由双月刊改为全年 9 期。

2000 年,《城建监察》杂志举办“空四杯”城建监察《温馨一刻》摄影比赛。

2001 年，中国城科会城建管理监察专业委员会对优秀通讯员进行表彰。

2001 年,《城建监察》杂志举办“空四杯”《世纪风情》摄影比赛。

2002 年,《城建监察》杂志开展“海迪兰杯”《关注城管》有奖征文比赛、“银燕杯”《双喜临门》摄影比赛和“空四杯”《锦绣中华》摄影比赛。

2003 年，第 1 期（总第 87 期）《城建监察》杂志正式改为月刊出版。

2003 年 9 月，在余姚市召开全国城建(管)监察工作研讨交流暨“三杯”竞赛颁奖会。

2005 年,《城建监察》杂志通讯员专刊——《桥》创刊，为季刊。

2006 年,《城建监察》杂志举办“我与《城建监察》”征文及摄影、美术、书法、篆刻征集活动。

2008 年,《城建监察》杂志评选出 2007~2008 年度十佳优秀通讯员。

2010 年,《城建监察》杂志评选出 2009~2010 年度十佳优秀通讯员。

第二章　法制建设

第一节　市容环卫管理地方法规

清光绪二十七年（1901）3月，“天津地区临时政府”卫生局制订了《洁净地方章程》五条，成为天津最早的城市清洁卫生立法。

1928年，中华民国直隶警察厅颁布《污物扫除条例》和《污物扫除条例施行细则》。

天津解放后，天津市人民政府加强对城市环境卫生管理，针对某项工作，制发管理办法、规定或通知。

1949年6月16日，天津市公安局公布《天津市人民政府公安局运除垃圾秽物清洁规则》，以加强对商家住户垃圾、污水存储、倾倒的管理。

1950年5月10日，天津市人民政府批准公布《天津市私营粪商及私建公厕暂行管理办法》。宣布粪道属于公有，废除私人把持或占有粪道。1952年12月15日，天津市人民政府发出布告，将《天津市私营粪商及私建公厕暂行管理办法》修改为《天津市粪道及公共厕所管理规则》。1958年10月25日，天津市人民委员会修改公布《天津市粪便厕所卫生管理办法》。1962年8月17日，天津市人民委员会批准修订并公布《天津市粪便厕所卫生管理办法》。1964年4月28日，天津市人民委员会发出《关于加强城肥管理的指示》（《天津政报》1964年第8期）。1964年7月，天津市人民委员会批转市环境卫生局《关于加强粪便管理工作的十项要求》的通知（《天津政报》1964年第15期）。

1950年11月18日，天津市人民政府发出《关于入市畜力车牲畜挂带粪兜的布告》。1959年3月29日，天津市人民委员会发出《关于加强畜力车挂带粪兜管理的通知》，要求公安部门将此项工作，列为交通民警值勤任务之一，切实负责检查管理。

1952年12月11日，天津市人委批准公布《天津市户外清洁管理规则》。

1958年3月3日，天津市人民委员会发出《关于市区饲养鸡鸭加强管理的通知》。1959年8月18日，天津市人民委员会发出《关于加强对市内各区机关居民等饲养猪、鸡卫生管理的规定》（《天津政报》1964年第10期）。1964年4月28日，天津市人民委员会发出《关于加强城市家禽家畜管理的通知》（《天津政报》1964年第10期）。1978年6月28日，天津市革命委员会发出《关于认真处理家禽家畜的通知》。

1979 年 5 月 10 日，天津市革委会颁发《关于城市卫生管理的试行规定》。这是天津市第一个对城市环境卫生管理的综合性地方法规，明确由 7 月 1 日起实行。

1982 年 4 月 3 日，天津市第九届人民代表大会第三次会议通过了《关于加强城镇街道清洁卫生工作的决定》。并决定城镇街道清洁卫生管理办法，由天津市人民政府制订、公布施行。

1983 年 2 月 2 日，天津市人民政府颁发《天津市城市街道清洁卫生管理暂行办法》，4 月 1 日起实行。

1989 年 11 月 24 日，天津市人民政府发出第 17 号令，颁发《天津市市区冬季清雪暂行办法》，使天津市区的冬雪清运工作纳入了依法管理的轨道。

第二节　市容环卫管理立法工作

一、人大立法项目

2003 年以前，市容环卫系统没有天津市人大地方法规。

2002 年 8 月 19 日，天津市人民政府第 55 次常务会议讨论通过《天津市市容和环境卫生管理条例（草案）》，并于 2002 年 12 月 18 日提请天津市十三届人大常委会第三十七次会议审议，会议认为，条例草案涉及面广，内容比较复杂，关系到人民群众的切身利益，建议市十四届人大常委会继续审议，并根据各方面的意见对草案进行修改后公示，在全市范围内公开征求意见。2003 年 5 月 21 日，天津市第十四届人大常委会第三次会议讨论通过《天津市市容和环境卫生管理条例》。2005 年 10 月 20 日，天津市第十四届人大常委会第二十三次会议对《天津市市容和环境卫生管理条例》进行了修改。

二、政府立法项目

1993 年 5 月 10 日，天津市人民政府第 60 号令发布《天津市环境卫生管理规定》，7 月 1 日起施行。1983 年 2 月 2 日，天津市人民政府颁布的《天津市城市街道清洁卫生管理暂行办法》同时废止。2002 年 1 月 22 日，颁布《天津市人民政府关于废止 80 件政府规章的决定》，废止《天津市环境卫生管理规定》，原因是被 1998 年 2 月 25 日天津市第十二届人大常委会第四十次会议通过的《天津市环境卫生管理条例》取代。

1993 年 5 月 10 日，天津市人民政府批转天津市环卫局拟订的《天津市建筑垃圾工程渣土管理规定》（津政发〔1993〕第 27 号）。

1995 年 4 月 26 日，天津市人民政府第 40 号令发布实施《天津市城镇街道综合整修管理规定》。1997 年 12 月 7 日，由天津市政府第 105 号令《关于修改〈天津市城镇街道综合整修管理规定〉的决定》予以修改实施。2004年6月29日，天津市人民政府令（第40号）《关于修改〈天津市城镇街道综合整修管理规定〉的决定》，经天津市人民政府第30次常务会议通过，重新进行修订公布。

1999年6月28日，天津市人民政府第12号令发布《天津市城市市容管理规定》，7月1日起施行。2004年6月29日，颁布《天津市人民政府关于废止30件政府规章和80件市政府规范性文件的决定》，废止《天津市城市市容管理规定》，原因是被2003年5月21日天津市第十四届人大常委会第三次会议通过的《天津市市容和环境卫生管理条例》取代。

2004年6月21日，天津市人民政府第30次常务会议通过《天津市夜景灯光设施管理规定》，6月30日，由天津市人民政府第59号令发布实施，7月1日起施行。《天津市夜景灯光设施管理规定》共二十四条，主要对景观灯光设施的规划、设计、建设、维修和管理作出规定。天津市人民政府1995年5月3日发布、1997年9月24日修订发布的《天津市夜景灯光设置管理办法》（市人民政府令第90号）同时废止。

三、立法数量不断增加

自2004年以来，由天津市人大发布地方性法规1部、由天津市人民政府发布政府规章3部；天津市人民政府和天津市市容委发布规范性文件68件；天津市市容委与其他部门联合发布规范性文件8件。2005～2006年，天津市人大、市政府连续将天津市市容委3个项目列入立法计划，从天津市市容委制定发布的规范性文件情况看，2004、2005、2006年3年发布数量是过去13年总和的6倍。

1991～2006年间天津市立法项目统计表

表5-2-2-73 单位：件

年份	法规、规章数	市政府规范性文件数	市容委规范性文件数	年份	法规、规章数	市政府规范性文件数	市容委规范性文件数
1991	0	0	0	1999	0	0	2
1992	0	0	0	2000	0	0	3
1993	0	1	0	2001	0	2	5
1994	0	0	0	2002	0	0	1
1995	0	1	0	2003	0	2	5
1996	0	0	0	2004	3	1	12
1997	0	0	0	2005	2	1	38
1998	1	1	0	2006	3	—	8

第三节　执法工作

一、依法行政

2005年5月17日，天津市市容委发布《市容环境系统全面推进依法行政实施方案》(津容法〔2005〕第136号)。依据国务院《全面推进依法行政实施纲要》和天津市人民政府《关于全面推进依法行政实施意见》，天津市市容委制定2005～2007年全面推进依法行政实施方案。依法履行职责，实现职能转变，提高宏观调控能力。创新管理方式，建立运转有序、协调顺畅、公正透明、廉洁高效的市容环境管理体制。完善权责明确、行为规范、快速反应、管理到位的行政工作机制；全面推行依法行政工作责任制，构建内部监督、行政监督、社会监督、舆论监督体系。建立监督有力、制约有效的执法监督制度。各级管理部门之间的职能和权限更加科学、合理。市容环境监管职能和公共服务职能基本到位，统一、开放、竞争、有序的市容环境服务市场逐步建立和完善。市容环卫作业服务系统、责任管理系统、执法监督系统、市场中介系统、科技支撑系统、资源配置系统逐步健全和完善。市容环境方面的法规、规章进一步完善，配套措施和监管制度更加健全。法律、法规、规章能够全面、正确实施，公民、法人和其他组织的合法权益受到尊重和保护，各类违法行为被及时纠正和处罚，管理工作更加公正、有效和透明，环境秩序得到有效维护。

2008年7月22日上午，天津市市容委组织全市市容环卫系统在河西区凯特饭店举行大接访活动。活动前夕，天津市市容委通过新闻媒体对“大接访”活动的内容、时间、接待方式等提前向社会进行公布，并设立热线电话24小时专人值守。这次大接访活动，共接待来访群众168批400余人，受理各类问题200余件，其中47件在接待现场办结。

二、执法检查

2005年4月至6月中旬，天津市人大常委会组织开展了《天津市市容和环境卫生管理条例》实施情况的执法检查。

6月7日至9日，天津市人大常委会执法检查组，在人大常委会副主任王德惠、陈洪江带领下分别检查了河北、塘沽、东丽三个区贯彻实施条例的情况，实地察看了河北区凤凰城施工工地、大悲院繁华地区、幸福道市场、何兴庄城郊结合部、河北东丽结合部、大江里小区的环境卫生状况以及金沙江路垃圾楼、公厕的建设使用情况，检查了塘沽区文化中心施工工地、新村市场、频开里市场、北伦里小区的环境卫生状况以及外滩地区公厕、新开里垃圾转运站的建设使用情况，检查了东丽区东丽广场、东丽商贸城、新立花园施工工地、新立村附近轻轨两侧、徐庄村居民小区、外环线部分路段、东丽湖万科住宅小区、世滑赛会馆的环境卫生状况，分别听取了河北、塘沽、东丽三区政府贯彻实施《天津市市容和环境卫生管理条例》的工作汇报。

6月14日，天津市人大常委会执法检查组在人大常委会主任房凤友带领下，对《天津市市容和环境卫生管理条例》实施情况进行了执法检查。参加检查的有副主任王德惠、梁肃、陈洪江和部分委员、代表，副市长陈质枫及政府有关部门负责人陪同执法检查。检查组首先检查了小白楼综合执法中队、承德道、和平路商业街、垃圾堆山造景工程、红旗路立交桥工地、水上公园周边道路、观景里、教师村、洞庭路等环境卫生状况，铁路沿线整治情况以及双港垃圾焚烧发电厂的建设和运行情况。然后听取了主管副市长和市市容委主任的工作汇报，并进行了座谈。

在此之前，天津市人大常委会委托和平、河东、河西、南开、红桥、汉沽、大港、西青、津南、北辰10个区人大常委会，按照天津市人大常委会执法检查的统一要求，对各区贯彻实施《天津市市容和环境卫生管理条例》情况进行检查。

此次执法检查前后历时两个月，分三个层次进行，范围比较广、时间比较长，有17名委员、14名代表参加了执法检查活动。

从执法检查的情况看,《天津市市容和环境卫生管理条例》颁布实施两年来，各级政府认真实施《天津市市容和环境卫生管理条例》，做了大量工作，加大了管理力度，取得了明显的成效，市容环境卫生面貌发生了很大变化。

一是坚持依法行政，用《天津市市容和环境卫生管理条例》规范和推动市容环卫工作。两年来，市市容委共制定了贯彻《天津市市容和环境卫生管理条例》的10个规范性文件，制定了《环境卫生作业质量标准》《夜景灯光照明管理规定》《代为改正实施办法》《暂扣工具物品实施办法》等一系列与《天津市市容和环境卫生管理条例》配套的标准、办法和细则。完善行政执法程序，对执法文书、执法行为规范以及相关制度进行了修改和补充。

二是加大了清脏治乱专项整治力度。按照《天津市市容和环境卫生管理条例》要求，两年来，多次组织了以清脏治乱为主要内容的整治市容环境统一行动。清除积存垃圾渣土100余万吨、拆除违法建筑和违章棚亭96.7万平方米、封堵私开门脸1804个，清除违章占路摊贩2.5万个次、改造整治各类市场315个、占路停车场165处、退出占路市场76个、恢复道路交通功能167条。对中心城区8778块户外广告设施设置重新办理登记，对牌匾、标识牌进行了规范整顿。对主干道路进行街景改造，整修旧楼群、粉刷建筑物立面、拆除临街破旧遮阳罩、窗户护栏，进一步改善了街容街貌。对外环线内铁路沿线两侧32米内的环境进行了综合整治。

三是市容环卫面貌从整体上有了很大提高，解决了一批多年来存在的问题。撤销了绝大多数占路市场，新建了一批菜市场。同时加强了对乱摆乱卖的整治，重点地区的占路市场经营现象已基本上得到解决；道路整修、拆除违章有了很大进展，市区主要道路面貌焕然一新；铁路沿线环境有了突破性改观，解决了多年来私搭乱盖、环境脏乱的现象；城乡结合部地区、区县政府所在地、高速公路出入口两侧的环境面貌有了很大改善；强化了施工工地扬尘污染治理，加强了围挡、散体物料苫盖和密闭运输；居民小区环境卫生保洁工作，特别是居民旧楼区改造和垃圾袋装化有了很大进展；加大了环卫基础设施建设投入，《天津市市容和环境卫生管理条例》实施后，建成了垃圾焚烧发电厂，垃圾中转站、转运站229座，旱厕改水冲厕1009座，完成公厕无障碍设施改造534座，市内六区和环城四区更新添置环卫专用车辆304部，全市各种环卫车辆达到了1259部，中心城区道路机扫率达20%，水洗面积540万平方米；市内六区新添置垃圾桶6858个、果皮箱4471个。

三、行政许可

2003年8月27日，《中华人民共和国行政许可法》公布施行。天津市委、市政府下发《关于进一步扩大对外开放加快开放型经济发展的决定》（市党发〔2004〕7号文件），决定“建立市、区县两级行政许可服务中心，实行一站式审批服务。”

天津市行政许可服务中心于2004年4月中旬开始筹建，11月1日投入运行。构建“行政审批、要素配置、社会服务、效能监察”四个平台，形成“四位一体”管理服务模式和运行机制。实行一门受理，相关联办，现场审批，限时办结，确保各项行政许可审批服务事项公开、公平、公正、便民、高效。

（一）市容环境行政审批事项

1. 病媒生物防治专业经营服务许可；
2. 城市关于砍伐、迁移树木（古树名木）的审批；
3. 城市生活垃圾处置设施、场所关闭、闲置或者拆除的核准；
4. 从事城市生活垃圾经营性清扫、收集、运输、处理服务审批；
5. 对关闭、闲置、拆除环卫设施的审批；
6. 户外广告设施审批；
7. 对临时悬挂标语或宣传品审批；
8. 对占道和公共场地临时堆放杂物或搭建建筑物、构筑物及其他设施的审批；
9. 改变绿化规划、绿化用地使用性质或占用绿化用地的审批；
10. 工程渣土及建筑垃圾排放和处置审批；
11. 户外广告及夜景灯光设施设置与变动审批；
12. 建筑物外檐、构筑物、围墙和其他设施进行装修、改建、改变的，或者设置各类标志设施的审批；
13. 绿化工程设计方案审批；
14. 园林绿化企业资质审批；
15. 临时绿化建设和注销备案；
16. 绿化工程竣工验收；
17. 在本单位管界内迁移附属绿地上树木的备案。

（二）区县行政审批事项

1. 城市关于砍伐、迁移树木（古树名木）的审批；

2. 从事城市生活垃圾经营性清扫、收集、运输、处理服务审批；

3. 从事城市生活垃圾经营性清扫、收集、运输、处理服务审批；

4. 拆除环境卫生设施的审批；

5. 对临时悬挂标语或宣传品审批；

6. 对占道和公共场地临时堆放杂物或搭建建筑物、构筑物及其他设施的审批；

7. 改变绿化规划、绿化用地使用性质或占用绿化用地的审批；

8. 工程渣土及建筑垃圾排放和处置审批；

9. 户外广告设施审批；

10. 建筑物外檐、构筑物、围墙和其他设施进行装修、改建、改变的，或者设置各类标志设施的审批；

11. 绿化工程设计方案审批。

2005年5月17日，天津市市容委修订发布《天津市市容环境系统实施行政许可工作规程》（津容法〔2005〕第139号）。文件规定，市容环境系统行政许可事项承办部门，应当在办公场所、政务网站公示：行政许可事项的依据、条件、数量、程序、期限；申请行政许可需要提交的全部资料目录；申请书示范文本；法律、法规、规章规定的其他内容。承办部门收到行政许可申请后，应当对依法不需要取得行政许可或者不属于本机关职权范围的行政许可申请，申请人隐瞒有关情况或者提供虚假材料申请行政许可的，即时制作《行政许可不予受理通知书》，发送申请人。对申请材料存在可以当场更正的错误的，应当允许申请人当场更正。对属于本机关受理的行政许可申请，即时制作《行政许可申请受理通知书》，发送申请人。对材料不齐全或者不符合法定形式的行政许可申请，应当当场或者在五日内制作《行政许可申请材料补齐补正通知书》，发送申请人。逾期不告知的，自收到申请材料之日起即为受理。对属于本机关职权范围，材料（或补正材料）齐全、符合法定形式的行政许可申请，在五日内制作《行政许可申请受理通知书》，发送申请人。实施行政许可需要听证的，发送《行政许可听证权利告知书》《行政许可听证公告》《行政许可听证通知书》，并按行政许可听证程序举行听证。承办部门对行政许可申请进行审查后，应当提出处理建议，填写《行政许可决定呈批表》，报本机关分管领导审签后，依法作出行政许可决定，并告知申请人享有依法申请行政复议或者提起行政诉讼的权利。

2005年5月25日，天津市市容委修订发布《天津市从事生活废弃物经营性清扫、收集、运输、处理服务行政许可实施办法》（津容环〔2005〕第161号），规定办理从事城市生活废弃物经营性清扫、收集、运输、处理服务行政许可事项，应当遵循公开、公平、公正、便民、高效和公共利益优先的原则。市容环境管理部门通过市场竞争机制选择从事城市生活废弃物经营性清扫、收集、运输、处理服务的投资者或者经营者，明确其在一定期限和范围内提供服务的，应当按照招标程序确定中标人后再作出准予行政许可的决定，依法向中标人颁发行政许可证件，并向社会公告。中标人应当按照规定的服务标准、资费标准和规定条件，提供安全、方便、稳定和价格合理的服务；未经市容环境管理部门批准，不得擅自停业、歇业。

2005 年 5 月 25 日，天津市市容委修订发布《天津市工程渣土排放行政许可实施办法》(津容环〔2005〕第 162 号)。文件规定，工程渣土排放行政许可工作，应当遵循公开、公平、公正、便民、高效的原则。排放申请符合法定条件和标准且核查属实的，市容和环境卫生行政主管部门应当自受理申请之日起 7 日内做出行政许可决定。市容和环境卫生行政主管部门做出不予排放决定的，应当书面说明理由，并告知申请人依法享有申请行政复议或提起行政诉讼的权利。市容和环境卫生行政主管部门颁发“工程渣土排放许可证”后，应当即时书面告知城市管理执法机构，并对排放情况进行监督检查，做好监督检查记录，由监督检查人员签字后归档备查。监督检查中发现有违法行为的，应书面告知城市管理执法机构依法查处。执法机构应将查处结果及时函复市容和环境卫生行政主管部门。

四、行政处罚

1997 年 6 月 11 日，天津市人民政府第 74 号令，发布《天津市行政处罚听证程序》。

2007 年 1 月 23 日，天津市政府第 111 号令，发布天津市人民政府第 84 次常务会议通过的《天津市城市管理相对集中行政处罚权规定》，3 月 1 日起实施。明确城市管理综合行政执法机关 7 方面集中行政处罚权：

1. 市容环境卫生管理方面法律、法规、规章规定的全部行政处罚权，依法强制拆除不符合城市容貌标准、环境卫生标准的建筑物或者设施；

2. 城市园林绿化管理方面法律、法规、规章规定的全部行政处罚权；

3. 公安交通管理方面法律、法规、规章规定的对机动车、非机动车以外的违法占道行为的行政处罚权；

4. 市政管理方面法律、法规、规章规定的违法占道行为的行政处罚权；

5. 城市规划管理方面法律、法规、规章规定的对未经规划部门许可的违法建设行为的行政处罚权；

6. 工商行政管理方面法律、法规、规章规定的对占用道路无照经营行为或未在指定地点经营并影响市容的违法行为的行政处罚权；

7. 法律、法规、规章规定或市人民政府决定调整的城市管理方面的其他行政处罚权。

2008 年 7 月 10 日，天津市人民政府发布《关于开展规范行政处罚自由裁量权工作的意见》(津政发〔2008〕61 号)。依据国务院《全面推进依法行政实施纲要》(国发〔2004〕10 号)，进一步规范行政执法行为，建立行政处罚裁量基准制度，落实行政执法责任制，从制度和机制上预防权力滥用，进一步提高行政执法工作水平，促进行政执法行为合法、公正、规范、高效运行。

五、行政收费

1993年7月13日，经天津市人民政府批准,《天津市行政事业性收费管理规定》(津政令第3号)，正式发布施行。

（一）有偿服务收费项目

1991年10月12日，天津市市容委、物价局、财政局、环卫局联合下发《天津市市容环卫部门实行有偿服务收费的管理办法》，开始实行市容环卫有偿服务收费。

1. 市容部门收取：市容卫生门前三包代办服务费、代单位院内清扫劳务费、排水管道入户支管疏通费、居民卫生清洁费、民办保洁队承包道路清扫费。

2. 环卫部门收取：垃圾代运费、单位粪便和化粪井代运代清费、运输撒漏污染道路代清费、产权单位自管厕所代清扫保洁费、堆山工程代单位填埋处理特殊垃圾费。

管理办法规定：1. 必须坚持双方自愿原则，不得强行代办、不得强行收费。各级物价部门负责监督检查。2. 必须使用天津市财政局统一印制的收费票据，各级财政部门负责进行日常监督检查。3. 凡实行有偿服务的项目，必须确保服务质量和工作达标。

（二）城市生活垃圾处理收费

1996年1月15日，天津市物价局、财政局、环卫局联合下发《天津市城市生活垃圾处理收费管理办法》(津价费字〔1996〕第20号)。

1. 收费范围：凡坐落在天津市行政区域内的工商企业（含外商投资企业）、事业单位、机关、团体、学校、部队、农贸摊群市场和个体工商户均应交纳生活垃圾处理费。

2. 收费标准：每吨15元，按月计收，产量按规定核定。

3. 收费办法：生活垃圾每立方米折合0.5吨；大块混凝土每吨由1元提高到10元，无害工业垃圾每吨由2.5元提高到5元。

4. 收费管理：各区环卫部门需到所在区物价局统一办理核发收费许可证手续，接受物价部门监督。环卫部门必须严格按照市物价局、财政局批准的收费标准，亮证收费，标准公开，不得擅自提高收费标准，扩大收费范围。收费必须使用市财政局统一监制的行政事业性收费票据并加盖环卫部门印鉴。区环卫部门到所在区财政部门统一办理票证领购手续。该项收费收入按预算外资金进行管理，实行财政专户储存，接受财政部门检查监督。本着专款专用原则，其收入全部用于弥补城市维护费支出不足，专项用于各区垃圾处理运营费支出和完善垃圾处理场建设。

（三）环境卫生有偿服务收费

1999年5月13日，天津市物价局、财政局、环卫局联合下发《关于环境卫生有偿服务收费管理的通知》(津价费字〔1999〕第352号)。

1. 收费项目：垃圾代运费、单位粪便和化粪井代运代清费、运输撒漏污染道路代清费、产权单位自管厕所代清扫保洁费、门前代扫费。

2. 管理要求：必须持有相关物价部门核发的收费许可证；使用天津市财政局统一监制的行政

事业性收费票据；各项收费收入执行市预算外资金管理办法，纳入同级财政专户管理，实行收支两条线。

3. 收费标准：渣土排放处置费每吨 2 元，生活垃圾处理费每吨 15 元，堆山工程代单位填埋特殊垃圾费大块混凝土处理费每吨 10 元，无害工业垃圾处理费每吨 5 元，机动车辆清洗管理费按营业额 3% 上交机动车清洗管理处。

2002 年 4 月 16 日，天津市物价局发布《天津市物价局关于印发〈天津市经营性收费许可证管理目录〉的通知》（津价费〔2002〕180 号），经营性收费和服务价格实行收费许可证管理。环境卫生有偿服务收费列入《管理目录》的第 75 项。2003 年 12 月 11 日，天津市财政局、物价局联合发布《关于发布天津市行政事业性收费项目目录的通知》（津财综〔2003〕70 号），环境卫生有偿服务收费列入《收费目录》的有：单位生活垃圾处理费每吨 15 元，大块混凝土处理费每吨 10 元，无害工业垃圾处理费每吨 5 元，城镇居民生活垃圾处理费按津政发〔2001〕36 号文件执行。

（四）城镇居民生活垃圾处理费

2001 年 5 月 24 日，天津市人民政府发布《天津市征收城镇居民生活垃圾处理费实施办法》（津政发〔2001〕36 号），开始征收居民生活垃圾处理费。

1. 收费标准：未实行物业管理的居民每户每月征收 5 元，物业管理小区内的居民每月每户征收 3 元，暂住人口每人每月征收 2 元。

2. 使用规定：凡按每户每月征收 5 元生活垃圾处理费的，区县财政应当将其中 2 元返还街道办事处或镇人民政府，专项用于居民区清扫保洁和垃圾收集费用支出。

3. 市内六区征收生活垃圾处理费，2001 年按应征收金额的 60%、2002 年按应征收金额的 70%，上缴天津市市容环境管理委员会。环城四区、滨海三区、武清区及各县征收的垃圾处理费统一纳入区县财政专户管理，用于垃圾收集、运输和无害化处理。

（五）四害消毒服务费

2005 年 1 月 20 日，天津市物价局发布《关于除四害消毒服务费收费标准的通知》（津价房〔2005〕第 36 号），明确除害消毒服务费属经营服务性收费，纳入《天津市经营服务性收费目录》管理。文件要求，除害消毒服务费应本着自愿委托，有偿服务的原则向委托人收取，收费标准由委托双方协商议定。除害消毒服务机构应按规定实行明码标价制度，在收费场所醒目位置公示收费项目和收费标准，主动接受社会监督。

第四节　普法工作

按照党中央、国务院批转中宣部、司法部关于开展法制宣传教育规划的文件和全国人大常委会关于开展法制宣传教育决议的要求，从1986年至2000年，全国实施了三个五年普法规划。并决定将我国现行宪法实施日12月4日，作为每年的全国法制宣传日。

历年全国法制宣传日主题：2001年，增强宪法观念，推进依法治国；2002年，学习宣传宪法，推进民主法制建设；2003年，依法治国，执政为民；2004年，弘扬宪法精神，增强法制观念；2005年，弘扬宪法精神，构建和谐社会；2006年，落实‘五五’普法规划，促进和谐社会建设；2007年，弘扬法治精神，推进依法治国；2008年，弘扬法治精神，服务科学发展；2009年，加强法制宣传教育，服务经济社会发展；2010年，弘扬法治精神，促进社会和谐。

一、社会普法

图 5-2-4-131 法规宣传进社区

“四五”普法之初，天津市市容委按照市委、市政府确定的“法律进社区”，提高居民群众法律素质和依法维护自身权利的能力，探索创建“民主法治社区”的工作思路，积极开展市容环卫法规的普法工作。通过与街道社区开展长期共建、签订服务协议、赠送法规条文，做到送法进社区、进里巷、进楼门、进家庭。利用法制课堂、法律咨询等方式，对居民群众进行以自觉维护市容环境干净整洁为重点的市容环卫法规宣传教育活动。

多年来，天津市市容委通过以会代学、组织观看电教片、举办法制讲座、骨干集中培训、法律知识竞赛、召开学法用法经验交流会、参与法律学术研讨活动、组织街头法律咨询活动、深入社区学校宣讲、在互联网上开展普法调查、开设网上学法课堂、进行案例分析活动、公布热线电话当场解答、参加新闻媒体组织的公仆坐堂活动、进入电视电台直播间与市民互动等方式，进行全方位、多角度、大范围的普法宣传教育活动。为执法人员和市民配备和发放有关法律法规资料28.26万份，组织较大规模普法活动26次。

图 5-2-4-132 外国留学生街头发传单，宣传城市管理法

2009年12月4日，全国第九个法制宣传日，天津市市容园林委在水上公园设立主会场，开展法制宣传和市容园林法律法规咨询活动。法规处、数字化处、宣传处、市执法局和直属单位共50人共同接待咨询服务。活动现场设置了大型彩绘幕布和法规宣传展牌，为前来咨询的群众准备了市容园林专业法律法规手册、法制宣传彩页等宣传品，并

现场解答群众提出的问题。电台、电视台和多家平面媒体进行了现场采访报道。活动当天，各区县有关单位同时设置了分会场20处，出动宣传人员1000多人，宣传车辆100多部，制作宣传展板200块，发放宣传资料4万多份，2万多群众参与宣传咨询活动。活动加深了群众对市容园林法律法规的正确理解，增强了群众爱护环境，自觉维护市容市貌和园林绿化的意识。

天津市市容委建立市容环境法制网、天津市容爱卫网两个普法宣传平台和载体，对外开放。《市容环境法制网》专门设置"法律法规检索""法制信息""法律咨询""法律条款释义""行政处罚程序""行政许可程序""以案说法"等栏目，通过网络进行普法宣传。

二、专题普法

每次新的法律、法规出台，都邀请天津大学、商学院、行政学院等专家、教授，进行法律法规专题学习辅导。国务院《全面推进依法行政实施纲要》颁布后，举办大型法制讲座，邀请天津市政府法制办负责人作辅导报告。《天津市市容和环境卫生管理条例》颁发后，编印20万份系列宣传材料、5000册宣传图册、1000张影碟光盘和100余幅布标，进行宣传。印发《天津市市容和环境卫生管理条例》单行本8000多册。

图5-2-4-133 河东区综合执法局法制培训讲座

2010年3月，天津市市容园林委及各区县认真抓好《天津市城市管理规定》的宣传教育工作。天津广播电台、电视台宣传报道消息共计150篇、直播23次，报纸刊登相关内容150篇、专版14篇，北方网、人民网、新华网共刊登消息100余篇，委领导、各处室及各相关委局接受媒体采访共280人次。同时，积极协调有关单位通过公益广告进行社会宣传，其中设立电子屏5块、公交车站牌200块、广告牌80块、路名牌60块，在2300余台公交车上，利用移动电视滚动播出《天津市城市管理规定》5个方面的内容，并发放单行本18万余册。3月21日，全市开展宣传日活动，收到动员社会、发动群众、家喻户晓的宣传效果。3月28日，天津市人民政府召开动员大会，市政府主要领导对《天津市城市管理规定》的宣传贯彻落实，再次提出明确要求。

三、领导干部普法

领导干部做到"三带头""三坚持""三交流"，即：带头学法、带头讲法、带头用法；坚持自学、坚持听课、坚持做笔记；交流学法心得、交流学法经验、交流学法成果。反复学习、宣讲行政许可法、规划法、天津市市容和环境卫生管理条例、天津市除四害管理办法等法律法规，增强参与依法治理能力。领导干部参加法律知识考试300人次，成绩均为优秀。

2009年12月2日，天津市市容园林委在天津礼堂举办全系统大型法制讲座。各区县市容委、环卫局、爱卫办、综合执法局、城市绿化行政主管部门分管领导及法制科长，天津市城市管理综合执法局全体干部，市容园林委所属各单位科级以上干部，委机关全体干部近500人参加培训讲座。讲座邀请天津商业大学吴春雷教授介绍城市管理和法制建设最新研究成果，天津市人大法工委刘刚副巡视员系统讲解市容园林专业法规的立法背景、立法宗旨、基本精神和基本原则。

四、普法验收

2006年4月19日，建设部发布《关于表彰全国建设系统“四五”普法依法治理先进单位和先进个人的通报》(建法〔2006〕89号)，对全国建设系统“四五”普法依法治理88个先进单位、144名先进个人予以表彰。天津市城市管理综合执法监察大队被授予先进单位称号，天津市市容环境管理委员会法规处郑永强、韩伟被授予先进个人称号。

2010年1月21日，天津市市容园林委发布《关于表彰2009年度市容园林系统优秀法制工作者的通报》(津容法〔2010〕20号)。通报指出：2009年，市容园林系统大力推进法制基础建设和依法行政工作，认真落实执法责任制，严格执法监督，广泛深入地组织开展普法和法制宣传活动，全系统法制工作取得了显著成绩。为进一步促进全系统法制工作开展，总结经验、选树典型、鼓励先进，在组织开展2009年度优秀法制工作者评选活动的基础上，经各单位推荐，市容园林系统法制建设领导小组审核，决定对103名优秀法制工作者予以通报表彰。

2010年1月15日，中央宣传部、司法部、全国普法办下发《关于组织开展“五五”普法检查验收工作的通知》(司发通〔2010〕10号)。按照“五五”普法规划的部署，2010年是检查验收年，中宣部、司法部和全国普法办进行“五五”普法检查验收。

从8月底开始，天津市组成14个检查组，对全市各地区、各系统普法依法治理工作开展情况进行全面检查验收。检查组分别由市委、市人大常委会、市政府、市政协领导带队，邀请部分市人大代表和市政协委员参加，采取听汇报、召开座谈会、实地检查、查阅档案资料等方式进行检查。

第三章 城市管理考评

第一节 数字化城市管理建设

数字化城市管理，是综合应用计算机技术、无线网络技术、信息化技术等数字技术，通过建立城市管理信息系统和创建新的城市管理体制，采用“万米单元网格管理法”“城市事、部件管理法”等新方法而形成的城市管理新模式。万米单元网格管理法，在城市管理中运用网格地图的技术思想，以一万平方米为基本单位，由城市管理信息采集员对所分管的万米单元实施全时段监控，同时明确网格区域内城市管理事、部件的管理、养护责任单位及责任人，从而对管理空间实现分层、分级、全区域、全方位管理。城市事、部件管理法，把人为或者自然因素导致城市市容环境和秩序受到影响或破坏的事情和行为作为城市事件进行管理，把物化的城市管理对象作为城市部件进行管理，运用地理编码技术，将城市部件按照地理坐标定位到万米单元网格地图上，通过网格化城市管理信息平台对其进行分类管理的方法。

一、数字化城市管理系统项目建设

2005年，住房和城乡建设部先后下发《数字化城市管理模式试点实施方案》（建办城函〔2005〕404号）、《数字化城市管理试点及推广工作计划》（建办城函〔2005〕100号）等文件；2008年下发《关于加快推进数字化城市管理试点工作的通知》（建办城函〔2008〕70号），天津市被住建部确定为数字化城市管理工作试点城市。

2008年5月27日，天津市城市管理工作会议提出“提高城市管理效率，必须实施数字化管理，全力推进城市管理的现代化”的工作目标，明确数字化城市管理系统工程的建设任务，天津市市容委随即成立了数字化城市管理领导小组和项目建设办公室，负责数字化城市管理系统项目建设的具体实施。

在项目规划设计过程中，数字化城市管理领导小组结合天津市实际情况，编写了天津市数字化城市管理系统建设方案。并组织由中国工程院院士、建设部专家，南开大学、天津大学学者组成的专家组对天津市数字城管系统建设方案进行七次评审。结合专家评审意见和各区县、各部门建议，对建设方案进行了21次修改。2008年9月，天津市发展和改革委员会批准项目立项。

在全国建设数字化城市管理信息系统的大型城市中，天津市是首例全部区县采取大规模集中式建设的城市。本着重视创新和统一的原则，建立了管理、执法、考评“三位一体”建设管理机制和“自上而下”统一集中式建设工程实施方法，对系统进行特色研发，并下发建设导则，统一各区县系统建设基础数据、管理流程、系统结构、处置标准，获得住建部及数字城管新模式专家组认可，正式通过住建部验收。

二、数字化城市管理系统项目建设特色

按照整体规划，天津市数字化城市管理系统市、区两级平台的整体结构是：市内六区、环城四区建成区及新技术产业园区采用“集中式”架构，在市级平台建立统一共享的软硬件系统平台；滨海新区中心平台采用“小集中式”架构调用系统；远郊区县采用“分布式”结构独自建设系统。形成自己独有的建设特色。

（一）建设统一基础数据

从2009年开始，天津市数字化城管项目筹备组组织天津市测绘院和相关区县，对21个区县、功能区的建成区近500平方公里地域，进行城市基础数据普查及地理信息系统建设。同时，按照

建设部有关要求，建立城市大比例尺地形图、正射影像图等基础地理信息数据库；通过新中国成立以来天津首次城市家具部件普查确权及地理信息数据建设，建立基于城市基础地理信息的单元网格数据库，其中外环线内340平方公里范围共划分工作网格3463个。测绘部件120余万个，建成基于单元网格数据库的管理部件数据库；测绘兴趣点和门牌8万余处，建立地理信息编码数据库。

（二）因需开发应用软件

根据建设部相关行业标准，数字化城市管理应用软件，紧密围绕数字化城市管理流程需求及城市管理考核办法进行开发，建设数字城管、数字考评及数字执法三个模块的共计31个子系统，用来实施城市管理工作流程、考评任务的采集和管理。以及结果的汇总、发布与城市管理综合执法部门的办案调度、监控指挥。

（三）率先建设应用网络

数字化城市管理平台依托天津电子政务专网建设，各区级平台和市级城市管理职能部门通过市电子政务专网端口与市级平台进行信息交换，整合建设一套覆盖市、区、街、社区及科、所、队的四级市容管理网络。

（四）充分整合现有资源

对视频监控点位等现有资源本着“先整合后建设”的方针进行有效整合和建设；对公安技防网、交管等现有视频、网络资源进行选择接入，并对各部门现有资源做进一步整合，实现全市范围内资源互补。

（五）同步进行标准建设

制定、修改和完善了《天津市数字化城市管理部件、事件问题处置（指挥）手册》《天津市数字化城市管理区级监督、指挥中心工作人员职责及管理标准》《天津市数字化城市管理信息系统信息采集员管理标准》《天津市数字化城市管理系统“城管通”手机终端使用及管理标准》等标准化制度，并编印成册、开展培训，规范工作标准。

（六）同步进行多层建设

执行层与监督层、指挥层同步建设。市数字执法中心坐落于天津市城市管理综合执法局，各区县分别建设区级执法中心。数字执法依托数字城管，是数字城管平台的二级平台，具有功能上的独立性。市数字执法平台采用市区两级平台一体化建设模式，从发现问题到处置结案，实现全业务的数字化。

（七）一级指挥两级监督

采用高位监督方式，建立全市数字化城市管理监督中心，发挥市级层面监督考核作用，并在区级平台设立监督和指挥中心，强化区县级数字化城市管理平台的处置能力与管理范围，使管理重心下移，落实属地管理，简化处理流程和缩短案件的流转时间。市级监督中心对涉及市级职能部门的问题、管理争议问题、跨区域问题由市城管办裁定并进行督办，并结合相关考核规定与办法进行落实。

（八）通报结果以奖代补

根据《天津市城市管理“以奖代补”办法》中的要求对评价考核结果进行运用，完善考核体系。各区、各部门考核结果每月在市政府常务会通报，并在市级主要报刊、新闻媒体公布，按不同比例与权重同各区县城市管理养护费用挂钩。

（九）三位一体流程闭合

为强化城市管理工作中事件问题的处理能力和处理效率，一方面大力加强整合执法部门、问题处理部门的指挥调度系统建设；一方面将“监管分离”流程，纳入处理、执行、评价新元素，并将各流程重叠部分进行简化与重组，形成一套完整具体的城市管理系统化流程。新的流程在原有“两个轴心”体系的基础上，增加了执法简易与一般程序案件流转及系统考核的综合应用，对现有流程进行合理拓展。

（十）预留空间升级换代

在中心平台硬件选型过程中注重选用技术成熟的产品，应用软件采用 J2EE 结构，为平台功能的拓展和需求增加以及日后的跨平台应用预留了升级拓展的空间及接口，保障较长一段时期内系统的升级和拓展的需要以及功能的增加。

三、数字化城市管理的应用

2008 年 6 月 22 日，天津经济技术开发区数字化城市管理项目系统正式启用。该项目由天津经济技术开发区管委会出资千万元，天津移动公司作为项目总集成商建设。该项目是建设部规定的基础模块建设，主要包括：1. 基于 GPRS 无线网络实现监督员的信息上报，包括手机输入文字、拍摄照片、录音材料等内容，通过 GPRS 传输把相关信息发送到监管系统中，数字城市管理中心在接到反馈信息后，及时指派执法人员进行现场核查、立案。2. 通过 GPRS 网络，相关领导可随时登陆手机终端查询系统内超时案件、急要案件、特别关注案件、专业部门执行情况统计；执法人员可实现系统内法规的及时查询；监督员对立案情况进行查询。3. 通过短信平台对于急要、超时、特别关注案件进行到达提醒。4. 在基础模块基础上对开发区具体工作实践的延伸和拓展，利用即将进行大面积覆盖的 3G 网络实现，主要包括工地、公共场所、车辆的移动监控项目；城管局领导通过手机观看监控系统，实施视频通话等项目。

2010 年 4 月 1 日，天津市数字化城市管理系统从 2008 年 5 月开始建设，历时近两年时间，正式全面运行。

监控时，信息采集员手持“城管通”手机在负责的单元网格内进行全天候不间断巡查，将发现的城市管理事、部件问题现场照片及描述信息上报到城市管理监督指挥中心。监督指挥中心根据问题的具体情况，对问题进行立案并派遣责任单位或责任人进行处理。责任单位或责任人在处理完毕后需将处理结果反馈到监督指挥中心。监督指挥中心再派遣信息采集员对处理结果进行核

图 5-3-1-134 蓟县数字化管理指挥中心

查，确认处理完毕后可以进行结案处理，如核查发现处理结果不符合要求，则监督指挥中心会重新派遣责任单位或责任人继续处理。

天津市数字化城市管理覆盖区域包括市内六区，环城四区建成区及外环线以内部分，开发区、保税区、新技术产业园区，滨海新区以及其他各区县建成区。管理对象涉及市容、园林、环卫、交管、市政、路灯、综合执法七个城市管理职能部门的 11 大类、165 小类的事、部件问题。

2010 年 8 月 22 日，由中国科学院数学与系统科学研究院工程院院士崔俊芝为组长的住建部数字城管新模式建设专家组对天津市数字化城市管理系统建设项目进行整体验收。专家组一致同意"天津市数字化城市管理试点工作"通过验收，并授予天津市"数字化城市管理试点城市"称号。

第二节 城市管理考评体系

2008 年 5 月 26 日，天津市人民政府办公厅《转发市市容委拟定的天津市城市管理考核实施意见（试行）的通知》（津政办发〔2008〕49 号）和《转发市市容委拟定的〈天津市城市管理"以奖代补"办法（试行）〉的通知》（津政办发〔2008〕50 号）。

一、管理体制

各区县落实《天津市城市管理规定》，确立较为有效的管理体制。

各区县成立考核中心，落实考核人员，配齐相关设备，实施全时空、全天候、全覆盖的考核。建立协调联动机制，定期召开例会，通报情况，分析形势，协调裁决，及时解决城市管理中的重点问题。

建立社会与组织相结合的监督手段，激发城市管理的内在动力。将考核成绩在《天津日报》头版登载，在市政府常务会上通报，向市委、市政府有关领导及市委组织部报专报，并向各区县、各部门主要领导进行反馈。

"以奖代补"资金向城市管理倾斜，加大对提高机械化作业程度、完善日常养管作业方式、提高科技化管理水平、创新管理手段的投入，在拨付"以奖代补"资金的同时，按固定比例下达购置城市管理先进设备的专项指标，使有限的资金发挥最大的管理效能。

二、考评方式

由各区县组织信息采集员将城市管理巡查、处置、结案情况及批转至市级专业部门问题的整改情况，上报市级平台，由市级平台核定。

由城市管理巡查队将平日城市管理中巡查的问题上报数字化城市管理平台，由市级平台核定。凡涉及市级专业部门未整改的问题一同核定，作为对各专业部门考核成绩的依据。

（一）考核方式

市考核办采取日巡查、周抽查、月联查、季民调等方式，对各区县及市级各专业部门进行考核。

专业考核：1. 每月联查。考核中心每月上旬组织考核各区县道路、重点地区及市场、公厕等设施，对专业部门负责养管的设施进行考核；每月中旬反馈问题，组织整改；每月下旬组织复查。适当提高考核和复查点位的数量和范围。2. 专业检查。结合每月考核重点由考核监督处适时组织专业检查，把握成绩的客观性和真实性。3. 民意调查。国家统计局天津调查总队每季度对各区县和市各专业部门的城市管理工作有关情况进行一次公众满意度调查。调查过程由考核监督处全程参与监督，进一步加强结果的客观性，避免民意调查结果受到各区县的影响。

社会监督：由市容园林委办公室将人民网、北方网、新华网等网络、电视、广播、报纸等主流传媒反映的城市管理问题予以认定，由委数字化处将每月群众投诉电话、来信来访等反映的城市管理问题予以认定，将扣分结果反馈考核监督处。

领导批示：由市容园林委办公室将市领导批转的城市管理问题及整改情况予以认定，结果反馈考核监督处。

区县自查：各区县对辖区内各街、镇、社区等依据城市管理工作相关考核标准实施考核，将考核结果排在前3名的上报。报送成绩的同时报送考核成绩的依据等有关材料，无上报材料的视为无效成绩。

（二）分值构成

1. 日常巡查的权重30%，其中各区信息采集员巡查成绩占10%，市城市管理巡查队巡查成绩占20%。

2. 每月联查的权重20%。

3. 专业检查的权重10%。

4. 社会监督的权重40%，其中民意调查成绩占20%，来访来信、投诉等监督成绩占10%，人大代表、政协委员考核成绩占10%。

市城市管理巡查队对各区信息采集员的巡查工作进行监督，凡巡查队发现各区信息采集员未上报的问题，扣除每日巡查成绩。

市政府主要领导批转的城市管理问题，未在规定时限解决的在总成绩中直接扣5分；副市级领导（或相当于副市级）批转的城市管理问题，未在规定时限解决的在总成绩中直接扣 3 分；城管委批转或社会监督员发现的城市管理问题，未在规定时限解决的在总成绩中直接扣 1 分。

（三）考核内容

按照市政府要求，依据城市管理 1274 项标准，按照 10 项内容进行考核，重点考核的是市政设施养管、园林绿地养护、环境卫生扫保、道路洒漏、道路乱摆乱卖、地面违法小广告、商家橱窗内乱贴画等。

三、2009 年度考核结果

2009 年，天津市考核办采取对各区进行日巡查，对市政、园林、综合执法、环卫、街容、投诉等部门进行周抽查、月联查和调查总队季问卷民意调查等方式，对全市 18 个区县和 3 个功能区进行城市管理考核。共计选取考核样本点位 14.78 万个，其中：市容环卫 6193 处、综合执法 1985 条道路、市考核办联查 11.94 万个、群众监督 2072 件、市容专项考核 1720 个、园林绿化 1688 处、市市政局 1710 处、调查总队 12436 份、爱国卫生 589 处、国庆绿地景点及公园 32 处。

天津市考核办组织联查，共检查主干道路 359 条占总数的 78%，次支道路 257 条占总数的 59%，里巷道路 212 条占总数的 36%，菜市场 93 个占总数的 62%，公厕 25 个占总数的 13%。检查市内六区垃圾转运站 12 个占总数的 11%。

2009 年天津市城市管理考核结果统计表

表 5-3-2-74

区 县	名 次	平均成绩	区 县	名 次	平均成绩
和平区	1	83.08	保税区	1	96.21
河西区	2	80.88	高新区	2	93.71
河北区	3	79.53	开发区	3	93.42
红桥区	4	77.48	蓟 县	1	91.44
南开区	5	77.38	武清区	2	89.79
河东区	6	76.33	宝坻区	3	84.84
西青区	1	81.46	静海县	4	78.04
北辰区	2	77.61	宁河县	5	74.78
津南区	3	76.06	单 位	名次	平均成绩
东丽区	4	72.14	路 灯	1	95.42
大港区	1	84.96	交 管	2	94.46
汉沽区	2	82.81	市 政	3	93.72
塘沽区	3	78.05	城 投	4	92.63

2009年天津市内六区城市管理考核排名表

表 5-3-2-75

名次 月份	和平区	河北区	河东区	河西区	南开区	红桥区
1月	4	5	2	1	3	6
2月	2	3	4	1	6	5
3月	1	3	5	2	6	4
4月	2	1	4	6	3	5
5月	1	2	4	6	3	5
6月	3	4	5	1	2	6
7月	1	2	4	5	6	3
8月	2	3	6	1	5	4
9月	3	4	6	1	2	5
10月	3	1	5	2	6	4
11月	2	6	4	1	5	3
12月	6	5	4	1	2	3

2009年环城四区城市管理考核排名表

表 5-3-2-76

名次 月份	东丽区	津南区	西青区	北辰区
1月	1	4	2	3
2月	2	4	1	3
3月	4	3	1	2
4月	4	3	2	1
5月	4	3	1	2
6月	3	2	1	4
7月	4	1	2	3
8月	3	1	4	2
9月	3	2	1	4
10月	3	2	1	4
11月	4	3	2	1
12月	4	3	2	1

2009年滨海新区城市管理考核排名表

表 5-3-2-77

名次 月份	塘沽区	汉沽区	大港区	开发区	保税区	高新区
1月	2	1	3	1	2	3
2月	2	1	3	3	1	2
3月	1	2	3	2	1	3
4月	3	2	1	1	2	3

续表 5-3-2-77

月份 \ 名次	塘沽区	汉沽区	大港区	开发区	保税区	高新区
5月	3	2	1	2	1	3
6月	3	2	1	2	1	3
7月	3	2	1	3	1	2
8月	3	2	1	2	1	3
9月	3	2	1	2	1	3
10月	3	2	1	3	1	2
11月	3	1	2	3	1	2
12月	3	1	2	3	1	2

2009年天津市远郊区县城市管理考核排名表

表 5-3-2-78

月份 \ 名次	宝坻区	武清区	蓟 县	静海县	宁河县
8月	5	2	1	4	3
9月	5	2	1	3	4
10月	2	3	1	4	5
11月	3	1	2	4	5
12月	3	1	2	5	4

2009年，河西、和平、西青、大港、保税区、蓟县等区县总体排名靠前。有些区县由于管理不均衡、不连续、不能盯着问题抓落实，特别是全市复查路平均整改率为48.9%，宁河县10月、河东区3月问题没有进行整改，导致扣分成倍。有些区县没有形成齐抓共管的合力，应付考核，管理做不到常态化，出现管理漏洞。如北辰区9月在考核中共扣125.2分，导致该月总体成绩为0，排名最后。但是从10月媒体公布分数后，通过加强整改，到11月，整改率为90%，呈明显上升趋势。

从统计数据看，分数差距大的为每月联查和市容专项考核，两项成绩之和的排名与综合排名大体一致。以考促管工作按照“考起来、动起来、常态起来”的轨道稳步推进。整体考核成绩和平、河西、保税区等管理基础较好的区县总体排名靠前，汉沽、红桥、北辰区等以前管理薄弱的区，通过扎实工作，及时整改、巩固成果，也能够保持靠前的名次。

从考核效果看，2010年4至7月，市内六区、环城四区共上报城市管理工作事、部件问题114830件，立案108186件，处理结案86937件，按期结案率为87.49%。其中部件问题占上报总量的2.16%，立案率为71.2%，按期结案率为62.9%。部件问题中，市容环境、园林绿化类占35.6%，结案率为75%；公用设施、道路交通类占64.4%，结案率为53%。事件问题占上报总量的97.8%，立案率为93%，按期结案率为92.5%。事件问题中，市容环境、宣传广告、街面秩序类占98.2%，立案率为93.2%，结案率为92.8%；施工管理、扩展事件、突发事件类占1.8%，立案率为80.9%，结案率为74.4%。

第六篇

科研教育培训

1959 年，环卫职工为减轻繁重的体力劳动，开始大搞技术革新，改革清扫方式、改进清扫工具，研制人推、马拉、机动清扫机械，并研制成功吸尘汽车和垃圾粪便混合堆肥。生活垃圾逐步转为集装箱式、密闭式、压缩式集中收运。厕所粪便由人工掏挖逐渐变为水冲、自吸式收运或直接由管道排除。垃圾处理场以填埋、焚烧等方式对垃圾粪便进行无害化处理。

天津解放初期，清洁队 105 位工人参加第一期短训班。1996 年，建立环卫特有工种技术培训工作站，对环卫工人进行培训考核，确定技术等级。1982 年，成立“天津市环境卫生管理局直属职工学校”。1985 年 7 月，首届环境管理专业成人中专班开学，先后设置环卫机械与维修专业、环卫管理专业、环境工程专业、环境信息管理专业、环境艺术专业等，为环卫工作培养专业人才。

第一章　市容环卫科研工作

第一节　环卫科研机构

天津市环境卫生工程设计院创建于 1988 年，持有住房和城乡建设部颁发的市政行业（环境卫生工程）专业甲级设计资质，可从事资质证书许可范围内相应的建设工程总承包业务、项目管理和相关的技术管理服务。是建设部批准的全国环卫行业第一家具有甲级资质的专业设计单位。同时持有国家发展和改革委员会颁发的工程咨询甲级资质和天津市城乡建设和交通委员会颁发的建筑行业（建筑工程）乙级设计资质，并于 2000 年在全国环卫系统设计行业率先通过了 ISO 9001 质量体系认证。

设计院下设专业设计室、城市生活垃圾监测中心、计算机中心等科室和具有国内外发行权的《环境卫生工程》杂志。主要业务范围包括生活垃圾处理工程、医疗废物处置工程、餐厨垃圾处理工程、粪便处理工程、大中型垃圾转运站和工业与民用建筑工程的规划、咨询、设计和项目管理，以及生活垃圾成分分析、市容环境数字化管理、城市景观设计等，并为住建部市容环境卫生标准化技术委员会承担了多项技术规范、标准编制工作。业务范围涉及天津、北京、四川、山西、辽宁、河北、内蒙古、河南、浙江、山东、广西等省市和地区。

设计院始终坚持规范化服务和科学化管理，秉承“业务做强做大，人员要精要尖，服务要高要全”的企业理念，在提升企业核心竞争力的同时，大力推行工程设计总承包及项目管理，实行多层次、全方位的工程服务。

一、工程设计室

（一）工程设计一室。主要从事环境卫生工程咨询与设计、工业与民用建筑工程设计，包括生活垃圾卫生填埋场、渗沥液处理、填埋场封场、医疗废物处理、粪便处理场、餐厨垃圾处理厂、大中小型垃圾转运站及公厕等设计工作。设计项目多次获得省、市级优秀设计奖和优秀工程咨询奖。

（二）工程设计二室。主要承接天津市市容委重大科研课题、天津市各区县及外省市市容环境卫生工程项目及环境卫生专项规划。主要业务有环境卫生工程咨询与设计（垃圾转运站工程设计、公厕设计、垃圾卫生填埋场设计、餐厨垃圾处理工程等），工业与民用建筑工程设计、环境卫生专项规划等。先后承接了数十项各类工程设计任务，并多次获得市级优秀设计奖和优秀工程咨询奖。

二、城市生活垃圾监测中心

城市生活垃圾监测中心是2002年7月成立的独立法人事业单位，拥有多名长期从事市容环卫科研和监测分析的科技人员。下设监测分析室、采样制样室和综合业务室。主要从事生活垃圾、焚烧炉渣、污泥等固体废弃物物理化性状、污染现状及处理过程的监测分析和天津市市容环境领域科研课题研究工作。同时作为住建部城镇环境卫生行业标准的编制骨干单位，承担了相关行业标准的编制和修订工作。

自1986年以来，监测中心一直承担天津市市容委常规课题《天津市城市生活垃圾调查》《天津市城镇生活垃圾临时卸地现状调查》《天津市生活垃圾处理过程中甲烷排放量的估算——生活垃圾物理组成分析》等多项研究课题。

监测中心作为联合主编单位承担完成了《生活垃圾化学特性通用检测方法》（CJ/T96—2013）的修订。作为参编单位完成了《城市容貌标准》（GB50449—2008）和《生活垃圾渗沥液检测方法》(CJ/T428—2013) 等标准的修订，其中《生活垃圾渗沥液检测方法》被评为部优标准。

另外，监测中心还先后承担完成了十余座城市生活垃圾调查分析项目及垃圾焚烧发电厂进炉垃圾物理特性和焚烧炉渣热灼减率分析工作，项目遍及河北、山东、江苏、辽宁等省市，为垃圾处理设施设计、建设和正常运转提供可靠依据。

三、计算机中心

计算机中心作为设计院软件开发整体解决方案的提供部门，一直将市容环境管理行业作为重点发展的领域之一，在充分了解市容环境系统信息化建设需求的基础上，通过与市市容委各处室合作，积累了丰富的市容环境管理行业信息化建设经验，形成了一整套面向市容环境业务各层面的具有市容环境行业特色的解决方案。

作为IT领域的软件开发部门，计算机中心主要承担城市数字化网络管理系统（基于GIS）的开发和应用、市容环境综合整治景观设计、三维街景动画制作等工作，并承担天津市科委、建委和市容委下达的研究课题。主要承建的大型应用平台建设有《天津市环卫设施数字化管理系统》《天津市市容街景立面审批管理系统》《天津市居民社区市容数字化管理系统》、《天津市道路清扫保洁区域划分地理信息系统》《天津市爱国卫生“十二五”规划》等。

四、《环境卫生工程》编辑部

1993 年《环境卫生工程》创刊，是面向国内外公开发行的市容环境卫生和环境工程行业的应用性科技期刊，国内统一刊号 CN12—1218/X，国际标准刊号 ISSN1005-8206，已加入“中国期刊网”“中国学术期刊（光盘版）”“万方数据——数字化期刊群”，并通过中国国际图书贸易总公司在国外发行，是环境卫生行业具有权威性和影响力的专业期刊。

《环境卫生工程》以从事市容环境卫生、市政、环保等行业的管理、科研、教学、生产、信息、环境监测人员和相关大学院校、图书馆及其他环境科技工作者为服务对象。主要刊登（介绍）国内外有关环境卫生的发展状况，城市生活垃圾处理及相关的研究成果、设计方案、管理方法和实践经验，政策法规，行业标准等。同时刊载国内外市容环境卫生的设备、设施、清洁制剂、信息、技术和专利等广告，是环卫生产厂家宣传、推广产品的良好媒体。

五、环境专家委员会

2007 年 2 月 9 日，天津市城市环境专家委员会第一次会议召开。天津市城市环境专家委员会主任委员、天津市市容委总工程师刘鸿尧、天津市建委领导和 40 位城市环境专家参加会议。会议宣读了关于成立天津市城市环境专家委员会的文件；向城市环境专家颁发了聘书，对 2007 年天津市城市环境专家委员会的工作进行了部署。

第二节　环卫科研

过去，道路清扫作业完全是人工操作，为了减轻体力劳动强度，提高工作效率，清洁工人积极对扫道工具进行改革，并逐步探索机械化扫道作业方式。

一、研制开发扫道机械

1959 年，清洁工人对使用多年的竹枝大扫把进行改进。大扫把是竹枝捆扎而成，重 3.5 公斤，竹把过粗，重量较沉。使用时，不但把握不住，而且漏土。清洁工人把细竹枝捆编扎成小扫帚头，然后插入木把。重 1.5 公斤的木把小扫帚，不但减轻了重量，而且容易把握，由于竹枝细小柔软，清扫后没有土绺。

图 6-1-2-135 竹枝大扫把

图 6-1-2-136 2015 年，木把小扫帚依然是主要清扫工具

图 6-1-2-137 4 位女农民工发明的新型扫帚

2007 年 5 月，来自河南的刘小平等 4 位女农民工发明新型扫帚。该扫帚使用纤维下脚料做扫帚苗，具有使用寿命长、扫除效果好的特点。

继改进大扫帚之后，清洁工人进一步研制出手推扫道机、马拉扫道机、汽车拖带扫道机等半机械化扫道工具，不但减轻了工人的劳动强度，也提高了清扫效率。至 1960 年年底，各区清洁大队制成手推、脚踏、机动扫道机 161 台，并在 251 条 262 万平方米的夜扫道路上投入使用，约占全市清扫路面的 50%。

1958 年，天津市洒运汽车修理厂时任厂长李佩伦，带领刘凤岐、王家贤、袁俊海、陈玄芝、李智敏等工程技术人员，同天津大学供热供煤及通风专业教研室密切协作，在没有任何资料和实物可以参考借鉴的情况下，根据室内小型吸尘机器的原理，进行吸尘（扫路）汽车的研究试制工作。当时，试制人员将较大的离心式鼓风机和旋风除尘器安装在嘎斯汽车底盘上，并设计了落尘箱、吸尘嘴、侧刷等部件，这些装置组成吸尘（扫路）汽车的雏形。使用时，虽然能把路面垃圾清扫起来，但从旋风吸尘器排出的空气量大，微尘多，形成“烟柱”造成空气污染。试制人员采用“废气”回吹法，把经过过滤的空气由鼓风机的排气处侧引回到吸尘嘴后部，对地面返吹，把含有动能的空气利用起来，使地面垃圾土具备一定悬浮速度吹向吸尘嘴。同时，因大部分气体循环使用所余的含尘空气较少，可以进行绒布袋过滤，即第三级过滤，这样既减少扬尘，降低了对大气污染，又节省了动力。经过反复试验，多次改进，吸尘车试制工作取得突破性进展。1960 年 4 月 27 日，天津市洒运汽车修理厂自行设计制造的我国第一部道路清扫车——60-1 型吸尘车试制成功。之后，又在解放牌汽车上进行改装，试制成功解放 CA10 型吸尘车。吸尘车时速 10

公里，吸尘宽度：嘎斯牌汽车改装的2.3米，解放牌汽车改装的3.45米，耗油量每小时9升，实际操作每小时可吸净路面1.2万～2.4万平方米。在试制初期，吸尘车存在外形不美观、噪音大、扬尘等缺陷，由于没装副发动机，吸扫作业受车速影响，不能保持稳定。

图6-1-2-138　天津市洒运汽车修理厂自行设计制造的我国第一部道路清扫车60-1型吸尘车

到1962年，天津市洒运汽车修理厂生产出5部解放CA10型吸尘车，日出动3～4辆，对和平路、中山路、四马路等28条32.5万平方米的主要道路进行吸尘作业。道路吸尘车的使用是中国城市街道清扫工具的一大革新，得到天津市委第一书记万晓塘的好评，中央人民广播电台也报道了中国第一代吸尘车研制成功并投入使用的消息。

1960年6月，天津市人民委员会召开布置改造马车会议。天津市环境卫生管理处提出了环卫系统马车改造计划。各区清洁队当时有马车243辆，牲畜298头。

1960年7月11日，天津市公用卫生局在干部俱乐部举行新清洁工具表演比赛大会。副市长娄凝先出席并讲话，各区主管副区长及有关委办局负责人参加大会，各区清洁队研制的各种扫道机（车）在大会上进行操作表演。

1964年8月，天津市环卫局由各区抽调14名清洁工人成立手推扫道机制造组。到12月23日，制成手推扫道机100台，使用经费9381.91元，分发各区使用。各区环卫部门也相继开展机械化扫道工具的研制工作。

1966年6月，和平区清洁大队试制成摩托扫道机，并投入使用。各区也先后研制成功各种类型的扫道机，8月，河东区清洁大队试制成马拉扫道车。

1973年2月19～22日，天津市卫生局在北宁公园召开天津市清洁工作会议，各区卫生局负责同志及清洁大队中队长以上人员共167人参加，会议交流了工作经验，观看了各区研制的清扫机械的操作表演。和平区喷雾拖挂保洁车，河北区拖挂式扫道机、上海式机动保洁车、手推扫道机，河东区轻骑保洁车、直升扫道机，河西区群革扫道车，红桥区拖挂扫道机，塘沽区斜面滚刷扫道机等9种扫道机械进行了现场操作演示。

1975年，天津市卫生局修理厂与和平、河北区清洁大队借鉴兄弟城市经验，改制成用卡车拖带滚桶式扫道车6部，主要用于夜扫。

1979年，天津市环卫局恢复建立后，确定发展中型扫道车。至年底，市内六区及塘沽区共改制大中型扫道车13辆。

1980年，天津市环卫局技术研究室和环卫汽车修理厂技术人员，对60-1型吸尘汽车进行6次研究改制，制成XC-801型吸尘汽车，经技术鉴定后小批量生产。XC-801型吸尘汽车获得国家发明证书和天津市优秀科技成果二等奖以及1983年专用汽车性能优秀奖。天津市环卫局在天津宾馆召开“XC-801型吸尘汽车”样车预审会议，国家城建总局、北京、上海、武汉等47个环卫及科技单位70多人参加会议。国家城建总局、天津市科委、北京市环卫局、北京市环卫科研所、北京清洁车辆机械厂等15个单位22位代表，经过实际操作，认为该车设计合理，结构简单，外形美观，吸尘效果良好。8月，召开技术鉴定会，同意小批量生产。至1982年，制成新型吸尘车41辆，分配各区环卫局投入使用。根据使用中的问题，再次进行改进。

1987年11月6日，天津市环卫局在市局汽车修理厂召开天津市吸尘机扫车投入使用典礼，市委常委白化岭、市人大常委会副主任白桦、副市长姚俊、建设部城建局副局长林家宁等领导出席大会，会后将再次改进的41辆吸尘车分配各区使用。

1988年，紊流中分式清扫机械收集装置获国家实用专利。

图 6-1-2-139　TH5060GXC 型吸尘车

图 6-1-2-140　TSW5060GQS 型清扫车

1990年，天津市环境卫生汽车修理厂研制成功“TH5060GXC型吸尘车”获国家级新产品奖及建设部科学技术进步二等奖。

1996年10月，“TSW5060GQS型清扫车”被中华人民共和国国家科学技术委员会、中国工商银行、中华人民共和国劳动部、国家外国专家局、国家技术监督局评为1996年度国家级新产品。

1998年9月，“YSW5040/5061/5140/5141GQS清扫车”被中华人民共和国国家经济贸易委员会认定为1998年度国家级新产品。

1999年，天津扫地王公司试制并生产出具有自主知识产权的新一代产品——东风型多功能洒水洗扫车，为北京天安门广场成功配置了五十年国庆大典及阅兵式期间使用的扫路车产品。

图 6-1-2-141　东风型多功能洒水洗扫车在北京天安门广场作业

2006年9月，天津市市容环卫系统购置的干式吸扫车投入快速路和部分主干路清扫作业，解决了快速路人工清扫不安全的问题，使全市机扫率由9%提高到32%。

图6-1-2-142 干式吸扫车投入快速路和部分主干路清扫作业

二、垃圾转运机械的研制

1960年9月15日，天津市环境卫生管理处提出了《从基本建设入手大搞环境卫生的意见》。规划三到五年内，分期分批逐步建设水冲公厕及垃圾转运台，实现公厕水冲化和垃圾转运机械化。

天津第一座“漏斗式”垃圾转运站（人们习惯叫垃圾楼），是和平区清洁大队于1965年8月在民园体育场旁兴建的，占地140平方米，建筑和设备较为简陋。楼内设一高台，高台中间是个大漏斗，漏斗底部是可以启闭的铁质双门，汽车可以驶入漏斗下方。由人力小拉车将垃圾拉到高台上，倒入漏斗内，再将漏斗底部的双门打开，让垃圾流入漏斗下面的汽车斗内运走。这种收运方式，虽然解决了人工用大铁锹往汽车车斗内装垃圾的笨重劳动，但是人拉（推）手推车上高台也很费力，劳动强度依然很大。

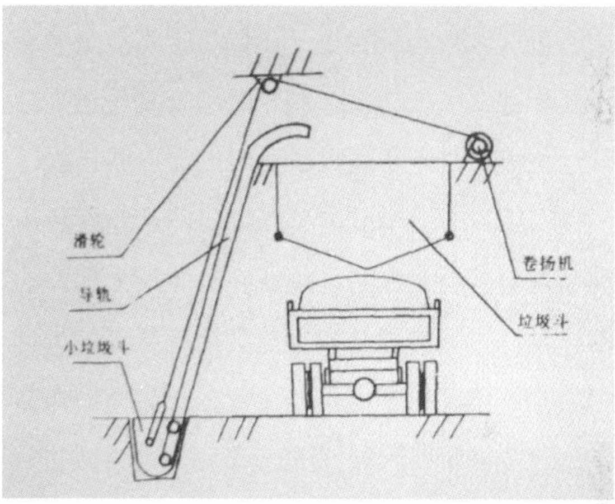

图6-1-2-143 “小斗仓式”垃圾转运站

1970年，第一代“小斗仓式”垃圾转运站诞生，它是根据炼钢厂送料斗设计的。缺点是：中转过程中多次扬尘，设备噪音大，不便维修，当汽车驶出转运站后，还要盖好苫布，操作较烦琐。

1976年，第二代“撞锤式大斗仓式”垃圾转运站试制成功，工作原理是：在垃圾楼内挖出锥形坑放入锥形卧斗，手推车在平地将垃圾倒入锥形卧斗内，而不用再往高台上推车。地坑中的斗仓装满垃圾后，斗仓上部的电动机带动减速机，减速机输出端连接至滚筒，滚筒上装有滑轮，滑轮上环绕着钢丝绳，从而将垃圾斗仓提起。为防止斗仓摆动，斗仓外部装有滑臂，可在立梁滑道中上下移动。汽车驶入斗仓下，将货箱对准斗仓，慢慢将斗仓放入货箱内，使斗仓底部的撞锤与汽车货箱底部相碰，斗仓门便自动打开，垃圾落在汽车货箱里。通过钢丝绳牵引将空斗仓吊起，汽车驶离垃圾楼后，再将卧斗送入锥形坑内，当斗仓落入垃圾坑底时，斗仓门自动关闭，继续倒入垃圾。这种垃圾楼设备简单，建筑简陋，转运垃圾时噪声大、扬尘多，影响周围环境，收运时容易造成斗仓脱钩，污染道路。

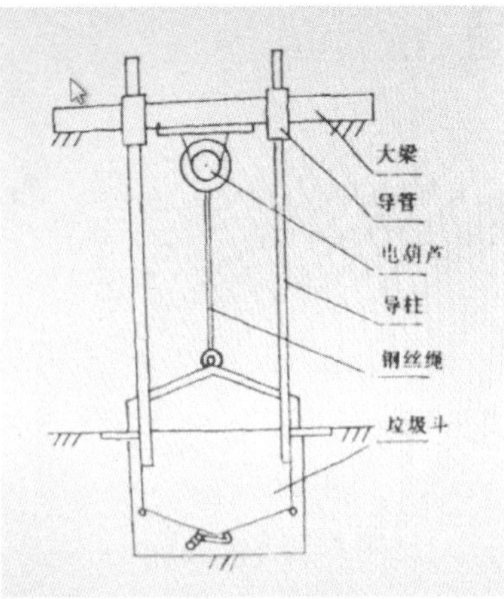

图 6-1-2-144 “撞锤式大斗仓式”垃圾转运站

到1983年，天津市内六区及塘沽区共兴建“撞锤式大斗仓式”垃圾楼51座，其中，和平区5座、河北区13座、河东区7座、河西区5座、南开区11座、红桥区11座、塘沽区5座。

1984年，红桥区环卫局环卫工具修配厂青年工程技术人员刘嘉俊等自行设计、研制的一种用于固体废弃物收集运转的“JLZ-Ⅰ型单梁单葫芦集装箱式转运站”，经国家专利局批准认可，8月1日被授予专利证书，这是中国环卫设施的第一项专利。8月，建设部城建系统部级优秀工程设计评选，天津市红桥区环卫局修理厂设计的JLZ型集装箱转运站工程项目荣获部级二等奖。

“JLZ-Ⅰ型单梁单葫芦集装箱式垃圾转运站”借鉴码头集装箱的工作形式，即将小车收集的垃圾倒入站内地槽的集装箱内，盖严箱盖，再用电动葫芦为起吊力把集装箱提升，放在汽车上，原箱运送到垃圾处置场，倾倒后再将空集装箱运回放入垃圾转运站地槽内。一般情况一个垃圾坑位要配置2～3个集装箱，一个集装箱运走后，不用等汽车回来，再放入一个空箱。采用集装箱转运垃圾，杜绝了垃圾转运时的噪声和扬尘，消除了垃圾运输途中的撒漏现象。

“JLZ-Ⅰ型单梁单葫芦集装箱式垃圾转运站”的工作原理是：采用电动葫芦为起吊力，靠电动葫芦自身行走装置，完成在吊装架上的左右行走。为减少集装箱在吊装过程中产生的扭转和摆动，设计了导向滑轨和导向套筒等组成的导向机构。缺点是：导向机构较复杂，集装箱左右移动阻力大，移动小车电机寿命短，导向杆易弯曲。

“JLZ-Ⅱ型”对“JLZ-Ⅰ型”加以改进，主要将随动架以上的4根连杆去掉，只用简单的连接方式将随动架固定在大梁上。简化了复杂的导向机构。“JLZ-Ⅲ型”采用双梁双葫芦，增加同步行走装置，使运行更平稳。增添了设备电器控制柜，使用36伏安全电压，保证操作安全。控制柜上安装了电动葫芦单动和联动按钮，用来调整电动葫芦转速差所造成的吊装不平衡问题。设计了电磁自动挂钩吊装架，保证安全操作。

天津市人民政府对兴建、改造集装箱垃圾转运站极为重视，将此列入1986年改善城市人民生活十项工作之中。全年新建、改造集装箱垃圾转运站87座，而且绝大多数都建在一般道路两侧，便于运送和转运垃圾的车辆行驶。

1986年12月，建设部城建管理局在天津召开全国北方16省市集装箱垃圾转运站现场会。16省市环卫局（处）及天津各区环卫局负责人共50多人参加会议，城市建设管理局局长叶维均、天津市副市长姚俊及有关部、委负责人出席会议，城市建设管理局副局长林家宁主持会议，天津市环卫局局长赵宝元介绍了建设和使用集装箱垃圾转运站的经验，与会人员参观了集装箱垃圾转运现场。会议认为，在当时条件下，天津采用的垃圾转运方法是符合国情的，是个新突破，是适用的，为城市垃圾收集运输开拓了新路子，要向全国推广这一做法。集装箱转运装置，被建设部评为二等优秀设计奖，并取得国家专利。

1988 年 11 月 4 日，苏联莫斯科市政设计院博士华科列夫专程到津，考察天津市垃圾堆山工程及河西区垃圾转运站。1989 年 4 月 12 日，世界银行首席环境工程师阿尔瑟・布鲁士特来天津对环卫设施进行考察。客人参观了河西区体院北垃圾转运站、河北区垃圾处理场、红桥区白酒厂垃圾转运站、河西区环卫局 5 队以及天津市环卫局汽车修理厂设计的 TH5030 吸尘车、天津市环卫局科研所设计的 50 ~ 100 吨 / 日垃圾处理设备。

1990 年 12 月，南开区环卫局设计研制的“GSD 垃圾转运站”在卧龙里转运站内投入使用。“GSD 垃圾转运站”采用单台双绳起升电动葫芦，并用 4 组导向滑轮，用钢丝绳同时起吊，即可横向移动，又可纵向移动，并且降低了有效工作起吊高度。特点是：采用 3 级减速电动运行小车，带动负载运行平稳、轮压均匀；上下导向滑轮四角分布，起吊平稳、运行协调，上导向滑轮可轴向滑移，使用可靠、便于维修；采用双向运行，可同时调整起吊设备的纵横向运行，从而减轻操作人员的劳动强度，确保操作安全；电器控制箱装置在吊装架上，便于集中控制与维修。该设备通过了天津市质量检测部门的质量检测，1992 年获国家专利局批准的设计专利，1994 年获南开区科技进步三等奖。

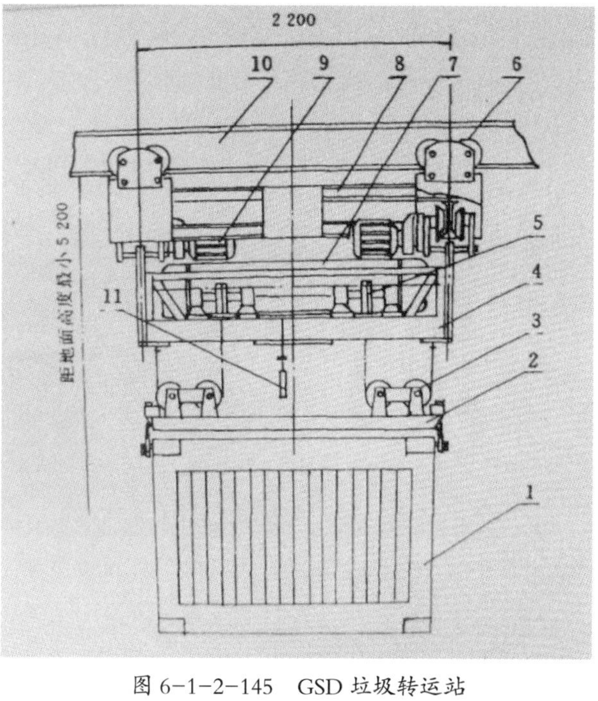

1. 集装箱
2. 吊架
3. 定滑轮
4. 桁架
5. 滑轮
6. 运行轮
7. 电动葫芦
8. 框架车
9. 驱动电机
10. 主梁
11. 启动按钮

图 6-1-2-145　GSD 垃圾转运站

1995 年，研制完成垃圾集装箱翻转架，一种城市生活垃圾集装箱自卸车举升稳定装置。包括举升油缸、翻转架和副大梁，其特征在于，副大梁和翻转架之间设置有一对双作用活塞油缸，在最大举升角附近时对翻转架进行回拉，避免垃圾的重力带动举升油缸产生拔缸现象，保证翻转架不会产生失重后的后倾翻冲击现象，提高翻转架下降速度。与双作用活塞油缸相邻还设置有连接副大梁和翻转架的折叠式稳定架，有效抑制自卸车的上部装置及集装箱的侧向摆动。自卸车的底盘大梁的左右两侧分别固定有一活动杆体的头部与自卸车的后桥的钢板弹簧相连接的后桥稳定器油缸，限制后桥钢板弹簧在卸料过程中的下弯变形，提高整车的纵向稳定性；使车辆倾翻回转圆心后移，提高了车辆的后倾安全性。

由于生活垃圾较轻，装入集装箱后达不到汽车载重量，造成“亏载”，又由于生活垃圾含水分很大，特别是夏季，流汤现象非常严重。2000 年以后，环卫科技人员开始研制成功脱水压缩式垃圾转运站，在垃圾转运站内一次完成脱水和压缩，将基本无水分、不松散的垃圾装入汽车密封箱内，避免在运输过程中流汤、撒漏，也保证了装载量。

2004 年 11 月 11 日，天津市人民政府向“大型垃圾中转站设备及配套系统技术措施研究与开发”颁发三等奖。

2007 年 12 月 3 日，天津市首座生态除臭环保型压缩式垃圾转运站正式投入使用。该转运站坐落在河东区东风立交桥东侧懿德园垃圾中转站，总投资 570 万元，建筑面积 399.42 平方米，服务半径 1000 米，日吞吐垃圾能力达到 150 吨。由于采用先进的压缩技术，垃圾处理量比一般的垃圾转运站提高一倍，日处理能力由 30 吨提高到 80 吨，车辆装载量也由 8 吨提高到 16 吨。一个压缩箱每天能周转 2 次，即可取代 200 个垃圾桶。

各区环卫局也都在原集装箱垃圾楼的基础上改造新型垃圾转运站，除脱水式垃圾压缩转运站外，还有举升压缩式垃圾转运站、垂直压缩式垃圾转运站等。

图 6-1-2-146 懿德园垃圾中转站外部环境

图 6-1-2-147 懿德园垃圾中转站内部设施

三、垃圾、粪便收运车辆研究

1963 年，天津市环卫局汽车修理厂开始研制并生产解放型真空吸粪车。吸粪车具有操纵简单、吸排速度快、使用经济、运输方便、节省人力等特点。7 月，天津市环卫管理处在和平区试用吸粪车吸粪，很快就在各区清洁大队投入使用，深受清洁工人及居民欢迎，解决了抽吸粪便、运送粪便及化粪池清理等难题。

1991 年，天津市环卫汽车修理厂试制、生产的 TH5091GXE 真空吸粪车通过省部级科技成果鉴定，并获得全国城市车辆推荐产品荣誉证书。

图 6-1-2-148　解放型真空吸粪车

1995 年，天津市环卫汽车修理厂试制、生产的 TH3090ZLJ 垃圾自卸车通过省部级科技成果鉴定，并获得全国城市车辆推荐产品荣誉证书。

2003 年，天津市市容环卫设备厂研制的 TH5050ZYS 型压缩式垃圾车获国家实用专利。2004 年，获天津市科技成果奖。

2006 年，天津市市容环卫机械设备服务中心试制、生产的 TH5110GXE 型多功能高压疏通吸粪车，通过省部级科技成果鉴定。

2007 年，天津市市容环卫机械设备服务中心试制的真空吸粪车电气联动气压卸荷液位报警器，获得国家实用新型专利。

2008 年，为落实天津市人民政府建设新农村项目，天津市市容环卫机械设备服务中心，仅用 4 个月时间，生产 TH-GXE 型农用吸粪车 215 台，并送往全市各郊区县。该产品于 2006 年通过省部级科技成果鉴定。

天津市市容环卫机械设备服务中心生产的旋风牌系列环卫车辆、设备，共有 5 个系列 17 个品种，行销全国各地，并以性能优良、质量可靠、价格合理、服务周到和恪守信誉，多次荣获国家、建设部、天津市颁发的荣誉奖，深受广大用户的欢迎。

四、垃圾粪便无害化处理研究

1959 年 3 月，天津市环境卫生管理处在处长耿振宗的倡导下，积极推行垃圾粪便无害化处理工艺。他们认真编印垃圾粪便混合堆肥讲义，组织各区清洁队有关人员进行培训，然后由各区分头进行垃圾粪便混合堆肥试验。各区计有米字井堆肥法、草把堆肥法、插竿堆肥法等，其中河北区插竿通风式高温堆肥，方法简单易行，效果良好，市环境卫生管理处在全市推行河北区插竿通风式高温堆肥。

图 6-1-2-149　天津市环境卫生管理处编印的《垃圾粪便混合堆肥的无害化处理》讲义

河西区环卫局垃圾粪便处置场，始终坚持

做到，堆肥规格整齐，堆内温度达到50℃以上。而且场内整洁美观，基本无蝇，受到建设部、中央爱委会及兄弟省市的赞许。利用垃圾粪便混合高温堆肥方法，对垃圾粪便进行无害化处理，不但能为农业生产提供优质肥料，也为城市垃圾粪便的无害化和资源化处理闯出了新路子。

1959年12月至1960年1月，天津市环境卫生管理处在全市积极推行河西区垃圾粪便处置场冬季堆肥经验。河西区垃圾粪便处置场堆积12堆肥堆进行试验。结果证明，冬季大气温度零度以下，肥堆内温度仍可上升到60℃。河西区垃圾粪便处置场多年来一直坚持高温堆肥，受到兄弟省市、国家有关部门的赞许。1985年9月5日，市人大常委会副主任白桦在环卫局局长赵宝元陪同下视察了河西区垃圾粪便处置场，对机械化筛选垃圾进行高温堆肥及场地绿化予以肯定，并指出城市垃圾处理是城市管理的一件大事，要纳入“七五”规划。

1989年4月，由河北区环卫局技术人员与老工人研制成功BXS-AⅡ型移动式滚筒垃圾筛选机。在垃圾含水量小于35%的情况下，对垃圾进行机械筛选，单班每日筛分腐熟垃圾150吨，生产细肥120吨。使用筛选后的垃圾土进行堆肥，提高了堆肥的质量。对垃圾粪便进行机械筛选、定期堆放、高温发酵处理，生产出的有机肥料，基本达到了国家颁布的“城镇垃圾农用控制标准”所规定的各项限值。1989年10月17日，河北区科委主持召开鉴定会，河北区环卫局研制的“移动式滚筒垃圾筛选机”正式通过技术鉴定，获准专利并取得天津市科技进步奖。评委认为，该机设计合理、结构简单、操作方便、易于维修，适用于垃圾移动作业，投资少，容易推广。市环卫局局长赵宝元及副局长张福恒、王志宽、金万丰和市科委有关负责人参加了鉴定会。

1989年，由天津市环境卫生工程设计研究所和中国重型机械总公司联合开发的普及型机械堆肥处理线——LD50-100型垃圾堆肥生产线，在大港区建成试运转。LD50-100型垃圾堆肥生产线直接对新鲜垃圾进行处理，生产精细有机堆肥，日处理垃圾50～100吨。LD50-100型垃圾堆肥生产线，技术比较先进、效率高、构筑物简单，投资较少，建成投产后，不仅提高城市生活垃圾处理的无害化、资源化水平，也为未来利用国产设备建设大型现代化垃圾堆肥厂提供了技术资料和实践经验。

1990年1月20日，DL50-100型垃圾堆肥生产线，在市科委、市建委召开的鉴定会上，通过了技术鉴定，与会专家学者一致认为该设备，具备小批量生产条件，达到国内先进水平。采用上述设备和工艺在大港区建成了日处理100吨垃圾的机械化堆肥处理场，直接对新鲜垃圾进行处理，生产精细有机堆肥。这种技术比较先进、效率高，构筑物简单，投资较少的机械化处理的建成投产，不仅提高了城市生活垃圾处理的无害化、资源化水平，也为未来利用国产设备建设大型现代化垃圾堆肥厂提供了技术资料和实践经验。

1990年，在河北区高温堆肥机械筛分处理的基础上，环卫科技部门研制出液压抓料器、板式给料机、八角滚筒筛分机、破碎机、混合搅滚筒、堆肥布料机、弛张筛、去石机等垃圾处理专用设备。前6种设备已经通过天津市科委组织的技术鉴定，其中4种被专家认定为国内首创，2种为国内先进水平。同时还研制了由机械前处理、回收物资手选段、一次强制通风发酵、二次后腐熟发酵和精选处理组成的机械化堆肥处理工艺线。

1990年，对全市7个垃圾处理场进行全面清整，初步建立了垃圾处理基础技术资料。全国卫生城检查团认为天津的垃圾处理方式投资少，见效快，符合国情。

1990年6月28日，天津市人大常委会副主任白化岭、副秘书长赵琪，市建委副总工汪文清，市环卫局局长赵宝元、副局长王志宽，河北区人大常委会副主任冯延祥、陈振勋，副区长张化纯、区政协副主席赵仲田等视察了河北区环卫局研制的垃圾筛选生产线，一致认为这是垃圾处理实现机械化、无害化、资源化的新途径，是符合国情的，要本着艰苦奋斗的精神努力搞好。

1990年11月4日，建设部部长林汉雄到河北区小淀垃圾处理场考察垃圾筛选、堆肥工作，并题词“天津垃圾处理工艺技术符合国情，值得在全国推广”。

1990年11月9日，全国人大常委宋一平到河北区小淀垃圾处理场考察垃圾筛选、堆肥工作。

1990年11月22日，卫生部副部长顾英奇到津视察了红桥区白酒厂垃圾转运站和河北区垃圾处理场，对天津市垃圾密封转运和无害化处理工程，给予高度评价。认为处理方法符合国情，花钱不多，解决问题很大，使垃圾变废为宝，开辟了垃圾科学处理的新途径。

1990年11月24日，参加全国村镇工作会议的300名代表，到津参观了河北区垃圾处理场。这些代表来自全国3个直辖市、14个单列城市及全国30个省市（除西藏外），是根据建设部部长林汉雄的意见，中断了会议到津参观的。这些省市的市长、建委主任对天津市垃圾无害化处理方法，给予充分肯定，认为无论从投资上还是效益上，既适合大中城市，也适合一些乡镇，开辟了垃圾变废为宝的新路子。

1990年12月25日至27日，国家科委、建设部在津召开“全国城市垃圾处理技术交流会”，来自全国60个城市的170名代表参加会议。市委常委王成怀、副市长李振东、建设部副部长周干峙、国家科委社会发展司司长邓楠等有关部门领导出席了会议。代表们参观了河北区、河西区垃圾处理场及大港区垃圾处理生产线，对天津垃圾堆肥处理技术给予高度评价，向全国各城市推广天津垃圾处理方法。

1994年2月，国家科委主任邓楠带领全国市长论坛一行百余人到河北区小淀垃圾处理场考察。

第三节 环卫科研成果

天津市环卫职工早在1958年即开始大搞技术革新活动，着重对扫道工具、拉运设备进行研制，力图放下大扫帚、大铁锨等笨重的手工工具，减轻一线操作工人的劳动强度。经过多年的不断探索、不断进取、不断进步，环卫科研取得一定成果。

一、主要科研成果

（一）吸尘汽车

1960 年 4 月 27 日，天津市公共卫生局洒运汽车修理厂与天津大学暖通教研室合作制成 60–1 型和解放 CA10 型吸尘汽车。后经 6 次改制，至 1980 年，研究改制成 XC80–1 型吸尘汽车，经技术鉴定后小批量生产。

主要技术参数：

外形尺寸：车长 × 车宽 × 车高为 5.87×2.22×2.2(米）；轴距 3.55 米、轮距 1.480 米（前轮）1470 米（后轮）；重量 3.6 吨（不计垃圾尘土重量）。

工作时速：0 ~ 15 公里 / 小时；最高速度同 BJ130 型车速（除尘器不工作）。

燃油消耗：5 ~ 7 公斤 / 小时（主副机合计）。

吸尘粒度：当量直径 5 厘米以下；吸尘比重：2 克 / 立方厘米以下；吸尘容量：0.5 立方厘米；吸尘重量：300 ~ 500 公斤。

清扫宽度：3 米；清扫能力：3 万平方米。

1989 年 10 月 27 日，天津市环卫局汽车修理厂研制的 TH5060GXC 吸尘车、TH3090G 自卸车、TH5041GXE 吸挂车，通过部级鉴定。

（二）集装箱垃圾转运站

1984 年年底，红桥区环卫局研制成第一座 JLZ 型集装箱垃圾转运站。

建设规模：建筑面积 120 ~ 150 平方米；转运能力 60 ~ 80 吨 / 天；服务面积 1.2 ~ 1.5 平方公里；服务人口 2 万 ~ 2.5 万人。

结构形式：采用单梁或双梁电动葫芦加导向装置的吊装结构，根据箱体自重、箱内所装垃圾重量和吊装架的重量，选用 MD5 ~ 6D 电动葫芦，利用按键进行升降和移动箱体的操作。为减少箱体在升降过程中的扭动和横向移动及启动、停止时的惯性摆动，安装了由导向滑竿套筒和导向轴组成的导向装置。

垃圾集装箱箱体是根据解放、东风两种车型的厢体尺寸和载重量设计的，箱外尺寸为长 × 宽 × 高为 3×2.1×1.4（米）；箱重约 830 公斤；垃圾净容约 7.4 立方米，可装垃圾 3.5 ~ 4 吨。箱体上部设有两个活门，装垃圾时打开，装满后关闭；箱体后部设有带锁闭设置的活门，倾倒垃圾时打开。

垃圾转运站内设有二个放集装箱的地坑，中间设一条车道。由于集装箱放入地坑后，四周边沿有一定的缝隙，为防止垃圾从缝隙进入地坑，当集装箱放入地坑和地面齐平后，将四周的地坑挡板盖好，既防止垃圾漏进地坑，也方便保洁员小车倾倒垃圾。

密封集装箱垃圾转运站与旧式垃圾楼比较，不仅环境整洁，而且转运站周围平均粉尘量由 42.5 ~ 58.1 毫克 / 立方米减少为 7.3 ~ 12.6 毫克 / 立方米，噪声也从 83 分贝降低到 76 分贝。

（三）BXS-A Ⅱ型移动式滚筒垃圾筛选机

1989 年 4 月，河北区环卫局研制成 BXS-A Ⅱ型移动式滚筒垃圾筛选机。

主要特点：设计合理、结构简单、体积小、可移动，操作简便；机架相对水平有一定倾斜角度，便于充分筛分和筛上物排出，筛分效果好；筛筒采用多边形，筛板与框架连接，可更换各种不同孔径筛板，可筛选不同粗细的垃圾；机械性能可靠，电控系统合理，耗电少、噪音低，易于维修保养；投资少、见效快，比人工筛分效率提高 17 倍，是符合我国国情的垃圾筛选机械。

BXS-A Ⅱ型移动式滚筒垃圾筛选机主要技术参数表

表 6-1-3-79

	筛 选 机	上 料 机	皮带输送机
外形尺寸（米）	4.3 × 2.035 × 2.19	5.8 × 1.9 × 3.05	8. × 0.67
功率（千米）	5.5	4	3
速度	16vpm	0.2 米 / 秒	1.6 米 / 秒
筛板孔径（毫米）	20、25、30、40	—	—
筛板孔有效长度（毫米）	1680 ~ 1700	—	—
输送量（立方米 / 小时）	25	25	60 ~ 100
额定电压（伏特）	380	380	380
工作长度（毫米）	3000	4500	8000

BXS-A Ⅱ型移动式滚筒垃圾筛选机采用平面筛板框架组合结构，迫使物料在筛分时始终处于复杂的冲击状态，使筛分更加充分，从而提高筛分效率。筛板采用可互换筛片，筛孔一次冲压成形，并具备孔径 25 ~ 45 毫米的多种规格，用户可根据垃圾成分湿度不同要求，随时更换适用孔径的筛片，使其达到要求的筛分效果。筛选机可单独使用，也可同移动式板链输送机和皮带输送机组合使用，效果更好。

（四）垃圾粪便混合高温堆肥

1959 年春，河北区清洁大队试验成功插竿堆肥法，简单易行，效果良好。

配料比例：垃圾、灰粪、稀粪是 1 ∶ 1 ∶ 2。

堆形：底宽 4 米，顶宽 2 米，高 1 ~ 1.5 米，长 10 ~ 20 米。

堆肥方法：垃圾铺底 10 厘米厚，上面横向平放间隔 10 厘米的竹竿，然后间隔 1 米竖立插入竹竿。将垃圾、粪便搅拌均匀后堆起，堆至一半再铺放竹竿，堆至 1 ~ 1.5 米后用稀泥抹面，最后将竹竿抽出，留有通风孔。

堆肥效果：肥堆内温度 3 ~ 4 天可达到 500℃以上至 600℃；蛔卵死亡率可达 95% 以上；苍

蝇得到有效控制。

1959年冬，河西区粪便处置场试验冬季堆肥法。

1. 加大肥堆体积，将原宽3米、高1.5米改为宽4 ~ 5米、高2米。

2. 使用细竹竿，缩小通风孔，将原孔径10 ~ 15厘米改为7 ~ 10厘米；遇到大风天气用瓦片盖上通风孔。

3. 将肥堆的小面方向由东西向改为西北向。

（五）普及型机械堆肥处理线

1989年，大港区安装试行运转LD50-100型垃圾堆肥生产线，日处理垃圾50吨。

工艺简介：根据垃圾堆肥处理的工艺要求，生产线分为前处理、发酵、后处理三个工序。

前处理：生活垃圾经计量后入厂，卸入垃圾储存槽，由抓吊或装载机向受料设备供料，传输设备将垃圾连续送入生产线，分别进行筛分、磁选、破碎、混合等工序，将垃圾中的不宜堆肥物和可回收的物品剔除、回收。将可堆肥物破碎到合适的粒度，并混入粪水或污泥进行拌合，使之成为适合的堆肥原料。

发酵：采用二次发酵工艺。一次发酵采用静态强制通风发酵，周期为8天，如采用半动态强制通风可3 ~ 4天完成，达到无害化要求。二次发酵采用静态自然通风发酵，周期为25天。

后处理：经一、二次发酵后的粗堆肥，其中还含有一定比例的不可发酵降解的杂物。经后处理工序的精筛和去石工艺，可将这部分杂物去除。

设备设施配置：可根据垃圾构成和处理量的不同灵活配置。可选择的专用设备设施如下：

前处理工序：液压抓吊、板式给料机、滚筒筛、破碎机、混合搅拌滚筒、永磁滚筒。

发酵工序：发酵平台、半动态发酵仓。

后处理工序：弛张筛、去石机。

通用设备：装载机、通风机、皮带运输机、振动给料机。

主要技术经济指标：按日处理100吨生活垃圾的生产线估算（不包括征地及生活区设施）。占地面积15 ~ 18亩，设备投资120万元 ~ 150万元，土建投资100万元 ~ 130万元，每吨垃圾处理能耗10 ~ 14千瓦时，堆肥产品成本8 ~ 10元。

二、获奖项目

1993年，天津市科委、天津市建委和天津市环卫局，投入百万元资金用于环卫科技工作，取得科技成果61项，其中应用类科技项目45项，占科技项目总数量的74%，其余16项软科学成果，占项目总数量的16%。在取得的科技成果中，有16项成果在整体或某个方面达到国内领先水平，8项科技成果获得国家和部、市级奖励。

1991 ~ 2010 年间天津市环卫系统科研获奖项目表

表 6-1-3-80

获奖项目	获奖类别	获奖等级	获奖时间	颁奖单位	设计年份	建成年份
天津市城市垃圾微机预测对策研究	地市级	科技进步三等奖	1991 年 3 月 14 日	天津市建设管理委员会	—	—
TH8090-XS 型吸扫车	地市级	科技进步二等奖	1992 年 2 月 14 日	天津市建设管理委员会	1992	—
四川省德阳市马鞍山垃圾处理场	行业级	优秀设计奖	1992 年 3 月 16 日	天津市环境卫生管理局	1991	1992
TH8090-XS 大型吸扫车	地市级	科技进步三等奖	1992 年 7 月 10 日	天津市科委	1992	—
50 吨 / 日垃圾堆肥成套技术与设备	地市级	科技进步一等奖	1992 年 12 月 16 日	天津市建设管理委员会	1991	1991
天津市和平区潘楼垃圾处理场	行业级	优秀设计奖	1994 年 3 月 15 日	天津市环境卫生管理局	1993	1994
移动筛分机	地市级	科技进步三等奖	1995 年 2 月 1 日	天津市科委	1991	1992
四川省自贡市莲花垃圾处理厂	行业级	优秀设计奖	1995 年 3 月 1 日	天津市环境卫生管理局	1994	1995
山西省长治市粪便无害化处理厂	行业级	优秀设计奖	1996 年 3 月 5 日	天津市环境卫生管理局	1996	1996
压缩式垃圾转运站设备	地市级	科技成果三等奖	1998 年 3 月 6 日	天津市建设管理委员会	—	—
垃圾能源化及技术政策研究	地市级	三等奖	1999 年 3 月 23 日	天津市建设管理委员会	—	—
白色垃圾污染现状调查及治理对策研究	地市级	科技进步奖软科学成果三等奖	2001 年 7 月 23 日	天津市建设管理委员会	2000	2000
天津市潘楼垃圾中转站	地市级	荣获 2002 年度天津市优秀勘察设计二等奖	2003 年 7 月 18 日	天津市建设管理委员会	2000	2000
天津市潘楼垃圾中转站	地市级	荣获天津市 2003 年度优秀工程咨询成果三等奖	2003 年 12 月 12 日	天津市工程咨询协会	2000	2000
大型垃圾中转站设备及配套技术措施研究与开发	地市级	天津市科技进步三等奖	2004 年 6 月 16 日	天津市科学技术委员会	2000	2001
天津市滨海新区汉沽垃圾处理场	地市级	荣获 2003 年度天津市优秀勘察设计（市政类）二等奖	2004 年 6 月 26 日	天津市建设管理委员会	2001	2002
天津市大韩庄垃圾填埋场工程可行性研究报告	地市级	荣获天津市 2004 年度优秀工程咨询成果三等奖	2004 年 10 月 12 日	天津市工程咨询协会	2003	2004
济源市城市垃圾无害化处理场可行性研究	省部级	2005 年度优秀工程咨询成果评奖中获得好评，予以表彰	2005 年 11 月 26 日	天津市工程咨询协会	2003	2004

续表 6-1-3-80

获奖项目	获奖类别	获奖等级	获奖时间	颁奖单位	设计年份	建成年份
垃圾填埋场复合土防渗技术试验研究	省部级	2005年度优秀工程咨询成果一等奖	2005年11月26日	天津市工程咨询协会	2004	2004
天津市市容环境综合管理地理信息系统研制报告	国家级	全国优秀工程咨询成果三等奖	2005年12月28日	中国工程咨询协会	2004	2004
天津市大韩庄垃圾填埋场工程	地市级	2006年度天津市市级优秀勘察设计二等奖	2007年2月17日	天津市建设管理委员会	2005	2006
河南巩义市大黄冶垃圾卫生填埋场可研报告	地市级	天津市2007年优秀工程咨询三等奖	2008年10月11日	天津市工程咨询协会	2005	2006
三河市生活垃圾卫生填埋场工程申请报告	省部级	天津市工程咨询协会2008年度优秀工程咨询成果三等奖	2008年11月30日	天津市工程咨询协会	2006	—
天津市武清区垃圾综合处理场（可研、初设、施工图）	省部级	2009年度天津“海河杯”优秀勘察设计市政公用工程三等奖	2009年10月10日	天津市建设和交通委员会	—	—
许昌市庞庄生活垃圾综合处理厂工程可行性研究报告	地市级	2009年度优秀工程咨询成果三等奖	2010年3月18日	天津市工程咨询协会	2008	2009

三、研发项目及专利项目

部分环卫科技研发项目获得行业、地市、省部级设计标准，有的获得国家专利。

1995～2010年间天津市环卫系统科技研发项目表

表6-1-3-81

编码	技术成果名称	成果分类	发布日期	标准设计	主要用途
CJ/T3051-1995	锤式垃圾破碎机	建设标准、规范	1995年12月1日	省部级	垃圾无害化处理生产线中，将大颗粒垃圾破碎，适于发酵
CJ/T5025-1997	垃圾容器五吨车用集装箱	建设标准、规范	1997年10月1日	省部级	规范垃圾集装箱的生产、组织以及质量控制等
CJ/T101-1999	城市生活垃圾铅的测定原子吸收分光光度法	建设标准、规范	1999年11月24日	省部级	了解城市生活垃圾中的元素组成，为垃圾处理及应用研究提供数据
CJ/T105-1999	城市生活垃圾全钾的测定火焰光度法	建设标准、规范	1999年11月24日	省部级	了解城市生活垃圾中的元素组成，为垃圾处理及应用研究提供数据

续表 6-1-3-81

编　码	技术成果名称	成果分类	发布日期	标准设计	主要用途
CJ/T104-1999	城市生活垃圾全磷的测定偏钼酸铵分光光度法	建设标准、规范	1999 年 11 月 24 日	省部级	了解城市生活垃圾中的元素组成，为垃圾处理及应用研究提供数据
CJ/T103-1999	城市生活垃圾全氮测定半微量开氏法	建设标准、规范	1999 年 11 月 24 日	省部级	了解城市生活垃圾中的元素组成，为垃圾处理及应用研究提供数据
CJ/T102-1999	城市生活垃圾砷的测定二乙基二硫代氨基甲酸银分光光度法	建设标准、规范	1999 年 11 月 24 日	省部级	了解城市生活垃圾中的元素组成，为垃圾处理及应用研究提供数据
CJ/T100-1999	城市生活垃圾隔的测定原子吸收分光光度法	建设标准、规范	1999 年 11 月 24 日	省部级	了解城市生活垃圾中的元素组成，为垃圾处理及应用研究提供数据
CJ/T99-1999	城市生活垃圾 PH 的测定玻璃电极法	建设标准、规范	1999 年 11 月 24 日	省部级	了解城市生活垃圾中的元素组成，为垃圾处理及应用研究提供数据
CJ/T98-1999	城市生活垃圾汞测定冷原子吸收分光光度法	建设标准、规范	1999 年 11 月 24 日	省部级	了解城市生活垃圾中的元素组成，为垃圾处理及应用研究提供数据
CJ/T97-1999	城市生活垃圾总铬的测定二苯碳酰二肼比色法	建设标准、规范	1999 年 11 月 24 日	省部级	了解城市生活垃圾中的元素组成，为垃圾处理及应用研究提供数据
CJ/T96-1999	城市生活垃圾有机质的测定灼烧法	建设标准、规范	1999 年 11 月 24 日	省部级	了解城市生活垃圾中的元素组成，为垃圾处理及应用研究提供数据
CJ/T106-1999	城市生活垃圾产量计算及预测法	建设标准、规范	1999 年 11 月 24 日	省部级	数学模式进行垃圾产量预测
20000649	HMMI-1 型卧式垃圾焚烧炉	科技成果	1999 年 12 月 26 日	地市级	焚烧生活垃圾及医疗垃圾
20000651	生活垃圾收集袋装化系统研究	科技成果	1999 年 12 月 26 日	地市级	
CJJ27-2005	城镇环境卫生设施设置标准	建设标准、规范	2005 年 5 月 1 日	行业级	
20000237	压缩垃圾车	科技成果	2000 年 6 月 5 日	地市级	收集、运输垃圾时经压缩增加其容重

续表 6-1-3-81

编　码	技术成果名称	成果分类	发布日期	标准设计	主要用途
GB50449-2008	城市容貌标准	建设标准、规范	2010 年 1 月 2 日	国家级	
CJJ149-2010	城市户外广告设施技术规范	建设标准、规范	2010 年 7 月 20 日	行业级	

1988 ~ 2000 年间天津市环卫系统科研专利项目表

表 6-1-3-82

编　码	技术成果名称	成果分类	发布日期	标准设计	主要用途
882 05328.0	双梁式集装箱收集转运装置	专利	1988 年 2 月 10 日	国家级	用于垃圾转运站
872 05777.1	紊流中分式清扫机械收集装置	专利	1988 年 4 月 27 日	国家级	用于吸尘车
872 12881.4	折叠组合清扫刷	专利	1988 年 12 月 1 日	国家级	用于扫路车
892 00382.0	八角筛分机	专利	1989 年 12 月 13 日	国家级	用于筛垃圾
892 00383.9	混合滚筒搅拌机	专利	1990 年 3 月 14 日	国家级	用于混合垃圾搅拌
902 02193.1	垃圾比重去石机	专利	1991 年 2 月 13 日	国家级	用于垃圾堆肥分选
902 16961.0	液压抓吊	专利	1991 年 5 月 15 日	国家级	用于垃圾抓吊
902 16963.7	移动筛分机	专利	1991 年 10 月 9 日	国家级	用于垃圾筛分
902 02192.3	一次布料机	专利	1991 年 11 月 20 日	国家级	用于堆肥处理布料
902 02222194.X	板式给料机	专利	1992 年 3 月 11 日	国家级	板式垃圾给料
CJJ71-2000	机动车清洗站工程技术规程	专利	2000 年 8 月 1 日	省部级	机动车清洗站工程设计建设

四、环卫设施布局规划

2010 年 1 月 27 日，由天津市市容园林委组织，天津市规划院、环卫设计院、环评中心联合编制的《天津市环卫设施布局规划》完成初稿，并在多次不同层面汇报、征求意见、修改完善的基础上，在天津市市容园林委召开专家及主管部门评审会。与会专家有中国城市建设研究总工程师徐海云、天津市规划局原副局长冯容、天津市环境工程评估中心总工程师李寅年、天津市市容环卫研究所所长张范、天津市垃圾处理中心主任柳宪布，专家组组长由徐海云总工程师担任。与会主管部门包括天津市发改委、建交委、市容园林委、规划局、国土房管局、环保局等，环卫研究所及相关参编设计单位的主要负责人参加会议。会议听取天津市规划院规划方案汇报后，相关主管部门及专家分别提出意见和建议。会后规划设计单位按照专家和主管部门提出的意见和建议进一步修改完善规划成果，组织编制单位按照天津市统一要求履行规划报审程序。

第二章　市容环境教育培训

第一节　中技专业教育和成人教育

1949 年，经统计全市清洁职工 1943 人，其中大学 2 年学历的 1 人、中学文化程度的 9 人、小学文化程度的 509 人，其余都是文盲。经过重新补习教育，据 1989 年统计，全市环卫职工 10004 人。其中大专毕业 103 人，占 1%；中专毕业 238 人，占 2.4%；高中毕业 2278 人，占 22.8%；初中毕业 5529 人，占 55.2%；初中以下 1856 人，占 18.6%；文盲 168 人。

1985 年 4 月，“天津市环境卫生管理局职工中等职业学校”成立。7 月，首届环境管理专业成人中专班开学，学习形式：全脱产，学制 2 年。注册入学的学员 13 人，来自天津市环卫系统的在职干部、工人经两年学习，12 人取得毕业文凭。

1986 年，职业学校增设环卫机械与维修专业和环卫管理专业，招收成人中专学员 67 人，其中环卫机械与维修专业 47 人，环卫管理专业 20 人，学制 2 年，全脱产学习。

1987 年，环卫管理专业招收 2 年制全脱产学员 20 人，学员来自天津市和华北、东北、西北“三北地区”环卫系统的在职人员。

1988 年，首次向社会招生，招收天津市初中毕业生 80 人，全日制 3 年。环卫管理专业招收两个班共 57 人，环卫机械专业招收 23 人。

1989 年、1990 年相继在天津市与外省市招收环卫管理专业成人中专班 39 人，2 年制全脱产学习。

1991 年，环卫机械与维修专业招收天津市初中毕业生 29 人，全日制，学期 3 年。

1992年，环卫管理专业招收成人中专班46人，2年制全脱产学习。

1993年、1994年，分别在校内与校外为各区、县环卫系统在职人员组织办学，开设环卫管理专业、环卫机械与维修专业、工业企业管理专业，采取业余形式教学，218人相继取得中专毕业证。

1995年，招收天津市初中毕业生43人，开设全日制3年会计专业班。招收环卫管理专业成人中专班27人，业余办学形式。

1996年，招收天津市初中毕业生44人，开设全日制3年环卫管理专业班。招收工业企业管理专业成人中专班29人，业余办学形式。

1997年，招收天津市初中毕业生244人，开设环卫监察管理专业，学习形式分别是全日制和单科累计结合。

1998年，招收天津市初中毕业生215人，开设全日制环卫监察专业班。

1999年，招收天津市初中毕业生255人，开设环卫监察专业、环境工程专业、环卫管理专业、文秘专业，学习形式分别是全日制与单科累计结合。招收环卫监察管理专业成人中专班40人，业余办学形式。

2000年，招收天津市初中毕业生294人，开设环卫监察专业、环境工程专业，全日制办学形式。

2000年10月3日，天津市环卫局中专的十几名学生在西青区子牙河西河闸边，欢度国庆假日。突然，有人落水。中专、大专学生和武警战士60多人加入救人队伍，两名年轻的大学生献出了宝贵的生命。事后，学生束恒说："他们听到呼救声后，班长曹旭跑在最前面也是他们当中第一个跳入水中的，其余的人被撑船的大爷拦住说不要再跳了，否则会越来越麻烦。于是，他们找来竹竿、绳子，合力拉那些快到岸边的人。"天津各家媒体报道了这一事件。团市委、市文明办发出通知，号召市民群众向他们学习。环卫中专参加救人的7名学生获得"文明市民"的荣誉称号。

2001年，招收天津市初中毕业生240人，开设环卫监察专业、环境信息管理专业、环境艺术专业。全日制办学形式。

2002年，招收天津市初中毕业生399人，开设环境监察专业、环境治理技术专业、商务外语专业、计算机及应用专业、工艺美术等专业。全日制办学形式。

第二节　职工岗位技能培训

1949年4月18日至7月14日，清洁队第一期短训班正式开课，105位成分好、有觉悟、有文化、工作积极、年龄适当的清洁工人参加培训。

1968 年 7 月 25 日至 8 月 3 日，天津市环卫局、天津市农林局联合举办环卫、农业干部学习班。由东郊、西郊、南郊、北郊四个郊区农业局负责组织肥料管理人员，天津市内六区清洁队负责组织粪肥垃圾管理人员和天津市环卫局汽车队业务人员参加学习，共同研究解决供肥、堆肥工作中存在的问题。

1981 年 6 月 29 日，天津市环卫局在和平区环卫局举办吸扫车管理维修学习培训班，为期一个月，各区环卫局司机、修理工 59 人参加了学习培训。

1982 年 1 月 4 ～ 10 日，天津市环卫局举办环境卫生管理宣传人员培训班。3 月 1 ～ 11 日，天津市环卫局举办环卫管理通讯员指导培训班。

1983 年 3 月，天津市环卫局对环卫管理员队伍进行整顿，举办环卫管理业务培训，培训环卫管理员 320 人，招聘并培训义务环卫监督员 1000 人。

1996 年，天津市环卫局建立了环卫特有工种技术培训工作站，15 个区县 6480 余名环卫工人接受培训考核，确定技术等级。天津市道路清扫工、公厕保洁工、垃圾运输工三大工种，在全国同行业率先纳入技工行列。1998 年，增加到五大工种：道路清扫工、公厕保洁工、垃圾运输工、环卫系统特种车辆汽车驾驶员、汽车修理工。

1996 ～ 2010 年间天津市环卫五大工种岗位培训人数统计表

表 6-2-2-83

年份	人数	年份	人数	年份	人数
1996	6471	2001	450	2006	329
1997	2437	2002	470	2007	216
1998	1096	2003	408	2008	266
1999	950	2004	237	2009	166
2000	750	2005	310	2010	250

第三节　各类业务培训

2008 年 4 月 9 ～ 13 日，天津市爱卫办委托市容环境宣传教育培训中心，举办“第一期病媒生物防治专业经营服务人员培训班”，各病媒生物防治企业的 96 名一线操作人员参加培训。培训班邀请天津市疾病控制中心主任孙晨熹等多位专家，对病媒生物防治基础知识进行详细讲解，对工作人员的操作技能进行系统培训，并统一进行了笔试和实践操作考试。

2009 年 10 月，园林规划设计院启动青年职工培训活动。培训从 10 月下旬持续到 2010 年 1 月中旬，主要对象为参加工作不足 3 年的设计人员，涉及园林、建筑、结构等专业。培训内容包括实地调研、专题讲座、方案研究和撰写专业学术论文等。培训活动严格实施考核管理，所有参加培训职工认真阅读一本专业学术著作，结合培训内容完成一篇高水平论文。培训内容严格从实际出发，实行以赛代练，选择合适项目进行设计竞赛，第一名获得者可成为项目负责人。

2009 年 11 月，天津市市容园林委科技教育处利用近两个月时间，先后与委工会、园林养护管理处举办了四期面向各区县市容和园林行业工作人员的培训讲座。先后邀请卓润企业管理咨询机构总经理高级企管顾问师许密君、委直属单位高级工程师陈小奎、花苗木中心总工程师童彤、园林科研所植保主任高级工程师张淑萍、水上公园高级工程师查良刚做培训讲座。还邀请委副主任郭喜东做园林养护方面讲座，委科技教育处处长王和祥做了园林养护基础知识介绍。培训主讲人提前精心准备大量的图片、数据、案例、采用幻灯片形式播放讲解，图文并茂，生动翔实。培训安排互动环节，参加培训的同志提出自己在日常工作中遇到的问题和难点，由讲师给予解答，大家互相借鉴学习，交流经验，增长专业知识。

2009 年 11 月 16 日，天津市市容园林委工会和科教处共同组织“如何当好班组长”管理知识讲座，委直属单位的基层班组长和部分管理人员约 110 人参加了讲座。讲座邀请专家从班组长的职责定位、基础工作方法、日常管理、部门沟通、有效激励、业绩管理等方面进行系统讲解，讲师与现场学员交流互动，对学员提出的工作中遇到的具体问题给予了专业的分析和解答。

2010 年 1 月 15 日，天津市市容园林委举办屋顶绿化新技术培训，各区县园林行政主管部门和委直属单位相关技术人员近 160 人参加培训，聘请屋顶绿化专业科技公司总工程师做专题讲座，讲座既包括屋顶花园各类型介绍，又包括京津地区屋顶绿化植物品种配植及应用注意事项等实例，理论与实际紧密结合，生动翔实，取得了良好的培训效果。

2010 年 4 月，天津市市容环境宣传教育培训中心协助天津市市容园林委法规处组织《天津市城市管理规定》培训。市容园林系统相关人员 110 人参加了培训和考试。

2010 年 6 月，天津市市容环境宣传教育培训中心协助天津市市容园林委法规处组织 2010 年执法人员考试，市容园林系统相关人员 700 人参加了培训和考试。

2010 年 7 月，天津市市容环境宣传教育培训中心协助天津市市容园林委举办《城市公厕管理办法》(建设部令第 9 号) 培训班，天津市环卫系统相关人员 50 人参加了培训和考试。

第七篇

中心区市容环卫管理

天津市市辖区分为中心城区、环城区和远郊区县。中心城区有和平区、河东区、河西区、南开区、河北区、红桥区六区，习惯称为市内六区，是天津市文化教育政治经济商业中心。按照天津市“双城”城市规划理念，滨海新区也是天津市的中心城区。由原塘沽区、汉沽区、大港区以及天津经济技术开发区等区域整合而成。

市内六区最早出现市容管理、环境卫生和执法工作，市容、环卫、执法部门承担中心城区道路清扫保洁、垃圾粪便清运处理和城市管理等任务，通过反复施治，达到净化、美好城市，提高市民群众生活质量，为经济建设、城市发展服务的目的。

第一章　河东区

河东区位于天津市中心区东部，因地处海河东岸而得名。“先有大直沽，后有天津卫”，境内大直沽经考古验证是天津市有文字记载的最早聚落。清末，境内只有俄国租借地有少数道路清扫工。民国时期增至数十名，天津解放初期，全区有环卫工人 130 余人。1979 年，成立了区环境卫生管理局，1984 年，组建了区市容委。2000 年，组建区城市管理综合执法大队。2007 年，建立区城市管理综合执法局。随着区域经济不断提升，对环境投入也不断加大，街景绿化、环境美化、绿地建设、夜景灯光建设逐年发展，基本实现了市容环境白天绿起来，晚上亮起来的规划目标。

第一节　市容环境管理

一、市容环境主要管理工作

1987 年，河东区开始创建市级“基本无违章街”。到 1990 年，经市政府检查验收，河东区共有 16 个街达标。

1988 ~ 1990 年间河东区基本无违章达标街一览表

表 7-1-1-84

年　份	街　道　名　称
1988	盘山道、香山道、沈庄子、常州道、李公楼、和平村、昆仑路、二号桥、广宁路、
1989	向阳楼、郭庄子、大王庄、大桥道、万辛庄
1990	郑庄子、唐家口

1988年，按照天津市政府统一部署，开展了创建“市容卫生管理达标街活动”。至1992年，实现了创建目标。

1988～1992年间河东区市容卫生管理达标街一览表

表7-1-1-85

年　份	街　道　名　称
1988	盘山道、香山道、沈庄子、常州道、向阳楼
1989	李公楼、和平村、二号桥、郭庄子
1990	大王庄、昆仑路、广宁路
1991	郑庄子、大桥道
1992	大直沽、唐家口、万辛庄

1992年，河东区开展居委会自管自治活动。至1995年有102个居委会达标，万辛庄东局子居委会被评为市级文明住宅小区；中山门海委等5个居委会被评为区级文明住宅小区。

1996年，河东区开展“自家门前净起来”为主要内容的居民区清整活动，清理296个双气楼栋、2212个单气楼栋。1997年，开展“居民区净起来，自家门前净起来”活动。共有1848个沿街单位签订了门前清扫责任书。1998年，开展“居民区净起来，居民区环境卫生天天达标”活动，180个居民区实现“居民区环境卫生天天达标”，并初步建设了50个环境卫生天天达标精品居民区。共有2928个沿街单位签订了门前清扫责任书。

1998年，河东区重点治理了十一经路、程林庄道、津塘路、新开路、张贵庄路、红星路、东兴路、卫国道、六纬路、光华路、大直沽五号路、华昌大街、华兴街、真理道、天山路、十五经路、民族路17条主干道路环境秩序。结合实施中山门地区危改配套工程，建成两个封闭市场，撤除了中山门东道、南道、西道、北道4条路的占路市场，改造了大直沽后台、唐家口二号路两个市场，重点规范整顿了二号桥福东里市场，将4个无法退路进厅的占路市场改成早市。

1996年，河东区二号桥、郑庄子、大桥道、万辛庄、常州道5个街道经过治理整顿，成为文明城区市容环境达标街。1997年，深入开展“环境美文明城区达标街、达标居委会”活动，创建8个市级达标街。1998年，创建郑庄子、唐家口等6个市级达标街，创建60个市级达标居委会。

二、市容环境专项治理

（一）街道整修

从1985年开始，按照政府的总体规划，全力开展街道整修工作。

2002年，月牙河河道一期改造后，实施了沿河两岸、程林庄路沿路街道整修，使街景容貌焕然一新，达到了水清景美的效果。2003年，对“两河三路”市容景观进行街道整修。两河是月牙河河道改造后两岸、北塘排污河两岸，三路是张贵庄路、津塘路（轻轨段）、卫国道沿路。

1985 ~ 2010 年部分年份河东区街道整修成果一览表

表 7-1-1-86

年份	整修路段	整修长度（公里）	整修楼房（幢）	整修平房（间）	整修围墙（米）	年份	整修路段	整修长度（公里）	整修楼房（幢）	整修平房（间）	整修围墙（米）
1985	4	15.4	231	878	12998	1995	15	15.56	69	1591	3841
1986	12	31.6	231	1377	13489	1997	3	3.8	47	688	1906
1987	10	31.6	132	2506	21584	1998	—	4.8	55	757	2159
1988	18	40.05	348	9038	22137	1999	7	17	132	2131	9729
1989	11	37.38	114	2246	14726	2000	8	7.4	124	1067	7352
1990	5	16.8	119	1196	4396	2004	7	17.67	240	174	6484
1991	4	6.12	44	1028	3402	2005	2	—	134	836	17189
1992	5	6.15	12	119	150	2006	—	—	332	604	7241
1993	4	7.7	52	536	4298	2008	28	—	654	1905	—
1994	7	16.7	171	773	6617	2010	100	94	1484	—	—

（二）户外广告设置与管理

2005 年，河东区对十一经路、卫国道、上杭路、津塘路等主干道路上的广告及牌匾进行专项治理，共拆除改造各类违章广告牌、牌匾 323 块。天津站地区拆除占道广告牌 6 处 12 块，规范改造广告牌 21 块。2006 年，拆除违章占地广告牌 7 块、不规范牌匾 632 块，拆除规范灯光牌匾 632 块，清理不规范广告牌 60 块。华捷道改造牌匾 86 块，天山路改造牌匾 214 块。2007 年，拆除津塘路违法户外广告牌匾 103 块、天津临时客运站地区违章广告 56 块，拆除区内由萨博广告公司设置的候车亭违法广告 34 个。2008 年，规范 1860 块违规广告牌匾。

（三）景观灯光建设与管理

1992 年，河东区对六纬路、新开路、十一经路进行夜景灯光建设，新建 49 幢大型公建灯光设施。1993 年和 1994 年，进行灯光设施补建，初步形成夜景灯光带。1995 年，打通两条灯光通道，一条是十一经路、程林庄道上段、红星路中段、卫国道下段，一条是六纬路、光华路。新建天山路、天津站后广场和津塘路大桥道段三处夜景灯光。1996 年，新建大型公建外体照明 15 处、霓虹灯 168 处、商业门脸装灯 150 家、灯光广告 15 块、灯箱 28 个。1997 年，大型公建装灯 18 个、霓虹灯 84 处、商店装灯 106 处，安装灯箱 236 处。1998 年，实施了天津站区域光团建设，大型公建装灯 16 个、霓虹灯 45 处、商店装灯 92 处、安装灯箱 755 处。2002 ~ 2003 年，天津市中心城区实施夜景灯光“双百”工程。涉及河东区十一经路光明桥头景观路口、六纬路海关景观路口，共 10 幢高层建筑、16 幢一般建筑。2003 年 1 月 6 日，完成大型公建、大型灯光广告统一启闭第一期工程，共有 24 个单位、29 个统一启闭设施投入使用。2005 年，推动建设霓虹灯 176 处，内光源灯箱 226 处。2006 年，华捷道改造灯光牌匾 86 块，天山路改造灯光牌匾 214 块。共拆除不规范牌匾632块。2009年，对40栋楼房实施夜景灯光建设工程。2010年，打造百座夜景楼宇，形成十一经路、新开路、华龙道U型夜景灯光带，与海河沿线灯光构成精品夜景圈。

（四）铁路沿线环境治理

2001年，对京山线铁路沿线河东区段约15.6公里的环境进行治理。拆除违章建筑549间7800平方米，清运杂土2.5万吨，整修楼房187栋、平房2512间，围墙2.69万米。2004年，对京山客运线、京山三线货运线河东区段32米范围内有契约平房、公建和违章建筑进行动员拆迁。共动迁1264户1819间5028万平方米房屋，清运拆迁工程杂土14万吨，整修楼房172栋42.93平方米，平房307间6714平方米，围墙1.32万米，新建围墙3343米，接砌房山893平方米；铺设甬路4764平方米；整理地块20.1万平方米，完成8个标段的绿化任务。2005年，实施京山客运线、京山三线货运线河东区段二期整治工程，拆迁危楼平房2.4万平方米、公建6.84万平方米、违章建筑违章棚亭1.42平方米，清除坟茔13座、猪圈6处、废品回收点6处、乱圈乱占207处，清运垃圾杂土15.7万吨；新增绿地40.8公顷。对铁路沿线周边石墙子大街、广瑞路、广瑞西路、兰峰道进行了整修，修建了一处桥梁。京山客运、货运线新设了十三公里的安全防护栏。2006年，对南站支线、仓储线、105行走线、公用线、冶供线、安全线、煤五线、砂石厂线、新建材线等11条铁路专用线进行整治。

（五）重点地区综合管理

2007年，由天津站后广场地区管理办公室牵头，重点协调组织市、区10个执法部门对站区各类车辆乱停乱放进行综合治理。

2008年，新天津站建成后，河东区成立了天津站地区管理办公室。采取“四班三运转”工作模式，按照市政府7号令要求和授权的176项行政执法许可事项，开展站区执法管理工作。

（六）“非典”时期环境治理

2003年5月，河东区作为“非典”疫情重灾区，开展清脏治乱专项治理活动。清理堆存的各类垃圾渣土1161处1.9万吨；对7条主干道路、60条支线道路违章占路摊贩进行每天15小时清整，清除乱摆乱卖3068处；涂刷遮盖办证乱喷涂2500余处。6月，进行为期一个月的家禽家畜专项治理，处理家禽家畜3270只。

三、市容环境综合治理

（一）整治海河沿岸

1982年，天津市整治海河沿岸，河东区整治任务：西自海河天津站起，东至月牙河口，海河河东区段全长8.29公里，涉及市属、局属30个工厂、仓库等。拆除公建房屋133间5079平方米、院墙1009米、搬运物资1.82万吨，清运废土杂物989吨，拆除违章建筑165间。

（二）畅通工程

2000年，7月、8月为集中治理阶段。反复清整道路352条次，清理马路餐桌1228处，清除里空外卖3019处，清除乱堆乱放6351处，清理马路洗车点7处，拆除违法建设2179间1.56万平方米，清理外来人口3604人，清除市场内非“菜篮子、米袋子”项目经营户169户。9月，针对违法占路回潮，采取加快市场建设、成立快速反应队、充实街道执法管理力量、强化督查工作、建立评比激励制度等措施，基本遏制了违章占路回潮。2001年，拆除干支道路违法建筑、违章棚亭350间3411平方米，清除乱摆乱卖摊点1.96万个，清理违章占路加工作业1046处、违章乱设信息牌8340块(处)，取缔大直沽六号路、九号路两处非法乱摆乱卖聚集点。

（三）建厅退路

2000年，11处建厅退路市场竣工开业，占地面积44.7万平方米，总投资为1547万元。相继退出双星、向阳商贸城、王台、红旗巷等11处占路市场；退出原批准的中山门三号路、天山路、九纬路、华兴街、天山路5处早、夜市临时占路市场，退出的道路占地总面积37.6万平方米。

（四）迎奥运市容环境综合整治

2007年，实施十一经路、卫国道迎奥运道路综合整修，依法规范户外广告设施，完成公厕建设和提升改造任务。旧楼区综合整修14片71万平方米，对11条铁路专用线(二期)进行了综合整治。

2008年，对28条主要道路开展市容环境综合整治。清拆1.6万个立面吊挂物，规范3800处空调室外机，安装空调罩1.4万个，拆迁42处9.57万平方米正式建筑物，拆除830间1.68万平方米违章建筑，规范1860块违规广告牌匾，整修粉刷楼房654幢196.66万平方米、平房1905间4.38万平方米和围墙3.95万平方米，完成道路绿化130万平方米，对十一经路、卫国道65栋平顶楼房实施“平改坡”改造。

2009年，第二轮市容环境综合整治。对津塘路、成林道等21条道路456幢139万平方米楼房进行整修；对40幢楼房实施夜景灯光建设；新增、提升改造绿地面积84.5万平方米；对地毯厂路、晨阳道、常州道、益寿里地区等25个脏乱点位进行治理，整修道路5万平方米，新建和提升绿化1万余平方米，立面整修1.5万平方米。

2010年，第三轮市容环境综合整治。整修道路100条，改造居民区100个，提升公园2座，整治中山门和天津站后广场重点地区，建设夜景灯光线路5条，高水平路网1条。在社区综合整治中，共整修建筑896栋，清理楼门5180个，小区乱堆乱放2100余处，乱圈乱占1984处，拆除违章建筑、违章棚亭6100平方米，社区环境建设水平进一步提高。其中友爱南里、互助南里、福天里等11个小区成为精品小区。开展了环境卫生脏乱、工程渣土运输洒漏、占路经营、违章设置张贴广告、违章占道停车五项专项治理工作。共清整脏乱点位135处，治理工程渣土运输撒漏662处，取缔占路经营聚集点7个，占路经营4887处，清除违章设置张贴广告3.9万块，取缔、规范停车场21处，处罚违章停车9275起。

第二节 环境卫生管理

一、道路清扫保洁作业

1985年6月，中环线主体道路部分竣工，河东区逐步开辟中环线道路清扫业务，包括东兴、东风、十一经路立交桥、地道和区际桥梁。至1995年年底，河东区环卫专业队伍清扫主干道路215条394.06万平方米，是1979年河东区环卫局建立时的2.7倍。

1979～2010年河东区部分年份道路清扫条数和面积统计表

表7-1-2-87

年份	道路条数	清扫面积（万平方米）	年份	道路条数	清扫面积（万平方米）
1979	128	146.06	1997	217	406.88
1980	123	131.25	1998	219	410.56
1984	112	169.07	1999	220	423.58
1985	121	165.86	2000	222	442.22
1986	74	156	2001	224	455.91
1987	183	299.263	2002	227	471.55
1988	186	317.30	2003	232	487.71
1989	58	179.38	2004	236	503.87
1990	70	207.42	2005	274	637.59
1991	49	189.36	2006	283	682.09
1992	51	195.32	2007	304	702.01
1993	207	361.51	2008	320	718.12
1994	215	394.06	2009	295	727.45
1995	215	394.06	2010	320	759.74
1996	216	400.86	—	—	—

1995年12月，河东区有保洁员963名，按日清扫道路、胡同里巷，收运生活垃圾。清扫道路177条174.78万平方米，清扫胡同里巷2370条29.32万平方米。

2004年，更新添置机扫车15部，机扫道路面积占总扫道面积的11.5%。2005年，成立“河东区环卫局机扫队”。机械化清扫快速路、桥梁、主干道、重点支线道路，部分路段还实行了机械化保洁，机械化清扫保洁面积达到230万平方米，机扫率超过30%。2010年，机扫率达到52%。

2009年，通过招标方式，将十一经路等7条161万平方米道路的清扫保洁任务，采取业务包干、经费包干形式交与深圳市洁亚清洁服务有限公司负责，签订3年承包合同。

二、路面清洗作业

1984年，河东区环卫局增添2部洒水车，开始水洗路面作业。1985年，水洗道路7.67万平方米占清扫面积的4.6%。1991年，水洗路面增至20.6万平方米，占清扫面积的10.8%。1995年，水洗路面增至65.5万平方米，占清扫面积的16.6%。至2010年，水洗路面完全机械化，路面水洗率达到22%。

1985～2010年间河东区水洗道路情况表

表7-1-2-88

年份	水洗道路面积（万平方米）	水洗率（%）	水车（部）	年份	水洗道路面积（万平方米）	水洗率（%）	水车（部）
1985	7.67	无统计	2	1998	65.69	4	4
1986	38	无统计	2	1999	67.77	4	4
1987	53．20	无统计	2	2000	70.76	4	5
1988	43.52	无统计	2	2001	72.95	4	5
1989	54.17	无统计	2	2002	75.45	7	6
1990	54.17	无统计	2	2003	78.03	7	6
1991	20.60	无统计	2	2004	80.62	11	10
1992	13.46	无统计	2	2005	102.01	9	14
1993	13.46	无统计	2	2006	102.31	8	14
1994	65.52	无统计	2	2007	108	15	11
1995	65.52	无统计	2	2008	108	15	9
1996	64.14	4	6	2009	162	22	19
1997	65.10	4	5	2010	162	22	18

三、清融雪工作

1985年，河东区开始实行“专群结合”清除积雪，河东区环卫局实施道路、桥梁、地道融雪，同时发动社会力量按照责任分工进行清雪。

1996～2010年间河东区道路融雪基本情况表

表7-1-2-89

年份	道路融雪（条）	立交桥融雪（座）	涵洞融雪（座）	出动车辆（部）	用盐（吨）	清融雪面积（万平方米）
1996	199	5	5	6	98	400.86
1997	203	5	5	5	100	406.88
1998	207	5	5	4	128	410.56
1999	210	5	5	4	130	423.58
2000	213	7	6	5	416	442.22
2001	220	7	6	5	382	455.91
2002	227	7	6	6	420	471.55
2003	232	7	6	6	384	487.71
2004	236	12	12	10	400	503.87
2005	274	12	12	14	428	637.59
2006	283	12	12	14	448	682.09
2007	304	12	12	11	500	702.01
2008	320	12	9	9	2230	718.12
2009	295	17	12	19	800	727.45
2010	320	27	12	18	1382	759.74

四、生活废弃物收运

1960年，河东区清洁大队使用小拉车入巷收集垃圾。1980年，试用密封桶及密封车收集，并采用大型垃圾箱（容积1.1立方米）叉车装运方式。生活垃圾由垃圾楼转运的占52.8%，密封桶、车收运的占12.8%，大垃圾箱、叉车收运的占13.1%，多功能移动箱、车收运的占6.7%，落地转运的占14.6%。1990年后，集装箱垃圾转运站成为垃圾收运主要方式。至2010年，河东区共有脱水式垃圾转运站2座，举升式垃圾转运站2座，垂直式垃圾转运站4座，集装箱式垃圾转运站11座。

1979～2010年间河东区清运生活垃圾数量表

表7-1-2-90

年份	清运垃圾数量（万吨）	年份	清运垃圾数量（万吨）	年份	清运垃圾数量（万吨）
1979	12.10	1981	19.93	1983	16.61
1980	14.72	1982	14.32	1984	20.36

续表 7-1-2-90

年份	清运垃圾数量（万吨）	年份	清运垃圾数量（万吨）	年份	清运垃圾数量（万吨）
1985	24.07	1994	28.35	2003	19.30
1986	22.55	1995	20.62	2004	20.62
1987	23.73	1996	19.99	2005	18.18
1988	25.39	1997	21.56	2006	17.99
1989	27.96	1998	20.21	2007	18.76
1990	28.09	1999	19.42	2008	17.58
1991	28.92	2000	18.26	2009	17.14
1992	28.81	2001	19.15	2010	16.91
1993	29.87	2002	20.37		

五、粪便收运

天津解放后，河东区清洁大队取消了唐家口、津塘路、中山门一带 23 处晒粪场，拆除了有碍环境卫生的 41 处私建小公厕，向一些拾粪户发放了粪便清掏证。50 年代初，清粪工人用人力小拉车深入胡同里巷逐户逐厕掏挖粪便，卖给农民作农家肥。

1989 年，清除粪便 3.04 万吨，其中由下水道排放的占 54.8%，直送农村的占 44.6%，堆肥处理的只占 0.6%。

1979 ~ 2010 年间河东区粪便清运量统计表

表 7-1-2-91

年份	清运量（万吨）	年份	清运量（万吨）	年份	清运量（万吨）
1979	3.17	1990	3.40	2001	1.84
1980	3.19	1991	3.19	2002	2.32
1981	3.47	1992	3.85	2003	2.46
1982	3.38	1993	3.65	2004	3.31
1983	3.24	1994	2.94	2005	3.31
1984	3.26	1995	2.23	2006	3.26
1985	2.90	1996	1.74	2007	3.86
1986	3.76	1997	1.77	2008	3.40
1987	4.46	1998	1.72	2009	3.87
1988	3.15	1999	1.63	2010	3.49
1989	3.04	2000	1.79		

六、公厕建设与管理

天津解放前，河东区的厕所多是掏坑厕所，其中无屋顶的占 80%，全屋顶或半屋顶的只占 20%；地面用砖砌的占 62%，土地面的占 38%；尿池用砖砌或土坑的占 68%，只有 32% 的尿池用缸或水泥抹砌。天津解放后，河东区逐步对简陋公厕进行改建或拆除，至 1966 年年底，基本完成厕容和厕内构造的改建。1990 年后，严格按照国家卫生区标准整修改造公厕，实行了分级管理，325 座公厕全部实行挂牌服务。

20 世纪 90 年代初期，河东区主要是掏挖和水冲沟道式两类公厕，按照国家城镇环境卫生设施设置标准，对各类公厕（除拆迁片范围内）进行整修改造。2003 年，按照建设部规定的二类水冲标准，对 82 座厕所（环卫厕 50 座，社会厕 32 座）进行旱厕改造。2004 ~ 2010 年不间断地对 109 座厕所进行升级整修改造。

1979 ~ 1995 年部分年份河东区公厕数量变化统计表

表 7-1-2-92

年份	数量（座）	其中			
		水冲（座）	推沟式（座）	掏坑（座）	旱厕（座）
1979	187	—	—	—	—
1980	252	—	—	—	—
1981	298	—	—	—	—
1982	316	—	—	—	—
1984	217	18	163	36	—
1985	243	71	135	37	—
1986	243	71	135	37	—
1987	240	63	141	36	—
1988	303	104	141	58	—
1989	314	138	131	45	—
1990	314	136	133	45	—
1992	325	188	—	—	137
1993	328	42	—	—	286
1994	322	58	—	—	264
1995	312	208	—	—	104

1996 ~ 2010 年间河东区新建、改造、维修公厕数量表

表 7-1-2-93

年份	年度数（座）	新建公厕（座）	改造公厕（座）		维修公厕（座）
			环卫厕	社会厕	
1996	—	—	16	2	67
1997	—	3		1	68
1998	—	—	3	2	123
1999	—	3	—	—	—
2000	249	4	11	—	—
2001	242	—	—	—	—
2002	222	4	—	—	—
2003	209	—	50	32	—
2004	171	—	20	—	—
2005	162	3	10	—	—
2006	152	4	20	—	—
2007	160	7	35	5	—
2008	165	10	20	—	—
2009	165	7	1	—	—
2010	157	—	—	—	—

七、垃圾转运站

1972年，河东区开始建设垃圾转运站，80年代初期有7座。1986年，建设集装箱垃圾转运站，1998年，建成使用压缩式垃圾转运站。2007年8月，建成全市第一座具有环保无污染、无异味、装载量大、密闭运输、节能、全天候服务等特点的脱水式垃圾转运站。2010年，河东区共有垃圾转运站20座，其中集装箱垃圾转运站10座，压缩式垃圾转运站10座。

2010 年河东区垃圾转运站及设备统计表

表 7-1-2-94

转运站名称	设备类别	转运站名称	设备类别
六经路转运站	举升压缩式	福东里转运站	集装箱吊装式
韶山道转运站	举升压缩式	鲁山道转运站	集装箱吊装式
北园里转运站	举升平台压缩式	六区转运站	集装箱吊装式

续表 7-1-2-94

转运站名称	设备类别	转运站名称	设备类别
十五经路转运站	脱水压缩式	程林里转运站	集装箱吊装式
沙柳路转运站	脱水压缩式	常州道转运站	集装箱吊装式
中山门转运站	垂直压缩式	益寿里转运站	集装箱吊装式
直沽街转运站	垂直压缩式	天河里转运站	集装箱吊装式
建新楼转运站	垂直压缩式	王串场转运站	集装箱吊装式
毛条路转运站	垂直压缩式	郑庄子转运站	集装箱吊装式
二十一区转运站	挤压车作业式	八号路转运站	集装箱吊装式

八、环卫专用车辆

1957 年，河东区政府拨款购进两部旧福特牌改型小马槽汽车，清运垃圾主要使用马车。1962 年，汽车增至 11 部（运粪车 3 部、垃圾车 8 部），畜力车仍有 44 辆。1975 年年末，马车完全被汽车取代。2010 年，环卫专用机动车辆 244 部，车型从原先的 9 种增加到 17 种。

1957 ~ 2010 年部分年份河东区环卫机动车辆统计表（部）

表 7-1-2-95

年份	车辆数	卡车	扫道车	叉车	吸粪车	油车	吸尘车	铲车	密封车	多功能车	推土车	洒水车	小型机动车	其他车辆
1957	2	2	—	—	—	—	—	—	—	—	—	—	—	—
1976	39	39	—	—	—	—	—	—	—	—	—	—	—	—
1980	101	51	8	—	11	—	—	1	—	—	—	—	27	3
1990	143	75	1	3	15	2	5	5	—	2	—	8	—	27
2000	109	52	5	7	8	4	3	23	7	—	—	—	—	—
2001	109	52	5	6	8	4	3	24	7	—	—	—	—	—
2002	110	50	6	7	8	4	3	25	7	—	—	—	—	—
2003	114	50	6	7	8	5	3	26	8	—	—	1	—	—
2004	143	50	10	11	11	24	3	25	8	—	—	1	—	—
2005	124	21	14	8	17	35		19	8	—	—	1	1	—
2006	133	21	14	8	17	35	3	21	8	—	4	1	1	—
2007	163	17	11	9	41	35	3	21	8	10	6	1	1	—
2008	171	21	9	9	41	30	3	20	7	23	6	1	1	—
2009	214	19	19	8	45	34	3	20	7	51	6	1	1	—
2010	244	24	18	8	45	47	3	20	8	63	6	1	1	—

第三节　综合执法

河东区政府组织执法部门对区域违章、违规、违法行为进行依法管理。

一、道路环境秩序管理

（一）治理违章占路经营

2000 ~ 2002 年，先后清理占路加工作业 1.13 万处，店外摆卖 2.36 万处，马路餐桌、烧烤摊点 1.34 万处，占路摆卖聚集点 1640 个。2004 年，清理乱摆乱卖 9020 处、占路加工作业 5480 处，清除沿街商店里空外卖 8705 处、乱堆乱放 2380 处、马路餐桌 776 处、马路烧烤 445 处。2006 年，清理乱摆乱卖 6753 处次，店外摆卖、里空外卖 4695 处次，清理堆物堆料 2930 余处，清理和规范占路加工作业点 1953 处，没收乱吊、乱挂的信息牌、布标 3200 余块，清理乱贴小广告 6.45 万余处。取缔卫国道立交桥下旧机动车交易市场，清理登发装饰城外周末花鸟鱼虫市场。2009 年，清理乱摆乱卖 3500 余处、店外摆卖 5000 余处、占路加工及修车、占路洗车 850 余处，清理堆物堆料 3000 余处。2010 年，对 140 条重点道路，按照 24 小时、16 小时和定时定点管理标准，实行责任管理。

（二）治理违章广告牌匾

2000 ~ 2003 年，综合整治 26 条主干道路、8 条城市景观路和 3 个窗口地区的街景立面。拆除户外广告 2349 处，清理信息牌 2.17 万块、经营性布标幔帐 1.33 万幅，拆除破旧广告、牌匾、灯箱 86 处。2004 年，先后清除道路两侧经营性布标幔帐 637 幅，乱设信息牌 140 块，户外广告 75 块，乱贴乱画小广告 2756 张。2005 年，拆除违法设置的占地立柱式户外广告 30 处 44 块，改造或拆除过期广告 40 处 83 块，查处 1747 处未经审批擅自设置的牌匾。2006 年，拆除超期大型单立柱式户外广告 6 处。2007 年，拆除户外广告 24 块 192.7 平方米。2009 年，拆除各类广告牌匾 1778 块 3.16 万平方米。2010 年，在中山门地区拆除广告牌匾 973 块 1.46 万平方米；在市容景观整修工程中，拆除各类违章广告牌匾 210 处 3000 余平方米；拆除楼顶广告 59 处，楼顶单体字 19 处。

（三）治理道路景观设施

2001 年，共清除各类信息小广告 6000 余处 2 万余贴。2002 年，对不接受处罚逾期又不清除小广告的 25 名相对人，依法停止其通信工具的使用；查处 6 起印刷张贴非法广告的黑窝点，没收了尚未张贴的广告 1.1 万余张；清除乱贴乱画 14.61 万处（张），清除各类广告即时贴 3600 余处。2003 年，清除经营性布标幔帐 3339 幅，信息牌 1.5 万块。2004 年，清理布标幔帐 116 幅，商业门脸橱窗内即时贴 264 处，清理各类荣誉牌、指示牌 122 块，拆除各类简易灯光设施 142 处。2005 年，拆除违规设置的灯箱、牌匾、字号 57 块，拆除违章棚亭 6 处 50 平方米，清理堆物堆料 120 余处，清除商业橱窗内即时贴 340 余处，清理乱贴小广告 1800 余张。2006 年，没收乱吊、乱挂的信息牌、布标 3200 余块；清理乱贴小广告 6.45 万余处，拆除违规设置的户外广告牌、灯箱、风挡、遮阳罩等 51 处。2009 年，拆除影响道路环境的报刊亭 13 个、出租车候车亭 24 个，清除涂鸦小广告，清理堆物堆料、窗贴、布标和灯箱 1800 余处。2010 年，拆除首层风挡 344 个 5160 平方米，二层私搭建筑 47 间 530 平方米，居民区内私搭乱建 102 处 1530 平方米。成立治理涂鸦小分队，共清除覆盖涂鸦、乱贴乱画等 22 万余条。

二、重点地区管理

（一）天津站地区治理

2001 年，清理天津站后广场地区乱摆乱卖 7 处、乱堆乱放 9 处，拆除违章棚亭 2 间，清理杂物 4 吨，拆除经贸大楼后违章建筑 4 间，清除杂土 10 余吨。2006 年，拆除 3 间 48.1 平方米违章建筑。2007 年，清理违章设置货架 20 余个，拆除违章板房、棚亭 15 间 130 余平方米。

2008 年 8 月，组织 22 名执法人员对天津站前、后广场市容环境秩序实施执法管理。2009 年，实行“四定三落实”管理机制，即将管理路段、管理责任、管理范围、管理标准落实到各大队、各班组和每名执法人员。

（二）菜市场周边环境治理

2001 ~ 2003 年，围绕“蓝天工程”和“创模”活动，加强学校周边、农贸市场周边环境秩序管理。2006 年，先后对天山西路、江都路等非法占路经营聚集点进行治理，清理一处、巩固一处，避免回潮。2007 年，清理市场周边无照经营摊贩 753 处（次），规范市场沿街店铺里空外卖 195 处。2010 年，基本实现全区 22 个菜市场周边环境秩序整洁有序。

（三）市郊结合部地区环境治理

2002 年 11 月，清理规范程林庄道乱摆乱卖、里空外卖等违章行为，清理流动摊贩 42 个，规范沿路商店里空外卖、乱设信息牌、乱放物品等违章行为 87 处。2004 年夏季，加强对沙柳路、程林庄道、詹庄子路等市郊结合部地区的环境秩序管理。2007 年 5 ~ 8 月，联合东丽区综合执法局，动用重型机械，强制拆除津塘二线道路两侧 115 间 2100 余平方米违法建设和先锋路占压绿化带的 4 间 60 平方米违章建筑。2009 年，强化治理万辛庄大街、成林道、沙柳路、津塘路双东路口、广宁路与铁路交口、先锋路等 6 处城乡结合部的脏乱现象。2010 年，取缔月牙河河畔路违法占地废品收购点和占路经营聚集点，对海河桥梁、立交桥地道等结合部的违章行为进行多次治理。

三、市容环境专项整治

（一）“五小”摊点治理

2005年，加强对道路两侧早点摊、修车摊、书报摊（亭）、修车点、洗车点“五小”摊点治理力度。对报刊亭超范围经营、亭外吊挂、摆放物品等现象，进行规范和治理；对路口30米范围内非机动车修理摊进行清理。2009年，对早点摊进行规范，要求早8点30分退出道路沿线；自行车修理摊按指定地点经营，保证周边2米范围内环境卫生；书报摊（亭）不得经营其他物品、食品，不得外摆外挂；修车店、洗车点不得占路经营。

（二）夏季环境治理

2001年，清理马路餐桌156处、马路烧烤67处和其他占道摆卖345处，清理货架子12个、门脸里空外卖65处，暂扣烧烤和经营物品12件、占道堆物160处；清理市场外溢400余处，乱摆乱卖730余处，里空外卖200余处。2002年，清理马路餐桌1.27万处、马路烧烤9780处。2003年，清理马路餐桌4788处、马路烧烤4095处、乱摆乱卖5812处。2004年，清理乱摆乱卖2736处、乱堆乱放182处、店外摆卖165处，占路加工作业275处，马路餐桌、马路烧烤841处（次），乱摆乱吊挂广告信息牌365块。2005年，清除马路烧烤、马路餐桌聚集点15处，取缔自发夜市4处。2006年，取缔马路餐桌、烧烤聚集点20多处，清理马路餐桌、烧烤摊点190多处，暂扣烧烤炉140多个，桌椅620余个。2007年，清理马路餐桌110余处次，清理晚间乱摆乱卖350余处。2009年，清理马路餐桌339处、马路烧烤236处，清理占路摆卖455处、商店里空外卖278处，清理信息牌135块、堆物堆料84处、42车，暂扣烧烤炉57个。2010年，综合执法局组建夜间道路管理直属队，加大对晚间马路餐桌、露天烧烤和乱摆乱卖现象的治理力度，清理马路餐桌、露天烧烤和其他占路摆卖违章行为5200余处次。

四、违法建设管理

（一）治理道路两侧违法建设

2000 ~ 2001年，拆除万新村、郑庄子地区占路市场的违章建筑、棚亭4067间3.95万平方米。2002年，拆除月牙河沿线违法建设133间1515平方米，违章棚亭44间159平方米。2003年，拆除违法建筑1711间1.41万平方米，拆除违章棚亭169间1815平方米。拆除卫国道、津塘路等5条城市景观道路违章建筑20间310平方米、违章棚亭12处110平方米。2004年，拆除铁路沿线194户480间6545平方米的违章房屋。在快速路建设中，共动员搬迁居民470户，拆除违章建筑2353平方米，拆除35个单位公建违章3.36万余平方米，完成任务总量的70%以上。2005年，拆除上杭路、津塘路两侧违法建设50间794平方米、违章棚亭37间332平方米，小院违章7间82平方米、阳台超长超宽25间137平方米。2006年，拆除道路两侧新建违法建设和历史遗留老违章280多间7000多平方米，拆除违章棚亭270间，拆除新建违法建设348间4172.2平方米。支持部队建设，依法强行拆除万东路违法建设5间；为驻区企业服务，对卫国道124

号约2000平方米违法建设依法强行拆除；对一号桥原耐火厂院内93间约1500平方米违法建设依法强行拆除。2007年，结合迎“奥运”道路综合整治，封堵道路两侧私开门脸190余处，拆除违法违章建筑281间9389平方米。2008年，拆除违法建设1058间1.68万平方米，拆除违章棚亭151间1604平方米，拆除各类护栏1.35万余个。2009年，拆除违章建筑252间7000多平方米，违章棚亭80间3000平方米，违章风挡150间1075平方米，楼房二层搭建70处500平方米，封堵一楼窗改门156处。2010年，拆除各类违法建设29间438平方米。

（二）治理居民社区违法建设

2000～2002年，拆除居民区各类违法建筑、违章棚亭442间7149平方米。2003年，结合旧楼区改造，拆除违章建筑1469间2万多平方米、违章棚亭290间4000多平方米；清除乱圈乱占1320处8000多平方米；规范首层阳台1600个1万平方米。2004年，配合45个旧楼区改造，拆除违法建设1703间1.24万平方米、违章棚亭391间2513平方米，清除乱圈乱占1261处1.15万平方米，规范楼房首层阳台781个，封堵阳台开门954个。拆除铁路沿线32米范围内违章建筑192户481间6470平方米。2005年，在8个街20片近50万平方米的旧楼区改造中，拆除违章建筑662间、违章棚亭119间，超长超宽阳台183间、乱圈乱占609处、一楼搭建小院287间。立案查处各类新建违法建设716件，拆除572间5230多平方米，清除乱圈乱占57处。2006年，完成20个旧楼区拆违任务，拆除违法建设1653间1.08万平方米，违章棚亭1319间1.19万平方米，超长超宽阳台971个，违章圈占2841处、小煤屋4575间。2007年，拆除居民区违法建设2863间、违章棚亭963处、超长超宽阳台895处、圈占2079处、小院2094处、小煤屋5402间。2008年，拆除居民区院墙搭建及“小煤屋”1.4万间11.4万平方米。2009年，拆除支线道路及居民区违法建设73处96间约2000平方米。2010年，启动中山门地区亮点工程拆违工作，共拆除首层风挡344个5160平方米、二层搭建47间530平方米，居民区私搭乱建102处1530平方米。

五、重点工程拆违工作

（一）南横街拆迁片拆迁拆违工作

2004年2月，承担了南横街拆迁片的拆迁拆违工作。100余名执法人员分成20余个宣传组，深入违章户宣传政策法规、答疑解惑。动员群众自行搬迁114户，强制搬迁8次168户，拆除违章655间9410.7平方米。

（二）北海里、阳光里地块拆迁工作

2009年6月，正式启动唐家口北海里、向阳楼阳光里地块拆迁工作。年底，完成搬迁1627户，占总户数的65.3%，拆迁面积5.51万平方米，占拆迁总面积的69.2%。2010年，阳光里拆迁工作，动员搬迁2030户，完成80%。组织4次对39户实施行政拆迁，并对25间320平方米新建违法建设组织2次集中拆除。

（三）鲁山道地区拆迁拆违工作

2008年4月，将奉山路太阳城顺驰十号地块内社会闲散人员违法搭建的100余间2000余平方米违法建设拆除，并依法暂扣施工工具110多件，清理违法建设用砖20多万块。2009年，先后拆除鲁山道地区顺驰十号地块内新建违法建设280间1.4万余平方米，并陆续拆除该地区九号地块内及小二楼周边新建违法建设100余间7000余平方米。2010年，拆除六号地块141户374间7319.29平方米违法建设，九号地块拆除53%，十号地块拆除30%。

六、阶段性专项治理

（一）联合治理乱停乱放自行车

2000年，扣违章三轮车1000余辆。2001年3月，执法人员分成5个小组，每天早晨6点对卫国道、红星路、程林庄道3条主干道路，自行车乱停乱放相对严重的班车站点，发放宣传材料1000余份。清理十一经路沿线违章停放自行车350余辆；撤销麦当劳、万隆等大厦门前自行车停放聚集点；规范东海商厦、中银大厦、区法院、区检察院门前自行车停放秩序；纠正100余辆机动车违章停放问题。

（二）专项治理白色污染

2002年，查处6起销售、使用和运输超薄塑料袋、一次性发泡塑料餐具的案件，没收10亿余个超薄塑料袋及12.5万个一次性发泡塑料餐具。2003年，查处5起正在交易一次性发泡餐盒的违法行为。全年没收超薄塑料袋3.5万余个，一次性发泡塑料餐盒5800余个。

（三）专项治理扬尘污染

2004年，组织开展了为期55天的扬尘污染专项治理活动。出动1856人次，车辆350辆次，检查运输车辆750辆，纠正不按规定从事运输散装物料车辆398辆。

第二章　红桥区

红桥区位于天津城区西北部，因横跨子牙河上的大红桥而得名。北运河、子牙河、南运河流经区内在三岔河口汇入海河，形成“三河五岸”的独特地理位置。1952年年底，八区清洁队成立，1962年2月，改组为红桥区清洁大队，1980年4月12日，改建为红桥区环境卫生局。1976年4月14日，成立红桥区市容管理领导小组，1984年7月成立红桥区城市管理委员会（简称红桥区市容委）。1983年8月1日，红桥区城市建设管理监察中队成立，2000年9月15日，组建红桥区城市管理综合执法大队，2007年4月12日，成立红桥区城市管理综合执法局。2010年，红桥区在全市综合考评中，取得市内六区两次第三、一次第一的良好成绩。

第一节 市容环境管理

一、街道容貌整治

（一）街道综合整修

1984年，红桥区开始进行街道综合整修试点，1993年，进入周期复修阶段。27年来，整修、修复133条（次）路，4个地区。

1993～2010年间红桥区街道综合整修工程完成情况统计表

表7-2-1-96

年份	整修道路（地区）	长度（公里）	楼房（幢）	面积（平方米）	平房（间）	面积（平方米）	围墙（延米）	
							整修	新建
1993～1997	海河西路、北马路等25条道路、1个地区、2个景观点	34.83	409	416617	3100	50899	10446	125
1998	勤俭道、植物园东里	2.86	35	66459	104	2393	853	—
1999	新红桥北、红旗北路、丁字沽三号路拓宽段	7.58	94	133782	658	11143	2446	—
2000	南运河、河北大街、北门外大街、丁字沽三号路	8.1	115	102361	1570	36308	3658	306
2001	津浦铁路沿线、丁字沽三号路、北门外大街	7.2	255	27975	2024	39100	9660	1189
2002	西青道、新红路、千里堤	4.65	73	115950	551	11100	1600	90
2003	勤俭道、红旗北路、咸阳路、金钟桥大街	6.14	120	161912	85	1882	2982	417
2004	铁路沿线、咸阳路	10.3	191	258426	228	4858	3090	2360
2005	西青道、北马路	5.2	83	185845	12	258	80	—
2006	丁字沽三号路、西北角地铁站	2.98	59	105267	125	2558	85	11424
2007	红桥客运站周边地区	—	5	7300	6	180	120	—
2008	北马路、本溪路等13条道路	21.26	182	338995	4	1062	12037	—
2009	红旗北路、光荣道等14条道路	29.71	371	679254	24	4033	7798	—
2010	复兴路、光荣道等14条道路	33.91	265	486002	21	5077	8925	—
合计	90条（次）、3个地区、2个景观点	174.74	2257	3086145	8512	170851	63780	595911

（二）旧楼区综合整修

2003 年，对子牙里、仁和里、永明西里等六个居民区 52 幢 11.47 万平方米旧楼实施改造。2004 年，对双环村、西于庄、丁字沽、邵公庄、西沽街道办事处 19 片 30 万平方米旧楼区实施综合整修，拆除违章建筑 1280 间 7689 平方米，封堵私开门脸 61 间，清运垃圾杂土 1.67 万吨，市政铺装 20 万平方米，园林绿化 25 万平方米。2005 年，实施 19 片 48 万平方米旧楼区综合整修。拆除违章建筑 4242 间 2.21 万平方米，封堵私开门脸 210 间，粉刷楼体、楼道 76 万平方米。2006 年，对 16 片 50 万平方米旧楼区实施综合整修。2007 年，对丁字沽三段、桃花园南里、永丰楼等 17 片居民区 64 万平方米旧楼实施综合整修。2008 年，对永明西里、丁字沽四段等 35 片 97.99 万平方米旧楼实施综合整修。对西关北里 34 ~ 52 门实施小院整修、甬道翻修、花坛绿地改造和楼梯外延粉刷。2009 年，对松楠小区、长平里等 22 片 33.94 万平方米旧楼区实施综合改造，对凤城楼、本溪楼 9 片 26.05 万平方米旧楼区实施整修提升。

（三）景观点、线、片容貌整修

1. 估衣街

整修施工面积达 4.1 万平方米，其中恢复建筑原貌 5335 平方米，重建仿古建筑 3277 平方米，部分拆除 941 平方米，全街仿古建筑达 106 处。沿街相继安装 100 块传统字号匾额和 40 块福、寿、喜字牌，重新安装灯箱、壁灯、串灯，调顺电话线路，改装交接线，更换线杆，改装吊缆，新装路灯，使街景观瞻功能进一步提高。

2. 天津西站

1986、1987、1988 年分段进行整修，1997 年复修。对 26 幢楼房 1.6 万平方米，216 间平房 6391 平方米，790 米围墙进行综合整修。西站主楼是德国中古别墅风貌建筑，原貌见新，达到修复如故效果。调整广场平面布局，采用较高档材料重建交通站、售货亭等公用设施，内透视墙、铁护栏重新修复和调整，拆除广场周围旧式围挡式大型广告牌。

3. 大丰路

1987 年，整修大丰路。1994 年，对 11 幢楼房 2404 平方米、333 间平房 6138 平方米、2385 米围墙进行复修，原有邦克楼、花瓶、旋木栏杆式女儿墙，半圆顶、圆顶、桃形顶外墙圆柱、桃嘴拱门窗套及依合拉埔水泥花饰原色见新，突出伊斯兰风格，使回民商业街再现当年风采。

4. 咸阳北路住宅楼小区

1983 ~ 1984 年，对咸阳北路住宅楼小区进行整修，通过“分、割、挡、通”办法，建起各式各样景门和装饰花墙，将 130 幢楼分割成 65 座庭院式住宅小区。整修后，街巷有门，楼房成院，院内有景，景景相连。1984 年国务院副总理万里，1985 年国务院副总理谷牧和天津市市长李瑞环，1986 年中顾委主任邓小平和赵紫阳、邓颖超等国家领导人以及张再旺、毛昌五等市领导到街视察。1987 年 5 月，朝鲜国家主席金日成参观。1983 ~ 1988 年共接待 24 个国家和中国港澳地区宾客 1100 人次，接待各省市领导及参观团体 2.5 万人次。

二、户外广告清理

1998年，重点对勤俭道、丁字沽三号路、红旗北路等9条道路的户外广告实施整治，纠正破旧牌匾字号34处，整治大型广告15处，清理布标200处，拆除遮阳罩181处。

2001年，拆除违章和不规范牌匾广告1230处，清除沿街门脸乱挂乱立布标信息牌、“即时贴”4800处。2003至2006年，清理违章牌匾1.58万块。2007年，完成中环线四小片（西青道高层、红卫桥客运站、外贸市场、红勤楼周边）640块牌匾整治工作，拆除非法设置大型广告145块。拆除大胡同一侧红百商贸有限公司、嘉士丽塑业等过期广告牌匾16块700平方米，从而带动70块牌匾拆除。2009年，拆除楼顶单字体、墙体刀牌等广告设置182处。对宜兰里、花莲里等55处底商700块牌匾实施统一整改。2010年，拆除不规范牌匾1000块，提升改造牌匾888块。

三、街景灯光建设与管理

1994年，实施“一条光带连接南北两个光环”工程。“一条光带”：中环线；“南环”：大胡同至北门外；“北环”：丁字沽三号路至勤俭道。形成多层次、立体化、动静结合的灯光效果。

1997年，实施“一团、一线”工程。“一团”：以“中环时”为中心，以区委、区政府两片光区为重点，结合平津战役纪念馆及周边灯光，形成灯光组团。“一线”：大丰路，以灯箱牌匾为主，以小灯饰高亮度为特点，突出民族地区传统风格。1998年，“中环明珠”光团向南北延伸，新建长安商城、四远香超市、登发装饰城、百饺园4处大型外体照明和灯箱、霓虹灯组团，新建9块大型灯光户外广告。2000年，重点实施“136”（一条河、三条路、六条商业街）夜景灯光工程，新装灯光126个、灯箱35个。2003年，组织32幢住宅楼夜景灯光节假日、周六、周日开启。

2002～2003年年初，实施“双百”工程，25个点位夜景灯光设施按时开启。2005年，筹措社会资金110万元，推动17家社会单位安装夜景灯光设施。2006年，对37处灯光设施破损、67处霓虹灯缺笔短画现象，组织施工队进行自查修复。2009～2010年，海河沿岸44幢高层建筑物安装、提升、改造夜景灯光设施。

四、专项治理工程

（一）整顿道路环境秩序

1. 治理违章占道

1989年，对103条道路进行清理整顿，拆除各类棚亭899个，清理乱摆乱卖3174个，清理乱堆乱放2374处，清理马路台球168处，拆除违章建筑259间4725平方米。

1994～1996年，拆除违章建筑、棚亭1000间，撤销占路市场2个，取缔摊贩非法聚集点12个，整顿46个停车场（处），清理摊群市场违章占压损坏树木123处，清理圈树经营167户，清理煤气、自来水占压管道49处，清理乱吊乱挂广告牌4612处，清理刻石碑45处（次），清理乱贴乱画3万张。1999年，清理马路餐桌5860处、清理堆物堆料3870处、占路信息牌3176处、里空外卖1852处、马路作业124处。

2. 治理“十乱”迎亚运、世乒赛

1990年，取缔非法经营聚集点7处，取缔非法经营摊点4976个，清除乱摆乱卖摊点4572个，清除乱挂乱设花圈、信息牌、广告牌2436个，清除乱贴乱画5904处，清理乱堆乱放4715处，拆除违章棚亭26个。

1995年，清理大丰路10家占路刻石碑摊点，拆除新宾路、红塔寺大道、胜灾南路违章建筑96间1000平方米，违章棚亭108间1368平方米，清除子牙河北岸猪圈60间1000平方米，清理违章摊贩4000人次，残破标语3000处，信息牌2500个。

3. 整顿市场摊点

1989年，撤销13个市场，新建9个摊群市场。安置早点摊、冷饮摊、自行车修车点、蔬菜店等五小摊点364个，定时定位定范围销售。1994～1995年，投入430万元改造11个农贸摊群市场。

4. “门前三包”管理

1985年，推行“门前三包”责任制。1991年，先后有26条路段1089个沿街单位实行“门前三包”责任制。1993年，评出“门前三包”达标先进街11个、优秀市容维护监督员15名。1998年，签订“门前三包”责任制单位1618个。

（二）重点地区治理

1. 西站地区管理

1991年4月22日，建立西站地区综合治理办公室，围绕站区秩序、周边环境、车辆畅通等方面进行治理。

1999年，清除违章摊点12个罚款210元。制止乱泼乱放28处，拆除违章棚亭1处，清理乱贴乱画138处，清除杂物1吨，清除售票厅和出站口聚集小摊小贩。2008年，拆除违章平房70平方米，拆除、规范广告牌匾58块，拆除各类挂物84处，整修民建1.03万平方米，整修公建4752平方米。提升绿地1万平方米，人行道硬铺装8900平方米，建立专用出租汽车场站，加强夜景灯光建设，配置城市家具。

2. 大胡同地区治理

1998年4月，清除取缔流动经营小摊600个，拆除沿街门脸私自搭设遮阳铁架40处，规范沿街100个门脸里空外卖问题。

2001年，拆除大胡同东片违章建筑、棚亭569间2670平方米，清运拆违垃圾杂土，跟进道路整修和绿化补栽工作。2002年，拆除单街子市场。2003年，拆除无名路盒饭市场。

3. 平津战役纪念馆地区治理

1997年，平津战役纪念馆建成，对周边道路、违章、卡墙、绿化、灯光、建筑物进行综合治理和整修。

2001年9月，清理立面挂物1007个，规范牌匾96块，拆除违章1.16万平方米，规范塑钢窗及护栏225平方米，整修民建楼房11栋3.44万平方米，整修民建平房及围墙630平方米，公建楼房8910平方米，公建平房及围墙1200平方米，提高改造园林绿化5.68万平方米，道路铺装1200平方米。

2008年1月，主要对26个种植承包户、3处废品回收站、2个汽车队和1个汽车修理厂进行拆违，拆除违章房屋753间1.78万平方米、违章棚亭179个1.03万平方米。

五、综合治理工程

（一）脏乱环境治理

1. 拆除临建棚

1976年8月初，动员居民拆棚让路，拆除部分临建棚。1981年，拆除临建棚5179间，清理南运河两岸堆物35处40吨，腾空占地1.3万平方米，平整河坡9120平方米。

2. 整顿单位容貌

1982年11月到1985年年末，清除垃圾废土、拆除违章建筑，平整土地，绿化美化。植树5.76万株、建绿地3.25万平方米、种花草10万余株、建喷泉11个、建小花坛2544个、建假山10座。

3. 清整居民院落

1984～1990年，拆除违章建筑2.49万间，清除易燃杂物5.12万吨，清运杂土8.44万吨，打通防火通道6948条，清除走廊护栏、窗户、房顶乱堆乱挂杂物。

4. “非典”时期脏乱环境治理

2003年4月，组织11次义务清整活动，清运垃圾杂土16万吨，清理乱堆乱放7500处，清刷乱贴乱画3万处，清理乱摆乱卖3.2万处（次）、沿街里空外卖580处（次）、马路加工作业640处（次）、马路餐桌670处（次）、马路烧烤802处（次），拆除占路棚亭662间6892平方米，拆除西横堤等7片城郊结合部违章建筑、棚亭246间2727平方米，清运垃圾杂土289处4902吨，清除乱圈乱占242处2.3万平方米。规范整治20个厅敞式市场和5个暂时保留占路市场。

2003年5月10日，2.3万人参加市级机关来区抗击“非典”义务清整活动。动用机动车辆120部，清整卫生死角180处、清理绿地3万平方米、清运垃圾杂土600吨。

2003年5月15、16日，组织300人清整队伍，调动机动车辆8部，对大丰路脏乱环境进行综合治理。清除私屠乱宰8户、清理占路雕刻石碑100块、清理乱摆乱卖20处，拆除破旧牌匾和违章构筑物10处，拆除违章建筑、棚亭7间，清除乱圈乱占2处，清理垃圾杂土100吨，取缔废品收购点3处、临时存车处2处，修补工地圈挡墙80延米，实施便道硬铺装。

2003年7月19日，出动执法人员100名，动用铲车2部、执法车10辆，对大同门农贸市场周边50间430平方米违章建筑、棚亭实施集中拆除，清除拆违杂物杂土300吨。

（二）环境秩序综合治理

1. 实施畅通工程

2000年7月，清理占路摆卖等各种占道行为7000处（次），治理占路市场外溢37处，拆除非法占路市场 8 处。

2002 年，清理 23 条主干道路、3 个繁华地区和重点支线道路乱摆乱卖、马路餐桌、沿街商店里空外卖等各类违章 1.79 万次。

2. 拆除违章建筑

1999 年，拆除各类违章建筑 1.47 万间 11.49 万平方米，清运杂物、垃圾杂土 80 万吨。2000 年，丁字沽、咸阳北、西沽、西于庄、三条石、芥园、铃铛阁、双环邨 8 个整建制街拆除违章建筑、棚亭 5965 间 3.99 万平方米。2001 年，拆除居民区违章建筑、棚亭 2325 间 2.03 万平方米。2002 年，拆除芥园、杨庄子、西菜园等城郊结合部居民区和 90 个旧楼区公共用地违章建筑、棚亭 985 间 7717 平方米。

3. 建厅退路

2000 年，拆除占路市场 8 处，退路 8 条。2001 年，大同门市场、万隆大胡同一、二期、中嘉花园等 8 处市场竣工，占地 4.1 万平方米，可容纳摊位 2600 个。拆除丁字沽新德道、西于庄洪湖北路、中路、南路、七米道四条楼区甬路、大胡同大棚经营区等占路市场 19 处，退出市场占路 26 条。2002 年，拆除单街子、丁字沽、五爱道等 11 个占路市场，退路 11 条。

4. 治理城郊结合部地区

1988 年开始，以村民自己动手、清理整顿外环境为主，边清理边建章建制。

1998 年，治理光荣道和西横堤。清理废品收购点 15 家、违章占道 8 处、拆除违章棚亭 16 间、消除防火隐患 7 处、清理废旧杂物 5 吨、废旧金属 1.5 吨。武警部队在西横堤清运垃圾杂土 200 吨，平整路面 6000 平方米。

2001 年，治理邵公庄西横堤、佳园里、西于庄地区。拆除违章建筑、棚亭 1918 间 3.87 万平方米，清运垃圾杂土 7.18 万吨，取缔废品收购点 3 处，清除占路市场 1 处，新建绿地 600 平方米。

2002 年，治理千里堤和中嘉花园地区，拆除违章建筑、棚亭 380 间 4 万平方米，清除废品堆存点 3 处、私圈乱占 800 平方米，清运垃圾杂土 3.9 万吨，新建绿地 2.4 万平方米，硬铺装道路 2400 平方米，建设 2400 平方米露天市场。

2005 年，拆除千里堤违章建筑 12 间，清运垃圾杂土 1000 吨，拆除猪舍 30 间。拆除前园、杨庄子一侧违章建筑 550 间。

2007 年，清整塘家湾、竹山路地区，清理丰产河周边堆存的垃圾 1000 吨。2009 年，整治齐兴村、集安里、前园村等处。拆除违章建筑 3 间，清除垃圾杂土 100 吨，铺装道路 2000 平方米，设置绿化池 6 个，整修破损围墙 30 延米。

（三）铁路沿线综合治理

从 1988 年开始，清理铁路沿线违章建筑 192 间 1728 平方米，清除杂物 1100 处 2000 吨，清理违章占地 48 处 1460 平方米，清运杂土 344 处 8300 吨。种植乔木、爬藤等 1.13 万株，新辟绿地 300 平方米。整修楼房 111 栋、平房 2990 间，整修和新建围墙 4290 平方米。居民动迁 519 户，拆除旧房屋5片709间，新建二至四层住宅楼8幢，建筑面积2.24万平方米。

2001年，拆除违章建筑441间5991平方米，平整私埋乱葬坟堆65处，清除乱圈乱占140处、乱堆杂物1800处，清运垃圾杂土4.5万吨。2004～2005年，拆迁居民住宅3000间5万平方米，公建60个，非住宅6万平方米，拆除违章建筑、棚亭1400间2万平方米，拆除废旧围墙3000延米，清运垃圾杂土12.4万吨，清除破旧广告、指示牌350块。实施绿化20万平方米，新建园林景点6处，新铺甬路3000米，新建景观墙和路基护坡3000延米，整修粉刷建筑11万平方米。2006年，治理1.1公里长的铁路西土产专用线。填平燕宇铁路涵洞，拆除沿线违章建筑1530平方米，清运超高土1万立方米，铺设道路2625平方米，迁移各种管线500米。

（四）地铁一号线综合整治

2006年，地铁一号线沿线道路拆除违章建筑271间6000平方米、违章棚亭11处80平方米，清运杂土、上绿围挡，拆除破旧遮阳罩、窗户栏、鸽子窝。沿线32幢楼房首层更换塑钢窗，安装护栏，设立1800延米铁艺透视围墙。

（五）迎奥运市容环境综合整治

2008年，对西马路、北马路等六条迎奥运道路实施综合整修。拆除违章广告、牌匾90块，实施提升改造；粉刷19幢3.63万平方米楼房；拆除240亩地900间违章建筑；整修西站德式迎宾楼。

2009年，开展第二轮市容环境综合整治，治理光荣道、勤俭道等17条道路；改造海源道、团结路等10条道路的排水管道；改造子牙东里、湘潭东里等13片里巷道路；改造植物园等20片积水点；对康平楼、兴城楼等31个小区实施旧楼区提升改造；对煤建东大道、洪湖东路18个脏乱点位实施道路整修、绿化及立面粉刷；对红旗北路、大丰路等14条道路实施立面整修、平改坡；新建绿地29万平方米，提升改造87万平方米。

2010年，第三轮市容环境综合整治，“五大专项”治理。1.对60个610万平方米社区实施整修。拆除私搭乱建1.3万平方米，清理乱堆乱放2540吨，封堵垃圾窑门2050处，粉刷外墙38.1万平方米、楼道12.6万平方米，调整窗护栏3944平方米、油饰7万平方米，新增垃圾容器2670个。2.治理75条道路和54处机动车占路停车场，清除违停机动车2573辆。3.治理91条重点道路和21处非法占路经营聚集点，拆除违法建设217处1820平方米，拆除违法设置户外广告、牌匾289处。整改脏乱点位104处，清理杂土3000吨。

六、城市管理考评

数字化监控系统有40个监控探头，8小时专人负责实时监控。12名信息采集员，10个街道及主干道工作网格，受理7大类100小类，涉及城管、环境秩序、环境卫生、环保、交通等方面事件。

2010年，综合考评中取得两次第三、一次第一的成绩。

第二节　环境卫生管理

一、道路清扫保洁

天津解放初期，红桥区清洁大队清扫西站前、西站西、河北大街、营门西马路、赵家场大街、粉汤刘胡同等21条街道。1952年，负责28个街垃圾清运和道路清扫任务。1980年，在16条主干线，实行“小四班”工作制。夜扫和白天保洁实行6小时操作，白天保洁设早、中两班，四个班次交叉作业。2002年起，对重点地区、路段延长作业时间，分班连续作业16小时。2007 ~ 2010年，对365万平方米主、次道路实施清扫保洁，每天出动10个机扫班次、夏天增加5个洒水班次，机械化作业率达40%以上。

1979 ~ 2010年间红桥区专业队清扫保洁道路一览表

表7-2-2-97

年份	清扫保洁面积（万平方米）	年份	清扫保洁面积（万平方米）	年份	清扫保洁面积（万平方米）
1979	95.60	1990	216.24	2001	259.46
1980	97.97	1991	216.24	2002	259.46
1981	100.83	1992	216.30	2003	298.65
1982	114.03	1993	216.30	2004	362.15
1983	142.06	1994	216.30	2005	365.65
1984	164	1995	216.30	2006	365.65
1985	167	1996	223	2007	365.65
1986	172.55	1997	234.30	2008	365.65
1987	188.67	1998	242.89	2009	282
1988	192.63	1999	254.69	2010	300
1989	215.68	2000	259.05		

1984年，推行区、街、居委会“三级保洁，三级管理”作业模式，条块结合，专群管理。

二、粪便清除与公厕管理

（一）粪便清除

1956年，红桥区建立清除六队，有干部7人，工人197人，队部设在三元村55号，负责粪便清除、公厕管理。1965年，实行机械化收运稀粪，在小西关、营门东等处建储粪池8座。

1979年，4750户灰桶子，随着公厕不断增加，逐步撤销。1984～1986年，改造坑式旱厕62座、改造社会厕319座。1987～2010年，162座旱厕改成水冲厕。

1979～2010年间红桥区专业队粪便清除量一览表

表7-2-2-98

年份	粪便清除量（吨）	年份	粪便清除量（吨）	年份	粪便清除量（吨）
1979	18600	1990	22532	2001	34000
1980	19696	1991	25202	2002	37000
1981	23051	1992	26580	2003	28541
1982	33531	1993	20044	2004	9279
1983	40314	1994	15928	2005	32000
1984	39814	1995	12609	2006	35898
1985	25959	1996	14676	2007	38000
1986	22400	1997	14925	2008	37000
1987	15610	1998	15641	2009	28400
1988	21432	1999	18776	2010	26500
1989	19552	2000	8788	—	—

1976年，取消入户磕灰工种后，居民将灰粪倒入公厕，造成粪井堵塞，需及时清井，作业工人将沉淀物用铁桶掏出。1986年后，逐步为110座社会厕清理化粪井。2010年，需要清理化粪井的社会厕降到20座。

（二）公厕管理

1979年，红桥区有251座年久失修、设施不全的旱厕。1980年，进行公厕维修和设施完善。公厕保洁员对主干线两侧公厕实行“两刷一保”，对一般道路和胡同里巷公厕实行“一刷一保”作业。夏季坚持每日消毒。2007年，推行夜间水刷、白天保洁作业法。

1980～2006年部分年份红桥区公厕维修、改造情况统计表

表7-2-2-99 单位：处

年份	拆建（落地）	旱厕改水冲	接上下水管	换纱窗、电线	维修公厕	社会厕改造	无障碍设施	无主厕
1980	21	57	—	—	—	—	—	—
1981	—	—	170	164	26	—	—	—
1982	10	—	—	—	205	—	—	—
1985	—	60	—	—	—	219	—	—
1986	23	—	—	—	51	100	—	—
1987	13	—	—	—	99	61	—	—

续表 7-2-2-99

年份	拆建（落地）	旱厕改水冲	接上下水管	换纱窗、电线	维修公厕	社会厕改造	无障碍设施	无主厕
1988	9	—	—	—	57	24	—	—
1989	7	—	—	—	28	1	—	—
1990	12	—	—	—	354	—	—	—
1991	2	—	29	16	48	—	—	4（拆建）
1992	8	—	8	—	21	—	—	—
1993	16	—	—	—	32	—	—	—
1994	17	—	—	—	40	—	—	—
1995	19	—	—	—	97	—	—	—
1996	18	—	—	—	26	—	—	—
1997	—	—	—	—	41	—	—	—
2000	—	8	—	—		—	—	—
2001	—	—	—	—	200	—	—	—
2002	—	—	—	—	112	—	—	—
2003	—	162	—	—		—	—	—
2004	10	—	—	—	106	—	37	—
2005	10	—	—	—	300	—	—	—
2006	8	—	—	—	44	—	—	—

1991 年，重建三条石历史博物馆公厕时，设置老年人蹲位和衣物挂钩、洗手盆等设施。对西站地区和红桥运输场门前 2 座公厕实施提升改造，进行收费管理，最多时收费公厕 12 座。2009 年，收费公厕停止收费。

三、垃圾收集、运输

（一）收集、运输生活垃圾

1953 年，红桥区使用马车摇铃收运垃圾。1959 年，主干线两侧由汽车收集运往垃圾场。1980 ~ 1984 年，在大胡同、大伙巷、先春园街试用封闭桶收运垃圾。1984 年，建成天津市第一座集装箱式垃圾转运站，逐步停止桶箱收集垃圾。

1979 ~ 2010 年间红桥区专业队垃圾清运量一览表

表 7-2-2-100

年份	垃圾清运量（吨）	年份	垃圾清运量（吨）	年份	垃圾清运量（吨）
1979	84300	1982	157905	1985	258464
1980	85368	1983	206992	1986	261664
1981	114830	1984	201961	1987	282938

续表 7-2-2-100

年份	垃圾清运量（吨）	年份	垃圾清运量（吨）	年份	垃圾清运量（吨）
1988	287916	1996	197141	2004	185044
1989	276396	1997	210969	2005	111693
1990	273720	1998	217700	2006	108076
1991	273576	1999	211212	2007	130000
1992	259564	2000	212693	2008	120000
1993	216283	2001	203600	2009	118257
1994	195370	2002	194827	2010	114448
1995	178395	2003	190809		

（二）建筑工程渣土管理

1984 年，红桥区成立渣土垃圾收运队，配有 21 辆汽车，23 人，接管渣土集中点 12 个。1994 年，成立建筑垃圾工程渣土管理所，巡查主干道路 25 条 5520 次，检查违章车辆 1670 次，罚款 1300 起。

四、环卫设施

（一）环卫公共设施

1. 公共厕所

天津解放前后，红桥区有公建厕所 7 座，私营粪商建厕 266 座。1956 年，开始新建公厕。1985 年，开始旱厕改造，改成水冲厕。2007 年，建成新型环保公厕。2010 年，有公共厕所 160 座。

1979 ~ 2010 年间红桥区专业队管理公共厕所一览表

表 7-2-2-101

年份	公厕座数	年份	公厕座数	年份	公厕座数
1979	251	1990	410	2001	303
1980	251	1991	415	2002	297
1981	263	1992	400	2003	252
1982	263	1993	393	2004	243
1983	309	1994	393	2005	232
1984	311	1995	380	2006	215
1985	314	1996	380	2007	204
1986	328	1997	372	2008	203
1987	337	1998	363	2009	192
1988	347	1999	350	2010	160
1989	403	2000	303		

2. 废物箱

1980 ~ 1983年，在部分路段摆放配合密闭车使用的封闭桶1750个，配合叉车使用的垃圾箱200个。1985年，摆放密封桶282个、果皮箱680个。2003年，摆放果皮箱700个。2005年，更新垃圾箱1050个。2008 ~ 2010年，主干道摆放果皮箱1124个，安装座椅305个，新增、更换垃圾容器2670个。

（二）环卫基础设施

1. 机动车辆

天津解放初期，垃圾收运车辆是人力铁皮木轮车。1953年，改为马车和胶轮小拉车，有马车34辆、人力车65辆。1957年，天津市环卫汽车队下放汽车10辆；1975年，下放汽车50辆，小机动车40辆。1980 ~ 1984年，配备封闭车14辆、叉车4辆。进入21世纪，大型压缩车取代小吨位自卸车。

1987 ~ 2010年部分年份红桥区环卫机动车辆统计表

表7-2-2-102

年份	车辆数	垃圾车			吸尘车	扫道车	吸粪车	洒水车	铲车	叉车	推土车	油车	杂土车	其他车辆
		卡车	密封车	挤压车										
1987	132	84	1	—	5	—	12	6	7	1	2	1	—	13
1992	117	61	—	—	5	—	6	7	6	1	2	1	—	14
1997	106	38	—	1	3	—	8	4	5	—	1	1	14	9
2000	114	48	—	3	2	—	7	5	3	—	2	1	9	11
2010	144	16	14	44	—	17	10	17	8	—	—	—	7	3

2. 垃圾转运站

1970 ~ 1979年，红桥区有57座垃圾转运站。1984年，建成JLZ–I型集装箱垃圾转运站，至2010年，先后建有36座转运站，因城市改造，拆除18座，停用2座，改成班队点1座，有15座仍在使用。

1970 ~ 2010年红桥区垃圾转运站一览表

表7-2-2-103

站名	坐落地点	建成年份	改造年份	占地面积（平方米）	建筑面积（平方米）	备注
大丰路	先春园放生院小马路	1970	1986	134	165	拆除
营门西	营门西马路赵家场	1973	1986	175	195	拆除
营门东	营门东马路小闸口	1974	1986	46	152	拆除
慈惠寺	南头窑慈惠寺大街	1975	—	—	63	1985年停用
49中学	青年路49中学旁	1976	1986	112	254	—

续表 7-2-2-103

站名	坐落地点	建成年份	改造年份	占地面积（平方米）	建筑面积（平方米）	备注
四玻	西青道四玻厂旁	1982	1986	154	155	拆除
向东道	丁字沽向东道	1982	1987	87	114	—
白酒厂	丁字沽白酒厂大道	1982	1986	136	224	拆除
娘娘庙	丁字沽零号路	1983	1987	105	185	—
茶店口	南运河南路茶店口	1983	1986	56	130	拆除
大胡同	南运河南路金钟里	1983	1986	92	184	拆除
桃花堤	丁字沽桃花堤西路	1984	—	163	212	—
咸阳北	光荣道咸阳北路交口	1984	—	95	114	拆除
大同门	西于庄大新街	1984	—	96	159	拆除
西于庄	西于庄洪湖北路	1984	1986	307	395	—
十三段	丁字沽十三段	1984	1985	100	182	拆除
桥南	子牙河南路刘家菜园	1985	—	101	175	拆除
三号路	三号路五爱道交口	1985	1996	158	360	拆除
本溪路	三号路宁城道	1986	—	77	155	停用
西沽	西沽小学后门	1986	—	83	143	—
八一	红旗北路湘潭道	1986	—	108	323	—
春德街	西马路欢庆里	1986	—	152	304	异地重建
南头窑	南头窑土地庙大街	1986	—	198	396	—
百花路	咸阳路百花路	1986	—	105	210	—
子牙里	洪湖里临水道	1987	—	102	160	拆除
植物园	勤俭道植物园东里	1987	1997	82	164	改压缩
北菜园	子牙河南路北菜园	1988	—	258	167	拆除
佳园里	佳园里中心路	1989	—	149	247	1998 年停用
双环	双环街益春里	1989	—	100	188	拆除
风貌里	三号路风貌里小区	1998	—	170.5	290.4	2001 停用
中转站	咸阳北路车队大院	2004	—	284	314	拆除
机扫站	咸阳北路车队大院	2005	—	60	63	拆除
芥园	南运河南路芥园大堤	2010	—	600	300	—
本溪路	本溪路光荣道变电站旁	2010	—	600	300	—
向东南路	咸阳北向东南路	2010	—	384	290	—
水木天成	西沽水木天成江源道	2010	—	1050	298	—

3. 垃圾处置场

天津解放后，在丁字沽、王庄建立垃圾处理场。1966 年，迁至北郊区刘家房子村北，2000 年，刘家房子垃圾场关闭，协议租用青光农场 150 亩地建设垃圾处理场，土地补偿金 400 万元。2005 年 3 月 15 日后，生活垃圾全部送往双口垃圾填埋场。

（三）其他环卫设施

1. 停车场

1981 年，红桥区建成环卫车队，占地 2.39 万平方米，建筑面积 4018 平方米，承担环卫车辆维修、保养，设施设备生产、制造、保养，环卫车辆停放任务。2008 年，环卫车队搬迁至丁字沽一号路与千里堤交口处（原刮水器厂院内），占地面积 1.79 万平方米，建筑面积 1.15 万平方米。

2. 溶盐站

1985 年，建成清扫二队院内溶盐站，1998 年，因班队点改造拆除。1989 年，建成白酒厂大道溶盐站，2009 年，因拓宽道路拆除。2009 年 9 月，建成咸阳北路、西青道溶盐站。

五、环卫体制改革

（一）管理体制改革

1980 年，红桥区环卫局实行经济独立核算。将奖励、津贴和夜餐费按出勤发放，改为按完成任务情况发放。1983 年，实行分片包干、按劳计酬责任制。

1985 ~ 1991 年，实行劳动组织自由组合，按承担任务划拨环卫经费。1992 ~ 2000 年，红桥区环卫局机关精简机构。

（二）作业方式改革

1981 年，扫道工种推行“小四班”工作制，合理运用工时。1987 年，扫道工种推行机扫和人工清扫相结合；公厕保洁工种实行定时、定路线、一保二刷工作法。2002 年，实行垃圾直运收集、压缩运输。

（三）分配制度改革

1984 年，辅助工种为一线服务，由“吃”经费改为“挣”内部各部门的钱。1991 年，按岗位不同、贡献大小、工作难易拉开分配档次，重点向一线岗位、脏累岗位倾斜。1996 年，实行津贴使用办法改革，把责任大小、工作难易与职工分配挂钩。

（四）人事制度改革

1985 年，红桥区环卫局建立干部任期目标责任制、干部招聘制、经济承包责任制等 27 项管理制度。实行局、队两级干部聘任合同制，50% 的基层单位实行队长负责制。1988 年，59 人参加竞聘科、队正副职，39 人应聘。1998 年，实行提前退岗，8 名干部办理了退养手续。

2000 年，机关精简机构，由 15 个科室压缩合并为 9 个，工作人员由 47 人减少至 27 人。2001 年，实行定期轮岗和委派制度，4 个单位 5 名会计进行轮岗、转岗。

（五）医药费改革

职工每人每年发医药费备用金 80 ~ 120 元，退休职工发 200 元。本着节约归己，超支按比例承担的办法，按工龄长短、报销比例 75% ~ 90%，离休干部、1949 年以前参加工作的老工人报销 100%。2004 年，为 1600 名职工办理门（急）诊基本医疗保险。

第三节 综合执法

一、专项治理工程

（一）整顿道路环境秩序（治理占路、治理十乱）

1983年，红桥区清理堆土4.05万吨，清理堆物堆料2190吨，拆除违章建筑和炉档杂屋200间，处理家禽7140只。拆除南运河违章建筑583间，清运拆棚后的房杂土10万吨。1989年，拆除违章建筑12.6万平方米，拆除封闭阳台1966个，拆除各种摊亭899个。

1990年，拆除子牙河南路、光荣道、大丰路、海河西路、千里堤违章建筑3处6间、违章棚亭8个，清理乱摆乱卖427处、里空外卖146处，清除信息广告牌354个，清理乱堆乱放杂物214处，清运堆土3处150吨，拆除违章建筑12.6万平方米，拆除封闭阳台1966个，拆除各种摊亭899个。

2010年，完成91条重点道路、50条24小时无非法占路经营道路、32条16小时无非法占路经营道路及9条定点、定时、定责规范道路的治理任务。

（二）拆除违章棚亭和违章建筑

1996年，拆除违法建筑572间，违章棚亭303间，清脏治乱4000处。1997年，拆除违法建筑2780间，撤销占路市场5个。1998年，拆除各类违法建设和违章棚亭3778处，清查市场25个、治理市场外溢7处，完成占路市场退厅5处。

2002年，拆除违法建设、违章棚亭380余间4万平方米，清除废品存放点3处，清除私圈乱占800平方米。2003年，动迁公建单位71个、居民3275户，拆除违章建筑1980间15万余平方米。2004年，动迁居民和非住宅房屋4053间10万余平方米，拆除各类违法建设740间9.4万余平方米。在旧楼区改造中，拆除违法建筑、违章棚亭2151间7301平方米。

2005年，旧楼区改造，拆除违章建筑2800间5万平方米。动迁居民252户、公建78个单位150余个门脸经营房屋，拆迁面积2万余平方米，拆除违章建筑639间124万平方米。2006年，拆除各类违章建筑1.27万间8.44万平方米，动迁居民400户，公建单位14个。

2005年，河道改造，拆除551间1万余平方米违章建筑。2006年，南运河二期拆迁，动迁居民854户，公建单位21个。

2007年，拆除平津战役纪念馆地区违章建筑、棚亭932间2.2万余平方米。拆除双环邨三秋里地区新搭建违章建筑30余间1300余平方米。2008年，拆除搭建护栏、遮阳罩147处，拆除阳台搭建11处115平方米，拆除黑白铁经营违章棚亭14间。2009年，组织强制拆除违法建设22次，拆除各类违法、违章建设436间5780平方米。

2010 年，拆除违章建筑 4000 余平方米，参与行政强迁 51 次。

1994 ~ 2010 年部分年份红桥区拆除违章棚亭和违章建筑统计表

表 7-2-3-104

年份	违章棚亭(间)	违章建筑(间)	年份	违章棚亭(间)	违章建筑(间)
1994 ~ 1995	1000	—	2005	870（11600 平方米）	
2000	3305	3170	2006	1102（9440 平方米）	
2001	1918（38745 平方米）		2007	1900（1.6 万平方米）	
2002	380	3	2008	592	4700 平方米
2003	1680（18920 平方米）		2009	1720（17040 平方米）	
2004	966 处		2010	740 处（6300 平方米）	

二、综合治理工程

（一）治理白色污染与毁林

2000 年，查处白色污染案件 6 起，查处销售批发经营户 8 个，没收超薄和不可降解塑料袋 46 吨，取缔销售窝点 2 个。查处毁林案件 2 起，破坏绿地案件 4 起。

（二）畅通工程

2000 ~ 2001 年，拆除违章建筑、棚亭 6475 个，清理里空外卖、乱摆乱卖 4.96 万处。

（三）封堵门脸

2002 年，拆除违章建筑 819 间 1.07 万平方米，封堵私开门脸 192 户 215 间。2003 ~ 2006 年，查处 150 余个门脸经营房屋。2009 年，封堵 29 处私开门脸。

（四）退路进厅

2001 年，撤除 26 处占路市场，拆除市场棚亭、摊位等设施 6000 余个 8 万多平方米，退出市场占用道路 28 条。2002 年，拆除 18 个占路市场，共拆除棚亭、摊位 3375 间 2 万平方米。2003 ~ 2006 年，拆除占路市场违章建筑 4900 余间 8.6 万平方米。

第三章　河西区

河西区位于市区东南部，地处海河西岸得名。区境东临海河与河东区相望，西迄卫津南路、卫津河与南开区、西青区交界，南沿双林农场引水河与津南区毗邻，北抵徐州道、马场道与和平区接壤。

天津解放初期，河西区只有清洁工人110人，1995年，发展到1304人。1979年11月，成立区环卫局。1984年，组建区市容委。2000年，组建区城市管理综合执法大队，2007年，建立区综合执法局。

2008年，获得全国爱卫会授予的“国家卫生城区”称号。随着区域经济的不断提升，对环境投入也不断加大，街景绿化、环境美化、绿地建设、灯光夜景建设逐年发展，基本实现了市容环境白天绿起来，晚上亮起来的规划目标。

第一节 市容环境管理

一、主要管理工作

（一）市容环境整治

1999年，以拆除违法建筑、违章棚亭为重点；2000年，以拆“官搭”为切入点，共拆除违法建筑、违章棚亭6998间8.15万平方米。

2008～2009年，共整修楼房1200余幢，平改坡196幢，提升改造道路44条，规范清理广告牌匾1.6万余平方米，清拆各类吊挂物1.9万个，新建、提升绿地57.3万平方米，新建友谊公园5.6万平方米，河道绿化61.7万平方米。

（二）居民社区治理

1998年，计划清整100个居民区，完成137个社区的清整。以清理“三堆一角”为重点，净化居民社区环境。1999年，在18个街道办事处165个居委会开展创建达标居委会活动，有67个居委会成为市容环境达标居委会。完成56个居民社区绿地新建、补建3671平方米，实施硬铺装1.32万平方米，完成46个居民社区甬路翻修3.37万平方米。2000年，拆除居民区违法建设、棚亭6998间8.15万平方米。2002年，拆除居民区各类违法建设986间1.53万平方米，清除脏乱死角370处、圈占4800处、堆物3.91万处，清理楼道8470栋。新增绿地10余万平方米，硬铺装15.48万平方米，新建卡墙1160米，新建垃圾窑117个，粉刷楼道162栋，封阳台开门73个，建车棚290平方米。2003年，整修124片旧楼区，15.8万户、44.8万居民生活环境得到改善。2005年，改造旧居民区166片，硬铺装和绿化672.2万平方米。

（三）“创卫”期间环境整治

2005年，从“创国家卫生区”入门条件做起，从薄弱环节抓起，从难点问题管起。拆除各类房屋311万平方米，改造旧住宅小区244片，规范整治135条道路门脸牌匾等立面，新建、改扩建道路133条，新增道路面积463万平方米，形成“九横九纵”路网格局；新增绿地面积378万平方米，新建、改造城市公园29个。道路清扫保洁率和垃圾清运率均达到100%，道路机械化清扫率和水洗率达40%以上。垃圾袋装率达到98%，垃圾和粪便无害化处理率达80%以上，新建、改建三类以上公厕152座。2008年10月，获得全国爱卫会命名的“国家卫生区”称号。

二、市容环境专项治理

（一）街道整修

1984～1994年，共整修街道84条10.11万米（包括重复整修）。其中，整饰楼房2036幢，平房1.64万间，围墙7.9万米；拆除破旧建筑及临时工棚等477间，清运废土1.19万吨；新辟绿地1.68万平方米。

1995～2010年间河西区街道整修一览表

表7-3-1-105

年份	整修路段	整修长度（公里）	整修楼房（幢）	整修平房（间）	整修围墙（米）	年份	整修路段	整修长度（公里）	整修楼房（幢）	整修平房（间）	整修围墙（米）
1995	11	13.68	113	1137	8113	2003	12	—	168	364	4102
1996	4	7.13	125	1457	5557	2004	15	31.95	686	2120	15948
1997	6	4.36	34	339	2072	2005	—	18.75	206	—	4588
1998	3	—	72	179	2310	2006	5	12.8	133	346	3846
1999	8	13.21	169	1527	11532	2007	10	32.48	321	—	986
2000	7	8.43	142	885	5595	2008	5	15.4	23	—	14092
2001	30	—	450	3600	24000	2009	29	—	600	—	—
2002	10	—	132	1662	7924	2010	33	70.4	1510	—	—

（二）户外广告设置与管理

2000年，清理各类违章牌匾、广告牌、信息牌6153个。2001年，拆除各类违章广告牌、信息牌、指示牌、门脸牌匾等1万余处，清理布标幔帐56万余处。重建户外广告牌、门脸牌572处。2002年5月，设置大型遮挡式广告牌520平方米，规范各类牌匾30余处。2003年，拆除和规范户外广告及牌匾1623块，拆除占地指示牌97块。2004年，拆除各类牌匾436处、改造规范365处，拆除户外广告和占地指示牌253块，改造大型户外广告29块。2006年，拆除破旧牌匾4193块，规范建设各类牌匾2850块8700平方米，拆除楼顶楼梯广告79块3190平方米，拆除占压绿地广告445块3100平方米。2008年，规范广告牌866块。2010年，清除大型楼顶广告，规范广告牌匾4.75万平方米。

（三）景观灯光建设与管理

1996年，维修1000余户破损灯光，新装灯光314处。1997年，装灯1428盏，树挂灯4000

余串。1999年，安装灯光355处、灯箱180处、宫灯1050个、串灯1.22万串、软管霓虹灯1.69万米、网片霓虹灯100片、各型射灯80盏。2001年，安装霓虹灯、灯光广告、灯箱牌匾等7000余处。2002年，在28条主干道路上137栋建筑物、1座大型桥梁、2座过街天桥安装灯光设施，并有大型园林绿地灯光6处、大型户外广告灯光195处、商业牌匾灯箱3600块、霓虹灯278块。2003年，实施72幢高层建筑、98幢居民楼、64幢大型公建“里光外透”、29幢多层建筑夜景灯光建设。

（四）铁路沿线环境治理

2004年，治理铁路沿线，动迁居民213户3130平方米，动迁公建单位16个4534平方米。其中实施拆迁16户345平方米。

（五）“非典”时期环境治理

2003年，对占路摆卖、马路餐桌、马路烧烤、违章占路棚亭实施大规模专项集中清整。重点部位实行“定人、定岗、定时”岗勤制管理。对27条主干线，3个重点地区和60条次支道路进行严管，依法查处各类违章现象3.86万处，做好通往海河医院道路环境秩序维护，确保运送“非典”病人的车辆畅通无阻。

（六）城市管理考评

2009年4月，抽调20名人员，组建信息采集员队伍。6月，把友谊路周边地区作为数字化城管试点，划分为20个网格，每个网格设置一名信息采集员，负责约0.35平方公里的区域。信息采集实行无假日工作制，每日早7点至下午6点。

第二节 环境卫生管理

一、道路清扫保洁作业

1979年，河西区有道路83条145万平方米，实扫105万平方米，夜扫道路19条68.6万平方米，实扫57.5万平方米。1997年，民工清扫作业队成立。2002年，接收96条111万平方米的三、四级道路。2009年，承接6.4万平方米海河沿线河西景观带清扫保洁任务。

1984年，市环卫局调给洒水车6部，用于水洗友谊路、围堤道等30万平方米主干线。1988年，建立机扫队，机扫道路10条26万平方米，占清扫面积的5.6%。2001年，成立机扫公司，承担214万平方米道路清扫、保洁，14条道路水洗和冬季融雪工作，机扫面积150万平方米，机扫率达到40%以上。2006年，机扫率达到70%，水洗道路180万平方米。2010年，水洗道路252万平方米。

1979 ~ 2010 年部分年份河西区扫道面积统计表

表 7-3-2-106　单位：万平方米

年份	道路面积	其中			机扫面积	机扫率（%）	水洗面积	水洗率（%）
		一级	二级	三四级				
1979	145	—	—	—	15.1	10.4	2.3	1.6
1989	467	152	113	202	26	5.6	77.1	1.65
1999	628.05	230	290	108.05	57.7	9.2	98	15.6
2009	691.24	356.04	198.98	136.22	466	67.44	126	18.23
2010	698.78	362.58	200.16	136	466	66.69	252	36.1

二、清融雪作业

1986 年 11 月，建成 20 平方米溶盐池。2006 年，扩建后使容积增加 450 立方米，新建 198 平方米储盐棚。2009 年，再次对溶盐池进行改建、扩建，达到 700 立方米。改造溶盐设施，确保盐水浓度在 18 度以上。2010 年，投资 1468 万元，新建盐库 682 平方米，新建溶盐池 968 平方米，储盐量 1300 吨，盐水储量 2500 立方米。清融雪工作做到“准备工作 100%、溶盐覆盖 100%、人工道路清雪 100%”。

三、垃圾收运处理

1985 年，采用 5 种形式收运垃圾：卫生箱收运占垃圾总量的 52%；密封桶收运占 9%；抬筐上站收运占 6%；垃圾落地站收运占 16%；垃圾转运站集装箱收运占 17%。1982 年，采用集装箱式垃圾箱，实行叉车收运。1987 年，垃圾转运站全面建成，由街道保洁队收集，环卫专业队从垃圾转运站外运。2006 年，实现垃圾直运对接。2008 年，6000 余户取消对接直运，实行垃圾定点定时收运。2010 年，取消大型垃圾挤压车，采用人工和小卡相结合收运垃圾。

1985 年，垃圾全部运往郊区，50% 由区垃圾粪便处理场进行高温堆肥，50% 直送近郊生产队做一般处理。2010 年，生活垃圾处理采用卫生填埋和焚烧发电的方式进行无害化处理，处理率达 90% 以上。

1979 ~ 2010 年部分年份河西区垃圾收运及处理情况统计表

表 7-3-2-107

年份	垃圾产量（万吨）		无害化处理		简易处理	
	年计	日均	数量（万吨）	处理率（%）	数量（万吨）	处理率（%）
1979	11.56	0.03	5.3	45.8	6.26	—
1989	33.53	0.09	7.77	23.2	25.76	76.8
1999	25.93	0.07	0.46	1.8	25.47	76.8
2009	21	0.06	21	100	0	0
2010	19	0.05	19	100	0	0

四、公厕保洁和粪便处理

1984年，公厕保洁实行“挂牌服务”，接受群众监督。90%以上公厕达到“十净、四无、二通、四完好”。“十净”：厕外环境净、厕内地面净、尿池净、蹲台净、缸边净、厕顶净、窗台净、设施净、窗户净、墙壁净；“四无”：无蛆、无蝇、无尿碱、无乱写乱画；“二通”：尿池通、粪沟通；“四完好”：建筑物完好、衣钩洗手盆完好、水冲设备完好、厕所照明完好。2000年，实施公厕保洁“三查一评”制度，外环境保洁由2米延伸至3米。2001年，将社会厕、代保厕纳入业务检查范围，群众反馈满意率达100%。2004年，三、四级公厕按照一、二级公厕保洁。2009年，150座公厕实行保洁承包责任制，组成一、二类厕专职作业分队，对29座二类以上公厕设专人24小时值守保洁，其他121座公厕实行16小时定人保洁。

1979年，粪便处理始终延续高温封肥处置方法，主要供60个农业生产队使用。1981年，建起400多平方米厂房和100多米长的地下垃圾传送通道及大型粪库，安装筛土磁选等9台设备，实现了送料、磁选、颗粒粉碎、混合搅拌到出料等7道工序的一条龙作业。1985～1996年，建造和污水管网相通的三格式化粪井，接通水源，实现水冲化粪，排入污水井。1996年，清除粪便4.1万吨。2003年，清除粪便2万余吨。

五、环卫基础设施

1979～2010年部分年份河西区环卫基础设施建设情况表

表7-3-2-108

类别 \ 年份		1979	1989	1999	2009	2010
班、队点		18	30	26	31	33
公厕（座）	旱厕	65	202	9	—	—
	槽式水冲厕	164	111	206	—	—
	一类厕	—	—	—	4	5
	二类厕	—	—	—	28	28
	标准厕	—	—	—	68	68
	三类厕	—	—	—	50	51
转运站（座）	漏斗式	3	—	—	—	—
	吊装式	—	30	35	5	3
	挤压车对接	—	—	—	15	17
	水平压缩式	—	—	—	1	1

续表 7-3-2-108

类别		1979	1989	1999	2009	2010
专用机动车辆（辆）	粪便吸排车	12	10	6	10	9
	扫道车	—	5	11	51	51
	洒水车	—	9	4	23	30
	洗路车	—	—	—	7	7
	洗扫车	—	—	—	4	4
	推雪车	—	—	—	2	5
	箱式卡车	23	100	—	1	1
	集装箱车	—	4	71	11	11
	密封挤压车	—	—	9	42	41
	铲车	—	7	4	8	8
	其他车辆	1	37	56	92	92
其他（辆）	配置 GPS 车辆	—	—	—	141	141
	三轮车	150	246	282	717	717
	电动三轮保洁车	—	—	—	—	40
果皮箱（个）		20	654	540	4550	4550

第三节　综合执法

一、道路环境秩序管理

（一）治理违章占路经营

2000 ~ 2002 年，清理乱摆乱卖、店外摆卖、马路餐桌、马路加工等各类违法占路 5.75 万个次，清除乱堆乱放、乱摆货架等 3245 处次。

2003 年，在 87 条主、次干道及重点地区，针对乱摆乱卖、乱贴乱画、乱拉乱挂、马路餐桌、路边烧烤等各种违章占路行为，采取疏堵结合的治理方法，依法查处占路摆卖、里空外卖 3.86 万处，宣传教育 4.22 万人次。2004 年，清理各类占路经营 3.28 万余处，店外经营 1.29 万次，29 条道路成为创建达标路。

2008 年，清理占路加工 62 处，占路修车、洗车 39 处。2009 年，重点治理学校周边环境秩序，取缔各类违章摊贩 126 人次，确保全区 70 余所中小学、幼儿园周边环境秩序良好有序。2010 年，规范社区正规早点车 524 辆次，取缔非法早点摊 35 处，清理各类马路餐桌和露天烧烤 75 次。

（二）治理违章广告牌匾

2001年，拆除各类违章广告牌、信息牌、指示牌、门脸牌匾等1万余处，重建户外广告牌、门脸牌匾572处。2003年，拆除违章牌匾272块，规范广告63块，拆除鸽屋41个，拆除吊护栏767个。2004年，拆除不规范灯箱、牌匾1148块，拆除不规范的大型户外广告15块1250平方米。2005年，查处乱设广告牌匾的违法行为2100起，拆除违章牌匾、灯箱8600块，拆除违章广告招牌、布幅标语3万多块。2006年，对135条道路1046块2700平方米牌匾予以拆除和规范。2008年，拆除迎奥运路线周边大型户外广告34块，楼顶字号15处，改造牌匾20余个。2009年，清理底商及一楼窗口窗贴1万余张、信息牌8000余块，清理堆物3000余车，治理报亭1800余次，治理占路修车、洗车近3000次。2010年，拆除主、次干道各类户外广告600余处3万余平方米。

（三）治理道路景观设施

2003年，封堵私开门脸305个，统一安装铁护栏121个，受理解决园林举报中心转来毁绿案件254起，受理解决环卫渣土举报中心转来乱堆乱倒案件1033起。2008年，治理报亭81处。2009年，拆除违章风挡35处，出租车候车亭53处。

二、重点地区管理

（一）文化中心地区治理

2009年，全面开展银河公园及周边区域的环境秩序专项治理行动，清理各类违章摊贩1000余个。

2010年，对文化中心广场及周边进行全天候长效化管理，坚持夏季24小时、冬季18小时全天候值守。充分利用数字执法平台，实施质量管理体系所要求的过程控制和痕迹管理。

（二）居民区聚集摆卖治理

2001年起，对各类集贸市场进行全面治理，清理脏乱死角400余处，治理市场外溢200余处次。

2010年，与100余个社区和物业小区建立双向联系，开展综合执法进社区活动。配合早点民心工程，治理不规范的早点经营行为。

（三）市郊结合部地区环境治理

2000～2001年，综合治理纪庄子四化河、解放南路油毡厂对面、柳林路市肺科医院旁和财经学院4个城郊结合部地区实施环境秩序。拆除违法建筑、棚亭304间4243平方米，清除垃圾杂土2.4万余吨。

2007～2009年，重点实施城乡结合部以及海河沿线桥梁的环境治理。拆除违章、清理立面、取缔摊贩，明确责任，落实执法人员，实施长效化管理。

三、市容环境专项整治

（一）底商里空外卖治理

从2006年起，针对底商里空外卖、乱贴乱挂，乱摆信息牌、广告牌等违章现象，每周进行一次全方位专项清理，同时加强对违章占路洗车、违章售货车的治理。

（二）非法涂鸦治理

2001 ~ 2004 年，把治理非法涂鸦列入工作重点，从居民区到马路沿线，从墙体立面到平面，加大日常执法管理，清除涂鸦，整体粉刷。2007 ~ 2009 年，把治理马路涂鸦作为上岗后第一项任务，确保在早 7 点以前将道路两侧视线内的涂鸦清理完毕。清理涂鸦 4 万余条，贴画近 20 万张，平均每周覆盖涂鸦 2100 多处、清理贴画 2800 余条。

（三）夏季环境治理

2001 ~ 2005 年，分阶段、有重点地开展露天烧烤和马路餐桌治理工作。2006 ~ 2010 年，提前入手制定夏季治理工作方案，会同工商、卫生、环保、公安等部门进行不间断巡查治理，实施 24 小时职守，发现一个，治理一个。

四、违法建设管理

（一）道路两侧违法建设治理

2000 ~ 2001 年，拆除河西体育场周边 61 间、纪庄子油漆厂 23 间、环湖东路市场 376 间、下瓦房地区 131 间违章建筑。

2002 年，拆除违法建设和违章棚亭 5956 间 5.76 万平方米。2003 年，拆除违法违章建筑 3277 间 39.22 万平方米。2004 年，拆除违法建筑 2216 间 4.24 万平方米。配合“十五路一河”改造工程，完成沿线违章景观拆除任务。

2005 ~ 2006 年，对道路、绿地内的违章房屋、棚亭以及堆物依法进行拆除和清理，拆除违章建筑 357 间，取缔废品收购站 60 余处。拆除 91 条道路 500 余处违章风挡。

（二）居民社区违法建设治理

2001 ~ 2002 年，对 217 个居民区，特别是其中的 196 个楼房居民区进行多次治理。拆除占用公共用地的违法建设和棚亭 1.7 万余间 16.2 万平方米。配合复兴河改造工程，拆除违法违章建筑 1420 间 2.96 万平方米。配合前进道和黄埔路改造工程，拆除违法违章建筑 44 间 1183 平方米。配合小海地桂江里居民小区改造工程，拆除违法违章建筑 312 间 2600 平方米。

2003 ~ 2004 年，体院北片等旧楼区改造，拆除搭建小院 165 间 2886 平方米，拆除投影阳台 72 个 276 平方米，拆除护栏 1136 个、鸽子窝 267 个、遮阳罩 411 个，拆除围墙 1908 延米。

2006 年，配合旧楼区改造，拆除违章房屋、私搭小院、投影阳台、风挡、护栏等达 4000 余处。2007 年，拆除违章建筑 1 万余间。2008 ~ 2010 年，持续对居民区内的违章建设的拆除及静态堆物的清理。

（三）重点工程拆违

2003 年，配合重点工程，累计拆除公建 1.13 万平方米，拆除景观路网工程疑难点 72 处。2007 年，配合建委拓宽道路，拆迁公建 40 余个单位、居民住宅 60 余户 8000 余平方米。2009 ~

2010年，配合地铁三号线工程，完成德才里拆迁片的拆迁拆违工作。在国泰桥重点工程建设中，如期完成对北洋新里六户“钉子户”的拆迁任务。

2004年，按期完成对铁路沿线一期、二期工程建设的拆违拆迁任务。动迁居民213户3130平方米，动迁公建单位16个4534平方米。其中实施拆迁16户345平方米。

2009～2010年，小海地小二楼拆迁，对68户拆迁户实施行政拆迁，对40户下达执法文书，其中27户自行搬迁、13户执行拆迁。

2010年，配合珠江道整体改造提升工程，拆除违章建筑70余间3500余平方米，拆除围墙300余平方米。

五、迎奥运综合整治

2008年，结合迎“奥运”综合整治，拆除违章建设30余间。对道路两侧私开门脸，窗口售货实施综合整治。及时清除迎奥运道路两侧建筑物以及商家橱窗上的乱贴乱画、乱吊乱挂、破旧牌匾和各类违章的广告牌、指示牌、信息牌等，依法拆除违章户外广告100余处，其中大型户外广告40余块，依法拆除萨柏公司候车亭89个。

2009年，依法拆除各类违章建筑11处30余间，治理报亭91处，清理占路加工62处、占路修车洗车39处。拆除迎奥运线路周边大型户外广告34块、楼顶字号16处，改造商家牌匾110余个，清除窗贴929户，清理信息牌363块、小广告1.63万张。重新粉刷改色楼体40余幢。

2010年，拆除各类户外广告600余处3万余平方米，拆除各类LED灯、电子显示屏600余块，清除各类窗贴、信息牌2.8为余处，清理涂鸦2万余条、贴画近10万张。开展“综合执法进校园、进社区”活动，走访80余所大、中、小学及幼儿园，深入100余个社区和物业小区，发放张贴宣传资料，悬挂综合执法服务监督牌。

第四章　和平区

和平区位于天津市中心城区核心，辖劝业场、小白楼、南市、新兴、五大道、南营门六个街道办事处63个居民社区。1958年，成立和平区清洁大队，1979年，成立区环卫局，1983年，更名为区环卫管理局；1978年，成立“三整顿”领导小组，1983年，成立区市容办，1984年，成立区市容管理委员会，2010年，成立区市容和园林管理委员会；2000年，组建区城市管理综合执法大队，2007年，建立区城市管理综合执法局。1996年，组建繁华区综合管理办公室。2005年，成为市级卫生区、全国文明城区，2009年，成为国家卫生区。

第一节　市容环境管理

一、街道综合整修

1984年，对“五大道”地区等10条道路采取“刷洗、修补、配置、恢复”等形式进行综合整治。整修围墙8700多延米，开拓绿地21处1300余平方米，拆除违章建筑2739间。1986年，整修18条路段17公里，整修房屋558栋、平房1234间、围墙8451米、拆除各种违章建筑1967间、新建绿地1.5万平方米、拓宽道路1.35万平方米、新建停车场4009平方米。海河沿岸整修拆除建筑253间，退线7处，拓宽1.1万平方米。1987年，打通成都道一号路，全长800米，拆除10家单位占路搭建违章建筑83间，清运工程废土1450吨。

1994年，整修“亚乒赛”主赛场两馆周围17条道路20.71公里，整修楼房281幢、平房1211间，面积24.77万平方米，整修围墙8691米。1999年，迎国庆、迎澳门回归、迎全国卫生大检查，整修12条路10.58公里，整修清洗楼房187幢、平房284间、围墙6005延米，整修面积27万平方米。

2001年，整修道路13条，楼房175幢、平房489间、围墙4110延米，面积22.68万平方米。2005年，整治亚欧财长会议涉及路10条，拆除破旧遮阳罩542个、窗护栏72个、违章建筑54间510平方米，拆除正式房屋5间50平方米，封堵私开门脸10处。2007年，创建“国家卫生区”，对40条道路、12个繁华区进行整修。整修楼房675幢67.2万平方米，平房394间2.04万平方米，围墙2.14万延米。2008年，结合迎奥运，整修清洗楼房143幢、平房21间、78万平方米。2009年，整修16条路段。拆除违章建筑116间1572平方米、清拆立面吊挂物5160个、整修楼房531幢、空调移机2572个、安装空调罩5188个。2010年，提升改造解放北园和31条道路、27个社区35片小区及6个中心商业区。

二、户外广告设置与清理

2000年，拆除破旧牌匾、信息牌8000余处。2001年，清理乱设信息牌1.25万处（次），拆除非市政、交通指示牌和破旧、空白广告牌2679处（块），灯箱牌匾952处。2002年，鼓楼观光线新装户外广告13处，规范大型广告5块。2004年，拆除户外广告118块、规范12块，拆除牌匾317块、规范258块。2006年，拆除违章牌匾和不规范牌匾1598块1.8万平方米，规范牌匾782块；拆除各种灯箱284个；拆除大型户外广告53块6490平方米，规范户外广告285块2400平方米。2007年，设置大型创建国家卫生区宣传广告25块2800平方米、电杆刀旗50面、灯箱30个。2009年，拆除楼顶广告、楼顶单体字和标识33处，清理刀牌97块，规范安装广告牌匾1786块。2010年，清理大型户外广告106块1.31万平方米，清拆灯箱牌匾1029块8645平方米，清理信息牌687块。

三、景观灯光建设与管理

1999 ~ 2000 年，建设 20 条夜景灯光通道，5 个灯光景观地区，47 幢高层、风貌建筑夜景灯光，安装投光灯 1.21 万盏、霓虹灯 94.81 万延米、灯光广告 2300 块、欧式灯具 35 种 1200 盏、珍珠灯 28 道 2.88 万头，灯带、轮廓灯 3956 个。

2002 年，赤峰道景观示范路夜景灯光建设，安装霓虹灯牌匾 57 个、规范 12 个，安装灯光吊牌 6 个。2005 年，完成 36 幢楼夜景灯光建设任务，推动各单位维修维护夜景灯光设施 20 幢。2006 年，对 51 幢夜景灯光设施实施排险抢修。

2010 年，重点实施海河观光带、小白楼地区、和平路、南京路等“一带一区七条路”工程，提升改造 210 幢楼体夜景灯光，建成南京路等 13 处近 3 万平方米绿地灯光。

四、专项治理工程

（一）整顿道路环境秩序

1989 ~ 1990 年，治理“十乱”，取缔违章停车场 23 处，无照经营聚集点 32 处 5100 多人次，拆除违章棚亭 158 个、违章设施 47 处，清除马路商店 51 处、马路仓库 43 处、马路餐桌 394 处，整顿里空外卖 678 处，清除垃圾废土 3420 吨、违章信息牌 6000 余块。

1999 年，实施“畅通工程”。拆除占路违法建设、棚亭 1300 间近 2 万平方米；清理马路餐桌、乱摆乱卖 6 千余处（次），治理里空外卖、占路加工、占路堆物 1600 处（次），撤销占路市场 35 个，退出道路 46 条，新建厅场 31 个。

2008 年，清理占道经营 1.33 万处（次）、店外摆卖 9300 余次、马路餐桌烧烤 745 处，规范报刊亭 2387 处，扣留三轮车 107 辆次，清理无主自行车 1558 辆，清理废旧物品回收点 5 个。

2010 年，清理占路经营 5000 余处、清理广告牌匾、信息牌等 1822 块、规范整治违法停车 7.3 万辆，对 30 余处建筑工地、2300 余部超载车辆进行管控，清理工程渣土、杂物 300 余吨，清整绿地 5000 平方米。

（二）市容环境“门前三包”

1986 年，全区 2436 个单位与街道办事处签订“门前三包”任务书，组建以 77 名专职监督检查员为主体的“门前三包”监督检查组织网络，建立由 320 名三包员组成的整日保洁队伍，设置 18 个市容卫生监督岗。

1994 年，4152 个单位签订“门前三包”任务书，其中采取“代雇三包员”方式的有 3517 个单位占 84.7%，“代雇三包员”320 人；采取自包方式的有 635 个单位占 15.3%。全区设立 12 个门前三包管理站、53 个大街管委会。

五、综合治理工程

（一）脏乱环境治理

1968 年，疏浚墙子河，7 万个劳动日挖出污泥 3 万多立方米。1978 年，抢修废墙子河防水墙，出工2200多人次，抢修加固1284米。2000年，废墙子河改造清淤，淤泥外运7000车次，清淤3.5万立方米。

1979年，进行14次较大清整活动，清除脏乱死角5181处，刷洗残标2.24万处，清理垃圾2.22万吨。1983年，24次卫生突击活动，清理脏乱死角1.1万处，清除垃圾杂土4.61万吨，刷洗残标语1.05万处。2005年，治理新闻媒体曝光的脏乱点位10处、自查16处。2008年，清理脏乱死角1827处，乱贴乱画8280余张，绿地捡脏1.13万余延米，清理垃圾杂土1445吨。2010年，清理杂土杂物300余吨，清整绿地5000平方米。解决环境秩序脏乱问题2700多个。

（二）居民区脏乱环境治理

1983年，组织居民区卫生先进“三赛”，评出卫生先进胡同508条、卫生先进院落4658条、卫生之家32094户。

2001年，居民区“双拆”，拆除违章建筑1445间1.27万平方米、违章棚亭256间2207平方米。治理脏乱死角3000余处次，清理乱堆乱放2.1万处、乱圈乱占1200处，清理无主自行车1.02万辆，清理乱贴乱画10万余张，清运工程渣土10万余吨，撤销主干道路两侧垃圾箱桶175个、垃圾渣土周转点9个。

2002年，居民区环境卫生清整，清理楼门院落4160个，清除脏乱死角8933处、废弃自行车2733辆、垃圾杂土3.69万吨、乱贴乱画7.74万张；拆除违法建设1123间9898平方米，粉刷楼门1905个。2007年，清整楼门4674个、粉刷3885个。2010年，清整各类问题点位400余个，清理装修渣土堆物等380余吨。

（三）旧楼区综合整修

2003年，综合整修旧楼区25片41万平方米。2004年，综合整修旧楼区25片。2005年，综合整修旧楼区19片28万平方米。2006年，综合整修旧楼区12片20万平方米。2007年，综合整修旧楼区64片53.15万平方米。2008年，综合整修旧楼区70片47万平方米。2009年，综合整修旧楼区57片36.65万平方米。2010年，提升改造27个社区35片小区。

（四）迎奥运市容环境综合整治

2008年，迎奥运市容环境综合整治，整修道路55条，其中楼房1032幢208.5万平方米，拆除违法建筑173间1423平方米，拆除各类吊挂物3.87万个，安装空调罩4.32万个，空调移机1.23万台，规范牌匾2090块，安装夜景灯光112处。

2010年，第三轮市容环境综合整治。1.中心商业区提升改造。清拆户外广告45块、字号牌匾179块、霓虹灯刀牌139块、安装牌匾97块，楼体整修129幢29.89万平方米，夜景灯光建设84处，绿化提升10.37万平方米、新建绿化7000平方米，安装果皮箱158个，安装座椅59把，油饰路灯杆251个，行道树补植80株，树篦子修补110个，道路整修3500平方米。2.道路街景整修。整修楼房1002幢，新建围墙5200延米，提升夜景灯光32处，整修门脸8741平方米，规范塑钢窗5874平方米，楼房粉刷138幢40.5万平方米，平房粉刷5235平方米，清洗楼房4.69万平方米，安装空调罩1.88万个；空调移机9489台；清拆护栏及吊挂物9464个；广告牌匾拆除和安装1.5万平方米、牌匾规范3284平方米；拆除规范违章建筑49间737平方米，平房拆迁2处125平方米。3.绿化提升改造。提升道路绿化面积18.28万平方米，新建绿化面积1.4万平方米；社区绿化提升改造9.49万平方米。4.社区综合整修。对27片社区35个小区进行整修，33个小区建成达标小区或精品小区。5.环卫设施改造。新建垃圾转运站2座，提升改造公厕5座，安装果皮箱550个。6.市容环境专项治理。治理违法占路经营3913处，店外摆卖1111处、马路餐桌烧烤68起；清理信息牌687块；规范整治停车场（处）167处；清理工程渣土、杂物300余吨，清理绿地卫生5000延米；清理大型户外广告106块1.88万平方米，清拆灯箱牌匾1029块8645平方米；解决路灯设施损坏150余个，新安装路灯40个。

六、城市管理考评

2008年，筹备建立数字化城管监督、指挥中心。2009年，将全区划分为7个街级、64个社区级管理网格，每个网格都设保洁员、设施管理员、综合执法员、菜市场管理员、巡查监督员、考核监督员“六大员”，网格作业和管理人员共计1386人。2010年8月，引进北京数字政通科技股份有限公司负责数字化城管信息采集工作。发督查通报41期，发现问题3998处，问题督办整改率达98%以上。

第二节　环境卫生管理

一、道路环境卫生

（一）道路清扫保洁

20世纪50年代，和平区有大小道路150条左右。柏油、水泥路面约50%，每天上、下午各清扫一遍；渣土、炉灰、土路每天清扫一遍，边缘或次要道路隔日清扫或临时突击清扫。1962年，将次要道路5.89万平方米，包给街办事处。

1980年，道路清扫面积123.88万平方米，其中迎宾线13条，主干道17条，一般道路119条。1988年，12个街道804名保洁员负责1187条胡同里巷34万平方米清扫。

1990年，145条道路实扫200.34万平方米，其中一级道路54条实扫145.68万平方米，二级道路70条实扫47.96万平方米，三级道路21条实扫6691平方米。

2000年，新增道路清扫面积11.64万平方米。2007年，共有150条道路，总长129千米，清扫总面积248.87万平方米，其中道路面积162.17万平方米。

（二）路面机扫水洗作业

1959 年，实行路面水洗，每平方米路面平均用水 18.2 公升。

2000 年，水洗道路 12 条 35.01 万平方米。2005 年，对 18 条道路 54 万平方米道路水洗作业。2006 年，道路机扫面积 63 万平方米，机扫率 26.3% 以上，20 条道路 54 万平方米进行水洗作业。2009 年，机扫面积 150 万平方米、水洗面积 108 万平方米，机扫、水洗率 60% 以上，超过创国家卫生城市 40% 的标准。

（三）清融雪作业

1999 年 10 月，新建 110 立方米溶盐池，占地面积 258 平方米，一次可溶盐 20 吨，产 100 吨盐水。

1992 年，普降中雪，洒盐水 50 余车，用盐 120 多吨，融雪道路 31 条。2008 年，降大雪，出动 10 部融雪车辆、用盐 130 余吨、喷洒盐水 70 多车次 600 多吨。2009 年年初、年末接连三场降雪，13 部融雪车连续作业，用盐 600 余吨，喷洒盐水 300 多车次 3000 多吨。

二、生活废弃物管理

（一）垃圾清运与处理

1957 年，和平区清洁队率先实行垃圾夜运，占全区居民户的 40%。

1965 年 8 月，和平区清洁大队在民园等处建垃圾楼 3 座。垃圾收运采取垃圾转运、垃圾楼转运及定点入巷摇铃收集三种方式。

1980 年，购置密封桶、卫生箱、叉车和铲车等设施，试行密封桶密封车清运垃圾，全年运除 53047 车。1982 年，清运菜帮子 6358 吨。

1988 年，对原有 4 座垃圾转运站进行改建，新建 7 座，垃圾收运实现密封化，街头的垃圾箱桶全部撤销。2000 年，改造民园垃圾楼，取消吊装式装卸设备，将垃圾直接装入大型挤压车挤压，一次可运输 15 平方米，提高装载量 3 ~ 5 倍，节约成本 50%。

2005 年，采用三种垃圾压缩车直接收运垃圾，取代二次倒运方式，解决散装收集、倒运带来的污染。2009 年，为每条街配置 1 台高压冲洗设备，用于垃圾桶设置点冲刷渗沥液、清洗箱桶。

2010 年，达到垃圾清运率 100%，直运率 90% 以上，袋装率 95% 以上。

1950 ~ 1960 年，垃圾处理以填垫臭坑为主，其余由近郊农民运走用作农肥。1960 ~ 1970 年，开始以施肥为主，初步实现垃圾粪便无害化处理。1974 年，在西郊区梨园头用地 45 亩，投资 2 万，建成垃圾粪便处置场。1988 年，垃圾消纳直接供肥 18.66 万吨，无害化处理 14.29 万吨。1995 年，垃圾进场量 8.97 万吨，无害化处理 8.97 万吨，垃圾填埋点 6 处，填埋量 15.45 万吨。2008 年，全区年产生活垃圾 9.2 万吨，全部进垃圾无害化处理场处理。

（二）粪便收运与处理

1962 年，在上海道、东兴大街、康定路建储粪池 3 处。1963 年，开始使用真空吸粪车吸粪。1965 年，改用三轮铁罐小稀粪车。1970 年，逐步用机动小粪车，采用吸粪车直吸。1980 年，全年清掏稀粪2.23万立方米，其中直接供应农业8415立方米，投入粪池3996立方米，用于混合封肥9900立方米。1991年，日清运粪便42.5吨，年1.55万吨，粪便消纳直接供肥2570吨，排放1.19万吨1982年，全年产稀肥2.47万立方米，封肥5.88万立方米。1991年，全区粪便消纳直接供肥3570吨，其中直接供肥日常量9.78吨，排放1.19万吨。

1949～1957年，所产粪便按片按比例分别运往西郊区王顶堤、纪庄子、白塘口土场和梨园头粪场。双林粪场作为和平、河西两区粪便处置场。1964年，将清除的稀粪直接供应南郊农林局粪场。1972年5月，恢复使用南郊粪便处理场。1995年，新建粪库6座，总面积465平方米。全年所产粪便三格化粪池无害化处理3450吨，简易处理支农645吨。

三、环境卫生设施

（一）公共厕所

天津解放初期，公管公厕10余座，仅黄家花园和周家食堂有2座水洗厕，其余为简陋旱厕。1967～1980年，135座公厕有106座陆续改造为水洗厕。1981年，有公厕137座，其中一类水冲公厕59座，二类公厕43座，其中水冲34座，三类公厕35座，其中水冲15座，掏坑20座。2000年，有公厕77座，其中一类9座、二类51座、三类2座、四类14座。2006年，建成一类精品公厕3座，二类7座和16座通槽式公厕。

2007年，新建公厕2座、更新改造移动公厕4座、提级改造7座旱厕和6座居民共用厕所，安装、更换公厕导示牌100个、更新厕标灯箱50个、更换移动公厕标示牌150个、更换7座公厕内隔挡板和3座公厕的残障设施、配齐全部厕内面镜36块、更新全部公厕服务公约牌。对5座设施陈旧的公厕进行维护修饰。

2010年，区环卫局清除队与维善保洁服务有限公司签订《公厕管理及保洁维护服务合同》，对清除队负责的49座公厕的保洁作业、维护工作，在产权不变的基础上，实行市场化运作、企业化管理。

（二）垃圾转运站

1986～1991年部分年份和平区垃圾转运站一览表

表7-4-2-109

站　名	建成年份	占地面积（平方米）	建筑面积（平方米）	集装箱坑位	实际转运量（吨）
民园垃圾转运站	1986	225	229	2	18420
兰州道垃圾转运站	1986	216	257	4	26421
电台道垃圾转运站	1986	124	159	2	18267
桂林路垃圾转运站	1986	94	97	2	16727
南市垃圾转运站	1986	257	348	5	22749
湖北路垃圾转运站	1986	99	173	3	27233

续表 7-4-2-109

站　　名	建成年份	占地面积（平方米）	建筑面积（平方米）	集装箱坑位	实际转运量（吨）
荣安街垃圾转运站	1986	83	91	2	12776
滨江道垃圾转运站	1987	121	129	2	16212
哈密道垃圾转运站	1988	130	159	4	23433
赤峰道垃圾转运站	1991	102	67	2	18498
合　　计		1451	1709	28	200736

（三）环卫专用车辆

1980 ~ 2000 年部分年份和平区环卫机动车辆统计表

表 7-4-2-110　　单位：辆

年份	合计	挤压车	扫道车	吸尘车	吸粪车	洒水车	铲车	叉车	推车	油车	吊车	挖掘机	卡车	其他
1980	122	—	12	1	9	—	1	—	—	—	—	—	55	—
1982	150	—	12	9	11	—	2	6	—	—	—	—	57	—
1984	195	—	8	11	13	7	3	10	—	—	—	—	78	9
1985	152	—	3	9	12	7	5	10	1	3	—	—	65	7
1986	155	—	—	8	11	8	5	10	1	3	—	—	81	7
1987	139	—	—	8	8	9	6	10	1	2	—	—	70	11
1988	145	—	—	8	6	6	6	6	1	2	—	—	84	10
1989	150	—	—	8	6	6	6	5	1	2	—	—	92	13
1990	146	—	—	8	6	6	6	1	1	2	—	—	92	13
1991	151	—	—	8	6	6	7	1	1	2	—	—	89	13
1992	120	—	—	—	6	6	5	—	—	2	1	—	84	12
1993	122	—	—	4	5	3	4	—	—	2	—	—	86	18
1994	130	—	2	4	6	5	5	—	—	2	1	—	79	29
1995	121	—	2	5	5	5	—	—	2	1	1	—	73	24
1996	122	5	—	2	5	5	5	—	1	2	—	—	15	24
1997	125	7	—	2	4	5	5	—	1	2	1	—	15	25
1998	122	8	—	2	4	5	6	—	1	2	1	—	14	26
1999	121	12	7	2	6	4	5	—	1	2	1	—	12	22
2000	135	14	7	3	6	5	4	—	—	2	—	—	12	26

2004～2009年间和平区环卫机动车辆统计表

表7-4-2-111　　单位：辆

年份	合计	垃圾车				机扫车	吸粪车	洒水车	高压冲洗车	洗路车	推土机	装载车	盐粉撒布机	压实机	卡车	其他专用车
		集装箱	压缩车	自卸车	其他											
2004	104	42	21	0	14	4	7	7	—	3	0	3	—	0	2	0
2005	143	24	44	0	36	11	7	7	—	3	0	3	—	0	4	0
2006	151	17	49	0	36	13	8	7	—	3	0	3	1	0	4	6
2007	175	14	60	0	36	22	8	11	6	0	0	4	1	0	3	6
2008	158	4	59	—	29	25	6	11	6	—	—	4	1	—	3	6
2009	166	4	56	7	27	28	5	15	6	3	—	7	1	—	—	1

第三节　综合执法

一、依法行政

2003年，审批各类行政案件504件，罚款近80万元；复议案件1起；办理强制拆除案件27件。2004年，审批各类行政案件416件，罚款近64万元；行政诉讼案件1起；办理强制拆除案件21件。2005年，审批各类行政案件3859件，罚款100万元。2006年，处罚案件2200余起，罚款总额30万余元；拆除违法建设案件立案千余起，完成审查九百余件，申请政府强制执行近八百余件；行政诉讼案件1起（撤诉）。2007年，审批各类行政案件676件，罚款9.1万元；办理强制拆除案件343件。2008年，审批一般程序行政处罚案件共计916件，罚款7.71万元；申请办理政府拆迁通告269件；办理行政复议案件2件，行政诉讼案件6件。2009年，审批一般程序行政处罚案件344件，罚款41.19万元；申请办理政府强拆通告103件；办理了行政复议案件3件，行政诉讼案件5件。2010年，审批各类行政处罚案件169件，其中包括重点道路整修涉案49件；拆迁片内违法建设涉案14件；重点督查、督办违法案件涉案13件；拆除楼顶大型户外广告专项案件涉案47件；即发案件涉案46件；处罚13.3万元。

二、数字化城市管理

2009年，建立城市管理综合执法局数字指挥中心。数字化城管平台启动后，立案287起、处置283起、结案282起，其中按期结案280起，结案率为99%，处置率和结案率分别达到98.61%和99.65%。2010年，立案2.11万起，处置1.88万起，结案1.88万起，按期结案1.31万起，按期结案率为69.67%，处置率和结案率分别达到88.91%和88.92%。

三、迎奥运综合治理工程

2008年，完成42条示范路、37条严管路、30条规范路共109条等级化管理道路的达标创建工作，拆除违章建筑 354 间，规范、拆除广告、牌匾、灯箱 735 块，拆除护栏 1485 个、遮阳罩 623 个、窗贴字 564 处、鸽子窝 18 个。

2009 年，清理占路经营 4125 处、店外摆卖 4952 处、占路加工作业 271 处、马路烧烤 235 处，清理张贴 25.12 万处，覆盖道路涂鸦 7.01 万处，规范报刊亭 7451 处、信息牌 2419 块、乱吊乱挂 2346 处、各类布标幔帐 128 幅、窗贴 968 处、LED 信息牌 642 块，清除乱堆乱放 3068 余处。

2010 年，完成多项重点工程保障任务，组织行政强迁 48 次，拆除违法建筑 38 间 304 平方米，动员自行搬迁 112 户，对首层经营户外立面清拆 208 处；夜景灯光保障 61 次。治理运输撒漏，查处施工工地 36 处，查处未封盖、沿途撒漏车辆 300 多台次，处罚 60 多辆。治理餐厨垃圾，查处不符合规定运输车辆 30 多辆，下达限期改正 40 多份。治理街景立面，拆除楼顶大型户外广告设施 116 块 2.16 万平方米，拆除灯箱牌匾 1209 块 8645 平方米。

第五章　河北区

河北区地处天津市区东北部，因大部分地域坐落在海河以北而得名。区界东邻东丽区，西部与和平区、南开区、红桥区以海河为界，南与河东区相连，北与北辰区接壤。辖 10 个街道办事处 352 个居民委员会。作为重要交通枢纽的铁路天津站、天津北站进出口均位于河北区内。1976 年，组建“三整顿”办公室，1981 年 6 月，改称区整顿市容办公室，1985 年 1 月，组建区市容管理委员会，1987 年 5 月，组建区市容卫生管理委员会，2010 年 6 月，成立区市容和园林管理委员会。1953 年，原第三区清洁队改为河北区清洁队，1979 年 10 月，成立区环境卫生局，1983 年 3 月，更名为区环境卫生管理局。1983 年 8 月，成立区城市建设管理监察中队，2000 年 8 月，组建区城市管理综合执法大队，2008 年 1 月，组建区城市管理综合执法局。

第一节　市容环境管理

一、街道综合整修

（一）整修有代表性的城市建筑特色地区

中山路。2003 年 4 ~ 9 月，完成环境景观建设，建成 2000 平方米绿地休闲广场和世纪联华超市门前 600 平方米绿地；建成 230 延米广告长廊；对沿街 54 幢楼房进行整形整修。2009 年，仿照民国时期建筑风格，在建筑外观和色彩上采用真实浅灰砖墙附贴，运用同时期的砖体线条与欧式宝瓶柱设计手法进行整修。

意式风情区。1988年，清理乱堆乱放杂物，拆除违章建筑283间，治理破屋顶624个，整修平房1045间，新砌围墙9399米。经过刷洗、配制、修补、恢复，382幢楼房再现“小洋楼”风姿。2004年，本着“修旧如旧”原则，在色彩运用上突出欧式风格，保持原有历史信息。2005年，完成58幢建筑单体设计方案，开工建设42幢。其中保留整修36幢5.2万平方米，新建6栋8120平方米。

金钟河大街和狮子林大街。2007年7月，拆除违章建筑违章棚亭1110平方米、拆除沿街建筑二层以上窗、阳台护栏805个、不规范广告580平方米、牌匾100个，安装首层护栏173个，整修楼房81幢34.5万平方米、围墙1万平方米、平房400平方米。2010年，整修楼房998幢，新建绿地4.1万平方米，提升改造绿地82.4万平方米。

大悲院地区。2008年，粉刷34幢9.6万平方米楼房和3600平方米平房，新建三处1335延米景观围墙，道路中央铺设天然花岗岩石材2.1万平方米；新建3座282平方米古屏风，制作地面铸铜莲花浮雕60余平方米。

（二）整修旧楼区

2003年，开始旧楼区改造。2009年，每年投入200万元，由300名“4050”人员组成社会公益性组织，接管旧楼区，为社区提供清扫保洁等基本服务。

2003～2009年间河北区旧楼区整修情况表

表7-5-1-112

年　份	整修片数（片）	整修面积（万平方米）	年　份	整修片数（片）	整修面积（万平方米）
2003	100	232	2007	10	61.6
2004	47	117.3	2008	24	76
2005	26	51.33	2009	15	55.9
2006	17	39.24			

1988～2010年部分年份河北区围墙拆建情况表

表7-5-1-113

年　份	围墙拆建（延米）		年　份	围墙拆建（延米）	
	新　建	修　饰		新　建	修　饰
1988	9399	—	2008	1390	—
1996	—	1564	2009	14305	15718
2002	549	16654	2010	2059	13118
2003	2216	—			

（三）天津站地区改造

1987年4月至1988年9月，实施天津站铁路枢纽改造，拆除房屋2044间5.33万平方米。其中公产1.72万平方米，企业产3.22万平方米，私产3914.19平方米。

二、家禽家畜治理

20世纪50年代开始治理家禽家畜。每年秋季，河北区清洁队与公安部门配合捕犬。1983年，处理家禽家畜1.88万只（头）。1993年9月，组成灭犬突击队，连续5天突击灭犬。群众自行灭犬32只，强行灭犬11只，对观赏犬补办临时准养手续。1994年，治理1个月，办理准养犬证登记的有344只。

三、市容环境治理

1985年6月开始，落实“双禁”通告，对随地吐痰、乱扔乱倒行为进行治理。

1987年，“治理四乱”，对乱吐、乱扔、乱洒、乱放行为进行治理。下半年，开展“六清六治”活动，清理垃圾渣土、门前堆物、住宅阳台、乱贴乱画、摊群市场、单位环境卫生；治理破损道路、跑冒漏、花坛绿地、运输撒漏、施工污染、综合整治街道。

1988～1990年，整治“十乱”，对乱摆、乱卖、乱贴、乱画、乱停、乱放、乱拆、乱改、乱建、乱吊挂行为进行治理。共拆除违章建筑1.54万间，清理易燃杂物5.38万吨，打通防火通道5438条，10个街道达到无违章和基本无违章。

1996年，创建全市“四个一百”（一百个达标工地、一百条达标道路、一百个达标市场、一百个达标停车场）。河北区拆除违法建筑930间、违章棚亭352个。区内创建15条达标路、17个达标施工工地、17个达标农贸摊群市场、17个达标停车场，101个示范达标居委会，其中市、区文明小区22个。

2006年，拆除违章建筑1482间1.03万平方米，拆除违章棚亭338间2273平方米，清除乱圈、乱占、乱摆、乱放540处，打通防火通道4处，清运渣土2.41万吨。

2007年7月8日，市容环境集中清整日，铺设草皮8000平方米，硬铺装2600平方米。清除脏乱死角62处，清理垃圾、渣土近600吨，清刮残标3000余张，擦拭护栏400延米，除草1300平方米。

2009年4月11日，万名党员做贡献活动，清理堆物堆料、垃圾渣土180吨，清理脏乱死角35处，清理残标1.23万张，覆盖涂鸦3000平方米。

四、综合治理

（一）“非典”时期脏乱环境治理

2003年，以“清脏”为重点，开展5次集中清整活动，清运垃圾渣土15万吨，其中清除桥园里数百吨垃圾山。对全区183个旧楼区7744个楼道进行清理，共清除垃圾渣土1.86万吨。拆除各类违法建筑、违章棚亭36万平方米。80%居民区公共用地无违章。

（二）治理北塘排污河

2003年，治理2.15公里北塘排污河，共拆除“双违”建筑582间6000余平方米，清理乱围乱占200余处，乱堆乱放573处，清运垃圾杂土300余吨。

（三）整治海河沿岸

2003年，在海河河北区段拆除违章建筑114间1549平方米，拆除乱圈乱占21处190平方米，拆除半栏、不规范牌匾537个，实施绿化1.21万平方米，硬铺装1.25万平方米，新建围墙319米，整修楼房32栋，粉刷面积8.29万平方米。

（四）实施畅通工程

1999～2001年，共清理马路餐桌和乱摆乱卖摊点2万个，纠正里空外卖、市场外溢6413次，治理违章占路加工点3724次，清除占路堆物1896处。

1990～2001年，建成市场26个，撤销占路市场48个。2002年，新建市场10个，摊位1800多个。2009年7月，建成占地5500平方米、内设摊位600余个、房屋150余间的中山路菜市场，收纳8条道路的占路摊贩。

（五）治理结合部地区

1999～2001年，先后对桥园里、月牙河、宜白路、金钟河放射线4个结合部地区进行综合治理。桥园里地区拆除违章建筑2137间，月牙河地区拆除“双违”3248间，清运垃圾杂土3万余吨。2003年，治理宜白路、霍嘴、志成路三处结合部地区。2004年，整治宜白路、志成道、张兴庄地区，拆除“双违”800余间，清理占路加工、乱堆乱放900余处，清运垃圾、杂土5000余吨。

（六）铁路沿线综合治理

2004年，对京山、津浦、北环、京山三线4条共1604公里铁路线两侧32米范围内实施综合治理，共拆除违法建筑、违章棚亭4863间，清运垃圾渣土1.5万余吨。绿化14万平方米，栽植树木4794棵，灌木8.8万株，草坪1.8万平方米，铺设甬道880平方米。整修楼房70幢16.5万平方米，整修新建围墙2400延米。

2006年，对西沽支线、115粮库线、京山、津浦下联线、古机入库线、丰机出库线、津浦上行引入线、北环上行线、第五迁出线、京山上行引入线、机车车辆厂线11条铁路专用线进行综合治理，拆迁建筑806户6.9万平方米。拆除各类违章建筑2.05万平方米，拆除公建2.47万平方米，拆除民建1.32万平方米。

2007～2008年，京津城际铁路沿线综合整治，实施11条铁路专用线拆迁工程。拆除各类违章建筑2.05万平方米，拆除公建2.47万平方米，拆除民建1.32万平方米。对京山、津浦两条铁路沿线11.4公里实施绿化、清整。拆除违章建筑500平方米；清理垃圾渣土1800余吨；绿化23万平方米，建围墙690延米。对京津城际铁路沿线35幢楼房实施清拆，拆除各种吊挂物3750个，空调移机1460个，安装空调罩2000个，整修楼房160幢57万平方米，实施20幢楼房平改坡工程。

2009年，对城际铁路沿线两侧86栋11万平方米建筑实施平改坡，粉刷楼房125幢29万平方米；对59幢10万平方米楼房实施油毡瓦整修工程；新建绿地8万平方米，栽植常绿、乔木、花灌木近2万株，种植草皮2万平方米。

（七）迎奥运综合整治

2008年，对平安街、海河东路、北安道、进步道、建国道5条火炬线道路进行整治。另外，五马路整修建筑物47栋，粉刷楼体7.96万平方米、阳台面1080平方米、坡屋顶8119平方米、平房8769平方米，整治围墙1876平方米，堵抹阳台536平方米，抹灰1.11万平方米。2010年，对金钟河大街、榆关道等44条道路进行综合整修，对49个社区72个小区环境进行整治。

五、户外广告设置与清理

1993年，完成中山路和海河东路灯光带，意式风情区和大悲院地区灯光夜景建设任务。1996年，设霓虹灯牌匾1083处，建霓虹灯广告35处。2003年，新安装霓虹灯及灯箱牌匾3456处，新建灯光广告720处。

2006年12月，拆除楼顶、墙体广告5处14块1922平方米。2007年，拆除违章设置及不符合要求的户外广告129块8510平方米，其中规范整改16块2825平方米。2008年3月，配合天津站地区重点工程建设，拆除天津站主楼、龙门大厦、新龙酒店等6幢楼房61户商家107块6050平方米广告、牌匾。2009年，拆除中山路、育红路等35条道路违法设置楼顶广告、楼体单体字、标识111处176块。

六、景观灯光建设与管理

1993年，完成中山路和海河东路二条光带，以及意式风情区和大悲院地区夜景灯光建设。

2002年，启动夜景灯光建设“双百工程”，完成高层公建顶部夜景灯光10座，高层住宅顶部夜景灯光建设6座，主要道路交口夜景灯光16座、市夜景灯光系统工程中涉及河北区的13个单位和点位。

2003年，新安装霓虹灯及灯箱牌匾3456处，新建灯光广告720处。2004年，新装灯光建设62处。

2008年，完成33幢迎奥运道路夜景灯光建设工程，其中公建8幢、民建25幢、高层建筑13幢、多层建筑20幢。2009年，根据夜景照明网络建设，完成67幢灯光建设，其中公建18幢，民建49幢。2010年，对海河沿线夜景灯光进行全方位打造，完成53幢灯光照明建设任务，其中新建47幢、提升6幢。

七、城市管理考评

2008年，建成240平方米数字化城市管理系统平台。在考核中，采取现场抽签、当场打分的办法，按百分制排出名次。考评办采取日常考核和联合检查相结合、明查和暗访相结合的方式，加大暗查、回访力度。凡整改不到位或回潮的，在考核中占总分的40%；暗查占总分的

30%；信访投诉办理情况的回访抽验占总分的30%。结合考评情况，编发考核通报，指出参评单位问题，提出建议，认真督办。

第二节 环境卫生管理

一、道路清扫

（一）清扫任务

天津解放初期，河北区清洁队清扫8条主要马路和部分中型街道。1957年，环卫专业队清扫道路95.2万平方米。1979年，清扫194万平方米，任务量与20年前相比增加了88.7%。2009年，清扫面积增至586万平方米。

1957～2010年部分年份河北区环卫专业队清扫道路统计表

表7-5-2-114

年 份	清扫道路（条）	清扫面积（万平方米）	年 份	清扫道路（条）	清扫面积（万平方米）
1957	—	95.23	1992	201	379.89
1958	—	102.8	1994	201	405.15
1959	—	118.19	1996	201	407.59
1965	—	141.47	1997	202	413.59
1970	—	155.53	1998	212	439.85
1979	95	184.23	1999	227	469.25
1981	106	174.29	2000	228	476.09
1982	106	155.42	2001	243	491.80
1983	106	187.63	2002	272	510.17
1984	108	187.69	2003	273	513.72
1985	153	262.52	2004	264	480.84
1986	152	303.23	2005	265	485.55
1987	193	349.69	2006	273	506.67
1988	198	353.99	2007	282	510.86
1989	200	365.17	2008	282	512.31
1990	200	365.17	2009	287	586.24
1991	200	365.17	2010	293	608.52

（二）清扫方式

20世纪50年代，清洁工人靠人力使用大扫帚清扫道路。进入21世纪，环卫清扫机械化水平不断提高，到2010年，快速路、桥梁涵洞机扫率达到100%。

1998 ~ 2010 年间河北区机扫情况一览表

表 7-5-2-115

年　份	机扫道路（条）	机扫面积（万平方米）	年　份	机扫道路（条）	机扫面积（万平方米）
1998	17	120	2005	19	58
1999	17	120	2006	21	60
2000	25	190	2007	60	204
2001	28	215	2008	60	204
2002	28	215	2009	60	204
2003	8	95	2010	45	321
2004	4	34			

（三）清扫标准

1985 年，实行道路分级管理，天津市环卫局颁布环境卫生主要工种质量标准。

1986 ~ 2010 年部分年份河北区道路分级情况表

表 7-5-2-116

年份 \ 条数 \ 级别	一	二	三	四	总　计
1986	17	26	56	55	154
1987	19	23	56	95	193
1988	20	25	59	94	198
1989	21	25	60	94	200
1990	21	28	57	94	200
1992	21	28	57	95	201
1996	25	25	57	95	202
1997	25	26	56	95	202
1998	26	26	57	103	212
1999	25	28	61	113	227
2000	25	28	61	114	228
2001	25	29	71	118	243
2002	29	38	85	120	272
2003	29	39	85	120	273
2004	25	35	92	112	264
2005	25	36	92	112	265
2006	27	42	92	112	273
2007	28	42	93	119	282
2008	28	42	93	119	282
2009	33	42	93	119	287
2010	38	42	93	120	293

（四）路面水洗

20世纪50年代初，开始道路洒水作业，1954年4月30日至8月26日，出动2部洒水车喷洒民族路、月纬路等7条道路6.63万平方米。每月喷洒1～3天，一天洒水16车，全年洒水526车，耗水15.78万立方米。1985年，水冲道路3.36万平方米，1989年，增加到78.66万平方米，占扫道面积的21.5%。

二、清雪铲冰

20世纪80年代前，清雪主要靠人铲、车运，运往河岸、铁道边等地，等待春季融化。80年代初，出动洒水车在主干道路喷洒盐水。1984年，建成一座溶盐罐，每次可溶盐水4吨；1988年，又建成4座溶盐罐，每座每次可溶盐水10吨。2001年，在汽车队新建1座容积40立方米溶盐池，并制作溶盐搅拌机、融雪布盐机各1台。2007年，汽车队溶盐池改造后溶盐能力达到420立方米，比改造前扩大10倍，并采用水循环方式溶盐，增强了清融雪能力。2009年，购置人工推雪板350把；2010年，购置人工推雪板300把。

三、民办保洁队

1958年，各街普遍建立民办保洁队，负责次要道路、胡同里巷的清扫保洁。1985年，实行环卫工作“三级保洁、三级管理”。2000年，将保洁队纳入环卫局各扫道所管理，成立14个环卫分所。2008年，城市管理重心下移，将10个保洁队移交给相应街道办事处。

1981～2009年部分年份河北区保洁队人员及清扫情况统计表

表7-5-2-117

项目 数量 年份	保洁队人员数（人）	道路清扫		胡同里巷清扫	
		条数	面积（平方米）	条数	面积（平方米）
1981	1243	83	127202	1976	3098982
1984	1352	83	470473	1945	1290663
1986	1399	82	600870	2053	901408
1987	1405	60	528343	2254	2483523
1988	1379	168	397653	2008	1557445
1989	1337	228	687516	3117	1332885
1994	1358	233	734516	3137	1337885
1996	1175	54	628049	2427	1364093
1997	1175	54	628049	2427	1364093
1998	591	54	628049	2427	1364093
1999	861	—	—	1579	2521788

续表 7-5-2-117

项目 数量 年份	保洁队人员数（人）	道路清扫		胡同里巷清扫	
		条数	面积（平方米）	条数	面积（平方米）
2000	538	23	319027	1529	2025740
2001	509	23	319027	1529	2025740
2002	509	29	245740	1527	2025740
2003	405	—	—	1492	1560137
2004	442	—	—	1545	2264650
2005	360	—	—	1538	2740000
2006	346	—	—	1538	2740000
2007	355	—	—	1538	2740000
2008	398	—	—	2188	4451434
2009	648	—	—	2188	4451434

四、生活废弃物管理

天津解放初期，清洁队仅收集光复道、中山路一带居民垃圾。1984 年，采用集装箱清运，1990 年，实现垃圾清运密封化。

1979 ~ 2010 年间河北区清运垃圾数量统计表

表 7-5-2-118

年份	清运垃圾（吨）	年份	清运垃圾（吨）	年份	清运垃圾（吨）
1979	104390	1990	299046	2001	254000
1980	192182	1991	274619	2002	253300
1981	192182	1992	271735	2003	262388
1982	185964	1993	256280	2004	228869
1983	186164	1994	282904	2005	144707
1984	221672	1995	217891	2006	144671
1985	252104	1996	223227	2007	143830
1986	238711	1997	280717	2008	142165
1987	276068	1998	278337	2009	150263
1988	329544	1999	264940	2010	143423
1989	279890	2000	300258		

1959 年 3 月，试验插杆通风式高温堆肥方法，效果良好。1989 年 4 月，研制成功移动式滚筒垃圾筛选机，提高工效 17 倍。通过天津市科委技术鉴定，获准专利，并获得天津市科技进步三等奖、河北区科技进步一等奖。1991 年，河北区环卫局小淀垃圾处理场生活垃圾无害化处理项目被建设部评为“全国城市环境综合整治优秀项目”。垃圾无害化处理及农田堆肥应用获河北

区 1992 ~ 1993 年度科技进步二等奖。

1950 年，添置污水马车 10 辆，收运污水 54 万加仑。1951 年，添置马车 6 辆，收运污水 270 万加仑，1952 年，收运污水 705 万加仑。

五、粪便收运处理

1959 年，河北区约有 2.35 万个住户灰桶子。1979 年，清除队负责 185 座公厕和 3219 个灰桶子的粪便清除，全年共清除稀粪 2.53 万立方米，灰粪 2007.5 立方米。1983 年，灰桶子全部取消。1990 年以后，随着水冲厕三格化粪数量的增多，粪便清除量逐年下降。

1979 ~ 2010 年间河北区粪便清除数量统计表

表 7-5-2-119

年份	清运粪便（吨）	年份	清运粪便（吨）	年份	清运粪便（吨）
1979	27352.8	1990	43005	2001	38000
1980	35973.2	1991	28421	2002	27168
1981	37380.5	1992	30219	2003	32140
1982	39137.9	1993	22224	2004	33152
1983	44552.1	1994	17580	2005	36419
1984	52943.5	1995	23522	2006	35829
1985	41278.4	1996	22114	2007	29945
1986	33201	1997	21128	2008	28849
1987	40210	1998	23890	2009	32067
1988	45617	1999	26190	2010	25992
1989	45507	2000	27300		

六、环卫设施

（一）机动车辆

新中国成立初期，主要靠马车和人力车收运垃圾，1964 年，开始由汽车代替马车。1979 年后，道路水洗清扫、垃圾粪便清运等专业车辆逐年增加。

1978 ~ 1998 年部分年份河北区机动车辆统计表

表 7-5-2-120　　单位：辆

年份	车辆总数	其中											
		集装箱车	挤压车	卡车	吸粪车	吸尘车	洒水车	密封车	铲车	叉车	推土车	油车	扫道车	多功能移动车
1978	47	—	—	36	6	—	—	—	—	—	—	—	5	—
1988	128	—	—	79	13	7	7	9	6	3	2	1	—	1
1998	84	58	2	3	7	2	3	—	7	—	2	1	4	—

2006～2010年间河北区环卫车辆统计表

表7-5-2-121　单位：辆

年份	车辆总数	垃圾车				其他											
		集装箱	压缩车	自卸车	其他	机扫车	吸粪车	洒水车	高压冲洗车	洗地车	推土机	装载机	盐粉撒布机	压实机	卡车	执法巡查车	其他专用车
2006	111	6	32	6	—	6	7	5	3	3	1	4	—	—	23	17	1
2007	157	6	32	6	16	20	9	10	7	—	—	5	—	—	27	—	19
2008	137	7	30	1	18	20	9	8	7	—	—	5	1	—	14	17	—
2009	130	9	30	—	16	20	9	7	7	—	—	5	1	—	15	11	—
2010	142	13	36	—	16	20	8	7	7	—	—	6	—	—	16	13	—

（二）垃圾转运站

1975年，建成第一座固定式全封闭垃圾转运站，1977年，建成漏斗式、提升式垃圾转运站，1979年，建成10座集装箱式垃圾转运站。2010年，转运站配置垂直式成套垃圾挤压设备，解决渗滤液、噪音问题，提高工效30%。

1996～2010年部分年份河北区垃圾转运站统计表

表7-5-2-122

年份	座数	占地面积（平方米）	建筑面积（平方米）	坑位	实际转运量（吨）
1996	25	5050	5814	40	223227
1997	26	5442	6029	41	239172
1998	27	5610	6279	42	252800
1999	27	5610	6279	42	264240
2000	27	5456	6063	42	269770
2001	27	5456	6063	42	269770
2002	27	5456	6352	42	240000
2003	27	5456	6352	42	247558
2004	23	4949.62	5535.07	17	262128
2005	23	4654.45	4878.81	7	—
2006	22	4472.05	4643.69	6	140797.86
2007	21	4214.9	4432	6	142391.4
2008	20	5140.37	4747.7	0	140743
2010	19	5013.47	4607.76	0	148985

（三）公共厕所

天津解放后，天津市政府每年拨专款兴建公厕，并对简陋公厕进行拆改。1985年，天津市政府要求将旱厕改成水冲式。2009年，公厕停止收费。

1980～2010年部分年份河北区新建公厕统计表

表7-5-2-123

年份	新建公厕（座）	年份	新建公厕（座）	年份	新建公厕（座）
1980	16	1990	2	2004	1
1981	5	1991	1	2006	1（移动厕）
1982	16	1992	1	2007	4
1983	58	1999	1	2008	18
1984	6	2001	1（移动厕）	2009	4（移动厕）
1986	2	2002	3（1座移动厕）	2010	1
1988	2	2003	3		

1996～2010年间河北区环卫公厕统计表

表7-5-2-124 单位：辆

年份	总数	一类厕	二类厕	三类厕	四类厕	旱厕	移动厕
1996	319	11	66	18	49	175	—
1997	316	11	66	18	48	173	—
1998	298	11	61	18	43	165	—
1999	274	12	58	16	40	148	—
2000	258	13	59	18	37	131	—
2001	248	14	57	16	35	126	—
2002	241	12	56	14	35	122	2
2003	200	9	100	85	1	3	2
2004	173	5	88	78	—	—	2
2005	161	5	84	70	—	—	2
2006	159	—	1	4	152	—	2
2007	151	1	7	3	138	—	2
2008	148	1	34	2	106	—	5
2009	150	1	35	2	102	—	10
2010	146	1	35	2	98	—	10

（四）储粪池和化粪池

1966年，随着垃圾粪便处置场的远迁，兴建储粪池7处，转运粪便。随着公厕水冲化的发展，2000年，新建大型化粪池2处，容积170立方米。

（五）垃圾粪便处理场

1958年，河北区清洁队在赵沽里建垃圾粪便处理场，1959年，迁至北郊区小淀村，至1996年占地220亩。1995年，在月牙河新建粪便处理场1处。2005年，生活垃圾运往东丽区徐庄垃圾中转站，小淀垃圾处理场关闭。2009年，因地铁三号线建设，小淀垃圾处理场由北辰区土地管理中心收购。

（六）果皮箱

1963年，在天津站、中山路、建国道设置果皮箱30个。1975和1979年，天津市卫生局分别下拨方形铁皮果皮箱30个。1984年，设置陶瓷和铸铁果皮箱679个。1996年，主干道路和繁华地区设置果皮箱635个，其中环卫局管理335个，社会各单位管理300个。2005年，主干道路两侧新增果皮箱832个。2010年，更新道路果皮箱1197个。

第三节　综合执法

一、专项治理

1985年8月，光复道街道路整修，拆除违章建筑38间；12月，修建中环线，拆除道路两侧违章建筑180余间。1987年，开展“六清六治”活动，拆除违章和自封闭阳台。1990年3月，治理“十乱”，对乱吐痰，乱扔果皮纸屑、乱泼污水，乱倒垃圾、乱贴乱画等行为进行治理。1992年4月，创建全国卫生城市期间，清理违章棚亭289个、堆物堆料290余吨。

1994年，迎世乒赛，拆除违法建筑56间，清除违章棚亭32个，撤销占路市场3个，清理乱摆摊点472个，清理各类信息、告示、标语、图案3600余个，清理擅自设置经营性横幅幔帐广告568个。

2003年，连续开展“防治非典，清脏治乱”三个战役。3月，春季清脏治乱专项治理，清理堆物堆料150车750余吨；5月，集中对占路摆卖、马路餐桌、马路烧烤、里空外卖、占路加工作业、违章棚亭等进行治理。

2005年2月24日，对最脏、最乱、最差、群众反映最强烈的“四最”进行治理，重点是新闻媒体关注的14个脏乱点位和小五号路、铁东路、五号路、六号路等7个退路市场。3月，开展“零点行动”，对32条次支道路的静态违章进行清理。

2005年6月，对海河东路、狮子林大街、金钟河大街、平安街、天津站地区等亚欧财长会议参观线路进行治理，拆除违章建筑、违章棚亭32间420平方米，拆除各种户外广告、指示牌、灯箱、违章牌匾1266块，清理各种窗贴、张贴3000余张。

2006年4月，雁门路改造，拆除自行车二厂、天洋洗衣机厂周围1000余平方米违法建筑。6月，清理占路经营摊点239处、里空外卖99处，乱堆乱放4处，清除破损广告信息牌98个、乱贴乱画1260处。

2007年，规范治理机动车摆卖876台；拆除违章灯箱及牌匾844块、大型户外广告4处1209平方米、清理乱贴乱画571处、清除残标2000余张；清理占路摆卖259人次、规范摊点1400余人次、里空外卖60处，清理堆物堆料31处；拆除轧钢三厂、美洲集团、纺织机械专件厂内突击建房360余间7500余平方米。

2010年，服务张兴庄产业园区开发建设，共拆除违章砖混房屋23间556平方米、违章棚亭39间301平方米、违章圈占15处228平方米；拆除违法户外广告87处、清除贴画24处；清理堆物81处。

二、综合整治

1988年3月，采取重点突击与日常监察相结合，取缔无证摊位462个，清理占道经营765个，教育规劝278人次。

1999年3月，对24条主干道路实行综合管理。拆除增产道、真理道违章搭建35间455平方米。5月，“畅通工程”零点行动，清理堆物1800余吨。

2001年8月，对天津站前广场地区的乱摆乱卖、里空外卖、堆物堆料、自行车乱停乱放、街景立面、夜景灯光等违章行为，做到24小时全天候管理。

2006年3月，治理11条铁路专用线两侧市容环境，拆除独立违章223户697间1.5万平方米，居民住房265户369间6725平方米，其中违章建筑115间988平方米、公建单位1.48万平方米。

2008年组织迎奥运综合治理，取缔杜鹃路、岷江路2个夜市和席厂下坡、元纬路、四马路3个占路市场。出动机械及执法车辆592部次，拆除违法建筑及违章棚亭226间1973平方米，清理违法圈占33处；拆除违法户外广告牌匾678块，清理残标、乱贴乱画以及不规范广告牌匾4591余处；清理各类吊挂物和堆物堆料431余处2505余吨。拆除动力机厂违法建筑195间5000余平方米，京山、津浦铁路沿线违法建设及违章棚亭63个780余平方米，清除违法圈占27处400余平方米。协助街道办事处规范居民小区2个，取缔津浦路占路市场，清理摊贩300余户。

2009年，治理中山路、昆纬路等33条道路街景立面，共拆除各类牌匾2203块。

2010年，用25天时间，将北宁公园内20多年形成的795间3.04万平方米违章建筑、2万余平方米各种圈占进行拆除。同时拆除145块904平方米各种违章牌匾。

第六章　南开区

南开区位于天津城区西南部，东起海河与河北区相望；沿荣吉大街、兴安路、南马路至南门外大街、卫津路和卫津南路分别与和平区、河西区接壤；西、南至密云路、芥园西道、陈塘庄铁路支线与西青区相连；北抵老铁桥大街、北马路，沿西马路至西关大街、墙子河、南运河与红桥区毗邻。1979年9月，南开区环卫局成立，1983年3月，更名为区环境卫生管理局。1984年4月，组建区环境卫生管理队，1990 年 3 月，更名为区环境卫生监察队。1979 年，成立区市容管理领导小组，1983 年，改为区市容管理办公室，1984 年 4 月，改为区市容管理委员会，2010 年 9 月，成立区市容和园林管理委员会。

第一节　环境卫生管理

一、环卫设施

（一）公共厕所

1979 ~ 1982年新建公厕99座。1988年年底，有公厕349座。1996年和2001年，改造公厕15座。对古文化街、文庙及周边 5 座公厕进行整修。2010 年年底，有公厕 109 座、移动公厕 12 座。

1979 ~ 2010 年间南开区环卫公厕统计表

表 7-6-1-125

年份	环卫公厕（座）	年份	环卫公厕（座）	年份	环卫公厕（座）
1979	214	1990	346	2001	208
1980	219	1991	349	2002	199
1981	221	1992	354	2003	118
1982	224	1993	339	2004	102
1983	297	1994	297	2005	102
1984	304	1995	285	2006	96
1985	345	1996	285	2007	101
1986	345	1997	262	2008	107
1987	337	1998	222	2009	107
1988	349	1999	212	2010	109
1989	349	2000	208		

（二）垃圾容器（果皮箱和垃圾桶）

1979 年，在 23 条主干道上摆设铁板方形果皮箱 203 个。2004 年，在 31 条主干道、167 条次支路和 16 条重点道路配置果皮箱 1534 个、592 个和 850 个。

2007 ~ 2010 年间南开区新增果皮箱明细表

表 7-6-1-126

年份	果皮箱（个）	年份	果皮箱（个）	年份	果皮箱（个）
2007	2351	2009	548	2010	1099
2008	899				

2005年年初，为居民社区配置垃圾箱桶830个。2007年，在部分道路增设垃圾桶149个。2008～2010年，总计配置垃圾桶1万余个。

（三）环卫车辆

1984年，有密封车16部、卡车82部、叉车4部、小型粪罐车10部。1995年，更新三轮车100辆，购置垃圾自卸车10部。1996～1999年，自购机动车35部。2000～2006年，购置机动车30部、机扫车28部。2008～2010年，购置环卫专用车辆51辆。

1979～2010年间南开区车辆数量统计表

表7-6-1-127

年份	车辆数（辆）	年份	车辆数（辆）	年份	车辆数（辆）
1979	83	1990	117	2001	124
1980	117	1991	110	2002	135
1981	81	1992	107	2003	145
1982	93	1993	103	2004	160
1983	124	1994	122	2005	192
1984	143	1995	130	2006	189
1985	113	1996	131	2007	217
1986	145	1997	136	2008	225
1987	116	1998	142	2009	195
1988	143	1999	142	2010	194
1989	123	2000	130		

（四）垃圾转运站

1983年，垃圾转运站11座。1986年，改建垃圾转运站4座，新建7座。1990年，新建、改造集装箱式垃圾转运站22座。1996～2000年，对16座建成使用近10年的旧垃圾转运站进行改造。2009年，新建莲安里转运站。2009～2010年，改建机扫土转运站2座，新建渣土转运站1座。

2010年南开区垃圾转运站统计表

表7-6-1-128

名　　称	坐落地点	转运量（吨/日）	占地面积（平方米）	收运形式
鼓楼转运站	鼓楼北	12	320	—
五马路转运站	五马路朝园里	32	244	—
清化祠转运站	青年路北	21	160	—
安全道转运站	安全道3号	18	132	已关闭
旧津保转运站	旧津保路	25	132	—

续表 7-6-1-128

名　　称	坐落地点	转运量（吨 / 日）	占地面积（平方米）	收运形式
西横堤转运站	西横堤	6	149	—
芥园转运站	芥园西道	22	138	—
卧龙里转运站	三潭路卧龙南里	17	143	—
玉泉路转运站	西湖里	18	280	—
苏堤路转运站	长江道临江里	8	320	—
平湖里转运站	龙井里	20	234	—
荣迁转运站	复康路荣迁西里	16	142	—
士英路转运站	士英路	40	195	压缩式
凌庄子转运站	凌庄子	19	149	—
五区转运站	王顶堤林苑北里	3	320	—
九区转运站	苑西路南头	28	320	扫道土
华宁转运站	保山道华宁北里	25	214	—
泊江转运站	红旗路泊江东里	19	320	已关闭
南江转运站	咸阳路嘉陵南里	10	101	已关闭
川府转运站	川府新村中心区	20	240	扫道土
莲安里转运站	莲安里小区旁	80	810	压缩式

（五）溶盐池

1987 年，新建溶盐池 1 座。2005 年，新建溶盐池 1 座。2006 年，新建溶盐池 1 座。2009 年，对莲安里溶盐池进行改扩建。建筑面积 1497 平方米，容量 21 立方米，储盐水池容量 1226 立方米，储盐库面积 528 平方米。2010 年，对阳光 100 居民小区溶盐池进行扩建，建筑面积 1600 平方米，溶盐池容量 30 立方米，储盐水池容量 910 立方米，储盐库面积 275 平方米。

（六）环卫停车场

1979 年 10 月，环卫局汽车队成立，队址占地 1.2 万平方米。2009 年，在王顶堤堤南路鹤园南里空地建机扫中心停车场，占地 8000 平方米。

二、道路清扫

（一）人工扫保

20 世纪 80 年代，人工扫保为晨扫和保洁两个阶段。2009 年，增加扫保人员和巡回保洁次数，落实重点道路和繁华地区 20 小时扫保作业。2010 年，在 5 个重点地区、36 条重点道路，配置电动自行车 200 辆、电动三轮车 100 辆，快速保洁员 280 人，作业面积 420 万平方米。

1981 ~ 2010 年部分年份扫道作业统计表

表 7-6-1-129

年份	道路（条）	面积（万平方米）	年份	道路（条）	面积（万平方米）
1981	77	145	2001	188	530.2
1985	129	332	2002	212	594.8
1989	159	390	2003	216	644.7
1990	161	400.8	2004	200	633.9
1994	168	442.4	2005	207	693.3
1995	171	442.4	2006	205	698.2
1996	169	461.2	2007	212	707
1997	170	479.2	2008	448	—
1998	172	494.2	2009	448	—
1999	174	506.7	2010	448	—
2000	176	512.8			

（二）机扫作业

1979 年，有中型机扫车 6 台，右舵轮机扫车 4 台，嘎斯拖扫车 10 台。2002 ~ 2007 年，重要节日对 14 条 84.6 万平方米主干道路进行人机结合作业。购置 3 部高压洗路车，与原有扫道车一起完成 314 万平方米机扫任务，道路面积机扫率达 24%。2009 ~ 2010 年，机扫道路 60 条 337 万平方米，占全区道路总面积的 41%。

（三）洒水作业

2000 ~ 2001 年，每天出 4 部洒水车对 12 条道路 61 万平方米隔日水洗一次。2010 年，道路水洗作业达 255.04 万平方米。

2010 年南开区水洗道路明细表

表 7-6-1-130

责任单位	道路条数	长度（米）	总面积（平方米）	水洗面积（平方米）
二所	8	18932	955627	635985
三所	13	16379	605912	413355
机扫	10	32615	1218228	917981
福润	6	11936	690334	583060
共计	37	79862	3470101	2550381

（四）社区保洁

2002 年 7 月，接收王顶堤、嘉陵道、鼓楼、学府 4 个街道保洁队。2004 年 12 月，接收 11

个街道保洁队（华苑街除外）。2005 年，组织各街保洁队 1 万余人次，清理居民区楼道杂物、堆料 3435 处，清运杂物 1000 余吨；配合旧楼改造、楼道清整，清运垃圾渣土 1.3 万吨。2006 年，出动保洁队员 1.2 万余人次，清运楼道杂物 6000 余吨、垃圾渣土 1.48 万吨。2007 年，26 条道路两侧居民社区配置垃圾箱桶 2435 个。

（五）清融雪

1992 年 1 月 6 日，出动 600 余名干部职工与 629 个社会单位 2.29 万人上街清融雪。1993 年 1 月 13 日，出动 6000 余人次、4 部水车，对 14 条主干道 3 座立交桥洒盐水融雪。2005 年 2 月 15、16 日完成 29 条主干道融雪工作，17 日完成三四级道路清雪和雪堆下井工作。共喷洒盐水 181 车 1810 吨，用盐 340 吨。2006 年 12 月 30 日，13 部融雪车，完成 7 座立交桥、5 座涵洞、28 条主干道路融雪工作，喷洒盐水 115 车，用盐 380 余吨。2009 年 2 月，出动清融雪车辆 482 辆次，喷洒盐水 4540 吨。2010 年 1 月，出动人员 29.24 万人次、车辆 247 辆次、洒盐水 110 车 1.2 万吨，用盐 4545 吨。

三、粪便清除

（一）粪便收运

1979 年，全区清除粪便 6.76 万吨。1985 ~ 1986 年，69.6% 的粪便由吸粪车直接吸排。1990 年，日产粪便 128.7 吨。2010 年，全年收运粪便 2.83 万吨。

（二）粪便处理

1979 年，60% 的粪便运往农村。1980 年，53% 送农村，其他 47% 进行封肥。20 世纪 80 年代后，利用三格化粪井处理粪便，处理率达 50%。2010 年，粪便运至粪便处理厂处理，无害化处理率达 100%。

1984 ~ 2010 年部分年份南开区粪便清除统计表

表 7-6-1-131

年　份	粪便清运量（吨）	年　份	粪便清运量（吨）
1984	39432	2002	44000
1985	37328	2003	45000
1989	46980	2004	28000
1990	91980	2005	20700
1991	58904	2006	15900
1993	32000	2008	11000
1996 ~ 2000	320000	2009	28000
2001	30000	2010	28300

四、厕所管理

1979 年，负责 214 座环卫公厕的掏挖、保洁和维修工作。1984 年，公厕实行分级管理，一级厕9座，二级厕65座，三级厕189座，四级厕24座。2008年，二类厕标准公厕达到53座。实行24小时全天候专人循环保洁。

五、垃圾收运与处理

（一）垃圾收运

1984年，有密封车16辆，年清运垃圾21.89万吨。1987年，42%垃圾由集装箱密封运输。2000年，改制大容量集装箱。2010年，采用压缩车收集垃圾，分别运往潘楼垃圾中转站、泰达垃圾焚烧厂及青光垃圾处理厂进行消纳处理。

（二）垃圾处理

20世纪80年代后期，大部分垃圾运往大梁庄垃圾处理场，垃圾筛分、定期堆放，高温发酵，生产有机肥料。2010年，大部分生活垃圾（400余吨）运往潘楼垃圾中转站，其余运往垃圾处置场进行无害化处理。

1979～2010年间南开区清运垃圾数量表

表7-6-1-132

年份	清运垃圾（吨）	年份	清运垃圾（吨）	年份	清运垃圾（吨）
1979	135000	1989	286420	2002	267000
1980	160000	1990	318339	2003	222000
1981	206765	1991	315547	2004	205000
1982	167041	1992	322256	2005	208000
1983	175994	1993	349712	2006	159000
1984	218890	1994	362420	2007	190000
1985	247091	1995	316130	2008	190206
1986	275649	1996～2000	1550000	2009	199500
1987	290254			2010	215000
1988	294961	2001	290000		

（三）餐厨废弃物收运与管理

2006年11月，南开区环卫局福润公司研制开发餐厨垃圾制肥设备，年制造有机肥料110余吨。2009年，在部分居民社区建立餐厨垃圾处置点，在餐饮单位集中区域摆放181个餐饮废弃物专用垃圾桶。查获违章收集餐厨垃圾机动三轮车20辆、收集容器20余个，收缴餐厨垃圾约40吨。

第二节　市容环境管理

一、创建卫生城区

1986年，争创文明区。清理55条道路违章建筑物1105件、废渣土960处35万吨。拆除违章888间。1987年，拆除73处违章建筑。

1987年，创建4个无违章街、141个无违章居委会。1988年，9个街168个居委会达到基本无违章标准。1990年，实现7个基本无违章街。1996～2000年，创建10个无违章街。2008年，创建无违章社区60个、环境美示范社区5个。

1988年，6个街被命名为市容卫生达标街。1994年，8个街被命名为创建国家卫生城市达标街。1996～2000年，创建市容卫生达标居委会243个，其中30个为优秀居委会。

1994年，被命名为创建国家卫生城市初验达标区。

2005年，发放《"创卫"承诺书》10.4万份，回收率90%。被市爱卫会命名为天津市市级卫生区。

二、市容环境综合整治

（一）街道容貌整治

1981年，拆除7片1.05万间临建棚。1983～1984年，拆除16个单位11处楼房围墙78.7米、构筑物4座、公建100间1622平方米、民建52间602平方米，退线1.28万平方米。1987年，拆除私封阳台1.77万个。

1984～1990年，拆除违章建筑2.17万间，清除易燃杂物8.23万吨，清运杂土16.47万吨。

1996～2000年，拆除"官搭"2.78万间28.78万平方米、违章棚亭7044间6.3万平方米，清运杂土30万吨，实施绿化20万平方米、硬化30万平方米。

1999年，178条道路开展"畅通工程"。

2001年，拆除违章6877间7.2万平方米，清运杂土14万吨。2004年，拆除市场用房301间、违章建筑100余间。2005年，拆除违法建设6200余间7.6万平方米。封堵60条道路1100处私开门脸。2006年，整治居民楼小院28幢3050平方米。拆除违法建筑140间1660平方米，封堵私开门脸126处，拆除违法牌匾680块，新建围墙35延米，清运杂土2740吨。2007年，拆除违法建设4864间6.4万平方米。2008年，拆除违法建设4327间11.33万平方米。2009年，拆除违章建筑2666平方米、违法建设208处，封堵拆窗改门198处，安装垃圾箱桶、休闲椅1282个。2010年，拆除3条道路违法建设、风挡、牌匾109处1069平方米。

（二）道路环境整治

1987年，改造天拖南市场，设置棚亭178间。1988年，清理整顿15条道路环境。1989年，拆除违章棚亭、违章建筑798间，取消摊贩聚集点130处。取缔马路台球、餐桌1362处，清理乱摆乱卖8.14万处，治理市场外溢7处，撤销停车场17处，清理户外广告、乱贴乱画1.8万处，取缔花圈点388个，治理脏乱死角280处。

1994年，拆除违章棚亭304个、违章建筑158处，清理市场外溢177处，整顿停车场16处。1995年，清理乱摆乱卖1.76万处，清理市场外溢364处，清理马路餐桌721处，清除乱贴乱画1.38万处，清理信息牌9814块，拆除违章建筑941间1.13万平方米、违章棚亭411个4110平方米。

2001～2010年部分年份南开区清理违章情况统计表（一）

表7-6-2-133

年份	违法建筑		违章棚亭		静态违章（处）	拆窗开门（处）	停存车场（处）	脏乱点位（处）
	间数	平方米	间数	平方米				
2001	—	—	21	—	610	—	—	1333
2002	1991	30500	129	1177	—	—	—	—
2003	800间				—	—	109	—
2005	6200	76000	—	—	—	1100	—	—
2007	68	1140	—	—	—	—	—	—
2009	208	2666	—	—	—	—	—	—
2010	109	1069	—	—	—	—	—	—

2001～2008年部分年份南开区清理违章情况统计表（二）

表7-6-2-134

年份	乱摆乱卖（处）	里空外卖（处）	马路作业（处）	占道（处）	乱吊乱挂（处）	乱贴乱画（处）	布标信息牌
2001	1638	6375	884	47	489	16300	2436
2002	9892	260	3536	—	—	10495	3694
2004	18700	7035	1717	1179	4654	—	—
2008	696	124	15	64	—	4425	—

（三）城乡结合部治理

1995年，治理天津体育馆周边环境，清运垃圾杂土9.8万吨，平整路面8.9万平方米，取缔18处废品收购点，拆除违章建筑135间，清理乱摆摊点110个，新建遮挡围墙1900延米，整修建筑物、楼房168幢、平房1558间共15.6万平方米。

2000 ~ 2002 年，拆除结合部违法建筑 1153 间 1.95 万平方米、违章棚亭 152 间 2158 平方米，清运垃圾渣土 37 处 4.71 万吨，取缔废品收购点 8 个，清理猪舍 2 处，建围墙 1410 延米，立面整修 7500 平方米。

2003 年，拆除 8 大片结合部违章建筑 801 间、棚亭 119 间，清运杂土 8000 余吨。2004 年，整治西横堤等城郊结合部，拆除违法建设 2810 间 7.34 万平方米，清运杂土 7740 吨。

2009 年，清理“城中村”占路摊贩 3205 处，清除乱堆乱放 2504 处、垃圾杂土 954 处 961.35 吨，立面整修 6250 平方米，封堵拆窗改门 160 处，拆除违法建设 104 间 1819 平方米，整修道路 10.82 万平方米。

（四）铁路沿线治理

2001 年，对 14 个居民区，10 条支线进行清整，清除乱摆乱卖 130 余处，拆除棚亭 12 间，清运垃圾杂土 1300 余吨，修建 130 平方米存车棚和 3000 平方米停车场。2004 年，综合整治陈塘庄铁路支线，整修楼房 101 栋 20.31 万平方米、平房 481 间 1.16 万平方米，围墙 7066 延米，新建围墙 148 延米。2006 年，铁路天拖走行线路 32 米线内拆除违章建筑 2.12 万平方米。

（五）社区环境治理

1987 年，治理澄江路街，建 1.5 万平方米花坛绿地，铺侧石 3700 平方米，铺设柏油路 1.22 万平方米，铺九格方砖 3048 平方米。

2001 年，迎水东里小区绿化，修复绿地 1.1 万平方米，清理堆物堆料 500 余吨，粉刷小院围墙 129 个，封堵居民区连接口 8 个，改造出口 5 个。2004 年，配合旧楼改造，拆违 107 处，封堵 80 余处。拆除 46 间违章建筑、40 间扰民建筑。2007 年，17 个 61.57 万平方米老旧居民区提升改造，整修 44 万平方米，涉及楼栋 189 个。

（六）市容环境综合整治

2008 年，实施迎奥运市容环境综合整治。整修粉刷楼体 28 幢 6.65 万平方米，空调移机 651 台，安装空调罩 2813 个。新建绿地 2745 平方米，提升改造绿地 3200 平方米，配置树穴草花 2 万余盆，新增植物 1646 株。改造围墙 450 延米，粉刷整修围墙 700 延米。新建公厕 10 座，提升改造 16 座，配置果皮箱 3630 个。粉刷居民楼道 2511 栋 1.02 万楼门。

2009 年，实施新一轮市容环境综合整治。改造提升 8 个公园，综合整治 5 片地区，改造 5 条入市道路，综合整治中心城区 38 条主次干道，完善提升中心城区 39 条市区道路，完善 9 条联络线道路，实施 3 项社区环境整治工程。

2010 年，实施“大干三百天”市容环境综合整治。整修 32 条道路各类建筑 392.08 万平方米，完成平改坡 104 栋 9.17 万平方米，规范牌匾 7159 块 2.51 万平方米，规范空调移机 4.39 万台，新建提升绿化面积 116 万平方米。整治 100 个社区，拆除私搭乱建 1.88 万平方米，清理乱堆乱放 2.73 万吨，新铺装道路 6.01 万平方米，油饰窗护栏 2.08 万平方米，粉刷墙体 28.28 万平方米，粉刷楼道 90.82 万平方米。

三、街景整修建设

（一）街道整修

1984年，建设东马路文明一条街，整修商店门面75个，擦洗油漆交通护栏3300米、护栏墩508个，维修垃圾桶、果皮箱143个，增设吐痰设施8个。

1985～1994年，整修街道60余条、景观点10余处，共87.4公里，其中楼房1384幢、平房1.34万间、围墙45.7公里。

1995年，整修街道13条23.26公里，其中楼房339幢、平房2333间、围墙2.27万延米，新建围墙640延米，改造房屋7处。

1996～2000年，整修道路31条，楼房481幢62万平方米、平房3656间5.7万平方米，新建围墙16万延米。

2001年，整修道路10条，楼房117幢11.57万平方米、平房2457间3.26万平方米，粉刷围墙4415延米，新建围墙2400延米，拆砌围墙1659延米，抹灰7998平方米。拆除牌匾、信息牌、指示牌1900多块，清理幔帐260幅，拆除彩条棚罩2100个。

2003年，整修"一河十路"18.6公里47.64万平方米。整修楼房355幢、平房705间、围墙6450延米、新建7860延米，安装塑窗795平方米、铁护栏1671平方米，彩钢顶棚544平方米。2004年，整修"一河十路"楼房185幢38.08万平方米、平房352间6836平方米、围墙7706延米，新建围墙2684延米。拆除违章建筑176间3671平方米、牌匾288块，封堵私开门脸88处，拆除鸽子窝98个、遮阳罩1332个、窗护栏2374个、半栏1248个，清运垃圾杂土1950吨。2005年，新建围墙、卡墙2800余延米，整修围墙6900余延米。整修、粉刷楼房275幢。

2008年，实施迎奥运景观示范路综合整治，整修居民楼9幢2.13万平方米，更换塑窗、护栏79平方米。拆除、规范户外广告12块1720平方米、霓虹灯和牌匾32块447平方米；拆除护栏、遮阳罩、鸽子笼372处。封堵"窗改门"4处；拆除废品点6个；清除乱摆乱卖20处、占路加工10处，清理杂物、渣土1000余吨。

2009年，整修粉刷楼体28幢6.65万平方米，空调移机651台，安装空调罩2813个。新建绿地2745平方米，提升改造绿地3200平方米，配置树穴草花2万余盆，新增植物1646株。改造围墙450延米，粉刷整修围墙700延米。

2010年，整修楼房596幢，粉刷立面184.95万平方米，规范塑钢窗4.69万平方米、窗户栏2.36万平方米、牌匾2.07万平方米，空调移机1.25万个，安装空调罩2.8万个，楼房平改坡84幢，清拆吊挂物1.15万个。

（二）景观灯建设

1993年，235家单位安装装饰灯。1994年，新增霓虹灯149处、外体照明39处，新装灯光点135处。1995年，大型公建装灯26处、霓虹灯279处、商店装灯388处、灯光广告29处，企业自宣广告 26 处。

1996 ~ 2000 年，安装霓虹灯 1274 处、装饰灯 2287 处，新设灯光广告 3041 处、灯箱 2301 处，新装大型公建射灯、彩灯 910 处。

2001 年，安装霓虹灯 1274 处、装饰灯 2287 处、灯光广告 3041 处、灯箱 2301 处，新装大型公建射灯、彩灯 910 处。2004 年，社会安装楼体灯光 2 幢，市投资安装楼体 27 幢，建灯光景点 4 处。

（三）户外广告管理

1984 年，设置广告栏 160 个，清理乱贴乱画 6040 处。

1990 年，清除残旧标语 1724 处、信息牌 1203 块，纠正残、漏错字门匾 207 处。1992 年，审批户外广告 17 件 2177 平方米。1993 年，审批户外广告 31 件 158 块 3800 平方米。

1996 ~ 2000 年，新设灯光广告 3041 处。

2003 ~ 2010 年部分年份南开区清理广告牌匾统计表

表 7-6-2-135

年份	拆除违法广告牌		拆除铁路涵洞广告		规范各类牌匾	
	块数	平方米	块数	平方米	块数	平方米
2003	86	1860	16	1200	—	—
2004	170	—	—	—	—	—
2005	23	62.5 延米	—	—	—	—
2007	12	1720	—	—	32	447
2008	1294	37900	—	—	306	2236
2009	—	—	—	—	—	20700
2010	—	—	—	—	7159	25100

第三节　综合执法

南开区城市管理综合执法大队成立于 2000 年 9 月。

一、道路环境秩序管理

（一）治理违章占路经营

2000 ~ 2002 年，拆除违章建筑、棚亭 4000 多处 5.23 万平方米、彩条棚罩 2100 多个，清理乱贴乱画 1.2 万处、信息牌 1900 多块、马路餐桌 930 多处、里空外卖 1600 多次、乱摆乱卖 7100 多次。

2003～2010年间南开区道路环境秩序清理情况表

表7-6-2-136 单位：万处

年份	乱摆乱卖	乱悬乱挂	里空外卖	马路餐桌烧烤	占路加工	门前堆物
2003	3.89	1.64	1.96	0.32	0.38	—
2004	3.11	1.03	1.76	—	1.33	—
2005	1.32	0.034	0.57	0.012	0.08	—
2006	3.1	1.03	1.76	—	1.33	—
2007	8.77	—	0.19	2.68	—	0.12
2008	6.17	—	1.66	0.24	0.48	0.12
2009	0.35	0.5	—	—	0.085	0.3
2010	1.82	—	1.33	0.25	0.5	1.12

（二）治理违章广告牌匾

2000～2003年，拆除彩条棚罩2100多个，清理乱贴乱画1.2万多处，清理信息牌1900多块，拆除违章牌匾779处，规范霓虹灯牌匾679处和广告牌181处。

2004年，拆除破损牌匾3900块、整改户外广告150块。2005年，拆除破旧牌匾128处2024平方米、违法广告187处8826平方米，改造广告设施54处，修复破损灯光268处。2006年，拆除破损牌匾3900块、整改户外广告150块。2007年，拆除29条道路违章设施595块1.62万平方米、违法广告6处13块1720平方米、违法牌匾10处19块306平方米、违法刀牌10处13块141平方米。

2009年，拆除广告牌匾1769块4.25万平方米。2010年，拆除违法广告设施、违法牌匾600余块2万余平方米。

（三）治理道路景观设施

2000～2003年，清除小广告1.2万多处，取缔占路市场4个。

2006年，清理残旧标语、乱贴乱画9.75万处。2007年，规范报刊亭20个、电话亭23个、售货亭8个、候车亭8个。

2009年，拆除报刊亭23个、出租车候车亭34个，清除涂鸦小广告、窗贴、布标和灯箱1800余处。2010年，清理乱贴乱画6.9万处、涂鸦6.35万处、落地灯箱8400处、信息牌1.24万处、布标幔帐气拱门3010处、玻璃贴小广告13.85万处。

二、重点地区管理

2002年，综合治理市郊结合部地区环境，清理流动摊贩42个，规范沿路商店里空外卖、乱设信息牌、乱放物品等违章行为95处。

2005年，拆除南开大学西南村违章建筑200间近3500平方米。

2007年，清理市场周边无照经营摊贩847处（次），规范市场沿街店铺里空外卖245处。

三、违法建设管理

（一）治理道路两侧违法建设

2000 ~ 2002 年，拆除违章建筑、棚亭 4000 多个 5.23 万平方米。

2003 年，拆除 2443 户违法建设 5111 间 7.57 万平方米。2004 年，拆除违法建设 6537 间 9.06 万平方米。2005 年，拆除违法建设 6368 间 12.54 万平方米。2007 年，拆除违法建设 136 间 2435 平方米，违法圈地 8 户 5670 平方米。2008 年，拆除违法建设、违章搭建 3576 间 9.78 万平方米。2009 年，拆除违章建筑 200 间 6000 多平方米，违章棚亭 70 间 2800 平方米，违章风挡 160 间 1100 平方米，楼房二层搭建 80 处 550 平方米，封堵一楼窗改门 176 处。

2010 年，拆除违法建设 1970 间 3.76 万平方米；行政帮搬 384 间 1.07 万平方米。

（二）治理居民社区违法建设

2000 ~ 2003 年，拆除 20 个居民区 2443 户居民违法建设 5111 间 7.57 万平方米。2005 年，拆除违法建设 6368 间 12.54 万平方米。2007 年，拆除 42 片旧楼改造居民区违法建设 2448 间 2.63 万平方米；拆除历史遗留违法建设 29 间 610 平方米；拆除占路市场违法建设 9 间 64 平方米；拆除密云路违法建设 41 户 101 间 1730 平方米。2008 年，拆除违法建设、违章搭建 3576 间 9.78 万平方米。2009 年，拆除支路及居民区违法建设 87 处 98 间 2300 平方米。

（三）配合相关部门拆违

2001 ~ 2003 年，配合王顶堤津塘铁路沿线拆违，拆除 20 个居民区 2443 户居民的违法建设 5111 间 7.57 万平方米。2004 年，配合汽车大道工程建设，拆除违法建筑 139 间 8320 平方米。2005 年，会同房管局、街办事处拆除违法建设 6368 间 12.54 万平方米。2007 年，配合各街办事处旧楼改造、市政工程、长虹公园改造等工程，拆除违法建设 4933 间 7.11 万平方米。

四、阶段性专项治理

2003 ~ 2006 年，治理占路摆卖三轮车，共清理、销毁三轮车 4146 辆。2002 ~ 2004 年，治理白色污染，没收超薄塑料袋 3.5 万余个，一次性发泡塑料餐盒 5800 余个。2004 年，治理扬尘污染，检查运输车辆 741 辆。

第七章　滨海新区

滨海新区位于天津东部沿海地区，为国家级新区，是国务院批准的第一个国家综合改革创新区。2013 年 9 月 26 日，天津市人民政府宣布撤销塘沽、汉沽、大港三区，由滨海新区区委、区政府统一领导街镇。新区街镇行政区划由 27 个街镇调整为 19 个街镇。

1949 年，汉沽清洁事务所成立（民间组织）。1954 年，原汉沽区成立清洁队。1980 年 12 月，原汉沽区成立环卫管理局。1983 年 12 月，原大港区成立环卫管理局。1998 年 12 月，原大港区成立环美清洁服务中心。2000 年 10 月，组建港容城市环境开发有限公司。1957 年，原塘沽区成立环境卫生队，1982 年 1 月，组建塘沽区环境卫生管理局。

1975 年 7 月，原汉沽区建立整顿市容办公室。1984 年，原塘沽、汉沽、大港三区成立市容管理委员会，2002 年，成立市容环境管理委员会，由原环卫局、市容委、爱卫办合并组成。2010 年，原塘沽、汉沽、大港三区市容环境管理委员会，重组合并为滨海新区环境保护和市容市政管理局。1983 年，塘沽、汉沽、大港区组建城市建设管理监察中队，2000 年，组建城市管理综合大队。2007 年，调整组建为综合执法局。

第一节 市容环境管理

一、市容环境专项治理

1953 年，原汉沽区卫生委员会，疏通污水沟，清除垃圾 4.7 万立方米，修建公共厕所 44 座。1954 年，疏通污水沟，填坑、清运垃圾 8964 立方米。1962 年，开展 7 次群众性卫生运动，清除垃圾 2.27 万吨，疏通污水沟 4600 米，填水坑 1.46 万平方米。1973 年，清除垃圾 2.5 万吨，填污水沟（坑）2000 平方米，城区处理鸡鸭 2400 只。1978 年，开展国庆卫生清理活动，清理废墟垃圾 3.86 万吨，填坑平沟 9800 平方米。1986 年，组织 15 次群众突击活动，清理脏乱死角 49 处，平整坑塘 4.25 万平方米，清运垃圾 3.33 万吨。2001 年 4 月，开展清脏治乱活动，清整垃圾杂物 200 余吨。2003 年 4 月，清脏治乱，清运垃圾 320 余吨。2003 年 6 月，清理脏乱死角 170 多处，清理乱放杂物 300 余处。2006 年，清理乱圈乱占 5609 处，清理乱堆乱放 9289 处，拆除煤窑 3433 个。2009 年，清整垃圾杂物 510 吨，打捞沟塘垃圾漂浮物 20 车。

1986 年，原大港区开展环境卫生突击活动，清理垃圾 8400 余吨。1992 年，组织环境卫生大清整，清理脏乱死角 647 处，清理垃圾杂土 3234 吨，疏通沟渠 3.87 万延米，平整地面 10.94 万平方米。1993 年，清理胜利街七邻里平房区垃圾渣土。

1989 年，原塘沽区在创建无违章街活动中，拆除违章建筑 4814 间，拆除楼房内煤池子 1493 个，拆除私封阳台 436 个，打通消防通道 4305 条。组织全区 70% 的新楼房住户同居委会签订市容三保责任书。

2010 年，滨海新区开展环境卫生专项治理，清理垃圾 100 余吨。

二、市容环境综合治理

1986年，原大港区整顿农贸市场、摊点8处，清除违章建筑房屋123间。1987年，开展创无违章街活动，拆除违章建筑846间2.18万平方米，拆除超高或封闭阳台2.62万个，实现无违章居委会23个，占居委会总数85.2%。1988年，拆除和清理棚亭128处。1991年，529个单位签订门前三包责任书，承包总面积26.19万平方米，有120名兼职门前三包监督员。1991年，清理和拆除沿街临时建筑、棚亭71处。1994年，治理脏乱死角260余处，治理违章案件3600余起，处理违章1000余起。拆除十米河西岸90余户违章菜地篱笆墙2公里和30间违章房屋，清除垃圾杂草200余吨。2000年，清理楼道内外堆放杂物1000余处，乱贴乱画5000余处，各类棚亭120余个。清理结合部各种垃圾15处180余吨。2008年，整修世纪大道、迎宾街、海鲜街三条道路两侧55栋建筑15万平方米。

1999～2002年，原塘沽区进行六次集中清整活动，对20条主干道路及海河外滩、和平路、解放路、洋货市场等重点地区进行治理，清理户外广告100处，清理占路摊点、占路摆卖100余处，清理道路两侧店外堆物150余处，查处里空外卖70余处，清理占路加工、作业、修理100起，清理马路餐桌、占路烧烤120余处，清除乱吊挂120余处。清理脏乱死角4200余处，清除2800余处，清运垃圾渣土11.5万余吨，平整、填垫、覆盖地面59万平方米，清理堆放物5300余处，清刷广告16.5万张，实现达标居民区98个，中心街道居民区达标率达85%。对胡家园，新河等城乡结合部进行清整，清理各种垃圾75车。清整新港春阳路垃圾2000余吨。清理铁路和公路两侧杂草1万余平方米、渣土810吨，清扫施工工地地段3万余平方米。2007年，拆除违法建设350间近1万平方米，清理垃圾杂物500余吨。开展津塘公路8.4公里两侧环境整治，拆除违章建筑1300间，拆除住宅和非住宅9.4万平方米，绿化50万平方米。

2001年，原汉沽区组织环境清整，清除垃圾死角17处2812吨。2005年，整治9条主干道路，拆除“双违”178户303间，清拆棚亭17个，清理乱圈乱占2600平方米，清运垃圾渣土600余吨，铲除小广告570多处，覆盖乱涂乱画760余处，查处未封闭运输散体物料车辆153起。2006年，拆除违章建筑2299间2.57万平方米，拆除违章棚亭557个，清理乱圈乱占5609处，拆除大台阶1608个，拆除煤窑3433个，查处违章运输车辆700余台次。清除脏乱点位垃圾渣土1230吨，城乡结合部垃圾渣土540吨。2007年，9条主干道路环境治理，拆除违法建筑350间，迁移报亭8个，拆除窝棚91个、违章广告牌匾900余块，清除垃圾2万吨。2008年，整修沿街旧楼34.6万平方米，清洗建筑外檐6万平方米，规范广告牌匾4800平方米，新建景观围墙1500延米，广告围挡2700平方米，完成小区硬化1.66万平方米、绿化6000平方米。

2010年，滨海新区提升改造居民社区9个，拆迁8万平方米，整修楼房766幢、平改坡128栋，立面整修179万平方米；对256幢楼体进行夜景灯光建设；新建提升绿化295万平方米，栽植各种乔冠木50余种220万余株；管线切改入地7.5万延米；更换公交站亭133个，新建改造迁移公厕4座，安装路名牌、指示牌125面。完成新港二号路、新港三号路、港滨路等21条道路和4个重点区域的综合整治及津歧路、京山铁路沿线等5条入新区道路绿化。

三、市容街景管理

（一）户外广告管理

2000～2009年，原塘沽区办理户外广告审批1208件，拆除违章广告牌匾140处，制作牌匾广告150块，外檐装修72件。原汉沽区办理户外广告审批1159件，拆除违章广告牌匾1017处1.23万平方米，制作牌匾广告141块1.85万平方米。

2007～2009年，原大港区对违章户外广告、商业牌匾、路灯杆广告进行拆除；对11条道路、2个生活小区的户外广告和商业牌匾进行规范。

2010年，汉沽区整治拆除广告牌匾182块、大型广告3处1000平方米，清理道路两侧乱贴乱画4600多处，拆除楼顶单体字、违章广告牌、楼体、占地违章广告等广告设施1072块。

（二）景观灯光建设

1997年，原大港区实施重要路段夜景灯光建设，实现“六点一团穿南北，一条彩带贯东西”的整体布局。1998年，完成大型建筑物灯光装饰，绿化带、草坪“亮化”点缀工程，安装内光源灯箱、建筑体外照明、霓虹灯字牌580平方米。1999年，新建霓虹灯字牌。2003年，完成14个点位的夜景灯光建设工程。2009年，改建原申奥灯光组团，重新制作以腾飞孔雀为选材的“太平盛世”灯光组团。

2003年，原塘沽区夜景灯光改造，建设6条灯光带、5个灯光组团、6个灯光景观区。2005年，完成6座桥梁、塘沽标志物夜景灯光建设任务。2007年，建成4个景观区域、5条景观路灯体系。2008年，80余个夜景灯光点位纳入统一控制系统。

2002～2009年，原汉沽区建成9座大型建筑夜景灯光，将线、团、点、片、灯光景观贯通连接。以新开中路为中轴，以4条景观道路为环形，形成环形夜景灯光显示带。

第二节　环境卫生管理

一、道路清扫保洁

（一）清扫保洁

1980～2002年，原塘沽区日常清扫130条道路，清扫面积398.16万平方米。2005年，清扫迎宾道路25条285.73万平方米，清扫主干道路61.5条206.18万平方米，清扫次干道路96.5条193.58万平方米。共计清扫道路183条685.49万平方米。2005年，道路机扫率达到70%，2007年，道路机扫率达到98%以上。清扫保洁延伸到33条空白道路，扫保率达到100%。每天出动2部洒水车和2部机扫车轮流对营口道、上海道、解放路、杭州道和车站立交桥，新华立交桥等15条主干道路和2座桥梁进行高压冲洗，做到主干道路不见垃圾裸露和渣土。

1980年，原大港区环卫队组建后，清扫道路7条近50万平方米。1992年，清扫道路16条58.92万平方米；四个驻区企业保洁队负责清扫保洁36条道路和132条里巷道路，总面积101.52万平方米。2010年，清扫主干、次支道路123条443.30万平方米。

1984年，原汉沽区道路清扫面积79万平方米。1985年，清扫主干道路18条80.64万平方米。1987年，清扫面积96.8万平方米。1997年，清扫面积100万平方米。2006年，清扫干支道路30条135万平方米。

1977年，原汉沽区成立街道保洁队，到1987年，有街道保洁队46支233人，清扫街巷小路981条。1996年，居委会保洁员226人，清扫街道小路981条73.05万平方米。2010年，21个社区居委会（不含30余个物业小区）有保洁员206名。

（二）清融雪作业

1983年11月，按照天津市清雪指挥部《冬季融雪工作安排的通知》，原塘、汉、大三区按照文件要求，成立清雪指挥部，制定本区清融雪方案。多年来，各区清雪制度完善，物资和人员配备充足。

2005年冬季，原汉沽区大量降雪，清雪指挥部立即启动清融雪工作预案，突击清雪，保证道路畅通。三次降雪共喷洒盐水87车约565吨。2009年2月18日，大量降雪，出动融雪车8部、刮雪板6部，清雪人员320人，喷洒盐水850吨。清理主干道路6条、桥梁2座、地道桥2座。2010年元旦，连降暴雪，降雪量达16毫米，积雪深度18.3厘米。出动装载机9辆、刮平机6辆、刮雪板10辆、洒水车11辆，喷洒盐水1200多吨，确保重点道路基本畅通。

2008年12月21日，原大港区突发暴雪，清雪指挥部立即启动清融雪工作预案，部署清融雪工作。共出动洒水车、高压清洗车、装载机等230余辆，对23条主干道路实施融雪职业。共计喷洒融雪剂120余吨。

二、废物箱

1976年，汉沽区在新开路、太平街、文化街、牌坊街主要街道安置陶瓷果皮箱80个。1985年，在新开路两侧放置铸铁式废物箱120个。2005年，投资5.2万元购置果皮箱206个。2006年，在10片居民社区233栋居民楼，封堵垃圾通道3655个，设置废物箱956个。2010年，逐步淘汰旧式果皮箱，安装可分类回收的新型多功能果皮箱600余个。

1986年，原大港区配置金属废物箱30个。1991年，新增、油饰果皮桶108个、果皮桶118个。1996年，新增果皮桶170个，油饰果皮桶58个。1997年，投资6万元，更换主干道路果皮桶44个。2001年，投入7万元，更换13条主干道上的果皮桶394个。2004年，购置新型果皮桶990个，安装在城区道路上。2008年，维修和更新果皮桶362个，维修油饰651个，调整迁移312个。2010年，采购果皮桶300个、垃圾箱1000个，用于城区市容整治道路和居民小区中。

三、生活废弃物管理

（一）垃圾收集运输

1949年，原塘、汉、大三区所产生活废弃物基本用于填沟垫坑。20世纪50年代起，逐步添置垃圾箱（筐），并在街道设置砖砌垃圾圈，收集生活废弃物，由清洁事务所负责清运。

1981年，原汉沽区在各街道设置垃圾斗作为生活废弃物收集点，以取代垃圾圈。购解放牌X2-440型多功能汽车2部，与垃圾斗配套，收集生活垃圾。1986～1987年，建垃圾转运站2座，以密封集装箱装运，取消垃圾斗。至2002年，建成垃圾转运站12座，取消生活废弃物收集点，实行生活废弃物集装箱封闭运输。2006年，在10片居民社区233栋居民楼封堵垃圾通道3655个，设置废物箱956个。

1986年，原大港区垃圾转运站建成，1987～1988年，建成垃圾转运站5座，实现垃圾转运密封化，解决垃圾露天堆放和散装运输问题。1991年，建成垃圾转运站1座，垃圾清运率100%。2001年，设置垃圾集中收集点，由垃圾压缩车进行定时、定点收集。2004年，在生活小区内建成垃圾收集间10座150平方米。2008年，在生活小区设置垃圾分类式收集容器，并配备垃圾袋8000个，进行垃圾分类收集。2009年，为距离垃圾转运站路途较远的社区配备32辆电动垃圾车。2010年年底，共有封闭式垃圾转运站12座，区属2座，油田4座，企业部门4座，基本实现了垃圾不落地，密闭化收集运输。

2004年，原塘沽区25条主干道路2196户企事业单位和商业网点实行垃圾袋装化管理，垃圾袋装率达到95%。在中心城区新村、解放路、杭州道等7个街道办事处62个社区，开展了垃圾袋装管理，共封堵垃圾通道5500个。2004年，在新城、胡家园建设3座垃圾转运站，解决农村垃圾清纳问题。2005年，建成垃圾无害化处理厂，生活垃圾减量化、无害化、资源化处理。城镇生活垃圾集中处理率达到60%，2007年，达到90%以上。2007年，在中心城区154个居民小区和主干路商家门前，设置专用垃圾桶6000个，配备专用垃圾挤压车30辆，收运垃圾。2008年，垃圾转运站进行升级改造。

（二）垃圾处理

1985年，原大港区建设1座以堆肥、填埋处理为主，特殊垃圾焚烧的垃圾处置场，占地总面积141亩，用实体围墙截围60亩地作为垃圾处理场地。1990年工程完成后，生活垃圾集中到处置场进行消纳处理，有机肥供农业生产。1991年，引进YS移动筛选机1台，每小时可处理发酵后的垃圾30立方米，全年处理生活垃圾1.08万吨，可用肥料2000平方米，处理率达80%。1995年，购买挖掘机1台，由大堆肥改为条梯形堆肥，条梯形堆肥6条1000平方米。1999年，新堆垃圾条肥2000立方米，并动用黄土4500立方米对暴露垃圾进行覆盖。

（三）垃圾处理设施

1. 汉沽区垃圾填埋场，位于原汉沽区委党校南，占地96亩，1982年选址，1993年建成，1994年投入使用。采取简易堆放处理方式，承接汉沽城区生活废弃物。2002年4月停止使用，共接纳生活废弃物 17.7 万吨，2006 年，倒运至滨海新区汉沽垃圾处理场进行封存。

2. 滨海新区汉沽垃圾处理场，位于塘汉路汉沽建材厂内，2002 年 4 月建成并投入使用。采取卫生填埋工艺，接纳塘沽海河以北、汉沽、天津开发区（含保税区）、天津港区等地的生活废弃物。一期工程建成填埋作业区 6 万平方米；二期工程 6 万平方米填埋作业区于 2008 年 4 月建成并同期投入使用，设计日处理生活废弃物 700 吨，实际日接纳和处理生活废弃物 900 余吨。2006 年 6 月，经建设部考核验收，达到一级无害化处理水平，并于 2007 年被中国城市环境卫生协会评为无害化Ⅰ级城市生活垃圾填埋场。到 2010 年，共处理生活废弃物 211.96 万吨，其中塘沽 81.85 万吨、汉沽 56.21 万吨、天津开发区（含保税区）66.69 万吨、天津港区 2043 吨、宁河 5.17 万吨、渤海石油 1.83 万吨。

3. 滨海新区汉沽垃圾焚烧发电场，位于汉沽垃圾处理场内东北部。2009 年，由天津滨海新区建设投资集团有限公司建设，并同期对场内生活废弃物堆体进行封山绿化，共投资 8 亿元。发电场采用往复式炉排焚烧炉工艺，烟气排放达到欧盟 2000 标准（2000/76/EU）。年处理生活废弃物 50 万吨，年发电量 1.26 亿千瓦时。承接原滨海新区汉沽垃圾处理场负责的服务区域范围所产的生活废弃物。

4. 滨海新区大港垃圾处理场。2001 年年底施工建设，2003 年正式投入使用，占地 423.7 亩，设计日处理生活垃圾 400 吨，采用卫生填埋的方式处理生活垃圾，设计使用年限 15 年，可容纳垃圾 243 万立方米。

5. 大港垃圾焚烧发电厂，位于滨海新区南港轻纺工业园东南侧的循环经济示范区内，总占地约 15 公顷，日处理生活垃圾 2000 吨，规划处理滨海新区海河以南区域的全部生活垃圾，年发电量约 1.1 亿千瓦时。

6. 塘沽环卫中转站。2007 年在塘沽建成，是大型“花园式”环卫中转站，可接纳塘沽区、开发区、保税区、天津港所有生活垃圾，每天接受生活垃圾 600 吨，压缩后集中运往汉沽垃圾处理场，实行无害化处理。

四、公厕管理

新中国成立前，厕所均为私人设置，数量不多且较为简陋。20 世纪 60 年代初，粪便多由清洁工清掏，晒干出售。1964 年，开始高温封肥，无偿支援农村。80 年代，水冲、半水冲式公厕逐渐增多，用吸粪车吸取后送往农村堆肥。

1950 年，原汉沽镇政府建男公厕 1 座，次年，建女公厕 1 座，均为砖木结构。1955 年，达到 112 座。1976 年，地震中倒塌一批，1979 年陆续补建，并建砖混结构半水冲沟式公共厕所 4 座。1985 年，在居民区建公厕 9 座。1986 年，对 20 座旧式简陋旱厕进行改造，设置管理间和冲刷水箱，改造单格化粪井，成为水冲厕。1987 ~ 1995 年，新建和重建 20 座水冲式新型公厕，公厕数达到 123 座，其中旱厕 33 座、半水冲 40 座、水冲厕 50 座。2006 年，在 4 个镇 25 个行政村新建水冲式大公厕52座。2007年，改建一类厕1座、二类厕1座、三类厕3座，全水冲厕6座。

1985年，原大港区开始进行旱厕维修、改造。1986年，建成厕所133个。1987年，新建公共厕所1座，维修改造5座，增设蹲坑10个。1988年维修改造旱厕6座。1990年，新建一级水冲式厕所1座。1991年，维修、改造公厕7座。1994年，改造公厕13座，维修20座（企业15座）。1998年，新建一类标准公厕1座。1999年，购置和租用移动式无害化处理公厕6座。2004年，新建公厕8座，购置安装2座智能生态公厕，维修、改造公厕10座。城区36座公厕，其中一类公厕7座、二类公厕9座、三类公厕17座、生态移动厕3座。2008年，维修改造公厕20座。

1950年，原塘沽区在解放市场、塘沽南站、新华街、幸福街建公厕4座，用马车清运。1989年，有公共厕所263座，其中水冲式171座，沟式92座。2004年，在繁华地区、主干道路、人群密集区新建10座环保节能型公共卫生厕。2005年，二类以上公厕占公厕总数60%，2007年达到97%。城市垃圾和粪便无害化处理率达到80%，2007年达到95%以上。2010年，共有公厕111座，其中一类公厕17座、二类公厕39座、三类公厕25座、环保移动厕30座，年清运处理粪便4.3万吨。

2010年年底，滨海新区共有标准式公厕189座，建筑面积1.15万平方米，其中一类公厕36座2079平方米，二类公厕56座3183平方米，三类公厕97座6190平方米；非标准式公厕46座1874平方米；二类以上活动厕44座889平方米；有104座公厕设置无障碍设施。

五、建筑渣土管理

2000年，原塘沽、汉沽、大港三区，建筑垃圾工程渣土在指定渣土点倾倒。2004年，原塘沽区清除堆存20多年近100万立方米的建筑垃圾堆。

第三节　综合执法

一、家禽家畜治理

1987年7月15日，原大港区发布“关于动员全区人民彻底灭犬的命令”，全区各乡、镇、街道、驻港企业成立由公安、卫生、环卫、工商等有关部门组成的灭犬办公室，开展灭犬活动。1992年，推行免疫登记制度，对上古林乡31个养犬户现场登记。1993年，处理违章犬409条，对准养犬全部登记造册，办理准养证。

2006年，原汉沽区在三个街区清理屠杀家禽276只，以防控禽流感疫情。

二、街道综合整修

1985 年，原塘沽区进行街道综合整修。整修街道 6 条 6.28 公里。修饰楼房 109 幢，平房 856 间。拆除违章建筑 249 间。拓宽、修建道路 1.21 万平方米，铺装人行道 1.24 万平方米。建街头公共绿地 28 处 4.89 万平方米。建大型壁画 6 块。拆除围墙 5320 米，整修成全透、半透、假透、实墙装饰等几十种式样，成为街景的重要点缀。1987 年，拆除违章建筑 3684 间，占 63%。

三、治理街道秩序

1989 年，原塘沽区以整治“十乱”为内容，开展整顿街道秩序。清除乱搭棚亭、乱摆摊点、乱立广告牌、乱贴乱画、乱盖房屋、乱圈乱占、乱倒垃圾渣土等“十乱”违章 5762 处。创建市容达标路 20 条，全优达标片 5 个。

1999 ~ 2002 年，原塘沽区执法部门开展夜间土资源监察工作，对新北路、海防路、闸南路路段进行巡查，蹲点设岗，监控，依法查处无证运土行为 4 起，查处运输洒漏 100 余起。

1999 ~ 2010 年间原塘沽区综合执法情况统计表

表 7-7-3-137

年份	城市环境治理（处）			拆除违章建筑	
	市场及摊贩	乱涂乱画乱挂	运输撒漏（起）	间数	面积（平方米）
1999	12176	21993	354	855	10102
2000	32509	54721	233	2008	39129
2001	17374	13276	21230	4382	65742
2002	11280	90064	42513	4719	31219
2003	16032	70400	21000	5467	74430
2004	24923	82210	9626	7422	111340
2005	23129	22469	388	2967	78676
2006	24768	43695	203	1810	71444
2007	28791	9372	226	20348	592711
2008	19011	39389	75	14536	852572
2009	68016	98880	344	2808	62846
2010	91005	130988	413	2165	54726

第八篇

环城远郊区县市容环卫管理

天津市市辖区分为中心城区、环城区和远郊区县。环城区是东丽区、西青区、津南区、北辰区四区。远郊区县是宝坻区、武清区、蓟县、静海县、宁河县。环城四区的市容环卫工作，基本起步于 1979 ~ 1980 年，开始政府所在地的清扫保洁工作。市容环卫和综合执法的专业部门相继成立后，市容环卫工作很快进入快速发展期。远郊区县的市容环卫工作主要以城镇、街道为主，农村开展村容村貌治理工作，逐步提高农民的生活环境质量，形成净化、美化的社会主义新农村。

第一章 东丽区

东丽区位于天津市中部偏东，东西长 30 公里，南北宽 25 公里，总面积 477.34 平方公里。全区辖张贵庄、丰年村、新立街、万新街、华明街、军粮城、无瑕街、金钟街、金桥街 9 个街道办事处。1982 年，区建设房管局成立，下设环卫科，专门负责管理市容环卫工作。1982 年，成立“三整顿”工作领导小组，后改为区市容办公室。1985 年，组建区城市管理监察中队。1988 年，成立东郊区环卫所。经过多年的市容整治、抗击“非典”及迎奥运市容环境综合整治，东丽区的市容环卫工作做到了宣传到位、组织到位、资金到位、整治到位。

第一节 市容环境管理

一、主要治理工作

1982 年，开展“三整顿”活动，是东丽区历史上第一次全区性、大规模的市容整顿活动。1987 年，外环线建成通车，投资 120 万元，修建外环线两侧装饰围墙 6000 延米，粉刷建筑物外檐 10 万平方米。

1990 年 5 月，整修外环线、金钟路、跃进路等主要路段。装修、粉刷平房、楼房近 9.6 万平方米。7 ~ 8 月，清整津塘公路、程林庄道重要地段和 3 个农贸市场及部分楼群、里巷。清除私搭乱盖 196 处，乱堆乱放 70 处，治理楼群甬路 33 条，清除杂草 4620 平方米，清运垃圾废土 6300 吨，擦洗果皮箱 85 个，清理花坛、绿地 230 平方米，整治城乡结合部 2 处。

1994 ~ 1995 年，迎“亚乒赛、世乒赛”，装修建筑物 2.02 万平方米，清理乱贴乱画 237 处、乱摆乱放 184 处，设置果皮箱 85 个。拆除“官搭”“私搭”建筑物 1172 间 1.5 万平方米。

1999年，拆除招远路违章建设24户800平方米；拆除增兴窑村违章建设1200平方米；拆除昆仑里地区违章建设740间1万平方米；拆除高速公路跃进路出口处违章建设1100平方米。拆除不规范牌匾108块，清整乱堆乱放395处，清除乱挂幔帐64幅，拆除违章棚亭46处，清理乱贴乱画2113处，治理里空外卖577处。

2000年，实施“畅通工程”。清整违法违章建筑、棚亭211间2956平方米，清理摊点290多处，清除遮阳罩53个，清理小货车81辆，清除不规范布标47幅、大小广告牌520块、乱贴乱画2110多处，清除乱堆乱放230处。拆除大毕庄镇赵沽里村违法建筑、棚亭120间约2000平方米，清运建筑渣土1500多吨，粉刷外檐围墙1500平方米。清理外环线华明镇段、津汉路、卫国道、京津塘高速公路出口处，拆除各类违法建筑109间4548平方米，拆除广告牌40个。拆除张贵庄地区各类违法建筑、棚亭1566间1.39万平方米，清理乱堆乱放1319个，拆除小煤池2860个，清理摊点264个。

2002年7月，对66个重点脏乱点位进行治理。动用各类机械车辆8848台次，清运垃圾杂物2.77万吨。月牙河东丽段1.7公里建筑物立面整修，粉刷楼房16幢4.6万平方米，恢复粉刷平房256间3317平方米，整修围墙307延米，新建围墙230延米，粉刷供热管道4500多平方米。拆除津汉线约14公里沿线违章建筑36处206间3645平方米，清理工程渣土、生活垃圾4500吨。整修平房486间、围墙6070延米，楼房4幢1.66万平方米。

2003年，抗击“非典”。清理脏乱点位147个，清运垃圾近16万吨。整修东丽广场周边6条道路楼房70幢16万平方米，封堵首层楼房私开门脸，建起半透视围墙。

2005年6月，治理第六届亚欧财长会议涉及东丽区6条道路。整修外环线、金钟河大街楼房35幢及平房、围墙6.9万平方米；整修金钟公路、津滨高速、京津塘高速两侧楼房47幢及平房、围墙23万平方米，新建围墙884延米。清除绿地杂物650.7万平方米，清理河道漂浮物1000余吨。清理垃圾41处、废品收购点11处、煤堆9处、脏乱点位79处，清理喷涂小广告600多处，乱贴乱画7000余处，清理占路经营摊贩300多处。

二、重点地区综合治理

（一）整治铁路沿线

2004年初，治理京山铁路沿线东丽区段，共拆除违章棚亭182间2500平方米，拆除有契证房屋609间2.15万平方米。绿化7950平方米，种植乔木5992株、灌木8.08万株，铺设草皮1.71万平方米，铺设甬道5060平方米，绿化面积25.44万平方米。2005年，实施二期工程，绿化20.04万平方米，种植各类乔木7千余株，花灌木5万余株。

2006年，对联建走行线、危走线、构件三厂总长3.61公里铁路专用线进行综合治理，拆迁住宅房屋5287平方米，拆除违法建筑1230平方米，拆迁非住宅房屋2034平方米。绿化面积14.48万平方米，种植各类乔木11万余株、灌木2万余株。

（二）治理东南半环快速路

2005年，治理3.4公里东南半环快速路，共拆除违章棚亭40间，拆除楼房二层以上窗户栏1112个，拆除鸽子窝16个，拆除雨罩、遮阳罩62个、半栏168个、放物架10个，规范空调室外机24台，对35幢4.5万平方米的楼房进行综合整修。

（三）治理机场周边地区

2007年，治理天津滨海国际机场周边环境，共拆除违法建筑5120平方米，清理大型废品收购站5处，清理违章广告11处，清理垃圾、杂土3670吨。2008年，完成津北公路、机场客运路、货运路、机场南门立面整修11.48万平方米，绿化3.73万平方米，拆迁违章建筑1000平方米，拆除不规则广告牌匾26块、规范100块。

（四）治理二级河道

2007年，对全长76公里6条二级河道14个路河节点和1个示范段进行治理。拆除违章建筑1.2万平方米，清理河坡、河道垃圾11.7万吨，

三、市容环境综合治理

2008年，开展迎奥运市容环境综合治理。一是高速公路综合整治。对74处脏乱点位进行13次清整，清理垃圾杂物1140多吨，清除违章牌匾30多处，拆除单立柱广告牌58块，清除涂鸦1687处，清理废品收购站1处。治理沿途相关河道2条，拆除各类建筑3.41万平方米。拆除津蓟高速公路沿线各类建筑2.38万平方米，清理病死树7.96万株，平整绿化带土地1220亩。二是入市道路综合整治。津汉公路拆迁7824平方米，津塘公路拆迁11.2万平方米。三是专项道路综合整治。卫国道、津汉线拆迁6038平方米；金钟河大街金钟公路拆迁450平方米；津滨大道拆迁3.53万平方米，拆除违法广告牌36块。

2008～2010年，连续3年市容环境综合整治，共完成立面整修9.42万平方米。拆除、规范各类广告牌匾2202块，拆除各类违章建设7.74万平方米，清洗楼房8723平方米，楼房、平房抹灰12.96万平方米，厂房、平房粉刷5.55万平方米，清理堆物3.84万立方米，道路维修2600平方米，补砌960平方米，新建围墙1097延米，拆除破损墙体1600立方米，新建提升绿化37.47万平方米。对中心区8条道路进行综合治理，完成楼房立面粉刷20.57万平方米，规范广告牌匾1.45万平方米，粉刷平房围墙3380平方米，空调移机2320个，安装空调罩2890个，更换塑钢窗7262平方米，拆除护栏2250平方米，整修门脸5880平方米，安装卷帘门2500平方米，拆除违章风斗7100平方米，砌筑台阶3147平方米。

第二节　环境卫生管理

一、清扫保洁

1980年，开始专业化清扫保洁，此前，临时雇用10名清洁工，清扫张贵庄地区主要道路。1987年，清洁队负责清扫津塘路、跃进路，清扫面积约14万平方米，每日清扫一次，保洁一次。1988年，增加里巷路面9万平方米。1995年，清扫面积23万平方米。1997年，扫保道路13条18.78万平方米。2002年，清扫主、次道路14条23万平方米。

2003年年底，采取机扫与人工清扫相结合的方式，机扫率为60%。2004年3月，进行洒水压尘作业，每日早、中、晚三次，洒水15车次90吨。2005年，道路清扫17条41.9万平方米，机扫率80%。同年，新增世纪大道、卫国道、快速路等109万平方米清扫任务，每天4台机扫车130人上路作业，机扫率接近100%。

2009年，清扫32条236.7万平方米道路，每天有575人、10台机扫车、2台多功能洗路车上路作业。2010年，清扫保洁道路33条69.028公里276万平方米，清扫保洁人员585人。张贵庄街有保洁员60人，日清扫路面20万平方米；丰年村街有保洁员12人，日清扫路面5.8万平方米。

2000年，签订门前三包责任书130多份，代包户达到70%以上。

二、公厕管理

1958年年初，在区政府所在地建设一批简易旱厕，粪便由附近生产队用于积肥种地。

1988年，区环卫所公厕管理办公室负责39座旱厕管理。1989～1992年，先后投资近10万元，改造维修旱厕30余座。1993年，建成水冲式公厕3座。到1995年，区环卫所管理公厕36座，其中水冲式3座、旱厕33座。1997年，中心区公厕34座，其中26座交当地居委会管理，8座收费厕，2004年停止收费。2001年，区市容委管理公厕27座。2003年，环内19座旱厕改为水冲厕，并新建二类公厕1座。2004年，7座公厕进行了无障碍设施改造。2007年，中心区新建公厕2座，改造1座。2008年，投资近百万元，新建公厕2座。2010年，环卫公厕21座，其中二类公厕4座，三类公厕15座，移动式公厕2座。

三、垃圾清运

1981～1987年，中心区垃圾清运由张贵庄街负责，43个垃圾点年清运垃圾1万吨。1988年开始，新建垃圾池13个。1989年，建垃圾转运站1座，占地1755平方米，建筑面积234平方米。

1990年8月，建垃圾转运站1座。10月，建成占地98亩填埋式垃圾处理场，年处理垃圾1.8万吨。1997年，年清运垃圾2万多吨，清运率100%。

2000年，增加挤压车清运垃圾，年清运垃圾3.8万吨，清运工程渣土、废弃物2.43万吨。2003年，“非典”时期，购置专用垃圾清运车28辆。2007年，建设58个垃圾集中转运点，以直运方式集中收运，进行无害化处理。

四、数字化城市管理

2010年4月1日，试运行数字化城市管理工作。按划定的责任网格配置信息采集员30人，分三组对责任区内发生的事件、信息采集上传。做到信息接收、任务派遣、任务处理、处理反馈、结案上报。

第三节　综合执法

一、专项治理工程

（一）整顿道路环境秩序

2007年以来，以中心区为重点，以治理流动摊贩、违章占道、乱摆乱卖为主要内容，把全区57个治理区域和道路进行重新划分，形成了全方位、全天候、全覆盖道路环境秩序管理体系。共治理乱摆乱卖、露天烧烤、乱吊乱挂等24.35万处。清理占路市场9处，规范新建市场7处，治理占路经营、马路加工、非法广告等违章行为11.36万处，清除覆盖涂鸦广告32.6万处。依法拆除109.5万平方米违法建设、违章建筑。

（二）重点地区治理

综合整治天津滨海国际机场周边环境，主要包括津北路机场段、机场货运路、机场客运路、机场南门等地段。拆迁建筑物、构筑物1366平方米，拆除、规范广告牌匾126块，立面整修9.82平方米。

2010年，专项治理中心区10条主干道路，治理占路经营、店外摆卖、流动摊贩、马路餐桌2.28万处，拆除各类大型户外违法广告206块，清理废品回收站点156处，清理乱吊乱挂、橱窗贴画1.41万处。

二、综合治理工程

（一）脏乱环境治理

对区域内海河北岸、外环河、北塘排污河，西河、中河、东河、东碱河等河岸乱堆乱放杂物、违章临建棚亭实施不间断治理，共清理杂物1452吨、拆除临建棚亭3471平方米。完成河道改造和津塘公路两侧36米范围内26条沟渠改造工程，打坝52座，排水1.61万台班，清淤10.42万立方米，岸坡护砌17.57万立方米，铺设管道1247米，安装护栏7242米。

（二）迎奥运综合整治

2008年，整治津塘公路、津滨大道、卫国道、昆仑路、金钟河大街5条“迎奥运”道路，退线拆迁房屋15万平方米，立面整修69万平方米，清除大型广告牌匾3000余块，新建绿化329平方米。

三、依法行政

（一）执法服务

解决企业、学校周边环境秩序和经营商户实际困难等问题117个，服务企业20家、商家店铺173个、社会单位11个、居民社区11个、家庭5个，建立可容纳1.189万个摊位的农贸市场8处。

（二）行政处罚

依据法律、法规、规章、规定，共依法作出行政处罚案件1095宗，其中98.5%为违法建设强制拆除行政处罚决定，无行政罚款。

第二章　西青区

西青区，位于天津市西南部，东与红桥区毗邻，南靠独流减河与静海县隔河相望，西与武清区和河北省霸州接壤，北依子牙河。西青区辖两街七镇，即：李七庄街、西营门街，杨柳青镇、张家窝镇、精武镇、大寺镇、辛口镇、中北镇、王稳庄镇。1980年4月，成立区环卫队，1987年3月，建立区市容环卫管理所。1996年5月，建立区市容环卫管理局。1987年3月，组建区城管监察中队，2007年，成立区综合执法局。2002年4月，设置区市容环卫管理委员会。2010年，设立区市容和园林管理委员会。负责市容市貌、环境卫生、爱国卫生、城镇管理考核和园林绿化工作。

第一节　市容环境管理

一、街道综合整修

1989年春，拆除简陋建筑1100平方米，粉刷油漆楼体墙面2.48万平方米，新建、改造大门21座、景门12个、商店门面51处，重建围墙594.78延米，铺便道3.34万平方米，改造砖混建筑3142.81平方米。1990年，拆除违章建筑3处、棚亭15座241平方米，整修粉饰墙壁9460平方米，新修大门12座，装修围墙3800平方米，清除垃圾杂物935多立方米，清除砖堆8万多块、建材垃圾240多吨。

1997年，油饰路口隔离护栏200延米，更新行道树599株，补栽绿篱680延米、11万株、新建绿地1000平方米。粉饰装修6.15万平方米立面建筑，油饰透视墙3598平方米，冲洗水刷石、瓷砖墙1.51万平方米。

2007年，整修楼房67幢、平房305间、围墙1万余延米，总面积约25万平方米。2009年，新建水泥道路1.2万平方米、道路罩面2.04万平方米，便道铺装5100平方米，整修楼房25幢5万平方米、升级改造字号牌匾2500平方米。

二、户外广告设置与清理

1999年，清除乱贴乱画570余处1.6万张。清除乱设广告、信息牌448块，字号牌匾185个，清除布标392幅。维修霓虹灯171起。

2002年，清理乱贴乱画2.5万张，广告信息牌4745块。2003年，管理户外广告2300余处，覆盖乱涂乱画1200余处。2006年，改造450块字号牌匾。2008年，拆除字号牌匾70余块，升级改造100余块，改造、新建立柱式大型广告26个、围挡广告1万余平方米。

三、景观灯光建设与管理

1997年，完成杨柳青镇光明路、新华路、西青道东段三条灯光街建设，共设置灯光107处，建成6个灯光组团、10个公益宣传灯箱和霓虹灯近1600平方米。2003年，规范各类灯光设施1890处。

四、综合治理工程

（一）脏乱环境治理

1987年，清理砖瓦314万立方米、灰沙石1099吨、杂物145吨，清除摊点350多处。1990年，拆除摊点7处，清理堆物80余处近100吨。拆除临建棚亭168处2440平方米，清除乱堆建材1600多吨，拆除残墙断壁215处，清运垃圾近1150吨，清理渣土430多立方米，粉刷、装修墙壁1.8万平方米。1988年，拆除主干路102户4376平方米的临建棚亭，清除250个临时摊点，修建路面4100平方米。清整违章棚亭896间1.24万平方米。

1992年，清除楼群煤池384个、堆物426处、机砖1.7万块、渣土100多立方米、杂草600多平方米、乱贴乱画78处。1996年，清除乱摆乱卖点2015个、摊群3个，清理乱堆乱放140余处。1998年，清除垃圾杂土2000多吨，平整脏乱死角1万多平方米，清理垃圾堆物4.9万吨。1999年，清除垃圾、渣土、柴火堆5200余吨，粉饰墙面3000平方米，油饰透视墙500平方米，新建透视墙500延米，清除堆物68处100余吨，清理水面漂浮物5吨，拆除违法建筑、棚亭6处4356间6.89万平方米，清除广告信息牌128块，布标幔帐48副，清理占路市场1处、占路摊贩点89个。

2002年，拆违…5439间、猪圈1199间，清运垃圾渣土2.82万吨，清理脏乱死角420处，打捞河中漂浮物2000余吨，清理流动摊点2万余个、里空外卖3510处、马路餐桌1090个，清理布标幔帐1376幅，清理白色污染340万个。2004年，拆除违章建筑5.8万平方米。2005年，取缔自发劳务市场1处，拆除违章棚亭1200平方米。2009年，清理垃圾30余吨，清理绿地近5000平方米，拣拾白色污染1万余个，乱贴乱画近1000处，打捞漂浮物20余吨。

（二）铁路沿线综合治理

2004年，拆除铁路沿线近5万平方米的各类建筑，清运土方50多万立方米，植树5万余株，新建围墙2000多延米。2005年，拆除陈塘庄支线住宅和公建房屋3.5万平方米；拆除违法建筑、棚亭325间5000平方米；清除垃圾杂物1000吨。

第二节 环境卫生管理

一、道路清扫保洁

20世纪50年代前期，街道由住户自行清扫。农村合作化后，积肥队负责清扫主要街道。

20世纪80年代后，各村成立清洁队，负责主要街道清扫保洁，各街镇陆续成立环卫管理所后，按作业质量标准进行清扫保洁。

2002年，区政府所在地主干道路机扫率达到100%。

二、清融雪情况

1996年，杨柳青镇主干道喷洒融雪剂15车150吨，清雪50万平方米，镇内居民区清雪35万平方米。1997年，对镇区12条主干道喷洒融雪剂200多吨，清雪面积达80万平方米，清除积雪6000立方米。2001年，喷洒融雪剂44车、用盐120吨，清除积雪1万立方米。2003年，喷洒盐水 82 车，环保型融雪剂 120 吨，清除积雪 8000 多立方米。2009 年，出动撒布机 4 台，撒融雪剂 350 余吨，对 5 座桥梁、2 个涵洞、22 条道路进行清融雪作业。

三、生活废弃物管理

（一）收集、运输和处理

2001 年，5 座垃圾转运站实行 24 小时作业，全年清运生活垃圾 2.6 万吨、工业垃圾 1.02 万吨、临时清除 3.18 万吨。2006 年，全区生活垃圾进场量 3.12 万吨，无害化处理率 90% 以上。2009 年，杨柳青镇区生活垃圾密闭直运率 90% 以上。街镇建成区生活垃圾处理率 95% 以上，全区生活垃圾无害化处理率 70% 以上。

2010 年，各街镇建成区直运率 100%，50% 以上自然村实行密闭收运，建成区生活垃圾无害化处理率平均达到 97%，全区（含自然村）生活垃圾无害化处理率平均达到 80%。

（二）餐饮废弃物管理

2010 年，152 家大型餐饮单位已有 55 家签订了餐饮废弃物无害化处理协议，全区累计无害化处理餐厨垃圾量 800 余吨。

（三）粪便的收集运输处理

1956 年合作化后，生产队设专人或积肥队，负责粪便清除与管理。

20 世纪 70 年代中期，搞好“两管五改”，即管水、管粪；改水、改厕、改圈、改灶、改环境卫生。粪场迁到远离村庄的地方，粪堆用泥封好。

20 世纪 70 年代后期，生产队改用拖拉机运输粪肥。90 年代，厕所改造后，购置抽粪汽车，粪便清除与运输实现机械化。

（四）建筑渣土管理

1992 年，联合相关单位，对杨柳青 18 个施工工地进行整治，纠正违章占道 5 处，清运渣土 2625 吨，限期整改 2 处。2004 年，联合相关部门抓源头，改装运输车辆 269 部，查扣违章车辆 1000 余部。2005 年，组建统一执法队伍，查处违章车辆 500 部，与 25 个施工单位签订责任书。2008 年，检查施工工地近 60 个，下达执法文书 500 余份，设立流动岗 10 个，查处违章车辆 500 余辆。

四、公厕改建与维修

20 世纪 80 年代，各村在路口村边修建公共厕所。90 年代，开始修建水冲式公厕。

1992 年，改造杨柳青 3 座公厕。1998 年，杨柳青主干道 15 座公厕实行保洁员挂牌服务。1999 年，改造杨柳青和其他街镇公厕 36 座。2001 年，杨柳青镇区主干道路设置公厕 12 座。

2003 年，完成农村户厕改造 9053 座，改造公用旱厕 81 座。2004 年，改造户厕 2.25 万座，改造旱厕 59 座，户厕率达 63.44%。对杨柳青的 6 座公厕按照标准增设了无障碍设施，2005 年，农村户厕完整下水道式7571座，三格化粪池式5156座。

2006年，全区保洁公厕1223座，水冲公厕304座。2007年，公厕水冲率达到33.3%，各街镇建成区公厕水冲率达到83.8%。

五、环境卫生设施

1987年，新建集装箱垃圾转运站1座。1993年，建集装箱垃圾转运站1座。1999年，建成全市第一座落地全封闭垃圾转运站2座。2005年，全区垃圾转运站27座，新建10座。

1998年，购置4吨装载机1部，厢式垃圾自卸车1部，环卫专用车13部。2001年，购置装载机、自卸车、吸粪车各1部，扫路机2部。2008年，购置各种环卫机动车辆20余辆、非机动车辆70余辆，2009年，购置环卫专用车辆19部、农用车及保洁车辆104辆。2010年，购置环卫专用车辆81部、农用车及保洁车辆188辆。

1999年，按标准新添置果皮箱100个，各类果皮箱桶近1000只。2001年，新建垃圾池100个、垃圾箱11个，垃圾桶70余个，果皮筒79个。2008年，配置垃圾箱桶3000多个。

1991年8月，修建机动车冲洗站1座，工程总面积1022平方米，其中管理室3间，控制室1间，自动冲洗线2条，人工冲洗线1条，日冲洗车辆可达700台。

六、环境卫生清整

1992年，大搞夏季环境卫生，共清除脏乱死角302处，清运垃圾480多立方米，除草4.5万平方米，清除工程渣土2000多吨。清除悬挂旧标语80多幅，清除乱贴乱画69处。

2001年4月，开展春季环境卫生，对160个自然村、25条穿区过境公路、18条河流和10个窗口地区进行治理。

2004年，组织4次大范围、大规模义务清整，清理脏乱死角252处，清理垃圾1222吨，清扫面积24.43万平方米。

2009年，出动6600余人次、车辆1000余车次，清理道路1080条、小区90个、绿地14万余平方米，治理集贸市场60个，整顿施工工地47个，清理垃圾3700余吨，捡拾白色污染物26万余个，打捞漂浮物330余吨。

第三节 综合执法

2008～2010年，共纠正市容违规行为2.67万起，其中处罚820起；拆除违章建筑2117间5.51万平方米，其中立案查处472起；完成京沪高铁、地铁二号线、五路五河、赛达大道等重点工程沿线拆迁工作，协议拆迁2100户61.81万平方米。

一、市容环境专项整治

占路经营专项治理。劝阻违法行为300余起，暂扣违法经营物品230余件，处罚违法行为52起。拆除违章2.2万平方米，清理流动摊贩2430处，清理乱贴乱画1.12万处。

社区专项治理。重点对广汇园、聚盛里等15个小区进行改造。铺设雨水管和污水管各1.17万延米，便道铺砖1.37万平方米，修复灯具256处，绿化提升7.8万平方米。

运输撒漏专项治理。纠正违章车辆455部次，检查施工工地30个，下达执法文书419份。

违法广告专项治理。依法拆除拆除违法大型楼顶广告、单体字382块4.7万平方米；规范升级改造字号牌匾3936块4.3万平方米。

路灯设施专项治理。对27条主干道路两侧7710根路灯杆进行油饰。

脏乱死角专项治理。对58处脏乱点位进行清理，清理垃圾杂土500余吨，清理绿地150万余平方米。

二、市容环境综合治理

1990年，对芥园西道1.5公里进行整治，拆除棚亭临建25处，清运垃圾2460多立方，粉饰墙壁3000多平方米。1997年，综合治理复康路射线，拆除51户288间猪舍和34处1170平方米违法建筑；就地平整垃圾杂物10万余吨；平整河堤2公里，清除杂草6400平方米，粉饰、油饰沿路建筑立面6400平方米。1998年，拆除违章建筑1万多平方米，清除垃圾2万多吨，查处违章乱倒车辆80余部。2000年，拆除西青道欣迁里片居民区2000余间违法建筑。2001年，拆除违法建筑、违章棚亭、猪舍1993间3.61万平方米，清运垃圾渣土48万吨，打捞河中漂浮物6480吨，取缔废品收购点29个，清除废品2038吨，清理垃圾猪1070头。2004年，整治外环线周边脏乱点位40个。拆旧、整修卫津南路1万余平方米立面。

2008年，迎奥运市容环境综合整治清拆护栏420个，安装空调罩362个，粉刷楼房33栋、平房446间、围墙2500延米、合计11.35万平方米；清洗楼房20栋、平房405间，合计5.64万平方米；改造平房45间1000平方米，新砌围墙2460平方米，清拆广告牌匾2700块6900平方米，字号牌匾升级改造1239块4851平方米；绿化19.03万平方米。

2009年，开展新一轮市容环境综合整治，清理居民小区26个、道路174条、清理绿地6万余平方米、清理垃圾2200余吨，打捞漂浮物近100吨，捡拾白色污染14万个。开展“迎接新中国成立60周年”专项治理，清理道路1080条，小区90个，绿地14万余平方米，治理集贸市场60个，整顿施工工地47个，清理垃圾3700余吨，捡拾白色污染26万余个，打捞漂浮物330余吨。

2010年，开展“大干三百天”市容环境综合整治，整治道路27条169公里，新建、提升绿化115万平方米，拆除房屋2.6万平方米、楼顶大型广告382块4.7万平方米，粉刷、清洗楼房465栋47.2万平方米，清拆窗户护栏7289个，安内置护栏4950平方米，规范空调1225个，升级改造字号牌匾3936个，油饰灯杆1770根；配置果皮箱780个；建筑物灯光建设16栋。

第三章　北辰区

北辰区位于中心城区北部，旧称北郊区。北辰出自《论语》:“为政以德，譬如北辰，居其所，而众星共之”，意喻天津北部一颗璀璨的明星。北辰区东以北京排污河为界与宁河县相邻，东南隔金钟河、新开河与东丽区相望，南与河北区、红桥区相连，西南以子牙河与西青区相界，西、北均与武清区相接。辖区面积478平方公里。

1979年11月，成立区清洁队，主要负责京津路及区政府所在地主要道路清扫。1986年5月，成立北辰区市容卫生管理委员会，对全区市容环境卫生工作实施组织、协调、推动和落实。1991年5月，成立北辰区环境卫生管理局，2003年3月，区环境卫生管理局更名为区市容环境卫生管理委员会。2000年8月，成立区综合执法大队。2007年9月，成立区城市管理综合执法局。

第一节 市容环境管理

一、市容环境治理

20世纪80年代，北辰区市容委主要负责道路清扫。每年爱卫月期间，组织开展市容环境治理。

1986年，对道路实施埋管还地、整修装饰工程。1997年，实施道路“畅通工程”，主要实施“退路进厅”，撤销拜泉道摊群市场、北仓农贸市场，建成集贤市场、新村市场。

1999年，确定综合治理道路环境秩序、居民区环境、整治市郊结合部、规范占路市场、规范街景立面、加强基础设施建设和搞好景观建设7项任务。整治贯穿区境的高速公路、津围公路、京福公路、新宜白大道、中环线、外环线等长达90多公里的主干道路。

2001年，实施“十大畅通工程”，搬迁北仓道小商品批发市场，北运河综合治理工程和外环线绿化带两侧拆迁，拆除京山铁路、京津路两侧违章建筑，整治京津塘高速公路和津霸、京福、津围、津榆公路，治理报纸、电台曝光地段。共清运垃圾杂土100多万吨。

2003年2～5月，组织9次集中整治活动，清除垃圾23万吨，拆除道路两侧违章建筑、棚亭6000多间2万平方米，签订“门前三包”责任书1500多份。清整楼道1740个、粉刷1547个、亮化1240个，清整镇、村主干道路116条，硬化路面166万平方米。

2004年，开展春、夏季环境卫生清整。清理垃圾死角376处，清运垃圾杂土近l0万吨。检查施工工地59个，下达整改通知书56份，处罚违章车452部。

2005年，结合环境清整日、爱国卫生月、环卫工人节组织4次大规模义务清整活动。发放各类宣传材料16万份，清除卫生死角460处，清运垃圾杂土近10万吨。

2008年，完成迎奥运京津路天微楼拆迁任务、城际铁路沿线综合治理、绿化、美化任务。开展4次集中清整活动，清除垃圾点位500多处，清运垃圾6万多吨。

二、街道综合整修

1998 ~ 2002年，先后整修普济河道、北仓道、北运河沿岸、京山铁路两侧、京津塘高速公路等14条路段，整修楼房26万多平方米，新建围墙6000延米。

2003年5月，整修果园东路和集贤道两侧3万平方米，新宜白大道近5万平方米。2004年，对京津路、北仓道、虎林路等道路实施整修。整修7.51万平方米，新建围墙7489延米。其中京山铁路沿线整修3万平方米，绿化21万平方米，修建碎石甬路1800延米。2006年，整修地铁一号线沿线楼房18幢，粉刷立面4.08万平方米。

2009年，整修京津路民建和公建楼房70幢、宜白路楼房12幢，粉刷5.3万平方米，清洗3460平方米，空调移机611台，安装空调罩1197个，更换首层塑钢窗308平方米，加装平护栏1536平方米，清拆吊挂物1300余个，规范牌匾1190平方米。整修普济河道、铁东路普济里、粮库、金宜里等楼房、平房26处，粉刷2.2万平方米，清洗1900平方米，空调移机117台，安装空调罩326个，更换首层塑钢窗65平方米，加装平护栏587平方米，清拆吊挂物317个，规范牌匾282平方米。粉刷北辰道沿线围墙和建筑物1.7万平方米，清洗围墙110平方米，规范牌匾480平方米，拆除违章牌匾146处。

2010年，整修京津路（中段），建筑物外檐粉刷10万余平方米，外檐清洗2.2万平方米，铺设楼顶防水1.7万平方米、清拆护栏、遮阳罩、鸽子窝800余处，空调移机1100台，安装空调罩1600个，安装GRC装饰线2万延米，砌围墙1200延米，规范牌匾2000平方米，卷帘门改造2400平方米，安装无框门2600平方米，安装折叠防盗门500平方米。整修铁东路沿线55处公建建筑，粉刷4.8万平方米，修葺围墙800余延米。

三、规范户外广告牌匾

2003年，规范整顿24条主干道路320块广告牌匾，强拆260块不符合规定的广告牌匾。2004年，清除乱贴乱画4678处，没收2万余张，处罚乱贴户主36人，覆盖办假证喷涂广告1385处，依法拆除各类乱立广告牌匾342块。2005年，清除乱贴乱画5678处，没收违法小广告2万余张，处罚乱贴户主16人，覆盖办假证喷涂广告1260处，依法拆除各类乱立广告牌匾685块。2006年，改造底商牌匾644块，占地广告牌33块。2007年，拆除、改造牌匾512块；

清除乱贴乱画 1.6 万余处。2008 年，拆除外环线以内户外广告 1300 平方米。2009 年，拆除新宜白大道、铁东路等 5 条主干道路两侧楼顶大型单体字广告 32 处。清理京津路两侧违章广告 297 处。

2005 ~ 2010 年北辰区广告牌匾申报审批统计表

表 8-3-1-138

年份	办理情况（件）			其中（件）			
	受理申请	办结	代办	户外广告	牌匾	临时悬挂标语	业务咨询
2005	59	59	1	13	28	18	300
2006	150	150	0	12	39	99	120
2007	120	120	0	10	24	86	600
2008	79	79	0	6	27	46	650
2009	144	144	0	3	56	85	780
2010	227	227	0	2	53	172	562

四、景观灯光建设

（一）道路灯光

1996 ~ 2005 年，对京津路等主要道路实施夜景灯光建设。2005 ~ 2008 年，做好广告牌匾、主要建筑物夜景灯光建设。2009 年，建设居住小区甬路、楼道、楼门、楼名、标志等装饰性灯光构成的万家灯火夜景景观。2010 年，对京津路沿线 38 栋建筑物进行夜景灯光照明建设。采用大量黄、白光源，着重营造柔美的灯光氛围，并采用新型节能、高光效光源增添亮点。

（二）节日装点

20 世纪末，节日装点一般为各单位自行悬挂灯笼。从 2003 年开始，每逢节日，对主干道路、公园和镇政府所在地进行节日装点，插挂国旗、彩旗、灯笼、装饰彩灯，营造喜庆气氛。2008 年，大规模安装节能型 LED 星星灯，既节约能源，又提高规模和档次。2009 年，插旗改吊旗，装点吊旗 800 个。2010 年，广泛使用新型结能 LED 串灯，并在部分道路使用 LED 过街灯带，形成高低错落、动静结合、点线相连的都市灯光夜景；在文化广场 70 多株行道树上，安装 LED 星星灯并悬挂水晶小灯笼 1 万多只。

第二节　环境卫生管理

一、环卫基础设施

（一）环卫机械

1990年，有环卫机械12辆，总功率1305千瓦。1997年，有垃圾专用三轮机动车74部，宜兴埠、天穆、北仓3个镇有自卸汽车4部。2002年，投资80万元购置2辆大型机扫车、4辆专用运输车。2004年，新增环卫专业车16部。2007年，新增机扫车、洒水车、运输车等专业车26部。2008年，新增5部机扫车。

（二）垃圾箱

2001年，在主干道两侧放置垃圾桶120个。2007年，环内主干道路新增果皮箱、垃圾桶800多个。2008年，新增果皮箱200多个。2009年，新安装果皮箱304个，果皮箱、垃圾桶达1033个。

（三）垃圾转运站

1988年，开始修建较为规范的垃圾转运站，建筑总面积720平方米。1999年，新建垃圾转运站7座。2000年，先后在宜兴埠、天穆、双街、果园新村、集贤里3镇2街新建垃圾转运站11座。2004年，新建、维修垃圾转运站6座。2005年，区政府投资500万元，在外环线内3镇1村4街新建垃圾转运站6座。2006年，新建垃圾转运站2座。2008年，新建垃圾转运站5座。2009年，新建垃圾转运站8座。

（四）垃圾填埋场

2001年，关闭引河桥垃圾场，各转运站垃圾直运双口垃圾填埋场。2005年，投入资金作为建成区生活垃圾运输专项经费，确保垃圾直运双口填埋场，实现垃圾日产日清，垃圾处理率（无害化率）由2004年的53.4%提高到80%。

2000年11月28日，城市生活垃圾处理基地投入运营，该基地由民营垃圾处理企业天津市环艺生态资源开发有限公司投资600万元兴建。采用加拿大工艺、技术和天津市科研成果，使生活垃圾变废为宝，年实现利润300万元。

二、道路清扫

1979年，成立区清洁队，负责清扫京津路勤俭桥至引河桥（含桥面）路段，后改为中环线至外环线。果园新村、集贤里街率先组织清洁队，负责清扫界内二级路面。随后，各村陆续成立保洁组织，至1997年，各村均建有清扫保洁组织，负责界内主要道路清扫。2002年，施行机扫道路。2003年，从社会招聘下岗职工和外地人员组成清扫保洁二队，清扫果园新村、集贤里24条主干道路，并管理两侧绿地。2005年，组建环内75条道路清扫保洁队。2007年，组建外环线捡脏专业队伍，全区清扫面积达350万平方米，环内道路清扫保洁覆盖率100%。2008年，快速路西北半环、普济河道立交桥、铁东路立交桥等3条近110万平方米的道路纳入清扫范围，86万平方米道路实施机械清扫。2009年，完成10条清扫保洁示范道路项目，清扫环内道路102条，清扫道路363.5万平方米、绿地224.6万平方米。

三、门前三包

2002年，各镇街落实单位、临街店铺门前清扫责任制，全区3200户与有关镇、街签订责任制协议。2004年，门前三包责任制，由建成区向镇政府所在地扩展，1560户签订责任制协议。2005年，全区3560户（单位）签订门前三包责任制。2006年，签订和复查门前三包协议3600多份。环内门前三包责任制签约率95%以上。

四、清融雪

2002年，区市容委设立融雪站，制定相关预案，做到人员、设备、工具和工作任务四落实。

第三节 综合执法

2003年，开展道路专项治理。一是对建成区果园北道、果园南道、果园东路等24条主干道路和重点地区实行岗勤制；对京津路、外环线主要道路实行巡查制；对天穆、北仓、宜兴埠3镇通过派出中队实行责任制管理。封堵居民住宅楼私开门脸、破窗经营103户，清理流动摊点1.3万户次，街道门面整修近8万平方米，

2003年，专项治理乱贴乱画、广告喷涂。共清除乱贴广告3200多张，没收1200多张，处罚乱贴户主30人，覆盖办假证喷涂广告1250处。拆除违章广告牌匾1000余块。

2006年，在治理扬尘污染工作中，共检查施工工地59个，下达整改通知书56份，处罚违章车452部。2007年，共检查施工工地76处，下达整改通知64份，处罚违章车780部。2008年，与施工单位签订环境卫生责任书，加强对施工工地出入口污染的管理，并对“两点一线”全过程进行检查。2009年，处罚纠正运输撒漏和未密闭车辆780辆，检查施工工地61处，依法下达法律文书54份。

第四章 津南区

津南区位于天津市东南部，海河下游南岸，环城四区之一。东与塘沽接壤，南与大港毗邻，西与河西区、西青区相连，北与东丽区隔海河相望。区辖八个镇及一个办事处，173个村委会，36个居委会。区政府所在地咸水沽镇是天津卫星城镇之一。1996年11月，组建区市容环卫管理局；2001年11月，区市容环卫局、区爱卫办合并组建区市容环卫管理委员会；2010年3月，成立区市容和园林管理委员会，负责全区市容市貌、环境卫生、园林绿化、爱国卫生和城市管理综合执法工作。

第一节 市容环境管理

一、综合整治

1997年，治理水上北路周邓纪念馆周边环境，拆除违章建筑113间，新建围墙500多延米，清理渣土1.6万吨，取缔废品收购点9个。

1999年，完成十二条道路58.2公里“双拆”工作。共拆除违法建筑49间、违章棚亭572户，拆除违章广告牌356块、门脸遮阳罩和破旧牌匾495个，清除废品收购点37处，煤炭市场、建材市场，乱圈乱占78处，清理店外摆卖，乱堆物品354处。

2000年，拆除各类违章822户8050平方米，拆除电话亭141个，破旧广告牌、布标幔帐3200个，清理里空外卖、乱摆乱卖1324处，取缔露天占路经营摊点101户、马路餐桌130处，取缔露天煤场、木材销售、马路加工点、废品收购点77家。

2001年，对区政府所在地5条道路和各镇一条主干路的街景立面进行治理。拆除违法建筑254间4500平方米、违章棚亭260间4000平方米。拆除破旧牌匾1240块、规范整顿2316块。

2002年，综合整治结合部地区，共拆除建筑354间1.09万平方米、围墙5处506延米；新建围墙1127延米；清除垃圾渣土3.27万吨；取缔废品收购点22处；绿化3350平方米。整修楼房7幢平房13间，共1.33万平方米。治理外环线外侧100米绿化带，共拆除违章建设32户680平方米，取缔废品收购点5处，清理垃圾存放点2个。

2003年，治理14条主干道路、4处结合部地区、10余个居民小区，拆除违章棚亭、违法建筑820间1.55万平方米；拆除有证楼房2幢、平房37间，共4537平方米；清运工程渣土1.13万吨；清理乱堆乱放、乱圈乱占200余处4.23万平方米；取缔废品收购点16处。

2006年，整修楼房74幢平房760间、围墙3145延米；拆除有证楼房230平方米，违章棚亭、违法建筑754间，围墙164延米，混凝土结构水渠670平方米；拆除户外广告78块、门脸牌匾171块，改造牌匾310延米；清理里空外卖、占道经营1140余处；清理乱堆乱放、乱圈乱占73处1250余吨；治理废品收购点6处，清理废品560余吨；清运垃圾渣土2.1万余吨；调动土方9560余立方米填平柳林河废弃河道1300米。

2009年，第二轮市容环境综合治理，共清运垃圾杂土4.5万吨，道路硬化铺装约4.15平方米，实施绿化1.32平方米，种植各类乔、灌木1581株；新建围挡273平方米、围墙120延米；牌匾改造65米，安装停车场护栏230米。综合治理区内外环线段，清洗楼房1.05万平方米，建筑物粉刷1.68万平方米、油漆560平方米、贴蘑菇石80平方米；空调移机56个、装空调罩125个；牌匾改造42平方米；安装不锈钢围栏51米，扩建铁质围墙21平方米。

2010年，市容环境综合整治，清洗卷帘门848个，首层规范2.45万平方米；牌匾改造7319延米；建筑物粉刷29.33万平方米、清洗7.70万平方米、铁艺护栏刷漆2067平方米，新建围墙307平方米；空调移机1085个，安装空调罩3702个；更换塑钢窗412平方米，安装内置护栏2972平方米；平改坡5450平方米。

二、道路整修

1996年，综合整修津沽路，整修楼房28幢，平房310间3.6万平方米，绿化1.6万平方米，设置护栏5019延米。

1997年，整修大沽南路2500米迎宾线，整修楼房11幢7600平方米，平房81间3500平方米，新建围墙240延米、整修1686延米，硬化地面400平方米，植树500株。

1988年，整修津沽大街楼房8幢，平房103间1.3万平方米，围墙1200延米。

1999年，津沽大街东段、体育场北路2100米综合整修，粉刷楼房34幢4.9万平方米，平房81间1215平方米，院墙320延米；新建绿地花坛65个4600平方米，整修新设牌匾140个。

2000年，津沽路、红旗北路2500米整修，整修楼房22幢4.2万平方米，平房20间800平方米，围墙300延米。

2001年，整修津沽路12公里6.04万平方米，其中楼房43幢5.09万平方米，平房604间9504平方米，围墙1780延米，绿化、硬化空地1.5万平方米。

2004年，长泰河津南段1.7公里综合改造，建筑外檐整修4.5万余平方米、新建围墙2513延米、拆除违章建筑3320余平方米。大沽南路津南段综合整修，拆除违章建筑、棚亭、板房1200平方米，粉刷建筑2.5万平方米，新建、改造围墙360延米。解放南路津南段2公里整修前期准备，下达行政执法文书 48 份，拆除棚亭 5 处 180 平方米、清理规范 4 处废品点。

2005 年，津歧路综合整修，拆除破旧遮阳罩、放物架 82 个，整修楼房 33 幢、平房 39 间、围墙 310 延米，工程总量 6.62 万平方米。

2008 年，迎奥运道路整修，大沽南路 2.03 公里，解放南路 1.8 公里。拆除广告牌匾、标识 50 块；拆除违章建筑、风挡和罩棚 285 平方米；封堵破墙开门 13 处；拆除护栏 63 个；安装内嵌式护栏 63 个；空调移机 20 个；整修沿线楼房 13 幢 3.76 万平方米，平房 2868 平方米，围墙 5807 延米，围墙 126 延米。

2009 年，综合整治津沽大街体育场路，建筑物清洗 2.97 万平方米，立面粉刷 5.8 万平方米，空调移机 116 个，安装空调罩 1037 个，油漆护栏 512 处。

2010 年，大沽南路 2.03 公里综合整修，建筑物粉刷 5.4 万平方米、清洗 2.6 万平方米，建筑改型 6 栋，安装空调罩 304 平方米，规范牌匾 895 平方米，新建广告围挡 2240 平方米；园林绿化提升 7.84 万平方米。综合整修小站镇德胜道，整修建筑 26 栋，清洗 2347 平方米、粉刷 4.31 万平方米，提升改造牌匾 2478 延米，空调移机 437 个，安装空调罩 984 个，安装内置护栏 743.4 平方米。

三、夜景灯光

2004 年，告别“串灯时代”，在区政府所在地建设长期、固定、高档次夜景灯光体系。

2006 年，在津沽休闲园设置大型 LED 全彩电子显示屏。

2007 年，红旗路、南环路和津沽、津歧、体育场路公建楼安装夜景照明设施 31 处。

第二节　环境卫生管理

一、道路清扫保洁

2002 年，针对各镇主干道路清扫不及时，脏乱现象等问题，拿出指导性意见，责令限期整改。

2003 年，咸水沽镇主干道路清扫保洁“一扫三保”，效果较好。

2008 年，负责清扫保洁的结合部地区 192 万平方米道路，基本达到干净整洁标准。

2009 年，新增天嘉湖路、天嘉湖立交桥、东沽路、高尔夫路等 23 万平方米道路和绿地清扫保洁任务。定时、定点、定人对主要道路进行机扫和水洗作业，使 220 万平方米道路基本达到干净整洁经常化。

2010 年，负责清扫保洁道路近 300 万平方米。

二、生活废弃物无害化处理

1997年，组织实施居民生活垃圾袋装试点工作。1998年，区政府所在地单位、学校和物业管理小区实行垃圾袋装。1999年，265户单位和个体工商户实行垃圾袋装。2003年，咸水沽镇主干道两侧单位、物业管理小区、集贸市场实行垃圾袋装100%，非物业管理小区50%。其他各镇实行垃圾袋装50%。

2005年，为各镇统一购置环卫专业运输车辆，确保生活垃圾密闭收运。2006年，葛沽镇加大环卫设施改造，每村建立一处较为完善的垃圾收集点；咸水沽镇生活垃圾无害化处理率达到90%以上，小站镇达80%以上、双桥河镇达50%以上、八里台镇达70%以上。

2008年，各镇建成压缩式垃圾转运站，新购置20多辆垃圾运输输车，全区生活垃圾无害化处理近8万吨。2009年，无害化处理生活垃圾8.1万吨。

三、公厕改造

1999年，组织各镇开展新建、改建水冲厕工作。在区政府所在地共新建、改建水冲厕20座。

1999年津南区新建改建水冲厕一览表

表8-4-2-139

序号	点位	序号	点位	序号	点位
1	交通支队旁	8	迎春商店旁	15	成镇政府旁
2	公社路	9	板纸厂四宿舍	16	环卫局对过
3	南华路	10	新兴市场后	17	育才里小区
4	一副食旁	11	幸福道口	18	月牙河广场
5	自建里	12	耀华市场后	19	兴业里
6	四化里	13	凤明楼后	20	新建里路
7	兴华里	14	八米路		

2000年，在咸水沽镇新建、改建水冲厕10座。

2000年津南区新建改建水冲厕一览表

表8-4-2-140

序号	点位	序号	点位	序号	点位
1	河顺西里	5	机械厂旁	9	新兴餐具厂旁
2	兴业西里1	6	咸二中旁	10	咸水沽集贸市场
3	兴业西里2	7	德利得酒楼旁		
4	兴业西里3	8	东张庄		

2001年，在全区各镇新建、改建水冲厕20座。

2001年津南区新建改建水冲厕一览表

表8-4-2-141

序号	点位	序号	点位	序号	点位
1	中辛庄村	8	葛沽三村	15	南洋韩城桥市场
2	下汀村	9	小站迎新市场	16	月牙河公园
3	正和小区	10	葛沽西关1	17	何庄子市场1
4	双桥河镇政府旁	11	葛沽西关2	18	何庄子市场2
5	王庄市场旁	12	葛沽西关3	19	北闸口市场
6	八里台中学	13	双闸卫生院旁	20	双闸市场
7	葛沽扬水场	14	南洋兄弟化肥厂旁		

2003年，结合部地区19座旱厕改造，区政府所在地10座水冲厕改造全部完工。2004年，10座公厕无障碍设施改造，通过检查验收。2006年，咸水沽镇政府、津南区环卫所加强公厕保洁，定人、定岗、定则，实行全天候保洁。2009年，实施公厕改造2座、新建1座。2010年，新建公厕6座。

四、垃圾卸地管理

1997年开始，陆续关闭外环线、梨双路两侧18处54万立方米的生活垃圾临时卸地，其中有9处覆盖好土已做他用，8处推平，1处保留。

2001年，完成市郊结合部9处生活垃圾临时卸地清理工作。9处生活垃圾卸地实际占地180亩，垃圾堆存总量超过30万立方米。共清运填埋生活垃圾30万立方米。

2002年，对外环线以外5公里以内11个未治理的生活垃圾卸地进行勘查核实，共占地22万平方米，地上堆存垃圾约32.53万立方米，地下堆存垃圾约37.8万立方米。

五、环卫基础设施建设

1996年，各镇建立保洁队伍，新建垃圾楼9座。

2002年，在景明小区内修建垃圾转运站1座。

2003年，为8个镇各配备1辆垃圾运输车。建成同泽园小区地下压缩式垃圾转运站。

2005年，购置8辆5吨自卸垃圾运输车和8辆3吨装载机分配到各镇使用。在红旗路、体育场路新设60个果皮箱。

2007年，葛沽镇、双桥河镇各新建1座大型压缩式垃圾转运站，咸水沽韩城桥新建1座小型压缩式转运站。全区共购置垃圾车6辆、单臂吊5辆、吸粪车2辆、机扫车2辆，果皮箱

2800个、移动式垃圾箱26个。

2008年，辛庄镇、北闸口镇、八里台镇新建3座垃圾转运站。购置垃圾压缩车6辆，农用机动车68辆，设置移动式垃圾箱188个。

2009年，新增4座移动式转运站，配建2座大型压缩式转运站。

2010年，新建南华路、双港新家园环卫班点2处，垃圾转运站2座。

六、城市数字化管理

2009年4月，建成区数字化城市管理监督指挥中心，共接办热线200余次，办结率90%以上。2010年，受理热线300余次，办结率90%以上。

2009年，共检查考评8个镇800余个村、100余条道路、60余条河道、130余个居民区、70余个市场、70余座公厕，拍摄照片万余张，发出整改通知百余份，印发考核简报4期。

2010年，共检查考评8个镇200余条主干道路，100余条镇区主要道路、380余个村、200余个居民区、40余个市场、40余座公厕，拍摄照片万余张，发出整改通知百余份，印发考核简报12期。通过复查，各镇对问题点位的整改率在80%以上。

第三节　综合执法

2003年，规范8处工地实墙围挡，硬化工地出入口12处，修建工地内部临时厕所9座。2004年，机动车密闭运输及扬尘污染专项治理，检查施工工程68个，依法处罚未进行改装车辆119部，运输撒漏289起。2005年，检查53个施工工程，依法处罚未进行改装车辆169部，运输撒漏882起。2006年，检查124个施工工程，依法处罚未进行改装车辆685部，运输撒漏869起。2010年，对42个施工工地进行行政管理，有序排放施工渣土56万吨。

2001年，清理柳林地区肺科医院附近环境，清运渣土存放点渣土1.61万吨，拆除违章建筑106间2160平方米、临时建筑270余间、围墙440延米，新建围墙770延米，立面整治6.73公里。2005年，依法查处道路两侧违法建设74起，拆除违法建设、违章棚亭426间4922平方米；依法拆除户外广告、门脸牌匾1101块，破旧遮阳罩、放物架116个；清出绿化空地9870平方米；取缔废品收购点20处；清理占路经营、乱摆乱卖1681起，处罚教育223起，暂扣乱堆乱放木材2车、违章经营用具1620余件；清理水泥、砂石料1000余吨。

2008年，整治户外广告，共拆改门脸牌匾560余块3000延米；占地、墙体、楼顶等户外广告设施70余处1.2万余平方米；设置近700延米景观围挡公益广告牌。

第五章　宝坻区

宝坻区，位于天津市中北部，北京、天津、唐山的中心腹地，有“京东第一集”的美誉。2001 年 3 月，国务院正式批准宝坻撤县设区。宝坻的“坻”字，原只读“chí”，水中高地之意。据传，清朝乾隆皇帝巡游到此，脱口念成宝坻（dǐ），因为金口玉言，从此，就叫作宝坻（dǐ）。1986 年，县市容环卫管理委员会成立，下辖城管监察中队，1991 年，县环卫管理所划归县市容环卫委管理。1996 年，建立县市容环境联合执法大队和县环卫管理局。2007 年，成立区城市管理综合执法局，2011 年，区市容环卫委改为区市容和园林管理委员会。

第一节　市容环境管理

一、街道综合整修

1997 年，建设透视墙 7000 延米、装饰墙 770 延米，粉刷街景立面 5.5 万平方米。2009 年，清洗墙体 33 万平方米，粉刷油饰建筑墙体 14 万平方米。空调移机 720 台，安装空调罩 2073 个。

2010 年，建筑墙体瓷砖改涂料 6.3 万平方米，镶置仿古砖 2.9 万平方米，仿古檐 1600 米，添加欧式楼檐和窗套 2.6 万米，铝塑包装 9000 平方米，更换玻璃门窗 7500 平方米，砌大理石台阶 4500 米，楼体修复、平改坡 2200 平方米，清洗粉刷墙体 17 万平方米，新建透视墙 421 延米，提升改造门脸牌匾 2.7 万平方米。

二、户外广告设置与清理

2003 年，清除津围公路两侧违章广告牌匾 470 块。2004 年，拆除不符合城市容貌标准户外广告牌匾 156 块 4975 平方米。2005 年，拆除城区未经批准设置的落地广告、拦路广告 205 块。2007 年，拆除大型广告、墙体刀牌 150 块，安装广告牌匾 90 块。2008 年，拆除大型广告、墙体刀牌 160 块，安装广告牌匾 80 块。2009 年，规范治理 420 家商户门脸牌匾 2078 块。2010 年，拆除违章广告 1565 块。

三、景观灯光建设与管理

2007 年，实施 53 处楼体亮化工程，使用电源线 2.04 万米，冷阴极管 1.07 万米，泛光灯 409

个、聚光灯3个、投光灯89个。2008年，对窝头河公园两侧绿地进行亮化，对双向总长492米七座桥梁、总长434米七个凉亭、总长749米十二处两岸护栏和二座楼体进行亮化；对钰华街两侧进行亮化，总长3500米、亮化点位35处，对建设路与开元路交口处的奇石绿化带进行亮化，设置地上放光灯15盏，地面草坪灯13盏，立式造型灯4个。2010年安装节日隧道灯68条，改造安装楼体景观灯、轮廓灯3300盏。

四、专项治理工程

2003年，清迁废品收购站100个，清除垃圾1650吨，清除脏乱死角52个，净化水面2万多平方米，清洗墙面6000延米，清刷乱贴乱画165处，清理流动摊点120个，清除违规悬挂235处，清除占路棚亭45个。2005年，取缔夜市4个，清除里空外卖1965家，烧烤摊点68个。2006年，清除楼顶广告20块，清理窗贴2400处。2007年，清除垃圾死角210个建筑垃圾5600吨。2008年，清理打捞河道40条、沟渠247条。2010年，治理脏乱点位470处，清理垃圾4100吨，拆除私搭乱建96处，规范广告牌匾379块。

五、综合治理工程

2005年，清理乱涂、乱写、乱画、乱贴4.68万处。

2008年，“迎奥运”市容环境综合治理。清运垃圾4.35万立方米，整治境内公路30条、村庄101个、工业园区5个、河道30条，打捞水面漂浮物890立方米，拆除违章棚亭9处，清除摊点245个，治理广告牌匾350块，清除乱贴乱画2600张，规范施工工地21个，栽植各类树木4.01万株，新建垃圾池42个、垃圾箱300个，硬化街道30条。

第二节 环境卫生管理

一、道路清扫

城区主、次干道51条，其中迎宾路6条、一级道路12条、二级道路22条、三级道路11条，清扫保洁面积336.13万平方米。实行清扫保洁一体化作业、人扫与机扫相结合作业、清扫与保洁分离作业等作业方式。达到“六净六无一不准”质量标准，即路面净、便道净、排水口净、树穴净、果皮箱净、垃圾池周围净；无垃圾堆，无渣土堆，无运输撒漏及浮土，无白色污染及漂浮纸屑，无积水，无杂草；不准将路面杂土扫入排水口。

路面实行人工清洗和机械清洗相结合，有洒水车1台，高压清洗车1台，每天洗路、洒水作业5小时。

环卫部门投资建设溶盐池，并及时在路面上洒盐水，将积雪清运到指定弃雪点。

二、生活废弃物管理

沿路商家店铺的垃圾，采取人工入户收集方式，日收集三次，运至垃圾转运站。机关单位设置垃圾桶，采取垃圾自卸罐车直运方式。居民区、道路垃圾由清洁工人收集运至垃圾转运站，密闭直运垃圾处理场进行无害化处理。年产垃圾 7 万吨。

公厕清掏、化粪井吸粪，自动吸粪车日作业 2.4 车次，保证 148 座公厕化粪井的粪便吸排。

三、环境卫生设施

城区有公厕 148 座，垃圾转运站 43 座，日处理垃圾 200 吨的生活垃圾卫生填埋场 1 座。罐装自卸车 3 台、后装式压缩车 4 台、双臂吊车 5 台、箱式转运车 4 台、吸粪车 2 台、洒水车 1 台、洗路车 1 台，装载机 1 台、铲车 1 台、机扫车 3 台、小四轮垃圾车 15 台。

四、专项治理

2008 年，签订《门前市容环境卫生责任告知书》1541 户，其中门前张贴“门前责任牌”560 户。管理人员分片包段，督促检查。专门聘请社会义务监督员，不定期、不定时对签定告知书的单位、个人进行监督、检查。

2010 年，治理市郊结合部地区，清理垃圾死角 680 余处，清理垃圾 6700 余立方米，清除柴草垛 36 个，整治入城河道 2 条，整治入城道路 12 条。

第三节 综合执法

一、数字化城市管理

2010 年年底，区级数字化城市管理平台正式建成并投入使用。

二、重点地区管理

全区路段分为重点管理区域、核心管理区域、常态管理区域、热点管理区域，不同区域执行不同管控标准，采取差别化、精细化管理的工作措施，提高管理执法的及时性、针对性和实效性。对劝宝超市周边、文化广场、健身广场、玉佛宫、广济寺等重点管理区域，实行“全天候、全覆盖、无缝隙”执法勤务模式，有效解决街面执法“盲区”和监管“空白点”。对核心区域、常态区域和热点区域，结合实际，配置相应执法力量，提高行政执法效率，确保处于有序可控状态。

三、专项治理工程

（一）治理违法占道经营

2008年3月，集中整治广川街、西街、北城路、南关大街、进京路、钰华街、商贸街、东城路、商业街和田场、西南楼2个便民农贸市场。2009年，扩大整治范围，对建设路、南三路、开元路等主要街道沿街店铺店外摆卖、里空外卖现象集中整治。

（二）整治户外广告牌匾

2008年4月，对破损广告、违法设置户外广告、不文明广告予以取缔和更换，依法拆除过期、废旧、超规划广告，清除未经批准的落地广告，在主次道路实现“门脸牌匾整齐划一、户外广告设置文明美观大方、总体效果‘眉清目秀’”。2009年，对津围路（城区段）、开元路、南城路、广川街、东城路、商贸街、建设路东段两侧违章门脸牌匾、墙体广告、墙体刀牌、楼顶广告、占路灯箱、违章布标进行集中整治，清理违章广告牌匾1770余块、布标460余条。

（三）治理马路餐桌、马路烧烤

2008年3月，现场教育警告违章行为人298人次，暂扣烧烤炉具、简易餐桌椅等经营性工具298件套，取缔违章摊点47处。2009年，治理违章经营户178户次，暂扣烧烤炉具143套、暂扣餐桌椅127套。

四、综合治理工程

2008年5月，迎奥运综合治理，对违章占道经营、占道加工修配、刀牌广告牌匾、垃圾运输、破坏园林绿化、“马路餐桌”、“马路烧烤”、违法建设进行治理。拆除违章棚亭227处1100余平方米。教育纠正扬尘撒漏违章行为人6580人次。

2009年，开展第二轮市容环境综合治理，拆除南城路、钰华街、南关大街、进京路、东环路、商贸街等路段违法违章棚亭172处2900余平方米；拆除鸣石苑小区53户1620平方米、南关大街7户15间378平方米、钰华街道顺驰小区1户34平方米违法建筑。退路进厅2110户，清理占路摆卖、占路加工作业、散摊游贩6840余人次，制止纠正乱泼乱倒、乱画乱挂、乱堆乱放、毁绿占绿、破坏市政设施违章行为3910余人次。在津围公路环岛、朝阳大道与宝白路交口处设置2处岗勤点，城区内安排专门巡查组，每天24小时不间断执法，实施常态化管理，查处扬尘撒漏违章运输车辆9100余辆次。

2010年，开展第三轮市容环境综合治理，共拆除、更换违章广告牌匾1565块、单体字295个，拆除违章建筑354处6561平方米，纠正扬尘撒漏、车轮带泥车辆6000余部次，检查施工工地350多处次。

第六章　武清区

武清区，位于天津市西北部，为京、津两市的中心点，是京津冀三省市的交汇点，素有“京津走廊”美誉。1981年，由杨村镇政府组建清洁大队，后更名为卫生管理站，1996年5月，组建县市容环卫管理局。1986年8月，成立县市容管理委员会。1992年9月，改为县市容环卫管理委员会。2002年3月，更名为区市容环卫管理委员会。2010年6月，改为区市容和园林管理委员会。1987年，组建县市容委监察中队，1992年1月，成立县城管监察中队，2000年1月，成立县联合执法大队，2007年4月，成立区城市管理综合执法局。

第一节　市容环境管理

一、街道综合整治

1991年，搞京津公路一条街，粉刷建筑物围墙1000延米。1998年，雍阳西道、雍阳东道，新华路立面粉刷9935延米。2004年，拆除违章建筑765间，清理广告牌匾790块，清理乱堆乱放3900余处、脏乱死角1200处，建设公园、绿地16.8万平方米，街道、胡同硬化65.2万平方米。

2003年，29个乡镇硬化路面31.4万平方米，拆除破旧建筑3105万平方米，植树3.65万株，建文化墙1520延米。2007年，29个乡镇街道墙体粉刷25.57万平方米，绿化13.73万平方米，建遮挡文化墙3617平方米。

2010年，墙体立面粉刷，城际铁路沿线5.1万平方米、“四条放射线”22.1万平方米、重点乡镇30.7万平方米。

二、户外广告管理

1990 ~ 2010年，对破损广告、违法设置户外广告、不文明广告予以取缔和更换，依法拆除过期、废旧、超规划广告，清除不符合要求的户外广告牌匾、乱贴乱画。

1990 ~ 2010 年武清区户外广告清理统计表

表 8-6-1-142

年份	数量（处）	年份	数量（处）	年份	数量（处）	年份	数量（处）
1990	73	1995	1335	2002	41	2007	385
1991	424	1996	1480	2003	4851	2009	2116
1992	690	1998	9280	2004	123		
1993	1970	2000	442	2005	326		
1994	806	2001	3720	2006	85		

三、景观灯光建设与管理

1976 年，安装高压汞灯 130 盏。1991 年，安装五头华灯 413 盏。1998 年，安装灯光装饰 107 处 234 个。2000 年，形成 3 个灯光组团，6 条射线，装饰灯光 229 处，安装 4 处旋转射灯、4 处菊花串灯、2 处礼花灯。2010 年，更新路灯 630 盏，建成雍阳西道树挂灯光景观。

四、综合治理工程

（一）京山铁路、高速公路整治

2008 年，京山铁路沿线绿化 3010 亩，植树 24 万株。高速公路沿线绿化 1.83 万亩，植树 166.4 万株，清整边沟 134 公里。

1990 年，京津、津围公路沿线村镇整修房屋 774 间 2.35 万平方米，楼房 9 幢 7991 平方米。1994 年，建筑外檐装修 2100 延米 1.1 万平方米。

（二）区级路网沿线整治

2005 年，综合整治区级路网沿线市容环境，植树 10.6 万多株，硬化街道 4.75 万平方米，填平废置坑塘 3 万平方米，拆除残墙断壁 210 处。2007 年，清除杂草 900 多处，拆除违章建筑 5000 多平方米、广告牌匾 150 余块。2008 年，粉刷建筑立面 53 万平方米，规范广告牌匾 2653 块，硬化道路 150 万平方米，建围墙 3.19 万米，植树 190 万株，绿化 2.2 万亩。

第二节 环境卫生管理

一、道路清扫保洁

（一）道路清扫

1981 年，清扫县城 14 条街道。1993 年，清扫面积 53.4 万平方米。1999 年，城区道路保洁权向社会公开招标，24 条主干道路 88.23 万平方米，年中标金额 49.72 万元。

2005年，实行机扫，作业面积56.5万平方米。

2007年，城区清扫面积21条道路210万平方米。2008年，新增4条道路19.2万平方米。2010年，清扫面积222.38万平方米。

（二）清融雪

2006年2月，清理积雪600立方米。2008年12月，清理积雪1240立方米。2010年元月，在城区32条主干道路喷洒融雪剂510吨、撒盐50吨，清除积雪1910立方米。12月，对28条道路和居民区喷撒融雪剂60吨。

二、生活废弃物管理

（一）生活垃圾管理

1996年，收集垃圾1745立方米。1999年，收集县城214个垃圾箱点、39个楼口。2003年，平房区每100户、经营门店每130户设1名保洁员，每天3遍定时入户收垃圾。2004年，有75片居民区6650户上门收集垃圾。2008年，达到1.28万户。

2002年，新建简易垃圾站10个。2006年，有13座垃圾转运站、116个垃圾箱点、46个机关团体173个垃圾箱点，每天收集垃圾150吨。2007年，购置垃圾运输车1辆，垃圾中转箱8个，垃圾桶1900个，日清运垃圾200吨。

（二）粪便管理

1955年，由粪业社清掏镇区公厕，收集粪便，晾晒粪干，用作农肥。1956年，粪业社改称清洁队。1958年，公厕由各街、村安排人清掏。1990年，部分公厕承包给个人。1993年后，兴建、改造水冲式公厕。1997年，建二、三类公厕22座，由个人承包管理。2010年，5个街道共有71座旱厕，粪便收集处理实行承包制。

三、环卫设施

（一）垃圾转运站

1997年7月，在邮局宿舍、广厦中里各建1座垃圾转运站。

2008年，市容委直管垃圾转运站11座，年转运量2.9万吨。杨村街道办事处管理垃圾转运站11座，徐官屯街道办事处管理垃圾转运站1座。

武清区城区垃圾转运站分布情况表

表8-6-2-143

责任单位	转运站名称	地点	占地面积（平方米）
区市容委	泉州北路转运站（单箱）	泉州北路西侧教育局后	60
	建设南路转运站（单箱）	建设南路东幸福路北侧	60
	塔园路转运站（单箱）	塔园路东头二中大门北	60

续表 8-6-2-143

责任单位	转运站名称	地点	占地面积（平方米）
区市容委	机场道北转运站（双箱）	育才小学东北角老箱点处	100
	杨宝公路东（双箱）	徐官屯村东头（盛轩工贸东）	100
	团结路转运站（双箱）	团结路东侧法庭南	60
	大桥东道转运站（单箱）	大桥东道北卫管站门前	60
	杨宝路转运站（双箱）	杨宝公路畜牧中心西	100
	教研室北转运站（双箱）	教研室北围墙外	100
	振华西道北转运站（双箱）	西苑公园东南角围墙外	100
	泉兴北路转运站（单箱）	泉兴北路东杨村煤气站围墙外	100
杨村街道办事处	四街转运站（双箱）	居委会东空场公厕旁	100
	三街转运站（双箱）	乡长村三街东老箱点处	100
	六街转运站（双箱）	三支渠桥南建设路西侧老箱点	100
	八街转运站（双箱）	春光巷东西主路拐弯东老箱点	100
	北郑庄东坑转运站（双箱）	朱小坑	100
	九街转运站（双箱）	大光明市场北东西道北老箱点	100
	四街新村南转运站（双箱）	四街新村南、部队沟北	100
	上善大街转运站（双箱）	上善大街北头老箱点处	100
	三街转运站（双箱）	北河滩三街西新村南	100
	上下园转运站（双箱）	上下园村北	100
	王庄转运站（双箱）	王庄村内	100
徐官屯	曹园村南转运站（双箱）	曹园村南老箱点处	100

（二）公共厕所

武清城区原有公厕均为旱厕，为杨村镇所属各村街及驻城区各单位自建。1994 年，新建招商场、三街 2 座公厕。1997 年，在县城主干道路两侧新建改建厕所 23 座。2008 年，城区有市容委管和社会管公厕 115 座，其中水冲式 31 座。2010 年，城区市容委直管的公厕共 39 座，其中水冲式公厕 29 座，旱厕 10 座。

2010 年武清区市容委直管水冲式公厕分布表

表 8-6-2-144

公厕名称	坐落地点	建设时间	建筑面积（平方米）	类别	蹲位		无障碍设施
					男	女	
团结路公厕	团结路北端西侧	2000 年 10 月	70	二	5	5	有
团结路公厕	团结路东侧 7 号楼旁	2007 年 7 月	68	二	3	3	有

续表 8-6-2-144

公厕名称	坐落地点	建设时间	建筑面积（平方米）	类别	蹲位		无障碍设施
					男	女	
站北路公厕	站北路北端东侧	2003 年 9 月	60	二	5	5	有
泉兴路公厕	泉兴路东侧	1999 年 10 月	80	二	5	5	有
人寿保公厕	雍阳西道人寿保险东侧	2004 年 10 月	80	二	5	5	有
消防队公厕	泉州北路东消防队墙外	1997 年 11 月	40	三	3	3	—
机场道公厕	机场道西端南侧	1999 年 10 月	50	三	5	5	—
乡长村公厕	乡长村大道西商店对过	1998 年 9 月	45	三	5	5	—
菜市场公厕	大桥东道北四街菜市场	1997 年 9 月	60	三	5	5	—
胜利路公厕	胜利路北端东侧	1997 年 10 月	40	三	4	4	—
车道口公厕	常德大街东侧车道口	1997 年 9 月	40	三	4	4	—
塔园路公厕	东端北侧	2005 年 10 月	70	二	4	4	有
胜利路公厕	胜利路南端西侧	1997 年 10 月	45	三	5	5	—
宾馆公厕 1	雍阳宾馆院内	2004 年 9 月	40	三	4	4	—
宾馆公厕 2	雍阳宾馆院内	1990 年 9 月	40	三	5	5	—
人大公厕	雍阳东道人大宿舍院内	1997 年 10 月	40	三	3	3	—
养路工公厕	杨崔路东养路工区宿舍	1997 年 9 月	40	三	4	4	—
教育局公厕	泉州北路西教育局后	2007 年 9 月	60	二	4	4	有
雍阳东道厕	雍阳东道路南侧雍园内	2007 年 7 月	68	二	3	3	有
区医院公厕	雍阳西道北区医院门前	2007 年 7 月	87	二	4	4	有
广厦道公厕	广厦道北六小小公路西	2007 年 9 月	60	二	3	3	有
泉旺路公厕	泉旺路东侧海隆饭店南	2007 年 9 月	56	二	3	3	有
育才路公厕	育才路西区教研室房后	2007 年 10 月	70	二	3	3	有
振华西道厕	振华西道杨村三中北门	2007 年 10 月	68	二	3	3	有
强国道公厕	强国道南侧杨村八小西	2007 年 10 月	110	二	4	4	有
运通广场厕	运通广场东北角	2007 年 10 月	25	二	2	2	有
杨宝路公厕	杨宝路东徐官屯医院前	2007 年 9 月	68	二	3	3	有
四小公厕	雍阳东道南四小大门西	2008 年 7 月	68	二	3	3	有
火车站公厕	火车站旁	2008 年 10 月	68	二	3	3	有

（三）环卫车辆

1978 年，清洁队有毛驴架子车 1 辆。1980 年，购置 20 型拖拉机 1 部。1981 年，购置 130 汽车 3 部。1983 年，购置手推二轮车 15 辆。

1992 年，有 130 汽车 2 部、解放翻斗 1 部、吸粪车 1 部、小四轮拖拉机 2 部。1998 年，购进自装卸垃圾专用车 2 部。1999 年，购置拖拉式小型扫道机 1 部。2000 年，购置垃圾运输车辆

18 部，其中后装式垃圾压缩车 4 部、吸粪车 4 部。2003 年，购置 BJ3046DJE5 轻型自卸车 2 部。

2010 年，共有机动车 30 部。其中重型专项作业车 1 部，装载机 1 部，中型专项作业车 9 部，重型自卸货车 1 部，轻型自卸货车 5 部，轻型箱式货车 1 部，其他车辆 2 部。有三轮保洁车 496 辆。

（四）垃圾箱、果皮箱

2010 年，城区 18 条主干道路设置果皮箱 700 个。

2010 年武清区城区部分主干道路果皮箱设置情况表

表 8-6-2-145

道路名称	果皮箱类型	数量（个）	道路名称	果皮箱类型	数量（个）
雍阳东道	双桶分类收集	22	雍阳西道	双桶分类收集	77
泉旺路	双桶分类收集	33	振华西道	双桶分类收集	42
泉发路	双桶分类收集	24	强国道	单桶收集	50
新华路	单桶收集	36	杨崔路	单桶收集	41
团结路	单桶收集	17	广厦道	单桶收集	47

（五）垃圾处理场

1. 区垃圾处理场

1993 年 10 月，在 120 亩废弃地建成垃圾处理场，实行垃圾堆山处理，日处理垃圾 120 吨。2006 年，与天津泰达环保有限公司合作经营，以填埋为主。2007 年 9 月，区垃圾无害化处理场建成，日处理垃圾 200 吨。

2. 石各庄镇简易垃圾处理场

2007 年，建成全区第一个乡镇级垃圾处理场，日处理垃圾 20 吨。

第三节　综合执法

一、专项治理工程

（一）整顿道路环境秩序

1988 年 9 月，清理摊亭点位 699 个，取缔室外台球经营点 15 处。

1990 年，整修房屋 774 间 2.35 万平方米、楼房 9 幢 7991 平方米、围墙 6479 延米；拆除房屋 125 间 2210 平方米、公厕 2 个 90 平方米。1991 年，清除建筑条石 2000 多块、砖 17 万块、沙子 100 平方米，垃圾杂物 1020 立方米。

2007 年，清理占道晾晒 4.3 万平方米。

（二）市场退路进厅

1988年，处理占道经营194起，清理夜市摊点75处。1991年，清理乱摆乱放摊点48个，里空外卖31处。

2001年，清除占道摊点1400余个，清除里空外卖3400余个。2004年，清除店外经营422起、游动经营792起，取缔马路餐桌92户、规范早点摊位138个。2007年，规范经营户38家，取缔违法户64家，取缔占道摊点412个。2008年，规范经营摊点26家，取缔违法户35家。清除33户固定摊位123间3291平方米房屋、棚亭。2009年，取缔占道摊点465个。2010年，清理里空外卖、堆物858处。

（三）户外广告管理

1996年，清除残旧牌匾、布标780块。1998年，拆除残旧牌匾94块。2002年，清除灯箱牌匾31个，更新大型广告牌10块。2008年，拆除广告牌匾193块、更新192块。2009年，清除4000余家门店橱窗贴画近10万张，没收灯箱1750个、布标1824幅，拆除牌匾1289块、楼顶大型单体字317个。2010年，拆除牌匾216块、更新329块，拆除单体字10块、清除橱窗贴画3000余张、布标帐幔144条。

二、综合治理工程

（一）脏乱环境治理

2003年，购置垃圾焚烧炉3套，处理医疗废弃品约1.5吨；拆除乱悬乱挂67处，清理乱贴乱涂2286处（张），处罚乱泼乱倒186人次，清理乱堆乱放13处，清理脏乱死角18处，清运垃圾850吨；清理店外烧烤7处，取缔马路餐桌23处，店外摆卖70处。

2004年，处罚违章建筑工地4个。2006年，治理在建工地72个，道路施工工地4个，房屋拆迁工地2个，运河改造工地1个，砂石料堆放场7个。

（二）环境秩序综合治理

1993年，清理违章建筑、棚亭和私搭乱建1185个，里空外卖51处。2000年，拆除违章建筑26处485平方米，拆除违章棚亭48处、封挡46处。2002年，处罚各类违章2080余起，规范建筑经营市场、门店463处，查处乱停放车辆460余台次，没收和处罚三轮车298辆。2007年，拆除违法建设975间2.84万平方米，控制在建1212间3.12万平方米。协助乡镇拆除违法建设147间8275平方米。2010年，拆除违法建设8万平方米。

（三）铁路沿线综合治理

2008年，京山、城际铁路沿线，拆除建筑物1.81万平方米、整修4795.5平方米；城际铁路沿线，拆除建筑物6868余平方米、整修8142余平方米。

（四）迎奥运综合整治

2008年，拆除违法建设279间7041平方米，取缔占道摊点502个，取缔灯箱广告和门楣牌匾211块、布标112块。

2010年，清理流动摊贩3600个，治理里空外卖2920处；清除沿街门店橱窗贴画2.9万余张，没收信息牌、落地灯箱、宣传布标1300余块；拆除违法建设45起3600余平方米。

第七章 蓟 县

蓟县，地处燕山南麓，位于天津市最北部，东临唐山，西襟北京，南联天津，背靠承德，据四市之腹心，扼关东之咽喉。全县共有26个镇乡、949个行政村，2010年，全县总人口83.6万人。

1978年，组建了城区4人清洁队。1984年，县城建部门与城关镇统一管理市容。1990年4月，建立县市容管理委员会，下设城市建设管理监察中队。1993年，更名为县市容市政管理委员会；1998年，更名为县市容市政管理局，下设县环卫管理所、机动车辆清洗管理所、建筑垃圾工程渣土管理所。2002年，更名为县市容环卫管理委员会，2010年，更名为县市容和园林管理委员会。2009年，在20个镇成立城市管理综合执法大队。

第一节 市容环境管理

一、街道综合整修

1991年，修补12条柏油路、破损路面104处。1992年，埋设污水管道390米，砌筑维修检查井、收水口83座，维护收水口篦子224套，修复路面56平方米、人行道1294平方米。1993年，维修路面59处193平方米、路口105平方米，铺砌人行道3730平方米、承压砖路口1.24万平方米。

1997年，维修砖路面1550平方米，铺砌河卵石人行道480平方米；铺砌方砖路口611平方米，接下水管道194米，修复人行道578平方米，砌筑检查井3座；铺砌人行道1398平方米，砌边沟12米，砌挡墙23立方米，砌护坡43平方米，清运土方847立方米。

2000年，铺设排水管道2746米，砌筑检查井、收水井156座，维修慢车道、人行道9285平方米、路面519平方米，清掏收水井、检查井735座，疏通下水管道227米，清掏边沟垃圾289立方米。

2010年，整修建筑273栋26.88万平方米，平房拆迁22户1.5万平方米，空调移机2800台，安装空调罩4100个。

二、户外广告设置与清理

1990年，拆除70余块牌匾，整顿2.4公里道路街头用字。1994年，清理广告、信息牌570多块。1996年，拆除不规范门牌字号76块，违章布幅199幅，修复灯箱8个。1997年，维修大型占路广告牌1块，灯杆布幅160幅，布标92幅，遮阳罩1处；清除乱挂布标349幅、不规格门牌字号25块、违章灯箱8处、破旧彩旗90条。1998年，清除违章牌匾150块，清除布幅189条，彩旗96条。2001年，设置大型广告橱窗3块，灯箱25个；清除违章灯箱253个、违章布标477幅、牌匾308块；清理乱贴乱画8386张、乱写乱画419处、覆盖喷涂广告259处。2002年，清理乱贴乱画2586张、乱写乱画259处；清除违章灯箱253个、布标127幅、牌匾268块；拆除灯杆广告120个、乱设指示牌27个，处罚违规商店42家。2005年，拆除违章户外广告牌匾200块、信息广告牌27块；清理、更新户外广告牌匾89块，查处违章户外广告牌28处。2008年，拆除陈旧、破损、无序设置的违章户外广告牌匾424块，清除垂幅、过街横幅320条、灯笼430个、彩旗27处。查获非法张贴行为42起，清除乱涂乱画乱贴广告3200余条。2009年，拆除各类违章户外广告牌匾248块，规范设置牌匾116块。2010年，规范户外广告牌匾1170块。

三、景观灯光建设与管理

2001年，增设夜景灯光3处。2003年，迎宾路800米257棵树木装点成“火树银花”。先后完成了一中、开发公司、渔阳宾馆、建委、土地局、建行等单位夜景灯光建设，建成迎宾路夜景灯光示范路。更换562根路灯。2004年，改造中昌路沿线二层以上公建楼建筑物夜景灯光照明设施。2007年，建设完成府君山“钻石塔”、渔阳宾馆新楼、城关镇办公楼灯光改造等景观灯光工程。

2004～2006年，完成51个餐饮、娱乐、休闲夜景灯光精品工程。2004～2007年春节期间，道路两侧路灯杆悬挂大红灯笼2.4万盏。

四、专项治理工程

1990年，开展容貌环境达标竞赛活动。改造8座水冲式厕所，完成2.4公里1.36万平方米建筑物整修工程，整修5个居民区容貌环境，清除脏乱死角70多个、清运垃圾1.98万吨，撤销3条路段摊群摊点，植树8.1万株，拆除和制止9处违章建筑、清除乱贴乱画126处、清整乱设牌匾161处、清理里空外卖175处、乱摆乱卖96处、乱堆乱放451处。

1997年，创建文明示范街活动。整修12幢楼房、290间平房、牌坊3个、围墙405米。维修路面2150平方米、人行道379平方米、方砖路口167平方米，维修检查井3座，疏通下水管道1处，更换井盖17个、收水口篦子27个，改造公厕下水道15米，垃圾池93座。

2001年，夏季市容环境秩序整治。清理垃圾杂土350吨，清理乱贴广告45处630多张。维修141个破损垃圾道门和82个垃圾箱桶，运走垃圾杂物600多吨。2002年，整顿市场经济秩序。取缔占路摊点178个，处罚违章243起，没收违章物品315件，清理流动摊贩163个、规范摊点218个。

五、综合治理工程

2008年，开展迎奥运市容环境综合整治。清理垃圾渣土19车、杂物11车，撤除占路摊点68个，拆除违章建筑340处，制止在建违章建筑25起，拆除17块违章户外广告牌匾。

2009年，开展京秦铁路环境综合治理。清理3处垃圾点位，拆除违章建筑，填平临时垃圾填埋坑，迁移砖瓦存放场，关闭小型水泥构件厂，并实施绿化。

2010年，开展第三轮市容环境综合整治。整治道路11.59万米，整修建筑713栋37万余平方米；拆除违章建筑6万平方米、拆迁1.9万平方米；安装空调罩4273个，空调移机4386台；规范户外广告牌匾4020块；清拆护栏、吊挂物5733个；新建公园2个，新增绿化面积234万平方米，栽植各类乔灌木600万株；道路罩面26万余平方米，铺装50万平方米，修整边沟2.8万平方米；增设护栏2400米、画标识线6100米；设置果皮箱、垃圾桶、地埋式垃圾箱2200个；管线切改1.25万米，变电箱落地、进院65个；完成道路环境卫生清整23条、居民区28个，共清理垃圾渣土及各类废弃物5.2万余吨。

第二节 环境卫生管理

一、道路清扫保洁、生活废弃物、公厕管理

1990年4月19日，成立蓟县市容管理委员会。负责清扫保洁人数119人，其中临时工116人，清扫总面积46万平方米，年产垃圾量3.6万吨。2000年，有环卫工人166人，完成城区43条街道130万平方米、30个居民区的清扫保洁任务。2010年，共有环卫工人684人，负责城区545万平方米道路、36个居民区和35座水冲公厕的清扫保洁任务。

1990～2010年部分年份蓟县道路清扫保洁、垃圾清运、公厕管理统计表

表8-7-2-146

年份	清扫保洁				垃圾清运			公厕保洁（座）	粪便清除（吨）
	街道（条）	胡同（个）	居民区、点（个）	面积（万平方米）	单位	垃圾池	清运量（万吨）		
1990	18	3	15	46	—	—	3.6	—	—
1991	32	5	31	53	158	155	—	37	—
1992	34	8	15	62.8	56	—	3.2	37	—
1993	34	14	24	—	—	153	3.8	37	—
1994	34	14	24	—	—	153	4.38	37	—

续表 8-7-2-146

年份	清扫保洁				垃圾清运			公厕保洁（座）	粪便清除（吨）
	街道（条）	胡同（个）	居民区、点（个）	面积（万平方米）	单位	垃圾池	清运量（万吨）		
1995	45	—	—	78	—	—	4.59	37	—
1996	45	—	—	78	—	—	5.17	37	—
1998	43	—	—	83	—	—	6	41	1800
1999	43	—	—	110	—	—	—	—	—
2000	43	—	—	130	—	—	—	—	—
2002	43	—	30	130	—	—	—	—	—
2005	47	—	30	220	—	—	—	35	—
2006	—	—	30	280	—	—	—	35	—
2010	—	—	36	545	—	—	—	35	—

二、环境卫生设施

1990 年，有垃圾运输车 5 辆，其中汽车 3 辆、小型拖拉机 2 辆，手推垃圾车 74 辆。1996 年，有垃圾运输车 8 辆，拉水车、吸粪车、装载机各 1 部。2000 年，有垃圾运输车 15 辆，拉水车、吸粪车、装载机各 1 部。2003 年，购买道路吸扫车 1 台、危险垃圾运输车 1 辆、大型封闭式垃圾运输车 1 辆，封闭式垃圾周转桶 200 个。2004 年，购置多功能洒水车 1 台；更新环卫手推车 12 辆。2006 年，购置垃圾场专用压实机 1 台、奥峰垃圾自卸车 1 辆、多功能洒水车 2 部、环卫执法车 3 部、环卫工人保洁三轮车 85 辆。2008 年，增购道路清扫车、密闭式垃圾压缩车、垃圾自卸车、厨余车、道路清洗车等大型特种车辆 9 台套，购置密闭、便捷、环保、高效环卫工人保洁车 100 辆。2010 年，拥有大型环卫专用特种设备 36 台套。

1998 年，有公厕 41 座，其中水冲式 34 座，旱厕 7 座。2010 年，城区 35 座公厕全部改造为星级公厕或高级公厕。

2005 年，占地面积 200 亩、总库容量 66 万平方米的生活垃圾处理场投入使用。占地 420 亩、使用 20 年的建筑渣土填埋场投入使用。购置渣土平整装载机、大型推土机、多功能洒水车、垃圾清运车、垃圾清扫车等环卫车辆。

1999 年，设置果皮箱 135 个。2001 年，更换、设置 360 个果皮箱。2002 年，更换配制果皮箱 225 个。2004 年，更换、新设果皮箱 78 个。2005 年，主干道路两侧安装高档果皮箱 161 个、地埋式垃圾箱 11 个、新设密封式垃圾桶 143 个。2007 年，购置垃圾桶 42 个、新式果皮箱 73 个。

三、专项治理工程

（一）义务清整

1990 年，先后三次开展机关干部奉献日活动，共整治 11 条道路，清除各种废弃物和垃圾

5325立方米。1991年，义务劳动28次，清除32处垃圾死角，清除违章占路30余处，抢运垃圾1000余立方米，清除34条街路杂草。1992年，综合整治服务月活动，清除脏乱死角140处，清运垃圾1390吨。1993年，清除乱贴乱画19处，清除垃圾渣土点92个，清运垃圾渣土2800吨，清除脏乱死角107处。1994年，清除乱贴乱画66处，清除脏乱死角64处，清运垃圾渣土3400吨。1995年，全年组织义务劳动85次，参加人数达2045人次，清除乱贴乱画55条，脏乱死角76处。1996年，4次大型环境综合整治，共清除脏乱死角56处，清运垃圾约1.5万吨。1997年，清除脏乱死角68处，清除垃圾污物3800多吨，清运工程渣土4200多吨。1998年，组织大小清整活动80余次，共清除脏乱死角75处，清理乱堆乱放60处，清除环卫设施乱贴乱划80余处，清除各类垃圾渣土5.5万余吨。1999年"全民治脏义务劳动日"，清除垃圾死角16处，清运垃圾80吨，基建渣土120多吨。清除乱摆乱卖26起，拆除违章棚亭2间，清理乱堆乱放42处，处罚洒漏车辆6辆，清除乱贴乱画13起，违章信息牌匾126块，布标4幅。2004年，组织23次集中清整活动，清理卫生死角320处，清理垃圾杂物820吨，治理乱扔乱弃、乱泼乱倒210起。2010年，进行7次集中清整，清理脏乱点位100余处、垃圾杂物8000余吨。

（二）门前"三包"

1990年，门前"三包"涉及沿街责任单位406个，其中个体工商户201个。1991年，责任单位93个，占总数45%，责任地段3.45万平方米，设置门前三包监督岗33个，市容卫生维护监督员69名，其中自包监督员52名。1992年，责任单位271个，责任地段4.4万平方米；设置门前监督岗44个，市容卫生维护监督员106名。1993年，责任单位267个，其中自包单位131个，代包单位136个，责任地段4.4万平方米；设置门前监督岗44个，市容卫生维护监督员103名。1994年，责任单位287个，其中自包单位151个，代包单位136个，责任地段5万平方米；设置门前监督岗54个，市容卫生维护监督员123名。1995年，落实责任单位313个，责任地段5.63万平方米，设置门前监督岗16个，市容卫生维护监督员138名。2008年，城区176个责任单位全部落实门前卫生清扫责任制。

第三节　综合执法

一、依法行政

1991年以来，共清理规范性文件4件，其中继续使用的3件，废止的1件。聘请各方面义务监督员15名。

2004 年，对 1058 件行政处罚和 70 件行政许可进行检查，并对发现的问题及时整改。

二、城市管理考评

2009 年 11 月，数字化城市管理指挥中心成立。2010 年 1 月，对“事、部件”进行确权，并着手建立蓟县城市管理“事、部件”手册。4 月，建立座席员，信息采集员队伍。5 月 28 日，蓟县数字化城市管理试运行。每天立案 60 余件，全部在规定时限内办结。有效地解决了环境卫生、市容市貌、综合执法等城市管理问题，大大提高了工作效率。

三、专项治理工程

1990 年，治理“十乱”。先后拆除各种违章建筑 250 间 4328 平方米、制止违章建筑 9 间 128 平方米、违章棚亭 162 个、残墙断壁 27 处 612 延米、整建破旧篱笆 37 处 784 延米；清除马路市场 9 处，调整摊群 178 个，治理乱摆乱卖和里空外卖 1399 起；整治乱设牌匾和信息牌 864 快，清除乱贴乱画 807 处，乱写乱画 341 处；清除乱堆柴草和杂物 116 处，废弃土 5058 吨，各种垃圾 4955 吨；治理乱圈乱占 21 处；铲除各种杂草 2.89 万平方米。

2000 年，实施“畅通工程”。处罚违章 76 起，罚款 2 万多元，扣留人力三轮车、三轮摩托车 216 辆，扣留方便面、啤酒、饮料 270 多箱、日用小百货近 2000 件。

2001 年，治理“白色污染”，先后五次进行清理整顿活动，共没收不可降解塑料袋 2 万多个，处罚不法商贩 7 家。

2004 年，清整违章占路摊点，清除违章占路摊点 48 个、违章占路早点摊 14 个，拆除 30 个棚亭，治理乱堆乱放 5 处，里空外摆 9 处。

四、综合治理工程

1998 年，实施“4321”工程。创建四条达标路、四个达标小区、巩固提高四条示范街、整建四个占路市场；打通三条路路；提高净化和绿化水平；整治一条污水河。

2000 年，实施“2453”计划。创建两条样板路、治理四个重点地区，开展五项专项治理活动；开展三次义务清整活动。

2003 年，预防“非典”市容环境综合整治。先后治理各种违法行为 860 余起，处罚相对人 473 人次，组织了 5 次大型清整活动，清理垃圾杂物 5300 吨，取消府君山夜市，取缔占路摆卖、马路烧烤摊点 164 个。

第八章 静海县

静海县位于天津市西南部，海河流域下游，是国务院批准的沿海开放县之一。东北、东南分别与西青区及大港区接壤，西北部与河北省霸州市交界，西部和西南部分别与河北省文安县、大城县相接，南部是河北省青县和黄骅市。静海县城距天津市区40公里、天津新港80公里、天津滨海国际机场60公里，距北京120公里。1981年1月，成立静海镇卫生管理站。1987年4月，成立县市容卫生管理委员会。1996年12月，成立县市容环卫管理局。2001年12月，县市容环卫管理局更名为县市容环境卫生管理委员会。2010年3月，更名为县市容和园林管理委员会。

第一节 市容环境管理

一、街道综合整修

2002年1月，以“三路一街”（东方红路、静文路、胜利路、十里长街）为重点，进行街道综合整修。2008年以后，整修力度增大，形式多样化。

2008 ~ 2012年静海县街道整修情况表

表8-8-1-147

年份	整修街道（条）	拆除牌匾（个）	安装牌匾（个）	粉刷（平方米）			空调移机加罩（个）	粉饰清洗（平方米）	隐蔽外露线（米）
				墙体	围栏	门窗			
2008	2	2975	3410	6000	—	—	—	—	—
2009	3	5900	7500	—	—	1200	2252	16.9万	9416
2010	4	13000	16265	—	4615	7408	2087	46866	6815

二、户外广告管理

2008年，拆除户外广告373块，更换画面165块；设置广告、围栏遮挡3600平方米；清除玻璃乱贴乱画341处。2009年3月，对户外广告和牌匾设置进行治理，改变牌匾设置长短不齐，大小不一，材质低劣、破损严重现象。2010年，拆除大型户外广告牌93块。

三、景观灯光建设

2009 年，静文路两侧楼体安装夜景灯光轮廓外线 2100 米。

2010 年，采用低耗能亚克力罩灯光，对十里长街绿化带进行灯光装饰。

四、专项治理

1997 年 4 月，对县城 15 条主干路、367 条街道、甬路、支路等进行大扫除，组织各单位签订“门前三包”责任书。

2003 年，完成抗击“非典”三大战役，治理贾苑门口、县医院门口、二中路口等重点路段的乱摆乱卖和马路烧烤。

2008 年，对 24 条主干道 273 户流动早点摊，免费办理临时摊位证。

五、综合治理

（一）脏乱环境治理

1999 年，拆除胜利大街南段、新立大街北段、南纬三路、联盟路南段等道路 97 处 2200 平方米的临时棚亭，捣毁乱贴乱画窝点 13 处。

（二）铁路沿线综合治理

2002 年，综合治理火车站广场地区，拆除各类违章棚屋 6 间，清理各类经营摊点 40 余户次。

（三）综合整治

2008 年，迎奥运拆除废旧、过期、不规范牌匾广告 1505 块，更新、安装 775 块。清除乱贴乱画 5500 处次，清洗、粉刷 181 家门店楼体。

2010 年，重点对十里长街、东方红路、104 国道、旭华道等路段进行整治，下发各种法律文书 8700 余份。

第二节　环境卫生管理

一、道路清扫保洁

1981 ~ 1989 年，静海镇卫生管理站负责县城清扫面积 7.5 万平方米。1990 年，清扫面积 23.23 万平方米。1997 年，保洁道路 27 条，日清扫面积 110 万平方米。2005 ~ 2006 年，清扫保洁县城 32 条道路。2007 ~ 2008 年，清扫保洁县城 33 条道路 150 万平方米。

1990 年，配备罐车 2 部，洒水车 1 部。2005 ~ 2006 年，购置洒水车、机扫车、垃圾清运车等大型作业车辆 12 台。2008 年，购置压缩车 1 部，改装压缩车 1 部，3 吨压缩车 1 部，监察车 2 部，保洁车45辆，5.5吨单臂吊垃圾箱5个，垃圾桶320个，增加30名环卫协管人员。2009年，增加一线保洁人员近40人，购置新保洁车100辆，购置、安装新果皮箱300个，翻新保洁车158辆，接管城区14条无主道路的清扫保洁任务。

2010年，增加保洁人员122人，购置保洁车172辆、机扫车7辆、高压清洗车1辆，果皮箱45个。接管东昌道、月纬路、北丰路、瑞和道南段等14条无主道路和交通局3座立交桥，4条省道、国道穿城段，累计增加清扫保洁面积140.3万平方米，增加绿地卫生保洁面积106万平方米。东城机扫面积达13.28万平方米，西城达11.57万平方米。

二、清融雪

2010年，人工撒盐400吨，自制推雪板人工推雪。对行政机构、企事业单位划分义务清雪责任路段。投资60万元，兴建占地面积150平方米溶盐池1座。

三、公共厕所建设与管理

1997年9月，开始水冲公厕改造。2007年6月，下发《静海县县城区公厕改造建设实施方案》，改造面积335平方米。2009年，改造维修公厕27座。2010年，改造维修公厕20座。

1997～1999年静海县公厕管理所负责的部分厕所分布情况表

表8-8-2-148

公厕名称	公厕类别	启用年份	建筑面积（平方米）	占地面积（平方米）
人工湖西北角	三类	1997	61.6	98
北纬楼4号楼北（工会对面）	三类	1997	57	82
北纬二路西段南侧	二类	1997	78	105
北纬四路东段南侧	三类	1999	48	144
北安楼5号楼路东胡同口	三类	1999	36	84
北纬三路西段北侧	三类	1999	35	70
胜利楼侧	三类	1999	48.4	63
北纬三路西与联盟大街交口	三类	1999	51.7	78
北纬二路西段一排居民区内	三类	1999	49.45	70

四、垃圾处理

1992年，启用位于静海镇大河滩村西垃圾处置场，占地6.25万平方米，至2002年，场内垃圾50万立方米，已基本饱和。2003年7月，更名为海环废弃物处理场，设计生活垃圾日处理能力200吨。

1990年，县城共有32个垃圾集中点。1998～2001年，县城新建垃圾屋16处。2010年，县城内建设完成13座垃圾转运站。

2010 年静海县城内垃圾压缩站明细表

表 8-8-2-149

地点	数量	工作形式	占地面积（平方米）	建筑面积（平方米）	坑位（个）	收集量（吨）
东五里	1	垂直式	66	66	1	10220
同善里	1	垂直式	66	66	1	4380
北纬四路	1	垂直式	66	66	1	5840
东升道	1	垂直式	66	66	1	4380
世嘉桥	2	水平式	66	66	2	4380
范庄子	1	水平式	67.4	67.4	1	2920
王楼	1	水平式	67.4	67.4	1	2920
瀛海桥	1	水平式	67.4	67.4	1	4380
东边庄	1	水平式	67.4	67.4	1	2920
东兴道	1	水平式	67.4	67.4	1	4380
西边庄	1	水平式	67.4	67.4	1	4380
曹官庄	1	水平式	67.4	67.4	1	2920
北纬四路	1	水平式	67.4	67.4	1	2920

五、专项治理

（一）签订门前三包责任书

1997 年 4 月，组织各单位签订“门前三包”责任书，通过检查评比，对问题单位进行通报。

（二）治理市郊结合部

1997 年 3 月 28 日，开展“万人百车”大会战，对县城偏僻地区和城乡结合部多年形成的“垃圾山”“垃圾带”进行清除。

2010 年，对城乡结合部、城中村进行专项治理，出动人员 6000 多人次，各类车辆 1734 车次，清理垃圾死角 510 余处，清运垃圾杂物 2 万余吨。

（三）道路环境卫生专项治理

1997 年 3 月 15 日至 5 月 30 日，开展创建“迎宾路”“文明示范样板路”活动，加强道路巡查，落实定人、定岗、定责的“三定原则”。

2007 年 7 月 28 日，开展“让道路两侧净起来”集中清整活动，6000 多名干部职工、社区居民参加清整，清除垃圾 31 余车，清除渣土杂物 42 车。

（四）白色污染专项治理

1999 年 10 月 30 日，组织小学生开展“热爱家乡、清洁县城、清除白色污染”义务清理活动，出动小学生 2000 人次，拾捡塑料袋 1 万余个。2000 年，向沿街单位、商家发放可降解垃圾袋 35 万个，实施垃圾袋装。

六、综合治理

（一）脏乱环境治理

2003年，为抗击“非典”，投资6.8万元购置消毒药品，每天2次对县城30座垃圾中转站、13部垃圾运输车、200余个果皮箱进行消毒；6月18日集中清理日，发动2.2万人次，清理垃圾死角500余处，清扫污染面15万平方米。

2006年，百日综合整治活动，出动5万余人次，300余部机械车辆，清除道路两侧、居民区、集贸市场、河道等堆存的垃圾、渣土和废弃物近1万吨。

（二）市容环境综合整治

2008年，迎奥运全年累计出动1.5万人次，清除脏乱点位、堆物堆料870余处，清除垃圾近1万吨。

2009年，清理无主垃圾点位20处，清除垃圾150多吨。

2010年，共出动人员7000人次，铲车、挖掘机、清运车辆420台套，清除建筑垃圾、生活废弃物8600余吨，清除杂草14万平方米，平整沟坡8万平方米 .

第九章 宁河县

宁河县位于天津市东北部，地处京津唐大城市群中间地带，面向广阔的华北、东北平原。宁河县有丰富的自然资源，粮食、蔬菜以及动植物资源种类丰富，是国家批准的沿海开放县之一。1988年12月，成立县市容环卫管理委员会。1994年4月，隶属于芦台镇政府所管理的卫生站划归县市容委。1997年2月14日，县市容委更名为县市容环卫管理局。2002年5月17日，县市容环卫管理局更名为县市容环卫管委会。2010年6月25日，县市容环卫管委会更名为县市容和园林管理委员会。1989年，县城管监察中队划归县市容委。2000年6月17日，组建县城市管理综合执法大队。2008年3月6日，撤队改局，成立县城市管理综合执法局。

第一节 市容环境管理

一、街道综合整修

1989年7月至1991年，整修、粉刷光明路、商业道8320延米两侧围墙、楼房。

1991 年 5 月至 1998 年 12 月，政府投资 250 万元，对城区内一、二级路两侧便道进行硬化。

2008 年，以迎奥运为契机，分别对 205 国道、津榆支路、芦汉路以及津唐高速公路芦台出口至铁道立交桥两侧实施组合围墙遮挡。

2009 年，对光明路、商业道、新华道、芦汉路、津榆支路沿街楼房进行清理、粉刷，实施绿化硬化。

2010 年，对光明路、商业道、金翠路、芦汉路、芦堂路、震新路、沿河路、205 国道区域连接线和方舟公园、华翠公园进行综合整治，完成土方 64.7 万立方米、便道铺装 1.06 万平方米，整修楼房 97 幢，屋顶平改坡 4000 平方米，墙体立面粉刷 21 万平方米，绿化 54 万平方米、植树 9.11 万株。

二、户外广告设置与清理

2003 ~ 2010 年，建设与大县城开发开放相适应的高水平、高品位的户外广告；对新增门店的广告牌匾严格要求，统一部署，统一安装，统一设计，对老门店广告牌匾逐一检查，发现残、缺、旧、破及时通知更新及过期续办手续。

2003 ~ 2010 年宁河县户外广告审批设置与清理明细表

表 8-9-1-150

年份	完成行政许可宗卷（宗）	拆除违法广告（处）	规范广告牌匾（处）
2003	286	160	—
2004	168	182	—
2005	635	220	—
2006	200	260	—
2007	523	360	—
2008	108	150	—
2009	75	—	1000
2010	89	—	310

三、街景灯光建设与管理

2003 年，提升改造城区“商业道霓虹灯一条街”，共涉及商户 220 户、建筑物 40 处。2008 年，提升商业道、光明路、震新路、新华道两侧夜景灯光水平；路灯照明启开时开启夜景灯光，22 点 30 分闭灯。

2010 年，建设光明路绿带灯光。

四、市容环境专项治理

2004 年 5 月，成立扬尘污染专项治理领导小组，对施工工地环境卫生差、运输带泥、撒漏污染、渣土清理不及时、生活垃圾倾倒在建筑废土上形成垃圾戴帽等现象，进行专项治理。5月17日至7月5日，专项治理扬尘污染，出动1090人次，对20个施工工地进行整治，共查处有整改内容的43处。动用各种机械设备600台套，整治9条主干道，清除污染物1万吨。组织交通局、水务局，对蓟运河河北坡小薄桥至芦台大桥全程4公里的垃圾和废弃物进行清理，共出动各种车辆300台次，清理垃圾废弃土5000吨，并摆设垃圾箱17处。

2005年2月1日至3日，开展卫生大清整，县市容委、城建委、水务局、交通局组织100余人，出动装载机、挖掘机、翻斗车19台套，对一中路口、金翠路8处卫生死角、垃圾活堆进行清理，清除各种垃圾、杂土、废弃物、杂草300吨。

2006年6月，县市容委组织48个相关单位4000余人、120台车辆，对蓟运河河北堤、芦汉路宁河段开展夏季清理，清理8.9公里22.25万平方米，清理各类垃圾、杂物200余吨。

2006年9月27日至29日，开展大清整活动，组织1.2万余人、车辆19辆，清除各种垃圾、杂草、废弃物、白色污染260余吨。

2007年9月10日至11日，对蓟运河坡西侧进行整治，清理垃圾、杂草、废弃物1600吨，硬化南侧蓟运河坡道2600延米。

2010年，对光明路、商业道、金翠路、芦汉路、芦堂路、震新路、沿河路、205国道区域连接线和方舟公园、华翠公园进行整治。完成土方64.7万立方米、便道铺装1.06万平方米、绿化54万平方米、植树9.11万株，规范灯箱广告牌匾265处，整修楼房97栋，屋顶平改坡4000平方米，墙体立面粉刷21万平方米。

第二节　环境卫生管理

一、道路清扫保洁

1977年6月，芦台镇组建卫生站。负责全镇清扫、清运、清掏工作，清扫光明路、建设路和沿河路。2010年，购入2台清洗车，用于城区主要道路水洗作业。

2009年，购入2台融雪铲，配合2台装载机清理积雪。2010年又购入1台大型融雪铲车。

二、生活废弃物管理

清洁员每天用小推车挨家挨户收集生活废弃物，并运往指定的转运站，再由专用清运车运往处理厂。

1967年，芦台镇第一街道成立大粪组，由个人管理，专人入厕清掏粪便，用自行车或马车送往指定粪场晒干卖给农村当肥料。

1997 年，旱厕改为水冲公厕，粪便进入三格化粪沉淀池，再入下水排出，同时购入吸粪车来吸取沉淀后粪便。

三、环境卫生设施

主要道路两侧 100 延米摆放一个果皮箱，商业繁华道路 50 延米摆放一个果皮箱。

环卫公厕 71 座，其中二类标准厕 6 座、水冲厕 45 座、旱厕 20 座；化粪池 51 个；废弃物容器 105 个，其中圆桶式 28 个、斗式 51 个、箱式 26 个。1997 年，投资 380 万元对城区 63 座公厕实施维修改造，2010 年全部完成。

2010 年，有垃圾转运站 10 座 (因改造已拆处两座)。

1999 ~ 2010 年宁河县垃圾转运站建成表

表 8-9-2-151

转运站名	建成时间	转运站名	建成时间	转运站名	建成时间
永盛道	1999 年 8 月	朝阳路	1999 年 10 月	北小区	1999 年 9 月
建设路	2000 年 6 月	建设路	2000 年 6 月	火车站	2000 年 8 月
二中	2001 年 6 月	沿河路	2001 年 10 月	建国	2001 年 10 月
华翠公园	2003 年 12 月				

1996 年，建垃圾场 1 座，投资 180 万元，占地 130 亩，已停用。

2007 年，建垃圾压缩转运站 1 座。

2010 年，投资 32 万元购置洒水车 1 部，投资 75 万元购置洗扫车 1 部。购置各种环卫专用车辆 21 辆。

四、脏、乱环境治理

2003 年，全年共集中清整 7 次，发动人员 1200 人次、各种车辆 22 台 720 台次，清除垃圾杂物 2500 吨。

2008 年，全年共清整道路 40 余次，治理城乡结合部 4 处，清理脏乱死角 16 处，清理垃圾、杂物 1000 吨。

2010 年，清理道路 88 条次，治理城乡结合部脏乱点处 8 处，清理脏乱死角 13 处，清理各种废弃物 1200 吨。

第三节 综合执法

一、拆除违章建筑

2001 ~ 2005年，拆除历史性违章建筑396户4.29万平方米。

2001年，组织户主自行拆除青年路两侧违章建筑物、构筑物、堆积物、车辆维修点18处。清除光华路西侧德胜酒店门前家禽200余只、狗11只，煤棚4座、简易厕所2座、狗窝7个、鸡笼8个、杂品闲置堆放物7吨。

2002年，责令停止违法建设124户，拆除猪舍19间、牛棚2间，清理生猪20头。

2003年，拆除违法圈占1.6万平方米，拆除残旧围墙6800延米。配合芦台影剧院改造工程，拆除临时建筑物、花棚8000余平方米，拆除团结道小区临时建筑物、临时占地68户125处3880平方米，拆除党庄村23户抢占宅基地的违章建筑。

2004年，拆除违法圈占114处7938平方米，制止违法建设61户4309平方米，拆除临时建筑34户671.68平方米、围墙42户703.22平方米、猪舍4处812.77平方米。清理津榆支路建新段西侧出售板材、竹竿商户19户7800平方米，临时建筑52间。

2005年，拆除违法圈占61处4000平方米，制止违法建设44户、申请法院拆迁13户。

2005 ~ 2010年，拆除历史性违章建筑1359户5万余平方米，制止违法建设51户7140平方米，拆除违法建设厂房2处2169平方米，违章广告牌104块、铁皮棚亭24间、活动厂房51间，集装箱16间，清理土堆废墟200吨、申请法院拆迁5户。

二、市容环境清整

2008年4月10日至8月8日，清整城区主干道路两侧市容环境。拆除违章设立各类广告牌匾295块、布标42条、清理店面玻璃贴胶8.1万平方米、清理非法小广告1.5万处，拆除风斗、棚亭15处，违章建筑9处、清理乱堆乱放585处，各种垃圾120车600余吨，清理流动经营、里空外卖600余处，拆除设置圈挡130米。

三、道路治理

2001年10月，治理新改造道路两侧不文明行为，下发通知3000多份，清理暂扣各种占道经营的工具及物品2400余件，便道堆积物89处，清理被封堵的水篦子32处，对14人采取经济处罚。

2003年，清理非法冲车点6处，平整道理两侧土地1.8万平方米，绿地3.4万多平方米，粉刷墙面1.2万平方米，清理垃圾300多吨，拆除私设广告设施145处，改造灯箱210处。

2004～2010年，清理桥北路至赵庄中学道路两侧、芦汉路大陈段两侧及城区各条主要干道。发放限期改正通知书1983份，清理墙体乱涂乱画非法小广告4330处、清除门窗玻璃粘胶1万余处、门脸乱贴乱画1.2万处（张）、牌匾广告100余块、布标118条、灯箱65个，没收非法宣传品3.2万张，清除乱堆乱放58处，割掉杂草800多平方米，平整便道700余平方米，清除各种垃圾200余吨，清理违章占道经营车辆32辆，处罚占道经营及占路加工商贩37人次，清理各类外摆物品110余件，查处乱堆乱放1210处，乱倒垃圾渣土等863处，清理各种流动商贩802处，暂扣商品各种经营工具510个，清理公共场所加工作业点62起，处罚违章摊贩750人。

四、治理车辆污染

2002～2010年，在城区各主要路口设卡、昼夜巡查，累计阻止控制“三超”车辆及易污染车辆进入城区28.54万辆，查处1.56万辆。

2002～2010年宁河县治理车辆污染情况表

表8-9-3-152

年度/份	控制辆次	查处辆次	年度/份	控制辆次	查处辆次
2002	32000	1538	2007	31680	1720
2003	29700	1890	2008	35102	1810
2004	36000	1870	2009	31040	1538
2005	32800	1640	2010	23000	1720
2006	34110	1830	合计	285432	15601

五、市容环境综合整治

2001年，清理各类焚烧点29处，清理夜市烧烤、露天烧烤摊位132个，清理烧烤工具、桌椅27车，清除售煤点11处、白铁皮加工点5处，清理占路冲车、修车点17处。

2005年，清理违章占道经营车辆17辆，处罚占路经营商贩20人（次），清理各类外摆物品54余件。

2006年，清理占路经营摊点87个、里空外卖39户、夜市烧烤16户，暂扣相关车辆63辆，相关物品101件。

2007年，清理学校周边占路经营摊贩15个、早市里空外卖摊贩24个。

2008年，治理205国道曹庄段环境。清理点位27处，清理违法占地、违法棚亭10处，清理垃圾杂物12处，废旧物品回收点1处。拆除违法建设圈占25户400平方米。清运建筑和生活垃圾15车25吨。

2009～2010年，下发各类执法通知书800份，清拆灯箱牌匾235块，清除乱贴乱画29处4454张、布标幔帐98条、乱吊乱挂333处、违章广告信息牌400块，清理违章摆摊43处、露天烧烤89处次、占路加工作业156处次、马路餐桌85处次、里空外卖386处次、占路摆卖473处次，清除乱堆乱放234处次、脏乱点位178处次，处理违法案件33个，罚款400起2万元。

六、数字城管

2010年5月，数字城管指挥中心平台试运行，通过网上流转、监控摄录等手段查处占路经营、里空外卖、涂写张贴、破坏绿地等违法违章行为800余起，教育和处罚相对人1200余人次，比人力执法提高工作效率30%以上。

第九篇

人　物

市容环卫系统历届领导干部以“美化城市，净化环境，造福人民，服务经济”为宗旨，把全身心投入到工作之中，为市容环卫事业的发展，兢兢业业、任劳任怨、率先垂范、竭尽全力。

广大市容环卫职工以“宁愿一人脏，换来万人洁”的行业精神，为美化城市、净化环境辛勤劳作、无私奉献。市容环卫系统获得市级以上荣誉称号的先进人物85名、先进集体8个，他们不但是市容环卫行业的骄傲，也是广大市容环卫职工的楷模。

植根于市容环卫一线的科技人员，在基础工作研究、垃圾粪便无害化处理以及环卫机具研制等方面都取得可喜的成绩。他们以忘我的劳动和创造性的工作，为天津市市容环卫事业的发展做出了突出贡献。

第一章　人物简介

第一节　市容系统历任正局级干部

李金声　生于1928年6月，河北省束鹿县人，函大毕业，中共党员。1942年参加工作。1942年2月至1944年任河北省束鹿县二区交通联络员；1944～1946年冀中抗中学习；1946～1949年冀中军区司令部电讯队学员、华北军区电讯工程学校组委、班长，华北城工部电台干部；1949～1954年天津军管会电台干部、天津市委政研室调研员；1954～1955年中共天津市私企工委组长；1955～1962年天津市计委工业办公室副科长、工业处副处长；1962～1972年天津市生产指挥部工业组组长、计划组副组长、歼灭战指挥组组长、基建组副组长；1972～1974年天津市基本建设委员会基建处副处长、处长；1974～1980年天津市建委副主任党组成员（1976～1978年兼任天津市房管局局长、党委书记）；1983～1986年天津市市容管理工作委员会主任、党组书记，调任天津市委城建工委副书记。

高宝华　曾用名：高国兴(1930年8月～1991年9月)，天津市武清县人，初小肄业，中共党员。1945年12月参加工作。1945年10月至1946年底参加革命工作；1947年初至1947年11月武清县第四区、第九区区委会干事；1947年12月至1949年12月冀东区、天津工委、天津第九区第五街组员、街长；1950年1月～1951年12月公安九分区邵公庄派出所所长；1952年12月～1960年6月红桥区组织部、工业部干部、组长、副部长；1960年8月～1961年8月天津市第四钢厂副厂长；1961年8月至1986年3月任红桥区街道部、区委、区政府常委、副主任、副书记、副区长；1986年4月～1989年2月天津市市容卫生管理委员会主任；1989年2月调任天津市人民政府副秘书长兼任天津市市容卫生管理委员会主任。

王德惠 生于1944年7月，山东省牟平人，大学毕业，中共党员。1967年9月参加工作。1967～1968年天津大学留校待分配；1968年7月～1984年1月天津市排水管理处工人、技术员、副队长、副处长、处长；1984年1月～1984年10月天津市整党联络组副组长；1984年10月～1989年3月天津市市政工程局副局长；1989年3月～1993年6月天津市市容卫生管理委员会副主任、主任，兼天津市委城建工委副书记；1993年任天津市副市长。

李占东 生于1944年，天津市人，高中学历，中共党员。1962年6月参加工作。1962年6月～1970年7月中央警卫团战士、干部；1970年7月～1984年3月江西省军区司令部办公室秘书、副主任、军务处副处长；1984年3月～1989年3月天津市市容委调研处副处长、处长；1989年3月～1996年5月天津市市容卫生管理委员会(天津市爱国卫生运动委员会办公室)副主任；1996年5月～2002年12月天津市园林局副局长、党组副书记、局长、党委书记[兼天津市市容环境管理委员会(天津市爱国卫生运动委员会办公室)副主任]；2002年12月～2005年12月任天津市市容环境管理委员会(天津市爱国卫生运动委员会办公室)主任、党组书记；2008年9月退休。

史晓成 生于1945年，江苏省武进人，大学毕业，中共党员。1969年7月参加工作。1969年7月～1975年2月重庆国营429厂动力科技术员；1975年2月～1981年1月天津市西郊区计委干部；1981年12月～1984年2月天津市西郊区城建房管局干部、副科长、局长、党组副书记；1984年2月～1987年3月天津市西郊区建委副主任；1987年3月～1989年3月天津市西郊区副区长；1989年3月～1991年1月天津市城乡建设委员会副主任；1991～1992年12月天津市河北区副区长、区长、区委副书记；1992年12月～1997年10月河北区委书记、区人大常委会主任；1997年10月～2000年5月天津市城乡建设管理委员会副主任、天津市政府市容管理办公室主任；2000年5月～2002年12月天津市市容环境管理委员会(天津市爱国卫生运动委员会办公室)主任、党组书记。后调任天津市政协副秘书长。

王敬威 生于1951年，天津市人，大专学历，中共党员。1969年1月参加工作。1969年1月～1972年10月在天津市西青区小年庄乡插队务农；1972年10月～1977年12月天津市自来水公司、自来水工程公司工人、团委副书记；1977年12月～1997年7月天津市城乡建设委城市建设处生产计划科副科长、综合计划处副处长、外经处处长兼主任助理；1997年7月～2003年12月天津市机械设备成套局副局长、局长、党组成员、党组副书记；2002年12月～2009年5月天津市市容环境管理委员会(天津市爱国卫生运动委员会办公室)副主任、主任、党组副书记、书记；2009年5月调任天津市政府副秘书长。

李福海 生于1957年，天津市人，中专毕业，中共党员。1980年参加工作。1980年12月～1983年2月武清县河北屯乡中学教师、教育办公室总辅导员；1983年2月～1984年5月武清县团委学少部部长；1984年5月～1986年11月武清县团委副书记、书记；1986年11月～1990年8用武清县梅厂乡乡长、乡党委书记；1990年8月～1995年4月武清县大沙河乡党委书记，1995年4月～1998年7月赴西藏挂职，任西藏昌都县委书记；1998年7月～2000年10月武清县委副书记；2000年10月～2006年12月武清区委副书记；2006年12月～2009年5月天津市政府副秘书长（正局级）；2009年5月任天津市市容和园林管理委员会（天津市爱国卫生运动委员会办公室）主任、党组书记。1997年8月～1999年12在中央党校函授学院政法专业学习。

第二节 环卫系统历任正局级干部

苏振华 曾用名：苏延忠、苏千（1909—1969），河北省灵寿县人，高中学历，中共党员。1937年参加工作。1937年11月至～1947年2月晋察冀三分区十一大队副指导员、指导员；1947年2月～1948年8月曲阳县利民总店经理；1948年8月～1950年10月华北贸易总公司粮食科科长、粮食公司储运室主任；1950年10月～1951年3月天津市粮食公司副经理；1951年3月～1956年4月天津工业器材公司、天津五金站经理；1956年4月～1959年6月天津市一商局副局长；1959年6月～1962年10月天津市中医学院副院长；1962年10月～1963年12月天津市药政局局长；1964年1月，天津市药政局撤销，1964年11月～1969年9月任新建天津市环境卫生局局长。

王培仁 （1916—1988），山西省代县人，相当高中学历，中共党员，天津市卫生工程局党委书记、局长。1936年12月参加工作。1936年12月～1938年5月山西省决死六总队连大队、政治工作员；1938年5月～1940年3月山西长治中县牺盟会、长治中心区路东特派员、部长；1940年3月～1941年6月决死队三纵队、太行三分区政治部科长；1941年6月～1948年2月太行第四军分区敌工站、太行第四军分区政治部站长、副主任、主任；1948年2月～1948年12月太行区襄垣县县长；1949年1月～1949年10月天津市塘沽区政府区长；1949年10月～1950年1月天津市环境卫生处处长；1950年1月～1952年12月天津市卫生工程局局长、党委书记；1953年1月～1956年12月天津市市政工程建设局局长、党委书记；1956年6月～1957年12月天津市政府建设办公室主任；1958年1月～1958年12月天津市建设委员会主任、党组书记；1959年1月～1961年12月中共天津市委建交部部长、兼天津市建委主任、天津市委常委；1962年1月～1966年12月天津市政府副市长、天津市委常委；1967年1月～1970年3月“五七”干校劳动；1970年3月～1972年8月天津市七〇四七工程指挥部总指挥、党委书记；1972年8月～1980年6月天津市基本建设委员会副主任；1980年7月～1988年5月天津市人大常委会副主任。

张兆铭 曾用名：张鸣山(1916年8月—2003年8月)，河北省涞源人，高中文化，中共党员。1937年10月参加工作。1937年10月～1945年9月晋察冀军区文书、团指导员；1945年9月～1949年2月四纵队野战医院政委、医大附属医院政委、华北军区卫生部、政治部副科长、白求恩和平医院政治处主任；1949年2月～1951年3月天津市卫生局秘书长；1951年4月～1953年1月天津市总医院副院长；1953年1月～1956年9月天津市卫生局医院管理处处长；1956年9月～1958年1月卫生部进修学院学员；1958年2月～1970年8月天津市卫生局副局长、革委会副主任；1970年8月～1972年12月天津涉县铁厂领导小组成员、党委常委；1973年1月～1978年12月天津市卫生局副局长；1979年1月～1983年6月天津市环卫局局长、党组书记；1983年6月离休。

赵宝元 曾用名：赵颉(1930年6月—2002年4月)，天津市静海县人，高中文化，中共党员。1949年5月参加工作。1949年5月～1953年天津电车公司外勤团支部书记、公司团总支书记、工会副主席；1953年～1969年天津市市政工会、交通运输工会、宣传部副部长、部长、公用局工会副主席；1960～1968年天津市公用局党委办公室主任；1968～1969年天津市供给系统"五七"干校劳动；1969～1973年天津市市容车厂革委会副主任、天津市房产公司革委会副主任、地铁筹建处领导小组组长；1973～1981年天津市自来水公司党委书记、经理；1981～1982年天津市公用局副局长，1982～1992年天津市环卫局局长、党组书记；1992年离休。

张常山 生于1947年11月，山东成武人，中央党校研究生，中共党员。1965年5月参加工作。1965年5月～1969年11月工程兵某团警通排战士；1969年11月～1972年3月陆军某团特务连排长、作战股参谋长；1972年3月～1984年5月陆军某师司令部参谋、教导队副队长、队长、594团参谋长；1984年5月～1990年8月天津市塘沽区环境卫生管理局副局长、局长；1990年8月至～2000年5月天津市环境卫生管理局副局长、局长；2000年5月～2008年3月天津市容管理委员会（天津市爱国卫生运动委员会办公室）副主任。

第二章 人物表

第一节 获得市级以上荣誉称号人物

本志收录新中国成立以来荣获市级以上荣誉称号的人物，以表格为录。

一、市级机构

（一）天津市市容和园林委员会

1987～2003年间获得市级以上荣誉称号人物名录

表9-2-1-153

姓　名	性别	出生年月	职　务	荣誉名称
宋永斌	男	1965年11月8日	副处长	1987年荣获对越反击战一等功
韩全兰	男	1963年2月18日	副处长	1987年荣获一等功 1996年荣获北京军区模范营长称号
孙国昱	男	1954年3月18日	处　长	1998年度天津市劳动模范
张志顺	男	1955年7月27日	副调研员	2003年度天津市劳动模范

（二）天津市城市管理综合执法局

2007年获得市级以上荣誉称号人物名录

表9-2-1-154

姓　名	性别	出生年月	职　务	荣誉称号
刘长珍	女	1952年6月10日	政　委	2007年度天津市劳动模范

（三）天津市市容环境工程设计研究所

2001～2008年间获得市级以上荣誉称号人物名录

表9-2-1-155

姓　名	性别	出生年月	职　务	荣誉名称
张　范	男	1947年1月	正高级工程师	2001年荣获中华人民共和国 国务院颁发政府特殊津贴
齐长青	男	1964年9月9日	正高级工程师	2007年度全国建设系统劳动模范
杨书源	男	1953年7月18日	高级工程师	2008年度天津市劳动模范

（四）天津市环境管理中等职业学校（天津市市容环境宣传教育培训中心）

1998年获得市级以上荣誉称号人物名录

表9-2-1-156

姓　名	性别	出生年月	职　务	荣誉称号
王祥麟	男	1940年6月29日	校长兼党支部书记	1998年度天津市劳动模范

（五）天津市南翠屏公园管理所

2000 ~ 2003 年获得市级以上荣誉称号人物名录

表 9-2-1-157

姓　名	性别	出生年月	职　务	荣誉称号
刘淑兰	女	1947 年 3 月 22 日	党支部书记	2000 年度天津市劳动模范
张志海	男	1963 年 8 月 22 日	工人	2003 年度天津市劳动模范

（六）天津市市容环卫机械设备服务中心

1957 ~ 1980 年间获得市级以上荣誉称号人物名录

表 9-2-1-158

姓　名	性别	出生年月	职　务	荣誉称号
戚振峰	男	1920 年 10 月 10 日	工　人	1957 年度天津市劳动模范
贾玉江	男	1930 年 3 月 3 日	工　人	1973 年度天津市工业学大庆先进工作者
王碧山	男	1931 年 11 月 7 日	工　人	1979 年、1980 年度天津市劳动模范

（七）天津市双口生活垃圾卫生填埋场

1990 年获得市级以上荣誉称号人物名录

表 9-2-1-159

姓　名	性别	出生年月	职　务	荣誉称号
张宝祥	男	1954 年 7 月 22 日	场　长	1990、1992 年度天津市劳动模范

二、中心城区

（一）河东区

2000 ~ 2010 年间获得市级以上荣誉称号人物名录

表 9-2-1-160

姓　名	性别	出生年月	职　务	荣誉称号
黄俊霞	女	1965 年 2 月	清除队工人	2000 年度天津市劳动模范 2000 年度天津市特等劳动模范、2005 年度全国劳动模范称号 2005 年荣获全国“五一”劳动奖章
吴世芹	女	1954 年 10 月	唐家口三班班长	2003 年度天津市劳动模范
李绍华	男	1951 年 3 月	中山门环卫队负责人	2005 年度天津市劳动模范
王宝新	男	1956 年 3 月	万新扫道班班长	2007 年度天津市劳动模范

续表 9-2-1-160

姓　名	性别	出生年月	职　务	荣誉称号
高玉霜	女	1968 年 8 月	唐口扫道班班长	2009 年度天津市劳动模范
许　勇	男	1982 年 4 月	机扫队一班班长	2010 年度天津市劳动模范

（二）红桥区

1979 ~ 2010 年间获得市级以上荣誉称号人物名录

表 9-2-1-161

姓　名	性别	出生年月	职　务	荣誉称号
曹树兴	男		清洁大队工人	1979 年度天津市劳动模范
王玉霞	女	1957 年 1 月		1979、1981 年度天津市劳动模范；1982 年度天津市特等劳动模范；1983 年度中华全国总工会优秀工会积极分子
张金兰	男	1956 年 3 月	汽车一队工人	1980 年度天津市劳动模范
刘彦斌	男	1983 年 2 月	清扫队大胡同分队分队长	1982 年度天津市劳动模范
刘嘉俊	男	1953 年 7 月	潞河环境建设有限公司环卫设备厂副高级工程师	1986 ~ 1992 年连续 4 次荣获天津市劳动模范称号；1990 年全国总工会授予“优秀科技工作者”和“五一”劳动奖章，1990 年荣获建设部劳动模范称号；1991 年荣获中华全国总工会、国家计划委员会授予的“全国合理化建议和技术改进活动积极分子”称号，1994 年荣获国务院颁发的政府特殊津贴
王维国	男	1958 年 10 月	潞河环境建设有限公司渣土队副队长	1994 年、1996 年度天津市劳动模范
刘大江	男	1950 年 7 月	潞河环境建设有限公司公厕保洁队大队长	1998、2004 年度天津市劳动模范
李玉芳	女	1954 年 10 月	扫道一队队长	2000、2002 年度天津市劳动模范
康振强	男	1950 年 5 月		2002 年度天津市劳动模范
李绍育	男	1958 年 10 月	纪律检查委员会副书记	2002 年度天津市劳动模范
马仰江	男	1951 年 10 月	潞河环境建设有限公司公厕保洁队工人	2006 年度天津市劳动模范、2008 年获得全国“五一”劳动奖章
从毓臣	男	1954 年 5 月	城市管理工作委员会书记	2008 年度天津市劳动模范
王士珍	女	1965 年 4 月	潞河环境建设有限公司道路清扫二队工人	2008 年度天津市劳动模范
张志刚	男	1963 年 10 月	公厕保洁队工人	2010 年度天津市劳动模范

（三）河西区

1960 ~ 2010 年间获得市级以上荣誉称号人物名录

表 9-2-1-162

姓　名	性别	出生年月	职　务	荣誉称号
张景森	男	1920 年 1 月	处置厂	1960 年度天津市劳动模范
钱秋云	女	1951 年 9 月	四队	1984 年度天津市劳动模范
宋美丽	女	1947 年 3 月	一队	1986、1988、1990、1992 年度天津市劳动模范
孙丽华	女	1948 年 6 月	四队工人	1988 ~ 1993 年度天津市特等劳动模范；1989 年度全国先进工作者、“三八”红旗手；1991、1992 年获得全国先进女职工称号和全国“五一”劳动奖章；1991 年获得天津市优秀共产党员和津门十杰、市级学雷锋先进标兵称号；1994 年天津市委授予优秀共产党员标兵、城建部授予十佳劳模标兵称号
张　荣	女	1963 年 2 月	五队	1998、2000 年度天津市劳动模范
李恩喜	女	1956 年 11 月	三队	2002 年度天津市劳动模范
李建敏	女	1964 年 10 月	四队	2004 年度天津市劳动模范、建设部劳动模范
赵家来	男	1957 年 11 月	一队	2004 年度天津市劳动模范
李和平	男	1955 年 3 月	汽车队	2006 年度天津市劳动模范
孙金强	男	1949 年 7 月	市容委主任	2007 年度天津市劳动模范
艾维民	男	1953 年 2 月	六队	2008 年度天津市劳动模范
马桂珍	女	1962 年 5 月	六队	2010 年度天津市劳动模范

（四）和平区

1988 ~ 2010 年间获得市级以上荣誉称号人物名录

表 9-2-1-163

姓　名	性别	出生年月	职　务	荣誉称号
王景珍	女	1940 年 2 月	扫道四队班长	1988 年度天津市劳动模范
张立英	女	1944 年 1 月	扫道一队工人	1990、1991 年度天津市劳动模范
陈胜缺	女	1946 年 12 月	扫道一队工人	1994 年度天津市劳动模范
李长宏	男	1951 年 12 月	扫道二队工人	1996、1998 年度天津市劳动模范
王爱珍	女	1959 年 8 月	扫道二队工人	2002 年度天津市劳动模范
李富贵	男	1941 年 1 月	城市垃圾监察管理所	2004、2006 年度天津市劳动模范
李树玲	女	1956 年 10 月	扫道二队工人	2008 年度天津市劳动模范
钱铁桩	男	1963 年 4 月	城市管理综合执法局新兴大队副大队长	2009 年度天津市劳动模范
李兆东	男	1956 年 11 月	汽车修理厂	2010 年度天津市劳动模范

（五）河北区

1980～2008年间获得市级以上荣誉称号人物名录

表9-2-1-164

姓 名	性别	出生年月	职 务	荣誉称号
刘笃刚	男	1937年9月	原四队队长	1980～1990年4次荣获天津市劳动模范称号；1982年度天津市特等劳动模范。1988年度全国园林环卫系统劳动模范；1990年度全国城建系统劳动模范
顾月海	男	1965年1月	津门时传祥环卫服务中心工人	1992～2000年5次荣获天津市劳动模范（其中2次为天津市特等劳动模范），3次获得天津市优秀共产党员称号以及全国先进工作者、全国五一劳动奖章等荣誉称号
郭长玲	女	1964年1月	环卫一所中山路扫道一组组长	2004、2006年度天津市劳动模范
徐文华	男	1968年10月	环卫一所农民工	2007年度天津市劳动模范；2008年被国务院授予“全国优秀农民工”荣誉称号
刘 卓	男	1978年2月	汽车队工人	2008年度天津市劳动模范、全国抗震救灾模范、天津市抗震救灾“五一”劳动奖章荣誉称号

（六）南开区

1955～2008年间获得市级以上荣誉称号人物名录

表9-2-1-165

姓 名	性别	出生年月	职 务	荣誉称号
王洪太	男	1925年3月10日	清洁队工人	1955、1956年度天津市劳动模范
石连弟	男		清洁队汽车司机	1959、1960年度天津市劳动模范
于福元	男	1929年8月5日	清洁队分队队长	1960年度天津市劳动模范
徐春印	男		清洁队马车工	1961、1962、1963年度天津市劳动模范称号
陈崇泰	男	1923年	清洁队杨柳青粪场工人	1978、1979、1980年度天津市劳动模范
张凤祥	男	1933年8月15日	环卫车队工人	1982、1984、1986、1995年度天津市劳动模范
周月易	男	1952年9月13日	环卫车队司机	1988、1990、1992年度天津市劳动模范
周金龙	男	1958年6月29日	环卫车队工人	1994年度天津市劳动模范
张秀玲	女	1949年4月8日	环卫局工会主席	1994、2002年度天津市劳动模范
张志刚	男	1951年2月10日	环卫局局长	1996、1998年度天津市劳动模范
仲新萍	女	1954年9月19日	环卫五所工人	2000年度天津市劳动模范
赵淑萍	女	1959年3月11日	环卫三所工人	2004年度天津市劳动模范
王允杰	男	1965年6月12日	环卫局保洁队工人	2006年度天津市劳动模范
张金利	男	1958年2月23日	垃圾直运中心主任	2006年度天津市劳动模范
杜洪钧	男	1954年12月24日	环卫局局长	2008年度天津市劳动模范
王文斌	男	1964年1月12日	环卫研制所所长	2008年度天津市劳动模范

三、远郊区县

（一）东丽区

2006 ~ 2010 年间获得市级以上荣誉称号人物名录

表 9-2-1-166

姓　名	性别	出生年月	职　务	荣誉称号
张凤鳌	男	1953 年 1 月	市容园林委主任、党组书记	2006 年度天津市劳动模范；2009 年获全国“五一”劳动奖章；2010 年度全国先进工作者

（二）津南区

2003 ~ 2010 年间获得市级以上荣誉称号人物名录

表 9-2-1-167

姓　名	性别	出生年月	职　务	荣誉称号
刘长兰	女	1955 年 9 月	环卫管理所清扫工	2003 年度天津市劳动模范
回庆平	男	1949 年 11 月	市容委市容科科长	2004 年度天津市劳动模范
刘维庆	男	1951 年 10 月	市容园林委主任	2008 年度天津市劳动模范
刘怀文	男	1969 年 1 月	环卫管理所所长	2010 年度天津市劳动模范

（三）宝坻区

2003、2004 年获得市级以上荣誉称号人物名录

表 9-2-1-168

姓　名	性别	出生年月	职　务	荣誉称号
鄂士忠	男	1955 年 12 月	环卫站负责人	2003、2004 年度天津市行政机关依照公务员管理单位文明服务示范岗、天津市人民满意公务员

（四）静海县

2006 年获得市级以上荣誉称号人物名录

表 9-2-1-169

姓　名	性别	出生年月	职　务	荣誉称号
崔庆功	男	1952 年 12 月	城南环卫所原所长	2006 年度天津市劳动模范

（五）宁河县

2004 ~ 2008 年间获得市级以上荣誉称号人物名录

表 9-2-1-170

姓　名	性别	出生年月	职　务	荣誉称号
孟宪起	男	1954 年 3 月 18 日	市容环卫管理站站长	2004 年度天津市劳动模范
赵金荣	男	1952 年 9 月 2 日	市容环卫管理站大粪场掏粪工人	2008 年度天津市劳动模范

第二节　获得市级以上荣誉称号集体

1996 ~ 2010 年间获得市级以上荣誉称号集体统计表

表 9-2-1-171

单　　位	荣　誉　称　号
河西区环卫局清运中心茂名道转运站	1996、1998 年度天津市劳动模范集体
红桥区环卫局清扫二队“五四”青年路岗组	1998、2000 年度天津市模范集体，1997、1998 年共青团中央授予“全国青年文明号”
河西区环卫局一队疏通班	2000 年度天津市劳动模范集体
河东区环卫局李公楼环卫队唐口扫道班	2004 年度全国巾帼文明岗、2006 年度天津市劳模集体、2009 年度全国巾帼文明岗、市级“三八”红旗单位
河西区城管综合执法大队	2006 年度天津市创建国家环境保护模范城市先进集体
河东区环卫局机扫队	2008 年度天津市劳动模范集体
西青区市容环卫管理委员会	2009 年度第四届全国精神文明建设工作先进单位
河北区市容园林委协调科	2010 年度天津市劳动模范集体

第三节　副高级以上技术职称人员

天津市生活垃圾处理中心（天津市卫生除害管理站）

副高级以上技术职称人员统计表

表 9-2-1-172

姓　名	性别	出生时间	学　历	职　称	聘任时间
陈　洁	女	1963 年 9 月	大学本科	高级工程师	2003 年 12 月 18 日
刘建生	男	1953 年 7 月	大学	高级政工师	2004 年 9 月

续表 9-2-1-172

姓　名	性别	出生时间	学　历	职　称	聘任时间
柳宪布	男	1954 年 8 月	大学本科	正高级工程师	2004 年 11 月 24 日
崔秀春	女	1971 年 2 月	大学	高级会计师	2010 年 12 月 28 日

天津市市容环境工程设计研究所
副高级以上技术职称人员统计表

表 9-2-1-173

姓　名	性别	出生时间	学　历	职　称	聘任时间
王　敏	女	1957 年 1 月	大学本科	正高级工程师	1999 年 10 月 26 日
张　范	男	1947 年 1 月	大学本科	正高级工程师	2000 年 12 月 5 日
齐长青	男	1964 年 9 月	研究生	正高级工程师	2010 年 12 月 10 日
张　宁	女	1945 年 8 月	大学本科	副高级工程师	1994 年 11 月 1 日
曲林颖	女	1940 年 7 月	大学本科	副高级工程师	1994 年 11 月 1 日
任　润	男	1940 年 7 月	大学专科	副高级工程师	1994 年 11 月 1 日
韩中利	男	1942 年 9 月	大学本科	副高级工程师	1994 年 11 月 1 日
涂世坤	女	1939 年 7 月	大学本科	副高级工程师	1994 年 12 月
刘政纲	男	1942 年 11 月	大学本科	副高级工程师	1995 年 10 月 1 日
牟慧传	女	—	大学本科	副高级工程师	1992 年 8 月 19 日
郑　践	男	1951 年 11 月	大学专科	副高级工程师	1998 年 11 月 13 日
杨凤英	女	1947 年 11 月	大学本科	副高级工程师	1998 年 11 月 13 日
常小萍	女	1954 年 4 月	大学专科	副高级工程师	1998 年 11 月 13 日
王永盛	男	1954 年 8 月	大学本科	副高级工程师	1998 年 11 月 13 日
刘永祥	男	1954 年 11 月	大学本科	副高级工程师	1999 年 12 月
李士英	男	1957 年 2 月	大学本科	副高级工程师	1999 年 12 月 16 日
高相力	男	1959 年 3 月	大学本科	副高级工程师	1999 年 12 月 16 日
李燕君	女	1949 年 12 月	大学本科	副高级工程师	2000 年 1 月
钱文所	男	1950 年 9 月	大学本科	副高级工程师	2000 年 1 月
王四中	男	1954 年 1 月	大学本科	副高级工程师	2000 年 1 月 31 日
赵藏闪	女	1954 年 1 月	大学本科	副高级工程师	2001 年 10 月
何文晶	女	1968 年 9 月	大学本科	副高级工程师	2001 年 12 月
刘芝田	女	1965 年 9 月	大学本科	副高级工程师	2002 年 3 月 6 日
吴健萍	女	1966 年 3 月	大学本科	副高级工程师	2002 年 3 月 6 日
屈桂玲	女	1963 年 2 月	大学本科	副高级工程师	2002 年 11 月 30 日
苗慧芳	女	1963 年 11 月	大学本科	副高级工程师	2002 年 11 月 13 日
杨书源	男	1953 年 8 月	大学专科	副高级工程师	2005 年 12 月

续表 9-2-1-173

姓　名	性别	出生时间	学　历	职　称	聘任时间
赵国珠	男	1957 年 2 月	大学本科	副高级工程师	2006 年 11 月 28 日
张　艺	女	1966 年 5 月	大学本科	副高级编辑	2007 年 12 月 30 日
田　毅	女	1954 年 12 月	大学专科	副高级工程师	2009 年 12 月
孙富莉	女	1965 年 5 月	大学本科	副高级工程师	2009 年 12 月 24 日
王　翔	女	1958 年 2 月	大学本科	副高级工程师	2009 年 12 月 24 日
朱炳成	男	1957 年 4 月	大学专科	副高级工程师	2010 年 12 月 24 日
张德盛	男	1955 年 9 月	大学专科	副高级工程师	2010 年 12 月 24 日

天津市环境管理中等职业学校（天津市市容环境宣传教育培训中心）副高级以上技术职称人员统计表

表 9-2-1-174

姓　名	性别	出生时间	学　历	职　称	聘任时间
商宏麒	男	1937 年 5 月 23 日	大学本科	高级讲师	1987 年 10 月
宛铁林	男	1947 年 1 月 19 日	大学本科	高级讲师	1999 年 10 月
穆建华	女	1952 年 6 月 22 日	大学本科	高级讲师	1999 年 10 月
李乃政	男	1964 年 7 月	大学本科	高级讲师	1999 年 10 月
王　慧	女	1960 年 12 月 24 日	大学本科	高级讲师	2000 年 11 月
卢　劼	女	1955 年 10 月 2 日	大学本科	高级讲师	2001 年 11 月
苗延荣	女	1957 年 1 月 26 日	大学本科	高级讲师	2001 年 11 月
蒋秀玲	女	1958 年 4 月 12 日	大学本科	高级讲师	2001 年 11 月
徐秀华	女	1955 年 5 月 28 日	大学本科	高级讲师	2003 年 11 月

天津市南翠屏公园管理所副高级以上技术职称人员统计表

表 9-2-1-175

姓　名	性别	出生时间	学　历	职　称	聘任时间
宛子瑞	男	1949 年 3 月 13 日	大学	正高级工程师	2007 年 3 月
刘淑兰	女	1947 年 3 月 22 日	大学专科	高级政工师	2002 年 5 月
刘鸿俊	男	1957 年 8 月 1 日	大学专科	高级工程师	2010 年 4 月
王　兰	女	1956 年 11 月 23 日	大学本科	高级政工师	2010 年 11 月

天津市市容环卫机械设备服务中心副高级以上技术职称人员统计表

表 9-2-1-176

姓　名	性别	出生时间	学　历	职　称	聘任时间
李占卫	男	1955 年 9 月 11 日	本科	正高级工程师	2007 年
刘文郁	女	1941 年 2 月 15 日	大专	高级工程师	1992 年

续表 9-2-1-176

姓　名	性别	出生时间	学　历	职　称	聘任时间
朱彭午	男	1942 年 10 月 10 日	本科	高级工程师	1995 年
齐　刚	男	1953 年 10 月 25 日	大专	高级工程师	2000 年
方　新	男	1956 年 12 月 17 日	本科	高级政工师	2002 年
王玉来	女	1954 年 11 月 29 日	本科	高级政工师	2003 年
崔　弘	男	1955 年 11 月 6 日	大专	高级工程师	2005 年
李崇明	男	1955 年 6 月 6 日	本科	高级工程师	2006 年
王　杰	男	1959 年 2 月 7 日	大专	高级工程师	2007 年
姚建秀	女	1959 年 1 月 29 日	大专	高级工程师	2009 年
李士峰	男	1959 年 10 月 17 日	大专	高级工程师	2009 年
李　齐	男	1954 年 2 月 19 日	大专	高级经济师	2010 年
李淑华	女	1956 年 6 月 23 日	本科	高级经济师	2010 年

天津市市容环境信息中心副高级以上技术职称人员统计表

表 9-2-1-177

姓　名	性别	出生时间	学　历	职　称	聘任时间
陈大庆	男	1959 年 10 月	本科	高级工程师	2007 年 12 月
叶金水	男	1955 年 4 月 6 日	大专	高级工程师	2009 年 12 月

天津市市容环卫建设发展有限公司副高级以上技术职称人员统计表

表 9-2-1-178

姓　名	性别	出生时间	学　历	职　称	聘任时间
戴启东	男	1968 年 2 月 17 日	本科	高级工程师	2001 年 2 月 20 日
任连茹	女	1961 年 12 月 23 日	本科	高级经济师	2006 年 11 月
李玉军	男	1966 年 3 月 6 日	本科	正高级工程师	2009 年 12 月

天津市双口生活垃圾卫生填埋场副高级以上技术职称人员统计表

表 9-2-1-179

姓　名	性别	出生时间	学　历	职　称	聘任时间
刘海云	男	1955 年 8 月 5 日	大专	高级工程师	2003 年 12 月 18 日
刘　强	男	1966 年 2 月 13 日	大学本科	高级工程师	2003 年 12 月 18 日

附　录

一、天津市市容和环境卫生管理条例

（2003年5月21日天津市第十四届人民代表大会常务委员会第三次会议通过并公布）

第一章 总 则

第一条 为加强市容和环境卫生管理，创造和维护整洁、优美的市容环境，保障人民身体健康，促进经济发展和社会文明进步，根据有关法律、法规，结合本市实际情况，制定本条例。

第二条 本条例适用于本市中心城区和其他城市建成区、风景游览区以及其他实行城市化管理的区域。

其他实行城市化管理区域的具体范围由有关区、县人民政府划定并公布。

第三条 本市市容和环境卫生管理工作，实行统一领导、分级管理、公众参与、社会监督的原则。

第四条 市市容和环境卫生行政管理部门主管本市市容和环境卫生工作，负责本条例的组织实施。

区、县市容和环境卫生行政管理部门在本级人民政府领导下，负责本行政区域内的市容和环境卫生管理工作。

天津经济技术开发区、天津港保税区的管理机构负责本辖区内的市容和环境卫生管理工作。天津新技术产业园区的管理机构负责华苑产业区的市容和环境卫生管理工作。

本条例规定的行政处罚由集中行使城市管理行政处罚权的行政执法机构实施；尚未实行集中行使城市管理行政处罚权的，由市容和环境卫生行政管理部门实施。

市容和环境卫生行政管理部门和集中行使城市管理行政处罚权的行政执法机构及其工作人员，应当严格依法行政，认真履行职责，自觉接受监督。

第五条 街道办事处、镇人民政府负责各自辖区内的市容和环境卫生管理工作，并履行下列职责：

（一）对驻街、镇市容和环境卫生管理机构、市容和环境卫生作业单位的工作进行组织、协调、监督和检查；

（二）开展有关市容和环境卫生法律、法规的宣传教育活动；

（三）督促单位和个人履行市容和环境卫生义务，组织驻街、镇的单位开展市容和环境卫生清整活动；

（四）指导居民委员会、村民委员会做好本居住区的市容和环境卫生工作；

（五）监督责任单位保持本责任区内市容环境的清洁和环境卫生公共设施的完好。

居民委员会、村民委员会应当组织本居住区居民、村民开展市容和环境卫生社区服务，协助街道办事处和镇人民政府做好环境卫生工作。

第六条 市和区、县人民政府应当把市容和环境卫生事业纳入国民经济和社会发展计划，完善市容和环境卫生设施，提供市容和环境卫生公共服务，保障市容和环境卫生事业必要的费用。

第七条 市市容和环境卫生行政管理部门应当根据本市市容和环境卫生事业发展需要，组织编制市容和环境卫生专业规划，经市规划管理部门综合平衡后纳入城市总体规划。

第八条 各级人民政府应当制定政策，鼓励、支持和引导单位和个人兴办市容和环境卫生服务企业，逐步实现市容和环境卫生服务的社会化、市场化和专业化。

第九条 市容和环境卫生行政管理部门和广播电视、新闻出版、文化、教育、科技等部门以及机场、车站、港口、旅游景点等公共场所经营或者管理单位，应当加强有关市容和环境卫生的法律、法规和科学知识的宣传，增强全社会维护市容和环境卫生的责任和意识。

第十条 维护市容和环境卫生，是全社会的共同责任。

任何单位和个人都有享受整洁优美市容环境的权利，同时负有维护市容和环境卫生、爱护市容和环境卫生设施的义务。

对在市容和环境卫生工作方面成绩显著的单位和个人，市和区、县人民政府应当给予表彰和奖励。

第二章 城市容貌管理

第十一条 市市容和环境卫生行政管理部门应当会同有关部门，根据国家的城市容貌标准，结合本市实际情况，制订本市城市容貌标准，报市人民政府批准后公布实施。

本市的城市容貌标准应当包括建筑景观、公共设施、环境卫生、园林绿化、夜景灯光设施、户外广告设施、公共场地等方面的要求。

第十二条 本市主要道路两侧和景观区域内的建筑物、构筑物及其他设施的所有者、使用者或者管理者应当按照城市容貌标准，对建筑物、构筑物和其他设施的外部进行清洗或者粉刷，保持容貌美观。违反规定的，责令限期改正。

道路两侧和景观区域内的建筑物门面装修、改建，应当经有关部门批准，并符合城市容貌标准。违反标准的，责令限期改正；逾期不改正的，处一千元以上五千元以下罚款。

第十三条 对道路两侧的建筑物、构筑物及其他设施进行街道综合整修的，市容和环境卫生行政管理部门应当按照城市容貌标准，制定街道综合整修方案和质量标准，并组织实施。

建筑物、构筑物和其他设施，由使用者负责整修，当事人另有约定的除外；用于居住的房屋，由房屋产权人负责整修，政府给予适当补贴。

在规定期限内不履行整修义务或者整修未达到规定标准的，责令限期改正。

第十四条 新建建筑物临街一侧，应当按要求设置透景或者半透景的围墙、栅栏、绿篱及花坛、草坪作为分界。建筑物临街一侧的现有围墙不符合前款要求的，应当在街道综合整修时按照要求设置。违反规定的，责令限期改建或者拆除。

透景围墙内外应当保持环境整洁、美观。

第十五条 禁止在建筑物、构筑物和其他设施或者树木、居民楼道等处，擅自摆放、张贴、悬挂、刻划、涂写各种标语和其他宣传品，或者摆放、悬挂有碍城市容貌的物品。违反规定的，责令清除；不清除的，处一百元以上二千元以下罚款。对其中妨害、蓄意破坏社会管理秩序的行为，由公安机关依照治安管理处罚条例的规定予以处罚。

除全市统一布置的重大活动外，需要临时悬挂标语或者其他宣传品的，应当经市市容和环境卫生行政管理部门批准，在规定的时间和范围内悬挂，并在期满后及时清除。违反规定的，责令限期清除，并处五十元以上五百元以下罚款。

街道办事处、镇人民政府应当在居民区内设置规范的专用告示栏供单位或者个人使用，并定期维护。

第十六条 禁止在道路两侧和公共场地擅自堆放杂物、搭建建筑物、构筑物或者其他设施。需要临时堆放或者搭建的，应当经市容和环境卫生行政管理部门同意后，再到有关部门办理其他手续。违反规定擅自堆放杂物的，责令限期改正，并可处五十元以上五百元以下罚款；擅自搭建建筑物、构筑物或者其他设施的，责令限期拆除，逾期未拆除的，经区、县人民政府批准强制拆除，并可处一万元以下罚款。

第十七条 禁止在居民区的楼道、庭院、屋顶等公共部位堆放杂物、丢弃废弃物。违反规定的，由街道办事处、镇人民政府责令限期清理；逾期不清理的，由街道办事处、镇人民政府或者物业管理服务企业代为清理。所需费用，由责任者承担。

第十八条 从事机动车辆清洗经营活动的，应当具备符合规范要求的经营场所和污水、污泥处理设施。违反规定的，责令停止经营，并可处一百元以上一千元以下罚款。

第十九条 禁止擅自占用道路和公共场所从事摆卖、生产、加工、修配、机动车清洗和餐饮等经营活动。违反规定的，没收其违法所得和非法财物，可以处五千元以下罚款。

第二十条 严格控制占路设置各类存车场。确有必要设置的，应当经有关部门批准。批准设置前，应当征得市容和环境卫生行政管理部门同意。

第三章　夜景灯光和户外广告设置管理

第二十一条　主干道路、商业街两侧的建筑物、构筑物和其他设施及广场、绿地，应当在规定期限内按照规划及标准设置夜景灯光照明设施。

第二十二条　夜景灯光照明设施按照下列规定设置：

（一）大中型构筑物、道路、桥梁、广场、花坛、绿地夜景灯光照明设施的设置，由电力、市政、园林等单位或者产权单位负责；

（二）沿街单位或者商店，以及经批准设置的经营性棚亭夜景灯光照明设施的设置，由经营者负责；非经营性的，由使用者负责；

（三）大中型公共建筑、风貌建筑上夜景灯光照明设施的设置，由使用单位负责；

（四）户外广告上夜景灯光照明设施的设置，由广告发布单位负责；

（五）非经营性灯光照明设施（含牌匾、字号、单位名称标识、公益性广告、标志性指示牌）由使用者负责。

不按规定设置或者设置的灯光照明设施不符合设置标准的，责令限期改正；逾期不改正的，处一千元以上一万元以下罚款。

第二十三条　新建、改建、扩建工程和外檐再装修工程按照城市容貌标准或者市人民政府的有关规定需要设置夜景灯光照明设施的，建设单位应当把夜景灯光照明设施列入设计方案，并与主体工程同时设计、施工和投入使用，所需费用列入工程总投资。违反规定的，责令限期改正；逾期不改正的，按照夜景灯光照明设施的设计造价一倍以上二倍以下处以罚款。

第二十四条　夜景灯光照明设施的产权人或者使用者应当保持设施功能完好，及时修复损坏的设施。违反规定的，责令限期改正；逾期不改正的，处三百元以上三千元以下罚款。

夜景灯光照明设施应当按照市市容和环境卫生行政管理部门规定的时间启闭。违反规定的，责令限期改正；逾期不改正的，处五千元以下罚款。

第二十五条　设置户外广告设施（含霓虹灯、招牌、标牌、电子显示牌、灯箱、公告栏、宣传栏、实物造型等）应当遵守各种安全技术规范，不得妨碍市政公共设施、道路交通设施的使用，不得损害市容市貌。

设置户外广告设施，应当经市容和环境卫生行政管理部门批准。违反规定的，责令限期改正；逾期不改正的，予以强制拆除，并可处一万元以下罚款。

户外广告设施，应当按照批准的位置、规格、式样、材料、版面，在规定的期限内设置。违反规定的，责令限期改正；逾期不改正的，予以强制拆除，并可处一万元以下罚款。

转让户外广告设施所有权的，应当向市容和环境卫生行政管理部门备案。

第二十六条　户外广告设施由广告设施所有者负责养护和维修，保持设施的安全、整洁和完好。违反规定的，责令限期改正，并可处五千元以下罚款；逾期不改正的，予以强制拆除。

第二十七条　在经营性户外广告设施上未发布商业广告满七日的，应当按照市容和环境卫生行政管理部门的要求发布公益性广告。违反规定的，责令限期改正；逾期不改正的，处一万元以下罚款。

第四章　环境卫生保洁管理

第二十八条　环境卫生保洁，应当达到国家和本市规定的环境卫生质量标准。

环境卫生作业人员应当严格遵守环境卫生质量标准和有关操作规范，避免因违章作业造成污染。

第二十九条　环境卫生保洁责任单位，按照下列规定确定：

（一）主次干道、支路、胡同里巷、楼群甬路由环境卫生作业单位负责；

（二）实行物业管理的住宅小区由物业管理服务企业负责；

（三）公共场地由经营单位或者管理单位负责；

（四）各类市场、存车场由开办单位负责；

（五）单位和个体经营者按照所在区、县人民政府划定的环境卫生保洁责任区，自行负责该区域的环境卫生保洁工作；

（六）在道路和公共场地举办各种宣传、咨询、展销等活动的，由主办单位负责。

不按规定履行保洁责任或者履行责任不符合国家和本市规定标准的，责令限期改正；逾期不改正的，处三百元以上三千元以下罚款。

第三十条　环境卫生保洁责任单位应当确定责任人，建立健全环境卫生保洁制度，及时履行保洁责任。

第三十一条　禁止下列影响环境卫生清洁的行为：

（一）随地吐痰、吐口香糖、便溺，乱倒粪便；

（二）乱扔烟蒂、纸屑、瓜果皮核以及各类包装废弃物等；

（三）乱倒、乱堆渣土、污泥或者其他废弃物，向道路、河道、公共场地上抛撒杂物、废弃物，由建筑物或者车辆向外抛掷杂物、废弃物。

违反前款第（一）项规定的，责令即时清除，并处五十元以上一百元以下罚款；违反第（二）项规定的，责令即时清除，并处十元以上五十元以下罚款；违反第（三）项规定的，责令限期清除，逾期不清除的，处五十元以上五百元以下罚款，其中单位违反此项规定的，处五百元以上五千元以下罚款。

第三十二条　运输车辆应当符合下列规定：

（一）严禁车轮带泥污染道路；

（二）运载垃圾、渣土、泥浆、沙石料、煤炭的，应当采取密闭、苫盖等措施并不得超过车厢的高度；

（三）严禁运输车辆所载物沿途泄漏和散落。

违反前款第（一）、（三）项规定的，责令限期清除，并可按每平方米处五十元以下罚款；违反第（二）项规定的，责令限期改正，并可按每车处一百元以下罚款。

第三十三条 公园、绿地、花坛、道路绿化隔离带的环境卫生保洁，由养护单位负责。

有关单位或者个人进行植树、剪枝等作业时，应当遵守下列规定：

（一）当日清除余土，及时清运枯树和残枝等杂物；

（二）花坛、绿地、树穴周边的土面应当低于边沿侧石；

（三）施肥、移种花草、松土、除草、浇水时不得污染道路。

违反前款规定的，责令限期改正；逾期不改正的，处一千元以下罚款。

第三十四条 集贸市场内的环境卫生保洁工作，由市场开办单位负责，并应当遵守下列规定：

（一）设置与废弃物产生量相适用的废弃物容器，并做到废弃物日产日清、无满冒外溢；

（二）按照规划要求设置公共厕所，并保持公厕内卫生清洁；

（三）组织专人对市场内进行全天保洁，保持市场整洁有序；

（四）责成产生废弃物的经营者自备废弃物容器。

违反前款规定的，责令限期改正；逾期不改正的，处二千元以下罚款。

第三十五条 建设工程施工单位应当负责施工工地及周围环境的保洁工作，并遵守下列规定：

（一）临街工地设置实墙围挡，堆放工程渣土不得超过实墙围挡的高度，不得向建设工地外排放污水、污泥；

（二）不得擅自在建设工地围挡外堆放建筑垃圾、工程渣土和建筑材料，经批准占用道路堆放的应当码放整齐，散体、流体物料应当围挡存放；

（三）工地出入口处有防治车辆污染道路的措施；

（四）工地内设置符合规定要求的临时厕所，并保持清洁；

（五）工程竣工要及时对场地进行清整，达到地平场净。

违反前款规定的，责令限期改正；逾期不改正的，处五千元以上一万元以下罚款。

第三十六条 铺设、维修道路或者进行地下管线作业，应当遵守下列规定：

（一）作业现场设置围挡，挖掘的渣土堆放整齐；

（二）排放泥浆不得污染道路；

（三）及时清除余土和废弃物，恢复路面整洁。

违反前款规定的，责令限期改正；逾期不改正的，处五千元以下罚款。

第三十七条　掏挖下水道作业，应当使用容器装载污泥，及时清运，并清洗作业现场。违反规定的，责令限期改正；逾期不改正的，处一千元以下罚款。

第三十八条　建设工程竣工的，建设单位应当及时向有关保洁责任单位办理环境卫生保洁责任交接手续。

第三十九条　穿越城镇的公路、铁路和河道管理范围内的环境卫生保洁，由法律、法规或者市人民政府规定的责任单位负责，并应当达到国家和本市规定的环境卫生质量标准。违反规定的，责令限期改正；逾期不改正的，处二千元以下罚款。

第四十条　禁止在城区内饲养鸡、鸭、鹅、猪、羊、兔、驴、马、牛、骡、食用鸽以及其他影响市容和环境卫生的禽畜。与城区接壤地区的农业户饲养禽畜的，必须在规定的区域内圈养。违反规定的，责令限期改正；逾期不改正的，予以没收。

因科研、教学等特殊需要饲养禽畜的，应当按有关规定加强管理，不得影响市容和环境卫生。

养犬应当遵守本市养犬管理条例的有关规定。

饲养信鸽应当符合有关规定，具备相应条件，并采取措施，防止影响市容和环境卫生。饲养信鸽影响市容和环境卫生的，责令限期拆除鸽舍。

第五章　废弃物管理

第四十一条　收集、存放、运输和处理生活废弃物，应当遵守下列规定：

（一）按照市容和环境卫生行政管理部门规定的时间、地点、方式，倾倒和清运生活废弃物；

（二）生活废弃物不得与工业废弃物、危险废弃物、工程渣土混同存放、清运和处理；

（三）存放和清运生活废弃物，应当使用密闭容器。

违反前款第（一）项规定的，责令限期改正，逾期不改正的，处二千元以下罚款；违反第（二）项规定的，依照国家有关法律规定处罚；违反第（三）项规定的，责令限期改正，逾期不改正的，处二百元以下罚款。

第四十二条　生活废弃物应当实行袋装收集，并逐步实行分类收集、贮存、运输和处置，推行合理利用和无害化处置。已实现供气、供暖的住宅楼，应当逐步封闭垃圾道。废旧电池等特殊废弃物应当单独存放和处置。

医疗废弃物必须严格按照国家法律、法规的规定收集、存放、运输、处理，不得与生活废弃物混同存放、清运、处理。

宾馆、饭店、饮食等行业所产生的废弃物，应当实行分类和袋装收集。违反规定的，责令限期改正；逾期不改正的，处五千元以下罚款。

第四十三条　居民装修房屋，应当将产生的废弃物运到市容和环境卫生行政管理部门指定的地点。

因施工产生工程渣土的单位，应当到市容和环境卫生行政管理部门办理排放许可证。违反规定的，责令限期补办。

承运渣土的单位或者个人，应当随车携带排放许可证，并按照市容和环境卫生行政管理部门指定的运输路线和处置场地运卸渣土。违反规定的，责令限期改正；逾期不改正的，按每车二百元以下处以罚款。

第四十四条 化粪池和储粪池应当定期疏通。粪便外溢时，市容和环境卫生行政管理部门应当组织有关单位及时清除、疏通，再分清责任，并由责任者承担有关费用。

第四十五条 标有“垃圾专用车”字样的城市生活废弃物运输专用车辆应当封闭、不得洒漏，在运输作业时公安交通管理部门应当在行驶路线和时间上提供便利，保障通行。

第六章 环境卫生设施管理

第四十六条 居民区、商业文化街、城镇道路、广场和商场、影剧院、体育场馆、车站、机场、港口、市场、公园、绿地以及其他群众活动频繁地区，应当设置环境卫生公共设施。

环境卫生公共设施的设置，主、次干道两侧和重点地区由市容和环境卫生行政管理部门负责；实行物业管理的居民区由物业管理服务企业负责；未实行物业管理的居民区由街道办事处、镇人民政府负责；其他地区由管理单位或者有关责任单位负责。

卫生保洁责任单位应当自行配置本责任区内的垃圾容器和废物箱。

违反规定，配置不符合要求或者不配置垃圾容器和废物箱的，责令限期改正。

第四十七条 环境卫生设施应当保持完好无损。坏损的，应当及时维修或者更新、重置。产权明确的，由产权单位负责；产权不明确的，由市容和环境卫生行政管理部门负责。违反规定的，责令限期改正。

原有设施不符合标准的，应当进行改造。

第四十八条 环境卫生设施应当由管理单位或者产权单位负责保持整洁卫生，定期消毒，达到环境卫生质量标准。违反规定的，责令限期改正。

第四十九条 新建、改建、扩建工程项目，必须按照环境卫生专业规划和环境卫生设施设置标准，配套建设和配置环境卫生设施，并与主体工程同时设计、同时施工、同时投入使用，所需经费列入建设项目总投资。违反规定的，责令限期改正；逾期不改正的，按照设施的设计造价一倍以上二倍以下处以罚款。

第五十条 禁止损毁环境卫生设施或者附属物，不得擅自将环境卫生设施移动、停用、占用、拆除或者改变用途。违反规定的，责令恢复原状，不能恢复原状的，应当补建或者按重置价格赔偿损失。

环境卫生设施确需移动、停用、占用、拆除或者改变用途的，应当报经市容和环境卫生行政管理部门批准。经批准占用或者拆除的，应当由申请者异地重建或者按重置价格给予补偿。收取的补建或者补偿费用，应当专款专用，不得挪作他用。

第七章 其他规定

第五十一条 市容和环境卫生行政管理部门及城市管理行政执法机构应当建立举报、投诉受理制度。

对损害城市容貌和环境卫生清洁的行为，任何单位和个人均有权制止，并可以向市容和环境卫生行政管理部门或者城市管理行政执法机构举报。接到举报的市容和环境卫生行政管理部门或者城市管理行政执法机构，应当指定专人依法及时查处，并将查处结果告知举报人。

当事人认为市容和环境卫生行政管理部门或者城市管理行政执法机构的具体行政行为不当的，可以向同级人民政府或者上一级行政主管部门提出投诉。区、县人民政府，市容和环境卫生行政管理部门或者城市管理行政执法机构，自受理投诉之日起十五日内，应当将处理结果答复投诉人。

第五十二条 市容和环境卫生行政管理部门、城市管理行政执法机构及其工作人员应当依法履行管理职责，及时受理申请、举报或者投诉，依法查处违法行为。

对应当受理的申请、举报或者投诉事项不予受理，或者对应当制止、查处的违法行为不予制止、查处，或者违法管理、滥用职权、徇私舞弊的，由其所在单位或者上级主管部门对直接负责的主管人员和其他直接责任人员，依法给予行政处分；构成犯罪的，依法追究刑事责任。

对违反前款规定的行政执法人员，应当暂扣或者吊销其行政执法证件。

第五十三条 拒绝、阻挠执法人员执行公务或者侮辱、殴打市容和环境卫生工作人员的，由公安机关依据治安管理处罚条例予以处罚；构成犯罪的，依法追究刑事责任。

故意破坏各类市容和环境卫生设施的，应当依法承担民事责任；尚未构成犯罪的，由公安机关依照治安管理处罚条例予以处罚；构成犯罪的，依法追究刑事责任。

第五十四条 对违反本条例的行为，情节轻微或者主动改正的，可以减轻或者免予处罚。

对不服从管理或者拒绝履行行政处罚决定的，可以暂扣违法行为涉及的工具或者物品，要求其到指定地点接受处理。

第五十五条 对责令限期改正，责任者拒不改正的，市容和环境卫生行政管理部门或者城市管理行政执法机构可以采取代为改正措施，所需费用由责任者承担。

第五十六条 当事人对市容和环境卫生行政管理部门、城市管理行政执法机构所做出的具体行政行为不服的，可以依照行政复议法或者行政诉讼法的规定，申请行政复议或者提起行政诉讼。

当事人不履行行政处罚决定的，做出具体行政行为的市容和环境卫生行政管理部门或者城市管理行政执法机构可以依法申请人民法院强制执行，或者依法强制执行。

第五十七条 清雪铲冰管理工作，按照市人民政府有关规定执行。

第八章 附则

第五十八条 农村集贸市场的市容和环境卫生管理，高速公路和国道、铁路两侧的大型户外广告设施的管理，可以参照本条例执行。

第五十九条 本条例自公布之日起施行。1998年2月25日天津市第十二届人民代表大会常务委员会第四十次会议通过的《天津市环境卫生管理条例》同时废止。

二、天津市城镇街道综合整修管理规定

（天津市人民政府令第40号 2004年6月29日修订发布）

第一条 为加强本市城镇街道综合整修管理，进一步发挥城市整体功能，使本市成为文明、整洁、优美的现代化城市，根据国家的有关规定，结合本市实际情况，制定本规定。

第二条 本市行政辖区内各机关、团体、企事业单位、学校、部队及城镇居民，均须遵守本规定。

第三条 本规定所称城镇街道综合整修，系指对本市市区、建制镇和独立工业区范围内街道和铁路两侧的建筑、院落及周围环境，按街道功能及市容景观的统一规划设计要求进行的综合性整修和管理。

第四条 市市容环境管理委员会（以下简称市市容委）是本市城镇街道综合整修工作的主管部门。各区、县市容管理部门根据市市容委的统一部署，具体负责本辖区内的街道综合整修工作。

第五条 市市容委及各区、县市容管理部门根据街道综合整修工作的需要，可委托城市建设管理监察机构对违反本规定的责任者实施处罚。

第六条 主干线、迎宾线的综合整修，每5年为一周期。次干线及区管道路的综合整修由区、县市容管理部门根据实际需要按年度编制计划，报经市市容委批准后实施。

全市年度综合整修方案一经发布，各有关部门、单位应按统一要求安排好本部门、本单位相应的年度计划。

第七条 按计划需整修的公共设施，由产权单位按照统一标准自行整修。

用于生产或经营的公产、企业产和私产建筑物、构筑物，由承租方按照统一标准自行整修。

用于居住的私产房屋，可采取私修公助的方法，适当给予补贴。

第八条 无施工能力的单位或个人，应按规定向市容管理部门交付整修费用，由市容管理部门组织施工单位代为整修。

第九条 负有整修任务的单位（以下简称责任单位），用于综合整修的资金，可在基建费、固定资产维修费、维修改造专项拨款等项目中列支。

市建设行政主管部门按照市人民政府批准的年度计划从城建资金中划拨专项资金，用于全市街道综合整修经费的补助。

第十条 街道综合整修中涉及拆除违章建筑物、构筑物的，必须在规划行政主管部门确定的期限内拆除。

沿街建筑凡需退线的，必须按照规划要求和规定的期限拆除、退线。

第十一条 凡因街道综合整修需要临时占路、占地（含道路与河道管理用地）的，由所在地区的市容管理部门向有关主管部门通报并统一办理占用手续。有关部门依照有关规定免收占路、占地费用及渣土运输管理费用。

第十二条 街道综合整修的施工单位临时占路、占地，必须遵守有关规定，不得损坏道路及场地设施。工程垃圾应随产随清，工程竣工后应做到地洁场净。

第十三条 在需进行综合整修的街道两侧的建筑物、构筑物上，原设置的各类标志、设施，由所属单位按照所在区、县市容管理部门的统一要求，进行修复、更新或拆除。

在综合整修后的街道及沿街两侧建筑物上设置各类标志和设施的，应当符合本市城市容貌标准，对符合标准的，市容管理部门应当在1 5日内作出行政许可决定。

第十四条 凡经综合整修及新建的建筑花饰、雕塑小品、花坛绿地、照明设施、公益设施等，验收后，由所在区、县市容管理部门向有关单位无偿移交。各有关单位应做好接收工作，并对各类整修成果进行经常性的维修和养护。

第十五条 综合整修后的街道两侧建筑物和构筑物，需再次进行维修、改建、重新装饰、新开门脸、架立管线的，应当符合本市城市容貌标准，并向市容管理部门提出申请，市容管理部门应当在15日内作出行政许可决定。经批准施工的，应向市容管理部门补偿街道整修所付费用。补偿的费用应专门存储，用于街道整修。

第十六条 违反本规定第七条，经批评教育仍拒绝履行义务的，责令其限期整修，逾期不整修者，处以1000元以下罚款，并对单位负责人处200元以下罚款。

第十七条 违反本规定第十条的，责令其限期拆除；逾期不拆除的，予以强制拆除，以料抵工。对于经营性活动，可并处5000元以下罚款；对于非经营性活动，可并处1000元以下罚款。

第十八条 违反本规定第十三条的，责令其恢复原状、赔偿损失，或予以强制拆除，并可处500元以下罚款。

第十九条 违反本规定第十五条的，责令限期改正。逾期不改正或拒绝改正的，予以强制拆除，并依照有关规定实施处罚。

第二十条 在街道整修施工过程中，施工单位违反有关规定给国家、法人、公民或其他组织造成经济损失的，应承担赔偿责任。擅自破坏整修成果的，责令其恢复原状或赔偿经济损失，并依照有关规定实施处罚。

责任单位未能有效地保护整修成果，给他人造成经济损失的，应负赔偿责任。

第二十一条 处罚后须改正的要限期改正，到期仍不改正的，按有关规定处理。

第二十二条 对拒绝、阻碍市容管理部门工作人员、城市建设管理监察人员依法执行公务的，由公安机关依照《中华人民共和国治安管理处罚条例》予以处罚；构成犯罪的，依法追究刑事责任。

第二十三条 本规定自2004年7月1日起施行。

三、天津市景观灯光设施管理规定

（2004年6月21日天津市人民政府第30次常务会议审议通过
2004年6月30日天津市人民政府令第59号公布）

第一条 为加强景观灯光设施的建设和管理，美化城市环境，根据有关法律、法规的规定，结合本市实际，制定本规定。

第二条 本市景观灯光设施的规划、设计、建设、维修和管理适用本规定。

第三条 市市容环境行政主管部门负责全市景观灯光设施的行政管理工作。

区、县市容环境行政主管部门以及天津经济技术开发区、天津港保税区管委会确定的管理部门，负责本辖区内景观灯光设施管理工作；天津新技术产业园区管委会确定的管理部门负责华苑产业区景观灯光设施管理工作。

第四条 规划、计划、建设、电力、市政、园林、房管、公安、商业、质量技术监督等部门，应当在市容环境行政主管部门的指导、协调下，搞好各自管理工作。

第五条 设计、安装景观灯光设施，应当采用新技术、新工艺、新材料、新光源，实行节能、绿色照明等环境保护措施，防止光污染，提高景观灯光设施的科技含量和文化品位。

第六条 市市容环境行政主管部门应当会同有关部门制定本市景观灯光设施建设总体规划和年度计划，报市人民政府批准，并组织实施。

区、县人民政府以及天津经济技术开发区、天津港保税区、天津新技术产业园区管委会应当按照本市景观灯光设施建设总体规划和年度计划，具体组织实施。

第七条 下列范围应当设置景观灯光设施：

（一）快速路及主干道路两侧的建筑物、构筑物、绿化带；非主干道路两侧的高层建筑物及构筑物；

（二）机场、港口、码头、车站、高速公路入市口、商业街（区）、会展中心、桥梁、电视塔、体育场（馆）、广场、绿地、公园、旅游景点及其他大型公共场所；

（三）重点文物保护单位及风貌建筑；

（四）主要景观河道、湖泊及沿岸地带；

（五）户外广告设施及商业性牌匾、字号、标识；

（六）本市景观灯光设施建设总体规划确定的范围。

前款规定范围内的产权单位、建设开发单位、非经营性设施的使用或管理单位、户外广告设施的建设单位应当自筹资金，按照规范、标准和期限设置景观灯光设施。

第八条 属于第七条第一款所列范围的新建、改建、扩建项目，建设单位必须把景观灯光设施列入设计方案，并与主体工程同时设计、施工和投入使用，所需经费纳入建设项目总投资。

规划、建设行政主管部门在审查建设项目时，应当同时审查景观灯光设施的设置方案。建设项目在设计审查和竣工验收时，应当有市容环境行政主管部门参与。

第九条 属于第七条第一款所列范围且已经投入使用、但未设置景观灯光设施的，其产权单位、建设开发单位、非经营性设施的使用或管理单位、户外广告设施的建设单位，应当按市容环境行政主管部门的要求和规定期限设置景观灯光设施。

第十条 景观灯光设施的设计和安装，应当符合规划要求和技术规范，达到规定标准。

对景观灯光设施的设置方案，市容环境行政主管部门应当进行审查，必要时组织专家论证。凡不符合规划要求、技术规范和标准的，建设单位应当按照审查意见进行修正。

第十一条 设置景观灯光设施，不得造成光污染，不得影响公共安全，不得擅自改变建筑物、构筑物的结构，不得损坏文物或公共设施，不得有碍市容观瞻和城市整体形象。

第十二条 大、中型景观灯光设施建设工程，应当通过招标方式确定设计和施工单位。

第十三条 景观灯光设施的施工单位，应当具备施工能力及相应专业技术人员，施工作业应当符合技术规范，采用符合国家标准和绿色照明要求的设备、材料，确保工程质量和施工安全。

第十四条 景观灯光设施工程竣工后，市容环境行政主管部门应当对景观照明效果组织检查。凡景观照明未达到设计效果的，应当责令建设单位限期改正。

第十五条 景观灯光设施的建设单位负责景观灯光设施的维护，保持其功能完好。公益性景观灯光设施，由有关管理部门委托专业技术单位负责日常维护。

现有景观灯光设施，凡设计形式落后、设施陈旧、坏损或亮度不符合标准的，建设单位应当在规定期限内予以改造、维修或更换。

第十六条 任何单位和个人不得擅自改变、移动、拆除景观灯光设施。

因故确需改变、移动、拆除景观灯光设施的，应当向市容环境行政主管部门提出申请。市容环境行政主管部门应当依据本市景观灯光建设总体规划和工程技术规范，在15日内作出行政许可决定。

第十七条 景观灯光设施的启闭，采取集中控制、分区控制和单体控制相结合的方式。

景观灯光设施纳入集中控制系统实行统一启闭的，监控设备所在单位负责保障监控设备的安全、正常使用，不得擅自调整、拆改监控设备。

景观灯光设施未纳入集中控制系统的，由建设单位或使用单位按规定时间自行启闭。

第十八条 下列景观灯光设施，应当每日开启：

（一）经营性灯光设施；

（二）户外广告灯光设施；

（三）游乐场所灯光设施；

（四）机场、车站、客运码头、公交车起讫站灯光设施；

（五）商业街（区）范围内的灯光设施。

前款规定以外的景观灯光设施，应当在每周六、日及法定节假日开启。

遇有重大活动或特殊情况需要临时开启景观灯光设施的，按照市人民政府指定日期执行。

第十九条 景观灯光的启闭时段，由市市容环境行政主管部门根据季节变化发布公告予以规定。

建设单位或景观灯光设施所在单位应当按照公告规定的时段按时启闭。

第二十条 在民用建筑、大中型公共建筑、构筑物设置的景观灯光设施，其建设费用、补贴标准及电费优惠政策按照市人民政府的规定执行。

第二十一条 对违反本规定的行为，由市容环境行政主管部门或城市管理综合执法机构按职责分工责令其限期改正；逾期不改正的，依照下列规定予以处罚：

（一）违反第七条规定，设置景观灯光设施的责任者不履行设置义务或不按照规范、标准和期限设置景观灯光设施的，可处1000元以上1万元以下罚款；

（二）违反第八条第一款规定，未将景观灯光设施列入设计方案，未与主体工程同时设计、施工和投入使用的，可处3万元以下罚款；

（三）违反第九条规定，未设置景观灯光设施，或未按规定期限设置景观灯光设施的，可处3万元以下罚款；

（四）违反第十条规定，景观灯光设施的设计不符合规划要求和技术规范的，可处1万元以下罚款；

（五）违反第十四条规定，景观照明施工未达到设计效果的，可处5000元以下罚款；

（六）违反第十五条规定，未保持景观灯光设施功能完好，未按规定维护、改造、维修或更换景观灯光设施的，可处5000元以下罚款；

（七）违反第十六条规定，擅自改变、移动、拆除景观灯光设施的，可处1万元以下罚款；

（八）违反第十七条规定，擅自调整监控设备的，可处3000元以下罚款；任意拆改监控设备的，可处1万元以下罚款；

（九）违反第十八条、第十九条第二款规定，不按规定启闭景观灯光设施的，可处5000元以下罚款。

对前款规定的责令改正行为，违法行为人拒绝改正的，市容环境行政主管部门或城市管理综合执法机构可以采取代为改正措施，所需费用由违法行为人承担。

第二十二条 故意盗窃、损坏景观灯光设施，或者拒绝、阻碍市容环境管理人员依法执行公务的，由公安机关依法处罚；构成犯罪的，由司法机关依法追究刑事责任。

第二十三条 景观灯光设施管理和执法人员，应当文明执法，严格管理，对玩忽职守、滥用职权、徇私舞弊的，由有关部门给予行政处分；构成犯罪的，依法追究刑事责任。

第二十四条 本规定自2004年7月1日起施行。市人民政府1995年5月3日发布、1997年9月24日修订发布的《天津市夜景灯光设置管理办法》（市人民政府令第90号）同时废止。

四、天津市城市管理规定

（天津市人民政府令第26号 2010年2月23日发布）

第一章 总则

第一条 为适应经济社会发展和人民群众日益增长的对城市环境的需求，提高城市管理水平，创建生态宜居城市，根据有关法律、法规，结合本市实际，制定本规定。

第二条 本规定所称城市管理，是指为了保障城市基础设施正常运转、维护城市公共空间良好秩序，对市容环境、园林绿化、市政公路、城市排水、河道、公共客运交通、道路交通安全、社区公益性服务设施与社区环境等实施的管理。

本规定适用于中心城区、滨海新区建成区、区县人民政府所在街镇以及市人民政府确定的实施城市管理的其他区域。

第三条 城市管理应当遵循下列原则：

（一）坚持高起点规划、高标准建设、高效能管理，城市规划、建设、管理要充分体现以人为本；

（二）坚持体制创新，建立管理重心下移、区县为主、权责明确、务实高效的管理体制；

（三）坚持科学管理、机制创新，健全社会参与、市场运作、政府监管、运转高效的运行机制；

（四）坚持教育引导与依法严管相结合，形成人人守法、文明自律的社会氛围。

第四条 市人民政府设立城市管理委员会，对与城市管理有关的重大事项进行统筹协调。

第五条 城市管理委员会下设办公室，办公室设在市市容园林管理部门。办公室依法履行下列职责：

（一）组织编制城市环境综合整治专项规划、工作目标、实施方案和城市管理专项管理标准，经市人民政府批准后组织实施；

（二）对城市管理中的职能交叉、管理空白以及执法等方面的问题组织有关部门进行研究协调，提出解决方案，明确管理责任，建立相关工作机制，报城市管理委员会批准后实施；

（三）协调处置城市管理应急突发事件；

（四）组织开展城市管理监督考核工作；

（五）城市管理委员会交办的其他工作。

第六条 市和区县人民政府应当将城市管理所需经费列入同级财政预算并随着管理任务增加、养护标准提高和管理设施更新保持适度稳定增长，实现足额保障。

第七条 城市规划和建设应当满足城市长效管理的要求。进行规划、建设时，有关部门应当听取城市管理相关部门和区县人民政府的意见。

第八条 各级人民政府及其所属部门、新闻媒体及各单位，应当加强对城市管理工作的宣传和对公众的教育，不断增强市民文明意识，鼓励市民志愿参与城市管理活动。

对在城市管理工作中成绩显著的单位和个人，应当给予表彰和奖励。

第二章 管理职责

第九条 市级城市管理相关部门，按照下列职责分工履行城市管理职责：

（一）市市容园林管理部门负责市容市貌、环境卫生、园林绿化和灯光照明方面的监督管理工作，对市级公园、垃圾转运和处理场负有直接管理责任，负责委托市电力公司承担路灯照明的维修和养护责任；

（二）市公安机关负责社会治安、道路交通安全和社会生活噪声污染防治方面的监督管理工作，对城市道路交通信号设施、交通安全设施负有维修和养护责任；

（三）市民政管理部门负责社区公益性服务设施、丧葬祭奠和社区环境方面的监督管理工作；

（四）市交通港口管理部门负责公共客运交通以及机场、铁路客运站和港口客运码头的监督管理工作；

（五）市市政公路管理部门负责城市道路、公路、桥梁及其附属设施的监督管理工作，对市管道路、公路及公路标志、标线附属设施负有维修和养护责任；

（六）市水务行政管理部门负责城市排水设施、河道的监督管理工作，对市管河道和市管城市排水系统负有维修和养护责任；

（七）市建设交通管理部门负责建设工程文明施工方面的监督管理工作；

（八）市国土房管部门负责物业管理活动和房屋安全使用方面的监督管理工作；

（九）城市管理综合行政执法机关按照《天津市城市管理相对集中行政处罚权规定》（2007年市人民政府令第111号）和市人民政府相关决定集中行使城市管理相关行政处罚权。

第十条 城市管理工作是区县人民政府的主要职责。区县人民政府对本辖区城市管理负有全面管理责任，应当履行下列城市管理职责：

（一）组织落实本辖区各部门、街道办事处和镇人民政府的城市管理责任；

（二）落实本辖区市容环境卫生、绿化、社区公益性服务设施、非机动车存车处以及其他与城市管理相关的城市基础设施的养护、维护管理责任，按照维修、养护标准和定额，足额保障相关经费；

（三）组织本辖区城市管理日常监督、检查和考核工作，对不履行职责的，依法追究责任并进行处理。

区县人民政府对其他区县人民政府委托管理的区域承担全面城市管理责任。

第十一条 街道办事处、镇人民政府应当履行城市管理职责，按照分工落实养护、维护责任，组织动员辖区单位参与城市管理活动。

街道办事处、镇人民政府应当明确部门和人员，落实本辖区内物业管理活动的组织、指导和监督工作，协调物业管理与社区管理、社区服务的关系。

街道办事处根据法律、法规、规章规定或者接受委托，对辖区内城市管理违法违章行为实施处罚。

第十二条 居民委员会负责社区公益性服务设施的日常管理，组织动员居民群众参与城市管理活动。

第十三条 天津站地区综合管理办公室依据《天津站地区综合管理规定》（2008年市人民政府令第7号）做好监督管理工作。

天津港（集团）有限公司、天津滨海国际机场负责本辖区内环境卫生、服务设施、公共秩序的管理工作。

天津市旅游（控股）集团有限公司负责海河旅游船舶及码头的环境卫生、服务设施、公共秩序的管理工作。

第十四条 电力、通信、供热、供水、燃气等企业以及排水、有线电视、交通信号等设施权属单位，负责各类地下专业管线井盖、变电箱、控制柜及架空管线、架空管线杆架等设施的维修、养护和安全。

管线的设置应当服从城市规划、建设、市容环境的要求和管理，采取埋地敷设的方式。对不具备条件埋设入地的，依法经批准后可以设置架空管线，但应当采取隐蔽措施。

第十五条 机关、团体、部队、学校、企事业单位和个体经营者负有保持门前责任区域干净整洁、清雪铲冰的责任。

第十六条 与城市管理有关的城市基础设施、公共服务设施在竣工验收合格后应当及时办理移交接管手续。未完成移交的，由建设单位负责养护管理；已完成移交手续的，由养护责任单位负责养护管理。

第三章 城市管理标准

第十七条 市容市貌管理应当达到下列要求：

（一）管理范围内无违法建设，无违法占路，无私开门脸，无乱吊乱挂和乱涂乱画；

（二）户外广告、商业牌匾等设置符合规划和规范要求；

（三）建筑物外檐、外立面符合城市设计要求，城市雕塑、时钟等完好整洁、功能正常；

（四）管线入地埋设，架空管线隐蔽设置；

（五）国家和本市对市容市貌的其他管理标准和要求。

第十八条 环境卫生管理应当达到下列要求：

（一）快速路、主干道路、各类桥梁（含人行天桥）、重点地区、次干道路、支路和居民区内的胡同里巷、楼群、甬路路面净、人行道净、绿地净、树穴净、排水口净，无乱堆乱放、乱泼乱倒，无白色污染，无垃圾堆存，清扫保洁率达到 100%；

（二）垃圾收集、清运及时，密闭运输、无撒漏，生活废弃物每日收运 2 次，重点繁华地区每日收运 4 次以上，清运土方、建筑垃圾达到 100%密闭运输，主要干道无大型货车、清运土方车通行；

（三）集贸市场分行划市、管理有序，市场内外无垃圾堆存，无乱摆乱卖；

（四）公共厕所设施齐全完备，内外干净、整洁、无异味；

（五）国家和本市对环境卫生的其他管理标准和要求。

第十九条 园林绿化管理应当达到下列要求：

（一）公园、绿地布局合理，无枯树死树，无裸露土地，无杂草垃圾，病虫害处理及时；

（二）道路绿化植物品种多样，树形整齐，行道树树穴符合要求，缺株率在 1 %以下，新栽行道树存活率达到95%以上、保存率达到100%；

（三）国家和本市对园林绿化的其他管理标准和要求。

第二十条　路灯照明及夜景灯光管理应当达到下列要求：

（一）城市主要道路、街巷路灯照明设施完好、路通灯亮，路灯照明和街景照明无损坏、断亮，路灯亮化率达到100%；

（二）夜景灯光设置符合规划要求，与城市景观协调，节能环保，开启率达到95%，完好率达到98%；

（三）同一条道路的路灯灯杆、灯具、光源、安装要统一、整齐、协调；

（四）各类照明设施无乱涂画、乱张贴，整洁美观；

（五）国家和本市对路灯照明及夜景灯光的其他管理标准和要求。

第二十一条　道路交通安全管理应当达到下列要求：

（一）交通信号设施、交通安全设施设置符合标准，保持完好，外观清洁；

（二）车辆、行人各行其道，机动车礼让行人，交通事故处理及时，无违规鸣笛、乱闯红灯、乱跨隔离设施；

（三）机动车停车场、非机动车存车处设置合理，管理有序，车辆停靠整齐，无违规占路，无占压便道、盲道；

（四）国家和本市对道路交通安全的其他管理标准和要求。

第二十二条　社区公益性服务设施、社区环境管理应当达到下列要求：

（一）设施布局合理，功能完善，综合利用，运行正常；

（二）社区路面平整、侧石完整、排水通畅，车辆停放有序，无乱摆乱卖，无违法占路，无违法占压绿地、破坏绿地，无暴露垃圾，无高空抛撒垃圾，无污水外溢，无私搭乱盖、乱圈乱占，无噪声扰民，楼道内无乱堆乱放、乱贴乱画；

（三）丧葬祭奠文明节俭，在道路及社区非指定区域内无焚烧花圈、纸钱及其他丧葬用品等行为；

（四）国家和本市对社区公益性服务设施、社区环境的其他管理标准和要求。

第二十三条　公共客运交通管理应当达到下列要求：

（一）运营线路设计合理，运营时间方便社会公众出行，安全驾驶，文明服务，无违章行驶、拒载倒客、乱停乱靠、超标收费，无由车辆向外吐痰或者倾倒垃圾等违法行为；

（二）客运车辆性能良好，设施齐全清洁，标识统一规范，严禁无证车辆从事客运经营业务；

（三）客运站设施齐全，标识规范，站区整洁，车辆调度合理，无私自揽客、违规收费、无序停靠；

（四）国家和本市对公共客运交通的其他管理标准和要求。

第二十四条　机场、铁路客运站、港口客运码头的管理应当达到下列要求：

（一）设施齐全，功能完好，标识规范，环境整洁，信息发布及时准确，服务流程科学规范，旅客集疏有序；

（二）为其他交通工具有序停靠提供的设施齐全，管理良好，多种交通方式衔接顺畅；

（三）国家和本市对机场、火车站、港口客运码头的其他管理标准和要求。

第二十五条 市政公路管理应当达到下列要求：

（一）机动车道路路面平整，无坑槽现象，路井平顺、无跳车现象，各类地下专业管线井盖齐全，无缺失和损毁；

（二）非机动车道路路面平整，结构完好、无塌陷，侧石、缘石、树穴石顺直，无缺损，人行道花砖无塌陷，无缺损，棱角整齐，道路路名牌齐全、规范、清洁；

（三）桥梁通行安全，设施完好，桥面无坑槽，桥头及伸缩缝无跳车现象，桥栏杆顺直，线形流畅，表面清洁；

（四）桥梁景观照明、附属设施齐全整洁；

（五）国家和本市对市政公路的其他管理标准和要求。

第二十六条 城市排水、河道管理应当达到下列要求：

（一）排水管道通畅、井盖齐全完好、无污水跑冒，排水泵站设备完好，保证污水正常排放和汛期排沥，排水河道通畅，闸门完好，启闭灵活；

（二）河道水面无垃圾，水体清洁，护坡完整，两岸无垃圾堆存、无杂草，河道涵洞定期疏通；

（三）国家和本市对城市排水、河道的其他管理标准和要求。

第二十七条 建设工程施工工地环境管理应当达到下列要求：

（一）施工现场干净整齐，围挡坚固，无污水、污泥外溢，无扬尘，无建筑垃圾凌空抛撒，在规定的时段内无噪声扰民；

（二）运输车辆密闭清洁，无撒漏，驶出场区时进行冲洗；

（三）国家和本市规定对建设工程文明施工的其他管理标准和要求。

第四章　管理机制与监督考核

第二十八条 实行网格化城市管理。按照标准划定网格区域，明确区域内城市管理事件、部件的管理责任单位和责任人，维修、养护责任单位和责任人以及城市管理信息采集责任人。

第二十九条 建立市和区县两级数字化城市管理平台。

市级数字化城市管理部门负责监督、协调区县数字化城市管理平台和市级城市管理相关部门，做好数字化城市管理相关工作，并向城市管理考核部门提供相关的数字化城市管理考核评价信息。

区县数字化城市管理部门按划定网格派遣城市管理信息采集员进行巡查，对需要处置的事件、部件问题向责任单位下达任务派遣，并按照事件、部件问题处置标准进行核查，其结果纳入城市管理考核范围。

第三十条 环境卫生、园林绿化、水务、市政等行业的养护作业应当引入市场竞争机制，建立统一、开放的公共服务市场，按照公平、公开、公正的原则采取公开招标等方式确定维修、养护责任单位和责任人，签订合同明确养护标准、权利、义务和违约责任。

第三十一条 市人民政府对区县人民政府和市级城市管理相关部门的城市管理工作进行考核。具体考核工作由城市管理委员会办公室组织实施。

城市管理委员会办公室按月对区县人民政府和市级城市管理相关部门的城市管理工作实施考核。

市级城市管理相关部门与区县人民政府之间实行双向考核。

第三十二条 城市管理考核结果专报市人民政府有关领导，抄送市委组织部门和市监察部门，并在新闻媒体上予以公布。

第三十三条 城市管理考核结果与城市管理资金挂钩，实行以奖代补。

第三十四条 考核结果一年内连续三次在同档次考核中名列最后一名的，予以通报批评，该单位应当作出书面检查，市人民政府分管副市长约见其主要负责人谈话。

第三十五条 城市管理应当接受社会监督。市级城市管理相关部门和单位负责将市容环境、园林绿化、市政公路、排水、河道、公共客运交通、道路交通安全、社区公益性服务设施与社区环境、建设工程施工工地的维修、养护责任单位和责任人的相关信息予以公开。

维修、养护责任信息公开应当采取网上公开或者设置公示薄、标志牌等便于公众获知的方式。

公开的信息应当包括维修、养护责任单位或者责任人的名称或者姓名、责任范围、养护标准、联系电话和上级监督电话等。对建设工程施工工地的责任信息公开还应当包括施工期限、项目经理和相关责任人员姓名等内容。

第三十六条 城市管理相关部门和数字化城市管理平台应当公布监督电话和其他联系方式，便于市民进行监督。

城市管理相关部门接到投诉、举报信息后，应当及时、认真处理，并将处理结果自接到投诉、举报信息之日起 7 个工作日内反馈投诉、举报人。

数字化城市管理平台接到投诉、举报信息后，应当通知有关部门处理，并将处理结果自接到投诉、举报信息之日起 7 个工作日内反馈投诉、举报人。

第三十七条 城市管理应当接受新闻媒体的监督。

对新闻媒体反映的城市管理问题应当及时予以处理并反馈处理结果。

第五章 法律责任

第三十八条 市民应当遵守城市管理法律规定和行为准则，爱护公共设施，保护公共环境，维护公共秩序。

法人及其他各类组织应当遵守城市管理法律规定，履行城市管理相关义务，遵守城市规划和设计要求。

第三十九条 市级城市管理相关部门及区县人民政府、执法机构不履行或者怠于履行其监督管理责任的，一经发现，由城市管理委员会对责任单位、主要负责人和直接责任人在媒体上予以曝光，并约见谈话，需要给予处分的向有关部门提出处分建议。造成严重后果、构成犯罪的，移交司法机关依法追究刑事责任。

第四十条 城市管理信息采集员不履行或者怠于履行其巡查监督责任的，予以警告直至解除聘用关系。

第四十一条 负有维修、养护责任的管理部门及其工作人员不履行或者怠于履行其维修、养护责任的，依法予以警告直至开除处分。

第四十二条 在公共场所严禁随地吐痰、吐口香糖，严禁随处便溺或者乱倒粪便，严禁乱扔烟蒂、纸屑、瓜果皮核以及其他各类废弃物。

违反前款规定的，由城市管理综合行政执法机关责令即时清除；拒不清除的，处50元罚款。

第四十三条 严禁由建筑物或者车辆向外抛掷各类物品。

违反前款规定的，由城市管理综合行政执法机关责令清除；拒不清除的，处500元罚款，单位违反该规定的，处5000元罚款。

第四十四条 严禁在建筑物、构筑物和其他设施或者树木、居民楼道等处摆放、张贴、悬挂、刻划、涂写各种有碍市容市貌的标语、宣传品和其他物品。

临街建筑物新装空调室外机应当符合市容市貌管理要求，严禁在非指定位置安装空调室外机。

违反前两款规定的，由城市管理综合行政执法机关责令改正；拒不改正的，处2000元罚款。

第四十五条 严禁任何单位和个人私搭乱盖。

违反前款规定的，由城市管理综合行政执法机关责令停止建设，限期拆除；拒不拆除的，由城市管理综合行政执法机关依法强制拆除，强制拆除费用由违法责任人承担，并处5000元以上2万元以下罚款。

第四十六条 严禁在住宅楼房外檐上增设门窗、拆窗改门或者扩大原有门窗尺寸。

违反前款规定的，由房屋安全使用管理部门责令限期改正；逾期不改正的，处2万元罚款，并申请人民法院强制执行。

第四十七条 严禁违法占用道路、公共场所从事摆卖、餐饮、机动车清洗和修理等经营活动。

违反前款规定的，由城市管理综合行政执法机关责令改正；拒不改正的，处5000元罚款并没收其违法所得和非法财物。

在居民区内的道路、绿地、空地、楼道、庭院等部位从事摆卖、加工等经营活动的，由城市管理综合行政执法机关责令改正；拒不改正的，处2000元罚款并没收其违法物品和工具。

第四十八条 严禁行人、非机动车驾驶人随意横穿道路、闯红灯或者跨越道路隔离设施。违反本款规定的，由公安交通管理部门处50元罚款；非机动车驾驶人拒绝接受罚款处罚的，可以扣留其驾驶的非机动车。

严禁驾驶机动车擅闯红灯，严禁机动车辆在城市建成区内鸣放喇叭。违反本款规定的，由公安交通管理部门处200元罚款，并予以违法行为累积记分处理。

第四十九条 严禁在道路及社区非指定区域内焚烧花圈、纸钱及其他丧葬用品。

违反前款规定的，由区县民政部门或者市殡葬事业管理机构责令改正；拒不改正的，处1000元罚款。经区县人民政府同意，区县民政部门可以委托街道办事处实施处罚。

第五十条 严禁个人饲养烈性犬、大型犬。违反本款规定的，由公安机关没收其犬，并可处1000元罚款。

养犬人养犬不得干扰、影响他人的正常生活。携犬出户时应当携带养犬登记证，为犬配戴嘴套，由成年人用束犬链牵领，并主动、自觉避让他人。严禁携犬进入公共场所、公交客运车辆和长途客运车辆。携犬乘坐电梯的，应当避开乘坐电梯的高峰时间，并为犬配戴嘴套或者将犬装入犬笼、犬袋。居民委员会、村民委员会、业主委员会可以根据实际情况确定禁止携犬进入电梯的时间。

违反前款规定的，由公安机关予以警告，并可处500元罚款；情节严重的，由公安机关没收其犬，并注销养犬登记证。

携犬出户时应当自行携带清洁用品，及时清理犬排泄物。未及时清除的，由城市管理综合行政执法机关责令其清除，并可处50元罚款。

第五十一条 严禁使用高音广播喇叭或者发出其他高噪声干扰周围居民生活；从事家庭室内娱乐、装修等活动时，应当限制时间或者采取有效措施减轻噪声污染。

违反前款规定的，由公安机关责令改正；拒不改正的，处500元罚款。

第五十二条 严禁违法挖掘城市道路。严禁挖掘施工后迟延恢复。

违反前款规定的，由市政公路管理部门责令停工、恢复原状，并处2万元罚款；造成损失的，依法承担赔偿责任。

第五十三条 严禁违法占用城市道路。严禁未经批准改变占路用途或者移动位置、扩大面积、延长时间。

违反前款规定的，由城市管理综合行政执法机关责令限期清退或者改正；拒不改正的，处2万元罚款；造成损失的，依法承担赔偿责任。

第五十四条　严禁违法占压、破坏园林绿地。严禁占用园林绿地后迟延恢复。

违反前款规定的，由城市管理综合行政执法机关责令改正、恢复原状，并处2000元罚款；造成损失的，依法承担赔偿责任。

第五十五条　机关、团体、部队、学校、企事业单位和个体经营者，不履行门前责任区域保洁、清雪铲冰责任的，机关、团体、部队、学校、事业单位由其上级主管部门责令限期改正，逾期不改正的，由其上级主管部门予以警告直至通报批评；对于企业和个体经营者，由区县市容环境主管部门予以批评教育，责令限期改正，逾期不改正的，处1000元罚款并在媒体上予以曝光。

第五十六条　严禁擅自设置架空管线或者对经批准设置的架空管线未按照要求采取隐蔽措施。

违反前款规定的，由城市管理综合行政执法机关责令改正、恢复原状；拒不改正的，处1万元罚款。

第五十七条　严禁建设工程施工单位向施工工地外排放污水或者污泥、在工地围挡外堆放建筑物料或者垃圾以及其他不文明施工行为。

违反前款规定的，由城市管理综合行政执法机关责令限期改正；逾期不改正的，处1万元罚款。

施工单位装运建筑垃圾应当按照本市有关规定使用密闭运输车辆，安全密封，不得在施工工地外沿途泄漏和散落。

施工单位不使用密闭运输车辆的，由建设交通管理部门责令限期改正，并处2万元罚款；对负有直接责任的工程项目负责人根据前述标准予以罚款，并按照市建设交通管理部门制定的安全违规记分办法进行处理，直至停止施工单位参加施工投标活动。

施工单位运输车辆在施工工地外沿途泄漏和散落的，由城市管理综合行政执法机关责令清除，并按每平方米处50元罚款。

第五十八条　城市管理相关部门履行管理职责、实施管理行为，应当遵守有关法律、法规、规章关于执法程序方面的规定。

第五十九条　对阻碍执法机关及其工作人员依法执行公务的，由公安机关依照《中华人民共和国治安管理处罚法》予以处罚；构成犯罪的，依法追究刑事责任。

第六章　附则

第六十条　本规定自2010年4月1日起施行。天津市人民政府2008年4月25日公布的《天津市城市管理规定》（2008年市人民政府令第2号）同时废止。

五、天津市市区冬季清雪暂行办法

（天津市人民政府令第 17 号　1989 年 11 月 24 日发布）

第一条　为及时清除市区道路积雪，保证交通安全畅通和道路整洁，方便群众生活，促进经济发展，制定本办法。

第二条　市区各机关、团体、学校、部队、企事业单位、各驻津单位和居民，均应遵守本办法。

第三条　市、区人民政府成立清雪指挥部。清雪指挥部办公室分别设在市、区环境卫生管理局。清雪指挥部负责组织、协调及督促检查清雪工作，并对违反本办法的行为进行处理。

各单位应指定人员负责清雪工作。

第四条　各区、街应根据所辖道路面积及驻在单位情况，因地制宜划分清雪责任地段：

（一）道路、广场的积雪，组织临近单位清理。

（二）市区主干线和部分支线的积雪，由环卫部门负责喷洒融雪剂，并根据清雪指挥部的部署负责重点路段积雪的清理、清运。

（三）摊群市场、农贸市场、存车场（处）的积雪，由承包（管理）单位负责组织清理。

（四）胡同里巷、楼群甬道的积雪，由居民委员会负责组织保洁组和居民清理。

第五条　清雪工作实行“一定二包三保”责任制，即：定清雪范围，包扫、包运，保证小雪当日清、中雪两日清、大雪三日清。

各单位的清雪责任地段应做到无漏扫、无堆雪、无结冰、无乱倒。

第六条　任何单位和个人，不得在道路、桥梁、涵道铺洒炉灰渣，不得在积雪上倾倒垃圾、污水、抛弃杂物、瓜果皮核、纸屑。喷洒融雪剂时，不得喷溅到分车绿带、花坛、树穴内。

第七条　积雪应按下列方式处理：

（一）不带有垃圾、废弃物、溶雪剂的积雪，可堆放在居民区内园林绿地。积雪应堆放整齐。

（二）不带有垃圾、废弃物，但带有融雪剂的积雪，可在市政管理部门指定的下水道检查井内倾消，使用后应立即将井盖恢复原位。

（三）带有垃圾、废弃物的积雪，应在区、街指定的转运点堆积，由清雪指挥部调动社会各单位车辆运出市区。

第八条　下列地点（部位）不准倾倒或作为转运点堆雪：

（一）收水井口；

（二）400毫米以下的下水道检查井（不含400毫米）；

（三）道路、桥梁、涵道、胡同里巷、楼群甬道、广场；

（四）繁华区、游览区；

（五）道路主干线、迎宾线两侧绿地、片林、分车绿带、花坛及海河公园；

（六）海河、子牙河、南运河、北运河及其两岸。

第九条 违反本办法第五条、第六条、第七条、第八条规定，应由单位负责的，对单位提出警告或通报批评，同时对单位主管领导处三十元以下罚款。

其中违反第五条、第六条规定的，还应责令限期清理。违反第七条、第八条规定造成市政设施或园林绿地损坏的，还应分别由市政、园林管理部门按有关规定处理。

罚款一律不准报销。

第十条 本办法由市市容卫生管理委员会负责解释。

第十一条 本办法自一九八九年十二月一日起施行。

六、天津市市容卫生门前三包责任制管理办法

（天津市人民政府令第131号 1998年1月7日修订发布）

第一条 为建设文明、整洁、优美、有序的城市，加强对城市市容和环境卫生的管理，根据有关规定，结合本市实际情况，特制定本办法。

第二条 本市市内中心区及环城四区建制镇内的机关、团体、部队、学校、企事业单位和个体工商户（以下统称为责任单位），均应与所在街道办事处签订《市容卫生门前三包责任书》，在责任地段内，必须承担下列责任：

（一）包卫生。负责每日清扫、保洁和维护管理，清除废弃物、积水、污物、痰迹等，并制止乱泼乱倒、乱扔乱弃及随地吐痰的行为。

（二）包绿化。负责管护树木花草，保持绿地干净整洁，制止损坏绿化设施和占用、污染绿地的行为。

（三）包市容秩序。制止和纠正乱搭乱圈、乱堆杂物、乱摆摊点、乱贴乱画、乱立广告牌、乱停车辆等影响市容环境秩序的行为。

第三条 门前三包责任地段的范围，由单位门前至人行道的侧（缘）石，两侧起止点由责任

单位所在地的街道办事处具体划定。

第四条 责任单位应根据责任地段范围的大小，单独或联合设置市容卫生维护监督员。

市容卫生维护监督员须经街道办事处统一培训后，方可上岗执行任务，并佩戴区政府统一制发的标志。

第五条 对在责任地段内随地吐痰、乱扔乱弃的，由市容卫生行政主管部门给予批评教育、劝阻制止，并可按有关规定予以处罚。

第六条 对落实市容卫生门前三包责任制成绩突出的单位及个人，市、区和街道办事处给予表彰与奖励。

第七条 对不履行市容卫生门前三包责任或未达到责任目标的责任单位，予以批评教育，责令限期改正；对逾期不改正的，视情节轻重，处50元至100元罚款。

第八条 市容卫生门前三包管理工作所需经费由区财政核拨。

第九条 本办法由各区人民政府及街道办事处组织实施。

第十条 本办法自发布之日起施行。

七、天津市征收城镇居民生活垃圾处理费实施办法

（津政发〔2001〕36号文件 2001年5月24日发布）

第一条 为进一步提高城镇生活垃圾无害化处理的能力和水平，根据国家有关政策，结合我市具体情况，制定本办法。

第二条 凡本市城镇居民和按规定应当办理暂住证的外埠来津人员，均应交纳城镇居民生活垃圾处理费。

第三条 市市容环境管理委员会是本市征收城镇居民生活垃圾处理费的行政主管部门。

区、县人民政府负责本辖区内收费工作的组织实施和监督、检查工作。

街道办事处和镇人民政府负责本辖区内居民生活垃圾处理费的征收工作。实行物业管理的住宅小区居民生活垃圾处理费可以由街办事处或镇人民政府委托物业管理单位代收。

区、县暂住人口办公室负责辖区内暂住人口生活垃圾处理费的征收工作。

第四条 收费标准：

（一）未实行物业管理的居民每户每月征收5元，不再另外征收每户每月2元的居民保洁费；

（二）物业管理小区内的居民每月每户征收3元；

（三）暂住人口每人每月征收2元。

第五条 享受国家定期优恤的优抚户和生活特困户，经所在街道办事处或镇人民政府核准后可免交。

第六条 街道办事处、镇人民政府和暂住人口办公室应当向所在区、县人民政府物价管理部门申办收费许可证，做到亮证收费。

收费人员收费时，须持有物价部门核发的“收费员证”。

第七条 城镇居民生活垃圾处理费实行收支两条线管理，全部上缴区、县财政专户。

收费必须使用市财政部门统一印制的行政事业性收费专用票据。

第八条 生活垃圾处理费的使用应遵守下列规定：

凡按每户每月征收5元生活垃圾处理费的，区、县财政应当将其中2元返还街道办事处或镇人民政府，专项用于居民区清扫保洁和垃圾收集费用的支出。

市内六区的城镇生活垃圾处理费由市市容管理委员会根据《天津统计年鉴》公布的城镇居民户数及主管部门提供的暂住人口人数计算应征收的金额，由市内六区征收，并按一定比例上缴市市容环境管理委员会。2001年按应征收金额的60%，2002年起按应征收金额的70%，以此确定上交额度。由市财政部门与区财政部门通过年终结算办理定额上缴金额事项，各区上交的经费专款用于垃圾处理费用开支。各区征收的垃圾处理费的余额由区财政部门统一安排使用。

环城四区、滨海三区、武清区及各县征收的垃圾处理费统一纳入区、县财政专户管理，用于垃圾收集、运输和无害化处理。

任何单位不得挪用、占用生活垃圾处理费。

第九条 城镇居民生活垃圾处理费收支的执行情况必须接受物价、财政、审计和市市容环境部门的监督。

第十条 本办法自2001年7月1日起执行。

八、天津市城镇生活垃圾袋装管理办法

（天津市人民政府令第31号 2000年9月13日发布 2004年6月29日修订）

第一条 为逐步实现本市城镇生活垃圾袋装收运和生活垃圾分类处理，提高环境卫生质量，根据有关法律、法规，结合本市实际，制定本办法。

第二条　本办法所称生活垃圾袋装，是指对城镇日常生活中或者为城镇日常生活提供服务的活动中产生的固体废弃物（不含危险废物、工业固体废物和建筑垃圾）使用专用垃圾袋盛装、投放、收运的活动。

第三条　市和区、县人民政府确定的实行生活垃圾袋装管理区域内的单位和个人，均应遵守本办法。

第四条　市市容环境行政主管部门负责全市城镇生活垃圾袋装总体规划的制定和监督检查工作。

第五条　区、县人民政府根据本市生活垃圾袋装的总体规划，制定本辖区生活垃圾袋装的分区规划和年度工作目标，并负责组织协调工作。

区、县环境卫生行政主管部门负责本辖区生活垃圾袋装的监督检查和管理工作。

建设、规划、环保、房管、市政、公安、卫生、工商、交通等有关部门按照各自职责协同市容环境行政主管部门做好生活垃圾袋装的管理工作。

第六条　区、县环境卫生行政主管部门应当采取措施减少生活垃圾产生量，并逐步推行生活垃圾的袋装分类收集、运输和处理。

第七条　生活垃圾袋装的组织推动和日常管理工作，按照下列规定进行分工：

（一）单位和个体工商户的生活垃圾袋装管理工作，由区、县环境卫生行政主管部门负责；

（二）实行物业管理的居民区的生活垃圾袋装管理工作，由物业管理单位负责；

（三）未实行物业管理的居民区的生活垃圾袋装管理工作，由街道办事处或镇人民政府负责；

（四）城镇各类市场内的生活垃圾袋装管理工作，由市场开办单位负责。

第八条　新建居民住宅小区、文化娱乐场所、体育场馆、宾馆饭店、车站码头、办公楼、商场和各类市场，应当按照市市容环境行政主管部门规定的标准，由建设单位负责配置生活垃圾袋装收运设施，并应同时设计、同时施工、同时投入使用，所需资金列入建设项目投资。

第九条　已建成的居民住宅小区、文化娱乐场所、体育场馆、宾馆饭店、车站码头、办公楼、商场和各类市场，未配置生活垃圾袋装收运设施或原有环境卫生设施不适应生活垃圾袋装收运的，应当在区、县环境卫生行政主管部门规定的期限内予以配置或改造，并应达到市市容环境行政主管部门规定的标准。

配置或改造生活垃圾袋装收运设施应当按照下列分工各负其责：

（一）企事业单位和个体工商户由其自行负责；

（二）实行物业管理的居民区由业主组成的物业管理委员会委托物业管理单位负责，尚未组成物业管理委员会的居民区由物业管理单位负责；

（三）未实行物业管理的居民区由区、县人民政府统一负责；

（四）文化娱乐场所、体育场馆、宾馆饭店、车站码头、办公楼、商场和各类市场由其开办单位或管理单位负责。

第十条 生活垃圾袋装收运设施的更换、维护，由管理单位负责；无管理单位的，由产权单位负责。

第十一条 产生生活垃圾的单位、个体工商户和收集生活垃圾的单位，应当使用经市环境保护行政主管部门认证登记，并符合市市容环境行政主管部门规定的规格、厚度、颜色等要求的可降解专用垃圾袋盛装、收集生活垃圾。

第十二条 投放和收运袋装生活垃圾，应遵守下列规定：

（一）居民区内的居民对其产生的袋装生活垃圾，应扎紧袋口，按照物业管理单位或居民委员会指定的时间和地点投放，并由物业管理单位、居民委员会自行收运或统一委托环境卫生服务单位按规定的时间收运。

（二）主次干道两侧沿街居民、单位和个体工商户，应在当日18时至24时，将其产生的袋装生活垃圾，投放到指定地点。对所投放的袋装生活垃圾，由环境卫生服务单位直接收运，并于投放次日8时前清运完毕。

（三）非主次干道两侧沿街居民、单位和个体工商户，投放其产生的袋装生活垃圾的时间、地点和方式，由区、县环境卫生行政主管部门与产生袋装生活垃圾的居民、单位、个体工商户和环境卫生服务单位共同协商确定。

第十三条 禁止实施下列行为：

（一）在已确定实行生活垃圾袋装的区域内拒不实行生活垃圾袋装的；

（二）在袋装生活垃圾中混入危险废物、工业固体废物、建筑垃圾及液体垃圾的；

（三）使用破损袋盛装生活垃圾的；

（四）损坏已投放的生活垃圾袋的；

（五）损坏袋装生活垃圾收运设施的；

（六）擅自启用或损坏已被封闭的生活垃圾通道的。

第十四条 单位或个人从事袋装生活垃圾收运经营活动，应具备下列条件，并向区、县环境卫生行政主管部门申请审核批准：

（一）持有工商行政管理机关颁发的营业执照；

（二）有与产生生活垃圾的单位（包括物业管理单位）、个体工商户订立的生活垃圾清运合同；

（三）拥有专用密闭运输车辆；

（四）具有相应的清运能力。

区、县环境卫生行政主管部门应当自接到申请之日起5日内予以审核，对符合前款规定条件的单位或个人发给批准书，同时指定运输时间、路线和卸地；对不符合条件的不予批准，应当书面通知申请人并说明理由。

第十五条 袋装生活垃圾清运作业必须使用密闭的专用车辆，保持车容车貌整洁，不得沿途撒漏或任意倾倒生活垃圾。

第十六条 对违反本办法第八条、第九条、第十条规定的，已实行城市管理综合执法试点的区、县，由城市管理综合执法组织责令限期改正，并可处以 1 万元以下罚款；未实行城市管理综合执法试点的区、县，由区、县环境卫生行政主管部门责令限期改正，并可处以 1 万元以下罚款。

第十七条 对违反本办法第十一条规定的，已实行城市管理综合执法试点的区、县，由城市管理综合执法组织责令其改正，未实行城市管理综合执法试点的区、县，由区、县环境卫生行政主管部门或由其委托的单位责令其改正，对不改正或改正不彻底的，从事非经营活动的处以 1000 元以下罚款，从事经营活动的处以 1 万元以下罚款。

第十八条 对违反本办法第十二条、第十三条（一）、（二）、（三）、（四）项和第十五条规定的，已实行城市管理综合执法试点的区、县，由城市管理综合执法组织责令限期改正，并可处以 1000 元以下罚款；未实行城市管理综合执法试点的区、县，由区、县环境卫生行政主管部门或者其委托的单位责令限期改正，并可处以 1000 元以下罚款。

第十九条 对违反本办法第十三条（五）、（六）项规定的，已实行城市管理综合执法试点的区、县，由城市管理综合执法组织责令恢复原状，未实行城市管理综合执法试点的区、县，由区、县环境卫生行政主管部门责令恢复原状；不能恢复原状的，应当责令其补建或者按照重置价格赔偿损失，并可按重置价格的 50% 处以罚款。同时违反《中华人民共和国治安管理处罚条例》规定的，由公安机关依法处理。

第二十条 对违反本办法第十四条第一款规定的，已实行城市管理综合执法试点的区、县，由城市管理综合执法组织责令限期改正，可处以 2000 元以下罚款；未实行城市管理综合执法试点的区、县，由区、县环境卫生行政主管部门责令限期改正，可处以 2000 元以下罚款。

第二十一条 区、县环境卫生行政主管部门违反第十四条第二款规定的，对直接责任人员给予行政处分。

第二十二条 天津经济技术开发区、天津港保税区、天津新技术产业园区华苑产业园区的生活垃圾袋装管理工作，适用本办法。

第二十三条 本办法自发布之日起施行。

九、关于加强城市生活垃圾处理管理工作的实施意见

（津政发〔2003〕第89号文件　2003年8月5日批转发布）

为了落实市委、市政府搞好环境综合整治的部署和要求，进一步加强城市生活垃圾处理管理工作，提高生活垃圾无害化处理水平，切断生活垃圾污染传播疾病的途径，确保2004年城市生活垃圾无害化处理达到创建国家环保模范城市的目标，现提出如下实施意见：

一、落实城市生活垃圾处理管理责任制，制定和完善生活垃圾处理规划

市市容委全面负责全市城市生活垃圾处理管理工作，负责市中心城区和环城四区城市生活垃圾的集中无害化处理工作，负责大型生活垃圾中转站和生活垃圾无害化处理厂（场）的运营监督管理。市内六区和环城四区人民政府负责组织本辖区城市生活垃圾收集运输工作。其他区、县人民政府负责本辖区城市生活垃圾收集运输和处理工作。

市市容委要根据城市经济发展和创建环保模范城市的要求，组织制定全市城市生活垃圾处理规划；各区、县人民政府要按照全市城市生活垃圾处理规划要求，尽快分别制定本地区城市生活垃圾收运、处理规划和具体实施计划。

二、加快城市生活垃圾处理设施建设，提高垃圾无害化处理能力

市中心城区及环城四区城市生活垃圾处理设施建设由市建委统筹安排，市市容委负责推动和组织实施。2004年底前完成双港垃圾焚烧处理厂、贯庄垃圾处理厂二期工程、西三合垃圾卫生填埋场、青光垃圾处理场和徐庄子垃圾中转站建设，具备处理和转运垃圾条件，使我市城市生活垃圾无害化处理率达到80%以上，实现创建环保模范城市的指标要求。中心城区原有垃圾处理场应按全市城市生活垃圾处理规划进行合理布局和调整。在未实施统一改造、调整和建设前，暂由市市容委委托各区环卫部门管理，专门用于消纳处理城市生活垃圾，不得挪作他用，已挪作他用的要立即纠正。

滨海三区人民政府要在滨海新区管委会统筹协调下，进一步完善汉沽、大港两个垃圾处理场建设，解决滨海三区城市生活垃圾无害化处理问题。

武清区、宝坻区和静海县、宁河县、蓟县人民政府负责抓紧建设本地区达到创建环保模范城市标准的生活垃圾无害化处理设施，争取2004年底前投入运行，尽快实现城镇生活垃圾无害化

处理的工作目标。

三、抓紧建立城市生活垃圾处理设施建设和运营的保障机制

为加快城市生活垃圾处理设施建设，按照国家计委、财政部、建设部、国家环保总局《关于实行城市生活垃圾处理收费制度促进垃圾处理产业化的通知》（计价格〔2002〕872号）要求，由市市容委牵头组织有关部门抓紧制定我市城市生活垃圾处理收费办法，为城市生活垃圾处理设施建设和运行建立稳定的资金来源，实现城市生活垃圾处理设施建设和运营的良性循环。

四、加强城市生活垃圾临时消纳卸地的管理和监督

在我市城市生活垃圾全面实现无害化处理目标之前的过渡期内，市市容委和各区、县人民政府要加强对城市生活垃圾临时消纳卸地的管理和监督。环城四区人民政府要积极配合相关区人民政府协调解决好城市生活垃圾临时消纳卸地问题。相关区市容环卫管理部门要按有关规定选用城市生活垃圾消纳临时卸地，并征得临时卸地所在区人民政府管理部门同意后，报市市容委备案。使用城市生活垃圾临时卸地的区市容环卫管理部门和单位要严格按照管理规范实施现场管理，完善临时卸地围挡工程措施，切实控制和减少对周围生态环境的污染。

五、积极实施城市生活垃圾袋装密闭收集管理工作

各区、县人民政府要按照市人民政府批准的关于加快推行生活垃圾袋装密闭收集管理工作实施意见的要求，全面推行城市生活垃圾袋装密闭收集、压缩直运的做法，实行定时定点收集垃圾，逐步撤销道路上的垃圾箱池，减少城市生活垃圾在收集过程中对城市环境的污染。要坚持属地管理的原则，充分发挥各街道办事处和居委会的职能作用，建立完善管理网络，切实把推行生活垃圾袋装密闭收集工作落到实处。

六、大力推行城市生活垃圾的减量化

为加快推进城市生活垃圾处理减量化、资源化和无害化，市市容委等有关部门和各区、县人民政府要大力宣传垃圾减量、爱护环境的重要性，不断提高广大市民环境意识，积极做好城市生活垃圾源头减量化工作。市市容委要制定城市生活垃圾处理减量化、资源化和无害化工作方案，并切实做好推动实施工作。市农委、市商委要积极组织推行蔬菜净菜入市工作。市经委要研究制定减少商品包装物的实施办法。市开发区、保税区、新技术产业园区及有条件的物业管理小区，要实行有机物垃圾和可回收垃圾（报纸、玻璃、塑料）分类收集试点工作，摸索经验，逐步推广。

七、建立城市生活垃圾处理管理考核机制，加强日常管理的监督考核

各区、县人民政府要高度重视城市生活垃圾处理管理工作，把这项工作作为实现创建国家环保模范城市目标的重点指标，纳入市容环境管理和环境保护工作考核的重要内容，加大日常管理

监督的工作力度，确保城市生活垃圾处理无害化目标的实现。各区、县市容环卫管理部门每月要及时、如实向市市容委报送本地区城市生活垃圾产量及处理情况统计表，市市容委、市环保局要按照我市创建环保模范城市的要求，对各区、县人民政府城市生活垃圾处理管理工作进行考核监督，发现问题由所在区、县人民政府组织有关部门立即进行整改。

八、加大城市生活垃圾处理管理执法力度，严格控制生活垃圾污染环境

严格制止城市生活垃圾的乱堆、乱倒，是加强城市生活垃圾处理管理工作的一项重要任务。市和区、县市容环卫管理部门要切实履行城市生活垃圾处理管理的工作职责，妥善组织好各区、县城市生活垃圾的统一收运和消纳处理工作。各区、县综合执法大队和相关执法部门要加强城市生活垃圾处理的执法管理，严格禁止城市生活垃圾乱堆乱倒的行为，特别是要加强对城乡结合部地区的巡查监督，对违反城市生活垃圾处理管理规定造成环境污染的责任单位和个人，要严格依法进行处罚，有效地保障城市市容环境卫生的干净整洁。

十、天津市人民政府关于加强环境保护和环境卫生工作的决定

（津政发〔2004〕90号文件　2004年9月30日发布）

为进一步改善人民群众的生活环境，提高城市管理水平，促进我市经济社会和人的全面发展，加快建设国际港口大都市，特对我市2007年前加强环境保护和环境卫生工作，做如下决定：

一、加强环保环卫工作的指导思想和工作目标

（一）环保环卫工作面临的形势和任务。加强环保环卫工作，是树立和落实科学发展观的必然要求，是各级人民政府执政为民的一项重要职责，是增强城市综合竞争力、提高人民群众生活质量和健康水平，让人民和城市普遍长久受益的重要措施。自1999年市委、市政府提出综合整治城市环境秩序以来，我市加大了环境保护和环境卫生建设和管理的力度，实施了河道改造、污水垃圾处理、城市园林绿化等一系列重点工程，城市面貌和环境质量已有明显改观。我市环保环卫工作虽然取得了一定成绩，但与广大人民群众改善环境的愿望、与天津的城市定位和发展目标要求相比还有较大差距，环保环卫管理职责尚需进一步明确，环卫管理体制改革相对滞后，污水、污泥、垃圾处理能力不足，小型化工企业污染在某些区域十分严重。随着我市经济和社会事业的发展，各方面对城市环境的要求越来越高，做好环保环卫工作，已成为摆在各级人民政府和

广大市民面前的一项迫切任务。

（二）加强环保环卫工作的指导思想。坚持以人为本，树立和落实全面、协调、可持续的科学发展观，根据市委八届五次全会提出的“整体推进、协调发展、追求高水平、实现新跨越”的工作总要求，按照提高认识、统一规划、属地管理、专业服务、各负其责、全面监督的原则，以提高人民群众生活质量为目的，以治理环境污染和清脏治乱为突破口，深化体制改革，创新运行机制，坚持标本兼治，建立长效、规范、科学的管理体系，切实解决环保环卫工作中存在的突出矛盾和问题，创造干净、有序、优美的城市环境。

（三）加强环保环卫工作的目标。2004 年，努力完成创建国家环保模范城市的既定目标。再经过 3 年的努力，到 2007 年底，努力把我市建设成空气清新、河水清澈、环境整洁、市容优美的宜居城市。具体目标是：城市饮用水源水质达标率继续保持在 96% 以上，工业废水排放达标率继续保持在 95% 以上，城市污水处理率由目前的 50% 提高到 89%，中水产量由 5 万吨增加到 19 万吨；全市环境质量二级以上天数由 72.3% 提高到 80% 以上；区域环境噪声平均声级保持在 56 分贝以下，道路交通噪声平均声级保持在 70 分贝以下，中心城区环境噪声达标区覆盖率由 78% 提高到 80%；城市生活垃圾和粪便无害化处理率分别由 25.4% 和 54.8% 提高到 85% 和 80%；建成区绿化覆盖率由 31% 提高到 40%，林木覆盖率由 16.5% 提高到 20%；建制乡镇公厕建设数量达到国家标准，农村户厕改造率由 14.4% 提高到 92%。

二、加快基础设施建设，改善城乡环境

（四）搞好水环境建设。城市污水日处理量 2007 年底达到 169 万吨，比今年增加 100 万吨。2004 年底完成外环线内二级河道治理和外环河改造任务，建成纪庄子、咸阳路污水处理厂；2007 年底，完成南运河治理改造任务，建成北仓、双林及一批城镇污水处理厂，完善排水排污管网，完成市中心区一批排水低洼片改造，建设张贵庄污水处理厂。

（五）严格控制大气污染。外环线内供热面积 2007 年底达到 10900 万平方米，比今年增加 4000 万平方米。全市建成区 2 — 10 吨锅炉改燃和拆除并网由 4409 台增加到 6809 台；全市 17 座电厂全面实施烟气脱硫工程；建设 20 个天然气汽车加气站，推进公交车及市内出租车辆燃油改燃气工作；严格控制施工和运输扬尘污染；对重点污染源实现全天候监管。

（六）加快垃圾处理设施建设。垃圾日处理量 2007 年底达到 7000 吨，比今年增加 6000 吨。建成双港、大韩庄、贯庄、青光、徐庄子等一批垃圾处理厂和垃圾转运站，关闭外环线周边所有垃圾临时卸地；建成市区污泥处理厂；建成区全覆盖增设垃圾箱和果皮箱，配备完善的环卫设施；推进粪便无害化处理和科学利用工作，改造建成区所有 202 座环卫旱厕，新建二类以上环卫公厕 90 座，粪便无害化年处理量由 14.8 万吨增加到 22 万吨。

（七）加大对污染企业的综合治理力度。采取经济、法律、行政手段，以小化工企业为重点，加大对工业污染源的综合治理力度。对无证经营的企业要坚决取缔；对严重超标排放的企业，要立即停产整顿，经验收达标后方可恢复生产；对污染排放屡禁不止或无力整改的，要坚决关闭。近期要集中治理北辰区西堤头镇、西青区张家窝镇和大寺镇大任庄村、静海县大邱庄镇、大港区中塘镇、津南区八里台镇大韩庄村和北闸口镇翟家甸村7个地区的严重污染企业，年内取得明显成效。同时，限期完成同生化工厂铬渣污染的治理，2005年关闭天钢集团第二炼钢厂。

（八）加强农村环境建设。2007年底，乡村道路全部实现硬铺装，主、次道路绿化带面积占道路用地面积比例分别达到20%和15%以上；每个乡镇人民政府所在地都要建有开放式绿地；全市林地面积由271万亩增加到327.8万亩；人畜粪便及生活垃圾全部在村外定点贮存和掩埋，促进综合开发和利用，推广使用农村沼气和秸秆气化等清洁能源；全面完成农村污水坑塘治理，农村户厕改造由15.34万座增加到98.74万座。实现农村环境卫生干净整洁，村容村貌明显改观。

（九）加强社区商业网点建设。按照突出重点、全面推进、拆建并举、协调发展、密切配合、齐抓共管的要求，到2007年底，全市所有区县根据各自的实际，建设一定规模的综合市场，取消占路市场。市内六区183个农贸市场全部提升改造完毕，新建100个封闭式菜市场，拆除所有占路市场。新建小区按照标准预留生鲜网点建设用地。完成便民商业网点进社区工作，新建小区在全部建筑面积中预留一定比例的用地建设便民商业设施。对老居民区要做出规划，新建或改造一批商业网点，满足群众需求。

（十）加强城乡生态建设。新建住宅区、各类基建项目和开发建设项目的绿化面积要达到规定的标准；进一步落实机关、企事业单位、居民区绿化建设责任制；支持发展各类园林服务公司，推进绿色工程；到2007年底，重点建设一批大型绿地公园和公共绿地，新增绿化面积6353公顷，城市绿化达到国家园林城市标准。积极开展生态示范区建设和创建环境优美乡镇活动，进一步加强对蓟县中上元古界国家自然保护区、八仙山国家自然保护区、古海岸与湿地国家自然保护区和北大港、团泊洼、七里海、大黄堡等重点湿地的保护，自然保护区覆盖率力争达到13%。

三、加强政策扶持，拓宽投资渠道

（十一）扩大投资规模。2005—2007年，实施垃圾处理、污水处理、集中供热、排水管网及河道改造、园林绿化和生态建设等50多个重点环境建设项目，预计投资额为250亿元—300亿元。

（十二）实行多元化投资。制定全市近期环境建设投资规划，确定财政投资、社会筹资和金融机构贷款方案。市和区县两级财政每年要安排一定比例的资金，大力吸收社会和个体私营企业投资，争取和用好国债资金，同时积极利用银行贷款，增加环境建设投入。对经营项目实行市场化运作，市和区县人民政府以补贴、减免税收等优惠政策予以支持。

（十三）完善收费政策。按照谁污染、谁使用、谁付费的原则，对现有环保污染收费、环卫渣土排放收费等要严格按照国家有关规定收取，除国家和本市有减免规定的外，任何单位不得减免。对行政事业性收费要严格实行收支两条线制度，定期审计，严格监管。尽快出台户外广告、扬尘撒漏治理、垃圾处理、粪便处理、污泥处理、污染治理等收费政策。

四、坚持属地管理，改革环卫管理体制

（十四）对环保环卫工作坚持属地管理原则。继续深化城市管理体制改革，推进城市管理重心下移。各区县人民政府要严格按照行政区划落实管理职责。加快解决城郊结合部存在的问题，依据现行的行政区划，分清责任，加速解决。坐落在河东、河西、南开、红桥、河北五个区的“城中村”，以及外环线内环城四区所属的自然村，要按照市区管理标准增设环卫设施，组建专业保洁队伍，配备城管执法人员，所需投资由各村自行解决，有困难的由其组织人事和经济隶属关系所在区解决。“村中城”小区，由坐落所在区实施全责管理；环卫等公共设施不健全的，由开发商负责解决。

从今年开始，全面落实市委、市政府关于调整城市维护管理方式，进一步完善园林环卫管理体制的意见，全额下放园林、环卫部门经费，并适当增加市内六区和环城四区城市维护费。城市维护建设税改为区固定收入后，增量部分全部留区使用，同时把城市维护责任下放到各区，新增支出由各区统筹解决。各有关区要按照市、区环境卫生行政主管部门事权划分的意见，认真履行权责，切实落实城市管理的各项任务。

（十五）坚决稳妥地推进环卫管理体制改革。按照政企分开、政事分开、养管分离的原则，借鉴其他城市的先进经验，根据我市实际情况，今年内制定下发天津市环卫体制改革方案，各区县制定实施方案，明年开始全面实施。从事作业和经营服务的环卫事业单位要实行企业化转制，组建各类专业作业公司，参与市场竞争。通过实行“老人老办法、新人新办法”以及逐步过渡的政策，做好养老、医疗、失业保险和住房公积金的衔接，确保改革稳步推进。政府给予适当优惠政策，支持环卫改革，开放环卫市场，促进环卫企业提高服务质量，拓展经营范围，增加社会效益和自身经济效益。

五、强化组织领导，落实管理责任

（十六）切实加强市人民政府对环保环卫工作的组织领导。结合制定我市“十一五”国民经济和社会发展规划及修编城市总体规划，编制全市环保环卫工作五年规划及2005—2007年工作计划。按照条块结合、以区县为主的原则，切实做好环保环卫的建设和管理工作。依据国家有关法律法规，加快完善环保环卫地方性法规，修订作业质量标准、劳动定额、技术规范、指导价格等规范性文件。统一规划建设一批大项目，做好区际间的协调工作。市人民政府各职能部门要恪尽职守，协调配合，把源头审批与末端监管紧密结合起来，特别是对当前影响市容环境的突出问题，要严格分工，明确责任，限期解决。

（十七）区县人民政府对辖区环保环卫工作负全责。各区县人民政府要制定本区县环保环卫

工作实施方案，并将环境设施的运行、维护和管理费用支出纳入财政预算，根据财政收入增长幅度和城市维护管理的实际需要加大资金投入。要把环境建设、环境保护、环境管理、环境秩序治理和环境卫生的各项任务指标，层层分解，逐级落实，并直接解决环保环卫工作的突出问

题。认真组织开展创建国家卫生区和卫生镇工作，确保各区县环保环卫工作达到市人民政府的规定。

（十八）乡镇人民政府、街道办事处及村（居）委员会要切实做好落实工作。乡镇人民政府、街道办事处要在区县政府的领导和业务部门的指导下，制定实施计划，组织开展争创环境卫生先进镇（街）活动，抓好辖区内机关、部队、学校、医院、村（居）委会和企事业单位环保环卫任务的完成。村（居）委会要充分发挥群众自治组织的作用，指定一名负责人分管环保环卫工作，依据环保环卫工作标准和街道、乡镇确定的任务，做好组织发动工作。

（十九）企事业单位要认真履行环保环卫责任制。各企事业单位要树立强烈的环保环卫意识和社会责任感，履行好应尽的环保环卫义务，落实门前卫生清扫、清雪责任制，搞好单位内部环境卫生、绿化建设和养护管理。按照环保法和《天津市市容和环境卫生管理条例》等法律法规的要求，依法组织生产经营，确保各种污染物达标排放，自觉接受环保部门的监督管理。

六、鼓励公众参与，加强监督检查

（二十）加强行政监督。市人民政府有关部门要制定区、县及街、镇环保环卫管理标准，实行严格有效的考评。各管理部门要按照《中华人民共和国行政许可法》的要求，尽职尽责，对各种污染源依法严格管理，该处罚的处罚，该吊销执照的吊销执照，该移送司法机关的移送司法机关。各级监察、督查部门对环保环卫工作中的重点、难点和群众反映强烈的问题，要进行跟踪督查督办，对不履行或不正确履行法定职责，造成不良影响或后果的，追究有关责任者的责任。

完善市、区两级城市管理综合执法机关。明确管理主体，理顺执法体制，搞好专业管理与综合执法的衔接，实现环境管理由突击性治理向规范化、科学化、经常化管理转变。

（二十一）接受法律监督、民主监督和新闻监督。市、区人民政府和各部门要自觉接受人大代表和政协委员的检查监督，认真听取意见，及时解决问题。市、区两级人民政府要建立每年向同级人大常委会报告环保环卫工作情况的制度，并向市民公布。新闻媒体要及时宣传环保和环卫工作的先进典型，对疏于管理的责任部门和环境污染及卫生脏乱现象，对不卫生、不文明的现象和陋习，予以曝光批评。

（二十二）加强公民教育和社会监督。采取各种形式，加强市民公德教育，增强社会责任感，提高全民的环保环卫意识和素质。引导广大群众积极参与环保环卫活动，支持中水回用、垃圾分类和综合利用，认真履行社会义务，形成维护市容、保护环境、爱护家乡的浓厚社会氛围。建立社会各界人士参加的万名义务监督员队伍，对环境保护和市容环境实施全方位的监督，及时举报脏乱点位和违法责任者，督促有关部门及时组织治理整改。

市人民政府要求各区县人民政府加强领导，集中力量，以纪念天津建卫600年为契机，做好今年第四季度环保环卫工作。同时，要根据本决定精神，制定和实施各区县今后3年的环保环卫工作计划。在各区县人民政府的领导下，各街道、乡镇也要制定简明务实的措施，对今后3年的环保环卫工作进行部署。

市人民政府号召本市各行政机关、企业和事业单位、每个家庭、所有市民和外地在津人员，从每个单位做起，从每个家庭做起，从每个人做起，互相配合，互相监督，为实现我市环保环卫工作3年目标而努力！

十一、天津市城市容貌标准

（津政函〔2005〕53号文件　天津市人民政府2005年6月2日修订发布）

1.0　引言

1.1　为了建设清洁、优美、文明、有序的市容环境，依据有关法律、法规，制定本标准。

1.2　本标准适用于本市中心城区和其他建成区、风景游览区以及实行城市化管理的地区。

1.3　单位和个人均应执行本标准。

2.0　建筑景观

2.1　新建、改建、扩建建筑物和构筑物以及建筑物、构筑物外檐再装饰的外型设计，体现建筑艺术、文化品位、外型美观和城市特点，其主色调与周围环境相协调。

2.2　临街设置的围墙，符合下列形式：

2.2.1　透景围墙；

2.2.2　半透景围墙；

2.2.3　绿篱。

2.3　因特殊需要在临街设置实体围墙的，其墙体造型美观，墙体高度、装饰风格、色调应与相临的主建筑物相协调。

2.4　主干道、繁华区、商业街各商店设置的橱窗内，安装照明设施，窗明通透，陈列物或宣传品摆放整齐。橱窗玻璃上无张贴物。

2.5　临街建筑物安装分体式空调的，空调外机应安装在建筑物统一设置的位置上。原建筑物没有统一设置空调外机位置的，统一安装在窗台外墙或阳台侧立面距窗台10厘米以下的中央位置。

2.6　主要道路、重点地区临街建筑物门窗安装的护栏，一律为内镶式护栏；无外跨式护栏、遮阳罩、卷帘门窗。

新建居住楼设置护栏的，在同一居住小区、同一栋楼房采用相同的颜色和式样。

2.7 具有历史价值的名人故居、历史遗迹、标志性建筑以及文物保护区和各种风貌建筑保护区内，保持原有建筑风格，无擅自拆改或搭建。

2.8 建筑物、构筑物外墙体完好无损，无外墙皮脱落。玻璃幕、铝塑板等新型材料的墙体无明显污迹和灰尘。

2.9 阳台、露台、平台、外走廊无搭建的挂台、雨棚。临街阳台、露台、平台、外走廊无堆物或吊挂物品。

2.10 主要道路两侧的临街建筑物、构筑物定期整修、粉饰；各种管线入地埋设或隐蔽设置。

2.11 无擅自拆墙改门和改变原建筑物、构筑物外墙结构和色调；无擅自在建筑物、构筑物的四周及顶部搭建的建筑物、构筑物。

3.0 环境秩序

3.1 道路、公共场地无擅自搭建的建筑物、构筑物及其他设施，无违章棚亭，无擅自堆放物品。

3.2 有关部门准予临时占路堆放的物料，堆放整齐，散体物料有防污染措施；临时搭建建筑物、构筑物及其他设施的造型及色调不影响市容观瞻。

3.3 有关部门准予占用道路设置的阅报栏、广告栏、报刊亭、电话亭等设施，一律采用新型材料，外观设计新颖。

3.4 报刊亭、售货亭外无摆放商品，无经营活动。

3.5 沿街建筑施工工地，设有造型美观且不低于2.5米高的实墙围挡。凡占用道路施工作业的，设有专用的金属板材围挡。施工工地周围环境整洁，无工程渣土堆存。施工工地内堆放的工程渣土，不超过实体围墙的高度。

3.6 主次道路、繁华地区，无占用道路从事摆卖、生产、加工、修理、车辆冲洗等经营活动。

3.7 主干道路和繁华地区无占路修车摊点。经有关部门准予在非主干道路、非繁华地区设置的修车摊点，周围干净整洁，无油渍污迹。

3.8 单位及其人员的机动车和非机动车停放在本单位院内。经有关部门批准临时占路停放的，停放整齐有序，周围干净整洁。

3.9 繁华地区，商业街、医院、文化娱乐场所、公园、纪念馆、博物馆及大型商场、饭店、写字楼和机关门前划定停车位的，车辆停放整齐。

3.10 主干道路和繁华地区无违章停放的机动车和非机动车。

4.0 公共设施

4.1 道路、桥梁的路面平坦、完好。无坑凹、隆起、溢水，侧缘石无损坏；各种井盖无短缺。

4.2　在建筑物、构筑物及其他设施和树木上，无擅自悬挂的标语或宣传品。

4.3　经有关部门准予临时悬挂的标语或宣传品，到规定期限及时清除；无残损的标语或其他宣传品。

4.4　市容、环卫、市政、交通、电力、通讯、邮政、照明等公共设施，符合有关设置标准，整洁、完好、无损，造型美观、标识明显，无污迹。

4.5　公共时钟和城市雕塑无损坏、无污迹。公共时钟报时准确。

4.6　各种建筑物、构筑物及其他设施上，无张贴物，无刻划痕迹，无吊挂物。

5.0　环境卫生

5.1　道路清扫保洁达到以下标准：

道路等级	果皮（片 /1000 平方米）	纸屑、塑膜（片 /1000 平方米）	烟蒂（个 /1000 平方米）	痰迹（处 /1000 平方米）	垃圾堆（处）	渣土堆（处）	运输撒漏（处）	砖石瓦块等杂物（处）
主干道路	≤ 4	≤ 4	≤ 4	≤ 4	无	无	无	无
次干道路	≤ 6	≤ 6	≤ 8	≤ 8	无	无	无	无
胡同里巷	≤ 10	≤ 10	≤ 12	≤ 15	无	无	无	无

5.2　居住区实行地面绿化和硬化，环境卫生质量达到 6.1 胡同里巷的环境质量标准。

5.3　繁华地区、公共场所、商业街、存车场、广场、汽车始末站等，设有二类以上的水冲式公厕和适用的废物箱、垃圾容器。路面达到主干道路的环境卫生质量标准。各种桥梁、涵道达到同相连接道路等级的环境卫生质量标准。单位门前清扫责任区达到所在道路的环境卫生质量标准。

5.4　道路路面无积水、无土绺、无漏扫、无明显泥沙、无明显杂物，路见本色。穿越城区的公路清扫保洁达到城区环境卫生作业标准。

5.5　城市公厕新建、改建的达到国家规定的二类以上公厕建筑标准。

5.6　公厕设施完好，厕标、厕牌、厕所照明等设施齐全。

5.7　设置的废物箱、垃圾容器符合标准，美观、耐用，无破损。

5.8　废物箱、垃圾容器保持本色，无蛆蝇，无痰迹，无垃圾满冒外溢。

5.9　沿街单位、物业管理小区和双气居住区，实行垃圾袋装，密闭收运。

5.10　未实行垃圾袋装的居住区，垃圾定时收运、日产日清，无垃圾裸露和积存。

5.11 运载垃圾、渣土、泥浆、砂石料、煤炭及其他流散体的，使用全密闭运输车辆，车体整洁，无污迹。

5.12 商店门前干净整洁，无摆放的货物，无其他堆物；在街头临时增设的销售网点，备有垃圾容器，且周围整洁。

5.13 集贸市场设有固定的摊位和适用的垃圾容器，经营水产品的摊位，设有上、下水设施，货架整齐一致，货物摆放有序，地面干净整洁，垃圾日产日清。

5.14 道路上无车体破损或车身不洁的机动车辆行驶。

5.15 市区内无饲养的家禽家畜。与城区接壤地区的农业户饲养禽畜的，在规定的区域内圈养。

5.16 外环线以内和外环线以外200米范围内，无露天废品收购点。

6.0 园林绿化

6.1 各类绿地内，种植适应自然条件的树木和花草，因地制宜地设置泉、石、雕塑、植物造景等园林小品。

6.2 城市闲置建设用地，按规定实行临时绿化。

6.3 无擅自改变城市绿化用地和破坏绿地、地貌、水体和植被现象。

6.4 造型植物、攀缘植物、花坛、绿篱保持造型美观，树木、花、草枝叶繁茂；无枯树、枯枝、枯草，无吊挂物。

6.5 绿地、绿篱、花坛内，无垃圾堆、渣土堆，无塑料包装物，无违章搭建。

6.6 绿地内的各种设施完好，无设施损坏和毁绿现象。

6.7 古树、名木及珍贵树种，无损坏。

6.8 公园、游乐场采用透绿围墙；立交桥附近、外环线周边、铁路沿线、河道两侧全部实施绿化，形成带状景观。

6.9 道路上剪枝作业，无堆放树枝，浇水作业无路面污染。树穴采取防黄土外溢措施。

7.0 户外广告设施

7.1 户外广告设施设置，规范有序、高度适宜、形式新颖，与建筑物、街景、环境协调。

7.2 设置户外广告设施采用新技术、新材料、新光源，体现时代特征，展示科技水平。户外广告上使用规范文字。

7.3 下列范围无经营性户外广告设施：

7.3.1 国家机关、军事机关、学校、文物保护单位，风貌建筑保护区、保护性建筑及风景名胜区的控制地带；

7.3.2 各种交通安全设施、交通标志上；

7.3.3 地下管线、高压电力架空线安全保护范围内；

7.3.4 占压绿地、遮挡标志性建筑物和绿化景观的地域；

7.3.5　异形楼顶、坡形楼顶、居民住宅楼顶和透视围墙；

7.3.6　危及建筑物、构筑物安全和损害建筑物形象的；

7.3.7　妨碍生产或者人民生活、损害市容市貌的。

7.4　下列区域内无户外广告设施：

7.4.1　主干道路、繁华地区、车站、广场及新拓宽道路隔离带无大型占地广告设施；

7.4.2　河道两岸、绿化带内、占地开放式公园、大型绿地，中心广场及其周边 100 米范围内，无各类广告设施；

7.4.3　外环线以内，无大型立柱式广告设施；

7.4.4　经行政许可设置的各种临时占路棚亭，无经营性广告设施。

7.5　设置的户外广告符合下列标准：

7.5.1　大型占地户外广告设施，面积 18 米 ×6 米，间距 ≥ 1000 米；

7.5.2　小型占地户外广告设施，面积 ≤ 5 平方米，间距 ≥ 100 米；

7.5.3　实墙围挡户外广告设施，高度 不超过 4 米，下沿距地面高度在 0.5 米至 1.8 米之间；

7.5.4　建筑物顶部设置的户外广告设施，与建筑物的建筑风格和尺寸相协调；支架采取安全、隐蔽措施，无裸露。并符合下列标准：

建筑物高度	户外广告设施高度
6 米以下	≤ 2 米
6 米 ~ 12 米	≤ 3 米
12 米 ~ 18 米	≤ 4 米
18 米以上	≤ 6 米

7.5.5　依附建筑物墙体的户外广告设施，下沿距地面 2 米以上，不遮挡建筑物外观，不影响建筑物的整体景观。

7.5.6　设置实物造型户外广告设施，不影响行人通行。

7.5.7　底商门楣上设置的牌匾，相邻底商门楣上设置的牌匾，应当与周围环境相协调，并符合规范要求。其高度、厚度及使用的材料相统一。

7.6　重要节日、迎宾活动、经贸活动、庆典活动，经批准临时设置的布标式、气球式、门庭式临时户外广告设施，节日和活动结束时及时清除。

7.7　无空白广告和破损广告，霓虹灯广告字体无残损。

7.8　户外广告设施支架包装隐蔽，大小、色调与建筑物相协调。

8.0　景观灯光

8.1　景观灯光设置，符合本市景观照明工程技术规范和景观灯光设置规划。

8.2　下列范围设有符合规划要求的景观灯光设施：

8.2.1　快速路及主干道路两侧的建筑物、构筑物、绿化带，非主干道路两侧的高层建筑物及构筑物；

8.2.2　机场、港口、码头、车站、高速公路出入市口、商业街（区）、会展中心、桥梁、电视塔、体育场（馆）、广场、绿地、公园、旅游景点及其他大型公共场所；

8.2.3　重点文物保护单位及风貌建筑；

8.2.4　主要景观河道、湖泊及沿岸地带；

8.2.5　户外广告设施及商业性牌匾、字号、标识。

8.3　设置的景观灯光设施，达到装饰城市街道、建筑物和商业街夜间景观的效果。重大节日和重要活动设置的临时景观灯光设施，达到烘托喜庆、祥和气氛的效果。

8.4　设置景观灯光，无光污染，无碍城市容貌。

8.5　景观灯光设施保持整洁完好，无残损，无破旧。

8.6　经营性灯光设施、户外广告的灯光设施、游乐场所的灯光设施、繁华地区和商业街的各种灯光设施，每日定时启闭；其他灯光设施，每周六、日定时启闭。遇有特殊情况，按市容环境管理部门的要求启闭。

8.7　新建、改建、扩建工程和外檐再装修工程，将夜景灯光照明设施列入设计方案，并与主体工程同时设计、施工和投入使用。

十二、关于建立天津市和各区、县市容管理委员会的通知

（津政发〔1984〕2号）

各区、县人民政府，各委、局，各直属单位：

一、天津市市容管理委员会，为市人民政府委级机构，核定行政编制六十五人（包括工勤人员）。撤销市市容管理办公室。

二、市环境保护局和环境卫生管理局，归口市市容管理委员会。市规划设计管理局和市园林局的有关管理业务工作，接受市市容管理委员会指导、协调。

三、各区、县人民政府要加强对市容管理工作的领导，建立区、县市容管理委员会，撤销区、县市容管理办公室。各区、县市容管理委员会的编制由各区、县政府自定。

四、市市容管理委员会的职责范围和工作任务，由市市容管理委员会研究提出意见，报市人民政府批准后。另行下达。

天津人民政府

一九八四年一月六日

十三、中共天津市委，天津市人民政府批转《关于调整市委城乡建设工作部、市城乡建设委员会、市市容管理委员会机构体制改革方案》的通知

津党〔1986〕2号

各区县党委和人民政府，市委各部委，市级国家机关各党组（党委），各人民团体党组：

市委、市人民政府同意市委机构改革工作小组《关于调整市委城乡建设工作部、市城乡建设委员会、市市容管理委员会机构体制方案》，现转发你们，望各有关部门遵照执行。通过调整，要进一步理顺关系，统一、协调地搞好我市城乡规划、建设和管理，努力把天津建成繁荣、整洁、文明、美丽的城市。

中共天津市委员会

天津市人民政府

一九八六年一月二十八日

关于调整市委城乡建设工作部、市城乡建设委员会、市市容管理委员会机构体制方案

为了加强城乡建设与管理工作的集中统一领导，进一步搞好我市城乡规划、建设和管理，建议调整市委城乡建设工作部、市城乡建设委员会、市市容管理委员会的机构体制。具体方案如下：

一、撤销市委城乡建设工作部，成立中共天津市委城乡建设管理工作委员会，同时撤销市城乡建设委员会党组和市市容管理委会党组。市市容管理委员会改为市市容卫生管理委员会。市委城乡建设管理工作委员会与市城乡建设委员会、市市容卫生管理委员会实行统一领导，分工负责。

市委城乡建设管理工作委员会是市委派出机构，在市委领导下，负责市城乡建设和管理系统党的建设、干部工作和思想政治工作、贯彻执行党和国家有关方针政策；研究决定城乡建设和市容卫生管理方面的重大问题。

市城乡建设委员会是人民政府管理城乡建设工作的职能部门，主要任务是：贯彻为经济建设和人民生活服务的方针，推进和完善城乡建设行业的经济体制改革；研究制订区域与小区发展规划，编制年度建设施工规划，组织协调全市基本建设、城乡建设的实施，统筹管理城市基础设施的维修养护和公用等服务事业；协同农委推行城镇建设。

市市容卫生管理委员会是市人民政府管理市容卫生工作的职能部门，主要任务是：组织城市容貌的综合整治和管理工作；推动社会主义精神文明建设和群众性的爱国卫生活动。

二、市城乡建设委员会的归口单位有：市建筑工程局、房地产管理局、建筑材料工业局、公用局、市政工程、规划设计管理局、园林局、地方铁路局、建设开发公司、无缝钢管工程指挥部、涉外公司、村镇开发公司和天津大学建筑分校。

三、市市容卫生管理委员会的归口单位有：市环境保护局、环境卫生管理局。市市容卫生管管理委员会对市规划设计管理局和园林局仍进行有关管理业务的指导、协调。

市五讲四美三热爱委员会办公室和市爱国卫生运动委员会办公室连同编制一起并入市市容卫生管理委员会，对外保留这两个办公室的名义。同时撤销市爱国卫生运动委员会党组。

四、市城乡建设委员会和市市容卫生管理委员会的归口单位，其党的关系均归口市委城乡建设管理工作委员会。

市重点工程指挥部、市人防办公室党的关系归口市委城乡建设管理工作委员会。

中央驻津的中建公司第六工程局、石化第四建设公司、华北市政工程设计院、水泥工业设计研究院、机械设备成套局、地质矿产局、其党的关系归口市委城乡建设管理工作委员会。

市委城乡建设管理工作委员会、市城乡建设委员会、市市容卫生管理委员会、市人防办公室的机关党组织归口市直机关党委管理。

五、本着精简效能的精神，市委城乡建设管理工作委员会设办公室、组织处、宣传处、干部处（对外保留老干部处名义），另设市纪检委驻市委城乡建设管理工作委员会纪检组。市城乡建设委员会设办公室、规划设计处、综合计划处、城市管理处，配套建设处、设备材料处、村镇建设处、企业管理处、涉外处、总工程师办公室、研究室；市抗震办公室和市农房办公室的业务工作分别划归有关处室，对外保留名义。市市容卫生管理委员会的原有机构不变；并入的五讲四美三热爱委员会办公室、爱国卫生运动委员会办公室，对内为处。

市委城乡建设管理工作委员会使用原市委城乡建设工作部的编制；市城乡建设委员会、市市容卫生管理委员会（含并入的两个办公室）均维持原编制数。

市委机构改革工作小组

一九八六年一月十一日

十四、关于印发《天津市市容和园林管理委员会主要职责内设机构和人员编制规定》的通知

津党办发〔2009〕18号

各区县党委和人民政府，市委各部委，市级国家机关各党组(党委)，各人民团体党组：

《天津市市容和园林管理委员会主要职责内设机构和人员编制规定》已经市委、市人民政府同意，现予印发。

中共天津市委办公厅

天津市人民政府办公厅

2009年8月24日

天津市市容和园林管理委员会主要职责内设机构和人员编制规定

根据市委、市政府《关于印发〈天津市机构改革实施方案〉的通知》(津党发〔2009〕15号),设立天津市市容和园林管理委员会。市市容和园林管理委员会为负责全市市容市貌、环境卫生、城市园林绿化、爱国卫生和城市管理综合执法工作的市政府组成部门。

一、职责调整

(一)将原市市容环境管理委员会、原市园林管理局的职责整合,划入市市容和园林管理委员会。

(二)增加负责全市生活废弃物收集、运输和处置的统一监督管理职责。

(三)增加负责全市城市管理考核职责。

(四)取消已由市政府公布取消的行政审批事项。

二、主要职责

(一)根据国家有关法律、法规,拟订全市市容市貌、环境卫生、城市园林绿化方面的法规和规章草案,并监督实施。

(二)组织编制城市总体规划中有关市容市貌、环境卫生、城市园林绿化建设规划;拟订市容市貌、环境卫生、城市园林绿化事业发展规划和计划;指导区县编制区域市容市貌、环境卫生、城市园林绿化事业发展规划。

(三)制定全市市容市貌、环境卫生、城市园林绿化的行业政策、工程质量和管理标准;负责城市园林绿化企业的资质审查工作。

(四)配合有关部门对市投资的市容市貌、环境卫生、城市园林绿化设施用地实行控制;组织实施市容市貌、环境卫生、城市园林绿化设施建设项目;负责全市城市路灯照明的养护和管理工作;承担市市容园林部门国有资产的监管责任;负责全市市容市貌、环境卫生、城市园林绿化方面的综合统计工作。

(五)组织、协调全市环境秩序的综合治理工作,并进行指导、督办和检查;承担户外广告、夜景灯光设施的安全监管责任;负责全市城市管理综合执法队伍的协调、调度和考核工作。

(六)负责城市管理数字化平台建设;拟订完善城市管理考核指标体系和管理制度,并对市级有关部门和各区县的城市管理工作进行考核,并承担相关责任。

(七)负责城市维护管理专项资金的安排和使用监督,商市财政部门下达项目投资计划;负责与市容市貌、环境卫生、城市园林绿化有关的对外经济技术合作与交流。

（八）根据有关规定，负责市容市貌、环境卫生、城市园林绿化、爱国卫生方面的行政审批、行政复议和行政诉讼工作。

（九）组织开展全市市容市貌、环境卫生、城市园林绿化、爱国卫生、城市管理综合执法方面的宣传教育和普法工作。

（十）组织开展创建国家卫生城市活动；组织、指导全市开展爱国卫生运动。

（十一）对全市市容环境作业、城市园林绿化、机动车辆清洗等进行行业管理。

（十二）负责全市生活废弃物工作的宏观管理及收集、运输和处置的统一监督管理工作。

（十三）承担市绿化委员会办公室城市组的职责，组织城市规划区的全民义务植树工作；对全市重大活动中涉及城市园林绿化工作及城区重大虫情疫情的防治实施统一指挥。

（十四）指导公园、动物园、风景游览区园林绿化工作和城市规划区的古树名木保护工作。

（十五）组织推动市容市貌、环境卫生、城市园林绿化重大科技项目的研究、鉴定和评估，以及科技成果的应用推广。

（十六）承办市委、市政府交办的其他事项。

三、内设机构

根据上述职责，市市容和园林管理委员会设 20 个内设机构：

（一）办公室

负责委机关政务和行政管理工作；负责汇总、拟订年度工作计划、工作总结以及重要会议的组织工作；负责重要文件和会议决定事项及重点任务的督查、督办工作；负责相关应急突发事件的处置工作。

（二）法规处（研究室）

拟订本市市容市貌、环境卫生、城市园林绿化方面的法规和规章草案，并监督实施；调查研究有关法律、法规、规章和政策的执行情况；负责有关行政复议、行政诉讼、执法监督和普法工作。

（三）规划处

拟订市容市貌、环境卫生、城市园林绿化事业发展规划和相关专业规划；参与组织相关重大建设项目的规划选址和可行性研究；指导区县市容园林专业规划的编制工作；负责综合统计工作。

（四）市容建设工程管理处

负责对市容环境建设项目设计方案进行技术审查；负责拟订市容环境建设项目施工方案；组织指导建设、代建单位施工管理。

（五）环境秩序协调管理处

拟订环境秩序综合治理方案，并组织实施；负责重大活动中涉及到市容和园林工作的重点、难点问题进行协调和裁决；负责对城市管理综合执法的协调工作。

（六）街容管理处

拟订城市容貌、户外广告、夜景灯光工作规划、计划，并组织实施；组织拟订全市重点地区、重大项目城市容貌、户外广告、夜景灯光标准，并督促检查；负责重大节日、重要活动期间的市容环境布置工作。

（七）环境卫生管理处（机动车辆清洗管理处）

负责全市环境卫生的管理和清融雪工作，并承担相应责任；拟订市容环境卫生发展规划、保洁质量和管理标准；负责全市市容环境作业和机动车辆清洗行业管理。

（八）废弃物管理处

负责全市生活废弃物收集、运输和处置的统一监督管理工作，推动生活废弃物再生利用和无害化处理工作。

（九）城市管理数字化处

负责城市管理数字化平台建设和管理工作。

（十）考核监督处

拟订城市管理考核指标体系和管理制度；对市级有关部门和各区县的城市管理工作进行考核。

（十一）路灯照明管理处

拟订城市路灯照明养护管理标准；负责全市城市路灯照明的养护管理工作。

（十二）园林建设管理处

组织开展创建国家园林城市活动，承担市绿化委员会办公室城市组的职能；负责城市园林绿化基础建设项目设计、施工方案的技术审查并组织实施。

（十三）园林养护管理处

负责城市园林绿化设施的养护管理工作，负责对全市重大活动中涉及城市园林绿化工作及城区重大虫情疫情的防治实施统一指挥。

（十四）公园管理处

负责全市公园管理的行业指导；负责动物园内动物的养管工作；指导公园、动物园、风景游览区园林绿化工作和城市规划区的古树名木保护工作。

（十五）爱国卫生管理处

组织开展创建国家卫生城市活动；组织、指导全市开展爱国卫生运动；负责对防治病媒生物药剂和器械经营、使用的监督管理，组织专家对防治病媒生物药剂的实际应用效果进行评估。

（十六）行政许可处

根据有关规定，负责市容市貌、环境卫生、城市园林绿化和爱国卫生等相关行政许可工作。

（十七）科技教育处

组织推动本系统重大科技项目的研究、签定和评估，以及科技成果的应用推广；组织行业职工专业技术培训和继续教育。

（十八）社会宣传处

负责市容园林方面的社会宣传工作；负责本系统精神文明建设、窗口工作。

（十九）财务处（审计处）

负责本系统的财务管理；编制市容园林资金预算、决算；负责本系统各类经济活动的审计工作；承担城市管理“以奖代补”资金的拨付和监管工作。

（二十）组织人事处

负责本系统党的组织、思想、作风和干部队伍建设工作；负责本系统人事、编制、劳资、福利、职称管理工作；负责市市容园林委党组的日常工作。

老干部处负责机关离退休干部的管理和服务工作；指导所属单位的离退休干部管理和服务工作。

机关党委负责机关和所属单位的党群工作。

四、人员编制

市市容和园林管理委员会机关行政编制 149 名（含老干部处行政编制 3 名）。其中：主任 1 名，副主任 5 名；处级领导职数 22 正 26 副（含机关党委专职副书记 1 名，老干部处处长 1 名）。

机关工勤事业编制另行核定。

纪检、监察工作机构按规定派驻，人员编制另行核定。

五、其他事项

（一）市市容和园林管理委员会加挂天津市爱国卫生运动委员会办公室牌子。

（二）天津市城市管理综合执法局设在市市容和园林管理委员会。

六、附则

本规定由市机构编制委员会办公室负责解释并对执行情况进行监督检查，其调整由市机构编制委员会办公室按规定程序办理。

附：天津市城市管理综合执法局主要职责内设机构和人员编制规定

天津市城市管理综合执法局
主要职责内设机构和人员编制规定

天津市城市管理综合执法局是负责全市城市管理综合行政执法工作的行政机构，设在市市容和园林管理委员会，规格为副局级。

一、主要职责

（一）贯彻执行国家和本市有关城市管理方面的法律、法规和规章，拟订本市城市管理综合行政执法方面的法规、规章草案。

（二）研究编制全市城市管理综合行政执法工作规划，制定工作目标、标准，并组织实施和考核。

（三）负责全市城市管理综合行政执法监督工作，制定执法程序，规范执法文书和处罚标准；指导有关行政诉讼工作，受理相关行政复议案件。

（四）组织、指挥、调度全市城市管理综合行政执法机构开展执法活动；负责重大和跨区域违法违规案件的查处及执法协调工作。

（五）负责全市城市管理综合行政执法人员的培训、考核和执法资格审查工作。

（六）对各区县城市管理综合行政执法机构的党政正职的任免调整提出建议。

（七）负责对全市城市管理综合行政执法队伍的监察工作。

（八）负责全市城市管理综合行政执法的宣传教育工作；指导行政执法机构的精神文明建设和作风建设工作，制定行为规范，并监督实施。

（九）指导全市城市管理综合行政执法的信访工作；负责上级交办、群众反映的案件查处和督办工作。

（十）承办市委、市政府交办的其他事项。

二、内设机构

根据上述职责，市城市管理综合执法局设5个内设机构：

（一）办公室

负责局机关政务和行政管理工作；负责重要文件和会议决定事项及重点任务的督查、督办工作；负责对外联络和机关后勤保障工作。

（二）人事教育处

负责局机关及执法督察机构党的思想、组织、作风和干部队伍建设工作；负责人事、编制、劳资、福利管理工作；负责退休干部管理工作。

（三）法制处

负责城市管理综合执法政策的研究，拟订本市城市管理综合执法方面的法规和规章草案，并监督实施；负责本市城市管理综合执法人员的法制和业务培训工作。

（四）执法协调处（信息指挥中心）

研究拟订全市城市管理综合行政执法工作规划，制定工作目标、标准，并组织实施和考核；组织、协调全市城市管理综合行政执法机构开展执法活动。

（五）计划财务处（审计处）

负责本局的财务、审计工作；负责对各区县城市管理综合执法机构补助经费的分拨及财务审计工作。

三、人员编制

市城市管理综合执法局机关行政编制26名。其中：局长（政委）1名（由市市容和园林管理委员会1名副主任兼任），副局长2名（正处级，其中1名兼副政委）；处级领导职数5正3副。

机关工勤事业编制另行核定。

十五、关于市容管理委员会内部机构设置的函复

津编字〔1984〕6号

市容管理委员会：

市政府办公厅和市委城乡建设工作部转来关于你委内部机构的文收悉，根据市市委〔1983〕56号文件精神，经研究，同意你委内部机构设：办公室、人事室、市容处、管理处，调研处、科技教育处、监察处。

此 复

天津市编制委员会

一九八四年一月十四日

抄送：市委办公厅、市委组织部、市委城乡建设部、市政府办公厅、人事局。

十六、关于市市容卫生管理委员会调整内部处室的函复

津编字〔1986〕140 号

市市容卫生管理委员会：

你委《关于调整委内处室机构的请示》(市容委〔1986〕57 号)收悉。经研究，现同意你委设办公室、人事室、研究室、爱卫会办公室、五四三委办公室、环境管理处、街容管理处、工程技术处、科技教育处、城管监察处(对外仍称城市建设管理监察大队)等十个处室。

此　复

天津市编制委员会

一九八六年八月二十七日

关于调整委内处、室机构的请示

市容委〔1986〕57 号

市委城建工委，并报市编委：

遵照津党〔1986〕2 号文件精神，为把天津建成繁荣、整洁、文明、美丽的城市。从市容卫生管理的全局需要出发，结合以往的实践经验，我们经过反复审慎地研究. 拟对委内机构进行适当调整。

一、必要性。今年初，市委、市政府对我委的机构体制和主要任务进行了调整，而半年多来委内机构尚未做相应调整，目前处、室的设置已不适应新体制和新任务的需要。如：市容处与管理处，不仅在概念和职责范围上混淆不清，而且在业务和实际工作上相互扯皮；再如：市爱国卫生运动委员会办公室和“五讲四美三热爱”委员会办公室（简称爱卫会办公室内“五四三”委办公室）并入我委后，使市容生卫管理工作的任务、内容、对象和方法发生了新的变化。所有这些表明，调整委内机构势在必行。

二、指导思想。本着改革和实事求是的精神，围绕组织城市容貌综合整治和管理、推动社会主义精神文明建设和群众性爱国卫生运动等三项主要任务，理顺处、室关系，明确职责分工，尽量减少矛盾，注重整体协调，突出综合水平，使委内机构设置达到精干、合理、有序、高效。

三、机构设置。在不增加编制的前提下，采取保留、撤销、新建、归口相结合的方法进行调整，处、室设置及其主要任务如下：

办公室：拟制工作计划、总结；文档收发、信息交流，整理文字资料，办会办事，行政、后勤管理，处理来信来访；

调研室：调查了解市容卫生管理实际状况，进行理论研究，拟制规划、法规和文件；

爱卫会办公室：组织推动除害灭病工作和食品卫生管理，开展群众性的卫生活动和卫生检查评比；

“五四三”委办公室（对内称文明建设处）：推动精神文明建设，组织创建文明单位、军民共建、创“三优”活动；

环境管理处：指导、协调环境保护和环境卫生的专业管理，拟制规划、计划和专项治理方案，并对落实情况进行督促检查；

街容管理处：审批临时占用、掘动道路，负责街景管理及对沿街建筑和围墙整修的审批，组织防火清整和拆除违章建筑，管理广告设置和阳台、平台等；

工程技术处：组织指导整修街道、垃圾堆山和其他市容卫生管理方面的工程项目，收集、摄制、整理、保管技术资料；

科技教育处：掌握环保和环卫的科技情况，参与制定科技规划和审定科研项目及成果，编辑科技情报和宣传材料，归口管理《中国市容报》天津记者站；

城管监察处（对外仍称城市建设管理监察大队）：组织城市建设管理的综合执法，对各区中队工作进行指导。

机关党总支：负责思想政治工作和党务工作，人事、保卫、纪检和干部职工的福利。

为使市容卫生管理的“三项主要任务”有机地结合起起来抓，拟将市爱卫会办公室和“五四三”委办公室两块牌子的使用权，由委统一掌握，以便统筹安排工作。

四、预期效果。这样调整后，处、室的职责明确，专业化强，关系顺当，便于综合、协调，利于精简与效能的统一。

关于处、室的职责范围和人员配备，待批准后，另作研究。

以上报告当否，请批示。

天津市市容卫生管理委员会

一九八六年七月十日

抄报：毛昌五顾问，市政府办公厅及编制办公室、四处、八处。

十七、关于印发天津市市容环境管理委员会机关机构改革有关文件的通知

津容党〔2000〕第4号

机关各处室：

现将《天津市市容环境管理委其会机构改革人员定岗分流的实施意见》《天津市市容环境管理委员会内设机构及职责》印发给你们．请认真贯彻执行．

中共天津市市容环境管理委员会党组

2000年12月18日

天津市市容环境管理委员会内设机构及职责

办公室工作职责

1. 负责委机关日常政务和事务工作。对上级部署和委主任办公会决定的事项及委领导交办的工作，负责组织协调、督促落实，综合协调和处理公共关系。

2. 负责督办工作。对各处室工作进展情况及时询问、催办；负责核定、考核委机关各处室年度工作目标。

3. 负责制定委机关各项规章制度，并组织实施；安排委机关工作日程和行政工作会议。

4. 负责起草委年度工作计划、总结和文稿。负责编辑信息、简报；负责编辑委大事记，负责

对委发文件的文字审修。

5. 负责信访工作；负责议案、提案的办理工作；负责接待工作。

6. 负责文件的收发、登记、打印、复印、呈阅、传递、催办；负责行政印鉴的管理。

7. 负责委机关文件的归档、立卷；负责保密工作；指导委机关各处室内勤工作。

8. 负责安排委机关行政值班。

9. 负责市容环境系统综合统计工作。

10. 负责机关后勤服务工作。

11. 负责委机关的绿化、防汛、公民义务献血、计划生育、消防、安全保卫工作及机关属地政府安排的临时性工作任务。

12．完成委领导交办的事项。

法规处（研究室）工作职责

1. 负责有关市容环境的法规、规章方面的工作；

2. 负责市容环境的法规、规章的监督实施；

3. 负责市容环境的法规培训及委机关和直属单位的普法工作。

4. 负责行政复议和行政诉讼等工作。对依法行政工作进行检查、指导。

5. 负责城市管理综合执法队伍与相关部门的法规协调。

6. 负责组织对市容环境管理的发展战略研究和政策研究。

7. 指导、推动市容环境系统的调研工作。

8. 负责市容环境的重点工作调研，重要文稿起草工作和重要情况反映。

9. 完成委领导交办的事项。

规划基建处工作职责

1. 负责组织编制城市总体规划中有关市容环境方面的规划；拟定市容环境事业发展规划和年度实施计划。

2. 负责对市容环境大型投资项目前期可行性调研，向委领导提出决策建议。

3. 负责审查城市园林绿化发展规划和计划。

4. 组织实施市容环境大型基础设施建设项目；配合市规划和国土资源部门对市投资的市容环境设施用地实行控制。

5. 负责市容环境建设项目设计方案的技术审查，对市投大型市容环境设施项目进行竣工后的验收。

6. 负责拟定街道综合整修规划，计划及技术标准和规范。

7. 负责指导市街道综合整修办公室的工作；

8. 完成委领导交办的事项。

环境秩序协调处工作职责

l. 负责拟定环境秩序综合治理方案并组织实施。

2. 负责组织、协调、推动市容环境的综合治理。

3. 负责拟定重大节日、重要活动期间市容环境境清整活动方案；负责组织、协调、推动社会力量为全市各种重大活动提供市容环境保障。

4. 负责指导市城市管理综合执法监察大队的工作；对城市管理综合执法队伍的业务工作进行指导。

5. 完成委领导交办的事项。

街容处工作职责

1. 负责拟定夜景灯光建设的发展规划、计划，并组织实施；对全市重点地区、重大项目的夜景灯光建设方案进行审查，并监督实施。指导市夜景灯光建设管理中心的工作。

2. 负责制定户外广告设置规划和审批工作；指导各区县的户外广告设置管理工作。

3. 负责组织、协调、推动市容街景管理工作；负责整修后街道再装修的审批和管理。

4. 负责重大节日、重要活动期间市容环境气氛的布置并负责推动、检查。

5. 完成委领导交办的事项.

环境卫生管理处工作职责

l. 负责对环境卫生进行业务指导；负责对环境卫生作业市场进行行业管理。

2. 负责制定环卫行业主要作业工种的质量标准、管理办法和操作规范，核定工作定额，对执行情况进行检查、指导、考核。

3. 负责组织、推动“门前三包”责任制落实和生活垃圾袋装化工作。

4. 承担市清雪指挥部办公室日常工作。

5. 负责指导、推动环境卫生工作的改革.

6. 完成委领导交办的事项.

废弃物管理处职责

1. 负责拟定市容环境部门管理的城市废弃物处理政策和管理办法。

2. 负责指导和检查全市市区及四县(县城及建制镇)生活垃圾、粪便的处理；负责组织市中心区、环城四区（城区）生活垃圾统一处理。

3. 指导建筑垃圾(工程渣土)的管理工作，推动城市生活垃圾处理市场化、产业化的改革；指导市垃圾堆山指挥部和市垃圾中心的业务工作。

4. 负责市容环境的对外经济技术合作和交流。负责外经工作的信息收集。

5. 完成委领导交办的事项。

爱国卫生处工作职责

1. 负责拟定爱国卫生运动活动计划，并组织实施。

2. 负责组织开展创建国家卫生城市（城区、县、镇）活动。

3. 负责组织、指导开展爱国卫生运动和经常性的除害活动。

4. 负责对除害消毒药械的管理工作。

5. 负责组织、推动单位卫生工作，并组织检查、评比。

6. 负责指导市卫生除害管理站的业务工作。

7. 完成委领导交办的事项。

社会宣传处工作职责

1. 负责拟定市容环境宣传计划并组织实施。

2. 负责组织开展市容、环境卫生、爱国卫生、园林绿化、等方面的宣传教育活动。

3. 负责与新闻媒体的联系；指导、协调市容环境的宣传报道活动。

4. 负责市容环境宣传资料的编辑、录制、存档。

5. 负责对市容环境的精神文明建设进行指导。

6. 完成委领导交办的事项。

科技教育处工作职责

1. 负责拟定市容环境科技教育事业发展计划和人才培训计划，并组织实施。

2. 组织市容环境重大科技项目的研究、攻关和科技成果的推广应用。

3. 负责委直属单位专业技术人员的继续教育及各类专业培训工作，并负责相关的科普教育。

4. 负责市容环境科研课题经费的管理，并监督使用。

5. 负责与市容环境工作相关的环保、专利、计量、技术标准、技术监督等项工作。

6. 负责对市容环境系统科研成果的鉴定、评审、奖励。

7. 指导市环卫工程研究所、环卫中专学校的业务工作。

8. 完成委领导交办的事项。

财务处（审计处）工作职责

1. 负责编制、落实市容环境业务经费、专项经费计划，并负责专项经费的分拨。

2. 负责市容环境市投大型基建项目的预、决算工作。

3. 负责委机关和直属单位财务管理、国有资产管理，并实行财务监督。

4. 负责会同物价部门制定与市容环境有关的收费标准，配合有关部门治理“三乱”。

5. 配合市有关部门，负责组织委机关和直属单位的年度税收、财务、物价检查。

6. 负责房改扣缴公积金的管理工作。

7. 负责对委直属单位进行审计；配合市审计部门对审容环境市投资项目进行审计。

8. 完成委领导交办的事项。

人事处工作职责

1. 负责委党组日常工作。对上级部署、委党组决定的事项，组织、督办落实；负责党的宣传教育工作。

2. 负责委机关公务员的录用、考核、晋升、任免和奖惩工作。

3. 负责委机关和直属单位干部管理工作。负责对直属单位领导班子及领导干部的考核、教育、任免、奖惩工作。

4. 负责委机关和直属事业单位的机构、编制、劳动工资、福利保险、职称评定、干部培训等工作。

5. 负责委机关人事档案的管理，并指导直属单位人事档案工作。

6. 负责委机关和直属单位的统战工作。

7. 负责委机关和直属单位的离、退休干部的管理工作。

8. 负责委机关和直属单位的社会治安综合治理工作。

9. 负责出国人员的政审。

10. 完成委领导交办的事项。

监察室（纪检组）工作职责

1. 负责拟定纪检、监察工作计划，并组织实施；负责委机关和直属单位的党风党纪和廉政教育工作：负责委机关和直属单位的纪检、监察工作。

2. 负责监督委机关和直属单位党员领导干部执行党的路线、方针、政策和遵纪守法的情况。

3. 负责委机关党员、干部和直属单位处级以下党员干部违纪问题的立案、调查并提出处理意见。受理群众举报和党员申诉，并对有关材料进行汇总、上报、分类、归档。

4. 负责委纠正行业不正之风工作。

5. 负责委机关和直属单位的政务公开工作。

6. 完成上级纪检、监察机关和委领导交办的事项。

机关党委工作职责

1. 负责拟定委机关和直属单位党建工作和党员干部的思想教育和理论学习计划，并组织实施。

2. 负责委机关和直属单位党的组织建设及党员队伍的建设。

3. 负责委机关的文明建设和干部思想政治工作。

4. 归口负责委“工、青、妇”等群众团体工作。

5. 负责指导委党组党校的业务工作。

6. 负责委机关及直属单位的党员管理。

7. 完成上级党组织及委党组领导交办的事项。

十八、关于加强城市管理综合执法队伍管理的意见（试行）

（市容委法〔2001〕第55号文件　2001年3月28日发布）

第一章　总则

第一条　为把城市综合执法队伍建设成一支政治强、业务精、纪律严、作风硬的新型队伍。根据有关政策、法律和政府有关规定，集合我市的实际情况，制定本管理意见。

第二条　本《管理意见》适用于天津市城市管理综合执法队伍。

第三条　市市容环境管理委员会负责城市管理综合执法队伍的协调、调度和考核工作。

区市容环境管理委员会负责协调本区城市管理综合执法大队与相关管理部门的工作。

市城市管理综合执法监察大队为市市容环境管理委员会的直属内设机构，具体负责全市城市管理综合执法队伍的执法检查工作。

第四条　城市管理综合执法大队的管理工作，实行队长负责制、执法责任制、执法队员聘任制和重要岗位轮换制。建立、健全科学的考核机制和管理机制。

第二章　政治思想工作

第五条　加强党组织和党员队伍建设，按照新时期党建总目标可要求和“三个代表”的重要思想，坚持党的“三大作风”，严格党内生活，严肃党的纪律，增强党组织的凝聚力和战斗力，发挥党员的先锋模范作用，带领全体队员完成市政府赋予的管理城市的各项任务。

第六条　实行思想政治工作责任制，做到政治理论学习、思想教育、纪检监察、工、青、妇等工作有人抓、任务有指标、考核有标准。

第七条　要坚持每周不少于2个小时的政治教育和理论学习制度。积极开展多种形式的政治教育活动，提高政治素质，使队员始终保持坚定正确的政治方向，严格遵守政治纪律，增强政治敏锐力和政治鉴别力，成为思想过硬、政治合格的执法队员。

第八条　认真履行上级领导机关指定的党纪、政纪和《廉洁自律规定》，杜绝违法、违纪案件的发生。

第三章　执法培训工作

第九条　委对城市管理综合执法人员的培训由法规处负责，集中培训由监察大队和市容环卫中专组织实施。经常性的培训，由各区组织。

第十条　对在岗人员的执法培训每年不得少于56小时。对新招聘队员上岗前的培训不少于120小时。

第十一条　法规处和监察大队对执法培训情况每季度进行一次检查，年终进行一次全员考核。考核不及格的不准上岗执法。

第十二条　鼓励和支持执法队员报考法律及相关专业的学习，努力提高队员的文化层次和专业水平。

第四章　执法管理工作

第十三条　实施行政处罚，必须依据《中华人民共和国行政处罚法》和市政府授予的行政处罚权限执行，做到执法必严、违法必究，严格依法行政。

第十四条　实施行政处罚时，必须以区城市管理综合执法大队的名义实施，并使用统一法制的行政处罚执法文书和市财政局统一制发的罚款票据。办案文书要填写工整、规范。

第十五条　认真执行行政处罚责任制，实行立案调查、审查、审批责任分离，并承担相应的责任。

中队应设立法制员，对本中队实施的行政处罚审查把关。

要健全行政处罚监督机制，认真实行行政执法错案和过错责任追究制度。

第十六条　实行案件登记制度，定期上报各种统计报表。重5大、疑难案件和重要的行政处罚案件实行备案制度。

并建立与之相配套的定时、定量、定标准的考核制度。对各类违法、违章现象做到及时发现、及时纠正、及时解决。

对群众举报、媒体反映和领导要求处理解决的问题要做到快速查办。

第五章　队容风纪

第十七条　执法队员执行公务时，必须按要求规定着制式服装，保持对容严整。因执行特殊公务需着便装时，须经队长批准。

第十八条　着制式服装执行公务时，应保持服装干净、整洁、标志齐全，四季服装不得混穿，不得外罩便装，不得敞怀、挽袖、卷裤腿。

第十九条　制式服装及胸章、帽徽、肩章、臂章、领花不得擅自赠送或转接他人。执法队员退出现岗时，执法标志一律上交。

第二十条　男执法队员不得留长发、蓄大鬓角和胡须；女执法队员不得留披肩发；染发时不准染黑发以外的颜色。

女队员着制式服装时，不得化浓妆、留长指甲和染指甲，不得佩戴耳环、项链、戒指等饰物。

第二十一条　执法队员执行公务时，必须举止端正、谈吐文明、精神振作，不得袖手、背手和插手，不得搭肩挽臂。

第六章　队伍管理工作

第二十二条　要建立健全各种会议、请示、报告、值班、公文办理、公章使用、文明办公、车辆管理等规章制度。规范工作程序，完善督办、检查、考核机制，保证各项工作有条不紊的展开。

第二十三条　要根据合法、公开、便民、高效的原则，不断改进工作作风，提高办事效率。

第二十四条　建立经费开支、国有资产管理、办公设施、福利待遇规章，严格财经纪律。坚持勤俭节约，提高后勤保障水平，保证执法活动的顺利开展。

第二十五条　要建立节假日和夜间领导带班和干部值班制度，保持24小时政令畅通。

第七章　廉政建设

第二十六条　执法队员除严格遵守党和国家廉洁自律的各项规定之外，并应遵守下列规定：

（一）不准利用职务之便驾驶有执法标志的车辆从事非公务活动。

（二）不准接受管理相对人的财务、宴请及娱乐招待。

（三）不准弄虚作假，办公关系、人情案。

（四）不准月相对人到非办公场所处理案件，不准利用公务之便吃、拿、卡、要、报。

（五）不准挪用、私分、占用罚没资金和物品。

第二十七条　各大队应认真实行连接建设责任制，建立廉洁档案。向社会公布执法监督（举报）电话，实行政务分开，建立健全各种监督机制。

第二十八条　法规处和监察大队负责受理各大队的举报电话，并协同区有关部门对反映问题进行调查、核实，建议区政府做出处理决定。

第八章 考核与监督

第二十九条 对各大队的监督、考核主要包括政治思想工作、执法培训、执法管理、环境秩序管理、队务管理和通讯管理六个方面。考核内容及标准由委统一制定。

队伍的政治思想和廉政建设工作会同区有关部门共同考核。

第三十条 考核实行定量和逐级考核制。法规处和监察大队对各大队的考核每季一次；大队对中队、科室的考核每月一次；中队、科室对队员的考核每周一次。考核结果予以公布，并作为年终评比的重要依据。

第三十一条 年终奖励的比例：

先进执法大队，按大队总数百分之十五的比例进行评比。

先进执法中队，按大队中队总数百分之十的比例进行评选。

先进科室，按全市大队科室总数百分之设比例进行评选。

先进个人，按各大队队员总数百分之十的比例进行评选。

第三十二条 有突出事迹的单位和个人，按照国家劳动人事部门有关规定申报相应的奖级，并给予一定的物质奖励。

第九章 惩罚

第三十三条 队员有以下情形之一的，除按干部管理权给予必要的党纪政纪处分外，应予待岗培训：

1. 年度考核不称职的；

2. 行政不作为、消极怠工、所辖区域环境秩序混乱，在本单位月考核中连续 2 个月排名最末位的；

3. 因业务素质低，发生执法错案或年度累计发生两起执法过错和因违反执法依据、执法程序或执法不当，造成执法错案或过错，引发行政诉讼或行政复议的；

4. 在执法中打骂、侮辱、刁难管理相对人的喝酒后执法，造成不良社会影响的；

5. 违反有关规定已收代罚、依法代管、只罚不管的；

6. 有受贿行为、营私舞弊，数额和影响较小，且主动交代的；

7. 参与隐瞒、截留、转移、挪用、坐支、私分或者变相私分罚款收入、没扣物品，数额较小的；

8. 不使用统一法制的罚款票就或擅自扩大法宽适用范围、提高罚款标准的；

9. 矿工、逾假不归超过七天不足十五天的或年度累计超过十五天不足三十天的；

10. 其他损害队伍形象、违反有关规定、影响城市管理效果的行为。

第三十四条　队员有以下情形之一的，视情节给予除名或限期调离；情节严重的应依据有关规定，按照干部管理权限非别给予党纪、政纪处分；触犯刑律的应移交司法机关追究其刑事责任。

1. 严重违反党纪、政纪条例和《廉洁自律规定》，情节恶劣，造成不良影响的。

2. 由于业务素质低下，执法不当，造成两起执法错案或四起执法过错；或因执法错案而引发行政诉讼，且败诉的。

3. 违反执法依据或执法程序、越权执法、乱收费、乱处罚，情节特别严重的，或擅自提高罚款标准，扩大处罚适用范围，经教育不改的。

4. 与管理相对人串通一气、出谋划策、隐瞒（伪造）证据，阻止执法活动正当开展，给执法工作带来严重损失，经调查事实清楚的。

5. 酒后执法，引起纠纷或因滥用职权，打骂、侮辱、刁难群众，引起群众集体上访或被媒体曝光，严重损坏队伍形象，造成不良社会影响的；

6. 隐瞒、截留、转移、挪用、坐支或者私分罚款收入、没扣物品数额较大的；

7. 不按规定使用罚款统一收据，使用作废罚款票据或伪造罚款统一收据的，罚款据为己有的，或处罚票据管理不严密，票据丢失，造成经济损失和不良社会影响的；

8. 矿工或无正当理由逾期不归，连续超过十五天，年内累计超过三十天的；

9. 经待岗培训仍有第三十四条问题发生的；

10. 其他严重损害队伍形象，严重违反有关规定，经有关部门认定有严重违法、违纪、违规行为的。

第三十五条　科室、中队负责人实行聘任制。对年度考核不称职的，予以解聘。

第十章　附则

第三十六条　本《管理意见》由天津市市容环境管理委员会负责解释。

第三十七条　各大队可参照本规定制定相关的管理制度。

十九、市容环境管理工作综合考核标准

（市容委协〔2004〕第83号文件　天津市市容委2004年4月6日发布）

市容环境管理工作综合考核标准目录

项　目		分　值
1	市容环境秩序管理	150分
2	市容环境卫生和环卫设施管理	150分
3	街景立面和夜景灯光管理	100分
4	爱国卫生工作	100分
5	综合执法	100分
6	市“两会”代表、委员建议和提案办复、领导批件和社会舆论反映查办	100分
7	组织领导和推动工作的力度	100分
8	民意测验	100分
9	各种专项治理	100分
10	加分项目不封顶	

1　市容环境秩序管理（共150分）

考核项目	考核标准和计分	对应分值	实得分值
一、道路和重点繁华地区		60	
1.1.1　违法建设	每条路发现违法建设1处扣2分	10	
1.1.2　违章棚亭	每条路发现违章棚亭1处扣1分	5	
1.1.3　占路摊贩	每条路发现占路摊贩1处扣0.5分	15	
1.1.4　店外摆卖	每条路发现店外摆卖1处扣0.5分	5	
1.1.5　加工作业	每条路发现占路加工作业1处扣1分	5	
1.1.6　乱堆乱放	每条路发现乱堆乱放1处扣0.5分	5	
1.1.7　马路餐桌	每条路发现马路餐桌1处扣0.5分	10	
1.1.8　乱圈乱占	每条路发现乱圈乱占1处扣0.5分	5	

注：如违章现象过多，实得分值可以是负数

考 核 项 目	考核标准和计分	对应分值	实得分值
二、居民区		30	
1.2.1 违法建设	每个居委会发现 1 处扣 1 分	10	
1.2.2 违章棚亭	每个居委会发现 1 处扣 1 分	5	
1.2.3 乱堆乱放	每个居委会发现 1 处扣 0.1 分	6	
1.2.4 乱摆乱卖	每个居委会发现 1 处扣 0.3 分	4	
1.2.5 乱圈乱占	每个居委会发现 1 处扣 0.5 分	2	
1.2.6 乱贴乱画	每个居委会发现 1 处(张)扣 0.01 分	3	

注：如违章现象过多，实得分值可以是负数

考 核 项 目	考核标准和计分	对应分值	实得分值
三、集贸市场的管理		40	
1.3.1 乱摆乱卖	市场内应无乱摆乱卖，发现一处扣 0.3 分	3	
1.3.2 市场口外溢	市场口外溢经营的扣 10 分	10	
1.3.3 环境卫生责任制	市场内无环境卫生责任制，无专业保洁人员的，扣 5 分	5	
1.3.4 垃圾	市场内有垃圾堆存的，每处扣 0.3 分	3	
1.3.5 上下水设施	经营水产品没有上下水设施，有积污的，每处扣 4 分	4	
1.3.6 垃圾袋装	市场内未实行垃圾袋装的，扣 5 分	5	
1.3.7 公共厕所	市场未配建公共厕所，扣 2 分	2	
1.3.8 商品包装	市场经营户使用环保部门明令禁止使用的商品包装物。扣 8 分	8	

考 核 项 目	考核标准和计分	对应分值	实得分值
四、停车场(处)管理		20	
1.4.1 设施建设	停车场(处)设施建设必须按照行业“三统一”的规范要求，即统一标志牌，统一泊位线，统一护栏，不合格的扣 5 分。破损不洁的扣 2 分。需设置管理亭的停车场，要配置统一制式管理亭，管理亭内禁放杂物，保持干净整洁，不合格扣 5 分	10	
1.4.2 场地环境	停车场(处)地面无垃圾杂物，每处扣 1 分	5	
1.4.3 停车秩序	机、非停车场要做到，车辆停放有序，车走地净，干净整洁。夜间停车场要有充足的照明设备，各项规章制度齐全，不合格的扣 1 分	5	

2 市容环境卫生和环卫设施管理（共150分）

考核项目	考核标准和计分	对应分值	实得分值
一、道路环境卫生		50	
2.1.1 清扫保洁	路面、便道可视范围内有垃圾堆，每处扣2分；有明显废弃物，每处扣1分	10	
2.1.2 环卫管理	沿街居民楼垃圾窑门不严，造成垃圾外溢，每处扣1分	5	
	路面、便道、居民区口、支路可视范围内有大件废弃物，每处扣1分；有渣土堆，每处扣2分	5	
2.1.3 垃圾箱	垃圾箱池垃圾满冒外溢，每处扣1分	5	
2.1.4 果皮箱	果皮箱外观不洁满冒外溢，每处扣1分	5	
2.1.5 占路污染	占路经营、夜间烧烤、里空外卖、市场口外溢污染道路造成有垃圾堆，每处扣2分；有明显废弃物，每处扣1分	10	
2.1.6 门前卫生责任制	门前卫生责任制不落实的，一个门脸单位扣0.5分；未实行袋装造成道路环境污染，一个门脸单位扣0.5分	5	
2.1.7 密闭运输	环卫专用车辆未实行密闭运输，挂带污物造成道路环境污染的每辆扣1分	5	

注：如违章现象过多，实得分值可以是负数

考核项目	考核标准和计分	对应分值	实得分值
二、居民区环境卫生		50	
2.2.1 垃圾清运	清运不及时的每处扣1分	10	
2.2.2 垃圾杂土	居民区内有堆存的垃圾杂土。每处扣2分	10	
2.2.3 家禽家畜	居民区内有违章饲养的家禽家畜。每只扣0.5分	5	
2.2.4 污水外溢	居民区内有污水外溢，每处扣0.5分	5	
2.2.5 废弃物	居民区内发现明显的纸屑、瓜果皮核、包装壳、塑料袋、砖瓦等废弃物每处扣0.5分	5	
2.2.6 垃圾袋装	已经推行垃圾袋装的小区，未实行密闭收集运输的，扣2分，垃圾容器破损的每1处扣1分（未实行垃圾袋装的小区此项不得分）	5	
2.2.7 环境卫生设施	居民区内设置的环卫设施破损的，每处扣1分；不洁的，每处扣0.5分；垃圾箱筒、垃圾通道满冒外溢或通道门不齐备完好的每项扣1分	10	

注：如违章现象过多，实得分值可以是负数

考核项目	考核标准和计分	对应分值	实得分值
三、环卫设施		20	
2.3.1　公共厕所		15	
	地面、墙面、屋顶、门窗、挡板有积灰、蛛网，每处扣 0.5 分	2	
	墙面乱涂乱画，每处扣 0.5 分；无照明设施每处扣 1 分	2	
	大便器内及周围有积粪、粪迹，扣 0.5 分	3	
	小便器内及周围有尿碱，沟眼不通，扣 1 分	3	
	化粪井漏冒外溢，扣 1 分	3	
	厕内外有堆积杂物(厕外四周 4 米)，扣 1 分	1	
	坑内外生蛆的，扣 1 分	1	
2.3.2　转运站		5	
	垃圾未做到日产日清，垃圾落地的，扣 1 分	2	
	工作完毕坑内有积水污物扣 0.5 分	1	
	站内、外（4 米）周围以内有垃圾杂物扣 1 分	1	
	坑内生蛆的扣 1 分	1	

注：如违章现象过多，实得分值可以是负数

考核项目	考核标准和计分	对应分值	实得分值
四、绿地环境卫生		15	
2.4.1　垃圾	花坛、绿地、隔离带内有垃圾及明显废弃物，发现 1 处扣 0.5 分	5	
2.4.2　杂物	行道树、隔离带有悬挂杂物，发现 1 处扣 0.5 分	5	
2.4.3　废弃土	园林作业后绿地、行道树周边有堆存的废弃土、杂草堆，发现 1 处扣 1 分	3	
2.4.4　死树枯枝	园林剪枝、代树未及时清理，发现 1 处扣 1 分	2	

注：如违章现象过多，实得分值可以是负数

考核项目	考核标准和计分	对应分值	实得分值
五、河道环境卫生		5	
2.5.1 垃圾渣土	沿河河坡无乱倒垃圾渣土，每处扣 1 分	1	
2.5.2 水面漂浮物	责任水域水面上漂浮物不及时打捞的，每处扣 1 分	2	
2.5.4 乱圈乱占	沿河河坡无乱圈乱占，每处扣 1 分	1	
2.5.5 乱堆乱放	沿河河坡无乱堆乱放杂物，每处扣 1 分	1	

注：如违章现象过多，实得分值可以是负数

考 核 项 目	考核标准和计分	对应分值	实得分值
六、施工工地管理		5	
2.6.1 实墙围挡	临街施工工地按规定设置实墙围挡，不合格扣0.5分	1	
2.6.2 堆放物料	经批准占用道路堆放物料的，必须码放整齐，散体、流体物料围挡存放，不合格每处扣0.1分	0.5	
2.6.3 临时厕所	工地内设置临时厕所，并保持清洁，未设临时厕所的扣0.5分	1	
2.6.4 建筑垃圾	不得将生活垃圾混入建筑垃圾，不合格扣0.2分	0.5	
2.6.5 乱倒渣土	发现乱倒渣土的扣1分	1	
2.6.6 运输车辆	使用未经密闭改装运输散体物料车辆的扣1分	1	

注：如违章现象过多，实得分值可以是负数

考 核 项 目	考核标准和计分	对应分值	实得分值
七、运输洒漏		5	
2.7.1 污染道路	发现运输洒漏1处(10延米)，扣2分	4	
2.7.2 车辆改装	辖区内运输散体物料的车辆应进行密闭改装，发现1辆扣0.5分	1	

注：如违章现象过多，实得分值可以是负数

3 街景立面和夜景灯光管理（共100分）

考 核 项 目	考核标准和计分	对应分值	实得分值
一、街景立面		60	
3.1.1 户外广告	道路沿线的户外广告设施残缺的，扣0.1分，不整洁的扣0.1分；未经审批的，扣0.2分；户外广告空白的，扣0.2分	15	
3.1.2 布标幔帐	发现违章布标幔帐或经审批但超期及残旧破损的，扣0.2分	10	
3.1.3 门脸牌匾	门脸牌匾笔画不全、装饰不整、脏污不洁、闲置无主的，每处扣0.1分	15	
3.1.4 非市政交通设施指示牌	未经审批或经审批残旧破损的非市政交通设施指示牌，每处扣0.1分	5	
3.1.5 遮阳罩	发现违章遮阳罩，每处扣0.1分	5	
3.1.6 乱贴乱画	道路沿线发现乱贴乱画的，每张扣0.03分	10	

注：如违章现象过多，实得分值可以是负数

考核项目	考核标准和计分	对应分值	实得分值
二、夜景灯光		40	
3.3.1　户外广告	无灯光设施，每处扣 0.5 分	10	
3.3.2　商业牌匾	未安装装饰灯光，每处扣 0.5 分	10	
3.3.3　霓虹灯及灯箱牌匾	霓虹灯及灯箱牌匾断亮或缺笔少画的，每处扣 0.2 分	10	
3.3.4　灯光开启率	灯光不按时开启的，每处扣 0.5 分	5	
3.3.5　灯光完好率	灯光设施不齐备完好的，每处扣 0.5 分	5	

注：如违章现象过多，实得分值可以是负数

4　爱国卫生运动（共 100 分）

考核项目	考核标准和计分	对应分值	实得分值
一、爱国卫生组织管理		10	
4.1.1　组织健全	查看资料，每缺一项扣 1 分	2	
4.1.2　有全年性计划、工作记录、总结	查看资料，每缺一项扣 1 分	4	
4.1.3　有适应开展活动的工作经费	查阅拨款单，无经费扣 2 分	2	
4.1.4　有必要的工作设备	有电脑、传真及必备的办公设备，每缺一项扣 1 分	2	
二、除四害工作		25	
4.2.1　灭鼠工作		13	
	资料齐全（包括按时上报灭前、后密度监测表）	3	
	用药规范（不使用违禁鼠药）	3	
	有自查记录，经市检查不达标的，每超出一倍扣 2 分	7	
4.2.2　灭蚊、蝇工作		7	
	资料齐全，每缺一项扣 0.2 分	2	
	区（县）、街（镇）消毒站健全，器械完好	2	
	有自查记录，经市检查不达标的，每超出一倍扣 3 分	3	
4.2.3　灭蟑工作		5	
	有工作计划、技术培训和蟑情调查，每缺一项扣 0.2 分	2	
	有自查记录，经市检查不达标的，每超出一倍扣 3 分	3	

续表

考核项目	考核标准和计分	对应分值	实得分值
三、单位卫生		25	
4.4.1 资料齐全	抽查卫生红旗、先进单位，一个单位不合格扣1分	10	
4.4.2 检查评比	抽查区县机关内部卫生检查评比活动资料，一个单位不合格扣1分	8	
	抽查社会单位卫生检查评比活动资料，一个单位不合格扣1分	7	
四、农村户厕改造		40	
4.5.1 组织领导	区县领导挂帅，有组织机构	5	
4.5.2 基础管理	有计划、台账齐全，按时上报资料，迟报一天扣2分	5	
4.5.3 经费投入	区县财政投入与市财政相适应	5	
4.5.4 完成情况	按计划完成改厕任务得满分。每抽查一座不符合质量要求扣1分	25	

注：爱国卫生工作的考核，由市爱卫会确定考核的时间、方法

5 综合执法（共100分）

考核项目	考核标准和计分	对应分值	实得分值
5.1.1 执法案卷		30	
	执法文书不符合规定标准，扣5分	10	
	依据不合法，程序不当，扣5分	10	
	超越权限审批或处罚的，扣5分	10	
5.1.2 基础台账	未按要求建立基础台账，扣10分，虽建立台账但内容不全扣5分	10	
5.1.3 队容风纪	违反队容风纪有关规定的，每发现1人扣2分	10	
5.1.4 错案追究	制度不落实，出现错案追究或不上报，每件扣5分	10	
5.1.5 执法绩效	环境秩序、街景立面和夜景灯光等项得分，按统一检查得分计算		
5.1.6 重大活动保障	有活动记载，未能按上级要求整改的，每件扣2分	15	
5.1.7 廉政建设	有违法违纪发生，每件扣2分	10	
5.1.8 罚没物品管理	出入库登记制度不落实扣2分。 物品处理无审批扣2分	5	
5.1.9 宣传稿件	报送新闻稿件被市级新闻媒体刊登，每件得1分。最多不能超过10分	10	

6　市“两会”代表、委员建议和提案办复、领导批示件和社会舆论反映查办（共 100 分）

考 核 项 目	考核标准和计分	对应分值	实得分值
领导批件、市长邮件、人大代表、政协委员提案	未按规定时间办结的每件扣 10 分	20	
6.1.2　信访资料档案	资料档案不全或保管不善扣 2 分	5	
6.1.3　及时办理	对群众热线、来信、来访未按时限办理，每件扣 5 分	20	
6.1.4　办复率	办复率应达到 95%以上的。达到 95%以上得 20 分，达到 80% ~ 95%得 10 分，80%以下不得分	20	
6.1.5　宣传报道资料、档案	新闻曝光件有办复程序并建立档案，正面报道件资料档案齐全有序，保管较好。未建立档案扣 2 分	5	
6.1.6　新闻曝光件	《天津日报》、《今晚报》、《每日新报》新闻曝光件，1 件扣 2 分，办结的每件加 1 分	20	
6.1.7　正面报道	《天津日报》、《今晚报》、《每日新报》正面报道，每件加 0.1 分。最多不得超过 10 分	10	

7　组织领导和推动工作的力度（共 100 分）

考 核 项 目	考核标准和计分	对应分值	实得分值
7.1.1　区县领导	有区县领导主持研究市容环境管理工作会议记录，参加专项治理活动记录，对重要工作批示记录，参加检查工作记录	20	
7.1.2　工作安排	有年度工作计划、阶段安排、专项治理方案和工作总结	20	
7.1.3　经费投入	区县政府对市容环境管理工作的经费投入（查阅相关会计凭证） 没有投入的此项不得分。投入达到 100 万元计 10 分，每增加 10 万元加 1 分，上不封顶	30	
7.1.4　督察工作	有督察工作安排，检查记录、整改办理、奖惩规定等工作制度	15	
7.1.5　基础资料	辖区内有关市容环境管理工作涉及的道路、居民区、环卫设施、园林绿地、施工工地、街景立面、夜景灯光、街道整修等基础性统计资料	15	

8 民意测验 （共100分）

考核项目	考核标准和计分	对应分值	实得分值
8.1.1 民意测验	年终对市内六区每区发300份问卷调查表，采取随机抽取的办法填写。对本区市容工作满意和基本满意率在90%以上得100分，80%～90%得80分，不足80%的得60分，70%以下不得分	100	

9 各种专项治理（共100分）

考核项目	考核标准和计分	对应分值	实得分值
9.1.1 各种专项治理	根据全市的统一安排所开展的各种专项治理活动，每项治理活动的检查结果作为评分依据，专项治理活动检查按组别得第一名的为10分，第二名为9分以此类推，全年各种专项治理活动的结果采取加权平均法计算，第一名得100分，第二名得90分以此类推	100	

10 加分项目

考核项目	考核标准和计分	对应分值	实得分值
10.1.1 创新工作	在市容环境管理工作中，能够有新思路、新招法、新举措，并收到良好效果，其经验被上级机关总结推广的加30分。		
10.1.2 创卫工作	被命名为市级卫生区加30分， 被命名为国家卫生区加50分， 被命名为市级卫生镇（村）每个加10分， 被命名为国家卫生镇（村）每个加20分		
10.1.3 创建市容环境卫生管理达标街（镇）	各区县的“达标街（镇）”每个加10分		
10.1.4 综合执法	各区执法大队在全市综合考核总成绩排名第一的加20分		

二十、市容环境系统全面推进依法行政实施方案

（津容法〔2005〕第 136 号文件　天津市市容委 2005 年 5 月 16 日发布）

市政府颁发的《关于全面推进依法行政实施意见》（以下简称《实施意见》），是深入贯彻国务院《全面推进依法行政实施纲要》（以下简称《实施纲要》）的重要文件，是我市全面推进依法行政、建设法治政府的行动纲领，对于坚持全面、协调、可持续的科学发展观，进一步推进社会主义政治文明建设，促进行政职能根本转变和行政管理体制改革，加强各政府部门的自身建设，提高执政能力具有重要意义。为认真落实国务院和市政府关于全面推进依法行政的要求，结合市容环境（爱国卫生，下同）管理的实际，制定 2005 年至 2007 年全面推进依法行政实施方案。

一、指导思想和工作目标

1. 以邓小平理论和“三个代表”重要思想为指导，坚持“以人为本”科学发展观，紧紧围绕构建社会主义和谐社会和建设适宜人居创业的园林城市、卫生城市的目标，认真贯彻落实市政府关于加强环保环卫工作的决定，牢固树立依法行政观念，不断提高依法行政水平，切实加强法制建设，全面推进市容环境系统依法行政工作。

2. 依法履行职责，实现职能转变，提高宏观调控能力。创新管理方式，建立运转有序、协调顺畅、公正透明、廉洁高效的市容环境管理体制。完善权责明确、行为规范、快速反应、管理到位的行政工作机制；全面推行依法行政工作责任制，构建内部监督、行政监督、社会监督、舆论监督体系。建立监督有力、制约有效的执法监督制度。

3. 科学民主的行政决策机制基本形成。各级管理部门之间的职能和权限更加科学、合理。市容环境监管职能和公共服务职能基本到位，统一、开放、竞争、有序的市容环境服务市场逐步建立和完善。市容环卫作业服务系统、责任管理系统、执法监督系统、市场中介系统、科技支撑系统、资源配置系统逐步健全和完善。

4. 市容环境方面的法规、规章进一步完善，配套措施和监管制度更加健全。法律、法规、规章能够全面、正确实施，公民、法人和其他组织的合法权益受到尊重和保护，各类违法行为被及时纠正和处罚，管理工作更加公正、有效和透明，环境秩序得到有效维护。

二、认真学习文件，落实《实施意见》

5. 组织干部、职工认真学习国务院《实施纲要》和市政府《实施意见》。各级领导要高度重视，带头学习。各部门、各单位要采取集中学习、个人自学和专题辅导等多种形式掀起学习热潮。落实领导干部依法行政知识讲座制度、理论中心组学法制度、重大决策法律咨询审核制度，提高领导干部依法行政管理的能力。建立培训和考核制度，凡不参加培训或未通过依法行政知识考核的，实行补课和“黄牌警告”。通过深入学习，使管理和执法人员牢固树立依法行政观念，并在实际工作中全面贯彻落实。

6. 加强组织领导，全面落实《实施意见》。各部门、各单位要高度重视《实施意见》的贯彻落实工作，建立健全组织领导机构和办事机构，搞好《实施意见》贯彻落实工作的组织协调和监督检查。办事机构设在法制工作部门，具体负责对《实施意见》贯彻落实日常工作的指导协调、督促检查和总结考核。

7. 结合实际制定全面推进依法行政的实施方案及配套措施。要按照国务院要求，建立“一把手总负责，分管领导具体负责，一级抓一级，层层抓落实”的责任制和考核制度，做到有部署、有检查、有考核、有总结，确保市政府《实施意见》落到实处。

三、加快职能转变，深化市容环卫事业改革

8. 创新管理模式，转变管理职能，推进市容环卫行业市场化进程。各级管理部门要破除传统管理模式，把工作重心转到加强环境秩序监管上来，转到创造良好发展环境上来。要变政府单一投资、职能部门组织、事业单位运作、行政手段配置资源、计划管理模式，转向为多元主体投资、职能部门指导监管、企业运作、市场配置资源、社会参与管理。建立服务质量标准和评价体系，健全服务质量监督和价格监控机制，在平衡经济利益和社会公共利益的前提下，保证市容环卫服务的连续和稳定，最大限度维护社会公众利益。

9. 积极推进市容环卫事业改革，实现政事分离、政企分离、干管分离。积极培育并逐步放开环卫作业市场。优化资源配置，提高经济效益。通过优化整合，增强活力，提高环境整体质量。处理好行业管理与市场、与服务企业的关系，为市容环卫企业的发展创造公平竞争、良好有序的环境。建立和完善特许经营，鼓励有序竞争，完善市场体系。建立必要的规则和监管制度，保障市容环卫企业的平等法律地位和发展权利。

10. 完善市容环卫服务职能，发挥市容环卫行业组织及中介机构的作用。增强服务意识，简化服务程序，提高服务能力和水平。提高管理部门和服务单位的公信力和诚信度，建立公众评价体系，严格履行服务承诺。建立不良服务行为警示和奖惩制度。

四、加强法制基础建设，为依法行政创造条件

11. 健全和完善市容环境管理法规体系，提高立法质量和水平。按照工作需要、条件成熟、突出重点、统筹兼顾的原则，科学合理地制定立法规划和年度立法计划。在充分调研基础上，确定涉及市容环境管理的立法储备项目。提出的立法建议项目，要符合管理和执法的实际，广泛征求各方面的意见。要通过立法解决市容环境管理方面存在的带有普遍性、规律性、紧迫性的问题。要按照《天津市人民政府拟定地方法规草案和制定政府规章及其他规范性文件规定》的要求，积极探索立法项目专家咨询论证制度，扩大立法的透明度和公众参与程度。

12. 搞好依法行政能力的培训。各部门、各单位都要加强行政管理和执法人员业务素质和能力的训练，在提高依法行政基本素质和基本技能上狠下功夫。每年要制定培训计划，落实培训经费，确保培训效果。

13. 抓好依法行政调研工作，围绕市容环境管理工作中的重点、难点、热点问题，深入进行调查和研究，摸索破题解难的招法，指导实践。高度重视依法行政典型的作用，及时发现、培养、总结和推广典型。要建立依法行政工作基层联系点制度。

14. 抓好依法行政所需软件和硬件建设。按照装备标准，逐步提高装备水平，完善技术手段。要制定装备计划，重点解决审批、监管、执法工作所必需的装备。要进一步整合法制信息资源，建立市容环境系统法律法规数据库和电子查询系统。建立市容环境系统法制信息互通、共享系统和经验交流平台。建立执法证件管理数据库。建立审批人员、执法人员和法制工作人员资料数据库和联系网络。

五、加强法制工作力量，发挥法制部门作用

15. 高度重视法制工作，尽快改变法制工作力量薄弱的状况。各部门、各单位必须有负责法制工作的部门，都应该配备专、兼职法制工作人员，挑选法律素质较高的人员从事这项工作。

16. 充分发挥法制工作部门及法制工作人员的把关、监督作用，为正常开展法制工作提供必要条件。颁布规范性文件前应送经法制工作部门进行法律审核，并按照规定上报备案。对所查处案件作出处理决定前，要由法制工作部门审核签字后再呈送领导审批。作出重大决策或研究重大问题时要听取法制工作部门的意见。法制工作机构要依法、公正办理行政复议案件，按照职责作好行政诉讼案件的应诉指导工作。实行办理行政投诉、行政复议、行政应诉案件报告备案制度。

采取多种形式，抓好法律法规宣传教育，开展法律咨询服务和法律知识普及活动。开展依法行政争先创优活动。按照考评标准评选年度依法行政先进单位、法制工作先进科室、优秀法制工作者及争先创优活动优胜单位，并进行表彰奖励。

六、规范执法行为，完善执法机制

17. 进一步规范执法行为。各级行政管理和执法部门要严格按照法定程序行使权力、履行职责，保证市容环境管理法规的正确实施。行政许可事项承办人员和城市管理执法人员要在法定权限、程序范围内履行职责，不失职、不越权；做到严格执法、透明执法、公正执法、文明执法。要建立健全案卷评查制度，定期对行政许可、行政处罚、行政强制等案卷进行检查和抽查，发现问题及时纠正和处理。

18. 加强综合执法队伍建设，理顺综合执法体制，完善综合执法机制。根据市委、市政府的统一部署，扩大城市管理综合执法试点的区域和范围，优化和完善市、区两级城市管理综合执法机构。提高执法效率和水平，降低执法成本。搞好综合执法与专业管理的工作衔接。借鉴其他城市的经验，优化管理模式，探索有利于管理效果的最佳执法机制。

19. 加大执法监督力度，充分发挥监督作用。行政许可、行政处罚、行政收费等行政行为都必须自觉接受人大和政协监督、社会群众和媒体舆论监督。要健全行政执法投诉办理制度和限期整改制度。要全面推行执法责任制，建立以执法有依据、行为有规范、权力有制约、过程有监控、违法有追究为主要内容的行政执法责任制度体系。

20. 依法界定执法职责，科学设定执法岗位，细化执法标准，减少行政执法人员自由裁量权。积极探索行政执法绩效评估和奖惩办法，完善评议考核制、执法过错或错案责任追究制、行政诉讼案件败诉责任追究制、行政执法案卷评查等项制度。切实解决有法不依、执法不严、监管不力、侵犯群众合法权益等问题。对徇私枉法、执法违法、侵犯群众利益的执法人员，要坚决清除出执法队伍，保持队伍的公正性、纯洁性。

21. 加强管理和执法人员综合素质的培养。抓好职业道德、法律知识、业务水平、执法技能的教育考核，不断增强依法行政观念，提高依法行政能力。完善上岗前法律知识和能力考试制度，经考试合格方可上岗。要根据实际情况，举办大型法制讲座和骨干培训班，组织法律知识竞赛和咨询活动。

七、推进电子政务，实现管理信息公开

22. 加快实施电子政务。要加强硬件建设，逐步推进办公自动化。要规范案卷文书制作，对外使用的文书全部实现电脑打印。创造条件，逐步实现案卷制作全过程电脑化。建立和完善电子文档管理制度。积极创造条件，实现市、区两级乃至与基层单位的电子联网和信息传输。

23. 实现市容环境信息公开，增强市容环境管理工作透明度。按照政务公开的原则，制定市容环境信息公开制度。通过公报、公告、法制网站等形式向社会公开市容环境信息。鼓励申请人从网上下载申请书文本，实现行政许可决定登录上网，为公众查询提供便利条件，保障公民、法人和其他组织的知情权。

24. 发挥市容环境法制网站在依法行政工作中的作用，进一步完善网站服务功能，扩大网站覆盖面，增加信息量，提高利用率。要利用网站平台建立互联互通和资源共享的渠道。设置市容环境法制网区（县）专版或专题分页。

八、实行科学管理，提高管理效能

25. 以创建“和谐社会”、“宜居城市”和“国家卫生城市”为目标，高度重视市容环境规划的宏观调控作用。市容环境发展规划的编制与实施，必须坚持以人为本，促进人居环境改善，推进中心城区与周边城镇环境的协调发展；必须注意保护和合理利用各类资源；必须注意控制合理的环境容量和确定科学的管理标准；必须加强对规划实施的监管，强化规划的综合调控。

26. 健全科学决策机制，实行科学决策、依法决策、民主决策。要建立健全专家咨询制度、部门协调制度、听证制度及相关责任追究制度，进一步推动决策行为的规范化、法制化进程。改革行政管理方式，将直接管理与间接管理、动态管理与静态管理、事前审批与事后监管有机结合起来，充分利用间接管理手段、动态管理机制和事后监督检查，强化管理，提高行政效率和水平。

27. 坚持属地管理的原则，划分市与区（县）的管理权限，明确和细化区县、乡镇人民政府、街道办事处及社区居委会的职责，真正实现市容环境管理重心下移。各职能部门要按照法定职责，结合行业工作特点做好监管工作。要从事权划分上分清属地管理责任，从考评机制上推动属地政府和主管部门履职尽责，从规章制度上引导和保障属地管理责任的落实。要进一步完善督察、督办机制，建立巡查、监测、考评、通报等配套制度。进一步规范和完善义务监督员制度，充分发挥市容环境义务监督员的作用。要夯实社区环境管理基础工作，开展星级达标社区活动。

28. 完善市容环境管理保障体系，构建科学合理的市容环境管理结构。建立并完善现代化指挥体系、工作评价体系、信访办理体系、突发事件紧急处置体系和相关职能部门联动体系。建立市容环境管理指挥中心、电子监控中心和热线呼叫系统，实现科学高效、全方位、立体化、网络化管理的格局。

29. 落实责任制度，探索长效管理模式。要将市容环境治理任务落实到各级管理部门、执法部门、作业单位和责任单位四个方面。做到四位一体、动静结合、四方联动，各尽其责，明确管理部门是四位一体管理模式运转的牵头协调部门，抓好责任划分、责任书送达、经常性宣传、网络建立、监督检查、考核评比等工作，调动方方面面的力量，形成社会化管理的局面，建立市容环境管理责任的长效机制。

二十一、天津市环境卫生保洁责任实施办法

（津容环〔2005〕第 134 号文件　市市容委 2005 年 5 月 17 日修订发布）

第一条　为加强我市市容环境卫生管理，落实环境卫生保洁责任区的责任，依据《天津市市容和环境卫生管理条例》的规定，制定本办法。

第二条　本办法所称环境卫生保洁责任区的范围，是指单位及个体经营者门前区域，以门为

基点，前至人行道侧石，两侧至相邻单位的自然分界线。环境卫生保洁责任人，是指经区、县市容环境卫生行政主管部门，或街道办事处、镇（乡）人民政府确定的应当承担维护市容环境卫生义务的公民、法人或其他组织。

第三条　区、县市容环境卫生行政主管部门，或街道办事处、镇（乡）人民政府负责本区域范围内环境卫生保洁责任区的管理工作。

第四条　主次道路两侧及公共场所门前环境卫生保洁责任区的划分，由区、县市容环境卫生行政主管部门确定，并以书面形式告知责任人。

社区甬路两侧门前的环境卫生保洁责任区的划分，由街道办事处、镇（乡）人民政府确定，并以书面形式告知责任人。

第五条　环境卫生保洁责任区划分应当填写《环境卫生保洁责任区保洁责任告知书》，并送达责任人。

第六条　履行环境卫生保洁责任应当达到下列标准：

（一）保持市容环境整洁，无里空外卖、无乱搭乱建、无乱吊乱挂、无乱堆乱放、无乱贴乱画等行为；

（二）保持环境卫生每日整洁，无垃圾、无渣土、无污水，禁止将单位内及商家门脸的垃圾向道路上乱扫乱倒；

（三）设置和隐蔽摆放专用的废弃物袋装容器，并将自产的生活废弃物装入袋内，扎紧袋口，按环卫部门指定时间、地点码放整齐；

（四）保持建筑物、构筑物及公用设施整洁、完好；

（五）完成冬季清雪铲冰任务。

第七条　环境卫生保洁责任人有下列权利和义务：

（一）对本责任区内发生的损害、破坏市容环境卫生的行为，有权予以劝阻、制止并向城市管理综合执法机构举报。

（二）接受本区县市容环境卫生行政主管部门及街道办事处或镇（乡）人民政府的监督检查。

（三）责任人应按规定履行保洁责任，保持责任区内干净清洁。无能力自行清扫保洁的，可委托环境卫生作业单位或服务企业代为清扫保洁，代为清扫保洁费用由双方协商确定。

第八条　对需要调整环境卫生保洁责任区四至范围的，由区、县市容环境卫生行政主管部门及街道办事处或镇（乡）人民政府负责，并及时变更《环境卫生保洁责任区保洁责任告知书》。

第九条　《环境卫生保洁责任区保洁责任告知书》应送达责任人签收。告知书一式三份，一份送达责任人，一份转交城市管理综合执法机构，一份存档。

第十条　各区县市容环境卫生行政主管部门及街道办事处和镇（乡）人民政府应当履行监督管理职责，建立环境卫生保洁责任区检查制度、台账制度和考评制度，将责任区落实情况纳入市容环境管理考评体系，并组织定期或随机检查。对落实环境卫生保洁责任作出显著成绩的单位和个人给予表彰和奖励。

第十一条　对不履行环境卫生保洁责任或者履行责任不符合国家和本市规定标准的责任人，市容环境卫生行政主管部门应及时下达《限期责令改正通知书》，对逾期不改或改正未达到标准的，要立即移交城市管理综合执法机构依法查处。

第十二条　本办法自公布之日起施行。

附件：

环境卫生保洁责任告知书

依据《天津市市容和环境卫生管理条例》的有关规定，经本级管理部门确定，你（单位）应承担维护环境卫生保洁责任如下：

一、责任区范围

日常清扫保洁范围：

冬季清雪范围：

二、环境卫生保洁标准

（一）保持市容环境整洁，无里空外卖、无乱搭乱建、无乱吊乱挂、无乱堆乱放、无乱贴乱画等行为；

（二）保持环境卫生每日整洁，无垃圾、无渣土、无污水，禁止将单位内及商家门脸的垃圾向道路上乱扫乱倒；

（三）设置和隐蔽摆放专用的废弃物袋装容器，并将自产的生活废弃物装入袋内，扎紧袋口，按环卫部门指定时间、地点码放整齐；

（四）保持建筑物、构筑物及公用设施整洁、完好；

（五）完成冬季清雪铲冰任务。

三、权利和义务

（一）责任人对在本责任区内发生的损害、破坏市容环境卫生的行为，有权予以劝阻、制止并要求城市管理综合执法机构即刻查处。

（二）责任人应接受本区（县）市容环境卫生行政主管部门、街道办事处或镇乡人民政府的监督检查。

（三）责任人应严格落实环境卫生保洁责任，自行保持责任区清洁，无能力自行清扫保洁的，可委托环境卫生作业单位或服务企业代为清扫保洁，代为清扫保洁费用由双方协商确定。

四、法律责任

按《天津市市容和环境卫生管理条例》第二十九条第六款之规定：不按规定履行清扫保洁责

任或者履行责任不符合规定标准的，责令限期改正；逾期不改正的，处三百元以上三千元以下罚款。

责任人（签名）　　　　送达人（签名）

年　月　日　　　　年　月　日

行政管理机关印章

年　月　日

二十二、天津市市容环境系统实施行政许可工作规程

（津容法〔2005〕第139号文件　天津市市容委2005年5月17日修订发布）

第一条　为规范市容环境系统实施行政许可的工作程序，依据《中华人民共和国行政许可法》，结合本系统实际，制定本规程。

第二条　本规程适用于市容环境系统实施行政许可事项的办理工作。

第三条　市容环境系统行政许可事项承办部门，应当在办公场所、政务网站公示以下内容：

（一）行政许可事项的依据、条件、数量、程序、期限；

（二）申请行政许可需要提交的全部资料目录；

（三）申请书示范文本；

（四）法律、法规、规章规定的其他内容。

申请人要求对公示内容予以说明、解释的，承办部门应当说明、解释，提供准确、可靠的信息。

第四条　承办部门应当创造条件，方便申请人通过信函、电报、电传、传真、电子数据交换和电子邮件等方式提出行政许可申请。

《市容环境法制网》(网址：www.Tjfz.gov.cn)负责提供申请书格式文本免费下载服务。

第五条　承办部门收到行政许可申请后，应当根据下列情况分别作出处理：

（一）对依法不需要取得行政许可或者不属于本机关职权范围的行政许可申请，申请人隐瞒

有关情况或者提供虚假材料申请行政许可的，即时制作《行政许可不予受理通知书》，发送申请人。

（二）对申请材料存在可以当场更正的错误的，应当允许申请人当场更正。

（三）对属于本机关受理的行政许可申请，即时制作《行政许可申请受理通知书》，发送申请人。

（四）对材料不齐全或者不符合法定形式的行政许可申请，应当当场或者在五日内制作《行政许可申请材料补齐补正通知书》，发送申请人。逾期不告知的，自收到申请材料之日起即为受理。

（五）对属于本机关职权范围，材料（或补正材料）齐全、符合法定形式的行政许可申请，在五日内制作《行政许可申请受理通知书》，发送申请人。

申请人对其申请材料内容的真实性负责。承办部门不得要求申请人提交与其申请的行政许可事项无关的其他材料。

第六条　需要先经其他有关部门提出审核意见的，市容和环境卫生行政主管部门应当发送《征求相关部门意见函》。有关部门接函后，应按规定期限回复审核意见。

第七条　依法需要对申请材料的实质内容进行核实的，承办部门应当指派两名以上工作人员进行核查，并制作《行政许可申请事项现场核查记录》。记录应当场交当事人核对，并签名盖章。

第八条　实施行政许可需要听证的，发送《行政许可听证权利告知书》《行政许可听证公告》《行政许可听证通知书》，并按行政许可听证程序举行听证。

第九条　对行政许可申请审查后，市容和环境卫生行政主管部门应当在法定期限内作出行政许可决定。情况复杂，不能在规定期限内作出决定的，经本机关分管领导批准，可以延长十日。并向申请人发送《行政许可延期通知书》。

第十条　承办部门对行政许可申请进行审查后，应当提出处理建议，填写《行政许可决定呈批表》，报本机关分管领导审签后，依法作出行政许可决定，并按照下列规定办理手续：

（一）对符合法定条件、标准的行政许可申请，制作《准予行政许可决定书》，发送申请人。

（二）对不符合法定条件、标准的或者申请人隐瞒有关情况或者提供虚假材料申请行政许可的，制作《不予行政许可决定书》，说明理由，并告知申请人享有依法申请行政复议或者提起行政诉讼的权利。

（三）涉及有限资源开发利用、公共资源配置及公益事业特许经营需要赋予特定权利的事项，应当按照招标、拍卖程序确定中标人、买受人后再作出准予行政许可的决定，并依法向中标人、买受人颁发行政许可证件。

第十一条　作出准予行政许可决定，需要颁发“许可证”的，承办部门应当自作出准予行政许可决定之日起十日内向申请人颁发“许可证”。

第十二条　作出的准予行政许可决定，承办部门应当在互联网站等媒体予以公告，公众有权查阅。

第十三条 被许可人提出申请变更行政许可内容的，承办部门应当在二十日内依法办理手续。

对准予变更的，发送《准予变更行政许可决定书》；不予许可的，发送《不予变更行政许可决定书》。

第十四条 被许可人在行政许可有效期届满三十日前提出延续申请的，承办部门应当在该行政许可有效期届满前提出是否准予延续的意见，报本机关分管领导审签后，制作《准予延续行政许可决定书》或《不予延续行政许可决定书》，发送申请人。逾期未作决定的，视为准予延续。

第十五条 作出准予行政许可决定后，行政许可承办部门及城市管理执法机构应当加强事后监管。

承办部门在作出准予行政许可决定后应当即时填写《行政许可事项告知函》，连同准予行政许可决定及相关申请材料发送城市管理执法机构。

第十六条 承办部门应当指派两名以上人员对被许可人从事行政许可事项活动情况进行监督检查。监督检查人员应当填写《行政许可实施情况监督检查记录》，并签字归档，供公众查阅.

第十七条 根据利害关系人的请求或者依照职权，可以依法撤销、注销行政许可，制作《撤销行政许可决定书》《注销行政许可决定书》，发送当事人。

撤销行政许可涉及行政赔偿的，赔偿费用按照国家有关规定办理。

第十八条 发生下列情形之一的，可以依法变更或者撤回已经生效的行政许可，制作《变更、撤回行政许可决定书》，发送被许可人：

（一）行政许可所依据的法律、法规、规章修改或者废止；

（二）准予行政许可所依据的客观情况发生重大变化的；

（三）准予行政许可所依据的规划、规范、标准内容变更的。

变更、撤回行政许可给被许可人造成财产损失的，应当依法给予补偿。

第十九条 承办部门及工作人员违法实施行政许可，依照行政许可责任追究制度予以处理。

第二十条 承办部门应当听取公民、法人或者其他组织就行政许可事项提出的意见和建议，并对合理部分予以采纳。

第二十一条 签发行政许可各类文书，其中《行政许可申请受理通知书》《行政许可申请不予受理通知书》《行政许可申请材料补齐补正通知书》《行政许可听证公告》《行政许可听证通知书》《行政许可听证权利告知书》《征求相关部门意见函》《移请查处违法行为通知函》等文书由承办部门负责人签发；其他涉及行政许可决定事项的文书由本机关分管领导签发。分管领导必要时可以书面授权承办部门负责人签发。

第二十二条 承办部门办理行政许可事项或对被许可人进行监督检查时，不得收取任何费用。法律、法规另有规定的，依照其规定。

第二十三条　承办部门在例行监督检查时，发现公民、法人或其他组织从事行政许可事项活动有违法行为的，可填写并送达《行政许可监督检查责令改正通知书》。违法行为人拒不改正的，承办部门应当即时填写《移请查处违法行为通知函》，并发送城市管理执法机构。

第二十四条　城市管理执法机构接到《移请查处违法行为通知函》后，应当及时依法进行查处，自作出处理决定之日起 7 日内填写《行政许可案件查处情况告知函》，并发送市容和环境卫生行政主管部门。

城市管理执法机构在日常执法活动中发现公民、法人或其他组织从事行政许可事项活动有违法行为的，应当主动查处，并将查处结果函告市容和环境卫生行政主管部门。

城市管理综合执法机构对公民、法人或其他组织实施行政许可的事项不能确认或产生争议的，可发函请求行政许可承办部门确认或做出解释。行政许可承办部门 7 日内将结果函复城市管理执法机构。

第二十五条　对行政许可事项办理情况，各级法制工作机构应当组织专项检查，发现问题及时通报、纠正。

各级行政许可承办部门应当支持、配合法制工作机构的检查，主动提供相关资料，并按要求进行自查自纠，规范行政许可行为。

第二十六条　行政许可各类文书，应当按照示范文本的要求，由承办部门统一编号，整理归档。归档案卷应当符合档案管理规定，做到一案一卷，完整规范，材料齐全、排列有序。案卷保存期限至少两年以上。凡借阅、复印案卷的，须报经行政许可机关分管领导批准。

第二十七条　本规程自公布之日起实施。

二十三、天津市从事生活废弃物经营性清扫、收集、运输、处理服务行政许可实施办法

（津容环〔2005〕第 161 号文件　市市容委 2005 年 5 月 25 日修订发布）

第一条　为规范城市生活废弃物经营性服务行政许可行为，依据《中华人民共和国行政许可法》、国务院第 412 号令、建设部《市政公用事业特许经营管理办法》《城市生活垃圾管理办法》的规定，制定本办法。

第二条　本办法所称生活废弃物，是指在城市日常生活中或者为城市日常生活提供服务的活动中产生的固体、半固体废弃物及粪便，以及建筑施工活动中产生的渣土、弃土、弃料、淤泥及

其他废弃物。

第三条 办理从事城市生活废弃物经营性清扫、收集、运输、处理服务行政许可事项，应当遵循公开、公平、公正、便民、高效和公共利益优先的原则。

第四条 从事城市生活废弃物经营性清扫保洁服务的申请，由区（县）市容环境卫生管理部门负责受理。

从事城市生活废弃物经营性收集、运输、处理服务的申请，由市市容环境管理委员会负责受理。

第五条 申请从事经营性清扫保洁服务的，应当填写《从事清扫保洁服务行政许可申请书》，并提交以下材料：

（一）工商管理部门核发的经营许可证明；

（二）注册资本金证明；

（三）人员、设施、工具配置情况说明书；

（四）作息场所面积及产权证明或租用协议；作息场所影响相邻关系的，还应提供与相邻人签订的协议；

（五）清扫保洁作业质量保证书；

（六）与接纳或转运生活废弃物单位签定的书面协议；

（七）实行机械清扫、水洗道路作业的，还应提交公安交管部门审验合格的自有机扫、高压水洗专用车辆证件，或租用机扫、高压水洗专用车辆协议，以及供水指标的证明。

第六条 申请从事经营性收集、运输服务的，应当填写《从事生活废弃物收集、运输服务行政许可申请书》，并提交以下材料：

（一）工商、交通部门核发的经营、运营许可证明；

（二）注册资本金证明；

（三）处置场地的产权单位同意消纳生活废弃物的书面证明；

（四）公安交管部门审验合格的自有密闭专用车辆证件，或租用密闭专用车辆协议书；

（五）作息场所、停车场地的产权证明或租用协议；作息场所、停车场地影响相邻关系的，还应提供与相邻人签订的协议；

（六）收集、清运质量保证书；

（七）专业人员及设施、工具配置情况说明书。

第七条 申请从事生活废弃物经营性处理服务的，应当填写《从事生活废弃物处理服务行政许可申请书》，并提交以下材料：

（一）工商部门核发的经营许可证明；

（二）处置场地的产权证明或租用协议；处理场地影响相邻关系的，还应提供与相邻人签订的协议；

（三）环保部门核准证明；

（四）专业处理设施、设备合格证明或鉴定书；

（五）处理能力、注册资本金证明及银行资信证明；

（六）可行性处理方案及规划设计方案；

（七）环境污染防治方案；

（八）管理、技术专业人员资质证明及基本情况说明书。

第八条　办理从事生活废弃物经营性清扫、收集、运输、处理服务的行政许可事项，按照下列程序：

（一）接收申请人提交的申请书及相关材料；

（二）出具受理或不予受理的书面凭证；

（三）对申请材料进行审查；

（四）两名以上工作人员到现场进行核查；

（五）涉及公共利益的，应向社会公告并举行听证；直接涉及重大利益关系，应当告知申请人、利害关系人听证权利并应申请组织听证；

（六）承办部门提出行政许可建议；

（七）呈请本机关领导审签；

（八）作出行政许可决定；

（九）送达行政许可决定书；

（十）对被许可行为进行监督检查。

第九条　市容环境卫生管理部门应当自受理申请之日起 20 日内，作出准予或不予许可的决定。

作出不予许可决定的，市容环境卫生管理部门应当书面说明理由，并告知申请人依法享有申请行政复议或提起行政诉讼的权利。

第十条　市容环境管理部门通过市场竞争机制选择从事城市生活废弃物经营性清扫、收集、运输、处理服务的投资者或者经营者，明确其在一定期限和范围内提供服务的，应当按照招标程序确定中标人后再作出准予行政许可的决定，依法向中标人颁发行政许可证件，并向社会公告。

中标人应当按照规定的服务标准、资费标准和规定条件，提供安全、方便、稳定和价格合理的服务；未经市容环境管理部门批准，不得擅自停业、歇业。

被许可人不履行前款规定义务的，市容环境管理部门应当责令限期改正，或者依法采取有效措施督促其履行义务。

第十一条　凡市市容环境管理委员会作出准予行政许可决定的，应当在 7 日内函告区（县）市容环境卫生管理部门；区（县）市容环境卫生管理部门作出准予行政许可决定的，应当在 7 日内向市市容环境管理委员会备案。

第十二条 市容环境卫生管理部门作出行政许可决定后，应当对被许可事项实施情况进行监督、检查，并填写《监督检查记录》。监督检查人员签字后归档备查。

第十三条 本办法自公布之日起施行。

二十四、天津市工程渣土排放行政许可实施办法

（津容环〔2005〕第162号文件 市市容委2005年5月25日修订发布）

第一条 为保障市容环境秩序，规范工程渣土排放行政许可行为，依据《中华人民共和国行政许可法》、《天津市市容和环境卫生管理条例》、《天津市设定和实施行政许可若干规定》的规定，制定本办法。

第二条 工程渣土排放行政许可工作，应当遵循公开、公平、公正、便民、高效的原则。

第三条 本办法所称工程渣土，是指建设工程、道路施工、管网铺设、拆迁工程、房屋装修所产生的杂土、槽土、弃料、淤泥、泥浆及其他废弃物。工程渣土排放是指对工程渣土进行收集、运输、消纳、处理的行为。

第四条 区、县市容和环境卫生行政主管部门负责工程渣土排放的行政许可工作。

第五条 申请排放工程渣土，应当填写《工程渣土排放行政许可申请书》，并提交以下材料：

（一）施工许可证及工程图纸；

（二）工程土方测算表；

（三）使用密闭车辆承运工程渣土的协议；

（四）市容和环境卫生责任书；

（五）自行安排消纳场地的，还应提供乡级以上政府出具的土地用途证明或与土地使用权人签订的协议，以及受纳场地所在辖区市容和环境卫生行政主管部门同意受纳的书面证明。

第六条 工程渣土排放行政许可按照下列程序：

（一）接收申请人提交的申请书及相关材料；

（二）出具受理或不予受理的书面凭证；

（三）对申请材料进行审查；

（四）两名以上工作人员到现场进行核查；

（五）涉及公共利益的，应向社会公告并举行听证；直接涉及重大利益关系，应当告知申请人、利害关系人听证权利并应申请组织听证；

（六）承办部门提出行政许可建议；

（七）呈请本机关领导审签；

（八）做出行政许可决定；

（九）送达行政许可决定书；

（十）到排放现场监督检查。

第七条　对有下列情形之一的，不予行政许可：

（一）瞒报、谎报工程渣土产量的；

（二）申请人自行提供的工程渣土消纳场地，所在地市容和环境卫生行政管理部门经核查不同意消纳的；

（三）申请工程渣土排放，不能提供消纳场地又不同意排放到管理部门指定场地的；

（四）不使用密闭车辆承运工程渣土的。

第八条　排放申请符合法定条件和标准且核查属实的，市容和环境卫生行政主管部门应当自受理申请之日起 7 日内做出行政许可决定。

第九条　市容和环境卫生行政主管部门做出准予排放决定的，向申请人颁发《工程渣土排放许可证》。

第十条　市容和环境卫生行政主管部门做出不予排放决定的，应当书面说明理由，并告知申请人依法享有申请行政复议或提起行政诉讼的权利。

第十一条　市容和环境卫生行政主管部门颁发《工程渣土排放许可证》时，应当同时告知申请人必须随车携带许可证，车身须整洁，严禁洒漏，车轮不得带泥，按批准的时间、路线和消纳场地排放。

第十二条　市容和环境卫生行政主管部门颁发《工程渣土排放许可证》后，应当即时书面告知城市管理执法机构，并对排放情况进行监督检查，做好《监督检查记录》，由监督检查人员签字后归档备查。

监督检查中发现有违法行为的，应书面告知城市管理执法机构依法查处。执法机构应将查处结果及时函复市容和环境卫生行政主管部门。

第十三条　本办法自公布之日起施行。

编 后 记

《天津市志·市容环卫志》由天津市地方志编修委员会、天津市市容和园林管理委员会编著，是《天津市志》一部重要的行业分志，是天津市修志史上第一部全面记载天津地区1860年至2010年市容环境卫生历史和现状的资料书。天津市地方志编修委员会办公室市志指导处处长张月光对该志的编撰进行了全程指导。

天津市市容和园林管理委员会历届领导对志书编修工作都很重视，组织制定编修方案、编修流程以及规范编修工作的各项规章制度，并根据编修工作需要，调整编委会组成人员，旨在有计划、有步骤地推进编修工作，完成一部高质量、高水平的志书。

《天津市志·市容环卫志》的编修工作，历经了业务培训、篇目设计、资料收集、志稿撰写、征求行业专家意见、市级专家评审、审后修改、终审定稿等过程。

《天津市志·市容环卫志》编修小组的成员金甦萍、王德荣、徐富瑞都是处级退休干部，是新手初涉志书编修工作；各区县市容园林委、环卫局、综合执法局的编修人员也没有编修经历。几年来，市容园林委地方志编修办公室根据编修进程，适时组织专业培训工作，多次邀请天津市地志办市志指导处处长张月光进行专业知识指导。编修小组成员更是积极参加市地志办市志指导处组织的志书编修业务培训，学习了专业知识，提高了业务水平，胜任了编修工作。主笔王德荣参加了市地志办指导处组织的“主笔培训班”，取得了主笔资格，提升了谋篇布局、驾驭志文的能力。

《天津市志·市容环卫志》篇目初拟于2010年，编修小组根据编修方案，设计、起草了志书篇目框架。为使篇目既概括行业发展全貌，又突出各项工作特点，既切合志体规范要求，又体现市容环卫的文化性质，编修小组将志书篇目在系统内广泛征求意见，并将收集来的意见进行分类、整理、吸纳。经过认真论证、反复研讨，对篇目进行多次补充、修正、调整后呈送编修委员会和专家评审，然后送天津市地方志办审定。篇目几经修订，全书设计为9篇35章111节和大事记、序言、综述和附录、编后记等。

《天津市志·市容环卫志》要真实、详实地反映市容环卫事业的史实，资料收集工作是修志的基础。然而由于历史原因，天津开埠以来的市容环卫的文化积淀，悉数沉埋或星散于浩瀚的典籍之中。自1860年天津各国租界开始有清扫街道、倾倒秽土工作以来，见存于图书、档案中的文字资料极为少见。以致行业史事无考，行业发展无记。20世纪50年代初期开始的市容市貌治理工作，也没有较为详细的史料记载。再加上市容环卫部门的隶属关系几经嬗变，"文化大革命"期间部分档案、文件惨遭人为销毁，因而给资料收集工作带来很大困难。编修小组按照拟定的篇目要求，不惮寒暑、不虑苦累，开展广泛的资料搜集、整理工作。一是认真查阅系统内部全部档案、文件、资料，机关各处室、各单位也提供相应的资料。二是努力查阅市档案馆、图书馆等有关单位的存档资料。三是参照市环卫局李汝桢主笔撰写的《天津环境卫生志》。四是上网查阅有关市容环卫行业的有关资料。如，天津民国时期和各国租界环境卫生等资料，有的是来源于南开大学历史学院博士研究生朱慧颖的《民国时期天津环境卫生管理》；有的是来源于天津市社科院历史所所长任云兰的

《近代天津租界的公共环境卫生管理初探》。

《天津市志·市容环卫志》要将庞杂的资料用志书特有的体例、规范的语言、简洁的文风，编排有序地呈现出来，再现历史，让后来人了解过去，审视当下，以史为镜，借鉴资政，既费周折，也需匠心。编修小组在收集、掌握一定资料的基础上，对资料去粗取精，去伪存真，由表及里，客观公正地进行再甄别、重认识，边整理，边撰写。经过编修小组认真研讨，不断充实、反复编纂，草成初稿，为9篇35章122节和序言、凡例、目录、综述、大事记、历届编委会组成人员和附录、编后记，共计100万余字，收录图片260余幅。按照“初稿按照终稿来撰写”的原则，市地志办市志指导处处长张月光始终秉承“靠前指导，提前介入，主动服务”的宗旨，对初稿进行了仔细、认真地审修，就是在家中有老人过世的情况下，仍然坚持不懈地将初稿修改了一遍，把问题都解决在了初稿阶段，突显出她严谨的治学态度和独特的人格魅力。

《天津市志·市容环卫志》初稿完成后，首先由委编委会组织系统内部的行业专家进行全面、认真、细致的初审。行业专家对重大事件细节、业务工作术语，英文标识规范等问题提出了修改意见。编修小组按照修改意见，进行了认真修改。经市地志办审查后，召开《天津市志·市容环卫志》复审会。天津市社会科学院研究员、原历史研究所所长罗澍伟，天津师范大学国际教育交流学院教授谭汝为，天津市环境卫生工程设计院院长张范三位资深专家对《天津市志·市容环卫志》复审本进行了评审。一致认为，该志一是遵循志书体例，做到横排竖写，横不漏项，竖不断线。二是内容全面完整，资料丰富翔实，追溯事物本源，具有存史价值。三是文字表达清楚，叙事简单明了，篇章架构合理，编排眉清目楚。是一部迄今为止记述天津市容环卫事业发展历史最长、史料丰富、内容齐全的第一部专业志书，也是一部基本成熟的志书。意见和建议为：一是随文图片没有文字说明的，要全部补齐，并注意文字的准确度和照片的清晰度；二是目录内容要和正文内容相一致；三是各国租借地应为各国租界，50年代、80年代等前面需加20世纪字样；四是“综述”和“后记”存有语言使用瑕疵，应予以改正。

嗣后，编修小组根据评审意见，进行了认真仔细，一丝不苟地修改、补充，于2016年10月完成全志稿，上报市地方志办公室。市地志办又组织力量，对全志稿进行了较大修改，并经市地志办领导审修，形成送审稿，呈市领导审验批准，印刷出版。

《天津市志·市容环卫志》编修过程中，承蒙各有关单位，各级领导的热心关怀，大力支持，值此志书问世之际，谨向各方表示衷心感谢。

修史之难，莫过于志，新手初涉，更觉其难。由于资料缺失，收集困难，虽数易其稿，但疏误遗漏之处在所难免，恳请指正，亦寄希望于后人续修时给予补正。

编　者

2017年2月